두 개의
인도

두 개의 인도

아쇼카 모디 최준영 옮김

인도, G3로 가는가 여기서 멈추는가

INDIA
IS BROKEN

크리슈난과 락쉬만,
그리고, 가장 친한 친구인 아들들에게
기꺼이 도와준 데 감사한 마음을 담아

《두 개의 인도》에 대한 찬사

아쇼카 모디의《두 개의 인도》는 독립 이후 인도 경제 정책의 실패를 다룬 걸작이자 신랄한 비난이다. 당대의 주요한 정치적 사건들의 역사적 흐름을 자신의 설명에 훌륭하게 엮어 넣으면서, 잘못된 경제 전략과 점점 더 부패하고 기능 장애를 일으키는 정치 체제가 어떻게 시민들을 위한 일자리를 충분히 만들어내지 못하고, 종교적 분열이 계속 커지게 하며, 불평등이 끊임없이 상승하는 나라를 만들었는지를 기록한다. 이 크고 복잡한 나라를 이해하려는 모든 사람들에게 필수적인 책이다.

리아캇 아하메드Liaquat Ahamed, 2010년 퓰리처상 수상

독립 이후 인도 정치와 경제의 역사를 다룬 매력적인 읽을거리. 네루의 초기 실수, 특히 보건, 교육, 일자리에 대한 비극적인 무관심은 그의 후계자들의 손에 의해 연극적이고 파괴적인 정치로 증폭되었다. 인도의 이야기이지만, 이는 세계 최대의 민주주의라 할지라도 어떻게 내부에서 파괴될 수 있는지를 보여주는 심오한 서술이다. 훌륭한 스토리텔링. 손에서 놓기 어렵다!

앵거스 디턴Angus Deaton, 2015년 노벨경제학상

이 책은 내가 여러 해 동안 본 인도의 정치·경제와 민주주의 위기에 대해 가장 지속적이고 현실적이며 논쟁적인 대안을 제시한다. 흥미롭고 잘 쓰여진 이 책은 놀랍고 불안한 이야기를 들려준다. 큰 성취이다.

토마스 블롬 한센Thomas Blom Hansen, 스탠퍼드 대학교

요즘 유행하는 인도의 경제 잠재력에 대한 낙관적 사고를 치밀하게 논증한다. 꼼꼼하고 신랄하게 논쟁한다.

〈파이낸셜 타임스Financial Times〉

서사와 심층 분석을 결합한, 불편할 정도로 적나라한 인도 이야기다.

〈비즈니스 스탠더드Business Standard〉

모디는 재능 있는 작가다 … 인도의 복잡한 정치·경제를 소화하기 쉽게 증류하는 드문 책이다.

〈포린 어페어스Foreign Affairs〉

이 책의 힘들고 불편한 진실은 독자들을 움츠러들게 할 수 있다. 그리고 바로 그렇기 때문에 반드시 읽어야 한다.

〈힌두 비즈니스 라인Hindu Business Line〉

모디는 스토리텔링에 재능이 있다. … 무자비하게 비판하지만 결코 불공정하지 않다. 그는 전혀 편견이 없다.

〈인디아 투데이India Today〉

야심 찬 궤적을 가진 눈부신 책이다. 오늘날 인도가 서 있는 기로는 아쇼카 모디의 매력적인 서술에서 더욱 선명하게 보인다. 나는 역사를 이토록 강력하게 경험한 적이 거의 없다. 매력적으로 쓰여진 이 책은 마지막 줄까지 이어지는 중심 주제로 응집된다. 인도는 아직 1947년의 희망을 실현할 수 있을까? 이것은 슬픔과 상실감으로 물든 이야기이다.

카비타 이야르Kavitha Iyer

모디의 책은 독립 인도의 전체 궤적을 살펴보며 우리가 어떻게 여기까지 왔는지, 힘겨운 경제, 치솟는 실업률, 분열된 사회에 이르렀는지, 그리고 어떻게 출구를 찾을 수 있는지 보여준다. 시종일관 이 책은 높은 수준의 경제 및 정치 담론과 인도인, 특히 젊은 인도인들의 실제 삶 사이에 공명하는 연결고리를 만든다.《두 개의 인도》는 흡인력 있는 만큼 야심 찬 책이다.

스니그다 푸남Snigdha Poonam

《두 개의 인도》에서 아쇼카 모디는 인도 경제에 무엇이 잘못되었는지 다루며 읽기 쉽고 포괄적이지만 우울한 역사를 쓴다. 이 책은 역대 정부 정책에 대한 파괴적이고 무자비한 비난이다. 당신은 끊임없는 비판에 동의하지 않을 수도 있지만, 오늘날 인도의 도전과 그 뿌리를 이해하고자 하는 모든 사람들에게 필독서이다.

라구람 라잔Raghuram Rajan, 시카고 대학교, 전 인도중앙은행 총재

탁월한 웅변과 열정으로 쓰여진 탈식민지 인도의 거대한 정치·경제사. 인도의 느린 경제 발전을 찬양하는 대신, 모디는 자와할랄 네루Jawaharlal Nehru에서 인디라 간디Indira Gandhi, 나렌드라 모디Narendra Modi에 이르는 역대 지도자들이 신생 민주주의에서 성숙한 권위주의 국가로 가는 길에 수억 명의 빈곤층과 극빈층을 실망시켰다고 주장한다. 모디가 제안하듯이, 국제통화기금(IMF), 세계은행, 그리고 다른 공여자들은 너무나 자주 성공할 가능성이 거의 없는 경제 정책에 서명할 용의가 있었다.《두 개의 인도》는 앞으로 수년간 정책 논쟁의 시금석이 될 것이다.

케네스 로고프Kenneth Rogoff, 하버드 대학교

비전문가에게 중요한 책. 읽기 쉽고 사실과 사건이 풍부하다.

〈텔레그래프 인디아Telegraph India〉

독립에서 현재에 이르기까지 인도 경제에 대한 상세하고 풍부한 연구인 아쇼카 모디의 《두 개의 인도》는 인도 정치·경제사의 중요하지만 간과된 측면을 파고든다. 그가 쓴 모든 것을 지지할 수는 없지만, 모디의 매우 읽기 쉬운 설명은 경제 정책의 중요한 세부사항에 초점을 맞추면서 지난 몇 년 동안의 기만과 실패를 적나라하게 드러낸다.

샤시 타루르Shashi Tharoor, 인도 국회의원

역대 정부의 잘못된 결정과 추진에 대한 비판을 아끼지 않으면서 독립 이후 사회경제적 실수의 역사를 살펴본다.

〈더 힌두The Hindu〉

아쇼카 모디의 도덕적, 지적 용기는 비범하다.

마틴 울프Martin Wolf가 선정한 2023년 여름 최고의 책, 〈파이낸셜 타임스〉

차례

일러두기

1. 이 책은 *India Is Broken: A People Betrayed, Independence to Today*(2023)를 우리말로 옮긴 것이다.
2. 단행본은 겹화살괄호(《 》), 신문, 잡지, 영화, 방송 프로그램 등은 홑화살괄호(〈 〉)로 표기하였다.
3. 저자 주는 번호를 달아 미주로 처리하였고, 옮긴이 주는 본문에서 각주로 적고 표기하였다.
4. 인명 등 외래어는 국립국어원의 표준어 규정 및 외래어 표기법을 따르되 일부는 관례와 원어 발음을 존중하여 그에 가깝게 표기하였다.
5. 국내에 소개된 작품명은 번역된 제목을 따랐고, 국내에 소개되지 않은 작품명은 원어 제목을 독음대로 적거나 우리말로 옮겼다.

한국어판 서문

이 책은 인도의 경제와 민주주의의 현재를 이해하기 위한 독립 이후 인도의 역사서다. 하지만 이 한국어판 서문은 바로 지금에 관해 이야기한다. 원고를 완성한 지 2년, 영문판이 출판된 지 1년 조금 넘었다. 오늘날 세계의 논평가들은 이 책의 제목(원제는《무너진 인도India is Broken》—옮긴이) 및 논지와는 반대로 인도에 대해 매우 낙관적이다. 실제로 '인도 열풍 India hype'이 너무 지나쳐 인도가 신흥 경제 강국이 될 것으로 예측하는 사람들도 있다. 인도의 민주주의 역시 건강해 보인다. 하지만 경제에 관해 인도 당국과 세계 평론가들은 인도를 돋보이게 만들기 위해 잘못된 통계를 사용하고 있다. 많은 숫자가 완전히 틀렸고, 틀리지 않은 것들은 중요하지 않은 숫자들이다. 사실 일자리와 핵심 공공재(교육, 공중보건, 살기 좋은 도시, 공정한 사법 체계, 환경의 질 등)처럼 삶에 중요한 모든 문제들은 여전히 암울하다. 오히려 지난 2년간 현실은 더 악화되었다.

2024년 4~5월에 치러진 선거 결과에 환호하는 이유는 인도 민주주의의 쇄신에 대한 희망을 주었기 때문이다. 하지만 이번 선거는 인도 민주주의의 고질적인 병폐가 여전하다는 점도 보여주었다. 이러한 이유로 2024년 선거는 새로운 시작이라기보다 오랫동안 침식되어 온 인도 민주주의의 한순간으로 기억될지도 모른다.

인도의 경제 상황이 지속적으로 악화되고 정치가 기능하지 않는 근본적인 이유는 도덕의 실패 때문이다. 즉 모두가 함께 발전해야 한다고 믿는, 공동의 발전을 중시하는 공공 윤리가 부재한 것이다. 이러한 공공 윤리의 부재는 사회 규범과 정치적 책임 의식의 약화로 이어졌다. 누구나 자신이 속을 수 있다는 것을 알기 때문에, 피해자가 되기보다는 다른 사람을 먼저 속이려는 경향이 만연해 있다.

이 서문에서 나는 이러한 도덕의 실패가 어떻게 규범과 책임 의식의 약화 그리고 불평등의 증가로 나타나고 있는지 설명할 것이다. 이를 통해 독자들이 인도가 어떻게 오늘에 이르렀는지를 알려주는 역사적 내러티브에 관심을 갖게 되기를 바란다. 이 책의 논의는 다른 사회에도 귀중한 통찰을 제공할 수 있을 것이다.

인도 열풍의 실상

인도의 최근 GDP 성장률은 인도의 경제적 역동성을 보여주는 지표로 자주 인용된다. 이런 입장은 코로나19로 인한 침체로부터의 일시적인 반등을 장기적인 성장으로 잘못 해석하고 있으며, 납득하기 어려운 데이터의 '불일치'를 무시한다는 점에서 심각한 문제가 있다.

코로나19는 인도에 잔혹했다. 인도의 1인당 사망률은 세계에서 가장 높은 수준이었는데, 코로나 바이러스에 상대적으로 저항력이 있는 젊은 인구가 없었다면 사망률이 더 높았을 것이다. 게다가 여성, 아동 및 경제적 취약계층은 특히 심각한 고통을 겪었다.

첫 번째 코로나 파동 당시 인도의 GDP는 급격히 감소했고, 두 번째 파동 때에도 다시 한번 타격을 받았다. 결과적으로 팬데믹 기간 동안 인도의 GDP 실적은 주요 글로벌 국가 가운데 최악이었다. 여기에 대해서는 이견이 없다. 다음에 무슨 일이 일어났는지 평가할 때 코로나19로 인한 침체를 염두에 두는 것이 중요하다. 급격한 경기 침체는 종종 소비자와 기업들이 미루었던 소비와 투자를 재개함에 따라 나타나는 반등으로 이어진다. 인도 역시 2022년과 2023년에 어느 정도의 반등을 경험했다. 이는 경제가 장기적으로 건강하다는 뜻은 아니었다. 실제로 코로나19 기간 동안의 경기 하락과 이후의 회복을 평균하여 계산한 성장률은 연간 약 4%로, 코로나19 직전의 값과 거의 정확히 일치했다. 이는 2010년대 초반의 연간 6~7% GDP 성장률에 비하면 상당한 둔화된 수치였다.

따라서 첫 번째 결론은 인도의 GDP가 코로나 직전부터 현재까지 연간 약 4%씩 성장했다는 것이다. 이는 인도의 과거 성장 추세 및 성장이 빠른 나라들에 비해 상대적으로 저조한 속도이다.

통계 기관은 GDP를 국민이 국가의 상품과 서비스를 생산할 때 벌어들이는 소득 그리고 국내외 구매자들이 그 상품과 서비스에 대해 지출하는 금액으로 추정한다. 원칙적으로 이 두 수치는 동일해야 하는데, 지난 해 인도의 통계는 이 두 수치의 큰 불일치를 보여준다. 소득 성장률로 측정된 GDP는 연 8%씩 증가하는데, 지출은 연 3% 증가에 그치고 있다. 인도 열풍은 당연하게도 인도 당국이 GDP 성장 지표로 제시하는 훨씬 더 높은 소득 성장률에 기반하고 있다. 인도 경제의 빠른 성장을 보라는 주문은 계속된다.

이는 지출의 모든 구성 요소들은 인도 경제의 성과가 저조하다고 것을 말해주고 있기 때문에 문제가 있다. 특히 민간 소비(가계 지출)는 연간 약 3.5%로 낮게 증가하고 있으며, 오히려 둔화 조짐을 보이고 있다. 사람들은 소비를 하고 싶어도 구매력이 없어 고통 받고 있다.

소비자의 약세를 확인하듯, 기업들은 점점 더 느린 속도로 투자하고 있다. GDP 대비 민간 투자 비율은 지난 15년간 GDP 성장률 하락과 함께 감소했다. 기업들은 구매자들이 더 많은 재화와 서비스를 구매할 능력이 사실상 제한적이기 때문에 투자할 동기가 거의 없다고 말한다. 인도 열풍에도 불구하고 외국인 투자자 역시 시장이 제한적이라고 판단하여 지난 1년 동안 인도에 대한 투자를 늦추었다. 그리고 무엇보다 인도의 수출은 거의 늘어나지 않고 있다.

정부 투자 지출은 급격히 증가하고 있지만, 경제에서 차지하는 비중이 작기 때문에 총 지출과 소득 성장 사이의 큰 격차를 해소하지 못한다. 그리고 정부가 교량, 도로, 철도, 초고속 인터넷 망 투자를 경제 전체를 자극하는 수단으로 정당화했지만, 이러한 부양책이 왜 효과가 없는지는 미스터리다.

역사의 교훈은 분명하다. 18세기 말 산업혁명 이후 모든 성공적인 경제 발전 경험의 핵심에는 대중교육과 양성평등을 위한 노력이 있었다. 일본, 대만, 한국, 중국, 베트남의 동아시아 경제는 이 교훈을 잘 익혔다. 반면에 교량과 도로 형태의 인프라는 일반적으로 대중교육과 더 큰 성평등의 기초가 뿌리를 내린 후 수십 년이 지나서야 구축됐다. 그때가 되어야 물리적 인프라는 생산적인 것이 되었다.

서울-부산 고속도로는 1970년에 건설되었는데, 이는 한국이 강력한 대중교육 기반을 확립하고, 여성을 노동력으로 끌어들이기 시작하고, 노동집약적 수출 시장에서 중요한 참여자로 자리 잡은 후였다. 그리고 서울-부산 고속도로를 6~8차선으로 확장하는 사업은 1980년대 중반에야 시작되었다.

인도의 대중교육과 양성평등이 개선되지 않는 한, 정부가 교통 인프라에 투자하여 상거래의의 병목 현상을 완화한다고 해도 경제 발전을 자극하는 데 거의 도움이 되지 않을 것이다. 특히 인도는 가장 큰 문제인 일자리 창출에 계속 실패할 것이다. 최근 인도에서 가장 제조업이 발전한 주 중 하나로 여겨지는 남부의 타밀나두Tamil Nadu 주의 한 신발 생산업자는 인도 기업들은 중국인들이 150개를 만들 수 있는 자원으로 100개만 생산한다고 말했다. 인도 당국은 첨단 기술이 필요 없는 노동집약적 산업조차도 기본적인 읽기와 산술 능력을 습득하고 직업윤리를 갖춘 교육받은 노동자들이 필요하다는 현실을 제대로 파악하지 못하고 있다.

인도 열풍은 세계 제조업 무역에서의 인도의 비참한 실적을 간과하고 있다. 자본집약적인 석유화학 및 화학제품을 제외한 모든 노동집약적 상품 수출에서 인도의 세계시장 점유율은 1.3%에 불과하다. 반면 인구 14억 명의 인도에 비해 1억 명인 베트남의 노동집약적 상품 수출 점유율은 인도보다 약간 높은 수준이다.

2022년과 2023년 동안 인도 열풍이 불었던 이유의 일부는 소위 '차이나 플러스 원' 개방의 혜택을 인도가 받을 것이라는 기대 때문이었다. 이는 미국과 유럽이 중국 제품에 대해 보호주의적 장벽을 세우면서 생긴 기회였다. 자주 언급되는 애플 협력업체들의 인도 투자에도 불구하고, 그런 기회는 인도에게 거의 열리지 않았다. 분명히 말하자면, 애플 관련 투자가 더 광범위한 제조업 호황으로 발전할 수도 있지만 그런 현상은 아직 일어나지 않았다. 그 사이에 유리한 입지에 위치한 멕시코는 미국의 '우방국 지원' 정책(부분적으로는 자국에 중국 투자자와 전문가들을 끌어들임으로써)의 혜택을 누리고 있다. 뛰어난 인적 자본과 동아시아 공급망에서의 훌륭한 위치를 가진 베트남도 다른 주요 수혜자였다.

인도 열풍의 마지막 보루도 그 빛을 잃고 있다. 이는 코로나 시기 동안 디지털 기술을 사용하는 인도 기업들의 부상과 관련이 있다. 이 중 가장 화려한 것은 이른바 '스타트업'이었는데, 그중 많은 기업들이

10억 달러 이상의 가치 평가를 받아 '유니콘' 배지를 획득했다. 디지털 기반 기업들 중에는 비즈니스 및 정보 서비스를 수출하는 업체들도 포함되어 있었다.

하지만 대부분의 스타트업들은 무너졌으며, 장기적으로 수익을 기대할 수 있는 기업은 소수에 불과하다. 디지털 서비스 수출이 인상적인 성과를 거두고 앞으로도 글로벌 시장 점유율을 계속 늘릴 가능성이 있지만, 코로나 시기의 폭발적인 성장은 이제 끝났다.

기술 관련 서비스 수출 소식은 다소 좋은 편이다. 코로나 시기 동안 인도의 공급업체들은 세계 비즈니스 및 정보 서비스의 시장에서 그들의 입지를 넓혔고, 현재 글로벌 무역의 약 5%를 점유하고 있다. 그들은 전 세계 기업들의 수요를 충족시켰고, 그중 많은 기업들이 자사의 컨설팅 및 R&D 서비스의 인도 확장을 시작했다. 여전히 기술 수준은 상대적으로 낮지만, 코딩과 콜센터와 같은 오래된 분야보다 더 정교한 기술을 보유하고 있다. 이 두 분야 모두 경쟁자가 많아지면서 인도의 성장은 둔화되었다. 이 분야들 역시 코로나로 인해 급증했던 글로벌 수요가 둔화되면서 인도 역시 영향받고 있다는 점에 유의해야 한다.

인도 열풍의 실상에 주목하면서 나는 인도 경제 발전의 극도로 불평등한 성격 또한 강조하려고 노력했다. 대중교육과 성평등은 오랫동안 우선순위에서 밀려났고, 인도 사회의 가장 취약한 계층이 코로나 기간 동안 가장 큰 고통을 겪었으며, 소비 성장도 미약했다. 인도의 발전 전략은 동아시아의 가장 역동적인 발전 사례들이 보여준 교훈, 즉 평등할수록 성장이 더 빨랐다는 있다는 사실을 고려하지 못했다.

그러나 인도 열풍은 계속될 것이다. 이는 국내외 엘리트들이 국가가 직면한 긴급한 문제들로부터 사람들의 관심을 돌리도록 하는 데 도움을 주기 때문이다. 이는 심각한 비도덕적 행태다.

지속되는 장기 발전의 부족

인도 경제는 독립 후 75년 동안 양질의 일자리를 충분히 만들지 못했다. 새로운 구직자로 더해지는 청년 인구는 빠르게 증가하고 있다. 일자리 기회가 부족한 상태에 머물러 있는 한, 인도는 저축, 투자, 성장의 급증을 주도할 '인구 배당'을 받는 것이 아니라 인구로 인한 재앙을 맞이할 것이다.

인도 정부 통계에 따르면 2014년에서 2022년 사이에 2억 2,000만 명의 젊은 인도인들이 75만 개의 일자리에 지원했다. 끓어오르는 좌절감이 극에 달해 폭력이 점점 더 빈번하게 발생하고 있다.

인도는 어마어마한 일자리 문제에 직면해 있다. 14억 인구 중 15세 이상의 생산연령인구는 약 10억 명이다. 이 가운데 일을 하거나 할 의사가 있는 사람(경제활동인구―옮긴이)은 6억 7,000만 명뿐이며, 나머지 3억 3,000만 명은 일하지도 않고 구직 활동도 하지 않는다. 경제활동인구 중 거의 절반에 해당하는 46%가 농업에 종사한다.

또한 인도의 '노동자'들은 일반적으로 이해되는 의미로 고용된 것이 아니라는 점을 상기해야 한다. 대부분의 인도인들은 실업을 감당할 수 없기 때문에 '실업률'은 4%에서 8% 사이로, 그리 높지 않다. 요약하자면, 생산연령인구 10억 명 중 3억 명 이상이 일하지 않거나 구직 활동을 하지 않으며, 적어도 2억 명이 추가로 불완전 고용 상태에 있다. 즉 통상적인 실업률 수치는 인도의 고용 상황을 이해하는 데 중요하지 않은 통계다.

일자리 부족에 따른 압력은 점점 심각해지고 있다. 매년 거의 1,000만 명의 인도인들이 생산연령인구에 더해진다. 이들은 일하지도 일을 구하지도 않는 사람들과 실업자, 또는 불완전 고용자의 누적분에 더해진다. 인도의 정치 및 정책 리더십은 당면한 거대 과제로 인해 마비되어 있다.

2000년대 초까지 인도 당국은 거의 모든 아이들을 학교에 등록시켰지만, 이는 더 어려운 문제를 수면 위로 끌어올렸다. 학습 성과 조사 결과, 학교가 아이들을 거의 교육하지 않는다는 사실이 계속 드러났다. 교육의 질과 경제 성장 간의 밀접한 관계에 관한 세계 최고의 학자로 꼽히는 스탠퍼드 대학교의 에릭 하누셰크Eric Hanushek는 인도 학생 가운데 약 15%만이 글로벌 경제가 요구하는 기본적인 읽기와 계산 능력을 갖추고 있다고 추정한다. 이에 비해 중국 학생들은 85%가 이러한 능력을 갖추고 있다.

마지막으로, 인도 대학에서의 교육의 질도 떨어지고 있다. 인도의 유명하고 뛰어난 공과대학과 의과대학은 수용 능력이 제한적이다. 대규모 학생을 수용하는 큰 공립대학들은 열악한 행정, 자격을 갖춘 강사와 교수의 부족, 그리고 공격적인 힌두 민족주의에 우선순위를 두라는 압력으로 인해 고통 받고 있다.

그러나 아마도 인도의 가장 큰 도덕적 실패는 환경 파괴와 그로 인해 다음 세대에 미칠 영향일 것이다. 인도의 끔찍한 대기 질은 많은 관심을 받고 있으며, 충분히 그럴 만하다. 하지만 훨씬 더 심각하고 극도로 파괴적인 문제는 국가의 수자원 공급과 수질의 악화다. 가정과 공장에서 나오는 폐수가 수십 년 동안 인도의 강들을 오염시켜 왔다. 가속화된 기후 변화로 인한 환경오염의 위험성을 보여주는 사례는 점점 더 많아지고 있다.

정치 시스템의 모든 부분들은 마치 인도의 장기적인 발전을 저해하고 심화시키기 위해 작동하는 것 같다. 다행히 2024년 4~5월 총선 결과는 사실상의 독재 국가였던 인도가 국민의 즉각적이고 장기적인 요구에 반응하는 민주주의의 부활을 경험할 수 있다는 희망을 불러일으켰다. 동시에 그 희망이 허황된 생각일 수 있다는 불안감이 상존한다.

인도 정치의 아이디어와 책임의 부재

최근 총선에서 많은 유권자들이 힌두 민족주의보다 자신들의 물질적 이익을 우선시함으로써 집권 여당인 인도인민당(BJP)에 충격을 주었다. 이를 통해 국내외 엘리트들이 퍼뜨린 '변화하는 인도'라는 허상에 타격을 주었다. 과장된 GDP 성장률 그리고 현실과 동떨어진 빈곤 종식 선언에 기반한 과장 광고는 우타르프라데시Uttar Pradesh에서 명백하게 거부당했다.

인도 민주주의의 이 결과에 환호할 만하지만, 더 많은 박수는 성급하다. 유권자들은 주로 카스트에 기반을 둔 요구를 통해 그들의 물질적 필요를 강조했다.

카스트의 이해관계가 부활한 것은 더 보편적이고 포용적인 미래에 대한 희망이 없음을 반영한다. 억압받는 이들을 고양시키고 존엄성을 부여하는 것이 중요하지만, 이번 선거는 좋은 일자리와 교육, 의료, 살기 좋은 도시, 공정한 사법 제도, 깨끗한 환경과 같은 공공재를 추구하기 위해 유권자들을 단결시키기보다는 오히려 분열시켰다. 점점 더 많은 카스트들이 경제적 소외감을 공유하고 있지만, 정부 일자리 할당, 대학 입학, 선거 대표성에 집중한다면 선거는 수혜자들 사이의 제로섬 게임에 불과해진다.

더 걱정스러운 것은 이번 선거를 통해 유권자들이 자신의 물질적 이익을 위해 정치적 선택을 할 권리를 제한하는 인도 민주주의의 병리 현상이 심화되고 있다는 점이다. 유권자들은 일반적으로 정보에 입각한 선택을 하지만, 이기적인 정치 계급은 공공의 이익에는 거의 관심이 없다. 극소수를 제외한 대부분의 후보자들은 정치를 자신의 권력을 강화하고 부를 축적하기 위한 사업으로 취급한다. 유권자는 투표를 통해 지도자를 교체할 수 있지만, 또 다른 부패 정치인이 의회에 입성하는 것이기 때문에 민주적 책임을 강제할 수 없다.

그 결과는 나쁜 정치적 균형이다. 정치 지도자로부터 더 나은 것을 기대할 수 없다는 사실을 깨달은 유권자들은 단순히 이권 할당뿐만 아니라 현금과 현물 이전과 같은 즉각적인 유형의 혜택을 요구하는 법을 배웠다. 즉각적으로 보이는 것에만 초점을 맞춤에 따라 모든 사람들을 경제적으로 풍요롭게 하고 사회적 결속을 촉진하는 일자리와 공공재에 대한 장기적인 요구들은 가려지고 있다. 이번 선거가 우리에게 상기시켰듯이, 누구도 시스템을 바꿀 동기가 없다.

실제로 시민들의 삶을 개선해야 할 의무에서 벗어난 정치 지도자들은 엘리트의 이익과 유착됐다. 국가의 강압적 권력 사용이라는 형태로 나타나는 권위주의는 이러한 엘리트 주도의 정치체제와 융합된다. 희망을 포기하기에는 이르지만, 이번 선거는 인도 민주주의의 장기적인 침식 과정에서 나타난 일시적 상황 변화로만 기억될 것이다.

무엇이 변할 것인가?

대기업 성장에 치중한 인도의 기본적인 발전 모델이 변하지 않을 것이라는 점은 수정 구슬 들여다보듯 자명하다. 그러한 기조를 보여주듯이 인도의 양대 재벌인 가우탐 아다니Gautam Adani(그리고 아내 프리티)와 무케시 암바니Mukesh Ambani(그리고 아들 아난트)가 모디Modi 총리의 취임식에 주요 인사로 참석했다. 그들은 그곳에서 권력과 돈, 화려함을 과시하며 발리우드 스타들과 어울렸다.

연정 파트너 가운데 특히 안드라프라데시Andhra Pradesh 주 수상인 찬드라바부 나이두Chandrababu Naidu의 환심을 사기 위해 아마도 새로운 재계 측근들이 선택받은 소수로 합류할 것이다. 하지만 그들에게 농업 위기, 일자리, 공공재에 대한 조치를 기대해서는 안 된다. 이런 문제에 대해서는 어떤 정당도 공약을 내지 않았는데, 이 뿌리 깊고 다루기 힘든 문제들을 해결할 아이디어가 아무에게도 없기 때문이다. 대신, 개발이 정체된 상황을 뛰어넘기 위한 마법 지팡이를 호출하는 일이 계속될 것이다.

개발 대신 현금과 현물 지원은 분명히 증가할 것이고, 비하르Bihar 주 수상 니티시 쿠마르Nitish Kumar가 집권 연합에 참여한 것에서 볼 수 있듯이, 사회정의를 내세운 카스트 기반 할당제가 더 크게 도드라질 것이다. 그리하여 파이를 키우지 못하는 집권 세력은 그것을 더 작은 조각으로 나누는 방법을 모색할 것이고 이 과정에서 정치적 부족주의는 더욱 심화될 것이다.

인도 민주주의의 실천에 대해서는 더 큰 의문 부호가 붙는다. 무슬림 린치와 힌두트바Hindutva 반대자들 박해로 특징지어지는 공격적인 힌두트바 의제는 잠시 주춤할 수 있지만, 최근의 보도들은 그리 희망적이지 않다. 모든 정당들이 온건한 힌두트바 스탠스를 채택하였고, 정치 지도자들 사이에서 힌두스러움을 놓고 경쟁이 더 흔해졌으며, 영화들은 점점 더 힌두트바 성향을 띠고 있고, H-팝이 문화에 침투했다. 인도를 힌두교 국가로 보는 생각이 마음 속 깊이 자리 잡고 있는 것이다. 두 명의 세속적 연합 파트너가 있음에도 불구하고 총리의 내각에는 무슬림이 없는데, 이는 무슬림에 대한 지속적인 편견과 차별을 보여준다.

또 다른 권위주의적 경향인 정치적 반대자와 비판자 기소는 속도가 주춤할 수는 있지만, 최근의 조치로 알 수 있듯 멈추지는 않을 것 같다. 슬프게도 정치에 많은 돈과 범죄가 엮여 있기 때문에 사실상 누구나 그럴듯하게 부패 혐의를 씌울 수 있다. 엘리트를 선호하는 경제 발전 모델과 마찬가지로, 가혹한 예방 구금과 자금 세탁법은 모디 시대 이전부터 존재했다. 그리고 어떤 정당도 이를 폐지하기 위한 캠페인을 벌이지 않았다. 모디는 자신의 의도를 명확히 하는 데 시간을 낭비하지 않았다. 그는 "부패를 강력히 척결하겠다"고 말했는데, 이는 정치적 반대자들에게 국가의 강압적 권력을 사용하겠다는 뜻이다.

소선거구제는 야당에게 기회를 주었고, 여명은 아직 밝아올 수 있다. 우리는 이번 선거를 되돌아보며 인도 민주주의의 전환과 더 포용적인 경제 전략의 시작을 알리는 환영할 만한 초기 신호라고 축하할 수 있을지도 모른다. 그러한 희망과 동시에 우리는 만연한 정치의 퇴보를 뒤집기가 쉽지 않다는 점을 기억해야 한다. 주변의 모든 사람이 일탈을 한다면, 도덕적으로 사는 것은 생존을 위협한다. 우리는 더 격렬한 공론장과 극적인 드라마를 예상할 수도 있지만, 순진하게 건강한 민주주의의 징후로만 해석해서는 안 된다. 과거의 문제들이 누적되면서 사람들의 삶은 더 피폐해질 수 있다는 것을 기억해야 한다.

서문

    독립 이후 수십 년 동안 인도의 성취는 떠오르는 나라라는 스토리에 힘을 실어주었다. 1951년 이후 수억 명의 인도인들이 5년마다 지도자를 선출하기 위해 투표소로 갔다. 1980년대부터 인도는 잠재적인 경제 초강대국으로서 세계의 상상력을 사로잡았다. 인도 학생들은 미국과 영국의 최고 대학에서 두각을 나타냈다. 인도 정보기술 회사가 늘어났고 콜센터의 인도인 상담원들이 흔해졌다. 곧 인도인들은 주요 글로벌 기업에서 매우 중요한 자리를 차지했다. 2004년, 미국 대통령 후보 존 케리John Kerry는 인도 남부 도시 방갈로르Bangalore의 인터넷 연결이 여러 미국 도시보다 우수하다고 주장하면서 동료 미국인들을 충격에 빠뜨리려 했다. 인도의 GDP 성장률은 2018년에 급락하기 시작했지만, 인도가 세계 무대에서 급속히 부상하는 주자라는 이미지는 지속되었다. 세계적으로 인정받고 찬사받는 인도인의 수가 늘어났다. 2020년과 그 이후 COVID-19 위기를 분석하면서, 인도계 의사들은 미국 TV 프로그램에서 무소불위의 해설자였다.

국제 관측통들과 인도 전문가들은 오랫동안 민주주의 인도의 느릿느릿한 경제 "거북이"가 권위주의 중국의 거만한 "토끼"를 앞지를 것이라고 예측해 왔다. 세계 최대 민주국가일 뿐만 아니라 경제 초강대국 인도라는 존재는 인도 국민들뿐만 아니라 경제적, 지정학적으로 압도적인 중국에 대항할 중요한 균형추를 얻게 될 세계에도 흥미진진한 전망이다.

이 책의 이야기는 1947년 인도가 영국 식민 통치로부터 독립을 쟁취한 희망찬 순간에서 시작한다. 영국령 인도가 피 튀기는 과정을 거쳐 인도와 파키스탄으로 분리된 이후, 절망적으로 가난하고 대부분 문맹이었던 인도인들은 간절히 발전을 바랐다. 기근 관리가 개선되고 유럽에서 감염병을 통제했던 의약품이 광범위하게 보급되면서 사망률이 낮아지고 있었다. 사망률이 낮아지면서 일자리를 찾는 젊은 인도인들의 수가 급증했다. 인도 지도자들과 정책 입안자들에게는 무엇보다도 엄청난 수의 사람들을 위한 일자리를 창출해야 하는 과제가 있었다. 고용 창출이라는 도전에 대한 정치적 대응은 이 책을 하나로 관통하는 중심 주제다.

처음부터 일자리는 느리게 증가했다. 1960년대 후반이 되자 삶의 고난에 대한 좌절감이 광범위한 분노를 촉발했다. 그 분노를 진정시킬 수 없었던 인디라 간디Indira Gandhi 총리는 1960년대 후반부터 권위주의로 나아가기 시작했고, 권위주의는 1975년 6월부터 1977년 3월까지 "비상 통치"로 절정에 달했다. 21개월 후 민주주의의 형식은 되살아났지만, 사회적 신뢰 구조와 민주주의 정신은 계속 침식되었다. 정부 최고위층에 부패가 만연했고, 국가의 강압적 권력 남용이 증가했으며, 편협한 이해관계를 지키고 논쟁에서 이기기 위한 폭력이 일상화되었다. 매체의 헤드라인을 장식하는 정책은 단기적 초점에 매몰되었고, 좋은 일자리와 사회 복지에 필수적인 공공재, 즉 교육, 보건,

활기찬 도시, 공정한 사법 제도, 깨끗한 환경을 무시하고 심지어 미래에 대한 고려 없이 사용하게 만들었다.

인도의 일자리 창출이 부진하고 높은 인플레이션이 지속되는 동안에도, 인적 자본과 도시 개발에 대한 막대한 투자로 무장한 동아시아 국가들은 거의 완전 고용을 달성하면서 세계적으로 경쟁력 있는 경제를 구축했다.

1980년대 중반부터 소수의 인도인들은 엄청난 부를 축적했다. 동시에 가장 비참한 형태의 빈곤이 감소하기 시작했다. 그러나 수억 명의 인도인들은 계속해서 기본적인 생계 수준을 간신히 유지하며 불안정한 삶을 살았다. 지속되는 사회적 분노는 범죄 조직에 먹이를 주고 "분노한 힌두교도" 폭도들을 지탱했다. 폭도들이 새로운 활동 무대를 모색하면서 힌두 민족주의는 사회 구조의 더 큰 균열을 보여주었다.

독립 75주년이 된, 이 책을 쓰고 있는 지금, 인도의 민주주의와 경제는 무너졌다. 스웨덴에 본부를 둔 학술 싱크탱크인 브이뎀V-Dem은 인도를 "선거 독재국"으로 분류하는데, 이는 선거를 치르지만 법치와 언론의 자유가 용납할 수 없을 정도로 낮은 수준으로 떨어진 국가를 말한다. COVID-19는 질병의 첫 번째 물결에 의해 붕괴된 인도 경제의 취약성을 폭로했다. 사라진 1억 개의 일자리 중 2,500만 개 이상은 다시는 돌아오지 않을 수 있다. 더 많은 일자리가 감염병의 두 번째 물결에 의해 사라졌다. 이렇게 사라진 일자리만큼이 해소되지 않고 쌓여만 가던 일자리 수요에 다시 추가되었고, 새로운 젊은 인도인들이 구직 대열에 진입하면서 인도는 불안정한 미래라는 유령에 직면해 있다. "인도는 고용 위기에 처해 있다"는 것은 진부한 표현이 되었다.

이 책은 현재에 관한 정보를 제공하는 역사서다. 나는 역대 인도 지도자들의 관점에서 이 책을 썼지만, 이야기의 핵심은 사회 규범의 지속적인 침식과 정치적 책임 의식의 붕괴에 관한 것이다. 약화된 규범과 책임 의식은 민주주의의 규칙과 제도를 특권층과 권력자들의 장난감으로 만들었다. 모두를 위한 양질의 교육, 보건, 도시 공간 제공에 있어 필요한 협력은 심각하게 부족하다. 정의의 여신은 더 이상 공정함을 위해 눈을 감고 있지 않으며, 만연한 환경 파괴는 현재 진행 중인 기후 위기로 인한 피해를 맹렬하게 증폭시키고 있다. 규범과 책임성의 회복에는 책임이 필요하기 때문에 인도는 전형적인 캐치-22 Catch-22 상황*에 처해 있다.

인도 문제의 책임을 인도의 혐오스러운 카스트 제도에 돌리는 것은 쉽지만 잘못된 일이다. 인도가 딜레마에 빠진 것은 부패, 범죄자와 정치인 사이의 모호한 경계, 사회적 폭력이라는 보편적인 도덕적 실패의 희생양이 되었기 때문이다. 일단 주요 사건들이 이러한 고통을 정치와 사회에 주입하자, 변화와 기회가 있을 때마다 잘못된 선택을 계속하는 것이 더 쉬워졌다.

경제는 사회 규범이 신뢰와 장기적 협력을 조성할 때 번성하는 도덕적 우주라는 것을 인도가 인식할 때에야만 이 함정에서 벗어날 수 있다. 경제는 숙련된 엔지니어가 정책 수단을 영리하게 바꾸면 사람들이 톱니바퀴와 기어처럼 순조롭게 반응하는 기계가 아니다. 신뢰와 협력이 없다면 최고의 정책과 기술조차 바람직한 결과를 내기 어

---

* 조지프 헬러Joseph Heller(1923~1999)의 소설 제목이다. 소설에서 "캐치-22"는 군사적 규칙으로서, 순환논리적인 구조를 통해 병사들이 전투 임무로부터 빠져나가는 것 등을 원천적으로 금지한다. 전역을 하기 위해서는 병사가 정신병 등 금치산자 판정을 받아 전역을 신청해야 하는데 이런 요청은 금치산자 스스로는 제기할 수 없기 때문에 무효가 된다. 베스트셀러가 된 이후 캐치-22라는 표현은 진퇴양난, 딜레마, 자기모순 등의 뜻으로 사용된다. 저자는 이 책에서 종종 캐치-22라는 표현을 사용하는데 이후부터는 진퇴양난으로 옮긴다.

럽다.

이 책은 인도의 이야기를 연대순으로 서술하여 내가 지도자와 정책 결정자들이 내린 선택을 사후에 비판하지 않도록 했다. 연대기는 사건과 선택이 미래를 결정적으로 형성한 특정 순간에 초점을 맞추고 있다. 지도자들의 성격과 말이 크게 부각되는 동안, 종종 창의적인 민족지학적 글의 일부를 인용하여 인도인들, 특히 젊은 인도인들이 어떻게 살았는지 묘사할 것이다. 또한 생생한 사회적, 문화적 해설을 위해 인도 영화를 참고한 부분도 있다. 통계는 거짓 내러티브의 안개를 걷어내고 분석을 체계화하는데, 이는 내가 25년 동안 국제기구의 일원으로 일하면서 배운 접근 방식이다.

나는 현대 인도사 또는 경제 발전사에 관심 있는 사람이라면 누구나 이 책을 접근하기 쉽고 유익하게 느끼기를 바란다. 학생들은 어떤 질문에 대한 답을 찾고 새로운 아이디어에 흥미를 느끼기를 바란다. 학자들에게는 여러분의 연구를 공정하게 대표하고 더 많은 연구를 위한 길을 제안하려 노력했음을 전한다. 나는 인도에서 태어나 자랐지만 거의 40년 동안 미국에서 살고 일해왔다. 몇 년 전, 나는 미국 시민이 되기 위해 인도 시민권을 포기해야 했다. 내가 아버지에게 전화해서 내가 느낀 감정적 단절을 말했을 때, 아버지는 주저 없이 나를 안심시켰다. "너는 언제나 마음속으로는 인도인일 거야." 여러분이 이 페이지에서 듣는 목소리의 주인은 바로 그 마음속 인도인이다

1장
과거와 현재, 서론

메마른 농장을 떠나는 비탄에 잠긴 마을 사람들의 대탈출 행렬이 캘커타를 향해 비틀거리며 나아간다. "Woh raha Kulkutta(저기 캘커타가 있다)"라고 수척한 젊은 농부가 지평선에 있는 도시를 가리키며 희망적으로 말한다. 그의 눈에 있던 희망은 도시가 가져올지도 모르는 두려움으로 재빨리 바뀐다.

역사적인 도시 캘커타, 벵골 동부 주의 주도는 농촌 사람들의 희망을 무참히 짓밟는다. 도시는 집 대신 인도의 궁핍함을 줄 뿐이다. 죽음의 유령은 계속해서 떠돈다. 일자리가 없다. 부자들은 눈에 띄게 물질주의적이다. 도시의 권력자들은 뒤에 남겨진 농촌에서와 마찬가지로 냉소적인 특권 의식으로 무력한 여성들을 착취한다. 결국 기근 상황이 완화되면, 캘커타로의 힘겨운 여정과 가혹한 삶에서 살아남은 많은 이들이 고향으로 돌아간다. 인도에서 가장 취약한 사람들에게는 집도, 보람 있는 일도, 존엄성도 없다. 도시에서 농촌으로의 역逆이동은 그런 절망의 표현이다.

이 장면들은 1943년 벵골 기근을 묘사한 1946년 영화 〈땅의 아이들Dharti ke lal〉에서 나온 것이다. 이 영화를 논하면서, 27세의 떠오르는 천재 영화감독 사티아지트 레이Satyajit Ray는 "영화의 원재료는 삶 그 자체"라고 썼다.[1]

인도의 가장 깊은 상처 중 하나를 신중하게 다루면서, 이 영화는 난민들에게 먹을 것을 제공하는 주방조차도 힌두교도와 무슬림을 위해 분리되었음을 보여주었다. 영국 통치하의 인도가 인도와 파키스탄으로 분리되는 순간이 다가오고 있었다. 현실은 금기시되었다. 1946년 8월, 〈땅의 아이들〉의 개봉과 거의 때를 같이하여, 힌두교도와 무슬림은 서로 살육을 벌여 "캘커타 대학살"로 5,000명에서 1만 명이 죽었다. 1년 후 분리가 임박했을 때, 수백만 명의 힌두교도와 무슬림이 벵골주를 관통하는 동부 인도-파키스탄 국경을 넘었다. 모한다스 카람찬드 간디Mohandas Karamchand Gandhi이자 마하트마 간디Mahatma Gandhi 또는 간략히 마하트마라고 불리는 이 위대한 영혼은 또 다른 재앙적인 유혈 사태를 막았다. 그는 캘커타에서 벵골의 힌두와 무슬림 지도자들을 모았다. 그들은 매일 기도 모임을 함께했고 공동체의 연대를 보여주기 위해 거리를 걸었다. 그러나 펀자브주를 관통하는 서부 국경에서 힌두교도와 무슬림 간의 대규모 충돌은 막을 수 없었다.[2]

그 참담한 순간에도 정치적 희망은 있었다. 펀자브에서의 잔혹 행위가 격렬해지던 1947년 8월 15일 자정 직전, 인도 총리 자와할랄 네루Jawaharlal Nehru는 인도 제헌의회에서 연설했다. 3억 6,000만 명의 70%가 변덕스러운 농업에 생계를 의존하는 새로운 인도에 네루는 약속했다. 인도의 민주주의는 마하트마의 맹세처럼 "모든 눈에서 모든 눈물을 닦아내기" 위해 노력할 것이라고.[3]

인도 지도자들은 곧 고귀한 원칙에 기반을 둔 국가를 수립했다. 제헌의회Constituent Assembly는 모든 성인에게 투표권을 부여하고 현대 민주주의의 필수 제도를 확립한 인도 헌법을 제정했다. 결연한 노력으로 500개가 넘는 이전의 분열된 토후국princely kingdoms들이 인도 연방으로 통합되었다. 초기 인도 지도자들은 종교적 관용을 강조했다. 국가 통합과 세속적 민주주의라는 목표는 국민 정신에 스며들어 여러 세대에 걸쳐 많은 인도인들의 세계관과 가치관에 영향을 미쳤다.

독립은 또한 물질적 이득을 가져다주었다. 영국이 떠나기 전 반세기 동안 정체되었던 인도인들의 평균 소득은 처음에는 서서히, 1980년대 중반 이후에는 더 빠르게 증가하면서 수백만 명의 인도인들이 극심한 빈곤에서 벗어났다.

그러나 이득은 불안정했다. 1980년대 중반 이후 달성된 높은 GDP 성장률과 함께 빈곤이 감소했지만, 그 성과의 수준에는 의문 부호가 붙는다. 어려움은 가난한 사람이 **누군지** 정의하는 데서도 발생한다. 분석가들은 오랫동안 한 사람이 하루 1.90달러조차 쓸 수 없다면 그 사람은 가난하다는 세계은행의 관례를 따랐다. 그 정의에 따르면 2011년 인도인의 22%가 가난했다. 그러나 그 무렵 인도는 저소득 국가에서 하위 중산층 국가로 성장했다. 소득이 늘고 삶이 복잡해지며 인간적으로 살기 위한 사회적 기준이 높아졌는데, 이는 하루 1.90달러로는 더 이상 최소한의 필수품을 살 수 없다는 것을 의미했다. 2017년 세계은행은 하위 중산층 국가에 사는 사람들이 필수적인 요구를 충족하려면 하루에 최소 3.20달러가 필요하다는 것을 인정하고, 새로운 빈곤 기준치를 계산했다. 이런 보다 합리적인 정의에 따르면 2011년 인도의 빈곤율은 22%가 아니라 60%였다.[4] 나는 두 빈곤선, 즉 옛 하루 1.90달러와 새로운 하루 3.20달러 사이의 구간에 살고 있는 38%의 인도인들을 불안정한 빈곤층이라고 부른다. 이들은 일반적으로 한 번의 질병이나 한 번의 실직으로 하루 1.90달러 빈곤 기준선 아래로 다시 떨어질 위험에 노출돼 있었다. 인도의 불안정한 빈곤층에는 수억 명의 농민, 건설 노동자, 저숙련 서비스 부문 노동자들이 포함되었다. 시간이 지나면서 상황은 더 악화되었다. 정부가 은폐하려 했던 2017~2018년 공식 조사에 따르면 하루 1.90달러의 기준선 아래 끔찍하게 사는 사람들의 비율마저 상승했다.

분석해 보면, 2018년 8월 금융-건설 버블이 수축되면서 경제적 역동성의 환상이 깨졌다. 그 직후, 2019년 선거에서 돈, 폭력, 그리고 힌두 민족주의가 표를 얻으면서 인도 민주주의는 심각하고 돌이킬 수 없는 타격을 입었다.

2020년 1월, 새로운 코로나바이러스가 인도에 들어왔다. COVID-19로 알려진 질병을 유발하는 SARS-CoV-2였다. 2020년 3월 24일 저녁, 나렌드라 모디Narendra Modi 총리는 자정부터 향후 3주 동안 이동이 금지될 것이라고 발표했다. 그는 사람들의 이동을 심각하게 제한하는 것이 매우 전염성이 강하고 치명적인 코로나바이러스의 확산을 막기 위해 필요하다고 주장했다. 4월 14일, 모디는 봉쇄령을 연장했다. 이제 이 바이러스는 1940년대 벵골에서 겪었던 참상을 2020년에 다시 겪게끔 인도를 무자비하게 내몰고 있었다.[5]

당시 캘커타와 마찬가지로, 오늘날 도시들도 시골 출신 이주민들에게 큰 타격을 입혔다. 이제 그 규모는 훨씬 더 컸고 봉쇄령으로 인해 더 끔찍해졌다. 인도에서 가장 부유한 도시 중 하나인 델리에서조차 시골에서 온 이주민들은 "도시 구석구석에서 살아남았고, 건설, 배관, 상품 운반, 행사용 텐트 설치 등 어떤 일이든 닥치는 대로 했다". 그들은 일을 구한 날에만 임금을 받았다. 봉쇄가 시작된 이후, 그들은 1루피도 벌지 못했다. 사회 안전망이 없었던 그들은 고향 마을과 가족에게 돌아가고 싶어 했다. 그러나 봉쇄령은 여행을 막았다. 델리 외곽의 야무나강Yamuna River 주변의 "쓰레기와 대변으로 뒤덮인 강변"은 "집

에 갈 수 없는 남자들"로 가득 찼다.[6]

델리에 갇힌 이주민은 인도의 1억 명에 달하는 "임시" 이주민, 즉 국가 노동자의 약 20%에 불과했다. 그러한 뿌리 없는 인도인들은 대부분 더 나은 삶을 시작하겠다는 희망으로 시골에서 도시로 이주한 남성들이었다. 종종 7명이나 한 방에 모여 밤에 잠을 잤다. 그들은 할 수 있을 때마다, 특히 수확기에 시골의 고향집으로 돌아갔다. 운이 좋은 이주민들은 뭄바이의 상징적인 빈민가 다라비Dharavi와 같은 곳으로 가족과 함께 이주하여 일반적으로 5명에서 10명 사이가 한 방에 모여 살고 일했다. 그들은 하수구 옆에 있는 공중 화장실을 사용하기 위해 긴 줄을 섰다. 이제 일과 수입이 사라지면서, 다라비의 100만 주민 중 약 15만 명이 적대적인 도시에서 먼 시골로 향하는, 늘어나는 역이동 대열에 합류했다.[7]

공포에 질린 이주민을 다룬 보도가 퍼지자, 정부는 언론이 "가짜 뉴스"를 퍼뜨리고 있다고 비난하며 비판적인 언론에 맹공을 퍼부었다. 모디 총리는 언론사 소유주와 편집장들을 소환하여 위기 대응을 위한 정부의 노력을 다룬 "긍정적인 이야기" 게재를 요청했다. 대법원은 언론의 "가짜 뉴스"가 "위협"이라는 정부의 주장에 동조했다. 대부분의 언론인들은 암울한 현실을 긍정적인 공식 발표로 포장하라는 법원의 지시를 따랐다.[8]

2020년 4월 10일, 우타르프라데시Uttar Pradesh 주 정부는 온라인 뉴스 포털 〈더 와이어The Wire〉의 편집장 시다르트 바라다라잔Siddharth Varadarajan을 가짜 뉴스 보도 혐의로 형사 고발하라고 경찰에 지시했다. 〈더 와이어〉는 실수로 요기 아디티아나트Yogi Adityanath 주 수상의 발언을 잘못 인용했다. 비록 바라다라잔이 재빨리 오류를 수정하고 기사를 다시 게시했지만, 우타르프라데시 경찰은 그에게 조사 통지서를 송달했다. 이로 인한 논란은 아디티아나트 주 수상의 COVID 관런 위반 행위에서 주의를 돌리는 역할을 했다. 2주 전 그는 두 차례 사회적 거리두기 지침을 위반했는데, 두 번 모두 힌두교의 종교적 우선순위가 앞선다는 이유를 들었다.[9]

예전의 힌두-무슬림 분열이 악성 형태로 다시 등장했다. 요기(일반적으로 알려진 그의 별명)가 힌두교 종교성을 과도하게 드러내는 동안, 힌두 광신도들은 2월과 3월에 전국 각지에서 이슬람 선교 단체인 타블리기 자마트Tablighi Jamaat를 표적으로 삼았다. 3월 23일, 모디의 봉쇄 지시 하루 전, 그들은 델리의 니자무딘 웨스트Nizamuddin West에 있는 신학교에서 회합했고 며칠 후 자마트의 일부 회원이 COVID-19로 사망했다. 경찰은 자마트 회원들이 COVID-19 확진자 급증을 초래했다고 비난하고 일부를 체포했다. 증오의 바이러스가 퍼졌다. 북부 지역 대부분은 물론 남부의 카르나타카Karnataka주에서도 무슬림을 향한 공격이 급증했다. 동부 자르칸드Jharkhand주에서는 출혈이 있는 임신 상태의 무슬림 여성이 구타당하고 병원에서 쫓겨났다. 그녀는 아이를 잃었다. 구자라트Gujarat 최대 도시 아메다바드Ahmedabad의 한 정부 운영 병원은 종교에 따라 코로나바이러스 환자를 분리했다.[10]

경제적 불평등은 이제 훨씬 더 커졌다. 4월 22일, 봉쇄령이 시작된 지 4주 만에 〈보그 인디아Vogue India〉는 절묘한 타이밍으로 독자들을 또 다른 뭄바이의 세계, 인도의 현재 재계 거물이자 세계에서 가장 부유한 사람 중 한 명인 무케시 암바니Mukesh Ambani의 27층 뭄바이 자택으로 초대했다. 비좁은 다라비에서 11킬로미터 떨어진 곳에 위치한 암바니의 집은 천장이 너무 높아 일반적인 60층 건물 높이를 자랑한다. 3개의 헬기장, 80명의 손님을 수용할 수 있는 극장, 스파, 168대의 차량을 위한 차고가 갖춰져 있다. "햇살이 내리쬐는 거실"에서는 "바다의 숨막히는 전망"을 감상할 수 있다.[11]

2020년 인도의 힌두-무슬림 분열과 엄청난 경제적 불평등은

1940년대 벵골의 반향이었다. 수십 년간의 경제 발전이 있었지만, 도시에서 마을로의 역이동에 담긴 경제적 절망에서 여전히 그 메아리가 울렸다. 계속되는 역이동은 갑작스러운 소득 상실, 건강에 닥친 재앙, 그리고 비참한 삶의 공간마저 잃을 위험이 지속되고 있음을 보여주었다. 그것은 수억 명의 인도인들에게 인도가 망가져 있음을 알려주었다.[12]

이 책은 왜 인도가 그렇게 망가졌는지 많은 사람들에게 설명하려는 내 노력의 결과물이다.

붉은 여왕 경주에서 지다

루이스 캐럴Lewis Carroll의 《이상한 나라의 앨리스Through the Looking-Glass》에서 붉은 여왕은 이렇게 말한다. "제자리에 있으려면 할 수 있는 모든 걸 해서 달려야 해요. 다른 곳으로 가고 싶다면, 적어도 두 배는 더 빨리 달려야 해요!"[13] 인도의 인구가 증가함에 따라, 인도 경제는 잠재적으로 가치 있는 젊은 노동자들을 활용하기는커녕 일자리 수요를 따라잡을 수 없었다. 이것이 경제의 근본적인 실패였다.

나는 이 책의 중심 주제로 충분한 일자리의 부족을 다루면서, 경제의 성공 척도로 GDP(생산된 상품과 서비스의 합)를 사용하는 관례에서 벗어나고자 한다. GDP는 누가 혜택을 받는지에 대한 중요한 문제를 피하고 무모한 천연자원 사용으로 미래 세대에 발생하는 비용을 무시하기 때문에 국민 복지를 다룰 때 오해의 소지가 있는 척도이다. 사람들의 안녕을 강조하는 시각은 일자리, 더 넓게는 인적 자원 개발, 살기 좋은 도시, 환경, 사법 제도의 질에 초점을 맞추게 한다. 초점으로 복지를 선택하면 현대 인도 역사의 해석은 완전히 달라진다. 비록 최근의 높은 GDP 성장률은 미래에 대한 낙관론을 낳았지만, 복지 지표는 더 일관되게 불길하고 낙담할 만한 이야기를 전한다.

일자리의 변화를 살펴보기 위해서는 몇 안 되는 인도인들만이 일반적인 의미에서의 "실업unemployed"에 이를 여유가 있다는 점을 이해하는 것이 도움이 된다. 대신 그들은 "불완전 고용underemployed" 상태이다. 그들은 자신이 원하는 것보다 일 년 중 더 적은 날, 하루 중 더 적은 시간만 일한다. 불완전 고용은 수백만 개의 가족 농장, 소기업, 임시 일용직 노동자들 사이에 숨어 있다. 농장과 가족 사업에서 어려움을 겪는 가구들은 모든 사람에게 할 일을 주기 위해 "일거리 만들기"를 한다. 이 노동자들 중 많은 이들은 가치 있는 것을 거의 또는 전혀 생산하지 않는다. 그들이 일을 그만두더라도 국내 생산은 거의 감소하지 않을 것이다. 일용직 노동자들은 일이 주어진 날에는 일하고 다른 날에는 놀고 있다.

선진국에서 전통적으로 이해되는 실업, 이른바 "눈에 보이는visible" "공개적인open", 또는 "명시적인explicit" 실업은 주로 인도의 대학 졸업자들을 괴롭혔다. 기준 이하의 대학이 급증하면서 이들은 학위를 수여하지만 보람 있는 일을 위한 기술은 가르치지 않는다. 그러한 졸업생들은 실업 기간을 감당할 수 있는 소수에 속한다.

인도의 저명한 노동경제학자 아지트 쿠마르 고스Ajit Kumar Ghose가 개발한 방법론을 사용하여, 나는 1955년 인도가 불완전 고용 노동자들을 완전히 고용하기 위해서는 약 2,500만 개의 일자리가 더 필요했고, 주로 공개적으로 실업 상태인 대학 졸업자들을 위해서는 약 150만 개의 일자리가 필요했다고 추정한다(3장). 이런 추정치의 부정확성을 감안할 때, 인도는 2,000만에서 2,500만 개 사이의 일자리가 부족했다고 말해도 무방하다. 당시 인도의 인구는 약 3억 6,000만 명이었다. 이후 수십 년 동안 인구가 증가함에 따라 이 채워지지 않은 일자리 수요의 누적량도 증가했다.

일자리 창출 속도는 대략 1980년대 중반부터 2011년까지의 GDP 고도성장기에 개선되었다. 첨단 정보기술 산업과 금융 부문에 종사하는 소수의 화려한 인도인들은 놀랍도록 잘나갔다. 그러나 새로운 일자리의 질은 대체로 열악했다. 새로운 고용의 대부분은 건설업에서 생겨났고, 저생산성 소매업과 운송 서비스에서 보다 적은 일자리가 추가되었다. 이러한 일자리는 임금이 낮고 사회 보장을 제공하지 않았다. 또한 건설 일자리는 노동자들을 심각한 건강 및 안전 위험에 노출시켰다. 결국 GDP 성장을 떠받치던 경기가 수축하기 시작했다. 전반적인 일자리 부족은 특히 2011년부터 2019년 사이에 실질 고용 인원이 감소하면서 심화되어, 2019년 인도 경제는 2011년 보다 더 적은 수의 사람들을 고용하였다.

그리하여 시간이 지남에 따라 부족한 일자리는 1955년 약 2,500만 개에서 2019년에는 최소 8,000만 개로 증가했다. 2019년의 실제 부족분은 거의 확실히 훨씬 더 컸다. 수년에 걸쳐 수백만 명의 인도 농촌 여성들이 일자리를 찾는 것을 그만두었다. 그들은 더 이상 경제활동인구에 속하지 않았기 때문에 실업자도 불완전 고용자도 아니었다. 1955년에는 인도 여성의 39%가 경제활동인구에 속해 있었다. 즉, 일종의 일에 종사하거나 일자리를 구하고 있었다.[14] 1990년까지 그 비율은 32%로 감소했다. 2005년 이후 여성의 경제활동참가율이 급격히 감소하여 고용된 여성의 총수가 실제로 감소했다(그림 1.1). 한편, 동아시아 국가에서는 이 비율이 높거나 상승하고 있었다. 방글라데시에서는 의류 수출의 급속한 확대로 여성들이 다시 일터로 돌아왔다.

일부 학자들은 인도 여성들이 교육 기회가 늘어나고 남편의 수입이 늘어남에 따라 경제활동에서 물러난 것으로 간주한다. 그러나 일을 그만둔 인도 여성의 대다수는 25세 이상이었다. 그들은 일반적으

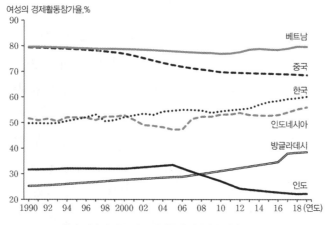

여성의 경제활동참가율,%

그림 1.1 점점 더 많은 인도 여성들이 일자리를 찾지 않고 있다
(15~64세 여성 인구 대비 경제활동참가 여성 비율).
출처: World Bank, World Development Indicators, 국제노동기구(ILO)로부터 수집된 것을 평가,
https://data.worldbank.org/indicator/SL.TLF.CACT.FE.ZS.

로 저소득 가정 출신이었고 이전에는 가족 농장이나 가족 사업에서 "무급 노동" 상태로 일했다. 농업의 기계화로 그들은 일자리를 잃었고, 남편들이 건설 현장, 식당, 또는 길거리 노점상으로 일하기 위해 도시로 이주한 후에는 일할 선택지가 거의 없었다. 만약 방글라데시의 의류 공장에서 제공하는 것과 같은 그들의 능력에 맞는 일자리가 있었다면, 한적한 곳에 앉아 있는 5,000만 명의 인도 여성들이 그들의 빈약하고 불안정한 가족 수입을 보충하기 위해 일을 했을 것이다. 또한 여성들은 심각한 폭력에 직면했는데, 이는 그들이 집 밖에서 일자리를 찾는 것을 방해했다.[15] 따라서 경제활동에서 이탈한 여성들을 더한다면, 2019년까지 인도는 근로 연령대 남녀를 완전히 고용하기 위해 어쩌면 1억 3,000만 개의 추가 일자리가 필요했을 수 있다. 그러나 나는 2019년 고용 수요의 누적분으로 8,000만 개라는 더 낮은 수치를 사용할 것이다.

또한 고스는 가까운 미래에 인구 증가로 인해 인도가 매년 최소

700만 개의 일자리를 더 필요로 할 것이라고 추정하는데, 이 수치는 경제활동참가율(취업자와 구직자를 합한 비율)이 지금의 끔찍할 정도로 낮은 수준보다 증가한다면 연간 900만까지 늘어날 수 있다. 따라서 2019년의 시점에서는 인도가 누적된 일자리 부족분을 해소하 기 위해 8,000만 개의 일자리만 필요하다 하더라도, 새로운 구직자들을 더 하면 앞으로 10년 동안 1억 5,000만에서 1억 7,000만 개의 일자리를 창출해야 하는 거의 불가능한 경제적 도전에 직면하게 되는데, 이는 직전 몇 년 동안 일자리가 전혀 늘어나지 않았던 현실과 대비된다.[16]

COVID-19의 확산은 그 암울한 전망에 추가적인 영향을 미쳤다. COVID-19 기간 동안 사라진 일자리 중 약 2,500만 개는 다시는 돌아오지 않을 수 있고, 그 2년 동안 1,500만 명의 새로운 구직자들이 대기 행렬에 합류했다. 4,000만 명이 추가되면서, 2021년 말 인도는 향후 10년 동안 국민들을 완전히 고용하기 위해 1억 9,000만에서 2억 1,000만 개의 일자리가 필요했다. 이 인도 일자리 수요의 예측은 경제활동참가율이 계속해서 낮을 것으로 가정하고 2차 및 3차 COVID 파동에서 잃어버린 일자리를 완전히 고려하지 않기 때문에 과소평가일 가능성이 크다.

독립 인도는 급속히 증가하는 청년들을 위한 생산적인 일자리를 충분히 창출할 수 없는 중공업 개발 전략을 채택함으로써 잘못된 출발을 했다. 그 이후로 GDP 고도성장기에도 산업의 구성이 노동자의 수요를 제약했다. 많은 기회의 창이 있었음에도 불구하고 인도는 노동집약적 제조업 수출을 통한 동아시아 스타일의 고용 창출을 모방하는 데 실패했다.

수출을 통해 일자리를 창출하는 데 반복적으로 실패한 것은 인도가 붉은 여왕 테스트에서 탈락한 가장 생생한 사례다(그림 1.2). 지금은 이상하게 보일 수 있지만, 1950년대 초 인도의 제조업 제품 세계

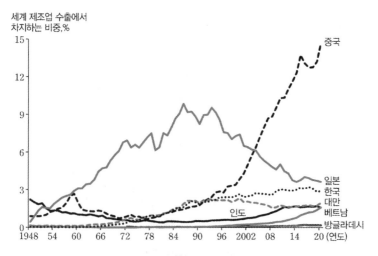

세계 제조업 수출에서
차지하는 비중,%

그림 1.2 인도는 국제 경쟁에서 계속 패배하고 있다
(세계 제조업 수출에서 차지하는 국가별 비중).
출처: WTO Merchandise trade values,
https://data.wto.org/, 자료는 UNCTAD(UN무역개발회의) 통계와 일치.
https://unctadstat.unctad.org/wds/TableViewer/tableView.aspx?ReportId=101.

무역 점유율은 일본보다 약간 높았다. 일본은 훨씬 우수한 산업 역량
을 보유했지만, 제2차 세계대전에서 입은 피해가 있었다. 국제 품질
기준을 충족하는 데 어려움을 겪었음에도 불구하고, 일본 생산업체들
은 섬유, 의류, 자전거, 장난감 등 상대적으로 노동집약적인 제품을 판
매하면서 전후 세계 무역 호황에 재빨리 올라탔다. 분명히 인도는 첫
번째 기회의 창을 놓쳤다.

1960년대에 한국과 대만은 노동집약적 제품 수출에서 인상적인
진전을 이루었다. 그러나 아마도 인도의 가장 결정적인 세계 시장에
서의 경쟁력 상실은 중국 때문에 생긴 것이었다. 중국 생산업체들은
곧 인도 시장에서도 빠르게 판매를 시작했고, 이로 인해 많은 인도 기
업들이 제조업을 포기했다. 지난 10년 동안 중국이 물러서면서 1억
명도 안 되는 인구를 가진 베트남이 그 공백을 메웠다. 그리고 방글라
데시는 동아시아 수출국들만큼의 제품 범위를 갖추고 있지는 않지만,

훨씬 작은 경제 규모에도 불구하고 2006년 이후 인도보다 더 큰 액수의 의류를 수출하고 있다.

현대 인도사를 두고 널리 퍼진 견해는 네루와 인디라 간디 정부의 사회주의 정책이 경제 성장을 저해했다는 것이다. 또한 사회주의의 잔재가 계속해서 인도 경제 전망에 해를 끼치고 있다는 주장이다. 이 단순한 견해는 사회주의의 본질을 오해하도록 하며, 인도가 더 포용적인 사회민주주의적인 발전 전략을 추구하는 것을 방해한다.

사회주의는 모든 사람에게 평등한 기회를 창출하는 것을 의미한다. 이런 의미에서 인도는 결코 사회주의 정책을 시행하지 않았다. 흔한 실수는 중앙집권적 계획이나 큰 정부를 사회주의로 규정하는 것인데, 이것들은 경제 정책의 도구일 뿐 사회주의가 아니다. 이 도구들로 좁게 평가하더라도, 인도의 계획과 정부 규모는 넓은 범위의 서방 자본주의 경제와 유사했고 구소련과는 거리가 멀었다.[17] 네루와 간디 시절 모두 그랬듯이, 크거나 작은 정부 모두 권력자와 엘리트층을 비호하며 반사회주의적 성향을 뚜렷하게 드러냈다. 공공 정책은 소위 사회주의 시대나 그 이후에도 일반 국민의 복지를 위해 작동하지 않았다. 예나 지금이나 심각할 정도의 불평등한 발전 과정이 인도를 앞으로 나아가도록 했다.

소위 사회주의 유산이라는 허수아비는 인도의 시장 친화적인 "자유화론자"들에게 공동의 발전에 필요한 공공재를 계속 방치하면서 점점 더 많은 불평등을 초래하는 경제 경로를 추구할 수 있는 면허를 주었다. 지도자들과 관변 지식인들은 항상 공공재를 두고 입에 발린 소리만 해왔다. 특히 우려되는 것은, 그들이 현 세대와 미래 세대의 인도인들에게 필수적인 공공재인 환경에 돌이킬 수 없는 피해를 야기하는 신화적인 "개발"을 추구해 왔다는 점이다.

공공재: 더 공정한 성장의 기반

경제학자들은 교육, 보건, 도시 인프라, 깨끗한 물, 깨끗한 공기, 그리고 공정하고 신속한 사법부를 "공공재public goods"라고 부른다. 이러한 공공재는 인간 삶의 질을 좌우하며, 경제를 더 생산적으로 만들고 모두에게 혜택이 되는 성장의 기반을 만드는 것들이다. 더 공정한 성장은 사회를 하나로 묶어주는 접착제 역할을 한다.

서로 다른 공공재는 서로를 강화한다. 잘 기능하는 도시에서 노동자들은 산업 및 비즈니스 지구에서 서로 배우고, 지역사회 주민들은 서로의 삶을 풍요롭게 한다. 안정된 도시 공동체에서 좋은 학교가 번성한다. 깨끗한 물과 공기가 질병의 확산을 막을 때 아이들은 학교에서 더 잘 배우고 익힌다. 잘 계획된 도시 지역과 공원은 공기를 깨끗하게 유지한다. 이들은 모두 "긍정적 외부 효과positive externalities"의 예이다. 반대로 부정적 외부 효과는 예를 들어 깨끗한 물이 부족하여 개인이 지하수를 과도하게 고갈시킬 때 발생한다.

어떤 개인 또는 개인의 집합도 긍정적 외부 효과를 창출하는 적절한 규모로 공공재를 제공할 수 없고, 자신이 발생시키는 부정적 외부 효과에 신경 쓰는 사람은 거의 없다. 그래서 정부는 수용 가능한 품질 기준으로 누구나 공정하게 이용할 수 있도록 공공재를 직접 제공하거나 민간이 제공하는 경우 적극적으로 규제한다.

이 서론에서 나는 인도 교육과 도시의 진화와 현황을 다른 국가들과 비교하고자 한다. 다른 공공재에 대한 논의는 주요 서사가 펼쳐지는 후반부 장으로 미룬다.

조기에 여아의 초등교육을 보편화한 것은 동아시아의 특히 주목할 만한 업적이었다. 이제 많은 연구들이 여성 교육을 위한 대대적인 노력이 산업이 요구하는 문해력을 갖춘 인력을 배출할 뿐만 아니라, 출산율을 낮추고 아동 건강을 개선하는 데에도 필수적이라는 것을 입증했다. 아마도 가장 중요한 것은 역사학자 로빈 제프리Robin Jeffrey가 힘주어 말했듯이, 교육받은 남성은 일반적으로 교육받은 아들을 두지만, 교육받은 여성은 교육받은 가족을 두어 세대 간에 학습 능력이 전수되도록 보장한다는 점이다.[18]

일본은 1920년대까지 여아의 초등교육을 보편화했다(그림 1.3). 대만은 1950년대 중반에 그 목표를 달성했고, 후발주자인 한국은 약 10년 후 대만을 따라잡았으며, 1940년대 중반까지 인도와 함께 하위권에 머물렀던 중국은 결국 앞서 나갔다. 베트남은 취학률을 보고하지 않지만, 여러 지표는 베트남이 대부분의 산업화된 국가와 거의 동등한 교육 수준을 달성했음을 보여준다.

여아의 보편적 초등교육을 달성한 국가의 순서는 높은 수준의 교육을 강조하면서 노동집약적 제조업 제품 수출 시장에 진출하고 그 위치를 계속 지켜나갔던 국가들의 순서와 거의 일치한다. 앞서 이 장

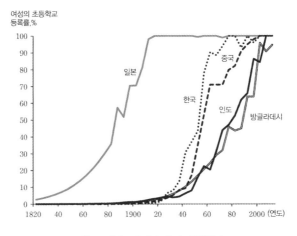

그림 1.3 여아 교육에서 인도는 뒤처졌다
(여성 초등학교 등록률, 퍼센트).

출처: Barro, Robert J. and Jong-Wha Lee. 2015. Education Matters: Global Schooling Gains from the 19th to the 21st Century. New York: Oxford University Press.

에서 보았듯이 동아시아 여성의 경제활동참가율은 높았고, 여성은 전자 조립, 섬유, 의류, 신발 등의 산업에서 노동자의 대다수를 차지했다. 동아시아의 여성들이 경제활동 참여를 늘리면서, 그들은 결혼을 미루고 자녀를 적게 낳았다. 여성 교육 및 경제활동 참여 증가와 함께, 아들 선호도(출생 시 과도한 남아 수로 측정)는 일본에서는 1939년 이후, 한국과 대만에서는 1990년 이후 사라졌다.[19]

최근 인도가 보편적인 여아 초등교육을 달성한 것은 충분히 칭찬할 만하다. 그러나 붉은 여왕이 경고했듯이, 새로운 곳에 가고 싶다면 할 수 있는 것의 두 배 속도로 달려야 한다. 세계는 이제 점점 더 높은 교육의 질을 요구하고 있다. 인도 학교 교육의 질은 여전히 끔찍하다. 인도 학생들은 어린 시절부터 학년 수준 이하로 성적을 내고, 학교를 다니면서 학년 수준 대비 성적 격차는 더 벌어진다. 따라서 그들은 대학 교육을 받을 준비가 거의 되지 않은 채 대학에 진학한다. 이러한 학교 교육의 질적 특징은 타밀나두Tamil Nadu와 같은 더 발전된 주를 포함하여 전국에 걸쳐 사실로 드러난다. 방글라데시 여성들은 경제활동 참여가 늘어나면서 더 많은 여성이 더 질 좋은 교육을 받는 선순환 속에 있다. 방글라데시의 여성들은 가족의 교육과 건강에 투자할 뿐만 아니라, 그들의 지역사회에서 제공되는 교육, 의료, 가족계획 및 기타 공공 서비스에 적극적으로 기여한다.[20]

교육과 마찬가지로 동아시아 국가들은 제조업체와 공급업체가 서로의 역량을 강화하는 데 도움이 되는 우수한 도시 인프라와 편의시설을 제공한다. 국제적 양상을 따라 동아시아의 도시화는 경제 성장과 보조를 맞추어 진행되어 왔다(그림 1.4).

인도의 도시들은 생산성 증가의 동력으로 작용하기보다는 1980년대 후반 경제 성장의 흐름에 뒤처졌다. 인도의 GDP 성장은 도시 규모나 편의시설의 확장을 거의 요구하지 않으면서 이미 잘 정비되어 땅

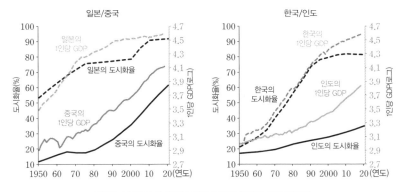

그림 1.4 인도의 도시들은 결코 성장의 동력이 되지 못했다.

출처: 도시화율, Japan—The Asian Population and Development Association for 1900-1945, Table 2, p. 24,
https://www.apda.jp/pdf/p04_jinkou_series/popdev_series_3_en.pdf; 1950~2015년의 경우,
UNDESA(UN경제사회국) https://population.un.org/wup/Download/.
1인당 GDP—앵거스 매디슨 프로젝트 DB(Angus Maddison Project Database),
https://www.rug.nl/ggdc/ historicaldevelopment/maddison/releases/maddison-project-database-2013.

값이 비싼 지역으로 밀고 들어간 금융 부문에 매우 크게 의존했다. 위성 사진은 도시의 행정 경계 바깥에 있는 교외와 마을을 보여준다. 이렇듯 도시 설계로 고려하지 않아 계획되지 않고 허가되지 않은 지역은 기존 시가지의 주택 가격 및 임대료 상승을 감당할 수 없는 인구를 수용한다. 그 인구는 계속 증가하고 매년 공식적인 도시 경계로부터의 확산이 더 넓게 이루어지면서, 긴장이 커지고 불안정한 지역사회를 만들어내고 있다.

명확한 진실은 18세기 후반 산업혁명부터 지금까지 교육, 보건, 도시에 대한 지속적인 투자 없이는 어떤 나라도 제조업의 우수성과 광범위한 번영을 이루지 못했다는 것이다. 이러한 투자를 미룸으로써 저렴하게 발전하려는 인도의 시도는 그 대가를 치렀다. 인도의 경제 성장은 주로 불안정한 저소득 일자리를 만들어내면서 규범과 책임 의식을 빠르게 좀먹는 금융과 건설 산업에 크게 의존해 왔다. 금융 부문은 되풀이되는 사기로 시달려 왔다. 건설과 관련된 강력한 범죄 조직

이 정치에 침투하기도 했다.

공공재가 광범위하게 공유되는 경제 성장을 달성하는 데 너무나 필수적이라면, 왜 인도 민주주의는 그 필요에 부응하지 못했는가? 민주주의에서 정치인들은 기껏해야 단기적인 시야를 가지고 있다. 해럴드 윌슨Harold Wilson 영국 총리가 자주 말했듯이 "정치에서 일주일은 긴 시간이다".[21] 선출된 지도자들이 주로 개인적 이익을 위해 일하는 곳에서는 그들의 시야가 더 짧아져 시민의 장기적 이익을 심각하게 훼손한다.

인도의 민주주의가 국민을 배신한 방식

헌법학자이자 미국 건국의 아버지였으며 후에 미국 대통령이 된 제임스 매디슨James Madison은 이미 2세기 전에 이렇게 경고했다. "당파적 기질, 지역적 편견, 또는 불순한 의도를 가진 사람들은 책략, 부패, 또는 다른 수단으로 먼저 표를 얻고 나서 국민의 이익을 배신할 수 있다."[22]

매디슨은 대의 민주주의에서 승리한 정당이 항상 국민의 견해와 열망을 반영하거나 이를 충족시키기 위해 노력하는 것은 아니라고 경고하고 있었다. 이러한 이유로 나는 민주주의의 기계적인 측면, 즉 정기적인 선거와 평화로운 정권 이양을 민주주의가 건강함을 보여주는 충분한 지표로 여기지 않는다. 내가 제기하는 질문은 인도 민주주의가 국민의 이익에 봉사하기 위해 작동해 왔는가 하는 것이다. 내가 경제적 초점을 GDP에서 국민의 안녕과 복지로 바꾼 것처럼, 민주주의의 기계적인 면에서 삶을 개선하는 역할을 하고 있는가라는 질문으로의 전환은 훨씬 더 어두운 이야기를 전한다.

대의 민주주의가 이상적으로 작동하지 않는 이유 중 하나는 부유층과 특권층이 돈과 권력을 이용해 자신들의 편협한 목표를 달성하는 방식으로 선거 결과에 영향을 미쳐 다수의 이익을 무시하거나 오히려 훼손하기 때문이다.[23] 특히 네루 시대에 국민회의Indian National Congress 혹은 Congress Party는 대지주들이 제공하는 정치자금과 "표 은행vote banks"*에 크게 의존했는데, 이것이 토지 개혁을 어렵게 만들었다. 네루 시대의 빗나간 중공업화 전략으로 감당할 수 없는 외환 수요가 생겨나자 수입과 산업 운영을 통제해야 했고, 부패한 관료제가 번성하는 과점적 산업 구조가 조장되었다.

　　네루 시대에는 높은 세율에도 불구하고 소득과 부의 불평등은 여전히 컸다(그리고 아마도 증가했다). 1985년 경제 자유화가 시작된 이후 불평등은 급증했다. 경제 자유화 철학은 개인주의를 찬양했는데, 실제로는 시장이 마법을 발휘하려고 애쓰는 동안 특권에 접근하려는 개인들의 탐욕스러운 돌진을 의미했다. 선거운동 비용이 늘어나면서 주류 재벌인 비제이 말랴Vijay Mallya와 같은 부유한 사업가들이 의회 의원이 되었고, 의회 위원회 위원으로서 다가올 정책을 미리 알 수 있었고 정책에 영향을 미칠 수 있었다.

　　세계 다른 곳에서도 그랬듯이, 인도의 불평등 심화는 일반 대중을 위한 공공재 제공을 방해했다. 부유한 인도인들은 광범위한 공공 서비스를 위한 목소리를 내지 않았다. 그들은 때로는 런던과 뉴욕의 집까지 확장되는 폐쇄적인 공동체에 숨었다. 그들은 필요한 것을 가지고 있었기 때문에 도시나 사법 개혁에 거의 관심이 없었다. 그들은 자

---

*　　사회학자 M.N. 스리니와스M.N.Srinivas가 처음 사용한 이후 널리 사용된 인도 투표의 두드러진 현상. 묻지마 투표, 몰표 등으로 표현되는 현상으로 소위 브로커 정치가 횡행하게 한 주요 원인이다

녀들을 인도와 해외의 엘리트 학교에 보냈다. 그들이 떠나지 않은 곳에서는 그들의 이기적 행태는 더 심각했다. 그들은 권력과 특권을 이용하여 창조하기보다는 빼앗았다. 지하수를 추출하기 위해 더 깊은 우물을 팠고 공공 수도를 수영장과 워터파크로 돌렸다. 그들은 환경에 엄청나고 오래 지속되는 피해를 입혔다.

대의 민주주의를 훼손하는 두 번째 요인도 인도에서 중요한 역할을 했다. 말과 태도로 유권자들과 소통하는 카리스마 있는 정치인들은 정상적인 경로를 우회하여 국가의 자원을 자신들이 선호하는 목적으로 사용할 수 있게 하였다. 인도 최초의 카리스마 있는 정치인인 네루는 선거에서 국민회의에 거듭 승리를 안겨준 사랑받는 지도자였다. 네루는 개인적인 이익이나 명성을 추구하지 않았지만, 이상주의와 민족주의적 열정에 이끌려서 일자리를 원하는 많은 사람들을 고용하기 어려운 중공업화 전략에 모든 것을 걸었다. 네루가 중공업 도박에서 패하고 국가를 파산 직전으로 몰아넣자, 자신만의 이상주의, 네루에 대한 존경, 그리고 공산주의가 인도에 뿌리내릴 것이라는 두려움에 사로잡힌 존 F. 케네디John F. Kennedy 미국 대통령이 네루가 베팅을 두 배로 늘리는 것을 도왔다. 일자리는 빈약하게 증가했고, 높은 인플레이션이 소득을 잠식했으며, 극심한 빈곤이 지속되었다.

1966년 총리가 된 네루의 딸 인디라 간디도 카리스마에 기반한 인도 유권자들의 지지를 받았다. 그녀의 임무는 네루 시대에서 물려받은 일자리 부족과 되풀이되는 인플레이션에 대한 사회적 분노에 대처하는 것이었다. 그녀는 그 분노를 이해했다. 한 기자에게 말했듯이, 독립 후 이상주의는 인도인들에게 그들이 도달할 수 없는 미래를 꿈꾸게 했다. 그러나 그녀는 더 나은 인도의 미래를 위해 지속적으로 노력할 의욕이 거의 없었다.

대신 그 시대의 살벌한 권력 다툼 속에서 간디는 아들 산자이Sanjay

에게 물려주기 위해 권력을 유지하는 데 주력하며, 냉소적이고 구호를 남발하는 정치인으로 자리매김했다. 그녀에게 개인적인 것과 정치적인 것은 깊이 얽혀 있었다.

간디는 부패를 최고 수준으로 끌어올렸다. 늘어나는 사회적 분노를 강압적으로 억눌렀고, 자신을 따르는 사람들이 사용하고 남용할 수 있는 불공정한 권력을 확립했다. 그녀의 카리스마는 그녀에게 선거에서의 승리를 가져다주었다. 인도 유권자들이 잔혹한 비상 통치에 반발하여 그녀를 쫓아낸 후에도 빈곤층의 챔피언이라는 신비감은 지속되었고, 1980년 간디는 마지막 임기를 위해 의기양양한 승자로 돌아왔다.

선거 승리를 위해 범죄자들에 의존함으로써 인디라 간디는 인도 정치에서 성공하는 데에 필요한 새로운 기준을 수립했다. 힘과 돈을 가진 범죄자들이 인도 정치에 발을 들여놓았다. 막대한 이익에 눈먼 많은 정치인들 스스로가 범죄 조직의 보스가 되었다. 범죄자들은 손쉬운 금전적 이득을 위해 정치에 뛰어들었고, 정치인들은 공공재에 대한 장기 투자에 우선순위를 둘 유인이 거의 없었다. 오히려 그들은 후원자로서 지지자들에게 서비스를 나눠줄 수 있었기 때문에 서비스가 부족한 상황에서 이득을 보았다.

인디라 간디는 본인이 민주주의 규범에 가한 심각한 피해 때문에 우리 이야기에서 중요하다. 규범이 무너지면 민주주의는 "죽음의 나선"에 빠진다. [24]

규범은 옳은 일을 해야 한다는 사람들의 신념이다. 규범이 개인적 도덕성에 뿌리를 둘 때, 제대로 기능하는 시장과 정치 제도에 필요한 신뢰를 조성하기 때문에 사회적 자산이 된다. 규범이 무너지면, 즉 도덕적으로 확고한 기반이 없으면 사람들은 다른 사람들을 희생시키면서 아무리 작은 개인적 이익이라도 추구할 수 있는 면허를 얻는다. 장기적 시야를 가진 민주적이고 협력적인 행동은 불가능해진다. 교육과 보건 인프라가 피해를 입고, 도시는 황폐해지며, 환경 남용은 걷잡을 수 없게 되고, 정의는 더 이상 눈을 가린 공정한 여신이 아니게 된다. 도덕 규범과 신뢰는 파괴하기 쉽다. 왜냐하면 사소한 위반도 도덕 규범과 신뢰가 미래에 작동할 것인지 불확실하게 만들기 때문이다. 간디의 사례를 따라 경제 및 사회생활에서 속임수가 습관화되었는데, 더 많은 사람들이 속이기 시작하면서 모두가 속일 필요를 느꼈기 때문이다.[25]

규범이 무너지면서 민주주의의 제도적 전제 조건이 해체되었다. 의회와 사법부는 행정부의 책임을 묻는 기능이 약화되었다. 공적 및 사적 생활에서 문제를 해결하고 보복하기 위한 폭력이 더 흔해졌다.

1980년대 후반부터 1990년대까지 정치에서 부패와 범죄가 더욱 만연해지고 경제적 불평등이 심화되면서 인도 민주주의는 위험한 영역으로 접어들었다. 식민 통치로부터의 자유에서 탄생한 민족적 유대감은 이제 과거로 사라졌다. 변형된 사회적 분노는 새로운 초점으로 향했다. 힌두트바Hindutva, 즉 힌두 민족주의는 신화적인 인도의 과거에서 정당성을 주장하는, 우리와 그들을 구분하는 배타적 철학이었다. "분노한 힌두교도angry Hindu"는 힌두트바의 보병이 되었다.

힌두트바는 폭도들의 폭력에 의해 촉발되고 국수주의적 열정으로 강화된 우세한 다수의 집단적 움직임을 이끌어내었다. 나렌드라 모디는 2014년 권력을 잡았고, 민주주의를 훼손하는 세력이 결집했다. 무슬림이나 적으로 인식되는 다른 이들과 항상 싸울 준비가 되어 있는 "분노한 힌두교도"들은 외국인을 혐오하는 민족주의의 대리인이 되었다. 정치 이론가 로버트 달Robert Dahl이 설명했듯이, 카리스마 있는 지도자들에 의해 사기가 오른 뿌리 없는 폭도들은 "그들의 길에 서 있는 무엇이든 파괴"하지만 "안정적인 대안을 만들" 능력은 없다.[26]

기하급수적으로 증가하는 선거운동 비용은 인도 정치에서 폭력과 돈에 대한 의존도를 높였다. 2021년 7월에 구성된 모디 총리의 내각에서 78명의 장관 중 24명(31%)이 폭행, 살인, 살인 미수, 강간, 납치 등 중대한 범죄 혐의로 기소된 전력이 있었다.[27]

점점 더 많은 양의 검은 돈이 부유한 인도인들로부터 정치인들에게 페이퍼 컴퍼니를 통해, 그리고 2017년 이후에는 모디 정부의 주목할 만한 혁신인 선거 채권이라는 불투명한 장치를 통해 흘러들어 갔다. 이 자금의 흐름과 그것이 추구하는 영향력은 설계상 추적이 불가능하다. 그러나 선거 감시단은 2019년 인도 선거에 쓰인 총 금액이 2016년 미국 대통령 및 의회 선거에 쓰인 총 금액을 초과했다고 추정했다.

힌두트바, 범죄자-정치인, 검은 돈의 조합은 무너진 규범과 악성 소셜 미디어의 맥락에서 민주주의에 무자비한 공격을 감행했다.

경제 발전과 민주주의가 서로를 강화하는 선순환이 아니라 인도의 경제와 민주주의는 함께 해체되었다. 공공재에 대한 무시는 계속되었다. 필요한 규모의 일자리 창출을 위한 길은 거의 막힌 것 같았고, 환경 피해는 돌이킬 수 없어 보였다. 인도가 지속 가능한 성장의 장기적 원천을 고갈시키면서 정치는 거액의 돈이 오가는 사업이 되었다. 정치인들은 표 매수, 매체의 헤드라인을 장식하는 정책, "눈에 띄는" 프로젝트와 화려한 기념물의 요란한 출시에 초점을 맞추었다.[28]

가시적인 것에 집중할 때 벌어지는 위험한 결과

독립 인도는 신속하게 기근을 퇴치했지만 만성적 기아를 퇴치하기 위해서는 훨씬 적은 노력만을 기울였는데, 이는 놀랄 만큼 많은 수의 국민을 죽음에 이르게 했다. 인도인들의 영양 상태(따라서 수명)가 전국적으로 남서부 케랄라Kerala주의 수준으로 높아진다면 매년 200만에서 300만 명이 일찍 죽지 않을 것이다. 그러나 언론은 기근 사망의 선정적이고 시각적인 이미지에 몰두하는 동안, 기아로 인한 눈에 잘 띄지 않는 죽음에는 거의 주의를 기울이지 않는다.[29]

기아 감소는 장기적이고 다면적인 과제이기 때문에 쉽게 해결되지는 않는다. 음식 외에도 굶주린 아이는 좋은 건강 상태가 필요하다(기생충과 기타 질병은 음식 흡수와 영양 보유를 어렵게 만든다). 아이들과 부모는 더 잘 알고 결정을 내리기 위해 질 좋은 교육이 필요하다. 가족은 깨끗한 물과 기본적인 위생 시설이 필요하다.[30] 이러한 이유로 영양 개선을 위해서는 반복되는 좌절에도 불구하고 작은 발걸음을 내딛는 데 집요한 노력을 기울이는 여러 참여자들이 필요하다. 그러나 정치인들은 그러한 복잡한 장기적 노력에서 거의 보상을 얻지 못한다.

교육에도 같은 논리가 적용되는데, 여기서 정치인들은 일반적으로 "벽돌에 의한 구원의 교리"에 의존한다. 새로운 학교 건물은 정치 지도자들을 돋보이게 하는 소재다. 교사를 임명하면 지역사회에서 표를 얻는다. 그러나 건물은 학생들을 교육하지 않는다. 교사는 학교에 출근해야 한다. 출근하면 가르쳐야 한다. 가르치면 학생들의 요구를 충족시켜야 한다. 헤드라인을 장식하는 해결책은 통하지 않는다. 2011년 타밀나두주 의회 선거에서 J. 자얄랄리타J. Jayalalithaa 주 수상은 고등학생과 대학생들에게 "대대적인 노트북 나눠주기"를 했다. 그러나 형편이 어렵다 보니 비싼 노트북을 팔아 긴급한 청구서를 해결하고자 하는 학생들이 많았다.[31]

고품질의 교육을 위해서는 지역 공무원의 헌신, 교사 훈련, 협조적인 교사 노조, 지역사회에서 교사의 명성, 그리고 자녀 교육에 대한 부모의 참여가 필요하다.[32] 학교는 또한 그들이 속한 동네의 산물이다.

도시 활동가 제인 제이콥스Jane Jacobs가 썼듯이, "나쁜 동네에서는 학교가 물리적으로나 사회적으로 파멸에 이르는 반면, 성공적인 동네는 학교를 위해 싸움으로써 학교를 개선한다".[33] 좋은 교육을 위해서는 공무원과 지역사회의 협력이 필요하다. 화려한 개인은 도움이 되지 않는다.

영양과 교육 수준이 뒤처지는 것과 같은 이유로 도시는 쇠퇴하고 물과 공기는 더 오염된다. 그것들은 모두 "유기적 전체로 상호 관련된 상당한 수의 요인들을 동시에 다루는 것sizeable number of factors which are interrelated"을 필요로 한다.[34] 각각의 상황은 독특하다. 일반 원칙으로는 불충분하다. 구체적인 사항을 알고 행동하는 것이 필수적이다.

결론은 다음과 같다. 경제 발전을 추진하기 위해서는 두 배의 노력이 필요하다. 이를 위해서는 관련된 모든 이들의 집중적이고 장기적인 협력이 필요하며 그 노력의 영웅들은 드러나지 않는다. 하지만 정치인들에게는 그들의 브랜드를 강화하는 헤드라인과 슬로건이 선거 성공으로 가는 더 확실한 길이다.

"하던 대로"는 통하지 않을 것이다

인도와 국제 전문가들은 여전히 평상시의 테크노크라트적 접근 방식에 매달리고 있다. 그들은 더 많은 경제 "자유화"와 "거버넌스" 개혁을 제안한다. 그러나 역사학자들은 경고하고 있으며, 이 책의 내러티브는 그 점을 강력하게 반복하고 있다. 정치 지도자들은 가치 있는 아이디어를 무시하고 대신 자신들의 경제적 이익과 선거 승리에 기여하는 정책에 이끌린다. 인도의 진정한 문제는 나쁜 정책이나 진보를 위한 좋은 아이디어의 부재가 아니었다. 훨씬 더 심각한 문제는 꾸준히 악화되는 공적 규범과 책임성이었다. 규범이 약화되고 책임 의식이 회복되지 않으며 인도는 진퇴양난에 빠졌다.[35]

민주주의에서 책임 의식을 확보하는 것이 힘든 일이기 때문에 인도의 담론은 항상 "권위주의적 전환"의 유혹에 시달렸다. 즉 인도는 민주주의라는 "사치"를 감당할 수 없으며, "구원자"가 독재적 권력으로 먼저 지속적인 성장의 기반을 확립해야 한다는 견해다. 그러나 독재의 유혹은 심각한 위험을 수반한다. 현대의 구원자들은 너무나 자주 인도와 다른 곳에서 큰 피해를 입혔다.

인도는 도시와 지역 정부에 권한을 분권화하는 더 폭넓은 민주주의를 필요로 한다. 분권화된 거버넌스는 그 자체의 위험이 있다 해도 도덕적으로 안정된 정치적 책임 의식의 최선의, 아마도 유일한 가능성을 제공한다. 성공적인 분권화 사회에서 책임 의식은 시민 의식과 지방 자치 정부의 형식적 구조가 혼합되어 발생한다. 개인주의적인 "나-나-나me-me-me" 문화는 신뢰와 협력을 밑에서부터 쌓아 올리는 "우리" 사회로 바뀐다. 거기에서 공공재에 대한 사회적으로 가치 있는 투자를 하려는 장기적인 헌신이 생겨난다.

인도는 덫에 걸려 있다. 지금의 인도 민주주의는 모두에게 혜택이 되는 경제 성장에 필요한 공공재를 제공하는 데 실패할 것이다. 좋은 일자리는 계속 부족할 것이다. 일자리 부족은 더 많은 사회적 분노를 낳을 것이고, 이는 가시적 재화를 신속하게 제공하려는 정치적 유인을 더욱 증가시키며 일자리가 풍부한 장기적 미래를 위해 역할을 해야 하는 민주주의의 능력을 훼손할 것이다.

이 모든 것은 네루에서 시작되었지만, 그렇게 되지 않을 수도 있었다.

1부
가짜 사회주의,
1947-1964

2장
불확실한 시작

인도 국민회의의 규칙에 따르면, 발랍바이 파텔Vallabhbhai Patel이 독립 당시 당 대표가 되었어야 했다. 만약 그랬다면 그는 인도의 첫 번째 총리가 되었을 것이다. 그러나 1947년 8월, 파텔이 아닌 자와할랄 네루가 총리가 되었다.

파텔과 네루는 경제적, 사회적 철학과 정부의 권한 및 권력의 사용에 대한 생각이 크게 달랐다. 파텔은 독립 후 인도의 첫 3년만을 보고난 후 세상을 떠났지만 부총리이자 내무부 장관으로서 그는 지속적인 유산을 남겼다. 그 몇 년 동안에 그와 네루는 인도의 정치적, 경제적 미래의 우선순위를 두고 격렬하게 대립했다. 만약 파텔이 인도의 첫번째 총리가 되었거나 네루의 부총리로 더 오래 살았다면, 독립 후 인도는 매우 다른 모습을 띠었을 것이다.

두 지도자 - 두 세계

파텔은 1875년 10월 농민 가정에서 태어나 소박한 2층 집에서 자랐다. 젊은 시절, 그는 영국에서 교육받은 변호사들이 쉽게 명성과 부를 얻는다는 것을 관찰했다. 그가 후에 설명한 바와 같이, "나는 매우 열심히 공부했고" "잉글랜드 방문을 위한 충분한 돈을 저축하기로 굳게 결심했다".[1] 파텔은 영국에서 훈련받은 변호사가 되었고, 인도로 돌아와 매우 성공적인 형사법 변호사 활동을 시작했다.

파텔은 1928년 상반기에 정치에서 처음으로 두각을 나타냈는데, 그는 현재 구자라트주의 행정 구역인 바르돌리Bardoli에서 영국 정부의 과도한 토지 세금 요구에 맞서 싸우는 농민들을 이끌었다. 투쟁의 평화로운 성격에도 불구하고, 강력한 영국령 인도British Raj*와의 대결은 대중은 이를 "바르돌리 전투battle of Bardoli"라고 불렀다. 파텔이 이끌던 시위는 영국에 맞서 바르돌리 전투에서 승리했고, 이 승리로 바르돌리 사람들은 그에게 "사르다르Sardar", 즉 우두머리 또는 장군이라는 칭호를 부여했다. 발랍바이 파텔은 그 이후로 사르다르 파텔로 알려져 왔다.[2]

네루는 1889년 11월 인도의 가장 저명한 가문 중 하나에서 태어났다. 그의 아버지 모틸랄 네루Motilal Nehru는 부유한 변호사이자 국민회의의 고위 지도자였다. 알라하바드Allahabad에 있는 네루 가문의 웅장한 저택인 아난드 바반Anand Bhavan은 현재 역사 박물관과 천문대를 갖추고 있다. 자와할랄은 영국의 명문 학교public school인 해로우Harrow에

---

* 영제국 통치. 1857년 봉기 즉 소위 말하는 세포이항쟁이 끝난 후 영국 정부가 동인도회사 지배를 종식시키고 직접 통치하기 시작하여 1947년 독립까지 실시했다. 그 안에는 크게 제국 정부의 직할 지배 지역과 토후국, 두 가지 형태의 식민지가 있다.

서 공부한 후 케임브리지 대학교에 진학했다. 그는 법정에 거의 들어가지 않았지만 영국에서 변호사 자격을 취득했다. 1942년 8월, 간디가 인도 철수 운동Quit India Movement*을 시작한 후, 영국인들은 모든 인도 지도자들을 감옥에 가두었다. 아메드나가르 요새Ahmednagar Fort에 수감된 네루는 장미 정원을 가꾸고 다른 수감자들과 배드민턴을 쳤다. 1944년 4월부터 9월까지 5개월 동안 네루는 그의 웅장한 역사서인《인도의 발견The Discovery of India》을 썼다.

네루가 역사학자이자 철학자였던 만큼이나 파텔은 행동가였다. 간디가 간결하게 말했듯이, "자와할랄은 사상가이고, 사르다르는 행동가이다".[3]

간디, 네루를 선택하다

1945년 말과 1946년 초, 인도의 영국 통치자들은 권력 이양을 준비하면서 중앙 및 지방 의회 선거를 실시했다. 국민회의는 파텔이 모금한 선거 자금의 도움을 받아 이 선거에서 승리했다. 〈타임Time〉지는 파텔에게 "성스러움에 대한 허세가 없다"고 찬사를 보냈다. 잡지는 그를 "미국식으로 말하자면, 정치적 보스"라고 묘사하면서, "부유한 기업가들은 막대한 선거 자금을 그의 손에 쥐어 주었다"고 적었다.[4]

1946년 4월 말, 국민회의는 차기 당 대표를 선출할 준비가 되어 있

---

* 1942년 8월 마하트마 간디가 인도에 대한 영국의 통치를 종식할 것을 요구하면서 시작한 운동이다. 간디의 연설 직후 영국은 인도 국민회 대부분의 지도부를 체포·구금하였다. 인도 전역의 저항운동이 계속됨으로서 영국이 인도를 장기적으로 통치할 수 없다는 것을 인식시킨 계기가 되었다.

었다. 인도의 독립이 임박했기 때문에 당 대표 선출은 중요했다. 국민회의 대표는 당을 이끌 것이고, 따라서 인도를 독립으로 이끌 것이었다. 확립된 절차에 따라, 국민회의의 15개 주(pradesh)의 당 위원회 가운데 12개가 파텔을 지지했고 나머지는 기권했다. 국민회의의 원로 지도자 지바트람 바그완다스(아차르야) 크리팔라니Jivatram Bhagwandas (Acharya) Kripalani가 후에 썼듯이, 당은 파텔이 "위대한 경영자, 조직가, 지도자"였기 때문에 그를 선호했다.[5] 지방 지도자들도 파텔이 모금한 선거 자금에 신세를 지고 있다고 느꼈다. 주 당 위원회가 파텔을 인도의 첫 번째 총리로 지지한 것까지는 아니었다. 그들은 네루가 인도 대중에게 인기가 있다는 것을 알고 있었다. 그러나 그들은 파텔의 리더십 자질과 국민회의에 대한 그의 공헌을 인정했다. 그들은 파텔을 인도의 첫 번째 총리가 되기에 유리한 위치에 올려놓았다.

그러나 간디는 규칙 위에 있었고, 누가 당 대표가 될 것인지는 그가 결정했다. 1929년과 1937년 파텔과 네루가 국민회의 대표직을 놓고 경쟁했을 때처럼 간디는 네루를 선택했는데, 이번에는 어떤 주 당 위원회도 네루를 지명하지 않았다는 것을 알고 있었다. 간디는 네루를 "해로우 출신, 케임브리지 졸업생"으로 보았고, 그가 파텔보다 국제 무대에서 인도를 더 효과적으로 대표할 것이라고 생각했다. 또한 네루는 파텔보다 인도의 무슬림 공동체와 더 강한 연결고리를 가지고 있었다. 무엇보다도 네루는 56세였고 76세의 간디에게 아들과 같았다. 간디가 동생처럼 여겼던 파텔은 71세였고 건강이 좋지 않았다.[6]

영국 총독 웨이벨 경Lord Wavell은 인도의 독립을 위한 중간 단계로 행정 평의회Executive Council*를 설치했다. 국민회의 대표로서 네루는

---

* 인도 총독이 이끄는 인도 정부의 내각을 가리킨다. 1861년 인도 의회법에 따라 세입, 군

행정 평의회에서 총독의 부통령이 되었고, 인도가 독립할 때까지 인도의 사실상 총리 역할을 수행할 것이었다. 일단 그렇게 자리를 잡은 네루는 인도 대중들로부터 엄청난 인기를 누리게 되었을 뿐만 아니라, 독립 인도의 첫 번째 총리가 되기 위한 현직자의 이점도 가지게 되었다.

간디는 네루와 파텔이 "정부의 수레에 멍에를 진 황소들"과 같을 것이라고 믿었다. "서로를 필요로 할 것이고 둘 다 함께 끌 것이다." 파텔의 딸 마니벤Maniben에 따르면, 간디는 파텔이 네루가 "끼칠 수도 있는 해를 막을 것"이라고 기대했다.[7]

황소들이 서로 떨어지다

네루 총리와 사르다르 파텔 부총리 겸 내무부 장관은 폭풍우 같은 관계 속에서 독립 직후의 시기를 시작했다. 그들은 당시 인도를 규정하는 가장 중대한 문제들을 놓고 대립했는데 그 문제들은 오늘날에도 계속 이어지고 있다.

파키스탄이 이슬람 국가로 분리되면서, 사람들의 마음에 떠오른 질문은 인도에서 무슬림의 역할과 위치는 무엇이 될 것인가였다. 그 광범위한 맥락 안에서, 인도와 파키스탄 모두에서 분리 이후에도 종교적 증오의 긴장이 계속되면서 즉각적인 문제가 발생했다. 힌두-무

사, 법률, 금융 등을 담당하는 5명의 구성원으로 이루어진 내각으로 꾸려졌다. 1919년부터는 인도인이 3명 참여하게 되었다. 제2차 세계대전 종전 이후에는 총독과 총사령관을 제외하고는 전원 인도인으로 구성되었으며, 인도 독립 이전까지 임시 내각 역할을 수행했다.

슬림 간 긴장이 감도는 인도 지역에서는 정부가 작동하지 않거나 "격렬하게 파벌화"되었다. 내무부 장관인 파텔이 힌두교도는 보호하고 도와주지만 무슬림에 대해서는 그렇지 않다는 소문이 퍼졌다. 그 소문의 근거가 없었음에도 불구하고 네루는 그 소문을 믿는 것 같았다. 마하트마의 손자이자 파텔의 전기 작가인 역사학자 라즈모한 간디 Rajmohan Gandhi는 파텔은 "의심할 여지없이 50명의 무슬림 사망 보고서보다 50명의 힌두교도와 시크교도 사망 보고서에 더 충격을 받았다. 그러나 그는 공정했다"고 썼다.[8]

반면에 파텔은 파키스탄 측의 폭력을 억제하기 위해 반쪽짜리 노력만 하고 있는 파키스탄 지도자들에 대한 네루의 유화적 접근에 조바심을 느꼈다. 파텔은 이 폭력의 소식이 인도의 힌두교도와 시크교도들 사이에 분개와 분노라는 "대중 심리"를 촉발하고 있다고 주장했다.[9] 네루와 파텔은 인도의 힌두-무슬림 문제를 다루는 최선의 방법을 두고 의견 차이를 결코 해소하지 못했다.

그들은 또한 카슈미르 Kashmir에 대해서도 다투었다. 1947년 10월 22일, 파키스탄으로부터 약 5,000명의 무장 부족민들이 카슈미르로 몰려들었다. 카슈미르의 마하라자 maharaja* 하리 싱 Hari Singh은 힌두교도였지만, 카슈미르 계곡은 무슬림이 다수였다. 파키스탄과 인도 사이에서 선택을 피해왔던 하리 싱은 10월 24일, 절박하게 인도 정부에 도움을 요청했다. 10월 26일 아침, 그는 인도에 가입하는 문서에 서명했다. 그날 저녁, 인도 보병 대대가 카슈미르에 진입하여 부족민들을 저지했다.[10] 파키스탄 당국은 인도군이 부족민들을 저지한 서쪽 지

---

* 마하라자는 산스크리트어로 대왕, 군주라는 뜻으로 인도 및 동남아시아에서 쓰인 칭호이다.

역에 "아자드 카슈미르"Azad Kashmir"(자유 카슈미르)라는 이름을 붙였다. 인도인들은 그 지역을 "파키스탄이 점령한 카슈미르Pakistan-occupied Kashmir"라고 불렀다.

국무장관 역할을 수행하던 파텔은 카슈미르 작전을 지휘했다. 그러나 1947년 12월 초, 그는 놀랍게도 총리인 네루가 인도의 카슈미르 정책을 통제하고 있다는 것을 알게 되었다. 파텔은 자신이 속았다고 불평했고, 두 사람은 신랄한 편지를 주고받았다.[11]

네루와 파텔이 공개적으로 대립하자, 간디는 12월 말 파텔에게 최후통첩을 전달했다. "당신이나 자와할랄 둘 중 하나가 처리해야 한다." 파텔은 지친 듯이 대답했다. "나는 힘이 없습니다. 그는 더 젊습니다. 그가 일을 하게 하십시오. 나는 밖에서 할 수 있는 만큼 그를 도울 것입니다." 파텔과 네루를 오랫동안 함께 지켜온 간디는 파텔이 물러날 때가 되었다는 데 동의했지만, 그 문제에 대해 더 생각해 보고 싶다고 말했다.[12] 그러나 운명이 개입했다. 1948년 1월 30일, 나투람 고드세Nathuram Godse라는 힌두 민족주의자가 간디를 총으로 쏴 죽였다.

간디의 죽음 이후, 슬픔을 함께 나누는 순간에 임박한 분열에 대한 소용돌이치는 소문을 잠재우기 위해, 네루와 파텔은 뭉쳤다. 라디오 연설에서 네루는 "우리는 의견 차이가 있었습니다. 그러나 적어도 인도는 이러한 차이가 우리 공적 생활의 가장 중요한 측면에 대한 근본적인 합의에 의해 드러나지 않고 있었다는 것을 알아야 합니다"라고 말했다. 3월 3일, 네루는 파텔에게 위기가 그들이 "친구이자 동료"로서 함께 일할 것을 요구한다고 편지를 썼다. 그는 우아하게 끝맺었다. "이 편지는 나의 우정과 애정을 담고 있습니다." 파텔은 동등한 우아함으로 답했다. "저는 깊이 감동받았습니다. 압도된 느낌입니다. 우리는 평생 친구이자 공통의 대의를 위한 동지였습니다." 파텔의 퇴진에 대한 모든 이야기는 잊혔다.[13] 역사의 굴곡은 계속되었다. 1948년 3월

8일, 파텔은 딸 마니벤과 함께 집에서 점심을 먹다가 심각한 심장마비를 겪었다.

파텔이 주들을 통합하다

파텔은 심장마비 후 빠르게 업무에 복귀했고, 그가 시작했지만 끝내지 못한 임무에 엄청난 에너지를 쏟아부었다. 그 임무는 토후국들을 통합된 인도로 규합하는 것이었다.

영국이 인도를 떠났을 때, 뉴델리의 인도 정부는 오늘날 인도로 알려진 전 영토에 대한 권한을 가지고 있지 않았다. 전국에 산재해 있는 500개 이상의 토후국이 세습 토후들에 의해 통치되고 있었다. 토후들은 모두 합쳐 인도 영토의 1/3과 인구의 1/4을 통치했다. 그들은 1857년 영국군 내 인도 병사들의 반란 이후 식민지 당국이 새로운 영토 병합을 중단했기 때문에 토후로 살아남았다. 영국은 더 많은 병합이 또 다른 반란을 촉발할 것을 우려했다. 대신 영국 왕실은 최고 통치권 원칙Doctrine of Paramountcy을 수립하여 식민지 당국에 토후국의 대외정책, 국방, 통신에 대한 통제권을 부여하고 적어도 원칙적으로는 토후국의 통치는 토후들에게 맡겼다. 독립 당시 영국은 신생 인도 의회에 1857년 이전에 병합된 "영국령 인도British India" 부분에 대한 완전한 통제권만 이양했다. 영국은 또한 토후국에 대한 그들의 최고 통치권도 이양했다. 따라서 독립 인도에서 토후국들은 인도의 나머지 지역과의 정치적 관계를 결정하고 자체적인 상업 정책을 수립할 수 있

었다. 인도는 정치적, 경제적으로 발칸화된* 국가가 될 위험에 처해 있었다.[14]

1947년 11월, 토후국 하나를 "인도 연방Union of India"으로 통합할 기회가 생겼다. 오리사Orissa**의 작은 토후국 닐기리Nilgiri의 토후는 그가 다룰 수 없는 반란에 직면하자 인도 정부에 토후로서의 자신의 권리와 권력을 재빨리 내놓았다. 파텔은 닐기리의 인도 연방으로의 동화에 힌트를 얻어 12월 중순부터 위협과 유인책을 활발히 결합하여 다른 토후국들을 인도의 품으로 끌어들였다. 그는 토후들과 그 후계자들이 조용히 권한을 넘기면 관대한 비과세 혜택을 부여하는 "사적 지갑privy purses"(연금)***과 개인 재산에 대한 지속적인 소유권을 약속했다. 만약 그렇게 하지 않을 경우 그들은 아무것도 얻지 못할 수도 있었다.[15]

그 작업은 파텔이 1948년 3월 심장마비를 일으켰을 때 미완성 상태로 남아 있었다. 그러나 1948년 중반이 되자 "통합 인도의 탄생과 시작"이 눈앞에 다가왔다. 마지막까지 버티고 있던 자는 하이데라바드Hyderabad의 니잠nizam(통치자)이었다. 9월 13일 새벽, 인도 군대가 하이데라바드를 향해 진격하기 시작했다. 9월 18일, 하이데라바드 사

---

*   Balkanization. 어떤 나라나 지역이 서로 적대적이거나 비협조적인 여러 개의 작은 나라나 지역으로 쪼개지는 현상을 일컫는 지정학적 용어이다. 20세기 유럽의 발칸반도에서 발생한 여러 분쟁에서 비롯된 표현이다.

**   2011년 현재의 오디샤로 명칭이 변경되었다. 인도 동부에 위치하며 주로 벵골만과 접해 있다. 북동쪽과 동쪽으로는 서벵골, 북쪽으로는 차르칸드, 서쪽과 북서쪽에는 차티스가르, 남쪽으로는 안드라프라데시와 접한다.

***   인도와 합병을 선택하여 통치권을 종료하기로 한 토후국의 왕에게 인도가 지불하기로 약속한 수당 성격의 지불금을 가리킨다. 1971년 헌법 개정에 따라 폐지되었다.

령관이 항복했다.[16]

드문 경축의 순간인 1948년 10월 15일, 파텔은 모든 인도 주province의 수상(1950년 1월 인도가 공화국이 된 후 '주 수상'으로 개명됨)에게 편지를 썼다. 파텔은 수상들에게 토후국의 인도 연방 통합이 1947년 12월 본격적으로 시작되어 "하이데라바드의 곪은 상처"가 제거되면서 끝났다고 상기시켰다. 파텔은 인도가 "지난 수 세기 동안 결코 달성하지 못했던 통합의 정도"를 달성했다고 썼다.[17] 그것은 인도에 남긴 파텔의 헤아릴 수 없는 유산이었다.

갈등이 재개되다

네루와 파텔의 갈등은 1950년 초 동파키스탄에서 유입된 대규모 힌두 난민으로 인해 재개되었다. 1947년 8~9월 펀자브 국경을 통해 550만 명에 이르는 사람들이 양방향으로 건너갔을 때만큼 거대하지는 않았지만, 대규모 벵골 이주 기간 동안 "100만 명 이상이 고향을 버렸다". 파텔은 다시 한번 힌두교도를 보호하기 위해 파키스탄을 압박하지 않은 네루에게 화가 났다. 그는 분노하며 파키스탄이 밀어낸 모든 개별 힌두교도에 대해 인도에서 무슬림 10명을 추방하는 "눈 1개에 눈 10개"라는 인도 정책을 요구했다. 네루는 이런 눈에는 눈tit-for-tat 전략을 거부했다. 그는 인도가 시민에 대한 평등과 공정한 대우의 기준을 지켜야 한다고 말했다.[18]

거의 동시에 인도 경제 계획의 목표에 대한 논란이 일어났다. 파텔은 기획위원회 자체에는 반대하지 않았다. 그러나 네루 내각의 다른 장관들과 마찬가지로, 그는 선출된 국민 대표들의 역할을 찬탈할 수 있는 테크노크라트적 위원회에 반대했다. 갈등의 이념적 지점은 국민회의 결의안 초안에서 기획위원회가 "경제 활동에서 개인적 영리 행위의 동기를 제거"하려 할 것이라는 주장이 제기되면서 불거졌다. 우리는 이 문구의 저자를 알지 못하지만, 그 말은 1936년 러크나우Lucknow*에서 열린 국민회의 회기(전당대회)에서 네루가 연설하며 사용한 언어와 놀라울 정도로 유사하다. 당시 간디는 "한 마디도 하지 않고" 네루의 언어가 당의 결의안에 스며들지 않도록 했다. 이제 그 언어가 다시 등장하자 파텔과 같은 "우파"는 문제의 문단을 삭제할 것을 요구했다.[19]

진정한 격돌은 세 번째 전선에서 벌어졌다. 1950년 국민회의 대표 선거였다. 파텔은 푸르숏탐다스 탄돈Purshottamdas Tandon을 지지했다. 네루는 아차르야 크리팔라니를 지지했다. 탄돈-크리팔라니 대결은 파텔-네루의 재대결이었다.

보편적인 견해에 따르면, 탄돈은 청렴결백한 사람이었다. 그러한 청렴성은 인도 정치에 만연한 부패 속에서 특히 귀중한 미덕이었다. 네루의 전기 작가 마이클 브레처Michael Brecher는 "권력의 전리품이 이제 열병을 앓듯 격렬하게 분배되고 있었다"고 썼다. 네루도 "오랜 친구" 탄돈이 정직한 사람이라는 데 동의했다.[20]

탄돈은 파텔과 마찬가지로 "확고한 반파키스탄주의자"였다. 그러나 그는 더 나아갔다. 그는 힌두 관습과 전통의 변화에 반대했는데, 이는 힌두 여성에게 이혼과 재산 상속 권리를 부여한 힌두법 개정안 Hindu Code Bill에 반대한다는 것을 의미했다. 탄돈은 또한 인도의 국어로 고전적인(산스크리트화된) 힌디어를 장려했다. 그는 정통 힌두교도

---

* 우타르프라데시의 주도이다. 세포이 항쟁이 일어난 곳으로도 유명하며, 인도 독립운동의 중심지였다.

들에게 신성한 동물인 소의 도살이 죄악이기 때문에 소가죽 신발을 신지 않았다.[21] 탄돈의 부상은 편협한 힌두교가 독립 직후 초기 국민 회의에 확고히 자리 잡고 있었음을 상기시켰다.

네루는 내각을 국민회의 최고위원회Congress Party's High Command에 종속시키려는 탄돈의 의도를 매우 우려했다.[22] 네루는 옳았다. 당은 선출된 정부를 미시적으로 관리할 수 없었다.

파텔은 탄돈을 위해 적극적으로 로비했고, 1950년 9월 중순 그가 대표직을 차지하는 데 도움을 주었다. 그러나 탄돈의 당선은 파텔의 마지막 승리였다. 파텔은 12월 15일 아침 세상을 떠났다. 향년 75세였다.[23]

거인이 마침내 일어서다

탄돈을 지지할 파텔이 없어진 상황에서 탄돈은 1951년 8월 국민회의 대표직에서 사임했다. 네루는 1954년까지 그 자리를 지켰고, 그 후 그가 직접 고른 대표가 지나치게 독단적이지 않도록 했다.

파텔이 사라지고 다른 경쟁자들이 무력화되자, 네루는 혼란스러운 국민회의와 마주했다. 파텔이 죽기 전에 화를 내며 말했듯이, 국민회의는 "파벌들의 싸움터"가 되었고, 여러 다른 방향으로 끌려가고 있었다. 독립 운동의 이상이라는 접착제가 녹아내렸다. 1951년 6월, 독립 인도 최초의 총선거를 불과 몇 달 앞두고, 〈타임〉은 당의 분열과 그 속으로 스며든 부패에 대해 논평했다. 당은 "통일된 목적"이 결여된 "거대한 복합체"가 되었고, "비대해지고 게을러졌다". 당은 많은 "기회주의적 관리들"과 악명 높은 "암시장 상인들"을 품고 있었다.[24]

일반적으로 대지주와 농촌 유지로 구성된 파벌 지도자들은 그들을 위해 일하는 농민들과 카스트 동료로 구성된 귀중한 "표 은행"을 가지고 왔다. 네루는 국민회의에 구조와 규율을 확립하는 것을 꺼렸다. 대신 그는 인도 국민들과의 연결에 의지했다. 그를 우상화하는 군중들에게 진부한 말을 남발하며 끊임없이 선거운동을 했다.[25] 1951년 11월, 투표가 진행 중일 때, 만화가 R. K. 락스만R. K. Laxman은 네루가 선거운동 마차를 타고 당원들과 인도 대중 모두 위에 우뚝 서 있는 모습을 보여주었다(그림 2.1).

1951년 10월부터 1952년 2월 사이에 실시된 선거는 인도 민주주의의 첫 번째 시험대였다. 1억 7,500만 명의 등록 유권자 중 1억 800만 명이 투표하여 62%의 투표율을 기록했다. 이는 당시 선진 민주주의 국가에서 흔히 볼 수 있는 투표율보다는 낮았지만, 인도 인구의 약 17%만이 읽고 쓸 수 있다는 점을 감안하면 놀라운 성과였다. 더욱 인상적인 것은 투표 중 무효표로 선언된 것이 2% 미만이었다는 것

R. K. Laxman's cartoon in *The Times of India*, 28 November 1951

그림 2.1 인도의 첫 번째 선거 전야, 네루는 거인처럼 우뚝 선 존재였다.
출처: Gopal, Sarvepalli. 1979. *Jawaharlal Nehru: A Biography, Volume One 1889-1947*.
Bombay: Oxford University Press, 163.

이다. 거대한 선거 기구가 놀라울 정도로 잘 작동했다. 투표가 완료된 다음 날, 〈타임스 오브 인디아Times of India〉는 "약간의 사칭 투표와 투표함 조작 사례가 있었지만, 전반적으로 선거는 공정했다"고 썼다.[26]

그 결과가 반드시 민주주의의 승리는 아니었다. 네루의 가장 중요한 전기 작가인 사르베팔리 고팔Sarvepalli Gopal이 결론 내렸듯이, 국민회의가 손쉽게 승리한 것은 다른 모든 이슈에 우선하여 네루에게 유리한 개인적 국민투표"였기 때문이었다. 네루가 인도 국민들로부터 받은 애정은 그를 논란의 여지가 없는 국가 지도자로 만들었다. 그는 국민회의 내부의 혼란 위에 군림했고, 다른 당의 경쟁자 없이 통치했다.[27] 인도의 민주주의는 이제 한 사람의 손에 달려 있었다. 인도의 문제는 네루의 문제였다. 카슈미르를 둘러싼 파키스탄과의 분쟁은 해결되지 않았다. 국내에서는 힌두-무슬림 간 긴장이 계속되었다. 공동체 간 화합에 대한 네루 자신의 헌신에도 불구하고, 친힌두 정서는 심지어 국민회의 고위 지도자들에게도 스며들었다. 무엇보다도 인도의 깊은 빈곤과 문맹은 즉각적인 관심이 필요했다. 사상가 네루는 행동가가 될 수 있을까? 그가 약속했던 대로, 모두를 위해 일하는 인도를 만들 수 있을까?

3장
가지 않은 길

1950년 10월 2일, 마하트마 간디의 생일에 네루는 독립 인도의 주요 목표는 "실업을 종식시키는 것"이라고 선언했다. 그는 1951년 9월 그 주제로 다시 돌아왔다. 그는 인도의 "가장 큰 문제"는 "개발의 문제, 실업과 빈곤을 나라에서 제거하는 것"이라고 말했다.[1]

실업은 정말로 인도의 가장 큰 문제였다. 그러나 새로운 국가는 희망에 찼는데, 이는 영화 제작자 라즈 카푸르Raj Kapoor가 그의 1951년 영화 〈방랑자Awaara〉(또는 부랑자)에서 포착한 분위기였다. 익명의 도시 거리에서, 주연 배우 라즈는 찰리 채플린 스타일로 모자를 비스듬히 쓰고 허리 위로 묶은 헐렁한 바지를 입고 발목 위에서 끝나는 차림으로 장난스럽게 노래한다. "Awaara hoon, 나는 방랑자, 부랑자다." 카푸르가 연기한 라즈는 학교를 중퇴했고 일자리를 찾을 수 없다. 그래서 소매치기와 좀도둑으로서의 기술을 연마하는데, 이 때문에 주기적으로 감옥에 간다. 그러나 미래는 밝고, 라즈의 헌신적인 어머니는 아들이 언젠가는 변호사가 될 것이라고 믿고, 이를 위해 많은 희생을 한다. 인도 독립 이후 가장 뛰어난 외교관 중 한 명인 마하라즈크리슈나 라스고트라Maharajkrishna Rasgotra가 썼듯이, "1951~1952년, 온 나라가 자기 발견과 희망에 차 있었다".[2]

희망 아래에서 경제적 문제가 떠오르고 있었다. 인도의 수출은 수입을 감당할 수 없었다. 이 부족분은 점점 커지는 국제수지 적자, 즉 국제 달러 지불(수입 및 기타 서비스)과 수취(수출 및 근로자 송금 등 기타 출처)의 차이를 만들어냈다. 그 적자에 자금을 대기 위해 인도는 외국인에게 점점 더 빚을 지게 되었고, 이는 국가 부도의 위험으로 이어졌다.[3] 인도의 두 가지 문제인 고용 부족과 파산 위험에는 공통된 장기적 해결책, 즉 경쟁력 있는 인도 경제가 있었는데, 이는 더 많은 사람들을 위한 일자리를 창출하고 더 많은 수입 대금을 지불하기 위해 수출을 확대하는 것이었다.

파산 위험에는 즉각적인 대응이 필요했고, 인도 당국은 그것을 해소하기 위해 손쉬운 단기 해결책을 사용했다. 1949년 9월 19일 월요일, 인도는 미국 달러 대비 루피화 가치를 달러당 3.30루피에서 4.76루피로 30% 절하했다. 평가절하는 예상된 결과를 가져왔다. 인도 수출업자들은 달러로 표시된 가격을 낮추었고, 이는 수출 증대에 도움이 되었다. 수입품의 루피화 가격이 상승하면서 인도인들은 수입을 줄였다. 인도의 국제수지는 개선되었다. 파산의 위험은 감소했다.[4]

그것은 올바른 조치였다. 그러나 평가절하는 인도의 장기적 문제를 해결하지 못했다. 평가절하는 아스피린과 같다. 통증은 줄어들지만 병을 치료하지는 않는다. 인도의 농장과 공장이 비효율적인 한, 즉 생산성이 낮은 한 인도 제품의 가격은 높은 수준을 유지할 수밖에 없기 때문이다. 따라서 인도는 수출에 어려움을 겪을 것이다. 그러나 수입은 늘어나는 인구의 식량 및 공산품 수요를 충족시키기 위해 계속 증가할 것이고, 국제수지 적자는 다시 증가할 것이다. 수출을 증대시키려면 반복적인 평가절하, 즉 반복적인 아스피린 복용이 필요했다. 네루가 의회에서 인정했듯이 인도 경제는 이 "불행한 상태"에 있었다.[5]

"불행한 상태"에서 벗어나기 위해서 인도는 생산성이 높은 농장과 공장이 필요했다. 더 생산적인 농장은 국내 식량 공급을 늘리고 달러로 표시되는 인도 수입의 15~20%를 차지하는 식량 수입의 필요성을 줄일 것이다. 제조업 생산성 향상은 많은 수의 사람들을 고용하고 수입 기계 및 원자재 대금을 지불할 수 있는 규모로 수출을 확대하는 데 있어 매우 중요했다.[6]

독립 직후의 메시지는 인도인들이 단지 대규모 불완전 고용 상태일 뿐만 아니라 직장에서도 생산성이 낮다는 것이었다. 새로운 국가로서 인도는 훨씬 더 많은 사람들을 고용해야 했고 훨씬 더 생산적인 방식으로 고용해야 했다.

고용률이 높고 생산성이 높은 경제를 달성하기 위해 인도는 1868년 메이지 유신 이후 일본의 개발 전략과 유사한 개발 전략이 필요했다. 메이지 유신 당시의 일본은 인도에게 가장 바람직한 경제 모델로서 중요한 특징을 가지고 있었다. 당시 일본 경제는 주로 농업이었고, 농업의 성격(소규모 농장과 수작업 위주의 농사)은 인도와 유사했으며, 사망률이 출생률보다 빠르게 감소함에 따라 청년 인구가 급격히 증가하고 있었고, 시민들은 정규 교육을 거의 받지 못했다. 그러한 출발점에서 일본은 농업 생산성의 빠른 증가와 초등교육의 급속한 확대를 달성했다. 무엇보다도 일본은 수출을 적극적으로 추구함으로써 가속화된 산업화를 선도했다. 1920년대까지 일본은 스스로를 세계 산업국 대열에 끌어올렸다.

인도는 일본의 개발 경로에 간신히 근접했다. 1949년 8월, 인도 주의 수상들에게 보낸 편지에서 네루는 일본이 "놀라운 발전"을 이룬 "상대적으로 짧은 기간"을 강조했다. 심지어 그는 일본인들이 "15년 정도의 기간 동안 놀라운 정도로" 대만을 산업화한 식민 지배자로서의 면모에 대해 감탄을 표했는데, 이는 그가 "어디에서도 거의 유례가 없는" 위업으로 인정한 것이었다. 네루는 러시아도 교훈을 준다고 지적했다. 그러나 "러시아가 우리에게 매우 복잡한 그림을 보여주기 때문에 일본이 우리에게 가르칠 것이 더 많다"고 결론을 내렸다.[7]

인도의 제1차 5개년 계획(1951~1955)은 일본의 개발 경험에서 얻은 귀중한 교훈을 인식했다. 특히, 이 계획은 메이지 시대 이후의 농업 실적과 더불어 세계적으로 경쟁력 있고 고용을 창출하는 중소기업을 감탄하며 언급했다. 독립 직후 그 교훈이 얼마나 빨리 명확해졌는지 주목할 만하다. 또한 그 교훈이 얼마나 잘못 학습되었는지도 눈여겨볼 만하다.

인도 농업이 궤도를 이탈하다

인도의 기획자들은 일본이 보여준 숫자들을 잘 알고 있었고 그것을 인도가 달성할 수 있는 기준으로 보았다. 1880년부터 1920년까지 40년 동안 일본의 농업 노동자 1인당 곡물 생산량은 두 배로 증가했다. 이 기간 동안 곡물 생산량이 77% 증가한 반면, 농업 노동자 수는 실제로 감소했고 경작 면적은 20%밖에 증가하지 않았다. 인도와 특히 관련이 있는 것은, 일본 농민들이 작고 개인이 소유한 수작업 경작 토지에서 엄청난 생산성 향상을 달성했다는 것인데, 이 토지는 평균 2~3에이커(8,093~1만 2,140제곱미터) 크기였고 일반적으로 여러 개의 작고 분산된 경작지로 더 나뉘었다. 농민들은 지역 연구소에서 신중하게 선택한 종자 품종에 의존했고 이를 비료의 자유로운 사용으로 보완했다. 꾸준히 개선된 물과 해충 관리, 더 나은 이식 및 제초 방법, 그리고 더 효과적인 관개 및 배수 방법은 작물 수확량을 강수량 과다나 부족에 덜 민감하게 만들었다.[8]

농민들의 생산성이 향상됨에 따라 농업의 노동력 수요는 감소했고 농업 종사자의 비율은 1880년 80%에서 1920년 50%로 떨어졌다. 일본의 도시는 급격히 증가하는 인구를 흡수했다. 특히 도시는 특히 섬유 분야에서 대규모 공장 일자리를 제공했고, 위성 도시는 일반적으로 노동집약적 기술을 사용하여 도시의 대기업에 전문적인 부품을 공급하거나 해외 판매용 제품을 생산하는 중소기업 중심으로 일자리를 제공했다.[9]

1950년대 초, 인도 농가의 생산성은 일본의 5분의 1에서 4분의 1 수준이었다. 안드라프라데시Andhra Pradesh 주의 웨스트 고다바리West Godavari 지구에 위치한 관개와 관리가 가장 잘 된 농장들조차도 당시 일본 농장 평균의 절반 수준의 쌀 수확량만을 기록하고 있었다. 인도의 제1차 경제 계획의 기획자들은 일본의 생산성 증가가 "주로 더 나은 종자, 거름, 살충제, 그리고 개선된 농업 관행을 통해 이루어졌으며, 이 중 어느 것도 큰 자본 지출을 필요로 하지 않았다"는 점을 인식했다. 이들은 일본과 "비슷한" 수준의 작물 수확량이 인도의 손에 닿을 수 있는 곳에 있다고 믿었다. 경제활동인구의 70%가 농업에 종사하는 인도는 국민을 먹여 살리기 위해 일본식의 높은 농업 생산성 증가가 필요했다. 인도는 또한 기하급수적으로 증가하는 인구를 고용하기 위해 일본식의 빠른 산업화와 도시화가 필요했다.[10]

제1차 계획은 농업 생산성 증가를 가속화하기 위해 인도가 토지 개혁(경작자에게 더 많은 토지)과 농민들에게 "지도"(기술 지원) 서비스를 제공하기 위한 지역사회 개발 프로그램을 필요로 한다고 올바르게 결론 내렸다. 경작자에게 더 많은 토지가 가면 공정성을 높일 것이다. 그 것은 농가의 소득과 영양 수준을 높이고 생산성을 높일 더 큰 동기를 부여할 것이다. 지도 서비스는 연구 센터에서 농장으로 새로운 아이 디어를 가져올 것이다. 이는 합리적인 계획이었다. 그러나 농가는 부 실한 실행의 희생양이 되었다.[11]

인도 토지 개혁 정책 중 가장 야심찬 것은 자민다리zamindari 제도의 폐지였다. 자민다르Zamindar는 주로 동부 인도에서 영국 정부를 대신 하여 세금을 징수하는 지주이자 중개인이었다. 자민다르는 절망적인 경작자들에게 엄청난 이자로 돈을 빌려주고 잔인한 금전적, 물리적 방법으로 자신의 권위를 강요하는 혐오스러운 문화적 인물들이었다. 크게 찬사를 받은 1953년 영화 〈2비가의 땅Do Bigha Zamin〉(특별하게 작 은 땅 조각을 의미함)*에서는 기억에 남을 만큼 탐욕스러운 자민다르가 세입자가 자신에게 엄청난 빚을 졌다는 것을 보여주는 위조된 서류를 사용하여 2비가의 땅에서 세입자를 쫓아내려 한다.[12]

더 큰 평등을 보다 중시하는 네루와 사유 재산을 존중하는 사르다 르 파텔과 같은 다양한 이념적 성향의 인도 지도자들도 자민다리 제 도가 사라져야 한다는 데에는 동의했다. 네루는 주 수상들에게 보낸 편지에서 자민다리 폐지에 실패하면 "우리의 전체 사회 경제 정책이 실패한다"고 썼다.[13]

1950년대 초, 주 정부는 법적으로 자민다리 제도를 폐지했다. 그러 나 이 조치는 인도의 소농들에게 거의 도움이 되지 않았다. 이 변화의 주요 수혜자는 이제 자신들이 경작하는 토지를 소유하게 된 이전의

---

* 문자 그대로 2비가만큼의 땅을 의미한다. 1비가는 1에이커의 8분의 5에 해당하는 작은 토지구획이다.

대규모 소작농들이었다. 대농의 권한 강화는 인도에서 "자본주의" 농업의 시작을 알리는 신호탄이었다. 다른 이들은 거의 얻은 것이 없었다. 자민다르들은 자신들이 처음부터 직접 그 땅을 경작해 왔다고 주장하며 소작농들을 쫓아냈는데, 이는 그들이 법에 따라 그 땅을 자신들의 것으로 유지할 수 있게 해주는 주장이었다. 이렇게 개인 경작 토지를 과장하는 방식은 토지 기록이 존재하지 않거나 자민다르들의 통제 아래 있었기 때문에 가능했다. 소규모 자영농, 농업 노동자, 토지 없는 자들은 기껏해야 "작은 땅 조각"만을 얻었다. 자민다르들은 그들이 포기한 세금 징수권에 대해 관대한 보상을 받았는데, 이는 주 정부에 막대한 재정 부담을 안겨주고 대물림된 불평등을 강화했다.[14]

또 다른 정책은 개별 농민이 소유한 토지에 상한선을 두어 특정 한도를 초과하는 토지를 소농과 토지 없는 노동자들에게 분배할 수 있도록 하는 것이었다. 그러나 헌법학자 그랜빌 오스틴Granville Austin 이 썼듯이, "법적 검토를 통과해 살아남은 법안에는 트랙터도 통과할 수 있을 만큼의 큰 허점이 있었다". 법안의 시행은 수년 동안 지연되었고, 그 기간 동안 대토지 소유자들은 자신들이 소유한 토지를 많은 필지로 분할했다. 그들은 가족 구성원들의 이름으로, 심지어 농장 동물들의 이름으로 필지를 등록함으로써 실제 소유자의 신원을 숨기는 베나미benami 거래*의 일반적인 관행을 사용했고, 이로써 토지에 대한 통제권을 유지할 수 있는 표면적으로 합법적인 근거를 만들어냈다. 비非자민다리(특히 이른바 라이야트와리ryotwari) 지역의 소작농 권리를 보호하기 위한 세 번째 정책은 거의 완전히 실패했는데, 이는 자민다

---

* 실제 소유자가 아닌 다른 사람의 이름으로 소유된 재산이나 자산을 말한다. 종종 부동산의 실소유주를 숨기는 데 사용된다.

리의 경우와 마찬가지로 부실하거나 누락된 토지 기록으로 인해 소작 농들이 자신들의 권리를 확립할 수 없었거나, 지주들이 그 땅을 직접 경작할 의도가 있다는 이유로 토지를 되찾았기 때문이었다. 지주들은 또한 대출에 대한 더 높은 이자율을 부과함으로써 토지 임대료 상한을 피할 수 있었다.[15]

인도의 토지 개혁은 결코 기회를 잡지 못했다. 많은 국민회의 지도자들이 대지주였다. 그들은 자신과 친구들, 지지자들을 보호하기 위해 개혁을 훼손했다. 네루는 지주 계급에 맞설 의욕이 거의 없었다. 그는 주 수상들에게 보낸 편지에서 무력하게 이렇게 썼다. "이 결과는 우리가 기대했던 바가 아니었다."[16] 그가 더 평등한 사회를 원하기는 했을지라도, 네루는 그것을 실행할 정치적 결단력이 부족했다.

일본의 중소 농민들도 무력한 메이지 토지 개혁의 혜택을 받지는 못했다. 그러나 농민들과 연구 센터 간의 유익한 협력은 토지와 노동 생산성을 높이는 데 도움이 되었다.[17] 인도에서 시도된 그러한 협력은 매우 실망스러웠다.

실제로 '지역사회 개발 프로그램'에 따른 인도의 지도 서비스는 완전히 실패했다. 세계은행은 "지도 업무의 수준과 조직이 일관되게 적절하지 않았다"고 결론 내렸다. 다른 평론가들은 더 가혹했다. 한 전문가는 "업무 수행 방식이 낙담스러울 정도로 조잡했다"고 썼다. 심지어 인도 정부 관리들조차도 "시행상의 문제"에 대해 절망했다. 복잡한 "관료주의적 일상의 그물"이 실제 업무를 방해했다. 마을 수준의 지역사회 개발 담당자들에게는 관련 없는 업무가 할당되었고 전문 교육과 권한이 부족했다. 농민들은 그들의 조언을 진지하게 받아들이기를 거부했다.[18]

시카고 대학교 경제학 교수 테오도어 슐츠Theodore Schultz는 인도 농민들이 "대체로 문맹"이고 "낮은 수준의 기술"을 가지고 있기 때문에 문제가 발생했다고 덧붙였다. 슐츠는 농업에 주로 "강인한 체력"과 "육체 노동을 할 수 있는 능력"이 필요하다고 생각하는 것은 실수라고 말했다. 초등학교 교육만을 받은 일본 농민들조차도 숙련된 지도사들이 가르치는 "복잡하고 어려운 농업 작업"을 익힐 수 있었다.[19]

산업에 대한 문맹의 대가

독립 당시 인도의 제조업은 전체 경제활동인구의 10%를 고용하고 국민소득의 16%를 생산했다. 이는 인도의 낮은 1인당 소득 수준으로 볼 때에도 낮은 기여도였다.[20]

어떤 의미에서 독립 당시 인도의 낮은 산업화 수준은 놀라운 일이었다. 교육 수준이 높은 파르시 공동체Parsi community*출신의 역동적인 기업가들은 인도에 섬유 산업이 더 빠르게 시작될 수 있도록 했다. 코와스지 다바르Cowasjee Davar는 독립 거의 한 세기 전인 1854년에 최초의 방직 공장을 설립했다. 마넥지 프티Maneckjee Petit는 코와스지를 따랐지만 일찍 사망했고, 그의 뛰어난 아들 딘쇼Dinshaw가 새로운 길을 개척했다. 오늘날 더 많이 알려진 다른 이들로는 봄베이 염색Bombay Dyeing과 센추리 밀스Century Mills를 설립한 노우로지 와디아Nowrojee Wadia, 그리고 유명한 섬유 제조업체 엠프레스 밀스Empress Mills를 설립한 후 인도 최초의 제철소를 시작한 잠셰드지 타타Jamshedji Tata가 있다. 인도의 섬유 공장들은 20세기 초까지 최고였던 랭커셔산 기계를

----

* 조로아스터교를 따르는 인도의 종교집단을 가리킨다. 이슬람의 종교 박해를 피해 페르시아를 떠나 중세시대에 인도에 정착한 페르시아인들의 후손이다. 동인도 회사의 활동 초기에 적극적으로 참여하면서 큰 성공을 거두었다.

운용했다. 파르시가 아닌 사람들도 처음에는 천천히, 그리고 나중에는 더 많은 수로 가세했다. 섬유 생산은 봄베이의 중심지에서 특히 아메다바드, 칸푸르Kanpur(현재의 우타르프라데시), 코임바토르Coimbatore(현재 타밀나두로 알려진 주)로 확산되었다.[21]

1870년부터 1890년 사이, 인도의 섬유 생산업자들은 풍부한 이익을 얻었다. 1850년대 중반부터 운영된 인도 철도는 전국적으로 상품 운송을 더 쉽고 저렴하게 만들었다. 딘쇼 프티는 인도 면사의 중국 수출을 주도했다. 랭커셔의 공장들에 비해, 인도 공장들은 낮은 임금, 국내 면화 공급원, 그리고 중국으로의 현저히 낮은 운송 비용의 혜택을 누렸다. 1892년, 그들은 중국에 생산량의 70%를 판매했다. 이 호황기 동안, 인도의 공장주들은 현대적인 방적 및 염색 혁신에 투자했다. 1891년, 인도 섬유 산업은 15만 명의 노동자를 고용하고 있었다.[22]

1890년대 초에 문제의 조짐이 나타났다. 중국 공장들이 효율성을 높이기 시작했다. 그러나 인도 섬유 업체들의 아시아 패권을 무너뜨린 것은 일본 업체들이었다. 인도만큼 저렴한 경제활동인구를 가진 일본의 섬유 생산업자들은 매우 빠른 속도로 생산성을 높였다. 일본의 진입으로 인도 공장들은 수익성 높은 중국 면사 시장에서 저임금과 저운송 비용이라는 이점을 잃었다. 인도의 섬유 산업은 20세기 첫 10년까지는 일본의 섬유 산업보다 훨씬 컸다. 인도 공장주들은 계속해서 세계 최고 수준의 기계를 사용했고 방적 및 염색 혁신을 채택했다. 그러나 그들은 일본 공장들과 경쟁할 수 없는 것으로 입증되었다.[23]

이 중요한 시기 동안의 문제는 인도 노동자들의 낮은 생산성이었는데, 이는 저임금의 이점을 상당 부분 상쇄했다. 경제사학자 그레고리 클라크Gregory Clark의 놀라운 계산에 따르면, 1910년 인도 노동자들이 마법처럼 뉴잉글랜드(미국)의 노동자들만큼 생산적이 되었다면, 부족한 인도 자본으로도 높은 수익성을 유지하면서 주당 임금을 0.78달러에서 3.93달러로 5배 인상시킬 수 있었다.[24] 그 의미는 충격적이었다. 인도인들은 가난했는데, 그 이유는 산업 노동자들, 심지어 국제적으로 가장 성공한 산업의 노동자들조차 생산성이 너무 낮았기 때문이었다.

1920년대에 일본 노동자들의 생산성은 교육 수준의 향상과 고용주들이 채택한 생산 기술의 진보와 함께 급속히 증가했다. 중국 시장에서 인도 생산업자들을 밀어낸 일본의 섬유 제조업체들은 불길하게도 인도로 진출했다. 일부 인도 기업들은 이 도전에 대응하려 했지만, 특히 1930년대 일본 정부가 엔화의 평가절하를 허용한 후 대부분은 압도당했다. 인도 섬유 업체들은 생산성을 높이려고 노력하는 대신 점점 더 수입 관세 인상에 의존했고, 거기서 일자리 상실이라는 무기로 끊임없이 위협하여 노동자들을 쥐어짰다.[25]

1993년에 발표된 유명한 논문에서, MIT 경제학 교수 마이클 크레머Michael Kremer는 국가 간 노동자 생산성의 현저한 차이에 대한 그레고리 클라크의 충격적인 발견에 대해 교육의 차이가 생산성의 차이를 설명할 수 있다고 추론했다. 더 잘 교육받고 숙련된 노동자들은 실수를 덜 했고 일반적으로 서로의 효율성을 높이는 다른 숙련 노동자들과 짝을 이뤘다. 생산성 향상의 잠재력은 공장 관리자들이 기계의 더 혁신적인 사용을 실험하도록 장려했고, 이는 노동자의 생산량을 더욱 높였다.[26]

데이터는 교육의 중요성에 대한 크레머의 추측을 뒷받침한다. 나는 여성 초등학교 취학률을 대중교육에 대한 사회의 헌신 정도를 측정하는 지표로 사용한다. 1910년의 노동자 생산성은 20년 전 여성 초등학교 취학률이 높은 국가에서 더 높았다(그림 3.1). 1870년대 초까지 100% 여성 초등학교 취학률을 달성한 미국은 가장 생산적인 공장

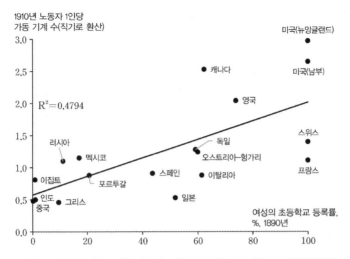

그림 3.1 교육에 더 많은 노력을 기울이는 사회에서 섬유 노동자들은 더 생산적이었다.

참고: 오스트리아-헝가리의 여성 초등학교 등록률은 현재 두 국가의 평균.

출처: 노동자 1인당 가동 기계(직기로 환산)는 Clark, Gregory. 1987.

"Why isn't the whole world developed? Lessons from the cotton mills." The Journal of Economic History 47.1:
141-173, Table 3으로부터; 여성 초등학교 등록률은 Robert J. and Jong-Wha Lee. 2015. Education Matters:
Global Schooling Gains from the 19th to the 21st Century. New York: Oxford University Press로부터.

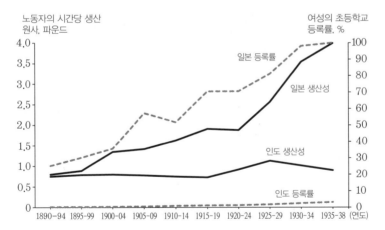

그림 3.2 일본 노동자의 생산성은 교육의 확산과 더불어 급상승했다.

참고: 여성 초등학교 등록은 20년의 시차가 있어서 1890~1894년 노동자당 생산 원사(파운드)는 1870년에 등록한 것.

출처: 노동자의 시간당 생산 원사(파운드)는 Wolcott, Susan and Gregory Clark. 1999.

"Why nations fail: Managerial decisions and performance in Indian cotton textiles, 1890-1938."
The Journal of Economic History 59 (2): 397-423, Table 1로부터; 여성 초등학교 등록률은 Barro, Robert J. and
Jong-Wha Lee. 2015. Education Matters: Global Schooling Gains from the 19th to the 21st Century.
New York: Oxford University Press로부터.

을 보유하고 있었다. 물론 1910년에 일본은 1868년 메이지 유신 이후 초등교육에서의 엄청난 발전으로 인한 완전한 생산성 혜택을 얻지는 못했다. 메시지는 간단했다. 교육의 혜택은 발현되는 데 시간이 걸린다. 정책적 함의는 분명했다. 지금 교육에 투자하지 않으면 수십 년 동안 생산성을 희생해야 하는 것이었다.

일본이 거의 보편적인 초등교육 달성을 향해 달려가면서, 그들의 공장들은 생산성을 급격히 높였다(그림 3.2). 1920년대 초 생산성의 급등은 그들의 인도 시장 진출과 맞물렸다.

국제섬유생산자협회International Federation of Textile Producers' Associations 의 사무총장이었던 영국 역사가 아르노 피어스Arno Pearse 는 1920년대 후반 인도, 중국, 일본의 공장 기술 운영을 조사했다. 그는 일본에 대해 이렇게 썼다. "어디에서나 좋은 대중교육의 결과를 볼 수 있다. 모든 공장 여성들은 읽고 쓸 줄 알며, 대부분의 유럽 국가와 거의 동등한 수준의 일반교육을 받고 있다." 일본 기업들은 수용적인 공장 노동자들의 생산량을 높이는 데 도움이 되도록 감독관과 여성 관리자들을 위한 특별 교육과정을 운영할 더 큰 유인을 가지고 있었다. 인도 노동자들의 낮은 생산성과 직접 비교하면서, 피어스는 일본의 훨씬 우수한 교육이 "결함 있는 작업"을 줄이고 더 선진적인 기술을 더 빨리 채택하게 했다고 지적했다.[27]

일본의 농민들과 지도사들이 전국적인 대중교육의 혜택을 받은 것처럼, 공장주들과 직원들은 정부의 교육 추진력을 활용하여 학습하는 공장 현장을 만들어냈다. 반대로 인도 섬유 생산업자들은 "나쁜 균형"에 빠졌다. 그들은 대부분 문맹인 노동자들을 고용했고, 그들을 매우 불안정한 업무로 통제했다. 공장 관리자들이나 노동자들 모두 서로에게 투자할 유인이 없었다. 인도 공장주들은 19세기에 저임금을 지불하고 경쟁이 거의 없는 시장에 판매함으로써 번성했다. 그러나 20세기 초, 일본의 생산업자들은 인도의 저임금·저생산성 전략의 약점을 드러냈다.[28] 인도 공장들은 충격을 받았지만 신기술 도입에서 빠르게 뒤처지면서 낡은 기계에 발이 묶였다.

철강 생산은 만연한 인도 산업계의 비효율성 속에서 빛이 보이는 부분이었다. 전쟁 전 지배적 생산업체였던 타타 철강Tata Iron and Steel Company, TISCO은 1912년 현재의 자르칸드주 잠셰드푸르Jamshedpur에서 이미 완제품 철강을 생산했다. 처음에 타타 철강은 섬유 산업과 마찬가지로 수입 관세의 보호를 받았는데, 부분적으로는 인도의 경제활동인구가 미국과 유럽에 비해 훨씬 비효율적이었기 때문이었다. 그러나 타타 철강 경영진은 철강에 대한 관세 보호의 필요성을 없애는 데 도움이 되는 개선된 생산 기술을 통해 1947년까지 효율성을 높였다. 결국 타타 철강은 외국 경쟁으로부터 자국 시장을 지킬 수 있었다. 그러나 다른 여러 인도 산업 부문은 여전히 수입품으로부터 보호가 필요했다.[29]

독립을 달성하였지만 인도 산업계는 경쟁력 있는 부문을 거의 보유하지 못했기 때문에 국제적으로 경쟁하며 많은 인도인들에게 고용을 제공할 수 없었다. 그것은 인도가 시급히 극복해야 할 장애물이었다.

네루는 중소기업의 발전을 무산시켰다

원칙적으로 중소 규모 제조업체들은 상당한 수의 새로운 일자리를 창출할 수 있었다. 인도 정책 입안자들은 차르카charkha (물레)를 이용한 전통적인 수동 방적과 수직기 직조를 장려함으로써 소기업 지원이라는 의도를 보여주었다. 그러나 이러한 전통적인 제조 작업은 현대적 섬유 공장 및 동력 직기와 경쟁할 수 없었고, 따라서 국내외의 틈새 시장에서만 역할을 할 수 있었다. 인도의 희망은 의류, 자전거, 냄비와 프라이팬, 천장 및 탁자용 선풍기, 심지어 섬유 기계 및 부품을 제조하는 다양하고 보다 "현대적인" 중소기업에 있었다. 인도에서 가장 역동적인 기업가들인 상인, 엔지니어, 장인, 그리고 기술자들은 일반적으로 소도시 산업 클러스터에서 이러한 사업체를 운영했다.[30]

펀자브의 루디아나Ludhiana는 섬유, 니트웨어, 신발로 유명한 특히 활기찬 도시였다. 또한 초기 단계의 자전거 산업의 근거지이기도 했다. 1946년, 문잘Munjal 형제들은 루디아나에 자전거 부품 제조 및 자전거 조립을 위한 "작업장"을 설립했다. 형제 중 한 명인 사탸난다 Satyananda는 이전에 라호르Lahore와 암리차르Amritsar에서 자전거와 재봉틀을 수리했는데, 그곳에서 그는 자전거와 재봉틀을 분해하고 조립하는 법을 배웠다.[31] 주목받지 못한 시작이었지만, 형제들과 그들의 자녀들은 그들의 회사 히어로 사이클Hero Cycles을 주요 자전거 생산업체로 성장시킬 것이었다. 인도에는 그러한 영웅을 많이 배출할 잠재력이 있었다.

다각화된 또 다른 클러스터는 첸나이Chennai (당시 마드라스Madras)에서 남서쪽으로 약 500킬로미터 떨어진 코임바토르Coimbatore를 중심으로 형성되었다. 코임바토르는 독립 이전 시기에 섬유 산업을 발전시켰고, 의류와 경공업 제품으로도 다각화했다. 게다가 수라트Surat의 은사와 와이어(jari) 생산자들과 우타르프라데시 피로자바드Firozabad 의 팔찌 생산자들은 성장 잠재력을 가진 전통 제조업 클러스터를 형성했다.[32]

소도시 클러스터는 국제 산업화 역사에서 인정받는 위치를 차지하고 있었다. 케임브리지 대학교의 위대한 경제학자 알프레드 마셜Alfred Marshall은 1890년 고전 《경제학 원리Principles of Economics》에서 스태퍼드셔의 도자기 제조업자들과 셰필드의 칼 제조업자들을 산업 역동성의 예로 묘사했다. "같은 숙련 직종"에 종사하는 많은 생산자들이 한 클러스터에 모이기 때문에, 그들의 공급업체와 공구 제조업체들도 근처에 위치함으로써 혜택을 받는다. 그러한 근접성은 생산성에서 엄청난 이점을 낳는다. "한 사람이 새로운 아이디어를 내놓으면, 다른 사람들이 그것을 받아들이고 자신들의 제안과 결합한다. 그리고 그것은 새로운 아이디어의 원천이 된다. 아이들은 무의식적으로 그것을 배운다."[33] 산업 클러스터는 경제학자들이 "시행을 통한 학습learning-by-doing"이라고 부르는 것이 강렬히 드러난 형태이다. 마셜은 19세기 스태퍼드셔와 셰필드의 하이테크 업그레이드 버전으로 현대 실리콘밸리를 인정했을 것이다.

일본에서 마셜 스타일의 고도로 상호의존적인 생산자가 집중된 특히 성공적인 사례는 오사카 근처의 도시인 사카이의 자전거 산업 클러스터였다. 여기서 제조업체들은 핸들바, 휠 림, 허브, 스포크를 생산했는데, 이 모든 것은 최종 자전거 제조업체를 향해 있었다. 유사한 클러스터가 재봉틀 부품을 생산했다. 이렇게 일본은 생산자에게 공급하는 복잡한 하청업체 시스템을 개발했고, 생산자는 차례로 부품을 조립하여 최종 제품을 소비자에게 배송했다.[34]

독립 이후 인도 제조업체들과 마찬가지로, 전간기 일본의 중소기업들은 "종종 재정적으로 불안정"했고 품질이 좋지 않다는 평판에 시달렸다.[35] 1925년에 태어난 나의 아버지는 1930년대 어린 시절, 힌디어 단어 자파니Japani(일제)가 '조잡함'의 동의어였다고 회상한다. 예를 들어, 그는 35루피짜리 영국산 헤라클레스 자전거를 20루피짜리 일본산 자전거보다 선호했는데, 일본산 자전거는 자주 고장 났기 때문이었다. 그러나 일본 수출업자들은 포기하지 않았다. 그들은 가족들이 장식용으로, 아이들이 종교적 놀이에 사용하는 크리슈나 신의 플라스틱 인형을 공급하면서 집요하게 인도 시장을 공략했다. 일본 수출업자들은 저품질 평판을 떼내지 못했지만, 점차 장난감 자동차와 전기 트램과 같은 더 진보된 장난감으로 업그레이드했다.

제2차 세계대전 이후, 일본은 각종 기계를 포함한 더 정교한 제품을 인도에 판매했다. 그러나 여전히 일본 생산업자들은 미국인들에게는 여성 블라우스, 남성 및 남아용 셔츠와 같은 단순 기술, 노동집약적 제품을 수출했다. 1930년대부터 이어진 조잡한 제품이라는 평판은 계속해서 그들을 괴롭혔다. 1954년, 로체스터 신문은 뜨거운 것 근처에 두면 격렬한 불꽃을 일으키고 유독 가스를 내뿜는 "매우 위험한 일본산 장난감"에 대한 기사를 실었다.[36]

그러한 사건들은 점점 드물어졌다. 일본의 제조업체들은 미국 바이어들의 감독과 정부의 엄격한 품질 관리 시스템에 적응했다. 또한 그들은 빠르게 고정밀 제품으로 도약했다. 1957년까지 카메라, 쌍안경, 현미경과 같은 일본 광학 기기들은 높은 품질과 저렴한 가격으로 미국 소비자들 사이에서 "홀륭한 평판"을 얻기 시작했다.[37]

인도를 향한 교훈은 다시 봐도 분명했다. 세계는 저렴하고 품질이 낮은 제품에 대해 관용을 베푼다. 성공적인 수출업자들은 이 관용의 기간을 이용하여 제품 품질을 업그레이드하는 기술을 배운다. 그러한 학습과 품질 향상은 경제 발전의 본질이다. 시행을 통한 학습은 국내 교육 역량을 보완하고 향상시킨다. 일본에서는 교육받은 노동자, 아이디어의 온실로서의 산업 클러스터, 정교한 해외 바이어들의 까다로운 기준을 충족시키려는 도전이 국가 생산성 향상을 촉진한 다양한 원천이었다.

제2차 세계대전 직후 인도에게는 특별한 기회가 열렸다. 억눌렸던 글로벌 수요와 재건 수요는 특히 공산품 분야에서 이후 그 유래를 찾아볼 수 없는 세계 무역 붐을 만들어냈다. 일본의 생산자들이 상향 이동을 시작하면서, 인도는 글로벌 시장의 덜 정교하고 노동집약적인 제품 부문에서 진전을 이룰 가능성이 있었다.

당시나 그 이후에도 인도는 수출이 국내 일자리를 창출할 잠재력에 대해 제대로 된 논의를 하지 않았다. 당시 일부 분석가들에게 수출 드라이브는 능력 밖의 것처럼 보였다. "수출 비관론"이 확산되었다.[38]

인도의 제1차 5개년 계획은 이러한 비관론을 넘어서고자 했다. 주로 농산물과 광물 수출에 의존하는 라틴아메리카 국가들에 적용되는 것이었다. 제1차 계획은 인도 생산업체들이 당시 동남아시아 국가들에 소량 판매하던 것 이상으로 판매를 늘림으로써 "재봉틀, 배터리, 자전거, 의약품"과 같은 제조업 제품의 수출을 확대할 가능성을 짧게 언급했다.[39]

하지만 네루는 그런 아이디어들을 애써 무시했다. 1954년 7월, 그는 라자스탄Rajasthan의 산업 중심지인 베아와르Beawar에서 공개 연설을 했다. 베아와르에는 방직 공장, 면화 공장, 수직기 직조, 양말 제조업체 등이 있었다. 네루는 "방직 공장과 이런 종류의 산업은 현대 세계에서는 아이들 장난에 불과하며 유감스럽지만 별로 중요하지 않다는 점을 지적하고 싶습니다"라고 말했다. "요즘에는 다른 종류의 산업이 생겨나고 있습니다. 그것들은 중공업이라고 불리는데, 다른 산업의 원천입니다." 네루는 인도가 다른 기계를 만드는 기계를 생산하는 산업을 일으켜야 한다고 주장했다. 그는 신드리Sindri 비료 공장을 언급했는데, 이 공장이 베아와르의 모든 산업보다 더 크다고 말했다. "제철소도 거대합니다"라고 말했다.[40] 그는 자신의 우선순위를 분명히 했다. 크고 "무거운" 산업이었다.

이렇게 인도는 독립 이후 여정을 시작하면서 경제 발전의 두 가지 필수 요소인 농업과 노동집약적 제조업을 무시했다. 농업에서는 강력한 정치인들이 토지 개혁을 방해했고 관료주의적 무기력은 농업 지도

활동에 짐이 되었다. 그리고 네루가 중소 제조업을 폄하한 후, 인도는 사실상 일자리가 풍부한 제조업 성장을 창출할 가능성을 포기했다.

희망이 사그라지기 시작했을 때

1950년, 인도 정부는 표본 조사를 통해 사회경제적 데이터를 수집하기 시작했다. 물리학자이자 통계학자인 프라산타 찬드라 마할라노비스Prasanta Chandra Mahalanobis는 국가표본조사National Sample Survey, NSS 체계하에서 이러한 조사를 수행하는 방법과 관행을 확립했다.[41] 1954년 NSS는 고용 상황에 대한 방대한 전국 조사를 시작했다. 그 데이터와 추가 조사를 바탕으로 한 추정치는 인도인의 1%만이 "공개적인 실업 상태"에 있다고 제시했다. 그러나 나머지 사람들 사이에는 막대한 불완전 고용이 있었다. "불완전 고용자"의 대부분은 농업에 종사했다. 그들은 계절 사이 또는 작물 생산 주기의 서로 다른 단계 사이에 한가했다. 대부분의 농가는 가족 구성원 모두를 위한 충분한 일자리가 없었기 때문에 서로 일을 나누어 가졌다. 또한 "비공식" 부문의 가족 소유 상점, 식당, 운송 업체에는 상당수의 불완전 고용 노동자들이 있었다. 만약 일부 불완전 고용자들이 전일제로 일하기 위해 일을 나누는 것을 그만둔다면, 그 비율은 인도인의 15%에 달했을 것이다. 따라서 인도의 실질 실업률은 16%였다. 1%는 "공공연히 실업 상태"였고 15%는 불완전 고용 상태에 있었다.[42] 인도 제1차 계획의 기획자들은 이를 실질적 실업, 즉 일자리 수요의 부족 또는 "누적backlog 실업"이라고 불렀다.

그 수치는 컸다. 1955년 인도의 인구는 약 4억 1,000만 명이었다. 이 중 15세 이상의 2억 5,000만 명이 잠재 경제활동인구를 구성했다. 이 가운데 많은 여성과 학생들이 일하기를 원하지 않아 제외되면서 경제활동인구는 1억 6,750만 명이 되었다. 경제활동인구 1억 6,750만 명의 16%에 달하는 실질 실업률은 인도에 약 2,600만 개의 일자리가 부족하다는 것을 의미했다. 1958년 연구 논문에서 마할라노비스는 1955년 고용 부족분을 2,500만 개로 추정했다.[43] 이러한 수치는 정확하지 않다. 나는 그 부족분이 2,000만에서 2,500만 개 사이 어딘가에 있었다고 생각한다.

또한 인도의 인구는 빠르게 증가하고 있었다. 1920년대 이후, 감염병 통제가 체계화되고 위생 상태가 적절히 개선되며 인해 영아 사망률을 포함한 사망률이 급격히 감소했다. 출생률은 더 완만한 속도로 감소하고 있었다. 즉 전반적으로 점점 더 많은 아이들이 일자리를 찾는 젊은 성인으로 성장하고 있었다. 20세기 말까지 연간 2% 증가한다면, 인도의 인구는 2000년까지 10억 명에 이를 것으로 예측되었다. 추가되는 수억 명의 경제활동인구는 저축, 투자, 성장을 주도하는 "인구 배당금demographic dividend"이 되어 축복이 될 수 있었다. 하지만 생산적인 일자리가 없으면 인도는 분노한 구직자들에게 휩쓸릴 것이었다.

좌절감은 이미 표면으로 떠오르고 있었다. 1951년, 라즈 카푸르의 인기 영화 〈방랑자〉는 인도의 낙관주의를 반영했다. 그러나 1950년대가 지속되면서 희망은 조바심으로 바뀌었다. 1953년, 벵골 출신 사티아지트 레이와 더불어 오늘날 인도 최고의 영화 제작자 반열에 오른 28세의 리트윅 가타크Ritwik Ghatak는 그의 첫 번째 영화 〈도시인 Nagarik〉을 제작했다. 그 영화에서 가타크는 일자리를 찾는 대학 졸업생의 이야기를 들려준다. 청년은 열망에 차서 여러 구직 기회를 살펴본다. 그는 바이올린을 연주하는 거리 음악가가 있는 "목가적인 환경"의 "예쁜 집"을 꿈꾼다. 번번이 좌절한 후에 그는 거친 현실에 눈을 뜬다. 현실에서 그와 그의 가족은 경제적, 사회적 사다리를 타고 내려와

불안정하고 불결한 도시 빈민으로 전락한다.[44]

1955년, 라즈 카푸르가 영화 〈쉬리 420 Shree 420〉에서 라즈로 다시 등장했다. 모두가 이 제목을 "사기꾼 씨 Mr. Crook"로 이해했다(숫자 420은 인도 형법에서 사기와 기만 행위를 처벌하는 조항을 가리킨다). 영화의 첫 장면에서, 찰리 채플린 복장을 한 라즈는 자신의 소지품들을 보따리에 묶어 메고 오른쪽 엄지발가락이 신발 구멍으로 삐져나온 채 시골길을 걸어간다. 그는 걸으며 노래한다. "내 신발은 일본산, 이 바지는 영국산, 내 머리에 쓴 빨간 모자는 러시아산, 하지만 내 마음은 인도산." 그 구절은 사실상 "국가 national anthem"가 되었다고 언론인이자 인권 운동가인 라즈니 박시 Rajni Bakshi는 썼다. 봄베이 방향을 가리키는 표지판을 지날 때 라즈의 얼굴이 밝아지고, 곧 그는 이름 없는 또 다른 도시의 거리를 걷는다. 그는 즉시 구직을 시작한다. "Meine B.A. kiya hai(나는 학부를 마쳤습니다)"라고 그는 기꺼이 자신과 대화하는 첫 번째 사람에게 말한다.[45]

라즈는 바스티 basti, 즉 빈민가에서 집을 찾는다. 그 위로 "높이 솟은 저택"이 우뚝 서 있다. 이 점을 강조하기 위해, 저택의 "부패하고 무자비한" 주인은 풍만한 몸매와 여러 개의 턱을 가진 것으로 묘사된다. 1951년, 부랑자 라즈는 좋은 시절을 희망하며 좀도둑질에 머물렀다. 1955년, 사기꾼 라즈는 카드 도박사로서의 기술을 이용하여 범죄 조직의 영역으로 들어가 생계를 꾸려나간다.[46] 희망에서 냉소로의 전환에는 오랜 시간이 걸리지 않았다.

1954년까지 네루는 일자리 문제의 심각성을 인식하게 시작했다. 그는 "이 실업 문제의 광대함"을 볼 수 있다고 말했다. 겉보기에는 고용된 노동자들 사이에 실업이 숨어 있다는 것을 인식한 것이다. 특히 대학에 불만을 가지고 있었는데, 대학들이 학사와 석사 학위는 "쏟아내지만" 실질적인 교육을 거의 하지 않는다고 말했다. 그는 그러한 학위 소지자들에게 일자리를 제공하는 것은 "매우 어렵다"고 말했다.[47] 이처럼 네루는 가타크와 카푸르가 감지한 수백만 인도인들의 걱정을 알고 있었다. 가타크의 영화는 한탄이었다. 그러나 카푸르는 영화 〈쉬리 420〉에서 그렇게 많은 대학 졸업자들의 열악한 취업 전망이 사회 병리를 낳을 것이라고 경고했다.

네루는 1954년 12월 하원에서의 연설, 1955년 1월 아바디Avadi 에서 열린 국민회의의 회담을 위해 작성한 결의안, 그리고 그 결의안 상정에 뒤이은 두 차례의 연설에서 자신의 정부 목표가 향후 10년 동안 실업을 근절하는 것이라고 반복해서 말했다. 정부는 인도 사회의 평등을 최우선으로 하는 "사회주의적" 사회에서 이 목표를 추구할 것이라고 그는 말했다.[48]

이는 훌륭한 연설이었지만, 불행히도 네루에게는 그에 걸맞은 행동 계획이 없었다. 간디가 인식했듯이, 네루는 사상가였지 행동가가 아니었다. 그의 전기 작가 사르베팔리 고팔은 네루가 국정 운영을 수행하는 데 소질이 없었다고 썼다. 그는 지칠 줄 모르고 일했지만 "하찮은 일"에 "무한한 관심"을 쏟았다. 그는 국가 행정 기구에 "표류drift" 의 감각이 스며들도록 허용했다. 영향력 있는 봄베이 기반 〈이코노믹 위클리Economic Weekly〉의 사설은 이 주제를 반복했다. 네루는 "겉으로 드러나는 과시"를 선호하는 약점이 있었고, 동시에 "불쾌하지만 필수적인 사항들에 대해서는 고상하게 무시하는 모습"을 보여주었다.[49]

확실히 네루는 농업 생산성을 높이고, 국민을 교육하며, 농업에서 벗어나는 노동자들을 위한 도시 일자리를 창출하기 위해 적극적이고 조율된 정치적, 관료적 동원을 요구하는 일본의 발전 경로를 따를 인내심이 없었다. 네루에게는 제한된 수의 이해 관계자 들과 부문들만 다루면 되는 제철소를 홍보하고 완공시키는 것이 더 쉬웠다.

그리고 그렇게, 비록 그가 농업에 활력을 불어넣어야 하고 실업이 인도의 주요 경제 문제라는 것을 이해했지만, 네루는 인도를 가보지 않은 길로 이끌기 시작했다.

4장

네루의 위험한 도박

1954년 7월 8일 편자브주 낭갈NANGAL. 거품이 이는 수틀레지강
Sutlej River 의 물이 낭갈 수력 수로와 바크라Bhakra 운하로 쏟아져 나
왔다. 오늘 여기에서 네루 총리가 버튼을 눌러 세계 최대 운하망
의 개통식을 가졌기 때문이다. 10만 명으로 추산되는 사람들이 그
가 엄숙한 의식에서 "나는 바크라-낭갈 사업을 인도 국민의 이익
에 바친다"고 선언하자 열렬히 환호했다. 수천 개의 풍선이 하늘
로 날아오르고 수력 수로의 검은 수문이 열리자 흥분한 마을 사람
들은 폭죽을 쏘아 올렸다. 낮게 날아온 인도 공군기들이 경례하
듯, 이 장소 위로 저공비행했다.[1]

바크라-낭갈 수력발전 프로젝트는 네루의 마음에 와닿았다. 건설
이 진행되는 동안 그는 몇 년에 걸쳐 자주 프로젝트 지역을 찾아가 진
척 상황을 살폈다. 한번은 네루가 "바크라 운하 중 하나가 손상되었

다"는 소식을 듣고 화를 냈다. 그는 펀자브의 수상 빔센 사차르Bhimsen Sachar에게 흥분이 가득한 편지를 써서, 담당 기술자들이 이 사실을 자신의 사무실에 알리지 않았다고 불평했다. 특히 건설의 모든 세부 사항을 네루가 알아야 할 필요가 있느냐고 따지는 건방진 기술자 때문에 화가 났다.[2]

그러나 그 아름다운 날, 수틀레지 강물이 운하로 흘러들어가고 인도 공군기가 축하 비행을 한 후 네루는 "가슴과 마음에 어느 정도의 흥분과 격정이 가득 찼다"고 말했다. 정부는 바크라-낭갈(결국에는 바크라와 낭갈 지점에서 수틀레지강 위로 댐이 가로지를 것임)과 같은 "대형 프로젝트"와 다모다르 계곡Damodar Valley(현재의 자르칸드주와 서벵골주에 위치)과 히라쿠드Hirakud(오리사주의 마하나디강Mahanadi River에 위치)에서의 유사한 다목적 관개 및 전력 생산 프로젝트에 우선순위를 두었다고 그는 강조했다. 네루는 이 프로젝트들이 "대형 공장"을 가동시킬 전력을 생산할 것이라고 힘주어 말했다. 네루는 신드리의 "장엄한" 비료 공장, 서벵골에 위치한 치타란잔 기관차 공장Chittaranjan Locomotive Works에서 생산된 "대형 철도 엔진" 등 다른 성과들에 대해서도 환기했다. 그는 전국에서 건조되고 있는 비행기와 원양 선박도 언급했다. 바크라-낭갈이 그에게 "이 대형 사업들 중 가장 위대한 것"이었지만, 이것들은 모두 "오늘날의 사원temples"이라고 그는 말했다. 그것들은 새로운 "예배 장소"였다. 그것들을 기리는 것은 "신성한 임무"였다.[3]

네루의 "사원" 전략은 복잡한 행정적, 정치적 난제를 초월하려는 그의 선호에 부합했다. 농업 생산성을 높이고 도시 지역에서 경제활동 인구를 흡수하는 산업을 일으키는 일과 비교할 때, 개발에 대한 사원적 접근 방식은 움직이는 부품이 더 적었다. 네루는 그중 상당수가 그의 동료이자 친구인 과학자 및 기술 전문가들만 상대하면 되었다.[4]

과학을 이용하여 인도를 근대화한다는 데에는 그럴듯한 논리가 있었다. 인도는 세계적인 과학기술 성과의 변두리에 있었다. 네루의 사원들은 경제 발전을 가속하기 위해 고도의 과학기술을 활용했다. 1950년 11월 잠셰드푸르에서의 국립금속연구소National Metallurgical Laboratory 개소식에서 네루는 "우리의 길은 급한 길"이라고 말했다. "여기 모인 과학자들에게 말하고 싶습니다. 오늘날의 짐은 엄청나게 무겁습니다."[5]

과학은 무한한 가능성을 제공했지만 큰 위험도 초래했다. 동시대 사람들은 대형 댐이 토사로 가득 차고, 지역 생태계를 교란시키며, 댐으로 인해 이주해야 하는 마을 주민들에게 엄청난 비용을 안길 것이라고 경고했다. 그들 중에는 미라 벤Mira Ben(영국 시민권자인 매들린 슬레이드Madeleine Slade)도 있었는데, 그녀는 간디와 그의 대의에 일생을 바쳤다. 그녀는 1949년에 이렇게 썼다. "우리는 자연의 균형을 연구하고, 신체적으로 건강하고 도덕적으로 품위 있는 종으로 살아남으려면 자연의 법칙 안에서 우리의 삶을 발전시켜야 합니다."[6] 그녀와 다른 이들은 특히 부족민과 기타 숲에 기반을 둔 공동체의 이주에 대해 우려했는데, 그들은 여러 세대에 걸쳐 그 땅을 일구고 생태적 리듬 안에서 살았기 때문이다.

경고는 적중했다. 인도가 근대화를 명분으로 수백 개의 댐을 건설하면서, 이주한 마을 주민들은 그때나 지금이나 공정한 보상을 받지 못했다. 댐은 주변 환경에 큰 피해를 주었고 산업 폐기물 축적과 산림 파괴로 인해 예상보다 훨씬 더 빨리 토사로 가득 찼다. 댐이 토사로 가득 차면서 홍수를 통제할 수 있는 능력이 줄어들고 수명이 단축되었다. 관개용수는 땅의 물 고임과 염분화를 야기했고, 잠재적 생산성 향상을 저해했으며 국토의 상당 부분을 가뭄에 취약하게 만들었다.[7] 농민들은 분명히 더 많은 관개용수가 필요했다. 하지만, 거대 댐의 관개수가 있어도 일본 농민들이 실천해 온 것처럼 더 나은 종자와 우수한 물 관리, 토양 보존, 작물 재배 기술을 통한 생산성 향상을 대체할 수는 없었다.

이 장에서는 과학기술 연구소에서 새로운 도시 찬디가르Chandigarh를 개발하는 것에 이르기까지, 그리고 그 정점에 도달해 수십 년 동안 메아리칠 결과를 수반하는 중공업 육성에 이르기까지 네루의 사원 전략이 점점 더 높은 위험 부담으로 옮겨 가는 과정을 설명할 것이다.

연구소: 작은 위험 부담

1947년 1월 4일, 독립 몇 달 전, 그가 아직 총독 행정 평의회의 부통령이지만 실질적인 총리였을 때, 네루는 당시 델리 외곽에 있던 푸사Pusa에서 국립물리연구소National Physical Laboratory 개소식을 가졌다. 1947년 4월, 봄베이주 총리가 국립화학연구소National Chemical Laboratory의 기공식을 가졌을 때, 네루는 공식 행사에서 낭독할 메시지를 보냈다. 그 메시지에서 네루는 인도 과학자들에게 수억의 인도인들을 "물질적, 경제적, 사회적 속박"에서 해방시키는 데 헌신하는 "이타적인 노동자 집단"으로 뭉칠 것을 촉구했다.[8]

네루는 케임브리지 대학교에서 자연과학 학위를 받았고, 과학에 매료되었다. 1947년 8월, 인도가 독립을 쟁취한 지 10일 만에, 펀자브에서 "힌두교도-무슬림" 폭력의 광란이 맹위를 떨치던 와중에도, 그는 과학산업연구위원회CSIR* 회의를 주재할 시간을 짜냈다. 이 위원회는 다양한 연구 기관들을 거느린 상위 조직이었다. 네루는 1947년

---

*   Council of Scientific and Industrial Research.

부터 1964년까지, 총리 재임 기간 내내 CSIR의 회장직을 유지했다.[9] 그는 전국을 돌아다니며 새로운 연구소와 실험실의 착공식을 하거나 개소 연설을 했는데, 여기에는 세계 최초로 러크나우에 설립된 고생식물학(화석 식물 연구) 연구소도 포함되어 있었다.

기공식과 연구소 개소식에서는 네루가 잘 해냈다고 선언할 수 있었지만, 연구소들이 과학기술을 이용해 인도인들을 위해 봉사하리라는 그의 희망은 결코 현실적이지 않았다. 근본적인 단절이 있었다. 연구소들은 엘리트적인 탁월함의 섬처럼 기능했다. 경제 발전은 사회적 갈등의 해결과 다면적이고 복잡한 과제들의 효율적 관리를 필요로 한다. 네루는 엘리트 세계에서는 편안했지만, 난잡한 세계에서는 그렇지 않았다.

네루는 1947년 초 무심코 인도 과학자들이 "브라만 정신으로 봉사하기를" 원한다고 말하면서 개발에 대한 엘리트주의적 접근법을 드러냈다. 그는 인도의 카스트 서열 꼭대기에 있는 브라만Brahmin 카스트를 지목하는 것이 세습적 우월감과 특권을 지지하는 것일 수 있다는 것을 재빨리 인식했다. 그런 다음 그는 "브라만 정신"은 "브라만과는 전혀 별개의 것"이며 단지 "봉사와 학문"만을 지칭한다고 해명하면서 말을 바꾸었다. 그러나 그는 최고 중의 최고에 대한 자신의 선호를 계속 드러냈다. 소수의 개인만이 고품질의 과학을 만들어낼 수 있으며, 더 많은 수는 필연적으로 "평범함"으로 이어진다고 믿었다.[10] 실제로 네루는 저명한 산업화학자이자 CSIR의 초대 총재인 샨티 스와루프 바트나가르Shanti Swaroop Bhatnagar와 핵물리학자이자 원자력의 광범위한 이용을 촉진하는 세계적 선구자인 호미 바바Homi Bhabha에게 의지했다. 네루는 인도 물리학자이자 유일무이한 알베르트 아인슈타인의 친구인 노벨상 수상자 C. V. 라만과 친구였다.

1951년 5월 29일 조용한 움직임 속에서 인도 신문들은 서벵골주

카라그푸르Kharagpur에 "인도공과대학Indian Institute of Technology, IIT"이 설립될 것이라고 광고했다. 새 대학은 수학, 물리학, 화학을 공부한 모든 고등학생을 받아들일 것이며, 7월에 수업을 시작할 예정이었다. IIT 카라그푸르는 첫 번째 학생으로 210명을 받아들였고, 5년 내에 학생 수를 1,320명으로 늘릴 계획이었다. 이후 10년 동안 전국에 분포된 4개의 다른 IIT가 뒤를 이었다.[11]

연구소, 특히 IIT들은 당연히 네루의 명성을 더했지만, 인도에 대한 그들의 기여는 제한적이었다. 엘리트주의라는 전제를 감안할 때, 그들과 국가의 경제적, 사회적 문제와의 거리는 여전히 컸다. 게다가 기존 교육 제도와의 고립은 혜택을 선택받은 자들만 누리도록 제한했다. 당시 천체물리학자 메그나드 사하Meghnad Saha는 새로운 과학기술 연구소들이 가장 잘 준비된 학생들을 흡수하고, 가장 뛰어난 교사들을 끌어들이며, 대부분의 자금을 받아감으로써 더 광범위한 대학 네트워크를 쇠락하게 할 수 있다고 항의했다.[12]

사하가 경고했던 것처럼, 교육의 대중화와는 반대되는 현상이 나타났다. 부유한 인도인들과 고위 공무원들은 자녀들을 특별 허가된 사립 고등학교에 보냈고, 거기서 그들은 대학을 위해 해외로 떠나거나 엘리트 인문대학, IIT, 최고의 의과대학에 진학했다. 거기서 그들은 공직에 들어가거나, 희소한 고액 연봉의 민간 부문 일자리를 찾거나, 해외로 나가 일했다.

알라하바드, 봄베이, 캘커타, 마드라스 대학 등 최고의 인도 대학조차도 장학금과 교육 기준을 유지하기 위해 고군분투하면서 수백만 명의 잠재적인 인도 천재들은 발견되지 않은 채 남아 있었다. 가장 극단적인 예는 알라하바드 대학으로, 심각한 자금 부족으로 인해 "동양의 옥스퍼드"에서 엉망진창으로 무너졌다.

오늘날 알라하바드 대학은 학생들에게 교육을 거의 제공하지 못하며, 학위 인증 센터로서의 역할이 주를 이룬다. 학생들은 대학 기숙사에 머물면서 도시의 코칭 센터에 다니는데, 이곳에서는 수만 명의 학생들이 "꿈의 정부 일자리"에 가기 위해 소수만을 선발하는 시험을 준비한다.[13] 간단히 말해서, 캘리포니아의 실리콘밸리에서 눈부시게 빛나는 IIT 졸업생 한 명을 위해, 졸업장을 가졌지만 교육을 제대로 받지 못한 수천 명의 인도인들이 정부 일자리를 찾아 고통스럽게 긴 줄을 서 있다.

가장 심각한 것은, 사원 전략에 대한 맹목적인 숭배가 보편적인 초등교육의 필요성을 가렸다는 점이다. 놀랍게도 메이지 시대 일본의 우선순위는 정반대였다. 메이지 유신 후 첫 30년 동안 일본 정부는 초등교육을 널리 보급하는 데 주력했다. 19세기 말 그 목표에 근접했을 때 일본에는 단 하나(그렇다, 하나)의 대학이 있었다. 일본이 보편적인 초등 및 중등교육을 달성한 20세기 첫 20년 동안에야 비로소 일본 대학의 수가 증가했다.[14]

베팅 액수 올리기: 찬디가르

1959년 시카고 대학교 경제학자이자 사회학자인 베르트 호셀리츠Bert Hoselitz는 인도 도시들을 "생산적"이기보다는 "기생적"이라고 묘사했다. 대부분의 도시 거주민들은 언제 다음에 일할 수 있을지 확신할 수 없는 "임시 노동자"나 하루 중 대부분을 빈둥거리는 "자영업자"인 상인 및 노점상으로 막다른 일자리dead-end jobs에 종사했다. 호셀리츠는 도시에 젊은 남성들이 너무 많아 가족과 공동체의 안정성이 부족한 경우가 많다고 지적했다. "건강 악화, 범죄, 매춘, 문맹"이 흔했다. 몇 년 후 인류학자 니르말 쿠마르 보스Nirmal Kumar Bose는 캘커타에 대해 글을 쓰면서 "최소한의 주거, 위생, 안락함, 사생활도 없이" 사는 "홀로 지내는 남성"들이 과도하게 많다고 강조했다. 인도의 뿌리 없는 도시 인구는 건전한 도시 생활에 필요한 공동체 결속을 저해했다.[15]

새로운 도시를 건설할 수 있는 예기치 않은 기회가 네루를 끌어들였다. 인도 펀자브주는 화려한 주도였던 라호르Lahore*가 파키스탄에 편입되었기 때문에 새로운 주도가 필요했다. 파키스탄에서 도망쳐 온 힌두교도와 시크교도 난민들도 새로운 도시 주택이 필요했다. 네루에게 펀자브의 새 주도는 도시 발전의 모델을 만들 기회를 제공했다.

새 주도 찬디가르의 부지는 "17개 마을에 걸쳐 펼쳐진 망고 나무 숲이 점점이 박힌" 비옥한 농경지였다. 그 원시적인 환경은 네루의 사원 전략에 완벽하게 들어맞았다. 그가 말했다. "선택된 부지는 낡은 도시와 낡은 전통의 기존 장애물에서 자유롭다. 새로 얻은 자유 위에 꽃피는 우리의 창조적 재능의 첫 번째 표상이 되게 하라."[16] 핵심은 "기존 장애물에서 자유로운"이었다. 그렇다면 누가 그 장애물들을 처리할 것인가?

네루는 스위스 출신의 프랑스 건축가 르코르뷔지에를 선택하여 새 도시를 계획하고 설계하게 했다. 네루는 르코르뷔지에를 인도 도시들을 도시 발전의 글로벌 리더로 이끌 수 있는 "제2차 산업시대의 현대판 예언자"로 보았다. 그는 과학자 샨티 스와루프 바트나가르 및 호미 바바와 했던 것처럼 르코르뷔지에와 개인적 관계를 발전시켰다. 네루는 르코르뷔지에가 펀자브 정부와 싸워야 할 때마다 거의 항상 그의 편에서 개입했다.[17]

---

* 카라치에 이어 파키스탄 제2의 도시이다. 독립운동의 중심지였지만 분리 기간 동안 최악의 폭동이 발생한 지역이기도 하다. 현재 파키스탄에서 가장 자유주의적이며 진보적인 곳으로 꼽히고 있다.

르코르뷔지에는 찬디가르를 "무거운 공해 산업이 없는" 정원 도시의 원칙에 따라 건설하는 방안을 구상했다. 그는 새로 창출된 부를 받아들이고 분배하는 열린 손 기념물로 상징되는 신비로운 영성을 "현대식 비디오 아케이드"의 원류인 지식 박물관의 미래지향적 관점과 혼합했다.[18] 그것은 웅장한 비전이었다.

찬디가르의 넓은 대로와 우아한 정육면체 혹은 직사각형 건물들은 그곳을 인도에서 가장 살기 좋은 도시 중 하나로 만들었다. 그러나 찬디가르는 다른 인도 도시들을 기생적으로 만든 사회적, 인구통계학적 압력을 피할 수 없었다. 도시 주변부에 빈민가가 등장했고 무단 상업용 건물과 노점상들이 다양한 지역에 뿌리를 내렸다. 한 가족용으로 지어진 주택에 각 방마다 한 가족씩 사는 경우가 많아지면서 비위생적인 저소득층 주택이 일반화되었다.[19]

찬디가르가 인도 도시화의 모델이 될 것이라는 발상은 터무니없는 것으로 판명되었다. 인도는 모든 장애물과 함께 낡은 도시에 새로운 생명을 불어넣어야 할 절실한 필요가 있었다. 1960년 세계은행은 다소 노골적인 표현으로 이렇게 썼다. "[인도 개발 계획]의 가장 위험한 약점 중 하나는 캘커타의 도시 개발 문제에 대한 지속적인 무시다." 내 자신이 25년 동안 국제기구의 일원이었던 것을 감안할 때, "위험한 약점"이라는 문구가 표현을 누그러뜨리고 메시지를 흐릿하게 전달하는 국제기구들의 관행에서 살아남은 것은 기적으로 보인다. 세계은행은 캘커타가 중요한 산업 지역의 경제 성장을 저해하고 있다고 반복해서 주장했다. 세계은행의 설명에 따르면 캘커타는 자체 인구의 필요나 경제적 배후지의 필요를 충족시키지 못하고 있었다.

과밀, 부실한 주택, 건강상 위험, 원시적인 상수도 공급, 새로운 산업을 위한 공간 부족, 교통 병목 현상, 전력 부족, 여전히 해결되지 않은 난민 문제 등 모든 것이 상품 이동 비용과, 성장하는 산업 지역이 대도시에서 요구하는 많은 서비스를 제공하는 비용을 증가시키고 있다. … 서벵골, 비하르, 마디아프라데시와 오리사의 인접 지역에 있는 석탄·철강 단지를 기반으로 발전해야 하고 실제로 발전하고 있는 중공업과 경공업을 위한 항구, 금융 및 행정 중심지, 주요 시장으로서 캘커타의 대안은 없다.[20]

이는 인도의 경제 발전에 있어 도시의 중요성에 대한 가장 초기의 언급인 것 같다. 세계은행 보고서에 동의하면서 인류학자 니르말 쿠마르 보스는 캘커타를 "조숙한 대도시"로 묘사했다. 인구와 물리적 면적에서 캘커타는 런던이나 뉴욕과 같은 세계적인 대도시였다. 그러나 캘커타는 대도시의 사회적 기능이나 경제적 기능 모두를 수행하지 못했다.[21]

제인 제이콥스가 설명했듯이 도시 개발은 단일 프로젝트로 달성할 수 있는 목표가 아니었다. 인도 도시들은 주택 및 지역사회 편의 시설을 포함한 다양한 형태의 인프라가 필요했다. 이러한 많은 노력의 조율이 필요했기 때문에 도시 개발은 독립적인 "새로운 인도의 사원"을 건설하는 것보다 훨씬 더 복잡했다. 시간이 지남에 따라 지역 정치인들이 경쟁자로 여기는 사람들을 위협하고 심지어 "제거"하기 위해 부하들을 앞세워 도시 내에서 영토를 확보함에 따라 도시 개발은 더욱 어려워졌다.[22]

전국적으로 서부 마하라슈트라Maharashtra 주의 주도인 봄베이 또한 조숙한 대도시였다. 1963년 벵골 기근을 〈땅의 아이들〉에서 묘사한 것으로 유명한 작가 겸 영화 제작자 크와자 아마드 아바스Khwaja Ahmad Abbas는 봄베이에서의 삶에 대한 이야기를 들려주었다. 이 새로운 영화 〈도시와 꿈Shahar aur Sapna〉에서 한 젊은 부부는 배수관에 피신할 수밖에 없을 때 만난다. 결혼하고 나서 그들은 그 배수관에서 첫 아이를 키우는 꿈(아니 차라리 악몽)을 공유한다. 캘커타와 마찬가지로 필수 자원과 일자리가 부족하여 봄베이에서도 긴장감이 고조되었다.

봄베이에는 독특한 특징이 있었다. 1952년 금주령으로 수익성 높은 불법 주류 거래가 생겨났다. 금과 시계의 밀수도 수익성이 좋았고, 필립스 트랜지스터 라디오는 가게나 시장에서 영화 음악을 틀어놓거나 라이브 크리켓 경기 해설을 듣기 위해 항상 수요가 있었다. 작은 규모로 시작된 범죄 활동은 빠르게 퍼져나갔다. 주류 거래로 시작한 바라다라잔 무니스와미 무달리아르Varadarajan Muniswami Mudaliar는 다라비 슬럼의 대부가 되어 이주민들에게 토지를 배분하고 지역 행정부에서의 영향력을 이용해 주민들에게 배급 카드를 제공하고 전기 및 수도를 불법적으로 연결했다. 하지 마스탄Haji Mastan은 번창하는 밀수 사업을 했다. 카림 랄라Karim Lala는 세입자와 임차인 퇴거를 전문으로 했다. 부두에서부터 빈민가와 거리에 이르기까지 건달들이 도시에 널려 있었다. 그들은 사람들과 부패한 공무원 사이의 중개인이자 사적 분쟁의 중재자 역할을 하는 지역 불량배 다다dadas가 되었다.[23]

봄베이는 계속 무시되었다. 1971년 세계은행 보고서는 봄베이가 더 많고 더 나은 교통수단, 공공시설에 대한 투자, 더 나은 토지 이용 및 주택 정책을 필요로 한다는 점을 상세히 설명했다. 보고서는 봄베이에 "실질적인 권력"과 재정 권한을 가진 "전체 지역의 이익을 대변하는" 행정 기관이 필요하다는 점을 강조했다.[24]

대도시의 반대편 끝에서 시카고 대학교 경제학자 밀턴 프리드먼Milton Friedman은 20세기 초 경제학자 알프레드 마셜이 주장한 것과 거의 같은 방식으로 산업 클러스터의 입지로 기능할 소도시를 옹호했다. 1963년 인도 방문 당시 프리드먼은 펀자브의 중소도시 루디아나Ludhiana를 둘러보면서 흥분했다. 기업가 정신이 "수천 개의 소규모 및 중규모 작업장과 그들의 비범하게 세분화된 기능 전문화"에 스며들어 있었다. 주로 직물 제품으로 유명해진 루디아나에서 프리드먼은 "공작 기계, 자전거, 재봉틀 및 유사 품목 생산의 주요 중심지"를 목격했다.[25]

인도의 도시와 산업 클러스터에 활기를 불어넣기 위해 필요한 총력 대응 방식은 네루의 성격과 맞지 않았다. 그는 열정적인 레토릭을 계속하면서도 인도인들의 집단적 에너지를 결집해야 하는 개발 과제는 회피했다. 그는 기존 대학을 강화하거나 더 중요하게는 대중교육의 강력한 기반을 구축하는 대신 새로운 과학기술 연구소에 초점을 맞추었다. 무너져 가는 기존 도시를 활성화하는 대신 새로운 도시 찬디가르를 건설하는 데 관심을 쏟았다.[26]

바로 그 사원 전략이 인도의 미래를 중공업에 걸도록 했다.

큰 베팅: 제2차 5개년 계획

제1차 5개년 계획 기간인 1951년부터 1956년까지 인도의 1인당 GDP, 즉 1인당 평균 소득은 연간 1.8% 증가했다. 이는 독립 전 반세기 동안 거의 정체 상태(1인당 GDP 연간 0.1% 성장)를 보인 데 비하면 축하할 만한 실적이었다.[27] 그러나 네루는 특히 농업에서 인도의 독립 후 성과를 잘못 판단했다. 1950~1951년 가뭄을 제외하고는 비의 신들이 협조적이었던 것이다. 네루는 그 행운을 이렇게 읽었다. "우리는 농업과 식량 생산에서 상당한 성공을 거두었다." 그리고 1952년 10월에 시작된 지역사회 개발 프로그램과 관련 기술 지도 서비스가 완전히 실패했음에도 불구하고, 네루는 그 노력이 성공적이었다고 믿었다. 토지개혁 실패에 대해서는 더 잘 인식하고 있었는데, 자민다리와 기타 개혁이 더 평등한 토지 소유를 달성하지 못했다는 것을 인정했다. 그는 개혁 법안의 "많은 허점"과 "수많은 회피"로 인해 농촌의 소득과 부의 엄청난 불평등이 지속되었다는 것을 이해했다. 그러나 달리 무엇을 해야 할지 모르는 채 농업 발전의 대의를 포기하고 계속 나아가는 것이 최선이라고 결정했다.[28]

네루는 "산업 전선에서 빠르게 전진할 때가 왔다"고 말했다. 그는 "가능한 한 빠르게 산업화해야 하는 긴급한 필요성"이 "미래 성장의 토대를 마련할 중공업의 발전"을 의미한다고 강조했다.[29]

네루의 중공업에 대한 매혹, 아니 집착을 설명하는 것은 무엇일까? 대규모 댐, 과학 연구소, 첨단 공학 및 의학 연구소, 찬디가르시를 옹호했던 것과 함께 볼 때, 네루에 대한 가장 일관된 해석은 네루 자신이 말했듯이 그가 현대 인도의 사원을 건설하고 있었다는 것이다. 네루는 소수의 재능 있는 인도인들의 도움으로 그러한 활동을 지시할 수 있었고, 동시에 사람과 자원의 풀뿌리 동원이라는 난관에서 멀어질 수 있었다.

일반적인 게으른 견해는 네루의 "페이비언 사회주의"*가 그를 공공 부문이 주도하는 중공업으로 이끌었다고 말한다. 네루는 페이비언 사회주의자였을까? 예를 들어, 그는 1945년부터 1951년까지 영국의 첫 전후 총리로서 역사적으로 가장 중요한 페이비언 사회주의 실천가였던 클레멘트 애틀리Clement Attlee와 어떻게 비교될까? 애틀리는 석탄 채굴, 철강 산업, 철도, 전력, 가스 공급을 포함한 공공 서비스를

---

* 혁명이 아닌 민주적인 방법을 통해 단계적으로 사회주의를 이룩하자는 점진적 사회주의를 가리킨다. 로마와 카르타고 전쟁에서 지구전을 통해 결국 한니발을 격파한 파비우스 장군의 이름에서 기원한 명칭이다. 영국의 페이비언 협회가 운동을 이끌었으며, 영국 노동당의 거물 정치인들도 이 조직 출신이었다.

국유화했다. 이러한 국유화는 산업화를 가속화하기 위해 공공 부문에 의존했던 네루와 가장 유사하다. 그러나 네루는 독자적인 인물이었다. 그의 국유화에는 비료 공장과 그 자신의 마음속에서 중요했던 전기 및 비전기 기계가 포함되었다. 대조적으로, 네루는 영국의 포괄적인 국민보건서비스, 모든 어린이를 위한 무상 중등교육, 사회보험 확대에 강력하게 반영된 애틀리의 진정한 사회주의와는 거리를 두었다. 역사가 짐 톰린슨Jim Tomlinson이 썼듯이, 이러한 인적 자본과 사회 보장에 대한 투자는 "영국 사회에 큰 변화를 가져왔다".[30]

네루는 사람들에게 존엄성과 더 나은 미래의 가능성을 준 페이비언 사회주의의 사회주의, 즉 의료, 교육, 사회 보장을 모두 버렸다.

일부는 네루가 소련의 경제 사상을 따랐다고 제안하지만, 그것은 더욱 말이 되지 않는다. 인도 경제의 상당 부분, 특히 산업과 농업의 주요 부분은 민간 소유로 남아 있었다. 그리고 페이비언 사회주의에서 그랬던 것처럼, 그는 세계 최고 수준의 교육과 의료라는 소련의 가장 큰 업적을 무시했다.

네루는 자신이 사회주의자가 아니라는 데 동의했을 것이다. 그의 말에 따르면, 사회주의는 "기회의 평등"과 모든 사람에게 "식량, 의복, 주거, 의료, 교육 시설"과 같은 삶의 기본적인 필수품을 제공하는 것을 의미했다. 페이비언 사회주의, 소련 이데올로기, 또는 자신이 공언한 평등과 공정성에 대한 헌신에서 영감을 받았는지는 모르겠으나 그는 그중 어느 것도 실천하지 않았다. 전 보건부 장관(인도 정부의 최고위 보건 관리)인 수자타 라오Sujatha Rao가 쓴 바와 같이, "네루가 교육과 보건에 전혀 주의를 기울이지 않은 이유를 설명하기 어렵다".[31]

네루의 교육 정책에 대한 더 완전한 설명은 6장까지 기다려야 하지만, 네루는 자신이 그것을 실천하지 않고 있다는 것을 자각하면서 사회주의적 수사를 계속 이어갔다. 1954년 10월, 그는 공개 연설에서

"나는 인도의 모든 사람에게 가능한 한 빨리 교육과 의료 시설을 제공하고 싶다. 그러나 우리가 그렇게 하는 것은 불가능하다"고 말했다. 1955년 1월 마드라스의 한 여자 대학 기공식에서 한 또 다른 연설에서 그는 교육이 "근본적으로 중요하다"는 것과 "국가의 생산 능력 향상"을 보장하는 데 필수적이라는 점을 인정했다. 그러나 그는 "여전히 근본적으로 중요한 많은 일들이 있다"고 덧붙였다. 그리고 "분명히 우리는 재정적 어려움과 싸우고 있다"고 했다.[32] 네루는 사회주의의 명분을 내세웠지만, 그것이 실현 불가능한 이유는 항상 있었다.

어쩌면 네루의 중공업에 대한 집착은 당시 널리 알려진 경제학자 폴 로젠스타인 로단Paul Rosenstein Rodan 이 주창한 '빅 푸시big push' 산업화 전략을 반영했을 것이다. 빅 푸시 전략은 핵심 자본집약적 산업 부문에 대규모 투자를 요구했다. 이러한 중요 부문들이 필요로 하는 장비 등의 수요를 자극하고, 장비 등을 공급하는 그 산업들은 다시 자체 투입에 대한 더 많은 수요를 창출하여, 새로운 활동과 장기 경제 성장의 연쇄적인 발효로 이어질 것이라는 주장이었다. 그는 자신의 빅 푸시 자본집약적 생산이 일자리를 거의 창출하지 않을 것이라는 점을 이해했다. 그러나 그는 즉각적인 일자리 창출을 희생하면 풍부한 미래 일자리를 어쩌면 "한 세대 내에" 보상받을 것이라고 주장했다.[33] 빅 푸시는 그 용어가 발명되기 훨씬 전에 원래의 "낙수효과 경제학trickle-down economics"이었다. 특권층에서의 경제적 결과가 결국 모두에게 흘러갈 것이라는 것이 그 전략의 약속이었다.

빅 푸시의 약속은 거의 증거로 뒷받침되지 않았다. 설령 그것이 완벽하게 작동한다 해도, 인도가 일자리를 위해 한 세대를 기다릴 수 있을까? 그리고 만약 그것이 잘못된다면? 기획위원회 부위원장인 V. T. 크리슈나마차리V. T. Krishnamachari는 충격적인 통계를 보고했다. 5,000만 농민 가구가 효율적으로 사용할 수 있는 것보다 과도한 노동자를 보유하고 있었다. 교육받은 실업자의 수는 증가하고 있었다. 인구 증가로 매년 200만 명의 새로운 구직자가 추가되고 있었다.[34]

중공업이 인도의 필요에 충분한 일자리를 창출하지 못할 것임을 인식한 네루는 절망적으로 "해결책"은 "농촌 산업", 특히 농촌 지역에서 쉽게 구할 수 있는 원료를 사용하여 "기본적인 필수품"을 생산하는 산업에 있다고 결론 내렸다. 농촌 산업은 자급자족 마을이라는 간디의 비전을 반영한 것이었다. 수동 방적 물레인 차르카는 간디와 밀접한 관련이 있는데, 그는 이를 자급자족의 상징이자 명상의 도구로 사용했다. 많은 전통적인 수직기 직공들은 거친 천을 생산했고, 다른 이들은 이국적인 직물을 생산하는 훌륭한 장인들이었다.[35]

수공업 부문의 기술적 노후화를 인식한 네루는 전통 수공예품에 의존하는 것이 "인도를 노예 상태와 기아로 이끌" 가능성을 우려했다. 어쨌든 매우 비효율적인 농촌 또는 "가내" 산업은 전반적인 중공업 편향을 보완할 수 없었다. 굴자릴랄 난다Gulzarilal Nanda 기획부 장관은 제2차 계획이 일자리 창출에 "상당히 미치지 못할 것"이라는 점을 분명히 했다. 그럼에도 불구하고 그들이 제2차 계획을 진행했다는 것은 네루와 그 주변 사람들이 지적 함정에 빠져 있었음을 말해준다.[36]

외부인이 정책의 부조리함을 부각시키는 데는 시간이 걸렸다. 루디아나의 소규모 기업들의 기업가 정신을 본 적이 없었던 1955년 10월 인도 방문 당시, 밀턴 프리드먼은 네루의 중공업과 수공예의 조합을 강력하게 비판했다. 그는 그 조합이 "한편으로는 자본을 너무 적은 경제활동인구와 결합함으로써 자본의 비효율적 사용을, 다른 한편으로는 경제활동인구를 너무 적은 자본과 결합함으로써 경제활동인구의 비효율적 사용을 초래할 위험이 있다"고 말했다. 프리드먼은 "자본의 가장 좋은 사용처는 일반적으로 그 중간 어딘가에 있다"고 주장했다. 그는 인도가 "광범위하게 다각화되고 크게 확장된 경공업"에 초

점을 맞춰야 한다고 설명했다.[37]

농업 발전을 포기했던 것처럼, 네루는 경공업 기반의 급속한 산업 고용의 가능성도 포기했다. 그러나 중공업화에 한 가지 장애물이 남아 있었다. 인도는 자본집약적 전략을 실행할 재정적 자원이 없었다. 1954년 크리스마스에 네루가 나눈 운명적인 대화는 제2차 계획과 인도의 경제적 미래에 중요한 전환점이 되었다.

네루는 제2차 계획에 대한 조언을 위해 마할라노비스가 소집한 전문가들을 만나기 위해 캘커타의 인도통계연구소Indian Statistical Institute로 갔다. 전문가들 중에는 1969년 장기 계획에 적용되는 수학적 경제학에 대한 공로를 인정받아 최초의 노벨 경제학상을 공동 수상한 노르웨이 경제학자 랑나르 프리슈Ragnar Frisch가 있었다. 네루는 그날 밤 자신에게 쓴 메모에서 "오늘 인도통계연구소에 갔다"고 썼다. "프리슈 교수는 불행히도 건강이 좋지 않아 침대에 누워 있었다. 그러나 나는 그의 침실에서 그를 만났다."[38] 프리슈의 두 가지 발언이 네루를 흥분시켰다. 첫 번째 명제는 "계획에서 발생하는 거의 모든 문제를 해결할 수 있는 기술이 현재 가용하다"는 것이었다. 네루는 그 확신이 마음에 들었다. 수학적 기술은 경제 발전을 위한 청사진을 제시할 수 있었다. 청사진만 있으면 사회적 합의와 정치적 타협은 부차적인 것이었다. 두 번째 명제는 네루에게 더 큰 위안을 주었다. 계획은 재정적 계산이 아니라 물리적 생산 목표에 초점을 맞출 필요가 있었다. 네루는 메모에서 프리슈의 말을 해석하면 재정 자원에 대한 고려는 "물리적 목표가 정의된 이후의 다음 단계에 들어와야 한다"고 썼다. 네루는 자신의 생산 목표를 설정하고 그 자금 조달은 나중에 걱정해도 된다는 허가를 스스로 받았다.[39]

프리슈는 네루를 유혹했다. 둘 다 현실과 동떨어져 있었다. 브라질도 빅 푸시의 유혹에 빠졌다. 1954년 7월, 프리슈-네루 회담 6개월 전, 세계은행은 브라질이 너무 빠른 산업화 과정을 추구하면서 "심각한 산업 소화불량 위기"를 겪었다고 썼다. "소화불량"은 만성적인 인플레이션, 투자 낭비, 외환보유고 부족을 야기했다.[40]

인도 정책 입안자들은 브라질 문제의 세부 사항을 알지 못했을 가능성이 크지만, 너무 빠른 속도의 산업화를 시도하면 인도 경제에 심각한 스트레스를 줄 수 있다는 점을 우려할 만한 충분한 이유가 있었다. 1955년 12월, 인도중앙은행인 인도준비은행 총재는 제2차 계획이 막대한 새로운 수요를 추가함으로써 "심각한 인플레이션 압력"을 야기할 것이라고 재무부에 경고했다. 1956년 1월, 인도준비은행 이사회도 "그토록 큰 투자 계획"에 대한 우려를 표명했다.[41]

제2차 계획은 1956년 3월부터 실행되기 시작했고, 이에 대한 세계은행의 광범위한 비판은 몇 달 후인 1956년 8월에 도착했다. 세계은행 보고서는 인도가 철강, 시멘트, 비료 생산을 확대해야 할 필요성에 동의했지만 "규모가 다소 야심 찰 수 있다"고 경고했다. 보고서는 인도가 자본과 기술이 모두 부족하다고 지적하며 중전기 및 중기계 생산에 대한 조기 투자를 못마땅해했다. 대신 보고서는 노동집약적 기술로 생산되는 "덜 복잡한" 상품에 더 많은 자원을 할당할 것을 권고했다. 세계은행도 그해 초 인도준비은행 이사회와 마찬가지로 그 계획이 "너무 크다"는 "피할 수 없는" 결론에 도달했다. 특히 우려되는 것은 목표를 달성하기 위한 장비 및 원자재 수입에 필요한 외환이었다. 세계은행 직원들은 대부분의 인도 공무원들도 사적으로는 그 계획이 실현 가능하지 않다는 데 동의했다고 덧붙였다.[42]

결과는 이러한 경고대로였다. 제2차 계획은 시작되자마자 거의 실패했다. 외환보유고는 1956년 3월 900크로르 루피(19억 달러)에서 1957년 3월 680크로르(14억 달러)로 급락했는데, 이는 1년 만에 5억 달러가 감소한 것이며 끝이 보이지 않았다(그림 4.1). 국제통화기금

(IMF)이 분명히 밝혔듯이, 인도 외환보유고의 급격한 하락은 압도적으로 "제2차 5개년 계획의 개시로 인한 투자 활동의 급증" 때문이었다. 공기업은 철강과 석탄의 야심 찬 생산 목표와 철도 및 전력 확장을 위해 막대한 장비를 수입해야 했다. 많은 공기업이 장비와 자재를 구매하기 위해 다년간 계약을 체결하여 높은 수준의 수입이 지속될 것이 확실했다.[43]

외화를 확보하기 위해 인도는 1957년 초 IMF에 2억 달러를 요청했다. IMF는 그 요청을 달가워하지 않았다. 1944년 여름 브레턴우즈에서 정해진 IMF의 임무는 회원국이 "일시적인" 국제수지 문제 해결을 돕는 것이었다. IMF 이사회의 일부 구성원들은 인도의 문제가 "일시적"이 아니라고 항의했다. 오히려 그것은 지속 불가능한 장기 개발 전략의 결과였다. 그러나 이사회는 선택의 여지가 거의 없었다. 인도의 긴급한 필요성을 인정하고 2억 달러의 대출을 승인했다.[44] 그럼에도 제2차 계획에 따른 막대한 수입 수요와 1957~1958년 가뭄으로

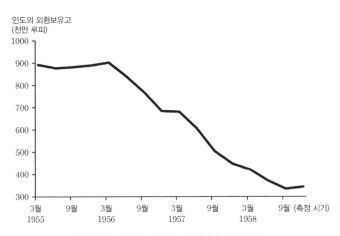

그림 4.1 인도의 외환보유고는 증발하였다(천만 루피).
참고: 1 crore(크로르)=천만, 환율: 4.76루피/1달러
출처: Balachandran, Gopalan. 1998.
The Reserve Bank of India, 1951-1967. Delhi: Oxford University Press, Table 14, 693.

인한 인도의 곡물 수입 증가는 계속해서 외환보유고를 고갈시켰다.

그 계획이 인플레이션을 악화시킬 것이라고 경고한 사람들도 옳았음이 입증되었다. 특히 곡물 가격이 빠르게 상승했다. 1957년 6월, 인도 정부 위원회가 보고하고 IMF가 의역한 바와 같이, "정부의 적자 지출과 신용 확대로 자금이 조달된 투자 지출 증가가 곡물 생산 부족과 상호 작용하여" 식량 가격이 급등했다.[45]

사회주의에 대한 거짓 서사는 계속된다

1955년 1월 국민회의 회기(전당대회)에서 네루는 당에 "사회주의적 유형의 사회"를 향해 노력할 것을 요구하는 결의안을 작성했다. "사회주의적"이라는 단어는 그 깊은 의미를 해독하려는 모든 사람에게 끝없는 혼란을 주었다. 〈타임스 오브 인디아〉는 모호한 단어가 "세세한 사항을 싫어하고 현실에 발 딛기보다는 뜬구름을 잡는 경향"을 가진 네루에게 잘 어울린다고 언급했다. "사회주의적socialistic"이 "사회주의자socialist" 또는 "사회주의socialism"와 어떻게 다른지 물었을 때, 네루는 짜증을 내며 "사실, 이 단어들에는 차이가 없다"고 대답했다. 그는 모든 사람에게 생활수준을 향상시킬 수 있는 동등한 기회를 제공하는 동시에 부가 과도하게 집중되지 않도록 하는 것이 목표라고 말했다.[46]

사회주의와 더 큰 기회에 대한 수사rhetoric는 부패가 만연하기 시작하는 것이 눈에 들어온 평범한 인도인들에게 깊은 인상을 주지 못했다. 영화 제작자 라즈 카푸르는 인도에 만연한 부패와 냉소주의를 반영하여 그의 이상주의에서 더 멀어졌다. 그의 1956년 영화 〈깨어 있으라—경계하라Jaagte Raho〉는 밤에 붐비는 아파트 건물을 배경으로 한다. 거주자들은 물 한 잔을 간절히 구하며 문을 두드리는 익명의 농민을 공격적으로 쫓아낸다. 한 아파트에서는 겉보기에는 멀쩡한 사업가가 위조 지폐를 찍어낸다. 모든 아파트에서 입주민들은 자신만의 형태의 기만에 몰두한다. 당황한 농민은 아기 크리슈나 신을 깨우기 위해 'Jaago Mohan Pyaare, Jaago'(일어나라, 친애하는 모한이여, 일어나라)를 노래하는 사무친 여성의 목소리를 들으며 악몽에서 깨어난다. 깨어나라는 외침은 인도인들에게 다시 시작하라는 요청이었다.

많은 인도인들이 네루의 사회주의 수사를 공허한 것으로 인식했지만, 인도 정부가 외환보유고 고갈을 막기 위해 도입한 엄격한 수입 통제로 인해 네루 사회주의 서사가 지속되었다. 그러한 가혹한 통제는 인도에 새로운 것이었다. 자가디시 바그와티Jagadish Bhagwati와 파드마 데사이Padma Desai를 포함한 인도 경제 정책의 후속 비평가들조차도 인도가 제2차 5개년 계획 시작 전에 수입을 자유화하고 있었음을 인정했다. IMF는 그 사건을 더 정확하게 지적했다. 외환보유고가 자유 낙하하던 초기인 1956년 하반기에 인도의 수입 정책은 소비재 수입에 대한 일부 통제와 함께 원자재 및 기계의 자유로운 수입을 허용하면서 다소 제한적이었을 뿐이었다. 그러나 1957년 초까지 "엄격한 수입 제한이 원자재와 부품 공급에 영향을 미쳤다".[47]

1956년 말~1957년 초에 시행된 수입 통제는 많은 사람들이 주장해 왔던 것처럼 결코 사회주의로 전환하는 순간이 아니었다. 독립 이후 시대 인도에서 아마도 가장 뛰어난 경제 정책 입안자이자 제2차 계획의 작성자 중 한 명인 인드라프라사드 고르단바이(I. G.) 파텔 Indraprasad Gordhanbhai(I. G.) Patel이 나중에 분명히 밝혔듯이 "아무도 의식적으로 그 정책을 시작하지 않았다". 수입 통제는 "어떤 이론이나 철학에 기반을 두지 않았다"고 파텔은 강조했다. 그가 설명한 단순한 진실은 "1956년 우리를 강타한 외환 위기의 심각성에 모두가 놀랐다"는 것이었다. 수입 통제는 국가 부도가 임박했다는 공포에 따른 방어적

반응이었다. 파텔의 말에 따르면 "필요는 수입 통제 발명의 어머니였다".[48]

그러나 일단 "발명"되면 수입 통제는 다른 통제의 폭발적인 확산으로 이어졌다. 군나르 뮈르달Gunnar Myrdal이 그의 《아시안 드라마Asian Drama》중 놀라울 정도로 통찰력 있는 장에서 설명한 바와 같이, 정부가 수입을 제한할 때는 신규 기업의 수와 기존 기업의 확장도 제한해야 한다. 너무 많은 기업이 생산을 확대하면 수입에 대한 수요가 특정 수입에 대해 설정된 한도를 빠르게 초과할 수 있기 때문이다. 따라서 모든 새로운 산업 생산 라이선스는 곧 기계 수입 라이선스의 뒷받침을 필요로 하게 되었다. 산업 라이선스는 또한 "자본재 위원회"의 승인이 필요했다. 제2차 계획은 서로 다른 산업에 설정한 생산 "목표"가 "고정되고 불변"하지 않으며 확실히 "상한"이 아니라는 점을 분명히 했지만, 라이선스 당국은 그 목표를 이용하여 일부 기업에 새로운 라이선스 발급을 거부하는 한편 핵심 의사 결정권자의 호의를 누리는 기업의 목표와 상한을 올렸다. 인도의 생산 및 수입 통제와 수입 관세의 엄격함 정도는 담당 공무원의 변덕과 기업이 보호를 위해 로비할 수 있는 능력에 따라 달라졌다.[49]

그 결과로 나타난 국내 산업에 대한 변덕스러운 수입 보호는 현재 산업화된 많은 경제에서처럼 선택된 산업에 배우고 성장할 수 있는 숨 돌릴 공간을 주기 위해 고안된 것이 아니었다. "좌파" 경제학자 프라밧 파트나이크Prabhat Patnaik조차도 통제와 그 파급 결과가 "모든 경제적 효율성이라는 대포를 무너뜨렸다"고 결론 내렸다.[50]

그 효과는 명백히 반사회주의적이었다. 특히 비를라 가문House of the Birlas을 비롯한 인도의 대기업들은 생산 및 수입 라이선스의 불균형적인 몫을 차지했다. 라이선스 관행에 대한 공식 조사에서는 "대기업들이 델리에 연락 사무소를 유지하고 정부 고위 인사들과 접촉하며 그들의 결정에 영향을 미치려 한다는 것은 잘 알려져 있다"고 썼다. 이 기업들은 잠재적 경쟁자들에게 거의 여지를 남기지 않고 가용한 라이선스를 선점했다. 대기업의 최고 경영진은 정부 소유 또는 통제하의 금융기관 이사회에 참여하여 (특히 외화) 대출 특혜를 받는 데 영향력을 행사했다.[51]

네루는 대중 연설과 저술에서 계속해서 경제 발전의 "사회주의적" 길에 대한 자신의 헌신을 주장했다. 장관들은 그와 마찬가지로 신비로운 사회주의에 충성심을 보여주었다. 1956년 5월, 외환 위기가 시작될 무렵, 뛰어난 정치 만화가 산카르 필라이Shankar Pillai는 네루가 자신이 신뢰하는 거위 떼(내각 장관과 국민회의 고위 지도자)가 "사회주의"를 꽥꽥거리는 것을 흐뭇하게 바라보는 모습을 그렸다. 뮈르달이 지적했듯이, 이 수사는 많은 서양과 남아시아 전문가들로 하여금 "행정적 재량에 의한 운영 통제에 의존하는 것이 경제에 '사회주의적' 패턴을 부과한다"는 결론에 이르게 했다. 뮈르달은 마치 좌절감에 휩싸인 것처럼 "사회주의"라는 단어를 따옴표 안에 넣었다. 그는 지친 듯이 덧붙였다. 사회주의는 확실히 "기존 대기업에 과점 권력과 매우 높은 이윤을 주는 경향이 있는 정책 체계의 잘못된 명칭"이다. 뮈르달은 파키스탄에도 매우 유사한 통제가 있었지만 그럴듯하게 말해야 하는 경우가 아니라면 아무도 파키스탄을 "사회주의"라고 부르지 않았다고 지적했다.[52]

사회주의는 네루가 의도한 것도, 결과도 아니었다. 제한된 일자리 기회와 높은 인플레이션은 네루가 돕겠다고 공언한 바로 그 사람들에게 더 큰 스트레스를 안겨주었다. 1956년 3~4월 외환 위기의 큰 경고 이후, 네루에게는 방향을 바꿀 기회가 있었다. 농업 생산성을 높이고 경공업을 촉진하는 것이었다. 그러나 그는 중공업 전략을 고수했다. 네루가 가장 좋아하는 시인 중 한 명인 로버트 프로스트Robert Frost가 썼듯이 말이다. "오! 나는 첫 번째를 다른 날을 위해 남겨두었네! 하지만 한 길이 또 다른 길로 이어진다는 걸 알면서도 내가 다시 돌아올 수 있을지 의심스러웠네."

다른 길은 루피화 평가절하로 시작되었다

당시 B. R. 쉐노이B. R. Shenoy는 제2차 5개년 계획의 기본 접근법 전체를 포기할 것을 주장한 유일한 인도 경제학자였다. 1957년 3월부터 그는 공개 연설과 〈타임스 오브 인디아〉 사설에서 제2차 계획을 "축소"하고 루피화를 평가절하할 것을 동시에 요구했다.[53] 평가절하는 루피화 기준으로 수입품 가격을 인상시켜 수입 감소를 유도할 것이다. 관료들은 더 이상 누가 얼마나 수입할 수 있는지 결정할 필요가 없을 것이다. 평가절하는 또한 인도 기업들이 해외에 제품을 판매하도록 장려할 것인데, 그들이 벌어들인 달러가 더 많은 루피화로 전환될 것이기 때문이다. 수입 감소와 수출 증가는 국제수지 적자를 줄일 것이고, 어쩌면 1949년 루피화 평가절하 이후 일어났던 일들처럼 적자를 흑자로 바꿀 수도 있을 것이었다.

네루는 움직이지 않았다. 루피화 평가절하를 이용하여 인도 기업들이 노동집약적이고 경공업에 기반한 제품을 해외에 판매하도록 돕는 대신, 그는 중공업화라는 원죄를 계속했다. 수입 및 기타 통제는 암처럼 자라났다. 통제는 부패를 낳았다. 민간 과점 권력이 번성했다. 비효율적인 인도 경제는 더욱 비효율적이 되었다. 일자리 수요가 급증하는 가운데 고용 전망은 더욱 암울해졌다.

제2차 계획이 시작되면서 경고 신호가 깜박이고 있었고, 그 결과는 즉각적이고 심각하며 오래 지속되었다. 그럼에도 불구하고, 이 계획이 반드시 오류는 아니었다는 주장이 있을 수 있다. 그것은 전 세계적으로 유행하던 빅 푸시 산업화와 인도의 탈식민지를 마주한 흥분, 그리고 빠른 성장에 대한 갈망이 혼합된 것이었다. 문제는 그것이 실행 불가능하고, 경제적으로 해롭고, 사회 규범을 파괴한다는 것이 명백해졌을 때에도 그 길을 고집한 것이었다.

네루가 그 길을 계속 갈 수 있었던 것은 그가 그럴 수 있었기 때문이다. 한 사람이 그의 오류를 영속화하는 데 도움을 주었다. 존 F. 케네디다. 사실, 케네디는 네루가 그의 위험한 내기를 두 배로 늘리는 데 도움을 주었다.

5장
네루가 베팅을 두 배로 늘리다

1957년 10월, 당시 매사추세츠주 민주당 상원의원이었던 존 F. 케네디는 인도가 미국에게 전략적으로 중요하다고 주장했다. 40세의 케네디는 인도가 초강대국들 사이의 "양극화된 투쟁"을 "중재broker" 할 수 있는 독특한 위치에 있다고 썼다. 케네디는 그해 초 케랄라주 선거에서 공산당이 승리한 것에 영향을 받았다. 그는 인도 공산주의자들이 광범위한 선거 승리를 거둘 준비가 되어 있을지도 모르며, 그렇게 되면 인도가 소련과 중국의 손아귀에 빠질 수 있다고 경고했다. 케네디는 미국이 인도에 더 많은 관심을 기울일 것을 권고했다. 그는 특히 최근 MIT 경제학자 맥스 밀리칸Max Millikan과 월트 로스토Walt Rostow가 인도에 대한 더 "지속 가능한" 미국의 재정 지원을 촉구한 사실도 언급했다.[1]

영향력 있는 잡지 〈포린 어페어스Foreign Affairs〉에 실린 케네디의 에세이는 소련이 스푸트니크 위성을 쏘아 올린 때와 거의 같은 시기에 인쇄기에 올라가 있었다. 미국에게 당시는 심각한 순간이었다. 소련은 우주 기술뿐만 아니라 교육의 질, 산업과 군사력에서도 앞서 나가는 것처럼 보였다. 미국인들은 또한 소련의 발전이 비동맹 국가와 개발도상국에 호의적인 인상을 주고 있음을 알 수 있었다. 미국에게 공산주의의 위협은 점점 더 시급한 문제가 되었다.[2]

12월, 스푸트니크 발사에 대응하여 케네디는 〈뉴욕타임스〉에 기고문을 써서 미국의 군사 및 대외정책을 재고하라고 촉구했다. 그는 이제 인도에 더 많은 관심을 기울여야 한다고 주장했다. 인도의 제2차 계획은 난항을 겪고 있었고, 케네디는 이렇게 썼다. "의회는 인도의 제2차 5개년 계획이 실패하는 것을 막을 수 있는 차관과 원조 프로그램을 통과시켜야 합니다." 그는 인도가 "아시아에서 민주주의 실험의 상징"이라고 말했다. 인도는 "모든 비동맹 국가 중 가장 중요한 국가"였으며, 케네디는 "우리가 도와줄 경우에만 공산주의 영향권과 통제권 밖에서 민주적인 사회를 만들 수 있을 것"이라고 주장했다.[3]

대규모 투자가 필요한 제2차 계획의 성공이 인도 민주주의 수호에 필수적이라고 주장한 케네디는 인도에 더 많은 재정 지원을 하기 위해 상원 외교위원회에서 전력을 다했다. 1958년 2월 위원회 청문회에서 케네디는 월트 로스토에게 질문을 던졌는데, 두 사람은 분명히 그 답변을 미리 연습해 두었던 것 같다.

케네디: 인도에 제공하기로 한 [드와이트 아이젠하워 대통령] 행정부가 결정한 경제 원조안이 성공적인 인도 발전과 그 지역에서의 미국 정책을 위한 최소한의 요건을 충족하기에 충분하다고 생각하십니까?
로스토: 올해 2억 9,000만 달러에 달하는 현재의 원조 프로그램이 극도로 부적절하다고 믿습니다. 이것 [5개년 계획]은 그들에게

위대한 모험입니다. 그들은 지금 그 모험의 한 순간에 붙잡혀 있는데, 많은 압력이 한꺼번에 그들에게 쏠리고 있고, 우리가 가장 쉽게 도울 수 있는 한 지점, 즉 외환에 강타당하고 있습니다.[4]

케네디는 대통령을 꿈꾸면서 아이젠하워 행정부와 싸울 자세를 취하고 있었다. 또한 자신의 진보적 민주당원으로서의 입지를 다지고 있었다. 로스토는 자신만의 목표를 추구하고 있었다. 그는 공산주의의 확고한 적이었고, 소련과 중국이 인도를 유혹할 가능성을 매우 경계했다. 로스토는 또한 팔아야 할 경제 아이디어가 있었다. 집필 중이던 책《경제 성장의 단계들The Stages of Economic Growth》에서 그는 비행기가 활주로에서 달리는 것처럼, 경제는 스스로 지속 가능한 자본주의로 "이륙"하기 위해 준비하면서 활주한다고 선언했다. 제2차 계획이 시작된 후 인도 경제는 거의 발작을 일으켰음에도 불구하고 로스토는 인도 경제가 "성장을 위한 국내의 전제 조건"을 충족시켰으며 "충분한 양과 충분히 긴 기간 동안 외부 자본"을 받으면 이륙할 수 있다는 신비로운 결론을 내렸다.[5] 인도는 그의 이론을 위한 실험대였다. 로스토는 케네디가 그를 필요로 하는 만큼 케네디를 필요로 했다.

1958년 3월, 로스토가 미국 상원에서 인도에 대한 더 많은 원조를 주장한 지 한 달 만에 케네디는 켄터키주의 공화당 상원의원이자 전 인도 대사였던 존 셔먼 쿠퍼John Sherman Cooper와 힘을 합쳤다. 그들은 함께 그해 6월에 통과된 대외원조법의 수정안을 발의했다. 그 수정안에는 인도에 원조를 대폭 확대한다는 구체적인 언급이 포함되어 있었다. 공산주의 위협에 자극을 받은 아이젠하워 대통령도 그 원조 계획을 지지했다. 아이젠하워는 8월에 개발도상국 지원을 위한 세계은행과 IMF의 자원을 상당히 늘리는 것을 주도하며 후속 조치를 취했다.[6]

미국은 당시, 그리고 나중에는 더욱더 인도 원조 컨소시엄Aid India

Consortium으로 알려지게 된 국제 포럼의 주요 기여국이었는데, 이는 인도의 외환 수요에 자금을 지원하는 데 도움을 준 주요 산업국들의 모임이었다. 이 공여국들을 소집하고 조정한 세계은행은 1958년 8월 처음으로 그들을 한자리에 모아 인도를 위한 긴급 자금을 마련했다. 시간이 지나면서 인도 원조 컨소시엄은 인도에 투입된 장기 국제 자금의 주요 공급원이 되었다.[7]

공여국들이 인도의 개발 자금 지원을 준비하는 동안, 아무런 교훈을 얻지 못한 인도 당국은 제2차 계획의 결함을 확대한 엄청나게 야심 찬 제3차 계획을 준비했다. 네루의 지지자들조차도 고용 창출에 대한 지속적인 무관심을 우려했다. 1959년 2월, 총리의 딸 인디라 간디와 굴자릴랄 난다 기획부 장관을 포함한 국민회의 위원회는 새로운 계획이 인도의 "거대한" 고용 문제를 해결하기 위해 거의 아무것도 하지 않고 있다고 경고했다. 그러나 네루는 1957년 선거에서 쉽게 승리했고 누구에게도 책임을 추궁당하지 않았다. 하지만 그에게는 한 가지 문제가 있었다. IMF가 지적했듯이 인도의 국제수지 상황은 "점점 더 경색"되고 있었다. 외환보유고는 계속 줄었다.[8]

네루가 선택한 길을 계속 가기 위해서는 제3차 계획을 위한 수십억 달러의 원조가 필요했다. 그리고 그 원조의 상당 부분이 미국에서 올 것이기 때문에 네루는 특히 미국의 후원자가 필요했다. JFK가 그 중요한 역할을 자처했다.[9]

"공짜 돈"의 유혹

당시의 상황은 네루가 두 마리 토끼를 잡을 수 있게 해주었다. 총리의 조카이기도 한 뛰어난 관료 브라즈 쿠마르 네루Braj Kumar 'B. K.' Nehru

는 경제 담당 판무관으로서 해외 원조를 담당하는 실무책임자였다. B. K. 네루는 "해외 원조"라는 말이 네루 총리에게 "혐오스러운" 표현이었다고 말했는데, 네루 총리는 공여국이 조건을 달면 원조를 받지 않겠다는 입장을 분명히 했다. 총리는 특히 어느 초강대국에도 기울지 않는 비동맹 정책에 집착했다. 그는 원조의 대가로 "어떤 상황에서도" 비동맹 정책을 바꾸지 않을 것이라고 주장했다.[10]

사실 원조에는 아무런 조건이 붙지 않았다. 공여국들은 대외정책이나 국내정책에서 인도에 어떤 변화도 요구하지 않았다. 인도인들에게 그 자금은 대부분 대출 형태였지만 "공짜 돈"처럼 보였다. 그렇지는 않았다. 인도는 이자와 함께 빚을 갚아야 했다. B. K. 네루는 제2차 계획이 "우리가 돈을 얻을 수 있고, 국내외 정책을 전혀 바꾸지 않고도 그것을 얻을 수 있으며, 무릎을 꿇거나 고개를 숙이지 않고도 그것을 얻을 수 있다는 것을 확인했다"고 즐거워했다.[11]

그런 "공짜 돈"이 계속될 것이라는 가정은 경솔했다. 네루의 마음에 그토록 소중한 비동맹은 불안정한 상태였다. 1950년 10월 중국이 인도의 친구이자 동맹국인 티베트를 합병하기 시작하면서 중국과의 관계가 악화되었다. 파텔은 사망하기 전 네루에게 서방과의 군사 동맹만이 중국의 군사력에 대응할 수 있는 유일한 균형추라고 제안했다. 네루는 그 조언을 무시했다. 1950년 12월 파텔이 사망한 후 중국은 빈번하게 인도 영토에 대한 소유권 주장을 했다. 1959년 3월 티베트 불교도들의 정신적, 정치적 지도자인 달라이 라마가 티베트에서 인도로 망명하면서 인도와 중국 간의 긴장이 고조되었다. 1959년과 1960년, 제3차 계획이 최종 모습을 갖추면서 중국의 위협은 그 어느 때보다 커졌다. 서방 공여국들은 인도 국내의 공산주의 운동을 별로 두려워하지 않으면서 네루의 이러한 비동맹 입장을 압박할 수 있었다.

인도는 또한 경제 정책을 바꿀 필요가 있었다. 네루주의 전략에 가장 일관되게 반대하던 B. R. 셰노이B. R. Shenoy는 근본적인 전환을 제안했다. 투자와 생산 목표 설정을 없애고 환율을 하락시키자는 것이었다. 더 싼 루피화는 수입품을 더 비싸게 만들어 수입을 억제할 것이었다. 더 중요한 것은, 더 싼 루피화는 인도 기업들로 하여금 노동 집약적 기술로 만든 제품을 수출하도록 자극할 것이라는 점이었다. 1956년 8월 세계은행 보고서가 지적했듯이, 인도는 소형 엔진, 전기 모터, 펌프, 자전거, 케이블, 램프, 전화기 생산을 확대할 수 있는 좋은 위치에 있었다. 화폐 가치 하락은 인도 제조업체들에게 그러한 제품을 생산하고 수출하는 데 필요한 자극을 주었을 것이다.[12]

셰노이와 세계은행이 제시한 조언을 인도 정책입안자들은 무시했지만, 대만 지도자들은 독립적으로 같은 결론에 도달하여 정확히 그 제안된 경로를 선택했다. 분명히 말하자면, 대만인들은 자유시장 철학에 맹목적으로 헌신하지 않았다. "대만 산업화의 실질적 설계자" K. Y. 인K. Y. Yin, 尹仲容은 전력 생산과 비료 생산에 정부가 투자해야 한다고 계속 강조했다. 그러나 1957년 그는 대만을 노동집약적 섬유 산업부터 시작하여 수출 주도형 산업화의 길로 이끌었다. 대만인들은 유망한 생산 분야를 촉매제로 삼아 도약할 필요성에 주목했다. 인은 일본을 여행하면서 메이지 유신 이후 수십 년 동안의 일본 산업 발전을 연구했다. 그가 배운 교훈은 "적어도 처음에는 정부가 주도해야 한다"는 것이었다. 그 정신에 충실하게, 한 대만 고위 정책입안자는 나중에 대만의 전략은 "경제의 다양한 부분이 먼저 시작할 수 있도록 돕고, 그 다음 걷게 한 다음, 그들을 내버려 두는 것"이었다고 말했다.[13]

전후 최초의 일본 발전 모델 모방이 시작되었다. 그러나 공여국들이 쉽게 지원을 중단할 수 있음에도 불구하고 "공짜 돈"에 접근할 수 있게 되자, 네루는 중공업 전략에 대한 베팅을 두 배로 늘렸다.

네루가 굳건히 버티다

1959년 말, 좌파 성향의 봄베이 기반 타블로이드 〈블리츠Blitz〉의 편집장 R. K. 카란지아R. K. Karanjia는 며칠에 걸쳐 네루를 인터뷰했다. 카란지아는 네루의 포부에 공감했다. 그럼에도 불구하고 그는 네루의 자기 정당화 논리에 의구심을 갖게 되었다. 월트 로스토의 "이륙" 이론의 타협 없는 확신을 받아들인 네루는 인도의 산업화가 "자체 공급, 자체 추진, 자체 발전"을 가능하게 할 힘을 갖출 준비가 되어 있다고 주장했다. 더 놀랍게도 네루는 인도가 경제 발전에 "과학적 접근법"을 선택했다고 주장하면서 경제 계획과 발전이 "수학적 공식"으로 추진된다고 덧붙였다. 네루는 1954년 12월 노르웨이 경제학자 랑나르 프리슈와의 만남 이후 수학적으로 추진되는 경제 발전이라는 생각에 사로잡혀 있었다. 놀란 카란지아가 "수학적 공식이요?"라고 물었다. "거의, 거의 그렇습니다"라고 네루는 대답했다. 그는 "인간의 자질"뿐만 아니라 "기후와 다른 요인들"도 중요하다는 것을 인정했다. 그러나 네루는 "이러한 요인들을 감안하더라도" "계획과 발전은 일종의 수학적 공식이 되었고, 그것은 과학적으로 계산될 수 있다"고 주장했다. 당신이 이것을 하면, 이것이 반드시 뒤따를 것이고, 이것이 다음 단계가 될 것이며, 그것이 세 번째 단계로 이어질 것이라는 식이었다.[14]

네루는 경제적 사고에서 행정적, 사회적, 정치적 고려사항을 배제했다. 그에게 있어 경제학은 일련의 방정식이었고, 그는 그 방정식이 작동하고 있다고 믿었다. 그는 인도의 산업이 "놀랍도록 잘해냈다"고 주장했다. 네루는 인도 농업의 성과에 대해서는 좀 더 현실적이었다. 1955년 1월에는 그가 농업의 "상당한 진전"을 주장했던 반면, 이제는 농업의 진전이 "실망스러웠다"고 인정했다. 이러한 현실 인식이 그의 정책 관점을 바꾸지는 않았다. 그는 진전이 더딘 원인을 "흉작, 이런

저런 나쁜 일"로 돌렸다. 또한 "정통과 낡은 관습"에 젖어 있는 농민들에 대해 불평했다.[15]

중국과의 긴장과 제2차 계획의 명백한 실패에도 불구하고, 제3차 계획은 제2차 계획이 노골적으로 확대된 버전이었다. 총 예산은 제2차 계획에 쓰인 97억 달러(460억 루피)에서 151억 달러(725억 루피)로 늘어났다. 네루가 최근 농업의 실망스러운 성과를 인정했음에도 불구하고, 농업에 대한 지출 비중은 변하지 않았다. 중공업 투자로 수입이 104억 달러에서 119억 달러로 증가할 것으로 예상되었다. 그리고 사실상 외환보유고가 없는 상태에서 해외 원조 필요액이 22억 달러에서 55억 달러로 급증했다. 숨이 멎을 지경이었다.[16]

제2차 계획을 담은 문서는 필요한 외환 규모를 모호하게 기술했고, 그 규모가 분명해졌을 때 그 구멍을 메우기 위해 정신없이 서둘러야 했다. 제3차 계획에 필요한 해외 원조는 규모도 컸고 직설적으로 기술되었다.

케네디가 인도 원조에 나서다

케임브리지 대학교 역사학자 데이비드 밀른David Milne은 "1958년 8월 어느 날, 케네디는 지붕을 내린 화려한 컨버터블 차로 로스토를 국무부까지 태워주었다. 그들은 1960년 예비선거[그해 말 대선에서 공화당 리처드 닉슨과 맞설 민주당 후보를 선출하기 위한]의 잠재적 후보에 대해 잡담을 나누었다. 케네디는 출마할 계획이라고 태연히 언급했다"고 썼다.[17]

우리는 나머지를 알고 있다. 닉슨은 본능적으로 반인도주의자였다. 한번은 기업가들에게 인도인들이 "혐오스럽다"고 털어놓기도 했다.

케네디는 손에 땀을 쥐게 하는 접전 끝에 대통령에 당선되었다. 그는 "강력한 대통령"하에 "자비로운" 정부라는 진보적 견해를 가지고 있었다. 또한 인도, 특히 네루를 믿는 것 같았다. 1961년 1월 31일, 미국 의회에서의 첫 번째 연두교서에서 케네디는 "네루의 높은 이상주의"에서 영감을 받았다고 말했다.[18]

그해 4월 27일, 하버드 대학교 경제학자이자 인도 주재 미국 대사인 존 케네스 갤브레이스John Kenneth Galbraith는 일기에 이렇게 썼다. "오늘 오후 대통령이 [제3차] 5개년 계획의 다음 2년 동안 10억 달러를 배정했다고 총리에게 통보해 달라는 메시지가 왔다. 나는 그에게 알리기 위해 의회 사무실로 갔다. 그가 당황했는지 감동했는지 확신할 수 없었다. 그는 거의 말이 없었다." 갤브레이스는 자신의 관찰에 각주를 달았다. "네루의 자존심은 인도의 자존심과 밀접하게 연관되어 있었다. 그는 우리의 도움이 수행한 큰 역할을 인정했다. 그러나 그것은 또한 자신의 나라를 어느 정도 우리의 자선 수혜자로 보았음을 의미했고, 그는 이것을 전혀 좋아하지 않았다."[19]

케네디는 10억 달러의 원조를 이용해 다른 나라들이 인도에 원조를 늘리도록 압박했다. 5월 중순 콘라트 아데나워Konrad Adenauer 서독 총리에게 보낸 메시지에서 케네디는 인도의 제3차 계획 완수에 큰 중요성을 부여했다. 독일은 원조 기여금을 5,000만 달러 늘려 3억 8,100만 달러로 증액했다. 6월 초, 미국의 원조 약속을 바탕으로 인도 원조 컨소시엄의 6개 선진국과 세계은행은 제3차 계획 첫 2년간의 외환 수요를 충당하기 위해 총 22억 5,000만 달러를 지원하기로 결정했다.[20] 1961년 11월 네루가 워싱턴을 방문했을 때, 국무부가 케네디 대통령에게 제공한 브리핑 자료는 네루의 사망이나 은퇴가 인도 민주주의의 붕괴를 촉발할 수 있으며, 어쩌면 "힌두교 신정국가Hindu theocracy"로 이어질 수 있다고 노골적으로 언급했다. 그 문서는 케네디에게 미국이 1962년과 1963년 각각 인도에 대한 원조를 10억 달러로 늘릴 계획이라는 점을 강조하라고 상기시켰다.[21]

네루의 행운은 지속되었다, 겨우겨우

케네디는 약속한 원조를 이행했다. 그러나 다른 공여국들은 네루의 인도와 그의 정책 접근법에 덜 열광적이었다. 종종 그들의 공약과 실제 지원 금액 사이의 격차는 컸다. 또한 많은 공여국들은 자국 기업에 도움이 되는 프로젝트에 원조를 연계했는데, 이는 인도가 제공받은 외환을 사용할 수 있는 목적을 제한했다. 특히 해외 원조는 때때로 예비 부품과 유지보수를 위한 수입을 포함하지 않았다.[22]

인도에 대한 호의도 약해지고 있었다. 초기 징후는 독일의 경제부 장관이자 독일 전후 복구의 주요 설계자인 루트비히 에르하르트 Ludwig Erhard 의 언급이었다. 1959년 말, 모라르지 데사이Morarji Desai 인도 재무장관이 에르하르트에게 독일 차관 상환 기간 연장을 요청했을 때, 에르하르트는 짜증을 내며 "돈은 나무에서 자라지 않는다"고 대답했다.[23]

인도인과 외국인 모두 인도에 대한 신뢰를 잃어가고 있었다. 경상수지 적자를 줄여주는 소중한 자금인 해외 거주 인도인들의 송금이 적어도 공식 경로를 통해서는 줄어들었다. 인도 이주민들은 인도 정부가 루피화를 평가절하해야 할 가능성이 높아지고 있었기 때문에 송금을 미루었다. 국내 인도인들은 인플레이션에 대비해 금 구매를 늘렸는데, 이는 수입 제한을 감안할 때 금의 밀수 증가로 이어졌다. 인도에 대출한 해외 민간 기관들은 자금을 회수하기 시작했다. 외환보유고는 계속 줄어들었다. 1961년 6월에 이루어진 원조 공약이 흘러들어오는 데는 시간이 걸릴 것이기 때문에, 인도는 1961년 7월 즉각적인 수요를 충당하기 위해 IMF에 2억 5,000만 달러를 요청했다.[24]

　IMF 이사회는 1957년 초 인도가 차입을 요청했을 때와 마찬가지로 다시 한번 불편한 심기를 드러냈다. 이사회 구성원들은 인도가 반복해서 장기 개발 전략을 지원해 달라고 요청하고 있지, 일시적(또는 예상치 못한) 외화 부족을 지원해 달라고 요청하는 것이 아니라고 말했다. 인도 당국은 주요 문제는 약속된 원조의 지연이라고 주장했다. 이사회는 마지못해 인도의 주장을 받아들였다. 그러나 외환보유고가 계속 떨어지고 원조 자금이 너무 느리게 유입되면서, 인도 정부는 1962년 IMF로 돌아가 올리버 트위스트처럼 "제발 더 주실 수 있나요?"라고 물었다. 이번에는 1년 만기로 상환해야 하는 1억 달러의 IMF 차관이었지만, 상환이 어려워진 정부는 1963년 차입을 1년 더 갱신했다.[25]

　"새로운 인도의 사원"을 건설한다는 네루의 은유는 당시 "대규모 투자"와 "이륙"과 같은 여타 게으른 개발 은유와 유사했다. 케네디는 그러한 단순한 개발 사고를 받아들였다. 세계은행과 IMF도 때때로 비판을 하면서도 따랐다. 1957년 대만인들만이 과감하게 더 포괄적이고 포용적인 일본식 개발 접근법으로 전환했다.

　1960년대 초, 사원 전략은 인도를 다시 한번 국가 부도의 벼랑 끝으로 몰아넣었다. 해외 원조 공여국(과 중앙은행)은 인도가 해외 차관을 상환하지 못할 수도 있다고 우려했다. IMF 직원들과 이사회 구성원들은 오래 지연된 질문을 던졌다. 왜 인도는 루피화를 평가절하하지 않는 것일까? 공여국들과 세계은행은 특히 농업에 대한 투자를 강조하면서 인도 경제 정책에 더 많은 발언권을 원했다.[26]

　네루는 두 번째로 도박에서 지고 있었다. 금전적 출혈은 차치하고, 인도의 진정한 손실은 농업의 부진, 도시 일자리 부족, 지속적인 높은 수준의 빈곤으로 나타났다. 인적 자원 개발을 무시한 것이 가장 큰 장기적 피해를 입혔다. 그 결과는 네루가 국가 결속과 경제 발전에 있어 인적 개발의 중심적 역할을 이해한 역사학자였을 뿐만 아니라, 네루에게는 그가 존경하는 안내자, 거장 라빈드라나트 타고르Rabindranath Tagore가 있었기에 더욱 충격적이었다.

6장
타고르의 들리지 않은 노래

1913년, 라빈드라나트 타고르는 노벨문학상을 받았다. 그의 훌륭한 작품 중에서 노벨 재단은 《기탄잘리: 노래의 헌정Gitanjali: Song Offerings》을 그의 시 중 "가장 찬사를 받은" 작품집으로 선정했다. 그것은 초월적인 주님과의 신비로운 연합의 선율이었다. 타고르는 "당신의 살아 있는 손길이 내 온몸에 닿아 있습니다"라고 썼다.[1]

서구는 그를 신비주의자로 받아들였지만, 타고르는 단호하게 이 세상에 속해 있었다. 그는 교육에 대한 열정과 인도에 깊은 자부심을 가지고 있었다. 서벵골주의 캘커타에서 북쪽으로 150킬로미터 떨어진 곳에 위치한 샨티니케탄Santiniketan에서 그는 자연, 음악, 예술과의 교감에 기초한 교육 철학을 실천했다.[2] 나중에 총리가 되는 자와할랄 네루의 딸 인디라와 사티아지트 레이는 샨티니케탄의 학생이었다. 그가 특정한 교육 방식을 실천했음에도 불구하고, 타고르는 국가 교육 목표를 달성하기 위한 다른 접근법의 가치를 인정했다. 1941년 8월 사망할 때, 타고르는 인도의 지도자들에게 독립 후 보편적 교육을 경제 발전 전략의 핵심에 두라는 절실한 호소를 남겼다. 타고르가 시 〈기탄잘리〉에서 "마음에 두려움이 없고 고개를 높이 든 곳, 지식이 자유로운 곳, 이성의 맑은 흐름이 죽은 습관의 황량한 모래사장으로 길을 잃지 않은 곳, 그 자유의 천국으로, 아버지시여, 나의 조국이 깨어나게 하소서"라고 기도했다.

인도를 위한 타고르의 노래

1912년부터 시작하여 타고르는 거의 20년 동안 전 세계를 여행했다. 그는 가는 곳마다 교육자들을 인터뷰하고, 학교를 방문하며, 교과서와 교육 자료를 연구했다. 여행이 끝날 무렵인 1930년 9월, 모스크바에서 고국으로 편지를 썼는데, 거기서 그는 "교육이 우리의 모든 문제를 해결하는 이상적인 길"이라는 확신을 표현했다.[3]

타고르는 러시아 교육의 "비범한 활력"을 목격하는 것은 "놀라운" 경험이었다고 썼다. "교육의 수문"은 유럽 러시아에 거주하든 더 황량한 지역에 거주하든 모든 사람들을 위해 열렸다. 타고르는 러시아의 성공 척도는 "단순히 교육받는 사람들의 수가 아니라 교육의 철저함과 강도"라고 강조했다. 그러한 철저함과 강도는 "당국의 권력, 열정, 행정 능력에 의해 뒷받침"되었기 때문에만 가능했다.[4] 러시아 교육 제도에 대한 타고르의 개방적인 태도는 주목할 만했다. 교육과정과 교수법에 대한 러시아의 경직성은 그의 더 유연하고 "자연과의 자발적인 만남"을 강조하는 교육 접근법과 정반대였다.

모스크바에서 보낸 1930년 9월 편지의 애통한 구절에서 타고르는 한탄했다. "나는 매일 이곳의 상황을 인도의 상황과 비교합니다. 현재는 어떻고 과거는 어땠는지!" 그는 미국인 여행 동료 해리 팀브레스 Harry Timbres 박사가 러시아 의료 제도의 "놀라운 우수성"에 대해 말했다고 덧붙였다. 절망 속에서 타고르는 외쳤다.

하지만 병든, 굶주린, 불행한 인도는 어디로 가는 걸까요! 몇 년 전만 해도 러시아 대중의 상황은 인도 대중의 상황과 완전히 비교할 만했습니다. 그 짧은 기간 동안 여기서는 상황이 급격히 변했지만, 우리 인도인들은 정체 속에 깊이 빠져 있습니다.[5]

타고르는 순진한 낭만주의자는 아니었다. 그는 스탈린의 러시아에서 "복수심과 증오"가 자리 잡고 있는 것을 보았다. 러시아 교육을 찬양하는 편지를 보낸 지 며칠 후인 9월 25일, 그는 〈이즈베스티아Izvestia〉 신문과의 인터뷰에서 "인류를 위해, 당신들이 잔혹함의 끝없는 사슬을 엮어갈 악의적인 형태의 폭력을 결코 만들어내지 않기를 바랍니다"라고 간청했다. 그러나 교육에 대해서는 러시아의 성과에 공개적으로 찬사를 표현했다. "대중교육 확산에 쏟은 여러분의 놀라운 에너지에 깊은 감명을 받았음을 알려드리고 싶습니다." 그는 "이 고귀한 사업에 주어진 가장 지적인 방향"을 칭찬했다. 그는 사람들의 "마음과 감각과 육체"를 훈련시키기 위해 열려 있는 "다양한 통로"들을 높이 평가했다. 그는 "수백만 명의 동포들이 교육이 가져다줄 수 있는 빛을 누리지 못하고 있는 나라 출신"이기에 러시아의 헌신을 "더욱 절실히" 느꼈다고 말했다.[6]

10월 4일, 이제 대서양을 항해하면서 타고르는 또 다른 편지에서 일본을 성공 사례 목록에 추가했다. "일본은 교육에 의해서만 짧은 시간 내에 생산력을 1,000배로 증가시켰다." 그는 인도인들에게 전할 메시지가 있었다. "오늘날 인도의 심장을 짓누르고 있는 비참함의 거대한 탑은 교육의 부재라는 단 하나의 기초에 바탕을 두고 있다고 나는 생각한다. 카스트 구분, 종교적 갈등, 노동 기피, 불안정한 경제 상황은 모두 이 **단일 요인**을 중심으로 돌아간다."[7]

그의 언어에서 반복되는 강조에 주목할 필요가 있다. "교육은 우리의 모든 문제를 해결하는 이상적인 길이다." "일본은 교육에 의해서만." "모두 이 단일 요인을 중심으로 돌아간다." 타고르에게 교육은 하나의 정책 목표가 아니었다. 그것은 사회적, 경제적 진보의 모든 측면에 있어 핵심이었다. 좋은 교육 없이는 다른 모든 것이 무의미해질 수 있었다.

더 많고 더 나은 교육을 주장하면서 타고르는 18세기 후반 미국 건국의 아버지들, 19세기 후반 일본 메이지 유신의 지도자들, 20세기 전반 전체주의 소련의 공산주의 지도자들을 포함하여 모든 성공적인 산업국가의 지도자들이 전달했던 교훈을 인도인들에게 반복하고 있었다. 그들의 정치 이데올로기는 제각각이었지만, 시대와 거리를 초월한 교육에 대한 일관되고 적극적인 강조는 다르지 않았다.

경제학자 클라우디아 골딘Claudia Goldin 과 로런스 캐츠Lawrence Katz 에 따르면, 독립선언서에 서명한 미국 건국의 아버지들 중 존 애덤스John Adams, 벤저민 프랭클린Benjamin Franklin, 토머스 제퍼슨Thomas Jefferson, 벤저민 러시Benjamin Rush 는 "교육 기관에 대해 광범위하게 집필했다". 골딘과 캐츠의 연구는 "새로운 국가에서 강력한 교육 기반이 필요하다는 정서를 결집하는 데 도움을 주었다". 그들에게 교육은 미국인들이 "투표와 같은 시민의 의무를 수행하고, 공직에 출마하고 국가를 이끌 준비를 하는 데" 근본적 요건이었다. 당대 가장 유명한 의사였던 벤저민 러시는 경제에 있어 교육의 중요성을 강조했다. 그는 교육에 대한 더 많은 투자가 "농업의 이익"을 증대시킬 것이며 제조업도 촉진할 것이라고 주장했다.[8]

1776년 미국 독립선언과 1861년 미국 남북전쟁 사이의 수십 년 동안, 각급 정부의 공직자들은 교육의 수월성*과 형평성을 추구했다. 매사추세츠 교육위원회 위원장 호러스 만Horace Mann 과 다른 북동부 주의 관료들은 학술지에 교육의 장점에 대해 기고하고, 교육 확산을 추진했다. 1840년에 호러스 만은 새로운 기술을 빠르게 흡수하고, 근무 조건에 적응하며, 혁신의 풀에 추가되는 효율적인 노동자를 생산하는 데 있어 교육의 중요성을 재차 강조했다. 정부와 더불어 미국 시민들은 전국 각지의 지역사회에서 무상교육을 재정적으로 지원하고 운영하기 위해 재산세를 납부함으로써 중요한 역할을 수행했다. 노예제도와 인종차별은 미국의 집단의식에 여전히 어두운 오점으로 남아 있었지만, 1850년대 초반까지 모든 "자유로운" 남녀 어린이들이 초등학교에 등록했다.[9]

처음부터 미국인들은 교육의 평등이 가장 널리 공유되는 물질적 진보의 기반이라는 것을 인식했다. 여아 교육은 단순히 성평등의 문제가 아니라, 교육받은 어머니가 더 잘 교육받고 더 건강한 가정을 갖는다는 인식의 문제였다. 부유한 지역사회 구성원들은 재산세를 통해 운이 덜 좋은 이웃을 교육시키는 비용을 지불했고, 현 세대는 미래 세대를 위해 비용을 지불했다. 교육위원회는 민주적 지역사회 거버넌스의 중심지가 되었다. 미국의 교육 지도자들과 철학자들에게 교육을 통한 기회 균등은 정부의 도덕적 의무였다. 급진적인 교육 철학자 로버트 코람Robert Coram 은 시민들이 생계를 위해 지식이 필요하기 때문에 국가는 "그들이 그것을 획득할 수 있는 수단을 확보할 의무가 있다"고 말했다. 노아 웹스터Noah Webster 는 미국에 "모든 시민에게 지식

---

*   excellence. 우수한 능력을 가진 피교육자의 능력을 개발하려는 교육이나 교육 프로그램.

을 습득하고 자신을 신뢰의 자리에 맞출 기회를 주는 교육 체계"가 필요하다고 말했다. 한 세기 후 타고르의 결론을 예견하듯이, 웹스터는 "필연적으로 교육은 다양한 배경과 조건, 상충되는 충성심, 심지어 이상한 말을 하는 사람들을 하나의 국가로 결합하는 데 중심적인 역할을 할 것"이라고 말했다.[10]

그것은 18세기 후반과 19세기 전반에는 놀라운 비전이었다. 모두를 위한 지식은 민주주의와 모두를 위한 기회를 촉진할 것이었다. 1930년대 타고르가 그랬던 것처럼, 영향력 있는 미국인들은 교육이 산업 발전에 뒤따르는 추가 부분이 아니라고 강력히 주장했다. 교육은 국가 부의 증가에 수반되는 단순히 바람직한 상관관계도 아니었다. 현대 사회과학의 언어로 교육은 사회적, 경제적 발전의 주요 "원인", 즉 추진력이었다.

미국인들은 그 초기의 모멘텀을 계속 발전시켰다. 남북전쟁 이후 미국 과학자들과 기업들이 과학 기반 제조업과 기술 혁명을 주도하면서, 무상 보편 중등교육 제도는 20세기 초에 세계적인 명성을 얻었다.[11]

미국인들은 초등학교의 완전한 개화에 거의 한 세기, 중등학교에는 또 다른 반세기가 걸렸다. 일본인들은 자국 학교에서 같은 수월성을 원했지만, 더 빨리 하고 싶어 했다. 그리고 곧 일본 발전 과정의 특징이 될 것처럼, 일본 지도자들은 선생들로부터 배우기로 결정했다. 1872년 2월, 메이지 유신 4년 후, 25세의 모리 아리노리가 일본 최초의 외교 대표로 미국에 도착했다. 그는 즉시 "저명한 미국인들"에게 편지를 써서 "일본의 교육 문제"에 대한 "조언과 정보"를 요청했다. 많은 저명한 미국인들이 모리에게 다시 편지를 썼다. 그들은 일본의 교육 제도에 대한 투자가 "세계 국가들 사이에서 번영과 위신의 기반"을 마련해 줄 것이라고 확언했다. 응답자 중 한 명인 뉴저지주 뉴브런

즈윅에 있는 럿거스 대학교의 데이비드 머레이David Murray 교수는 중요한 주장을 펼쳤다. "근대에 세계사에 가장 큰 영향을 미친 국가들은 교육에 특별히 관심을 기울인 국가들이다."[12] 머레이 교수는 결국 일본 정부의 교육 고문이 되어 일본으로 이주하였다.

일본의 대표적인 교육 개혁가가 된 모리는 미국에서 한 가지 중요한 교훈을 얻었다. 무엇보다도 초등교육은 일본이 산업국가의 선두 자리에 오르는 데 결정적이었다.[13] 1885년 연설에서 그는 이렇게 선언했다.

우리나라는 3류 지위에서 2류로, 2류에서 1류로, 그리고 궁극적으로는 세계 모든 나라 중 선두 자리로 나아가야 한다. 이를 위한 가장 좋은 방법은 초등교육의 기반을 다지는 것이다.[14]

일본인들은 미국인들보다 더 빨리 나아가고 있었지만, 해야 할 일이 있었다. 처음에는 일본 학교의 여학생들이 미국보다 교육에 더 많은 장벽에 직면했다. 1920년에야 일본은 여아를 위한 보편적 초등교육을 달성했다. 그런 다음 이 나라는 보편적 중등교육을 목표로 착수했다. 그러나 여학생들의 제한된 중등교육 기회와 그들을 "현모양처"로 훈련시키는 특별 교육과정에서 보듯이, 여학생들에 대한 차별은 이후 수십 년 동안 지속되었다.[15]

20세기 초 일본이 초등교육과 중등교육의 부분적 성공에 머물렀음에도 불구하고, 그것은 경제 성장과 기회 균등을 촉진하는 데 매우 중요했다. 서양의 대표적인 일본 경제사학자 윌리엄 록우드William Lockwood는 이렇게 설명했다.

대부분의 사람들은 결코 6년의 학교 교육을 넘어서지 못했다. 그러나 이것조차도 특히 도시에서 더 평범한 기술적 기능을 인구 전반에 널리 보급하는 데 도움이 되었다. 그리고 교육은 경제의 급진적 구조 조정에 필수적인, 사람들 사이에 지리적, 직업적, 사회적 이동성의 증가를 장려했다. 마지막으로, 교육은 인종, 종교 또는 계급과 관련하여 법적 차별 없이 경제적 기회를 확산시킴으로써, 일본 사회에 깊이 뿌리박힌 아주 비효율적인 불평등과 싸울 수 있게 하는 강한 동력이었다. 국가의 어떤 사업도 국가에 이보다 더 큰 배당을 가져다주지 않았다.[16]

타고르가 1916년부터 1929년 사이에 일본을 5번 방문했을 때 일본은 "큰 불평등"과 싸우는 국가였는데, 또한 이 과정은 일본을 현대 산업 경제로 넘어가는 문턱에 올려놓았다.[17] 타고르는 일본의 호전적 민족주의와 무자비한 식민지 확장을 혐오했지만, 정부가 문해력 있는 노동력을 만드는 데 부여한 중요성에 주목했다. 1930년, 러시아는 타고르의 견해, 즉 교육이 성장과 평등에 결정적이라는 견해를 확인해 주었다.

해외여행 중 관찰한 것을 토대로 타고르는 인도의 정치 지도자들에게 대중교육의 속도를 높여 경제 성장을 가속화하고 카스트, 종교, 언어의 분열에서 비롯된 장애물을 극복할 것을 촉구했다. 교육에 큰 노력을 기울이지 않으면 국가는 역사적으로 사회적, 경제적 분열에 빠질 수 있고, 교육 수준이 낮은 사람들은 불규칙하게 성장하는 경제에서 힘겹게 몸부림칠 것이었다.

타고르의 편에는 역사가 있었고, 그는 인도 지도자들에게 자신의 주장을 시험해 볼 것을 요구하고 있었다. 안타깝게도, 그들은 결코 그렇게 하지 않았다.

말이 행동보다 앞서다

독립 당시 인도는 세계에서 가장 문맹률이 높은 국가 중 하나로서 중국 및 이집트와 비슷한 수준이었다. 인도의 문해율은 멕시코와 필리핀보다 훨씬 낮았다. 인도 남서부 해안의 코친Cochin 주는 예외적으로 문해율이 높았는데, 그곳에서는 5세 이상 인구의 약 3분의 1이 글을 읽을 수 있었다. 하지만 힌디어권 중심부에서는 5% 미만의 사람들만이 글을 읽을 수 있었다. 어디에서나, 특히 힌디어가 지배적인 중심부에서 여학생들은 남학생들보다 문해력이 떨어질 가능성이 높았다.[18]

공감과 이상주의, 역사적 식견을 가진 네루는 인도 교육에 활력을 불어넣기에 완벽한 사람인 것 같았다. 1944년 그는 《인도의 발견》에서 인도의 교육적 후진성에 대한 낙담을 표현했다. 그는 교육이 없으면 수백만 명의 인도인들이 비참함, 심지어 굶주림의 삶을 살 수밖에 없다고 지적했다. 교육을 받은 사람들 중에서도 많은 이들이 보잘것없는 임금을 받는 "서기직clerkship" 이상을 기대할 수 없었다. 아마도 "삶이 그들에게 문을 열어준다면" 네루는 많은 수의 인도인들이 과학자, 교육자, 예술가, 산업가가 되어 "새로운 인도와 새로운 세계 건설을 돕게 될 것"이라고 추측했다.[19]

네루는 타고르와 간디를 20세기 전반기의 "탁월하고 지배적인" 인도인으로 우러러보았다. 그는 존경하는 마음으로 샨티니케탄에서의 "교육 분야에서 타고르의 건설적인 작업"을 주목했다. 네루는 "교육 확산"에 성공한 러시아에 대한 타고르의 찬사에 감명을 받았다. 네루는 타고르가 1941년 "임종의 메시지"에서 러시아가 문맹과 질병을 없애기 위해 "아낌없는 에너지"를 쏟아부었고, 그로 인해 무지와 빈곤이 줄어들었음을 인도인들에게 상기시켰다고 회상했다.[20]

네루는 동시대의 사례들을 잘 알고 있었다. 서유럽에서는 전후 "사회민주주의자들"이 보편교육과 양호한 보건을 통한 사회정의라는 국민 중심 전략에 주력했다. 독일의 콘라트 아데나워와 루트비히 에르하르트와 같은 보수 정치인들조차 이 "사회민주주의적" 접근법을 지지했는데, 이는 현대 "복지국가"의 토대가 되었다.

네루는 아마도 1955년 밀턴 프리드먼이 인도 재무장관 C. D. 데스무크C. D. Deshmukh에게 제출한 보고서를 읽었을 것이다. 아니 읽었어야 했다. 프리드먼은 그 보고서에서 "교육과 훈련의 기회를 크게 넓힐 것"을 요구했고, 이는 경제 발전을 위한 "기본 요건"이라고 말했다. 현대 자유시장 이론의 대가인 프리드먼은 거의 2세기 전 최고의 자유시장주의자 애덤 스미스Adam Smith가 내세웠던 명제를 반복하고 있었다. 18세기 후반에 집필한《국부론》에서 스미스는 "가장 낮은 직업"에 종사하는 사람들조차도 "그 직업에 고용되기 전에 교육의 핵심 부분, 즉 읽기, 쓰기, 계산을 습득해야 한다"고 강조했다. 스미스는 "아주 적은 비용으로 대중에게 교육의 가장 핵심적인 부분을 습득할 필요성을 촉진하고, 장려하며, 심지어 전 국민에게 강요할 수도 있다"고 덧붙였다.[21]

네루는 자신 앞에 놓인 과제를 이해했다. 그가 인정했듯이, 투표권과 함께 이뤄진 정치적 평등은 경제적 평등 없이는 크게 약화되었다. 그는 위안이 되는 말을 했다. "우리의 노력은 교육과 고용의 균등한 기회를 제공함으로써 국민 간의 평등을 이루는 것이어야 한다." 그러나 수많은 인도인들에게 그러한 수사는 그저 잔인한 환상으로 남아 있었다.[22]

양질의 교육을 제공하는 것은 가파른 언덕을 올라가야 하는 힘든 과제였는데, 네루의 인도는 그 언덕을 오르려고 시도조차 하지 않았다. 제1차 5개년 계획이 지적했듯이, 인도는 어려운 출발점에서 시작했다. 초등교육 예산은 너무 적었고 대학 예산은 불균형적으로 많았다. 설상가상으로 1학년에 입학한 학생의 40%만이 4학년을 마칠 수 있었다. 제1차 계획 문서는 "이러한 낭비는 주로 열악한 교육의 질과 잘못된 교육 방법 때문"이라고 지적했다.[23]

인도는 헌법의 국가정책지도이념 중 하나로 10년 이내(즉, 1960년까지) 14세까지의 모든 어린이에게 무상의무교육을 제공한다는 야심 찬 목표를 설정했다. 제1차 계획은 더 온건한 목표를 가지고 있었다. 6세에서 11세 사이의 어린이 취학률을 40%에서 60%로 높이는 것이었다. 이 연령대 여아의 경우 목표는 더욱 온건했다. 취학률을 23%에서 40%로 높이는 것이었다. 당국이 많은 학교를 세웠지만 온건한 취학률 목표조차 달성하지 못하고, 제2차 계획 말까지 미뤄졌다. 문해율은 더디게 개선되었다.[24]

붉은 여왕의 조언대로 두 배로 빨리 달리기는커녕, 인도는 느긋한 속도로 움직이고 있었다. 반면에 대만과 한국은 맹렬한 속도로 대중교육을 확대하고 있었다. 중국의 초등교육도 빠르게 인도를 앞지르고 있었다(그림 6.1).

인도는 제2차 계획(1956~1961)에서 중공업을 강조하면서 교육을 경시하는 잘못된 길로 갔다. 교육이 총 지출에서 차지하는 비중은 제1차 계획의 7.9%에서 5.9%로 떨어졌다. 초등교육이 모든 교육 지출에서 차지하는 비중은 제1차 계획의 56%에서 35%로 떨어졌다. 제2차 계획 문서는 1학년에 입학한 어린이의 절반 이상이 4학년을 마치지 못했다고 지적했다. 어린이들은 몇 년 동안 같은 학년에 머물렀다. 교사의 질은 여전히 열악했다. 그러나 제2차 계획은 초등교육을 개선하려는 "구실조차 마련하지 않았다". 인도는 국가 과학 연구실 연결망을 구축하면서도 늘어나는 국민 대다수를 사실상 문맹 상태로 방치했다. 제3차 계획(1961~1966)도 중공업 각본을 고수했다.[25]

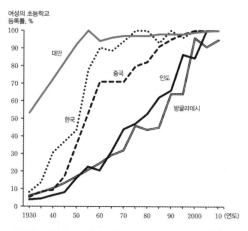

여성의 초등학교
등록률, %

그림 6.1 인도는 교육에서의 붉은 여왕 경쟁에서 패배했다
(여성 초등학교 등록률, 퍼센트).
출처: Barro, Robert J. and Jong-Wha Lee. 2015. Education Matters:
Global Schooling Gains from the 19th to the 21st Century. New York: Oxford University Press.

1991년, 정치학자 마이런 와이너Myron Weiner는 인도의 대중교육 경시는 "사회 질서"를 향한 인도인들의 "믿음" 때문이라고 말했다. 많은 사람들은 와이너가 인도의 카스트 제도가 교육 확산을 저해했다고 암시한 것으로 이해했다.[26]

하층 카스트 학생들은 당시에도, 그리고 지금도 학교 교육의 접근성과 질에서 차별을 받고 있는 것이 사실이다. 카스트와 경제적 계급 서열은 상당 부분 겹친다. 이 때문에 현대 인도의 대표적인 교육 전문가 중 한 명인 자얀트 판두랑 나이크Jayant Pandurang Naik는 더 광범위한 경제적 불평등은 인도 교육 제도가 "가지지 못한 자"가 아닌 "가진 자"의 요구에 주로 봉사하기 때문이라고 지적했다. 나이크의 말을 받아서, 장 드레즈Jean Drèze와 아마르티아 센Amartya Sen은 "인도 사회에서 가장 힘이 없는 계층"이 "초등교육에 관한 정치적 목소리를 낼 수 없다"는 결론을 내렸다.[27]

타고르가 강조했듯이, 교육을 촉진하기 위한 정책 주도의 대대적인 노력만이 카스트와 계급으로 인한 불평등을 줄일 수 있는 유일한 방법이었을 것이다. 그 대대적인 노력은 무엇보다도 교육에 대한 더 많은 지출을 필요로 했다. 네루 시대의 인도는 GDP의 4~5%를 교육에 투자해야 한다는 인도 전문가들의 권고와는 달리, GDP의 2% 미만만을 교육에 지출했다. 또한 다른 곳과 마찬가지로 초등교육은 훨씬 더 많은 자원과 교육의 질에 대한 관심을 필요로 했다. 어쩌면 더 중요한 것은, 인도의 정치 및 정책 엘리트들이 학교와 대학에 스며든 부패를 시급히 제거해야 했다는 점이다.[28] 그들은 그 암을 뿌리 뽑는 데 실패하였고 그것이 자라도록 내버려 두었다.

교육은 "나쁜 균형"에 빠졌다

부패가 적은 사회에서는 부패한 사람들을 쉽게 식별하고 처벌할 수 있다. 사람들은 생산적인 활동에 참여하는 것을 선호한다. 이것이 "좋은 균형"이다. 그러나 많은 사람들이 부패하다면, 적발되어 처벌받을 가능성은 적다. 무엇보다도 당신을 기소할 수 있는 사람들 또한 부패에 물들어 있기 때문이다. 생산적인 활동은 줄어든다. 이것이 "나쁜 균형", 즉 캐치-22다. 인도 교육은 그 나쁜 균형에 빠졌다.[29]

교육은 만연한 문제의 비극적인 희생양이었다. 1950년대 후반이 되자 부패는 인도의 사회적, 정치적 구조에 뿌리내렸다. 공무원들은 정부 계약, 일자리, 수입 및 산업 면허 발급에 리베이트를 요구했다. 그러한 환경에서 능숙한 정치적 사업가들은 학교와 대학을 위한 제한된 공적 자금을 개인적 또는 당파적 이익을 위해 빼돌렸다. 그들은 정치적 인사들을 핵심 행정직과 교직에 임명하고, 전리품을 나누려는 기업들로부터 학교 물품을 구입했다.[30] 학교 교육의 질이 그토록 열악했던 것은 조금도 놀라운 일이 아니었다.

그런 제도는 교육의 수요가 높게 유지되었기 때문에 그 형태로 지속되었다. 쓸모없는 대학 학위 증명서조차도 고용주들이 수많은 구직 지원자들 중에서 초기 선별을 하는 데 도움이 되었다. 일자리 경쟁이 치열해지면서 대학 입학 수요도 강해졌다. 인도의 대학들은 준비가 안 된 학생들, 형편없는 교사들, 허름한 도서관과 실험실로 가득 찼다.[31] 교육을 위해 사용되어야 할 부족한 자금은 특히 대학에서 정치적 명사들의 주머니를 채웠다. 인도 교육 제도는 행정적으로 부패하고 교육적으로 질이 낮은 균형에 안주했다. 더 나은 방법이 있었다.

케랄라식 방법

케랄라는 1956년 11월 새로운 주가 되었는데, 두 개의 옛 토후국인 트라방코르Travancore와 코친, 그리고 영국령 인도에서 마드라스 관구 Madras Presidency에 속했던 말라바르Malabar와 카사르고드Kasargod 지역을 하나로 묶었다. 말라얄람어Malayalam는 이 네 지역 모두에서 주요 언어였고, 케랄라가 새로이 주가 된 것은 네루 치하에서 이루어진 언어에 따른 주 재편의 일부였다. 1960년대 중반, 케랄라는 북부 주 우타르프라데시보다 초등학생에게 1인당 두 배의 비용을 지출했다. 케랄라에는 더 많은 학교가 있었고, 이들은 학생들과 더 가까운 곳에 위치해 있었다. 또한 더 나은 교사들과 아마도 당시 인도에서 유일했을 학교 급식 전통을 가지고 있었다. 케랄라의 대부분의 아이들이 초등학교를 마친 반면, 우타르프라데시의 아이들은 빠르게 중퇴했다. 그 결과 1970년 케랄라의 문해율은 70%였고 우타르프라데시의 문해율은 22%였다. 우타르프라데시에 비해 케랄라는 중등교육에 학생 1인당 더 적게 지출했고 대학 교육에서도 **상당히 더 적게** 지출했다. 대학 수준에서는 케랄라에서도 학습과 취업 결과가 암담했다. 부패와 학생들의 불안감이 만연했다. 그러나 케랄라의 우수한 초등학교와 중학교는 사회적 권리와 건강에 대한 더 큰 관심을 만들어냈고, 이에 정부는 광범위한 보건 인프라를 구축하는 것으로 대응했다. 케랄라의 교육과 보건의 접근성 및 그 질은 인도 주들 가운데 타의 추종을 불허했지만, 우타르프라데시는 독립 이후 수십 년 동안 계속 최하위권 주 가운데 하나로 남아 있다.[32]

역사학자 로빈 제프리는 케랄라가 어떻게 대중교육을 중시하고 이를 유지했는지에 대해 가장 설득력 있는 설명을 제공한다. 최초의 추진력은 1860년대 당시 토후국인 트라방코르에서 나왔다. "뛰어난" 행정관들의 자문을 받은 트라방코르의 왕은 널리 이용 가능한 초등교육 도입을 정부의 우선순위로 삼았다. 코친의 토후국은 1880년대 자체적인 대중교육 추진책으로 뒤를 이었다. 그러나 케랄라에는 또 다른 성공 이유가 있었다. 말라바르의 나야르Nayar 카스트는 가족의 문제를 결정할 때 여성에게 상당한 권한을 부여하고 일반적으로 여성 자신의 삶을 살 더 큰 자유를 준 모계 전통을 가지고 있었다. 20세기 초까지 나야르 카스트는 많은 말라얄람어 사용자들에게 "준거 집단"이었다. 제프리에 따르면 다른 카스트와 종교의 구성원들은 "여학생 진학을 포함한 모계 관행을 모방하려 했다". 이 때문에 케랄라에서 남녀 문해율 격차는 일찍 좁혀졌고 전국 다른 지역보다 더 좁게 유지되어 왔다.[33]

교육받은 여성들은 케랄라가 폭넓은 인적 발전의 선순환을 유지하는 데 중요한 역할을 했다. 여성들은 교육에 더 큰 가치를 부여했다. 제프리가 감동적으로 설명하듯이 "문해력 있는 남자는 문해력 있는 아들을 낳고, 문해력 있는 어머니는 문해력 있는 가족을 만든다". 여성들은 또한 의료에 더 큰 가치를 두었다. 더 적은 수의 아이를 낳았고 낳은 아이들에게 더 나은 의료 서비스를 제공했다. 영아 사망률은 낮은 수준으로 떨어졌고 아이들은 자라서 더 부지런한 부모가 되었다.

교육은 다른 혜택도 가져다주었다. 타고르가 예견했을지도 모르겠지만, 뿌리 깊은 카스트 구분이 약해졌다. 케랄라 주민들은 또한 정치적으로 더 활발했다. 그들은 1957년 4월, 주가 형성된 지 6개월도 채 되지 않아 인도공산당Communist Party of India, CPI에 권력을 부여했다. CPI는 사실 공산당이 아니었다. 적어도 정치 질서를 전복하려 하지 않는 한에서는 그랬다. 오히려 그것은 서유럽 전통의 사회민주당이었다. 케랄라의 CPI가 농업 노동자와 소작농에게 더 많은 권리를 주기 위해 토지개혁을 시작한 반면, 인도의 다른 지역에서는 지주들이 승리했다.[34]

인도의 잃어버린 기회

현대 학자들은 교육의 힘에 대한 타고르의 신념에 공감한다. 그들은 기계가 아닌 "인간에 대한 투자"가 경제 발전과 기회 균등의 핵심이라고 말한다. 교육자이자 역사의 목격자로서 타고르는 교육을 촉진하는 획일적인 방법은 없다는 것을 이해했다. 각 나라, 각 지역마다 역사적 유산이 있다. 게다가 한 국가의 교육 역량은 갈등과 좌절 없이 발전하지 않는다. 일본은 교육의 서구화 정도, 일반교육과 직업훈련 사이의 적절한 균형에 대한 격렬한 논쟁의 시기를 거쳤다. 일본 교사들은 종종 조롱의 대상이 되었고, 한 논평가는 그들을 "모기를 놓친 직후 눈을 깜박거리는 뚱뚱한 두꺼비"로 묘사했다. 일본에서 특권층은 꾸준히 더 나은 교육에 접근할 수 있었다.[35]

다양한 출발점과 과정의 마찰에도 불구하고, 모든 성공적인 교육 추진책은 한 가지 특징을 공유해 왔다. 최고 지도부의 대대적인 노력은 인적·물적 자원을 보장하고 더 평등하고 협력적인 사회로의 낙관적 비전을 중심으로 다양한 행위자들을 조율하는 데 도움을 주었다. 그 맥락에서 주와 지역사회 지도자, 행정가, 교사, 학부모들은 아이들을 교육시키기 위해 노력을 조율했다. 대대적인 교육 추진을 위한 가장 좋은 시기는 일반적으로 정치 체제가 바뀔 때 찾아왔다. 미국에서는 건국의 아버지들로부터, 일본에서는 메이지 시대 초기의 관료와 장관들로부터, 케랄라에서는 트라방코르와 코친의 새로운 왕(마하라자)들로부터 교육 확산을 위한 비전과 추진력이 나왔다.

　독립 후 인도는 교육 분야에 대한 대대적인 개혁이 필요했다. 또한 타고르는 교육을 확대하기 위한 대대적인 노력이 카스트와 다른 분열의 장벽을 약화시킬 것이라고 말하고 있었다. 케랄라의 경험은 그 조언의 지혜로움을 보여주었다.[36]

　"현대" 인도의 사원에 매료된 네루는 제철소와 비료 공장 같은 가시적인 성과에 초점을 맞추었고, 인도를 위한 세계 수준의 교육 제도를 만드는 행정적으로 복잡하고 장기적인 노력에는 관심을 두지 않았다. 돌이켜보면, 타고르는 네루가 자신의 말을 듣지 않은 것을 당연히 한탄했을 것이다. 실제로 그는 《기탄잘리》에서 했던 것처럼 이렇게 말했을지도 모른다. "내가 부르러 왔던 노래는 오늘까지 불리지 않고 있다. 꽃봉오리는 아직 피지 않았고, 바람만 한숨 쉬며 지나가고 있다."

7장
네루의 비극, 민주주의의 첫 번째 배신

1936년 5월, 라빈드라나트 타고르는 얼마 전 자서전을 출간한 자와할랄 네루에게 축하 편지를 보냈다. 네루에게 보낸 손으로 아름답게 쓴 편지에서 타고르는 "인간애의 깊은 흐름"이 책 전체에 흐르고 있으며, 이는 "우리를 그의 행동보다 더 위대하고 그의 환경보다 더 진실된 사람으로 이끈다"고 말했다.[1]

여기에 네루의 비극이 있었다. 네루는 평등, 관용, 공동의 진보라는 규범을 믿는 인도주의적 민족주의자였다. 그에게 있어 그러한 규범의 실천은 더 많은 민주주의, 세속주의, 그리고 기회의 평등으로 이해되는 사회주의를 의미했다. 그러나 네루는 타고르가 너무나 부드럽게 표현한 것처럼 자신의 행동보다 더 위대한 사람이었다. 간디는 자와할랄은 사상가이고, 사르다르(파텔)는 실천가라고 좀 더 직설적으로 언급했다. 네루의 실천은 인도를 그의 이상에서 계속 멀어지는 길로 이끌었다.

파텔의 죽음 이후 유일한 지도자로서 네루는 세밀하고 현실적인 작업을 싫어한 탓에 잘못된 하향식 경제 전략을 따랐다. 끊임없는 사회주의 수사로 포장되긴 했지만, 네루식 전략은 국가의 물질적 이익이나 사회정의의 대의에 도움이 되지 않았다. 더 큰 문제는, 그 전략이 1956년에 명백히 실패한 후에도 네루가 그것을 고수했다는 점이다. 그럴 수 있었기 때문이다. 부패가 공적 및 사적 생활에 뿌리내렸는데도, 그는 그것의 확산과 폐해에 대한 우려를 과장된 것으로 일축했다. 도리어 진짜 문제는 부패에 대해 너무 많이 불평하는 경향이라고 말했는데, 그는 그것이 "부패의 분위기를 조성한다"고 주장했다. 사람들은 자신이 부패한 공기 속에 살고 있다고 느끼고 스스로 부패하게 된다는 것이다. 네루 치하에서 사회적 규범과 공적 책임 의식은 약화되었고, 그가 그토록 소중히 여기던 민주주의 제도를 약화시켰다. 그의 유산은 빈약한 물질적 진보, 사회정의의 부인, 그리고 점점 더 확대되는 도덕적 퇴보의 궤적이었다.[2]

민주주의가 인도 국민을 배신하다

1955년 10월 델리로 가는 길에 밀턴 프리드먼은 도쿄에 들렀다. 그는 도쿄의 청결함과 상점에 있는 물건들의 아름다움에 감명을 받았다. 그럼에도 불구하고 그 도시의 전후 빈곤은 그를 "우울"하게 만들었다. 그는 아내 로즈Rose에게 "우리는 정말 사람들이 어떻게 그렇게 가난하면서도 여전히 살아갈 수 있는지 알 수 없다"고 편지를 썼다.[3]

1963년, 프리드먼은 인도에서 돌아오는 길에 일본을 방문했다. 그는 회고록에서 "8년 만에 변화는 극적이었다. … 의심할 여지없이 여전히 많은 빈곤이 있었지만, 일본의 지배적인 이미지는 성장과 상대적 번영이었다"고 썼다. 반면 프리드먼은 "1955년 방문 이후 인도가 얼마나 덜 개선되었는지 깊은 인상을 받았다".[4]

공정하게 말하자면 일본은 1868년 메이지 유신 이후 큰 발전을 이루어 1920년대에 이미 "선진국" 클럽에 들어갔다. 제2차 세계대전 후 일본인들은 전쟁의 잔해를 치우고 인적, 물적 자본을 잘 갖추고 서유럽과 마찬가지로 재건에 착수했다. 인도도 독립 이후 발전을 이루었다. 잘못 짜인 중공업 추진이라도 국가의 산업 기반을 넓혔다. 1인당 소득은 네루 시대 동안 연간 약 1.5% 증가했는데, 이는 식민지 시대의 거의 정체되었던 것에 비해 큰 개선이었다.[5]

그러나 인도의 발전 속도는 실망스러울 정도로 느렸다. 가난한 사람들은 "평균" 소득 증가의 혜택을 거의 보지 못했다. 인도의 빈부 격차는 항상 서구 국가들보다 훨씬 더 컸고, 네루 시대의 진보는 국토의 많은 부분, 특히 농촌 지역을 거의 건드리지 않았다. 좋은 도시 일자리는 여전히 부족했다. 17년간의 네루 시대를 거치는 동안 인도 인구의 60% 이상이 극심한 빈곤 상태에 머물렀다.[6] 많은 인도인이 해당되는 이 문제에서 국가는 사실상 나아가지 못했다.

1963년 11월, 사망하기 6개월 전 네루는 인도가 "사회주의의 목표에서 멀어졌다"는 것을 뒤늦게 인정했다. 그는 이러한 표류의 원인이 그가 "사회주의의 적"이라고 묘사한 독점력의 성장이라고 말했다. 군나르 뮈르달은 이 주제를 더 자세히 설명하면서, 독립 이후의 이익은 주로 "산업가, 대상인, 그리고 다른 특권층"에게 돌아갔고, 인플레이션은 가난한 사람들의 소득을 잠식했다고 지적했다. 제한된 가용 데이터는 인도의 "심각한 불평등"이 더 커졌음을 시사했다. 또한 부모보다 더 나은 생활수준을 기대할 수 있는 아이들이 대부분인 선진국과 달리, "불변성과 정체"가 인도에서의 삶을 특징짓고 있었다. 심화되는 불평등, 높은 빈곤율, 상향 이동을 위한 기회 부족은 당시 브라질에서도 그랬던 것처럼 "대규모 투자"를 기반으로 한 중공업화 전략에 내재되어 있었다. 대규모 중공업 중심의 산업화 아래에서는 "낙수 효과"에 의한 개발은 거의 또는 전혀 없었다.[7]

많은 수의 인도인들이 계속해서 생산성이 낮은 농업에 종사했기 때문에 인도의 빈곤은 그토록 심각한 상태로 남아 있었다. 새로운 산업이 만들어낸 일자리는 많지 않았기 때문에 농업에 고용된 노동자의 비중은 독립과 1965년 사이에 70%로 유지되었다. 양질의 일자리가 부족하면 카스트 집단은 세습 직업에 매달리기 때문에 카스트 구분이 강화되었다. 반면 1880년부터 1920년까지 메이지 이후 일본에서는 농업 종사 노동자의 비중이 80%에서 50%로 감소했다. 일본 도시의 산업 및 서비스 일자리로 사람들이 이동함에 따라 계급과 직업 간의 중첩은 감소했다.

중공업에 주의를 빼앗긴 인도는 노동집약적 제품을 수출할 수 있는 첫 번째(그리고 아마도 가장 중요한) 기회의 창을 놓쳤다. 전후의 재건과 전쟁으로 누적된 소비 수요는 세계 무역 성장률을 전례 없이 높은 수준으로 끌어올렸다. 일본은 그 기회를 잡았고, 1957년에 대만은 일본의 뒤를 따르기 시작했다. 한국도 1960년대 초반부터 "눈부신" 발전을 이루었다. 한국 당국은 1961년, 그리고 재정 지원 거부로 위협한 미국의 압력 아래 1964년 다시 한번 자국 통화인 원화를 평가절하했다. 그러나 평가절하는 이야기의 한 부분에 불과했다. 1960년대 중반 세계은행 보고서가 지적했듯이, 한국은 "잘 훈련되고 잘 교육받은 인력"을 "정당하게 자랑스러워할 수 있었다". 한국의 면직물, 의류, 신발 수출은 빠르게 증가하고 있었다. 소형 모터, 변압기, 라디오와 같은 전기 제품 수출은 "급속히" 증가할 태세였다. 이미 노동집약적 수출에서 일본 생산자들을 앞질러가고 있던 한국 수출업체들은 주요 시장인 미국에서 다른 선진 경제국으로 판매를 다각화할 궤도에 올라 있었

다.[8]

중공업에 중점을 두었기 때문에 1964년 인도의 주요 수출품은 1949년과 마찬가지로 대부분 황마 직물, 차, 면사 및 면직물이었다. 일부 경공업 제품의 수출은 증가했지만 수량과 가치 면에서 매우 비중이 작았다.[9]

그 결과 세계은행에 따르면 농촌 인구의 불완전 고용은 거의 변하지 않았고 도시 실업은 "아마도 증가"했다. 인도 공식 문서는 노골적인 표현으로 불완전 고용과 실업 증가를 보고했다. 1966년부터 1971년까지를 대상으로 한 제4차 계획의 개요 초안은 인내심을 잃고 이전 3개 계획(1951~1965년)에 대해 "연속적인 개발 계획이 경제활동인구 순증가분에 대한 생산적인 일자리를 제공하지 못하고 실업자가 계속 누적되고 있다"고 사실대로 언급했다.[10] 고용 조사에 따르면 필요한 고용 누적분은 1955년 2,000만~2,500만 명에서 1965년 3,000만~3,500만 명으로 증가했다.

필요한 고용 누적분은 계속 증가할 태세였다. 1960년대 초까지 위생과 감염병 치료가 개선되면서 사망률이 낮아져 인도의 인구 증가율은 연 2.2%로 높아졌다. 더 많은 아이들이 성인기까지 생존했고, 일자리를 찾는 젊은 성인의 수는 총인구보다 더 빠르게 증가하고 있었다. 출산율이 여전히 높았기 때문에 젊은 성인들의 노동시장 유입은 계속될 것이 확실했다.[11]

생계에 대한 스트레스는 끊임없이 계속되었다. 1956년 인도여론연구소Indian Institute of Public Opinion가 실시한 조사에서 응답자의 20% 이상이 실업이 가장 심각한 걱정거리라고 말했다. 심지어 고용된 사람들조차도 생계 유지에 대해 깊은 우려를 표명했다. 실제로 응답자의 절반 이상이 식품 가격 상승이 가장 큰 불안 요인이라고 말했다.[12]

식품 부족과 식품 가격 인플레이션은 완곡하게 "식품 시위food

movements"라고 불리는 폭력적인 시위를 촉발했다. 1959년 8월, 벵골에서 작황 부진과 공공 배급 제도의 공급 부족으로 식품 가격이 급등하자 학생, 교사, 산업 노동자, 농민, 그리고 파키스탄 동벵골에서 온 가난한 난민을 포함한 10만에서 30만 명의 시위대가 캘커타 거리로 몰려들었다. 도시는 "파괴의 현장"으로 변했다. 경찰은 잔인하게 군중을 향해 발포했고, 거의 한 달 동안 지속된 "폭력과 반폭력"의 악순환을 촉발했다.[13]

저널리스트이자 시민권 운동가인 수만타 바너지Sumanta Banerjee가 묘사한 것처럼, "파괴적인 폭동은 가혹한 빈곤과 굴욕 앞에 무력한 사람들의 분노와 절망에서 비롯되었다". 극심한 빈곤으로 인한 분노는 단지 식품 가격이 급등할 때가 아니더라도 일상화되었다. 1953년 캘커타 통근자들은 철도 당국이 요금을 인상하자 폭동을 일으켰다. 그들은 경찰서를 포함한 정치적 권위의 상징물을 공격했다. 1956년 철도 파업 노동자들은 기관사를 때려 의식을 잃게 하고 기관차를 전속력으로 캘커타 인근의 카라그푸르역으로 질주하게 했다. 1961년 MIT 정치학자 마이런 와이너는 폭력 사태에 대해 "정부 관리들을 합리적으로 설득하려는 노력은 거의 성공하지 못한다"고 썼다.[14]

봄베이에서는 동일한 분노가 새로운 정치 세력을 부화시키고 있었다. 1960년 8월, 당시 34세였던 만화가 발 타케레이Bal Thackeray*는 〈마르미크Marmik〉(본질을 파고드는 것을 의미하는 제목)라는 주간지를 창간했다. 타케레이의 만화와 풍자적인 정치 논평은 일상의 모욕에서 오

---

* 처음 만화가로 시작했지만 1960년 〈마르미크〉 창간 이후 정치운동에 본격적으로 나섰다. 뭄바이 지역에서 사용되는 언어인 마라티어를 사용하는 사람들에 대한 우대를 주장했으며, 1966년 이후 시브 세나Shiv Sena를 창당하였다. 여러차례 폭동 및 테러를 배후에서 조종한 혐의로 수감되었고 2012년 사망하였다.

는 분노를 부채질했다. 그는 "풍자화의 힘"을 이용하여 "고통과 실망에서 비롯된 분노"에 불을 붙였다.[15]

거시경제 차원에서 1964년 인도는 1949년과 마찬가지로 파산 직전에 있었다. 국제수지 적자는 1956년 이후 증가했다. 특히 식량과 기계류 수입이 급증했다. 수출은 거의 증가하지 않았다. 몇 년 동안 루피화 평가절하의 필요성이 대두되었지만, 정부는 대외 적자 해결을 위해 공적 대출 기관(IMF, 세계은행, 선진국)에 의존했다. 그 빚의 일부를 상환해야 할 때가 다가오고 있었고, 전망은 좋아 보이지 않았다. 1963년 6월, IMF에 빚진 1억 달러가 부족한 인도 당국은 옛 대출금을 갚는 데 도움이 되는 새 대출이 필요했다.[16]

1963년 11월, 댈러스에서 지붕이 열린 컨버터블을 타고 군중들에게 손을 흔들던 존 F. 케네디 미국 대통령이 저격수의 총탄에 맞아 사망했다. 케네디는 아무런 대가 없이 인도에 원조를 안정적으로 제공했었다. 그의 죽음과 함께 조건 없는 "공짜" 해외 자금(재정 지원)은 결코 계속될 수 없었다.

민주주의의 배신: 기득권 구조의 지배력

정기적인 선거에도 불구하고 유권자들의 목소리는 큰 의미가 없었다. 전통적인 "권력 구조"가 주요 정책 결정에 영향력을 유지했다. 대지주들은 토지개혁 입법과 시행에 맞섰다. 산업 부문에서 외환 유출을 억제하기 위한 수입 통제와 산업 허가 제도는 경쟁자의 진입을 막기 위한 대기업의 도구가 되었다. 영향력 있는 정치인들과 협력하는 고위 공무원들은 스스로에게 근사한 관사 주택을 배정하고 관용차와 초희귀품인 전화기 같은 특권을 부여했다. 소외계층은 항의했지만 더

나은 미래를 요구하기 위해 단결하지 못했다.[17]

권력층의 전형적인 특권인 공직에서의 부패는 권력 구조 밖에 있는 사람들을 위협하고 괴롭히는 도구가 되었다. 1962년 8월, 네루 정부의 내무장관 랄 바하두르 샤스트리Lal Bahadur Shastri는 의회에 1957년 초부터 1962년 6월 사이에 정부가 부패 혐의로 2만 명 이상의 공무원을 처벌했다고 알렸다. 처벌이 충분한 억제력을 발휘하지 못하고 있는 것이 분명했다. 샤스트리는 의원 K. 산타남K. Santhanam을 위원장으로 하는 위원회가 부패의 성격과 정도를 조사하고 이 폐해와 싸우기 위한 보다 효과적인 방법을 제안하도록 했다고 알렸다.

산타남 위원회는 수입 및 산업 허가 배분을 둘러싼 잘 알려진 부패를 강조했다. 그러나 위원회가 강조한 바와 같이 공직 부패는 만연해 있었다. 산타남 위원회 보고서는 "건설, 구매, 판매 계약"의 경우 "퍼센트 관행이 널리 퍼져 있고 이는 관련 공무원들 사이에서 합의된 비율로 공유된다"고 지적했다. 이 관행은 공공사업부Public Works Department의 계약 수주에서 가장 뿌리 깊었는데, 여기서 책임 기술자는 계약 비용의 7~11%를 요구했고, 이 금액을 일반적으로 하급 기술자들과 나눴으며 차츰 상사들과도 공유했다. 철도 운영에서는 화물 열차 배분과 소포, 특히 부패하기 쉬운 물품의 예약 시 뇌물이 일반적이었다. 보고서는 하급 사법부의 부패에 대해 신뢰할 만한 정보를 입수했으며 상급 사법부에 대해서도 유사한 혐의를 들었다고 경고했다. 장관들, 특히 오랫동안 직위를 유지해 온 장관들은 "불법적으로 자신을 부유하게 만들었다".[18]

1963년 4월, 위원회는 예비 보고서를 제출했다. 언론은 보고서, 특히 그 권고안을 분노와 절망이 뒤섞인 반응으로 논평했다. 〈이코노믹 위클리〉는 관료들이 다른 관료들을 규율하는 기구인 "감시 위원회" 제안은 부조리하다고 주장했다. 〈타임스 오브 인디아〉는 "거의 모든 행정 수준", 더 나아가 "국가 생활의 거의 모든 영역"에 스며든 부패의 "악"을 근절하기에는 너무 늦은 것은 아닌지 의문을 제기했다.[19]

다른 이들은 그렇게 비관적이지 않았다. 그들에게 부패는 사업을 하는 데 있어 필요한 비용이었다. 뇌물은 기꺼이 그 서비스의 대가를 지불할 능력이 있는 사람들을 위해 관료들이 프로젝트를 신속하게 처리하도록 유도하는 "퀵서비스 비용"이었다. 뮈르달은 부패에 대한 이러한 미화를 "명백히 잘못된 것"이라며 격렬하게, 그리고 정당하게 거부했다. 부패한 돈의 유혹으로 관료들은 자신들의 수입을 극대화하기 위해 새로운 장애물을 만들어냈다. 새로운 장애물은 규제 환경을 더 임의적으로 만들어, 기업들이 반복적인 허가와 인증이 필요할 수도 있는 장기 투자를 꺼리게 만들었다. 부도덕과 비윤리적 행동의 문화는 공적 및 사적 행위에서 더 깊은 뿌리를 내렸다.[20]

민주주의의 배신: 카리스마 있는 지도자의 위험성

네루의 정책이 대다수 인도인의 권리, 열망과 거의 관련이 없었기 때문에 민주주의는 인도 시민들을 배신했다. 네루는 국민회의당과 정부 내부 또는 다른 어떤 정당으로부터도 반대에 직면하지 않았기 때문에 자신의 정책을 추진할 수 있었다. 그는 사람들이 자신을 우상화하고, 종종 그의 사회주의 수사를 믿었기 때문에 선거에서 승리했다.

1959년 6월, C. 라자고팔라차리C. Rajagopalachari가 이끄는 새로 결성된 스와탄트라당Swatantra Party이 네루의 잠재적인 선거 도전자로 등장했다. 대중적으로 "라자지"로 알려진 그는 짙은 색 안경을 쓴 유난히 키가 작은 남자였다. 그는 인도 독립에 기여한 공로로 널리 존경받았기 때문에, 네루는 1948년 6월 마운트배튼 경에 이어 라자지를 총독으로 선택했다. 라자지는 1950년 1월 인도가 공화국이 될 때까지 총독직을 유지했다. 그는 1950년 12월 파텔이 사망한 후부터 1951년 10월까지 네루 내각의 내무장관을 지냈다.

고대 힌두 경전을 연구하는 학자인 라자지는 스스로 불가지론자라고 공언한 네루만큼이나 공적 및 정책 관점에서 세속주의자였다(인도인들은 세대를 걸쳐 그의 짧은《바가바드 기타Bhagavad Gita》와 영원한 신화인《라마야나Ramayana》,《마하바라타Mahabharata》번역을 읽었다). 라자지의 세속주의는 모든 인간에게 공통의 신성이 있음을 강조하는 힌두 경전에서 비롯되었다. "우리는 모두 평등하게 창조되었다"는 명제는 힌두교의 핵심이다. 따라서 그는 실천하는 힌두교도였지만, 네루와 마찬가지로 자나 상Jana Sangh*의 힌두 민족주의를 거부했다.

라자지와 네루는 경제 정책에 대해 의견이 판이하게 달랐다. 라자지에게 현명한 사회주의는 "**필요한 만큼의** 계획과 가능한 한 많은 경쟁"을 기반으로 했다. 그는 독일식 사회민주주의를 선호했다. 보수 정치인이 이끄는 전후 독일 정부는 교육과 보건을 적극적으로 제공하여 사회정의를 증진하면서 물질적으로 큰 진보를 이루었다.[21]

라자지와 그의 동료들은 지속적인 외환 부족을 초래하고, 이에 따라 민간 부문에 대한 통제로 이어진 네루의 비현실적인 5개년 계획을 단호하게 비판했다. 1962년 선거를 앞둔 1961년 3월, 라자지는 인도의 부패한 관료적 통제 제도에서 요구되는 다양한 허가와 면허를 지칭하는, 기억에 남을 "허가증과 인허가 통치 라즈permit and license raj"라는 표현을 만들어냈다. 그는 1957년 이후 외환을 확보하기 위해 시행된 이러한 암적인 규제를 제거하려면 비현실적인 목표를 포기하고 외

---

* 바라티야 자나 상Bharatiya Jana Sangh의 약칭이다.

환 부족을 해소하기 위해 루피화를 평가절하해야 한다고 주장했다.[22]

라자지는 네루의 비동맹 외교 정책에 공감했지만, 1959년 3월 달라이 라마가 인도로 망명한 후 중국 지도자들이 호전적으로 대응했기 때문에 네루가 중국과 특별한 관계를 구축하려 한 것은 순진한 태도라고 믿었다.[23]

지명도와 지적 역량을 갖춘 도전자에 직면한 네루는 불쾌하다는 반응을 보였다. 블리츠의 편집장 R. K. 카란지아와의 인터뷰에서 네루는 스와탄트라당을 "과거로의 완전한 퇴보"라고 묘사했다. 네루는 그 답지 않게 거친 말을 사용하며 스와탄트라당이 "파시스트 국가"를 초래할 수 있다고 말했다.[24] 그는 걱정할 필요가 없었다. 라자지의 도전은 너무 미약한 것으로 판명되었다. 거액의 이해관계와의 유착이 그의 스와탄트라당을 더럽혔다. 네루의 카리스마는 유지되었고, 그는 1952년과 1957년처럼 1962년 2월 선거에서 대승했다.

그것이 네루의 마지막 환호였다. 1962년 10월 20일, 중국군이 인도와 접한 서부 국경을 넘어 라다크Ladakh(현재는 행정적으로 연방직할지로 지정되었지만, 당시에는 인도의 잠무 카슈미르주의 일부였음)로 진입했다. 중국군은 또한 영국 주도하여 그었던 티베트 지역과 인도 북동부 지역을 분리하는 맥마흔 라인을 가로질러 인도 동부 국경을 넘어섰다. 중국군의 전력에 압도된 네루는 11월 19일 케네디 대통령에게 보낸 두 통의 "한밤중" 서한에서 미국의 도움을 간청했다. 네루는 "상황이 정말 절망적"이라고 썼다. 그는 미 공군 요원이 조종하는 12개 초음속 전투기 중대를 요청했다. 네루의 제안에 따르면 미국 조종사들은 인도 도시와 통신망을 공격하는 중국에 맞서 인도 공군을 지원할 것이었다. 놀란 미국 당국은 네루의 편지를 읽고, 그가 원하는 약속을 할 수 없다는 것을 알았다. 그러나 이 문제는 곧바로 무의미해졌다. 11월 20일 자정 직전, 중국은 휴전을 선언했다. 서부 전선에서 그들은 자신들의 영토라고 주장하는 악사이 친Aksai Chin의 불모지에서 영토적 이득을 지켰고, "실효 지배선Line of Actual Control"으로 정의한 국경선으로 철수했다. 동부에서는 그들이 맥마흔 라인까지 후퇴했지만, 그 모호하게 정의된 국경을 따라 분쟁 지역이 계속 존재했다.[25]

중국의 군사적 도발을 네루의 건강에 타격을 주었고, 그는 결코 회복하지 못했다. 그의 경제적 유산을 되돌아보면, 중공업화 전략이 인도인들에게 생산적인 고용 기회를 제공하지 못했다는 것이 분명하다. 그러나 네루의 가장 큰 실수는 교육을 우선순위 목록에서 밀어낸 것이었다. 그는 인도의 학교 등록률이 증가하고 있다는 것에 만족했다. 다른 나라들이 특히 여아들의 교육에 급속도로 앞서 나가는 가운데, 인도는 국민들의 열망을 저버림과 동시에 국제 무대에서 붉은 여왕 경쟁력 테스트에서 실패하고 있었다.

인도의 대중교육이 끔찍할 정도로 뒤처져 있는 동안, 열악한 대학들도 일자리를 필사적으로 찾는 사람들 탓에 증가했다. 그런 대학들은 정치인들과 그들의 친구들에게 개인 영지로 이용되는 매력적인 공간이었다. 산타남 위원회는 인도 부패를 다룬 보고서에서 "학생 입학, 강사 및 교수 채용, 대학 기금의 전반적인 관리"에서의 많은 "부정행위"를 "큰 유감"으로 보고할 수밖에 없었다.[26]

네루의 마음과 정신은 학식 있는 사제들에 의존하는 사원에 해당하는 과학기술 연구소에 있었다. 총리는 이 연구소의 개원식에 참석하고 과학 콘퍼런스에서 미래지향적인 강연을 하였다. 〈타임스 오브 인디아〉가 가차 없이 지적했듯이, 네루는 "구름 속에" 머물러 있었다. 과학은 네루가 정치적, 사회적으로 복잡한 과제들을 해결하는 데 거리를 두는 핑계가 되었다. 그것은 그를 정치적으로 풀기 어려운 재분배 갈등과 현대 복지국가의 특징인 행정적으로 번거로운 장치에서 해방시켰다.[27]

도시 개발은 교육과 같은 함정에 빠졌다. 교육과 마찬가지로 도시 개발에는 정부와 지역사회의 다양한 이니셔티브가 필요하다. 중앙정부가 설정한 초기 목표와 기준은 변화에 필요한 추진력을 만들어낸다. 그러나 도시 개발은 국가 계획 과정에서 거의 역할을 하지 못했다. 양질의 도시 일자리와 인간적인 삶을 육성하기 위한 교육과 도시의 견고한 기반을 확보하지 못한 채, 인도는 형평성 있는 성장의 가능성을 포기하기 시작했다.

그러나 네루의 "사회주의" 수사는 대중의 상상력에 깊이 각인되었다. 1961년 영화 〈갠지스강이 흐르는 땅Jis desh mein ganga behti hai〉에서 라즈 카푸르는 도적들과 어울리다 길을 잃은 어린아이 같은 시골 사람 라주로 다시 등장한다. 우두머리 도적 사르다르의 딸은 라주를 눈여겨본다. 그녀는 아버지가 부자들로부터 빼앗아 가난한 사람들에게 전리품을 주었다고 설명한다. "당신들은 사회주의자인가요?"라고 눈이 휘둥그레진 라주가 묻는다. "저도 당신들과 함께 일하면서 세상을 더 평등하게 만들겠습니다"라고 그는 제안한다. 카푸르가 제작자였는데 영화 감독 라두 카르마카르Radhu Karmakar는 나중에 그는 어떤 풍자나 비꼼도 의도하지 않았다고 말하며 인도인들이 사회주의를 어떻게 생각하는지를 단순히 표현한 것이라고 주장했다.[28]

네루는 카리스마 넘치는 지도자였으며, 개인적인 매력과 사회주의 수사로 대중의 상상력을 사로잡았다. 그는 1961년 정치학자 로버트 달이 경고한 대로, 자신의 정책이 국민에게 불리하게 작용할 때조차 반대 증거와 목소리를 무시할 수 있는 유형의 지도자였다.[29]

분열된 정치와 거버넌스

일부 관찰자들은 인도 민주주의가 네루 시대에 뿌리를 내렸고 결국에는 물질적 열매를 맺을 것이라는 낙관적인 견해를 유지했다. 하버드 대학의 정치학자 새뮤얼 헌팅턴Samuel Huntington은 인도 민주주의에 두 가지 중요한 강점이 있다고 믿었다. 하나는 지배적이고 고도로 조직화된 국민회의이고, 다른 하나는 영국 통치하에서 국가에 봉사했던 전설적인 인도공무원단Indian Civil Service의 전통을 물려받은 세계 수준의 관료제였다.[30]

인도 정치학자 라즈니 코타리Rajni Kothari는 국민회의가 거대 연합체 역할을 하며 더 나아가 국가의 다양성을 대변하는 여러 파벌들을 수용하는(그들 간의 타협을 보장하는) 역할을 한다고 주장했다. 그는 당의 구조와 절차가 파벌들의 에너지를 질서 있게 "당 내부에서의 반대"로 집중시킴으로써 파벌을 길들였다고 말했다. 코타리가 명명한 이 "국민회의 체제"는 인도 민주주의에 정치적 안정성과 회복력을 부여했다.[31] 헌팅턴과 코타리 모두에게 국민회의를 기반으로 한 인도의 안정적이고 회복력 있는 민주주의는 결국 평등주의적 성장을 촉진할 것이었다.

네루는 그 특유의 고양된 언어로 같은 이야기를 펼쳤다. 그는 "국민회의는 인도에서 강력한 결속력이었고, 인도의 진정한 통합, 즉 단순한 정치적 통합 이상의 것을 구축했다. 그것은 마음과 정신의 통합"이라고 말했다.[32] 그러나 국민회의 파벌들은 "마음과 정신"의 통합을 위해서가 아니라 야당에 합류하는 것이 정치적 황야로 내몰리는 것을 의미했기 때문에 당 안에 머물러 있는 기회주의 정치인들의 집단이었다. 국민회의 내에서 그들은 인도가 빈곤 퇴치와 개발 지출을 확대함에 따라 점점 더 양적으로 확대되는 공직이라는 전리품을 차지할 수 있었다. 당의 지도자들과 당원들은 일자리(구호 사업, 교육 및 기타 서비스), 수익성 있는 계약(마을 우물, 도로 및 기타 인프라) 및 할인된 대출을 제공함으로써 거액의 재산을 모았다.[33]

이러한 국민회의의 분열과 부패는 불가피했다. 1951년 〈타임〉은 국민회의당 지도자들을 "시간을 낭비하는 공직자"로 노골적으로 묘사했는데, 그들 중 상당수는 "암시장 상인"이었다. 네루는 당내의 약탈적 성향에 맞서 거의 아무것도 하지 않았다. 단지 국가의 주요 실력자로서 체제를 유지하면서 국민회의의 선거 후보자와 지도자를 선택했을 뿐이다.[34]

결국 네루마저도 자신의 장악력을 잃었다. 1963년 봄, 국민회의는 세 곳의 주요 하원 의원 보궐선거에서 당혹스러운 패배를 겪었다. 아차리아 크리팔라니Acharya Kripalani, 미누 마사니Minoo Masani, 람 마노하르 로히아Ram Mannohar Lohia 등 세 명의 승자 모두 네루의 정적이었고 1년 전 총선에서 국민회의 후보에게 패배한 바 있었다. 이제 국민회의의 무적 외투가 너덜너덜해지자 당내에서 반란이 일어나기 시작했다. 당원들은 당 조직의 결점에 대한 평가를 요구했다. 8월, 〈타임스 오브 인디아〉는 신랄한 비난을 쏟아내며 국민회의 지도부가 "스스로를 웃음거리로 전락시켰다"고 썼다. 당 지도자들은 "겁에 질린 정치인들의 무리"로서 국가의 엄청난 문제를 해결하는 것을 꺼렸다.[35]

분열된 정치 지형의 위험이 어른거렸다. 국민회의가 반복해서 압도적인 수의 의석을 차지했음에도 불구하고, 이 승리는 후보자가 과반수 이상이 아닌 최다 득표를 하면 선거구에서 승리하는 영국식 "승자독식" 선거제도 덕분이었다. 독립 이후 국민회의는 전국 및 주 차원에서 40% 조금 넘는 득표율을 기록했지만 하원 의석의 거의 4분의 3과 주 의회 의석의 3분의 2를 차지했다. 만약 비국민회의 세력이 약간만 더 득표한다면, 그들은 훨씬 더 많은 의석을 차지할 것이었다. 그런 경우 그들은 단독으로 또는 연합으로 정부를 구성할 수 있었다. 그렇게 되면 국민회의 소속이라는 티켓의 가치는 떨어질 것이고 파벌들은 제 갈 길을 선택할 수 있었다. 인도는 분열과 대립의 정치, 그 문턱에 서 있었다.[36]

인도 관료제가 탁월하고 안정성 및 회복력을 유지할 수 있는 능력이 있다는 주장은 더 쉽게 일축할 수 있었다. 인도 공무원단과 그 후신인 인도행정공무원단Indian Administrative Service은 확실히 엘리트 관료들이었다. 그러나 독립 이후 크게 확대된 관료 조직에는 충분한 교육을 받지 못한 사람들이 많이 포함되어 있었고, 책임에 대한 메커니즘이 약한 상태에서 일하고 있었다. 세계은행이 지적한 바와 같이 "고위 공무원의 능력은 세계 어느 나라와 비교해도 손색이 없지만" "대중과 매일 접촉하는 하급 관리들 사이에는 무기력, 무관심, 안일함이 만연했다". 부패는 관료제 퇴보를 알리는 가장 충격적인 증언이었다.[37]

이상이 무너지다

1964년 1월, 국민회의 지도자들과 당원들은 동부 오리사의 주도 부바네스와르Bhubaneshwar에 모여 "사회주의 신조에 명백한 충성을 다짐"했다. 네루는 뇌졸중으로 왼쪽이 부분적으로 마비되었다. 그의 병든 몸은 살아 있었지만, 그의 이상은 계속 무너져 내렸다. 네루가 뇌졸중에 걸린 지 며칠 만에 캘커타에서 힌두-무슬림 폭동이 발생해 150명이 사망하고 수백 명이 부상을 입었다. 3월, 힌두교도와 무슬림은 제철소와 그곳 노동자들의 고향인 로우르켈라Rourkela에서 폭동을 일으켰다. 그 마을과 제철소는 네루가 사람들이 지식의 제단에서 경배하기를 바랐던 "새로운 인도의 사원"의 상징이었다. 약해진 네루에게 용기를 얻은 듯이, 힌두 민족주의자들은 분열과 증오의 제단에서 경배하기로 선택했다. 로우르켈라와 거의 동시에 또 다른 제철 도시 잠셰드푸르에서도 폭동이 일어났다. 폭동은 파키스탄 동벵골에서 탈출하는 벵골 힌두교도들을 학대한 혐의에 대한 보복으로 무슬림을 향한 힌두교도들의 분노와 폭력을 부추긴 힌두 민족주의 운동의 무장 조직 라슈트리야 스와얌세바크 상Rashtriya Swayamsevak Sangh, RSS*의 소행이었다.[38]

5월 27일 아침, 네루의 대동맥이 파열되었다. 의사는 급히 수혈을 했으나 그는 다시는 의식을 되찾지 못했다. 네루는 그날 오후 늦게 사망했다. 74세였다. 자유 투쟁 시절의 동지이자 네루가 한때 파시스트일 가능성이 있다고 묘사했던 스와탄트라당의 수장이자 베테랑 지도자 라자지는 고인이 된 총리에게 관대한 찬사를 보냈다. "사랑하는 친구가 떠났다. 그는 우리 모두 중 가장 문명화된 사람이었다."[39]

예의 바르고 이상주의자인 네루는 미래에 대한 두려움으로 가득한 국가의 불만족스러운 열망을 뒤로 한 채 세상을 떠났다. 경제적 실패는 인도 민주주의에 심각한 영향을 미쳤다. 브라질의 중공업화와 엄청난 불평등은 곧 그 나라를 독재 통치로 되돌려 놓았다. 인도는 얼마나 오랫동안 다를 수 있을까? 〈파이낸셜 타임스Financial Times〉와 〈이코노미스트The Economist〉의 부고는 네루의 사망에 따라 국민회의가 신속하게 해체될 것으로 예견했다. 〈뉴욕타임스〉는 한 걸음 더 나아갔다. 그것은 미국 국무부가 이전에 했던 것처럼 "인도는 분명히 권위주의적 실험의 유혹에 빠질 것"이라고 예측했다.[40]

---

* 1925년 민족주의 운동의 일환으로 설립된 극우 힌두교 중심의 정치 시민운동 단체. 1990년대부터 수구 세력의 집권을 위해 전위대의 역할을 했다.

2부
폭력,
1964-1984

8장

샤스트리가 이끌어낸 용감한 변화

자와할랄 네루는 1964년 5월 27일 오후 1시 44분에 사망했다. 〈올 인디아 라디오All-India Radio〉*는 오후 2시 정규 뉴스에서 그의 사망을 발표했다. 네루의 후계자에 대한 논의는 오후 3시 조금 지나 시작되었다. "네루 이후는 누구인가?"는 오랫동안, 특히 델리와 기자들 사이에서 유행했던 화두였다. 이제 진짜 게임이 시작되었고, 그것은 겁쟁이들을 위한 게임이 아니었다.[1] 어떤 후계자든 엄청난 과제에 직면해야

---

* 〈All-India Radio〉(AIR)는 인도 정부가 운영하는 국영 라디오 방송국이다. 1930년대에 설립되어 현재 인도 전역에 방송하고 있으며, 다양한 언어로 뉴스, 음악, 교양 프로그램 등을 제공한다. AIR은 인도 국민들에게 정보와 엔터테인먼트를 전달하는 중요한 역할을 담당하고 있다. 특히 인도의 광활한 지역과 다양한 문화를 아우르는 프로그램을 제작하여 국민들의 화합과 소통에 기여하고 있다. 오늘날에도 AIR은 인도 미디어 산업에서 중요한 위치를 차지한다.

했다.

국민회의 총재 쿠마라스와미 카마라즈Kumaraswami Kamaraj*는 킹 메이커 역할을 맡았다. 카마라즈는 마드라스주(1969년 1월 타밀나두로 개명)의 전 수상이었다. 그는 신디케이트Syndicate로 알려진 국민회의 계파 지도자들의 귀족 정치를 잘 이끌었다. 카마라즈는 오직 타밀어만 구사했고 힌디어나 영어로 의사소통을 할 수 없다는 점이 그를 총리 후보에서 배제시킨다는 것을 알고 있었다. 그는 자신을 "집단 지도체제"의 일부로 생각했다. 카마라즈는 네루 내각의 재무장관이었던 의욕적인 경쟁자 모라르지 데사이**에 대해서 강력히 반대 의사를 표명했다. 데사이는 주관이 강했고, 총리가 된다면 그 누구와도 권력과 권한을 공유하는 것을 용납하지 않을 스타일이었다. 1964년 6월 2일, 네루 사망 5일 후 카마라즈는 랄 바하두르 샤스트리Lal Bahadur Shastri***가 인도의 두 번째 총리가 될 것이라고 발표했다. 온화한 말씨의 샤스트리는 카마라즈의 집단 지도체제 비전에 완벽히 부합하는 것처럼 보

---

* 1954년부터 1963년까지 타밀나두주 최고 장관을 역임했다. 그는 인도 국민회의파에서 활약하며, 당 대표와 총리 후보로 거론되기도 했다. 교육 분야에 큰 관심을 갖고 타밀나두주에서 교육 발전을 위해 힘썼다. 소박한 삶을 살고 청렴한 정치인으로 평가받았으며, 인도 현대 정치사에서 중요한 위치를 차지하는 인물이다.

** 인도의 정치인으로, 인도 독립 운동에 참여했으며 독립 후에는 국민회의에서 활동했다. 1967년부터 1969년까지 인도의 재무장관을 역임하였고, 1977년에는 인도 역사상 첫 비국민회의 출신 총리가 되었다. 총리 재임 기간 동안 중국과의 관계를 정상화했고, 핵 개발 프로그램을 진행했다.

*** 1964년부터 1966년까지 인도의 제2대 총리를 역임했다. 간디의 비폭력 저항 운동에 동참하였고, 독립 후에는 국민회의파에서 활동하며 다양한 분야에서 업적을 남겼다. 총리 재임 기간 동안 녹색혁명을 추진하여 농업 생산성을 높이고자 노력했으며, 파키스탄과의 전쟁에서도 노련한 지도력을 발휘했다.

였다. 그는 6월 9일 총리로 취임했다.[2]

샤스트리의 소박한 외모는 인도 전문가들과 대중들의 미적 감각에 호소력을 발휘해 진정성과 신뢰감을 주었지만, 얕볼 만한 인물이 아니었다. 샤스트리는 흠잡을 데 없는 정치적 이력을 가지고 있었다. 그는 자유운동에 적극적으로 참여했다. 독립 후 그는 우타르프라데시 국민회의에서 지도자 직책을 맡았고 우타르프라데시 정부의 장관을 지냈다. 네루는 샤스트리를 우타르프라데시 정계에서 발탁하여 중앙 내각의 점점 더 중요한 직책을 맡겼다. 네루는 샤스트리에 대해 이렇게 말했다. "그는 가장 높은 수준의 진실성을 가진 사람이며, 고상한 이상을 향한 충성심과 헌신을 가진 사람이고, 양심과 근면함으로 무장한 사람이다. 누구도 그보다 더 좋은 동료와 동지를 바랄 수 없다." 네루는 1964년 1월 부바네스와르에서 뇌졸중을 겪은 후, 샤스트리를 불러 새로운 임무를 맡겼다. 샤스트리가 그 임무가 무엇인지 묻자 거의 무력해진 네루는 "내 일을 해라"고 대답했다. 네루는 사실상 샤스트리를 후계자로 지목한 것이었다.

검소한 성장 배경과 삶의 상처는 샤스트리를 강인하게 만들었다. 어린 시절 학교에 가기 위한 배 삯을 낼 수 없어서 강을 헤엄쳐 건넜다. 장티푸스로 딸이 죽어가는 모습을 속수무책으로 지켜봐야 했다. 이제 총리가 된 그는 카마라즈와 상의하면서도 자신만의 결정을 내렸고, 네루 시대의 진부한 만트라mantra에서 벗어나 국가를 새로운 방향으로 이끌겠다는 결의를 재빨리 드러냈다.[3]

샤스트리가 맹공에 직면하다

경제, 사회, 정치적 위기가 샤스트리에게 빠르고 맹렬하게 닥쳤다.

그는 곡물 생산량이 거의 증가하지 않은 3년의 기간이 끝나갈 무렵 총리직을 인수하고 있었다. 식품 가격은 연간 20%씩 상승하고 있었다. 전국 여러 지역에 가뭄이 들었고, 여유가 있는 주에서 부족한 주로 신속하게 식량을 옮기려는 정부의 노력은 위기감을 더했다. 서부의 푸나Poona* 인근, 남부의 방갈로르 지역, 동부의 오리사, 그리고 예상대로 1950년대 내내 격렬한 시위가 일어났던 캘커타와 같은 먼 지역에서 산발적인 폭동이 일어났다. 중앙정부가 충분한 쌀을 공급하지 못했기 때문에 케랄라는 가장 극심한 식량 부족을 겪었다. 절망에 빠진 케랄라의 한 교사는 이렇게 말했다. "17년 전 [네루 시대가 시작될 때] 우리에게는 어려움이 있었지만 적어도 희망은 있었다. 이제 우리는 앞으로 무엇이 기다리고 있는지 모른다. 우리는 어둠을 들여다보고 있다."[4] 봄베이에서 발 타케레이는 널리 읽히는 잡지 〈마르미크〉의 1965년 1월 1일 자 표지에 1964년을 앙상한 죽어가는 남자로 묘사했다. 지평선 너머로 기어오르는 아무것도 모르는 "1965년 아기"에게 "죽어가는 1964년"은 이렇게 말한다. "지난 한 해를 어떻게 버텼는지는 오직 내가 알고 있다. 먹을 것도, 물도 없고, 생활비는 오르고. 이제 나는 갈 때가 되었다. 너는 조심해라."

이런 암울한 시기를 거치면서도 1964년 8월 한 줄기 희망의 빛이 비쳤는데, 당시 인도농업연구소Indian Agricultural Research Institute 의 M. S. 스와미나탄M. S. Swaminathan** 은 작게 자라는 밀 품종 재배 실험에 성공했다. 관개가 잘 된 지역에서는 작게 자라는 품종이 대량의 비료를 흡

---

* 인도 중서부의 마하라슈트라주 서부에 있는 상업도시로 교통·문화의 요지이다.

** 18세때 300만명이 기아로 사망한 벵골 대기근을 목격하고 농업과학을 전공하기로 결심했다. 미국 농학자 노먼 볼로그와 협력하여 수확량이 많고 질병이 없는 품종을 탄생시킨 녹색혁명의 아버지다. 2023년 9월 28일 98세의 나이로 사망했다.

수할 수 있고, 키가 작기 때문에 "도복"(넘어짐) 없이 많은 양의 밀을 수확할 수 있었다.[5]

식량부 장관 C. 수브라마니암C. Subramaniam *은 고수확 품종에 관심을 가졌다. 그는 거기에서 밀과 다른 작물의 생산량을 증대시킬 수 있는 잠재력을 보았다. 1965년 1월 수브라마니암은 농민들에게 유리하게 보장된 가격으로 곡물을 구매할 식량공사Food Corporation of India를 설립했다. 정책 패키지에는 농민들의 비료 구매에 대한 보조금과 소비자들이 비교적 저렴하고 안정적인 가격을 지불할 수 있도록 해주는 보조금이 포함되었다. 수브라마니암의 고수확 품종 촉진을 위한 정책 프레임워크는 세계가 "녹색혁명"(1968년 3월 미국 국제개발처 청장 윌리엄 고드William Gaud **가 처음 사용한 용어)이라는 이름을 듣기 훨씬 전에 마련되었다.[6]

1965년은 새로운 농업 정책이 모습을 갖추면서 전도유망한 분위기로 시작되었지만, 곧 여러 위기가 샤스트리 정부에 닥쳤다. 1965년 봄, 파키스탄군은 기습적으로 인도 구자라트 북부와 파키스탄 신드Sindh주 사이의 경계에 위치한 소금습지인 란 오브 커츠Rann of Kutch ***의 일부 지역에 영유권을 주장했다. 비록 인도 군대가 그들을 밀어냈

---

* 시민불복종 운동에 적극 참여한 독립운동가로서 독립 이후에는 재무부장관, 국방부 장관 등을 역임했다. 식량부 장관으로 인도 녹색혁명 시대를 열었다는 평가를 받는다.

** 1961년 AID가 설립되었을 때 합류했다. 수확량이 많은 신품종 밀과 쌀을 사용하면 저개발국의 식량 자급자족에 도움이 된다는 신념을 가지고 있었다. 록펠러 재단의 후원으로 멕시코에서 개발된 밀 품종과 필리핀에서 개발된 쌀 품종을 저개발국가에서 사용할 수 있도록 큰 역할을 했다. 식량증산과 더불어 가족계획을 통한 인구조절에도 큰 관심을 가지고 적극적으로 활동했다.

*** 인도와 파키스탄 국경지대에 위치한 소금습지. 전체 면적인 약 2만 6,000㎢에 이르는 지역으로 여름에는 기온이 50℃까지 올라가며 겨울에는 -0℃ 이하로 내려가기도 한다.

지만, 파키스탄군은 초기에 얻은 일부 점령지를 고수했다. 인도군의 소극적인 반격에 고무된 파키스탄 당국은 더 야심 찬 군사 작전을 개시했다. 8월, 파키스탄이 훈련시킨 민병대와 파키스탄 군대가 인도와 파키스탄 간의 사실상의 국경인 이른바 통제선Line of Control을 넘어 카슈미르로 진입했다. 인도는 주도권을 되찾기 위해 파키스탄 펀자브 평야에 새로운 전선을 열었다. 그 결과 벌어진 전면전은 1965년 인도-파키스탄 전쟁으로 알려졌으며, 9월 6일부터 9월 22일까지 지속되었다.* 수천 명의 양국 군인들이 목숨을 잃었다.[7]

1965년 여름에도 계속해서 비가 오지 않자 카리프kharif(가을)** 식량 생산량이 급격히 감소했다. 상황은 더 악화되었다. 1965년 12월 1일 〈타임스 오브 인디아〉는 라비rabi(겨울)*** 전망도 "암울하다"고 썼다. 수브라마니암은 여러 주에서 "가뭄 상황"이 "전례 없이" "기근에 매우 가깝다"고 묘사했다. 특히 어린이와 취약한 임산부의 영양실조가 우려되었다.[8]

인도가 심각한 식량 부족에 직면했음에도 불구하고 식량 수입은 더 어려워졌다. 1965년 봄과 여름에 인도와 파키스탄이 벌인 전쟁을 "응징"하기 위해 린든 B. 존슨Lyndon B. Johnson 미국 대통령은 양국에 대한 재정 지원을 중단했다. 존슨은 또한 식량 원조를 고삐로 쥐고 있었고, 미국으로부터의 식량 선적 규모와 시기를 두고 불확실성을 확대했다. 존슨은 이 "짧은 고삐short-tether" 정책이 인도 지도자들로 하여

---

* 일반적으로 제2차 인도-파키스탄 전쟁으로 표현한다. 1965년 8월 5일 시작되어 9월 23일까지 진행되었다.

** 4월~9월. 카리프 작물은 여름에 파종해 9~11월에 수확하는 작물을 말한다.

*** 10월~다음 해 3월. 라비 작물은 초겨울에 파종해 4~5월에 수확하는 작물을 말한다.

금 베트남에서의 미국의 전쟁을 지지하고 인도 내 곡물 생산을 촉진할 것으로 기대했다.[9]

존슨의 "짧은 고삐" 전략은 미국 식량 원조 정책의 더 광범위한 변화 맥락에서 나왔다. 1950년대 초반부터 인도는 미국 공법 480Public Law 480 *에 따라 매우 관대한 조건으로 미국에서 식량을 수입해 왔다. 미국 정부가 관대했던 것은 문제가 있었기 때문이다. 미국 정부는 곡물 생산을 장려하기 위해 농민들에게 보장 가격을 제시했고, 농민들은 정부에 대량의 곡물을 판매하여 이익을 얻었다. 미국 당국은 그 곡물을 창고에서 썩히는 대신 재고의 일부를 루피화로 지불받고 인도에 "판매"했다. 다행히도, 미국인들은 공법 480 물자로부터 벌어들인 루피화를 인도 내에서 미국이 진행하는 각종 지원 프로그램에 활용하거나 인도를 방문하는 미국인들이 사용하도록 했다. 심지어 인도를 찾은 소방관들과 그 가족들도 인도 방문 시 호화로운 대접을 받을 정도로 미국 정부에게는 루피화가 넘쳐났다. 그러나 미국 당국은 최근까지의 낭비적인 가격 보장제를 포기하고 농민들에게 경작하지 않는 대가로 비용을 지불하기 시작했다. 1965년 중반까지 줄어든 식량 잉여분은 미국에게 더 이상 "부담스럽지" 않았다. 인도로의 식량 선적은 계속되었지만 그 규모와 시기는 점점 더 불확실해졌다. 당시 주미 인도 대사였던 B. K. 네루가 후에 회고록에서 썼듯이, "우리는 선박으로

---

*   1954년 아이젠하워 대통령이 서명한 농업 및 무역개발 지원법을 가리킨다. 흔히 평화를 위한 식량으로 알려져 있다. 이전까지는 특정 국가 지원을 위한 물품 조정, 배포를 위한 체계적 프로그램이 존재하지 않았다. 이 법 제정 이후 우호 국가로 분류된 국가에 대해 대통령 승인을 받으면 잉여 상품을 별도의 조건으로 제공하는 것이 가능하게 되었다. 기본적으로 미국내 잉여 식량의 처분이 목적이었지만 해외 국가에 대한 식량지원 기반을 확립한 법이다.

들어오는 식량 덕에 겨우 살았다".* 배 도착이 지연되는 것은 곧 "기아"를 의미할 수 있었다.[10]

새로운 방향은 새로운 위험과 도전을 가져오다

네루는 농업을 등한시했다. 이제 되풀이되는 가뭄과 식량 원조에 대한 미국의 접근 방식 변화 속에서 수브라마니암 식량부 장관은 샤스트리 총리의 군건한 지지 아래 새로운 농업 전략을 밀어붙였다. 그러나 농민에게 제공하는 식품 가격을 보장하고 비료 보조금을 제공하며, 소바자에게 식품 가격 보조금을 제공하는 수브라마니암의 정책은 처음부터 정부 재정에 큰 부담을 줄 것이 분명했다. 수브라마니암은 또한 고수확 품종이 불평등을 심화시킬 것이라는 점을 이해했다. 관개가 잘 된 지역이 가장 큰 혜택을 볼 것이고, 더 많은 자원을 가진 대농들이 소농들보다 더 큰 이익을 볼 것이었다. 당시에는 잘 알려지지 않았지만, 녹색혁명은 심각한 환경 피해를 야기했다. 비료와 살충제의 대량 사용은 토양 침식과 독성을 증가시켰고, 화학 물질은 물을 오염시켰으며, 집약적인 물 사용은 지하수를 고갈시켰다. 레이첼 카슨 Rachel Carson은 당시 그녀의 고전《침묵의 봄Silent Spring》에서 단일 작물의 넓은 경작지에 살포되는 살충제가 "곤충과 함께 우리를 파괴할 수 있다"고 경고했다. 하지만 당장은 수브라마니암의 접근 방식이 식량 생산을 가속화하고 인도의 영구적인 기근 공포를 종식시킬 최선의

---

* 원문 표현은 'live from ship to mouth'이다. 흔히 입에 풀칠하기도 바쁘다(live from hand to mouth)라는 표현을 살짝 바꿔 선박으로 원조되는 식량으로 겨우 먹고 살았다는 의미로 썼다.

희망을 제시했다.[11]

한편, 신중하게 조율된 노력 속에서 샤스트리는 네루의 산업화 전략을 해체하는 엄청난 과제에 착수했다. 우선 관리들에게 중공업에 대한 공공 부문 투자를 축소하라고 지시했다. 그는 인도의 제2차 및 제3차 5개년 계획에서 중공업화를 옹호했던 기획위원회의 위상을 격하시켰다. 샤스트리는 기획위원회를 네루 시절처럼 총리의 경제적 영향력을 발휘하는 수단이 아닌 자문기구로 변화시켰다. 또한 제안된 제4차 계획의 야심 찬 산업화 목표를 축소했다.[12]

역사의 소용돌이 속에서, 1965년 8월 파키스탄과의 적대 관계가 격화되고 있을 무렵, 세계은행은 인도를 다룬 경제 전략 아이디어를 제시했다. 세계은행의 컨설턴트인 버나드 R. 벨Bernard R. Bell이 그 노력을 이끌었고, 그의 획기적인 "벨 보고서"는 농업 진흥에 더 큰 중점을 두어야 한다고 촉구했다. 그 메시지는 당시 인도에서 논란의 여지가 없었다.[13]

또한 벨 보고서는 정치적으로 민감한 루피화 평가절하를 요구했다. 이 문제를 두고 인도 경제학자들과 정치인들 간에 의견이 일치하지 않아 긴장이 고조되었다. 대부분의 경제 정책 입안자들은 루피화 평가절하가 오래전에 시행되었어야 한다는 것을 이해했다. B. K. 네루 대사가 회고록에서 설명한 바와 같이 "우리의 물가 수준은 기존 환율로는 너무 높았다. 우리의 수출은 타격을 받고 있었고 수입은 국제수지에서 어느 정도 균형을 유지하기 위해 엄격하게 통제되어야 했다". 경제적 논리는 분명했지만, 정치인들은 평가절하를 국가적 명예의 상실과 연관시켰다.[14]

벨은 그의 거친 스타일로 인도의 결정을 더 어렵게 만들었다. 그는 인도 당국이 그의 권고안을 이행하지 않을 경우 세계은행과 다른 국제 원조 기구들이 재정 지원을 중단할 것이라고 사실상 위협했다. 다재다능한 경제관료 I. G. 파텔은 후에 벨에 대하여 점잖은 대화를 "욕설 경연대회"로 바꿀 수 있다고 썼다. 대립을 불사하는 벨의 접근 방식은 충격적이었는데, 특히 인도인들은 오랫동안 정책적 "공짜 돈", 즉 대가 없는 해외 원조에 익숙해져 있었기 때문이다. 외국인들에 의한 평가절하 강요는 인도의 자존심에 아픈 타격이었다.[15]

샤스트리는 실용적인 견해를 취했다. 인도에게는 선택의 여지가 거의 없었다. 세계은행과 IMF 모두 인도가 루피화를 평가절하할 필요가 있다고 믿었다. IMF를 무시를 무시할 수 없는 상황이었다. 1963년 인도는 IMF에서 1억 달러를 빌려 기존 대출금을 갚는 데 도움을 받았다. 하지만 인도는 더 많은 지원이 필요했다. 그러나 샤스트리의 재무장관 T. T. 크리슈나마차리T. T. Krishnamachari*, 일명 "TTK"는 외국 원조 기구들이 평가절하를 인도의 목구멍에 억지로 밀어 넣고 있다는 이유로 그것을 거부했다. 네루가 아끼던 인물이자 한때 그의 내각 일원이었던 TTK는 어느 정도 정치적 권위도 누리고 있었다. 샤스트리는 적절한 순간을 기다렸다. 그 순간은 1965년 11월에 왔는데, 11명의 국회의원이 TTK의 가족이 그의 "이름과 명성"을 이용해 "엄청난 부"를 "축적했다"고 비난했을 때였다. 샤스트리는 혐의를 기각해 달라는 TTK의 요청을 거부하고 그를 조사하기로 결정했다. 12월 31일, TTK가 사임했다. 1966년 1월 1일, 미국에서 귀국한 네루 대사와의 대화에서 샤스트리는 사실상 TTK를 밀어냈다고 밝혔다. 샤스트리는 한 사람의 "변덕"이 많은 인도인들의 삶에 도움이 될 중요한 정책 결정을 막을 수 없다고 말했다. 그는 파키스탄 대통령 아유브

---

* 흔히 TTK라 불리던 크리슈나마차리는 1956~1958년, 1964~1966년에 걸쳐 재무부 장관을 역임했다. 현대 인도 역사상 사기행위 가담으로 사임한 첫 번째 장관이었다.

칸Ayub Khan*과의 평화 회담이 예정되어 있던 타슈켄트에서 돌아오면 평가절하 문제를 처리할 것이라고 했다.[16] 샤스트리는 1월 3일 타슈켄트로 떠났다.

와해되는 정치

샤스트리는 인도 경제를 새로운 방향으로 움직이기 시작했다. 그는 타슈켄트에서 돌아오면 루피화를 평가절하할 수 있을 것이라고 확신했다. 그러나 그의 정치적 입지는 전혀 튼튼하지 않았다. 1965년 봄, 네루의 여동생이자 인도 총리가 되고자 하는 야망을 가진 국민회의 지도자인 비자야 락스미 판디트Vijaya Laxmi Pandit**는 이례적으로 거친 말로 샤스트리를 공개적으로 공격했다. 그녀는 샤스트리와 그의 장관들이 "우유부단의 포로"가 되었기 때문에 인도가 세계에서 "훌륭한 지위"를 잃고 있다고 말했다. 이러한 당내 다툼은 네루 시절에는 수면 아래에 있었다. 이제 공개적으로 드러난 "증가하는 무책임과 사소함"은 많은 국가적 현안에서 "관심을 돌리게" 하였다.[17]

가장 단호한 국민회의의 프리마돈나는 네루의 딸이자 샤스트리 내

---

* 파키스탄 육군 장교 출신으로 1958년부터 1969년까지 파키스탄의 제2대 대통령을 역임했다. 친미, 친중 노선을 유지했으며 1965년 인도를 상대로 전면전을 감행했다. 경제적으로는 시장에 기반한 자유주의 정책을 전개했으며 국유산업을 민영화하였다. 빠른 경제 성장을 달성했으나 농지개혁의 실패로 인해 성장의 과실 대부분은 소수의 지배계급에 집중되었다. 1967년 식품가격 인상으로 대규모 시위에 직면했고 1969년 3월 대통령직에서 물러났다.

** 네루의 여동생으로 독립운동에 참여하면서 여러차례 투옥되었다. 독립 이후 외교관의 길을 걸었으며 1953~1954년에 여성최초로 제8대 UN총회 의장을 역임했다.

각의 정보방송부 장관인 인디라 간디였다. 그녀는 처음에는 인도의 공용어 선택을 둘러싸고 샤스트리와 충돌했다. 인도 헌법은 1965년 1월 26일 공화국 기념일부터 힌디어가 인도의 공용어가 될 것이라고 규정했다. 네루는 그 문제를 모호하게 남겨두었다. 1958년 그는 남부 인도인들(언어적으로 힌디어에서 가장 먼 사람들)*에게 그들이 원하는 한 영어를 사용할 수 있다고 약속했다. 1963년 그는 "어떤 국가도 외국어를 기반으로 위대해질 수 없다"고 말했고, 거기에 "국민의 각성은 영어로는 일어날 수 없다"고 덧붙였다.[18]

헌법이 규정하는 힌디어로의 전환이라는 운명의 날이 다가오자, 특히 타밀어를 사용하는 마드라스**의 시민들은 힌디어 강요에 분노하며 항의했다. 2월 11일 이러한 항의에 대응하여 샤스트리는 네루의 약속을 갱신했다. 영어는 공용어로 남을 것이며, 각 주는 힌디어로의 전환 준비가 되었을 때 결정할 것이라고 했다. 그는 "힌디어를 사용하지 않는 주에 힌디어를 강요하는 일은 전혀 없다"고 말했다. 그러나 그 약속은 폭동을 막지 못했다. 타밀인들은 법적 보장을 원했다. 다음 날 간디는 총리의 허락 없이 주 수도 마드라스로 날아갔다. 그녀는 정치 지도자들과 언론인들을 만났다. 영어를 공용어로 유지하는 것에 대한 법적 보장을 묻자, 그녀는 약간의 단서를 달기는 했지만 "전혀 어려움이 없을 것"이라고 말했다. "불쾌해진" 샤스트리는 간디의 오만한 행동과 발언을 자신이 사태를 진정시키기 위해 의회 결정을 이끌어내려 노력하는 동안 "자신의 머리 위로 뛰어넘으려는" 시도로 여

---

* 현 행정구역을 기준으로 안드라프라데시(AP), 카르나타카, 케랄라, 타밀나두, 텡갈가나 등 5개주가 남부로 구분된다. 이곳은 인도 중·북부에서 사용되는 힌디어가 아닌 텔루구어, 타밀어, 말라얄람어, 칸다다어 등을 사용하며 이를 통칭하여 드라비다어라고 한다.
** 타밀나두주의 주도로서 현재의 첸나이를 가리킨다.

겼다. 샤스트리의 관점에서 영어는 국가 통합을 위해 인도의 공용어로 남아야 했지만, 친힌디어 로비스트들을 그것을 근거로 설득해야만 했다. 정치학자 마이클 브레처Michael Brecher가 썼듯이, 샤스트리는 힌디어 지지자와 반대자 모두에게 "더 큰 안전감과 존엄성"을 주기 위해 폭넓게 협의했다.[19]

인디라 간디는 협의에 의한 의사결정과 내각 간의 협력을 믿지 않았다. 얼마 지나지 않아 그녀는 다시 샤스트리 총리를 "제치려고" 시도했다. 이전과 마찬가지로 총리와 상의 없이 여행을 떠났는데, 이번에는 1965년 8월 카슈미르로, 한 달 후에는 펀자브로 갔다. 그녀는 파키스탄이라는 적군과 싸우는 인도군의 사기를 높이고 있다고 주장하면서, 자신을 "늙은 여자들로 가득 찬 내각에서 유일한 남자"라고 찬양하는 언론 보도를 즐겼다.[20]

저널리스트 인더 말호트라Inder Malhotra*는 간디의 불복종에 대해 질문했다. 그녀는 자신의 독단적 스타일을 옹호했다. 단지 정보방송부 장관이 아니라 자신이 국가 지도자 중 한 명이라고 말했다. 그녀는 말호트라에게 "내가 오늘 사임하면 이 정부가 살아남을 수 있을 거라고 생각하나요? 네, 저는 총리의 머리 위로 뛰어넘었고 다시 그렇게 할 것입니다"라고 답했다. 자신의 정치적 입지를 강화하기 위해 그녀는 자신을 인도의 미래로 보는 지지자들의 "집단coterie"을 주위에 모으고 있었다.[21]

또한 샤스트리와 국민회의는 힌두 민족주의 세력의 위협에 직면해 있었다. 힌두 민족주의 정당 자나 상은 주 및 전국 보궐선거에서 주목

---

* 인도 언론인으로서 1965년부터 1978년까지 영국 〈가디언〉의 인도 특파원으로 일했으며, 1978년부터 1986년까지 〈타임스 오브 인디아〉의 편집자를 지냈다. 1991년에는 인디라 간디의 전기를 저술했다.

할 만한 승리를 기록했다. 네루의 전기 작가 마이클 브레처가 썼듯이, 국민회의 내에서도 "모든 네루주의 원칙 중 세속주의는 가장 확고히 정립되지 않았다". 세속주의를 표방했던 네루가 살아 있을 때에도 힌두교 정서는 당원들 사이에서 "강력한 힘"을 발휘했다. 네루 사후 "미묘한 힌두교 부흥이 만들어지고 있었다".[22]

시야를 더 넓혀보면 인도 민주주의는 긴장 상태에 있었다. 하원과 주 의회에서 정치적 규율과 질서가 무너지고 있었다. 반대당 의원들에게 의자를 던지는 등의 "무질서한 장면"이 흔해지면서 점점 더 정회와 의원들의 징계에 의존해야 했다.[23]

이런 곤란한 상황에 새로운 위기가 더해졌다. 샤스트리는 일주일 동안 타슈켄트에 있었지만, 파키스탄과의 평화 회담은 아무 진전이 없는 듯했다. 1966년 1월 10일 저녁, 모두를 놀라게 하는 파키스탄과의 예기치 않은 합의 소식이 델리에 전해졌다. 정치인들과 관료들은 그 소식에 격분했다. 샤스트리는 인도군을 파키스탄 펀자브의 주도 라호르 외곽에서 철수시키기로 합의했다. 또한 "인도군 승리의 상징"이자 카슈미르 계곡으로 가는 관문인 하지 피르 고개Haji Pir Pass를 파키스탄에 돌려주기로 합의했다. 파키스탄과의 합의 서명에 이어 열린 기자회견에서 샤스트리는 언론인들이 동요하고 있음을 감지했다. 그들 중 한 명이 "국내에서 문제가 생길 것으로 예상하십니까?"라고 물었다. 샤스트리는 언론인들에게 우호적인 보도를 간청했다.[24] 그날 저녁 집에 전화를 걸었을 때 그의 두려움은 커졌다. 가족으로부터 "사람들이 화가 나 있다"는 이야기를 들었다.

몇 시간 후인 1966년 1월 11일 새벽, 샤스트리는 심각한 심장마비로 사망했다. 향년 61세였다. 출근 버스를 타려던 나의 어머니는 〈올인디아 라디오〉에서 들은 그 소식을 우리에게 전했다. 나는 아직 열번째 생일을 며칠 앞두고 있었다. 나는 울기 시작했고, 그런 스스로에게 놀랐다. 샤스트리는 파키스탄에 대한 군사적 승리와 함께 국가적 영웅으로 사망했다. 또한 부패와 정치적 갈등이 고조되던 상황에서도 높은 윤리 원칙을 가진 사람이었기 때문에 존경을 불러일으켰다. B. K. 네루가 후에 지적했듯이, 샤스트리가 남긴 유일한 자산은 낡은 자동차였고, 여전히 그 차를 사는 데 사용한 정부 대출금을 갚아야 했다.[25] 그는 사실상 무일푼으로 죽었다.

끝나지 않은 일

1966년 1월 14일, 샤스트리가 사망한 지 사흘 만에 IMF는 이사회에 1965년 인도 경제를 분석한 보고서를 제출했다. 예상대로 평가는 암울했다. 파키스탄과의 전쟁으로 정부 예산 적자가 늘어났다. 1965년 말 강수량 부족은 경제 전망이 어둡다는 것을 의미했고, 이는 재정 적자를 더욱 늘리고 인플레이션 압력을 가중시킬 것이었다. 식품 수입으로 국제수지 적자가 늘어났고, 해외로부터의 재정 지원 전망도 좋지 않았다. IMF 직원들은 앞으로 "엄청난 규모"의 문제들이 닥칠 것이라고 강조했다. 그들은 농업 정책을 중점적으로 시행한 것과 자원 이동을 긍정적으로 평가했지만, 훨씬 더 많은 일이 이루어져야 한다고 강조했다. 다른 주요 정책 현안을 놓고 IMF 총재 피에르-폴 슈바이처Pierre-Paul Schweitzer*는 네루 대사에게 계속되는 재정 지원에는 루피화 평가절하가 필요할 것이라는 점을 사적으로 분명히 했

---

* 프랑스의 기업가로서 1963년부터 1973년까지 IMF 제4대 총재를 역임했다. 우리가 잘 아는 알베르트 슈바이처의 조카이기도 하다.

다. IMF는 해외 채권자와 국내 달러 보유자들이 루피화 가치 하락을 예상하고 국외로 도피하는 것을 우려하여 공개적으로 평가절하를 요구할 수 없었다. 그러나 IMF의 1966년 1월 보고서는 우회적인 표현으로 그 요구를 사실상 명시했다. 보고서는 "수출 제품의 생산 증대에 도움이 되는 환경을 조성하고 수입 가격을 보다 현실적으로 책정하는 것이 필수적"이라고 밝혔다.[26]

전년도 보고서에는 인도의 고용 과제에 대한 걱정스러운 점검 내용도 포함되어 있었다. 제3차 5개년 계획 기간 동안 인도 경제는 1,400만 개의 신규 일자리 목표에 비해 약 700만 개의 일자리만 추가했다. 충족되지 않은 고용 수요 누적분이 증가했다.[27]

총리로서 19개월 동안 샤스트리는 인도의 경제 정책을 바꾸기 시작했다. 그는 네루의 거대한 그림자와 개발 내러티브에서 벗어나면서 엄청난 과제에 직면했다. 그런 불리함에도 불구하고 샤스트리는 농업을 활성화하고, 중공업화에서 물러서고, 루피화 평가절하의 기반을 마련하는 등 네루가 1956~1957년에 취했어야 할 중요한 조치들을 취했다. 샤스트리는 인도군이 파키스탄 영토를 점령하도록 지휘하여 인도인들에게 자부심을 심어주고 1962년 중국에 의해 굴욕을 당한 인도군의 위상을 어느 정도 회복시켰다.

샤스트리에게는 부족한 일자리와 높은 인플레이션율로 인해 인도 대중의 상당수에 만연한 비관주의와 분노를 완화할 시간이 너무 짧았다. 그러한 불안은 고용이 풍부한 경제 성장이 강력하게 이루어지지 않으면 더욱 커질 것이었다. 샤스트리의 사망과 함께 인도는 새로운 지도자를 기다리며 또 다른 중대한 기로에 서 있었다.

9장
인도의 격동기를 구원할 구세주

샤스트리가 재임 19개월 만인 1966년 1월 갑작스럽게 사망하자 "네루 이후는 누구인가?"라는 질문이 다시 떠올랐다.[1] 카마라즈와 그의 신디케이트(국민회의 실력자들)는 모라르지 데사이를 밀어내고 꼭두각시 총리를 옹립하기 위해 다시 행동에 나섰다. 그들이 선호하는 후보는 네루의 딸 인디라 간디Indira Gandhi였다. 그녀가 "간디"라는 성을 가진 것은 1942년 3월 피로즈 간디Feroze Gandhi(마하트마와는 무관하다)*와 결혼했기 때문이다. 피로즈 간디는 화려한 파르시인이자

---

* 1912년에 태어난 피로즈 간디는 1930년 여성 자유 운동에 참가하고 있던 인디라를 처음 만나고 다음 날 인도 독립운동에 참여하기 위해 학업을 포기했다. 이후 네루와 긴밀히 협력하던 그는 1932, 1933년 두 차례 투옥되었다. 1933년 인디라에게 처음 청혼했지만 인디라의 어머니가 그녀가 16세에 불과함을 들어 거부했다. 네루 역시 결혼에 반대했지만 1942년 3월 두 사람은 결혼했다.

좌파 성향의 국민회의 정치인이었으며, 인도 하원의 탁월한 연설가였다.

피로즈와 인디라가 공식적으로 별거한 적은 없었지만, 그는 혼자 사는 것을 선호했고 그녀는 네루 왕조와의 유대를 유지했다. 그녀의 할아버지 모틸랄 네루는 1919~1920년과 1928~1929년에 두 차례 당 대표를 지낸 저명한 국민회의 지도자였다. 아버지 자와할랄은 총리일 뿐만 아니라 그 세대의 가장 저명한 인도인이었다. 인디라 간디는 아버지의 동반자이자 보좌관으로 총리 관저에서 살았다.

인디라는 꼭두각시가 아니었다. 1959년 국민회의 지도자들이 그녀를 당 대표로 지명하라고 권유했을 때, 네루는 망설이면서 "일종의 왕조처럼 되고 싶지 않다"고 중얼거렸다. 그러나 그녀는 그 직책을 원했고, 네루는 곧 자신의 고매한 원칙을 무시하기로 결정했다. 국민회의 대표가 된 인디라 간디는 네루가 소중히 여기던 민주적이고 세속적인 이상을 의도적으로 위반했다. 1957년 공산주의자들에 의해 권력에서 쫓겨난 케랄라의 국민회의 의원들은 동요했다. 그들은 선거로 선출된 공산당 정부를 해산하고 대통령 통치President's Rule를 요구했는데, 근거는 주의 선출된 대표자를 대신하여 중앙정부가 주를 통치할 수 있도록 허용하는 인도 헌법의 특별 조항이었다. 네루가 그러한 조치에 반대한다는 입장을 반복적으로 강력히 주장했음에도 불구하고 간디는 케랄라에서의 대통령 통치 요구를 지지했다. 네루는 "나로서는 민주적 절차를 통하지 않고는 정부가 무너지는 것을 제안하거나 의도하거나 기대하지 않는다"고 말했다. 그는 마드라스에 기반을 둔 신문인 〈더 힌두The Hindu〉의 기자 E. K. 라마스와미에게 메시지를 다시 한번 강조했다. 라마스와미가 네루에게 공산주의자들과 "싸울" 것인지 아니면 그들을 "몰아낼" 것인지 묻자, 네루는 "몰아내다니? 어떻게? 무슨 뜻이지? 그들도 선출되었잖아?"라고 반문했다. 하지만 그의 딸은 생각이 달랐고, "파푸(아빠), 그들에게 무슨 말을 하는 거야?"라고 외쳤다. 라마스와미에게 돌아선 그녀는 "국민회의 대표로서 나는 그들과 싸우고 그들을 몰아낼 것"이라고 말했다. 그 후 며칠 동안 그녀는 네루를 설득해 케랄라의 공산당 정부를 해산했다.[2]

대통령 통치하에 있던 짧은 기간 동안, 인디라 간디는 국민회의 케랄라 지부가 공동체주의적인 무슬림 연맹Muslim League과 선거 연합을 형성하도록 노골적으로 장려했다. 1960년 2월에 실시된 선거에서 국민회의-무슬림 연맹 연합은 공산당보다 득표수가 적었다. 그러나 공산당은 소수의 선거구에서 압도적 다수의 표를 얻었다. 최다 득표자 당선, 승자독식 제도의 기묘한 특성으로 인해, 기회주의적인 국민회의-무슬림 연맹 연합은 정부를 구성할 수 있을 만큼의 충분한 의석을 확보했다. 저널리스트이자 작가인 우마 바수데브Uma Vasudev는 인디라 간디에게 그녀가 국민회의와 무슬림 연맹의 제휴를 아버지와 상의했는지 물었다. "그분과는 연락이 닿지 않았어요"라고 그녀는 무뚝뚝하게 대답했다. 네루가 사망한 후 그녀는 자신의 공격적인 정치 스타일을 고수하며 새 총리 샤스트리를 넘어설 기회를 엿보았다.[3]

인디라 간디의 집요한 성격은 그녀의 총리 재임 기간을 현대 인도 역사의 중심점으로 만들었다. 이번 장과 다음 장에서 설명하겠지만, 그녀는 1966년 필수적인 루피 평가절하와 처음 직면한 이후 경제 정책에는 거의 관심을 보이지 않았다. 경제적 비전을 명확히 밝히지 않은 채 구호로만 활동했고, 그녀가 총리로 재임한 시기는 인도가 엄청난 기회를 놓친 시기로 가장 잘 묘사될 수 있다. 국민에게 공공재를 제공하는 일은 계속 지지부진했다. 인도 경제는 여전히 국민들의 열망을 충족시키지 못했다. 이미 한국, 일본, 대만과의 경쟁에서 뒤처진 인도는 중국에게도 뒤처지기 시작했다. 간디가 경제 정책 수단을 사용할 때에는 권력을 장악하기 위해 사회주의로 포장했는데 은행 국유화가 가장 주목할 만한 사례였다.

인디라 간디 시대는 인도 민주주의에 끼친 피해 때문에 훨씬 더 중요하다. 처음에 그녀는 다름을 주장하는 독특한 브랜드였다. 하지만 그것으로는 권력 유지에 불충분하다는 것이 드러나자, 민주주의가 작동하는 데 필요한 규범을 무너뜨렸다. 법치와 민주적 제도는 기능 장애를 일으켰다. 인도는 지도자와 시민들이 규범과 책임 의식을 회복하려고 노력하기보다는 그것을 더 축소시키는 것이 유리하다고 느끼는 모순적인 상황으로 진입하기 시작했다.

스스로를 브랜드화 하는 것은 그녀에게 쉬웠다. 국민회의 국회의원들이 대표를 선출하기로 한 1966년 1월 19일, 그녀는 카디 사리khadi sari*, 즉 집에서 짠 천으로 만든 사리를 입었는데, 이는 간디주의의 상징이었다. 그녀는 카슈미르 숄과 어머니의 영적 지도자인 벵골 성자 아난다마이 마Anandamayi Ma**로부터 받은 부적인 큰 갈색 구슬 목걸이를 더했다. 당원들은 인디라의 왕조적인 카리스마를 환영했고, 그녀는 모라르지 데사이를 쉽게 물리치고 국민회의의 원내대표가 되었다. 1월 24일 사르베팔리 라다크리슈난Sarvepalli Radhakrishnan*** 대통령은 그녀에게 인도의 세 번째 총리로서 선서를 하도록 했다. 그녀는 "신의 이름으로in the name of God" 맹세하는 대신 "엄숙히 선언한다solemnly affirm"는 표현을 선택함으로써 자신이 현대적이고 세속적인 여성으로 비춰지도록 했다.[4] 케랄라에서 무슬림 지도자들과 어울리고, 중대한 의회 투표에서는 힌두교 부적을 착용하고, 세속주의를 과시하

---

*　간디의 상징인 수제 옷감으로 만든 사리를 의미한다.

**　인도의 성자이자 신비주의자. 힌두교 여신 두르가Durgā의 화신으로 존경받았다.

***　1962~1967년 인도 제2대 대통령을 역임했다.

는 것 모두는 모든 방법을 동원해서 경쟁에서 이기고 자신의 이익을 극대화하려는 그녀의 정치 스타일을 잘 보여주는 사례였다.

부적이 듣지 않는다

샤스트리 시절인 1965년은 독립 이후 경제 상황이 최악이었던 해로 여겨졌다. 하지만 1966년은 더 심각했다.

1965년 가을부터 이어진 가뭄은 1966년 겨울과 봄까지 계속되었다. 식품 가격은 1964~1965 인도 회계연도(4월 1일부터 3월 31일까지)에 20% 이상 상승했다. 식품 가격 인상률은 1965~1966년에 8%로 떨어졌지만 여전히 높았다. 하지만 1966~1967년에는 다시 20% 가까이 급등했다. 가계 지출에서 식품이 차지하는 비중이 컸기 때문에, 식품 가격의 급격한 상승은 사람들의 소득과 인내심에 큰 타격을 주었다.

인디라 간디가 총리가 된 직후인 1966년 1월 말 전국적으로 격렬한 시위가 발생했는데, 특히 언제나 불안정한 동부 주 서벵골과 남서부 해안의 케랄라에서 그랬다. 가장 폭력적인 식품 시위는 벵골에서 2월 17일에 경찰이 학생들에게 발포하여 한 소년을 살해하면서 시작되었다. 폭력 사태는 서벵골 전역으로 확산되었고, 학생들은 식품 배급과 등유(일반적인 취사 연료) 부족에 항의했다. 한 달 반 동안 그들은 경찰, 그리고 군대와 싸웠다. 대학 인근 지역은 "전쟁터"가 되었다.[5]

케랄라에서는 서벵골과 거의 동시에 식품과 관련한 시위와 폭력 사태가 발생했다. 다시 한번 학생들이 시위를 주도했다. 주도 트리반드룸Trivandrum에서 북쪽으로 약 45킬로미터 떨어진 바르칼라Varkala에서 학생들은 기차역을 파손하고, 운송 중이던 소포에 불을 지르고, 예약 사무실에서 현금과 티켓을 훔쳤다. 중부 케랄라의 알레피Alleppey에서는 학생들이 판매세를 징수하는 정부 건물에 불을 질렀다. 인디라는 국가 비축분을 활용해 케랄라에 쌀 공급을 늘렸지만, 이런 조치로는 시위대를 진정시키지 못했다.[6]

북부에서는 독립 이후부터 계속된 시크교도들의 소요 사태가 더욱 격화되었다. 펀자브주에서 소수를 차지하던 시크교도들은 펀자브어를 사용하는 펀자비 수바Punjabi Suba로 분리하고 싶어 했다. 시크교도들은 구루 나나크Guru Nanak(1469~1539)를 따르는데, 그는 힌두교도로 태어났으며 힌두교의 영적 원리를 바탕으로 하면서도 힌두교의 카스트 제도와 의식을 비판하는 종교를 설파한 성인이었다. 시크교도 남성들은 수염을 깎지 않고, 터번에 묶은 긴 머리를 하고 다니며, 때로는 키르판kirpan이라는 굽은 단검을 지니고 다녔다. 시크교도들은 펀자브어를 사용하는데, 이는 힌디어와는 어휘와 문자(구르무키Gurmukhi)의 여러 면에서 다른 언어다. 네루는 종교가 주 경계를 정의하는 것을 원치 않았기 때문에 별도의 펀자브어 사용 주 분리에 반대했다. 시크교도들은 자신들의 요구를 고수하고 종종 경찰과 폭력적으로 대치하면서 체포를 감수하였다.[7]

인디라 간디가 총리로 취임한 1966년에 시크교 정당인 시로마니 아칼리 달Shiromani Akali Dal(불멸의 중앙군)의 지도자였던 산트 파테 싱Sant Fateh Singh *은 시크교도들이 별도의 주로 분리하기를 원하는 이유는 종교가 아니라 독특한 언어를 가지고 있기 때문이라고 주장했다.

---

* 1950년 펀자브 수바 개념을 지지하면서 정치에 입문하였다. 1962년 7월 저명한 시크교 지도자 타라 싱Master Tara Singh와 결별하고 아칼리 달을 결성했다. 현대의 펀자브주 탄생에 크게 기여했지만 1960년대 후반부터 영향력이 쇠퇴하였고 1972년 정계 은퇴를 선언했다.

그렇다면 이미 언어를 기준으로 하는 주 분할 원칙이 이미 잘 확립되어 있었기 때문에 법적인 근거가 있는 셈이었다. 파테 싱은 정부가 시크교도들의 요구를 들어주지 않으면 2주 동안 단식하고 분신자살하겠다고 위협했다. 펀자브의 힌디어 사용 지역 역시 자신들만의 주를 원했다. 당의 의사결정기구인 국민회의 실무위원회Congress Working Committee는 3월 9일에 시크교도들이 다수를 차지하게 될 펀자브어를 사용하는 주의 분리 요구를 지지했다. 별도의 시크교 주로 분리하기 위한 언어적 차이라는 논리는 법적으로 그럴듯했지만, 누구도 속일 수는 없었다. 종교적 차이는 분명했고, 힌두 민족주의 정당인 자나 상은 펀자비 수바에 반대하는 폭력 시위를 벌였다. 델리에서는 폭도들이 자동차와 스쿠터를 불태우고 사진기자들을 구타하며 카메라를 파손했다. 폭력은 펀자브의 여러 도시로 확산되었다. 이 싸움에서는 승자가 있을 수 없었다.[8]

3월 셋째 주에 J. 앤서니 루카스J. Anthony Lukas는 〈뉴욕타임스〉에 기고한 글에서 당시 인도에 널리 퍼져 있던 정서를 표현했다. 그는 인도가 독립 후 최악의 폭력 사태를 겪고 있다고 언급했다. 폭력은 "캘커타 빈민가의 붐비는 거리, 펀자브의 먼지 낀 마을, 케랄라의 논, 마하라슈트라의 섬유 공장" 등 어디에나 있었다. 루카스는 인디라 간디가 1월 말 총리가 된 이후 인도는 "거의 끊임없는 동요" 상태에 있었다고 썼다. 루카스는 익명을 요청한 마하트마 간디의 동료 인사의 말을 인용하여 간디가 살아 있었다면 맹렬한 폭동에 참여한 "젊은이들" 때문에 "충격을 받았을 것"이라고 언급했다.[9]

린든 존슨 미국 대통령을 만나기 위해 워싱턴으로 출발하기 전날인 3월 말에 인디라는 타블로이드 신문인 〈블리츠〉의 편집장 R. K. 카란지아와의 인터뷰에서 폭력의 확산을 인정했다. 그녀는 "식량과 경제 위기로 인해 전체 상황이 어렵다"고 말했다. 게다가 "펀자비 수바와 같이 봉인되어 있던 문제들도 불거졌다". 그녀는 나라가 "엄청난" 문제에 직면해 있으며 상황이 더 악화될 것 같다고도 말했다. 카란지아가 인디라에게 "전국을 휩쓸고 있는 폭력의 **즉각적인** 원인이 아니라 **근본적인** 원인"에 대해 추궁하자, 그녀는 "우리는 국민들에게 더 나은 미래의 개념을 시야SIGHT에 넣어주었지만, 아직 그들의 손에 잡히지는REACH 않았습니다"라고 교묘하게 대답했다.[10] 그녀의 통찰력이 돋보이는 순간이었다. 인디라 간디는 아버지 시절부터 이어진 경제적 열망에 대한 좌절이 사람들을 폭력으로 내몰고 있다고 말했다. 상황을 바꾸기 위해서 그녀가 해야 할 일은 많았다. 당장 아버지가 남긴 괴로운 유산의 해결을 시작하기 위해서는 상당한 수준의 루피 평가절하가 필수적이었다.

루피 평가절하: 필요한 과제, 미흡한 실행

IMF와 다른 국제기구들은 점점 인내심을 잃어가면서 루피화 평가절하를 요구하고 있었다. 1966년 3월 23일에 IMF 이사회가 인도에 1억 8,750만 달러의 금융 지원을 승인했을 때, 이사회의 여러 구성원들은 인도 당국이 "환율 조정(평가절하를 의미)과 적극적인 수출 촉진 조치를 통해 인도의 반복되는 국제 지불 이슈에 지속 가능한 해결책을 찾아야 한다"고 주장했다. 평가절하는 인도로 유입되는 달러(수출 증가를 통해)를 늘리고 유출되는 달러(수입 감소를 통해)를 줄일 것이기 때문에 IMF의 제안은 완벽하게 타당했다. 인도로서는 선택의 여지가 거의 없었고, 인도 대표단은 1966년 6월까지 루피화를 평가절하하기로 약속했다.[11]

평가절하 약속을 한 인디라 간디는 워싱턴으로 향했다. 그녀의 방문은 표면적으로는 순조롭게 진행되었다. 획기적인 민권법과 빈곤과의 전쟁으로 인해 존슨 대통령은 들뜬 상태였다. 남부의 예의와 온정을 보여주며, 존슨은 의전을 무시하고 간디를 백악관에서 거리 건너편 외국 귀빈들이 묵는 블레어하우스Blair House까지 직접 에스코트했다. 인디라가 그를 기념하기 위해 주최한 리셉션에서 존슨은 당초 예정했던 30분을 훌쩍 넘겨 머물렀다. 계속 자리를 지키는 대통령을 목격한 인도 대사의 부인인 포리 네루Fori Nehru는 그에게 저녁 식사를 하고 가라고 제안했다. 존슨 대통령은 제안에 흔쾌히 동의하면서 워싱턴 파워 엘리트들을 위해 예정되어 있던 공식 만찬을 취소했다. 진정한 텍사스인답게 존슨은 매운 인도 음식을 "깨끗이 해치웠다". 그리고 화려한 제스처를 통해 인디라 간디에게 "어떤 해도 끼치지 않겠다"는 뜻을 밝혔다.[12]

인도가 평가절하에 합의함에 따라, 가장 중요한 질문은 평가절하 폭이 어느 정도일 것인가였다. IMF 총재 피에르-폴 슈바이처는 루피화 환율을 달러당 4.76루피에서 10루피로 올릴 것을 제안했다. 그러나 인도 언론계와 정치권의 충격을 예상한 인도 관료들은 달러당 7.5루피 수준의 평가절하를 선호한다고 맞섰고, IMF는 이를 받아들였다.[13]

IMF에서 오랫동안 일한 경험을 토대로 생각해 보면, "올바른" 환율을 결정하는 것은 어려운 일이다. 하지만 어떤 합리적인 기준으로 보더라도 훨씬 더 큰 폭의 루피 평가절하가 필요했다. 예를 들어, 한국은 1961년 달러당 65원에서 130원으로, 1964년에는 255원으로 평가절하했다. 이는 1961년부터 1964년 사이에 70% 이상의 평가절하를 한 것이었다. 이어서 한국 당국은 원화를 변동환율제로 전환하여 한국을 수출 주도형 성장의 길로 이끌었다.[14]

반면, 인도 루피화의 평가절하로 이제 1달러로 2.74루피(7.50-4.76)

를 더 살 수 있게 되어 36.5%(2.74/7.50*100)의 평가절하가 이루어졌다. 동시에 인도 정부는 수출세를 인상하고 수출 보조금을 삭감했다. 이러한 상쇄 요인들로 인해 일반적인 수출업자는 단 7%의 평가절하 효과만을 봤는데, 이는 지난 수년간 누적된 생산비용의 대폭적인 상승을 극복하기에는 너무 적었다. 새로운 환율에서도 인도 수출업자들은 여전히 극도로 경쟁력이 없었다. 사실 인도의 심각한 달러 부족 상황을 더 정확하게 반영하기 위해서는 달러당 12루피라는 암시장 환율에 근접하게 루피화의 공식 환율을 60% 평가절하했어야 했다. 어쨌든 수출 증가와 수입 감소는 달러 부족 문제를 완화하는 데 도움이 되었다. 1949년 9월의 평가절하는 실제로 공식 환율과 암시장 환율 간의 격차를 좁혔다(그림 9.1). 그 격차가 수년 동안 작게 유지되어, 평가절하는 의도했던 긍정적 효과를 발휘할 수 있었다.[15]

또한 실질 환율은 계속 변화하기 때문에 인도는 루피화를 변동 환율제로 바꿀 필요가 있었다. 그러나 그것은 너무 먼 길이었고, 인도

그림 9.1 1966년 평가절하는 너무 소심했다.
공식 환율은 시장에서 통용되는 암시장 환율보다 훨씬 낮게 설정되었다(1달러당 인도 루피).
출처: Global Financial Data와 다양한 IMF 보고서들.

관료들은 루피화 가치를 극히 조금만 낮추는 데 그쳤다. 1966년 6월 5일 일요일 아침에 인디라 간디는 내각에 임박한 평가절하에 대해 알렸다. 그때까지 상황을 모르고 있던 각료들은 격렬한 항의를 터뜨렸다. 그녀는 재빨리 토론을 끝내며 간단히 말했다. "우리가 평가절하를 하지 않으면 원조를 받을 수 없습니다." IMF 이사회는 시차를 이용하여 같은 일요일에 평가절하를 승인하기 위한 회의를 열었다. 인도 시간으로 오후 9시이던 밤에 사친 초두리Sachin Chaudhuri 재무장관은 루피화 평가절하가 6월 6일 월요일 새벽 2시부터 시행될 것이라고 발표했다.[16]

일반 대중에게 평가절하 소식을 미리 알리지 않은 것은 당연했다. 평가절하가 진행 중이라는 사실을 사전에 알았다면 사람들이 루피화를 달러로 바꾸고 나중에는 더 많은 루피화로 다시 바꾸기 위해 서둘렀을 것이기 때문이다. 그러나 카마라즈조차도 결정이 내려진 후에야 그 사실을 알게 되었다. 국민회의 대표로서 그는 자신을 "집단 지도체제"의 일원으로 여겼다. 그런데 인디라는 그를 배려하지 않았다. 그는 평가절하를 "미국에 대한 매국 행위"라고 비난하며 국민회의의 공식 견책을 주도했다. 그는 인디라 간디를 총리 자리에 앉히는 데 도움을 준 것을 자책했다.[17]

카마라즈의 "매국sell-out" 발언은 어리석은 반응이었음에도 불구하고 빠르게 퍼져나갔다. 다리가 부러졌을 때 다른 사람이 처방해 준 목발을 사용하는 것이 "매국"은 아니다. 생산성 증가율이 낮아 인도 경제의 다리가 부러졌다. 따라서 국내 물가, 즉 생산비용은 경쟁국들보다 훨씬 빠르게 상승했다. 인도 수출업자들은 거의 17년 동안 세계 시장에서 경쟁력을 지속적으로 잃어갔다.[18]

밀턴 프리드먼이 1963년 인도중앙은행 강연에서 강조했듯이 루피화 평가절하는 "불가피"했다. 어떤 국가도 "시장에서 형성되는 환율과 크게 동떨어진 환율을 무기한 유지할 수 없기" 때문에 인도에게는 "대안이 없었다".[19] 1966년 6월, 간디는 그 불가피함에 굴복했다.

그러나 인디라와 인도는 충분치 못한 평가절하로 인해 고통 받았다. 인도의 높은 인플레이션율로 인해 국내 생산비용이 상승하면서 미미한 평가절하로 인한 일시적 혜택은 빠르게 사라졌다. 경쟁력 상실이 다시 반영되면서 평가절하 직후 암시장 환율이 급등했다.

평가절하가 인도의 모든 경제적 폐해의 원인이라는 대중적 내러티브가 등장했는데, 사실 전국적인 문제는 주로 2년 연속으로 닥친 가뭄 때문이었다. 인도 언론과 대중은 또한 존슨 대통령에게 굴욕감을 느꼈는데, 총리에 대한 기사도에도 불구하고 미국의 식량 원조를 중단했기 때문이었다. 그는 워싱턴에서 돌아오는 길에 인디라가 모스크바에 들러 미국의 베트남 정책을 비판했기 때문에 화가 났다. 존슨은 네루 대사가 사과의 제스처로 그를 방문한 후에야 원조를 재개했다.[20]

미국과 다른 서방 선진국들도 제4차 5개년 계획에 명시된 경제 전략에 더 많은 원조를 약속했지만 이행하지 않았다. 이전에 약속된 금융 지원은 1968년까지 계속되었지만, 새로운 자금 유입은 점점 더 인도에 투자를 늘리기보다는 예전 빚을 갚는 데 사용되었다. 이러한 사태 전개를 예상한 인디라 간디는 제4차 계획을 보류했다.[21] 제4차 계획의 연기를 안타까워했던 사람들도 있었지만, 그것은 축복이었다. 계획 작성자들은 야심만 가득했던 제2차 및 제3차 계획에서 비롯된 야심 과잉의 함정에서 아무것도 배우지 못했다.

소요가 확산되다

네루 시대 이래 지속되어 온 불완전 고용과 인플레이션 문제가 인도 국민들에게 무거운 짐이 되기 시작했다. 전국의 학생들이 소요와 폭동을 일으켰다. 폭동의 원인은 때로는 기숙사 식당에서 제공되는 비싸고 질 낮은 음식과 같이 사소한 것이었다. 근본적인 이유는 자와할랄 네루가 1950년대 초반에 지적했지만 결코 시정하지 않았던 것처럼 그들의 학사 및 석사 학위가 쓸모없었기 때문이었다. 1966년 내내 전국 각지에서 일자리 부족에 좌절한 학생들은 시험 연기와 대학 폐쇄를 요구했다.

봄베이에서는 일자리 경쟁이 정치적 불씨가 되었다. 마하라슈트라 남성들은 종종 급여가 많고 안정적인 사무직 및 행정직 경쟁에서 교육을 더 잘 받은 남인도 사람들에게 밀렸다. 발 타케레이는 〈마르미크〉에서 이 불씨를 부채질했다. 그의 메시지는 간단했다. 언어, 의상, 음식으로 차별화되는 남인도 사람들이 마하라슈트라 사람들의 정당한 일자리를 빼앗아 가고 있다는 것이다. 독일 법학자 카를 슈미트Carl Schmitt(1888~1985)와 마찬가지로, 만화가 타케레이는 정치 무대를 "식별 가능한" 적과의 "전투"로 보았다. 타케레이는 슈미트처럼 정치를 "물리적 살인의 실제 가능성"이 있는 영구적 폭력으로 보았다. 그 어두운 철학으로 무장한 그는 정치적 난투에 뛰어들었다.[22]

1966년 6월 19일 힌두교에서 길하게 여기는 아침 8시 20분에 타케레이, 그의 아버지, 두 형제, 그리고 몇몇 친구들은 시브 세나Shiv Sena*(17세기 마라타 전사 시바지의 군대)[23]라는 정당 출범을 기념하기 위해 성스러운 코코넛을 깼다. 타케레이는 처음에는 남인도 사람들을

---

* 17세기 마라타 제국의 시조인 시바지Shivaji의 군대라는 뜻이다. 시바지는 아딜샤히 술탄국으로부터 독립하여 마라타 제국의 고대 힌두 전통과 관습을 부활시켰다. 마라타 제국의 등장은 이슬람 무굴 제국 쇠퇴의 주요 원인으로 꼽힌다. 시간이 흐르면서 시바지는 인도 민족주의와 힌두교의 영웅으로 인식되었다.

"적"으로 삼았지만, 경외하는 힌두 전사의 이름을 따서 자신의 정당 이름을 지음으로써 힌두 민족주의적 성향을 내비쳤다.

4개월 후인 1966년 10월 30일, 타케레이는 마하라슈트라의 하층 및 중산층이 성스럽게 여기는 봄베이의 시바지 공원Shivaji Park에서 공개 집회를 열었다. 대부분 마하라슈트라 남성들로 이루어진 거의 40만 명에 가까운 사람들이 타케레이를 지지하기 위해 모이면서 모두를 깜짝 놀라게 하였다. 이 거대한 군중은 봄베이 인구 530만 명의 거의 8%에 달했고, 봄베이에 거주하는 마하라슈트라 남성의 무려 25%에 달했다. 많은 이들이 10대와 20대의 젊은이들이었다. 그들은 남인도 사람들이 자신들의 미래를 빼앗아 가고 있다는 타케레이의 메시지에 이끌렸다. 그들의 "피는 끓기 시작했고" 연설이 끝난 후 집으로 가는 길에 남인도인이 소유한 인기 있는 식당 몇 군데를 습격했다.[24]

시브 세니크Shiv Sainiks(시브 세나의 병사들)는 범죄 조직의 방식으로 활동했다. 그들은 지역 사업체로부터 보호비를 받아 당 운영 자금을 마련했다. 다다(건달)가 되어 위협을 가함으로써 사무직과 행정직 공무원 일자리를 빼앗고 뇌물이 필요한 사람들을 대신해 일을 처리했다. 프린스턴 대학의 역사학자 기안 프라카시Gyan Prakash는 발 타케레이가 "성난 청년"이었다고 썼다. 그의 시브 세니크들도 과장된 남성다움을 과시하는 것을 즐기는 성난 젊은이들이었다.[25]

시브 세나가 거의 전적으로 봄베이를 기반으로 한 조직이었던 반면, 이때는 인도 대륙 전역에 걸쳐 또 다른 극심한 분열의 세력이 등장한 순간이기도 했다. 이 세력은 "분노한 힌두교도"라는 정치적 표현을 찾았다. 식민 통치로부터의 해방에서 비롯된 낙관적 민족주의는 통합 이념으로서 약화되었고, 점점 더 인도를 힌두교 국가로 보려는 분열적 움직임에 관심이 쏠렸다. 힌두 민족주의자들은 사람들의 경제적 좌절감을 상상 속에만 존재하는, 인도 정부가 애지중지하는 무슬림이라는 "적"에게 돌림으로써 세력을 얻고 있었다. 봄베이에서 타케레이가 "남인도인 적"에 대한 폭도의 분노를 부추기고 있었던 것처럼, 북인도 대부분의 지역에서도 힌두교 지도자들은 힌두 민족주의를 위해 힌두-무슬림 간의 분열을 이용해 폭도의 분노를 유도하고 있었다.[26]

1966년 9월 30일, 소 도살 금지를 요구하는 힌두교도 시위대가 봄베이에서 북동쪽으로 450킬로미터 떨어진 마하라슈트라의 작은 마을에서 무슬림들과 충돌했다. 힌두교도는 소가 신성하며 모든 소원을 들어주는 여신 캄데누Kamdhenu의 화신이라고 믿는다. 힌두교도는 일반적으로 쇠고기를 먹지 않지만 무슬림(과 기독교도는)은 먹는다. 소 도살 금지를 요구하던 시위대는 개인 주택과 공공 재산을 파괴했다. 이 소동으로 11명이 사망했다.[27]

인도 헌법은 소 도살 금지를 요구했지만, 중앙정부는 이 문제를 주 정부에 맡겼고, 대부분의 주 정부는 법으로 금지하지는 않았다. 소 도살을 금지하려면 소를 영적인 동물이 아니라 경제적인 동물로 대하는 힌두교 농민들과 맞서야 했다. 농민들은 무제한의 가축을 감당할 수 없었기 때문에 필요한 황소(거세된 수소)의 견인력을 유지하면서 송아지를 죽이거나, 굶겨서 암소를 죽인 것이 명백해 보였다. 비하르와 우타르프라데시와 같은 힌두교 중심지 주에서 황소 대비 암소 비율은 무슬림이 지배하는 서파키스탄과 거의 동일했다. 우타르프라데시 지역 내 황소 대비 암소 비율의 변화는 지역의 종교적 구성과는 아무런 관련이 없었고, 오히려 지역의 지형(따라서 견인력 요구사항)과 일치했다. 케랄라에서는 농사에 황소의 견인력이 제한적으로만 필요했기 때문에 암소가 가축 경제에서 큰 비중을 차지했다.[28]

전문가들은 이후 소 도살을 금지하기보다는 정부가 소 도살을 합법화하여 농민들이 법이나 힌두교 자경단의 두려움 없이 경제적 결정

을 내릴 수 있도록 해야 한다고 주장했다.[29]

불행히도 이 문제에 대해 합리적으로 토론할 시간은 없었다. 1966년 11월 7일, 수백 명의 사두sadhu (힌두교의 승려)들이 인도 의회 건물을 습격하려 했다. 일부 사두는 성자로서 경전을 훈련받은 수행자이자 교사였지만 다른 이들은 사기꾼이자 평범한 범죄자들이었다. 의회 건물을 습격하려던 사두들은 인근 재산을 파괴했지만, 경찰은 그들이 하원에 들어가기 전에 저지할 수 있었다. 인디라 간디는 이 기회를 이용해 자신이 좋아하지 않았고 소 도살 금지 요구에 동조한다는 의심을 자주 받던 내무장관 굴자릴랄 난다를 해임했다.[30]

힌두교 지도자들 중 최고 위치에 있는 푸리Puri의 성스러운 지도자 샨카라차리아Shankaracharya, 일명 자가드구루Jagadguru (문자 그대로 "우주의 스승")*는 11월 20일 정부가 소 도살을 금지하지 않으면 단식 투쟁에 돌입하겠다고 발표했다. 그는 인도 지도자들의 "마음과 정신을 정화"하기 위해 그렇게 한다고 말했다. 자가드구루가 새로운 선동의 초점이 될 경우 더 많은 폭력이 발생할 것을 우려한 정부는 그를 숨기려 했지만, 그는 기자들에게 지속적으로 최신 정보를 제공했다. 몇 달 후 그는 단식에 싫증을 느끼고 즉시 정치적 선동에 합류했다.[31]

힌두 민족주의는 수년간 정치적 표면 아래에 숨어 있었다. 이제 소 도살 금지 운동을 주도한 자나 상(공식 명칭은 아킬 바라티야 자나 상Akhil Bharatiya Jana Sangh, 전인도 인민당All-India People's Party)은 떠오르는 힌두 민족주의를 대변했다. 벵골 지도자 샤마 프라사드 무케르지Syama Prasad Mookerjee가 1951년 10월 이 당을 처음 결성했을 때, 네루는 그것을 "분쇄"하겠다고 약속했고, 1952년 전국 및 주 의회 선거에서 그렇게

---

* 보편적 스승universal teacher이라는 의미이다.

했다. 당시 네루는 많은 가난한 인도인들에게 쇠고기가 유일한 저렴한 단백질이라는 점을 지적하며 소 도살 금지 요구를 일축했다. 그러나 네루 시절 되풀이된 힌두-무슬림 폭동과 그의 사후 국민회의 지도자들 사이에서 힌두교 동조 의식이 보다 공개적으로 표현된 것은 힌두 민족주의의 힘을 상기시켰다. 대담해진 자나 상과 그 지지자들은 네루가 남긴 사회적, 정치적 균열을 통해 부상하고 있었다.[32]

"인디라 암마Indira Amma"가 인도의 구원자가 되다

1966년 12월, 인디라 간디가 두 달 후로 예정된 선거운동을 시작했을 때, 그녀는 총리 재임 기간이 1년도 채 되지 않았다. 그 해 내내 경제적, 정치적 혼란이 지배했다. 젊은이들과 실업자들이 그 혼란을 주도하고 있었다. 인디라가 잘 알고 있듯이, 아버지 재임 시절 누적된 경제적 좌절감은 지역 및 종교 정체성을 내세우는 주장과 상호작용하고 있었다.

이 긴박한 순간에 인디라는 뜻밖의 선택을 했다. 혼란을 잠재울 수 없었던 그녀는 국민회의의 지도부를 무시하고 인도 국민과 직접 소통하려 했다. 인도의 구원자로 자신을 포장하려는 그녀의 노력은 12월 20일 처음 나타났다. 그녀는 자신이 선택한 의회 선거구 라에 바렐리 Rae Bareli에서 선거운동을 하고 있었는데, 이곳은 고인이 된 그녀의 남편 피로즈가 한때 하원에 출마했던 곳이었다. 그녀는 "내 가족은 크로어(수천만) 명의 사람들로 구성되어 있다"라고 선언하면서 "내 가족 구성원들은 가난에 시달리고 있고 내가 그들을 돌봐야 한다"고 덧붙였다. 그녀는 더 강한 가족 구성원이 더 약한 구성원을 이용하는 것을 막아야 한다고 말했다.[33] 그녀가 "인디라 암마(엄마 인디라)"라는 소문이 퍼졌다. 그녀는 어머니로서의 권위와 신뢰성을 가지고 있었다. 그녀는 크리스마스에 〈타임스 오브 인디아〉와의 인터뷰에서도 그 이미지를 활용했다. 처음에는 국민회의 실력자, 즉 신디케이트를 비난했다. 그들이 의회와 주 의회 의석에 좋지 않은 후보자들을 선정했다고 주장했다. "우리는 더 나은 후보자들을 확보할 수 있었을 것"이라고 말했다. 그런 다음 자신의 이미지를 높이는 쪽으로 방향을 틀었다. "보시다시피, 여기에는 당이 원하는 사람과 국민이 원하는 사람이라는 문제가 있습니다. 국민들 사이에서 나의 위치는 논란의 여지가 없습니다."[34]

인디라 간디는 수천 마일을 여행하고 수백 회의 연설을 하면서 지칠 줄 모르고 선거운동을 했다. 그녀의 전기작가 캐서린 프랭크 Katherine Frank가 후에 썼듯이, 그녀는 선거운동 여행에서 종종 지역 언어로 말했다. "그녀는 현지 여성들이 하는 것처럼 사리를 입고 손가락으로 그들의 음식을 먹었다." 그리고 가난한 인도인들과 공감하는 것처럼 보이면서도 "거대한 군중 앞에서 총리 전용차가 우렁차게 멈추었을 때 그녀는 풍성한 화환을 두르고 휘몰아치는 먼지 속에서도 깨끗한 모습으로 높고 경외롭게 서 있었다". 전기 작가 자리르 마사니 Zareer Masani 또한 인디라가 "명백한 귀족적 세련됨"과 "평범한 주부도 공감할 수 있는 소박하고 모성적인 상식"을 결합했다고 지적했다. 귀족적 기품과 공감의 독특한 조합은 "그녀를 많은 인도 대중들에게 경외와 숭배의 대상으로 만들었다".[35]

그러나 선거운동과 스타성만으로는 국민회의의 수년간의 실패에서 비롯된 대중의 원한을 극복할 수 없었다. 1967년 2월 8일 그녀가 부바네스와르를 방문했을 때, 수백 명의 학생 시위대가 "국민회의 무르다바드Congress Party murdabad(국민회의에 죽음을)"와 "인디라 간디, 돌아가라"고 소리쳤다. 한 학생이 던진 돌이 간디의 코를 때려 코피가

나자 경호원들이 그녀를 안전한 곳으로 데려가 처치를 받게 하는 일이 있기도 했다.[36]

2월 말 무렵의 선거 결과는 부바네스와르의 적대적인 집회에서의 정서를 반영했다. 국민회의의 득표율은 1962년 44.5%에서 40.7%로 떨어졌다. 이는 득표율의 작은 하락이었다. 그러나 그동안 국민회의에 유리하게 작용했던 단순 다수제가 이제는 반대로 작용했다. 국민회의는 하원 의석 283석, 전체 의석의 54.5%를 차지했는데, 이는 1962년의 72.8% 점유율에서 하락한 것이었다.[37]

자나 상은 선거에서 큰 성과를 거두었다. 자나 상의 소 도살 금지 운동은 힌두 민족주의에 경도된 사람들에게 호소력이 있었다. 자나 상은 또한 경제 상황과 부패에 대한 대중의 좌절감을 활용했다. 국민회의와 스와탄트라당에 이어 득표수 3위를 차지한 자나 상은 전국 득표율의 9.4%를 얻어 하원에서 35석을 차지했다(1962년 14석에서 증가). 주 의회 선거에서 자나 상은 많은 지역 정당이 난립한 가운데 8.8%의 득표율을 얻어 국민회의의 40% 득표율에 이어 2위를 차지했다.[38]

인디라 간디가 인도의 구원자로 등장하려는 시도는 일단 실패했지만, 그녀에게는 기쁜 일도 있었다. 바로 국민회의 내 정적들의 "달콤한 패배"였다. 유권자들은 타밀나두에서 오랫동안 주 수상이자 신디케이트의 리더였던 카마라즈에게 굴욕적인 패배를 안겼다. 카마라즈는 의회 의석을 타밀 문화 이익과 반反힌디 정서를 대변하는 정당인 드라비다 문네트라 카자감Dravida Munnetra Kazhagam *의 28세 학생 지도

---

* 일반적으로 DMK로 표기한다. 타밀나두주에서 전인도 안나 드라비다 무네트라 카자감(AIADMK)와 양당 구도를 형성하고 있다. 드라바다 민족주의를 강조하면서 1965년 중앙정부의 힌디어 공용화 시도를 저지하였다.

자에게 내주었다. 다른 일부 신디케이트 구성원들도 패배했다.[39] 국민회의는 분열되고 있었지만, 인디라 간디는 여전히 승리하고 있었다.

국민회의 내부 경쟁에서의 승리에 힘입어 인디라는 당내 권위를 공고히 했다. 그녀는 모라르지 데사이를 부총리 겸 재무장관으로 임명하여 그의 협조를 얻었다. 그러나 자신이 우두머리라는 것을 분명히 하기 위해 그와 상의하지 않고 내각 명단을 발표했다. 그녀의 전기 작가 우마 바수데브가 썼듯이, 이제 "자기 방식대로 일할" 때였다. 그녀는 또한 의회 의석을 차지한 신디케이트 구성원 중 한 명인 산지바 레디Sanjeeva Reddy를 내각에서 제외시켰다.[40]

인디라 간디의 종교적 소품에 대한 애착은 커졌다. 라다크리슈난 대통령 앞에서 총리로 취임할 때, 다시 성스러운 구슬 부적을 걸었다. 이 자리에는 사프란색 옷을 입은 신비한 남자가 그녀와 동행했다. 오랫동안 그녀의 일상적인 요가 아사나 수행을 이끌어온 디렌드라 브라마차리Dhirendra Brahamachari였다. 그는 아직 정치권에서 잘 알려진 인물이 아니었고, 정치인들과 언론인들은 그를 "스와미"라고 불렀다.[41] 그러나 그 용어가 의미하는 박학한 수행자와는 거리가 멀었고, 브라마차리는 화려한 외제차, 전용기, 권력을 밝히는 허세 가득한 사기꾼이었다.

하버드 대학교의 정치학자 새뮤얼 헌팅턴의 용어로 표현하자면, 인도는 "근위대 사회praetorian society"로 변모하고 있었다. 민주주의의 겉모습은 갖추고 있지만 사회적 불만을 다룰 정치 제도가 부족한 사회였다. 헌팅턴은 이런 사회는 "악순환에 빠지게 된다"고 경고했다. 눈덩이처럼 불어나는 사회적 불만은 국내 평화를 지키고 경제 발전을 촉진하는 역할을 맡은 바로 그 제도들을 마비시킨다.[42]

경찰 국가가 되어가는 인도

평소 비굴 키산Bigul Kisan은 서벵골 북동부의 낙살바리Naxalbari 지구에 있는 지주의 밭에 가서 작물을 수확한다. 1967년 5월 21일, 이 특별한 날은 달랐다. 그는 인도공산당(마르크스주의)*, 일명 CPM의 농민 조직인 크리샥 사바Krishak Sabha(농민 연합)의 지시에 따라 그 땅을 자신의 것으로 넘겨받기로 했다. 비굴 키산이 20년 후 그 사건을 묘사한 것처럼, "지주의 깡패들이 나를 공격했다. 그들은 내 머리를 거의 으스러뜨렸다. 그들은 내 쟁기와 황소를 빼앗아 갔다".[43]

그 사건은 지주들에 대한 농민의 분노를 촉발시켰다. 5월 24일, 경찰이 지주들을 보호하려 했을 때, 농민들의 화살 두 발이 소남 왕디Sonam Wangdi라는 이름의 경관을 죽였다. 그러자 모든 마을 남자들이 숨어버렸고, 여자들만 남아 경찰력에 맞서 바리케이드를 쌓았다. 경찰은 공세를 강화하여 여성 9명과 어린이 2명을 총으로 쏴 죽였다.[44]

무장한 반군은 계속해서 지주들을 공격했다. 그해 2월 주 의회 선거에서 예상밖으로 연합전선 연립정부의 일원으로 정권을 잡은 CPM은 처음에는 반군에 동정적이었다. 그러나 6월 중순 CPM은 법과 질서 유지라는 정부의 역할을 떠맡았다. 중국은 CPM의 반反반군 입장에 맞서기 위해 개입했다. 6월 28일 〈라디오 베이징Radio Peking〉은 반군을 "혁명적 무장투쟁의 앞발"이라고 치켜세우면서, 이 농민운동이 중국 공산당 주석 마오쩌둥毛泽东에게 영감을 받았다고 덧붙였다.[45]

인도 당국은 7월 12일 농민 반군에 대한 탄압 조치에 착수했다. 식민지 시대의 법률, 즉 기소나 재판 없이 체포를 허용하는 법률의 뒷받

---

*   Communist Party of India (Marxist)를 의미한다. 일반적으로 CPM이라고 부른다.

침을 받아 인도 경찰은 반군과 그 지도자들을 색출하기 위한 대규모 작전에 돌입했다. 7월 말까지 약 1,500명의 무장 경찰이 낙살바리에 자리 잡았다. 경찰의 압도적인 힘 앞에 벵골의 무장 농민운동은 와해 되었다.[46]

1967년 12월, 중앙정부는 불법활동방지법Unlawful Activities Prevention Act을 통과시켜 강압적 권력을 강화했다. 이 법은 정부와 경찰에 적법 절차 없이 체포할 수 있는 광범위한 권한을 부여했다. 이러한 권한은 "유죄가 입증될 때까지 무죄"라는 원칙을 위배하기 때문에 시민적 및 정치적 권리에 관한 국제규약을 위반하지만, 그것은 통치 도구 상자 에 빠르게 자리 잡았다. 농민 반란이 벵골에서 안드라프라데시와 인 접 주로 옮겨 감에 따라 경찰의 탄압도 확대되었다.[47]

경찰은 또한 그 반란이 벵골에서 학생이 주도하는 도시 게릴라 운 동과 결합하자 학생들을 탄압하기 시작했다. 낙살바리의 농민운동과 의 연계 때문에 "낙살라이트Naxalite"라는 딱지가 붙은 학생들은 반란 을 일으킬 자신만의 이유가 있었다. 캘커타의 명문 프레지던시 칼리 지Presidency College 캠퍼스에서 한 낙살라이트 지도자는 이렇게 말했다. "이 대학의 거의 모든 학생이 동조자입니다. 대부분의 학생들에게 미 래는 어둡습니다. 현재의 실업률로는 혁명의 대의에 헌신하지 않는 한 인생에 전망이 없습니다." 경찰은 시위하는 학생들을 제압하기 위 해 가혹한 "조작된 정당방위fake encounters"를 시도했다. 즉 경찰은 자위 권을 구실로 시위자들을 총으로 쏴 죽이는 자경단식 "즉결 정의instant justice"를 펼쳤다. 벵골의 도시 게릴라를 길들이는 임무를 맡은 경찰관 란짓 굽타Ranjit Gupta는 그러한 조작된 정당방위로 유명해졌다. 〈뉴욕 타임스〉의 취재로 파견된 작가 돔 모라에스Dom Moraes를 만나기 위해 그가 한 프라이빗 클럽의 로비에 들어섰을 때, 엘리트 손님들은 "축구 관중들처럼 일어서서" 그에게 박수를 보냈다. "참 잘했어"라고 그들

은 환호했다.[48]

독립 후 20년이 지나자 인도의 경제와 민주주의는 교착 상태에 빠졌다. 농업 생산성은 여전히 낮았고, 도시 일자리 전망도 암울했다. 불완전 고용과 인플레이션의 조합은 사람들의 삶에 재앙이었다. 봄베이에서는 많은 젊은 인도인들이 폭력적인 시브 세나에 운명을 걸었고, 벵골에서는 젊은 인도인들이 무장 반란에 참여했지만 실패했다.

근본적인 규범과 민주적 제도에는 균열이 가고 있었다. 시브 세나와 힌두 민족주의자들은 증오를 퍼뜨리기 위해 폭도를 동원했다. 이런 혼란 속에서 인디라 간디는 자신을 숭배의 대상으로 투영하려 했다. 민주주의는 겉으로는 기능했다. 인도는 선거를 치렀고 새 정부는 평화로운 방식으로 권력을 이양받았다. 그러나 인디라 간디 정부는 나라의 깊어가는 문제를 해결하기는커녕 국민에게 경찰을 풀어 놓았다. 자위권이라는 근거 없는 주장으로 보호받고 인도 엘리트들에게 찬사를 받은 경찰은 보복의 두려움 없이 행동할 수 있었다. 적법한 절차와 법 앞의 평등이라는 원칙은 휴지 조각이 되었다. 사법부는 속수무책으로 지켜볼 뿐이었다.

인도 시민들과 국가가 적대적인 자세로 맞서는 가운데, 인디라 간디의 계획은 무엇이었을까? 그녀의 다음 행보는 무엇이었을까?

10장
황후를 가지게 된 인도

마침내 2년간의 가뭄 끝에 1967년에서 1968년 인도 회계연도(4월 1일부터 3월 31일까지) 동안 비가 풍성하게 내렸다. 농업 생산이 증가하면서 GDP 성장률은 8% 이상을 기록했다.[1] 인도 경제에 깔렸던 암울함이 서서히 걷히기 시작했다.

하지만 인도의 정책 입안자들에게는 여전히 해야 할 일이 많았다. 줄어드는 해외 원조로 인해 정부는 철도, 전력 생산 및 유통과 같은 인프라에 대한 투자를 줄일 수밖에 없었다. 지난 2년 동안 경기가 안 좋아 세수가 감소했지만, 파키스탄과의 전쟁으로 인해 국방비 지출은 증가했다. 정부는 재정 적자를 줄이고 인플레이션을 억제하기 위해 지출을 삭감하고 세금을 인상했다. 그 결과, 제조업 생산이 감소했다.[2]

몬순의 신들이 인디라 간디에게 인도의 장기적인 경제 문제를 해결할 기회를 주고 있었다. 그러나 그녀는 시급한 경제 정책 입안에서 한발 물러섰다. I. G. 파텔의 회고록에 따르면, 1968년 예산안에는 어떤 중요한 정책적 방향도 포함되지 않았다. 인디라 간디는 인도의 교육 시스템이 매우 열악하다는 것을 인식하고 있었지만, 이 문제를 해결하려고 하지는 않았다. 그녀는 교육 시스템을 개편할 시기는 "우리가 자유를 얻었을 때"였다고 말했다. 그렇게 하지 않은 것이 "우리의 실수 중 하나"였음을 인정하면서도 이제는 "그것을 바꾸는 것이 쉽지 않다"고 했는데, 그렇게 하면 "엄청난 혼란"을 야기할 것이기 때문이었다. 농업에 있어서는 2년간의 가뭄과 미국으로부터의 식량 원조가 부족한 상황에서, 샤스트리 총리가 시작한 녹색혁명 전략을 소극적으로나마 계속할 수밖에 없었다. 그녀는 다수확 품종의 종자 수입을 늘리고, 농민들에게 식량 가격을 보장하고, 비료 사용과 소비자의 식량 구매를 보조했다.[3]

인디라 간디는 경제 정책 입안에 대해서는 소극적이었지만 1967년에 중단했던 민주주의의 가드레일을 시험하는 일은 계속했다. 그녀는 일종의 인도 황후가 되는 길을 걷고 있었다. 그리고 그녀가 왕좌에 오르면서 민주주의의 규범과 책임 의식은 점점 만연한 부패에 밀려나게 되었다. 이제 인디라의 권력 유지 계획에는 왕자로 만들어지고 있는 아들 산자이가 포함되었다. 인도는 점점 더 민주주의 국가처럼 보이지 않았다.

산자이가 자동차를 만들고 싶어 한다

산자이의 뒤를 봐주면서 인디라 간디는 그 누구보다도 자신이 위험한 도박을 하고 있다는 것을 알고 있었다. 1946년 12월 14일에 태어난 산자이는 버릇없는 아이였고, 나이가 들수록 파괴적인 본능만 커져갔다. 1953년, 아들이 7살이 되었을 때, 인디라 간디는 그를 히말

라야 산맥 기슭의 아름다운 소도시 데라둔Dehradun*에 있는 웰햄 예비
학교Welham Preparatory School**에 입학시켰다. 웰햄에 입학하자마자 한
교사는 산자이가 "문제아"임을 간파했고, 산자이는 즉시 그런 평가에
부응했다. 그의 행동은 10살에 데라둔에 있는 둔 학교Doon School***로
전학했을 때 특히 우려할 만한 수준이 되었다. 한 학생이 산자이가 모
기장에 가둔 참새를 풀어주자, 산자이는 그 소년의 새 테니스 라켓을
부숴버렸다. 학교 매점에서는 다른 학생들의 서명을 위조해 간식을
샀다. 나이가 들면서 그는 어머니와 할아버지가 마을을 방문할 때마
다 학교 캠퍼스를 벗어나 자동차를 훔쳐 마을을 쏘다녔다.[4]

인디라 간디는 산자이를 둔 학교에서 빼내 델리에 있는 아일랜드
가톨릭계 세인트 콜럼바 학교St. Columba's School****에 입학시켰다. 델
리에서도 그는 걸핏하면 자동차를 훔쳐 도시를 난폭하게 질주하다가
아무 곳에나 버리곤 했다. 1964년 5월, 경찰은 여성용 속옷과 술병이
든 도난 차량을 발견했다. 비록 산자이와 그 차량의 연관성이 모호했
지만, 한 뉴스 잡지의 편집장은 이 이야기를 기사로 썼고 인디라에게
산자이가 차량 도둑인지 아닌지 해명하라고 요구했다. 인디라가 해명
을 거부하자 산자이는 격분했다. 그러나 그녀는 산자이가 유죄일 가

---

*   뉴델리에서 북쪽으로 250킬로미터 정도 떨어진 해발 450미터의 도시로서 우타라칸드
    주의 주도이다. 히말라야 산기슭에 위치한 도시로서 육군 사관학교를 비롯한 다양한 정
    부기관 및 연구소가 위치한 곳이다.

** 1937년 설립된 남학생 기숙학교로서 인도 최고의 학교로 꼽힌다.

*** 1935년 설립된 남학생 기숙학교이며, 인도 정치, 경제 및 문화 등에서 활약하는 대다수
    인사가 이곳 출신이다. 1980년대 라지브 간디 총리 정권은 '둔 내각'이라고 비판받을 정
    도였다.

**** 델리 중심부에 위치한 학교로서 다수의 유명 인사를 배출한 명문 학교이다.

능성이 있는 다른 사건들이 분명히 제기될 것임을 알고 있었기 때문에 논란에 휘말리려 하지 않았다.[5]

1964년 세인트 콜럼바에서 고등학교를 마친 후, 인디라 간디는 해운 재벌이던 다람 테자Dharam Teja의 도움을 받아 산자이를 영국 크루Crewe*에 있는 롤스로이스 공장에서 도제 생활을 하도록 했다. 이제 그녀의 두 아들, 산자이와 형인 라지브Rajiv 모두 영국에서 교육을 받게 되었다. 한 기자가 그녀에게 많은 인도인들이 당신이 인도 교육 시스템을 형편없다고 여기는 것으로 생각한다고 지적하자 그녀는 사람들이 어떻게 생각하는지 신경 쓰지 않는다고 대답했다.[6]

산자이는 1964년 9월 크루에 도착해 3년간의 도제 과정을 시작했는데, 이 과정을 마치면 고급 자동차 정비사 자격을 얻을 수 있었다. 자동차 디자인과 제조에 관심이 있는 사람들은 고급 공학 학위를 취득해야 했다. 산자이의 우선순위는 자신이 원하는 대로 즐겁게 지내는 것이었다. 그는 중고 재규어 차량을 구입했는데, 종종 빨간 신호등에서 멈추는 것을 잊곤 했다. 한번은 그가 차를 "튜닝"해 "고속"으로 달리다가 제어력을 잃고 차가 뒤집혔다. 산자이는 런던에 있는 인도 고등 판무관(대사관)**에 끊임없는 당혹감을 안겨주었고, 대사관은

---

* 잉글랜드 체셔주에 위치한 철도교통의 요지로서 과거에는 기관차 제조 및 검사를 위한 시설이 집중되어 있었다. 롤스로이스 자동차는 이곳에서 1946년부터 자동차를 생산했지만 2002년 철수했다.

** 원문에는 Indian High Commission으로 표기되어 있다. 보통 고등 판무관으로 번역되는데 이 표현은 제국주의 시대 식민지나 보호국 등에 파견되는 사절을 의미하는 단어로 사용되었다. 영연방 국가의 경우 상당수가 '영국 국왕'을 국가원수로 삼고 있기 때문에 아그레망을 제정하는 것이 불가능하다. 그렇기에 대사embassy 대신 고등 판무관이라는 표현을 사용한다. 서울에 있는 인도대사관의 경우 Embassy of India라고 표현하지만 영국에 있는 대사관의 경우 High Commission of India라고 표기하는 이유가 여기에 있다.

그를 빼내고 사건을 무마해야 했다. 3년 도제 기간의 2년이 끝날 무렵이 되자 산자이는 자신이 시간 낭비를 하고 있다며 떠나겠다고 선언했다. 크루에서 그를 감독하던 사람들은 기뻐했다. 그들 중 한 명은 그를 비협조적이고 "술과 여자"에만 관심이 있는 사람으로 묘사했다. 1966년 12월, 영국에서의 마지막 사건은 경찰관이 그에게 무면허 운전으로 벌금을 부과한 일이었다.[7]

1967년 2월, 런던을 떠나면서 산자이는 〈데일리 메일The Daily Mail〉과 인터뷰를 했다. 기자가 그에게 정계 진출을 계획하고 있는지 묻자, 산자이는 (마치 그 가능성을 예상하는 것처럼) 총리가 되고 싶지 않다고 말하면서 "접시에 담겨 내게 건네지지 않는 한" 그렇게 하지 않을 것이라고 덧붙였다.[8]

델리로 돌아온 산자이는 역시 정비사인 아르준 다스Arjun Das라는 새로운 친구를 사귀었다. 1967년 중반부터 두 사람은 델리의 굴라비 바그Gulabi Bagh 지역에 있는 "쓰레기 더미와 넘쳐나는 하수도로 둘러싸인 더럽고 100평방피트(약 9.2제곱미터) 정도 되는 트럭 정비소"에서 빈둥거렸다. 그가 산자이를 곤경에서 벗어나게 해주어서인지 아르준은 인디라 간디의 "존경과 신뢰"를 얻었다. 그녀는 심지어 아르준이 시의회 선거에 출마했을 때 그를 위해 선거운동을 하기도 했다. 어느 날 저녁 총리 저녁식사 자리에서 그녀는 "나에게는 아들이 둘이 아니라 셋이 있어"라고 말할 정도였다.[9]

그러던 중 완전한 국내 기술과 부품으로 만든 자동차를 생산할 자동차 제조사에게 면허를 부여할 계획이라고 인도정부가 발표하자, 산자이와 아르준은 경쟁에 뛰어들었다. 외국 기술이나 부품 없이 인도

여기에서는 우리나라에서 일반적으로 사용되는 '대사'로 옮겼다

에서 자동차를 생산한다는 발상은 비현실적이었다. 네루의 중공업 육성 계획에서도 누군가 처음부터 기계를 만드는 상황을 염두에 두지는 않았다. 누구나 인도가 기술, 장비, 원자재를 수입할 것으로 알고 있었다. 산자이와 아르준이 자동차를 재발명하고 조립한다는 생각은 농담거리 수준이었다. 정비사로서 그들은 공학적 천재성도 전혀 보여주지 않았다. 1968년 9월, 그들은 "오토바이 엔진으로 구동되는" 소형차를 조립했다고 전해진다. 산자이는 11월에 제안서를 제출했다. 그는 6,000루피(800달러)에 판매되는 자동차를 생산할 것이며, 그 자동차는 1갤런의 휘발유로 90킬로미터(56마일)를 달릴 수 있다고 장담했다. 그는 매년 5만 대의 자동차를 생산하겠다고 공언했다.[10]

1968년 11월 13일, 인도 정부는 산자이의 제안을 최종 후보로 선정했다고 발표했다. 르노Renault, 도요타Toyota, 폭스바겐Volkswagen과 같은 세계적으로 유명한 제조사들도 후보에 포함되어 있었다. 이 엘리트 경쟁에 산자이를 진입시킴으로써, 인디라 간디는 인도에 막대한 영향을 미치게 될 권력을 풀어주고 있었다.[11]

인도 역사의 한복판에서 이루어진 은행 국유화

정치적 시간은 멈추지 않았다. 국민회의는 주 의회 보궐선거에서 계속 패배했다. 불완전 고용과 인플레이션은 계속해서 사회적, 정치적 시위를 촉발시켰다. 폭력의 바이러스가 퍼지고 있었다. 봄베이에서 시브 세나를 이끌던 발 타케레이는 정부가 이웃 주인 마이소르Mysore주의 마을들에 대한 마하라슈트라의 영유권 주장을 해결할 때까지 중앙정부 장관의 봄베이 진입을 허용하지 않겠다고 발표했다. 부총리이자 재무장관인 모라르지 데사이가 어쨌든 봄베이에 들어가

기로 결정하자, 타케레이의 시브 세나는 "총궐기"하여 "4일간의 공포" 동안 사람들에게 부상을 입히고 재산에 피해를 준 폭동을 선동했다. 지역적 권리와 특권을 주장하는 이와 유사한 다른 세나Senas(군대)들이 전국 각지에서 형성되었다.[12]

1969년 5월 3일, 인도 대통령* 자키르 후세인Zakir Husain이 심장마비로 사망했다. 그리고 사르다르 파텔과 랄 바하두르 샤스트리의 사망에 이어, 후세인 대통령이 죽음은 얼마 되지 않은 독립 인도의 역사를 크게 바꾸는 일련의 사건들을 촉발시켰다. 인디라 간디는 부통령 V. V. 기리V. V. Giri**를 다음 대통령으로 지지했지만, 신디케이트는 그녀의 추천을 무시했다. 그들은 인디라의 잘 알려진 정적인 닐람 산지바 레디Neelam Sanjeeva Reddy***를 지명하기로 결정했는데, 인디라는 1967년 2월 선거 이후 그를 내각에서 배제했었다. 인디라는 당연히 산지바 레디가 인도 대통령이 되는 것을 원하지 않았겠지만, 인도 대통령이 주로 의전적 역할을 수행한다는 점을 감안할 때 그렇게까지 반대했던 이유는 분명하지 않았다. 아마도 그녀는 예를 들어 모라르지 데사이가 다시 그녀에게 도전한다면, 레디가 대통령의 권한을 사용하여 데사이에게 정부를 구성하도록 허용할 수 있고, 그렇게 되면 자신이 밖에서 추위에 떨게 될 것이라고 우려했을 가능성이 있다.[13]

---

*   인도 공화국의 국가원수이다. 인도 의회와 각 주 대표자 등으로 구성된 선거인단에 의해 선출된다. 2024년 현재 인도의 대통령은 드루파디 무르무Droupadi Murmu이며 제15대 대통령이다.

**   바라하기리 벵가타 기리. 1969년 8월 24일 인도의 4대 대통령으로 취임하여 1974년 8월 24일까지 대통령직을 역임했다.

*** 인도 독립운동가로서 1956년 안드라프라데시주의 초대 총리를 역임하였으며 1977년부터 1982년까지 제6대 대통령을 역임했다.

신디케이트의 결정에 공개적으로 반항할 수 없다는 것을 알고 있던 인디라는 권력을 위한 정치적 싸움을 겉보기에는 이념적 투쟁인 것처럼 바꾸었다. 1969년 7월 9일 방갈로르에서 열린 국민회의 지도자 회의에서 그녀는 인도 은행의 국유화, 즉 국가 인수를 제안했다. 그녀의 제안은 종전에 은행에 대한 "사회적 통제"를 채택하기로 했던 국민회의 지도자들 간의 합의에 반하는 것이었다. 이 합의에 따르면 재무장관은 은행들에게 농민, 소기업, 기타 취약 차입자들에게 더 많이 대출해 줄 것을 요청하는 한편, 은행 소유주들에게는 은행 이사회에서 그들의 대표성을 줄이도록 설득할 것이었다. 인디라의 은행 국유화는 사회적 통제를 중단하고 정부가 은행과 대출 결정을 직접 관장하도록 할 것이었다.

인디라 간디는 은행 국유화를 신속히 밀어붙이기로 결정했다. 이제 그녀는 시간과의 경주를 하고 있었다. 의회는 7월 21일 휴회에서 복귀할 예정이었고, 일단 그렇게 되면 국유화에 찬성하는 과반수 의석을 확보할 수 있을지 확신할 수 없었다. 따라서 그녀는 의회가 다시 소집되기 전에 대통령령(명령)이 필요했다. 기리 대통령 권한대행은 7월 20일 정오에 "무소속" 후보로 대통령 선거에 출마하기 위해 대통령직에서 물러날 계획이었다. 간디는 기리가 7월 19일까지 법령에 서명하기를 원했다. 그녀의 작전은 국유화에 반대할 것이 확실한 모라르지 데사이 재무장관을 7월 16일에 해임하면서 시작되었다. 데사이는 점심을 먹다가 총리로부터 무뚝뚝한 해임 서한을 받았다.[14]

7월 17일 늦은 저녁, 인디라 간디의 오른팔인 파르메시와르 나라얀 학사르Parmeshwar Narayan Haksar는 법령 초안 작성을 위한 팀을 구성하기 시작했다. 다음 날, 인디라는 당시 경제 담당 차관이자 최고위 경제관료였던 I. G. 파텔을 불렀다. 그녀는 파텔에게 퉁명스럽게 "정치적 이유로 은행을 국유화하기로 결정했다"고 말했다. 파텔의 임무는 하룻

밤 사이에 서류 작업을 완료하고 기리가 법령에 서명한 후 인디라가 국민들에게 전달할 연설문을 준비하는 것이었다. 파텔은 나중에 순전히 "정치적 투쟁의 목적으로 중대한 결정이 내려지는 것에 놀랐다"고 썼다. 경제적 장점에 대한 논의도 없이, 그리고 관심도 없어 보이는 가운데, 인디라는 경제적 괴물을 풀어주고 있었다. 최대 인도 은행인 스테이트 뱅크 오브 인디아State Bank of India는 이미 공공 소유하에 있었다. 추가적인 국유화를 통해 정부는 사실상 전체 인도 은행 시스템과 은행 예금의 90%를 통제하게 될 것이었다.[15]

실제로 법령은 제때에 기리의 서명을 받을 준비가 되어 있었다. 7월 19일, 세계가 닐 암스트롱의 "인류를 위한 거대한 도약"에 경탄할 때, 인도에서는 가장 큰 민간 은행 14곳이 인도 정부의 소유와 통제하에 들어갔다. 은행 주주들은 법원에서 정부가 사유 재산을 강탈했다고 비난했고, 정부는 원래 계획했던 것보다 더 높은 보상금을 지불함으로써 이 비난을 잠재웠다. 그렇게 그 일은 마무리되었다.[16]

인디라 간디는 정치적 결정을 내렸고, 즉시 정치적 배당금이 입금됐다. 수백만 명의 인도인들이 그녀를 "가난한 사람들의 천사"로 칭송했다. 그녀는 그 정서를 이용해 은행 국유화를 "서민을 위한 조치이자 대기업에 대한 일격"이라고 묘사했다. 종종 지지자들로 조직된 군중들이 "그녀의 뉴델리 방갈로 앞에서 인디라 간디의 인기를 과시하는 자발적인 시위처럼 보이는 집회를 연이어 열기 시작했다". 교사, 택시 기사, 도비dhobis(빨래 일하는 사람), 인력거꾼, 구두 수선공들이 "국유화의 사회적 혜택"을 칭송했다. 그녀의 정적들은 "신경이 곤두섰다".[17]

피할 수 없는 일이 뒤따랐다. 간디는 국민회의 국회의원들을 국민회의 후보인 산지바 레디에게 투표해야 한다는 의무에서 "해방"시켰다. 그녀는 그들이 "양심"이 이끄는 바에 따라 투표할 수 있다고 말했다. 많은 국민회의 국회의원들이 기리에게 투표했고, 기리는 1969년

8월 인도 대통령 선거에서 근소한 차이로 승리했다. 레디의 패배는 신디케이트에 타격을 주었고, 그들은 1969년 11월 12일 간디를 국민회의에서 제명했다. 그해 말 무렵 당은 확연히 다른 두 개의 파벌로 분열되었다. 대부분의 국민회의 국회의원들은 인디라 간디와 함께했지만, 의회 과반수를 확보할 수는 없었다. 총리직을 유지하기 위해 그녀는 인도공산당, 타밀나두의 드라비다 문네트라 카자감, 그리고 소수의 무소속 국회의원들에게 의지해야 했다.[18]

순풍을 등에 업은 인디라는 자신을 "네루보다 더 사회주의적"인 인물로 자처했다. 사실, 전기 작가 우마 바수데브에 따르면, 그녀는 "사회주의 이상을 위한 사실상의 선전전"을 시작했다. 그리고 농촌, 도시, 더 나아가 모든 종류의 청중들에게 "사회주의 개념"에 대해 끊임없이 이야기했다.[19]

"사회주의적" 승리의 열기 속에서 1970년 9월 24일 인디라 간디는 산자이를 내세우기 시작했다. 간디는 아들의 신청서를 서둘러 처리한 것에 대해 불평하는 사람들에게 "내 아들은 진취성을 보여주었고 나는 그를 탈락시킬 수 없었다. 내가 그를 격려하지 않는다면, 어떻게 다른 젊은이들에게 위험을 감수하라고 요구할 수 있겠는가?"라고 대답했다. 그 비판자들을 비웃듯이 그녀는 11월 30일 내각 회의를 주재했는데, 그 자리에서 산자이는 순수 인도산 자동차를 제작할 수 있는 공식적인 "의향서"와 시제품 제작 승인을 받았다. 제안서를 제출하도록 초청받은 원래 14개 신청자 중에서 산자이의 제안서는 순수 국내 기술과 부품을 사용한다는 기준을 충족시킨 단 두 곳 중 하나였다. 당연한 일이었다! 합리적인 자동차 제조사라면 그렇게 비현실적인 일을 시도하지 않을 것이었다. 국내 기술 기준을 충족시키겠다고 제안했던 다른 신청자는 포기하고 사라졌다.[20] 산자이의 자동차는 힌두 신화에서 바람의 신의 자손이기도 한 원숭이 신 마루티Maruti의 이름을 따서

명명될 것이었다.

산자이의 자동차는 정치적 후폭풍을 일으켰다. 하리아나Haryana주 수상인 반시 랄Bansi Lal*은 산자이를 떠오르는 별로 보고 산자이의 거주지이기도 한, 총리 관저에서 약 25킬로미터 떨어진 델리에서 구르가온Gurgaon으로 가는 길목에 공장을 세울 수 있도록 1등급 농지를 제공했다. 산자이는 구매 조건을 "지시"했고, 담당 공무원은 서둘러 동의했다. 약 1,500명의 농민들이 재산을 빼앗겼고, 산자이는 "헐값에" 땅을 획득했다. 인도 국방장관 비디아 차란 슈클라Vidya Charan Shukla**는 탄약고 근처에서의 건설을 허용하지 않는 육군 규정과 활주로 근처에서의 건설을 허용하지 않는 공군 규정을 무시했다. 저명한 기업인들이 산자이의 이사회를 구성했다. 이사회는 종종 총리 관저에서 회의를 했는데, 기안 프라카시가 말한 대로 이 관행은 "프로젝트 뒤에 있는 권력에 대해 의심의 여지를 남기지 않았다". 인디라 간디 내각의 장관인 랄리트 나라얀 미슈라Lalit Narayan Mishra는 자동차를 판매할 딜러들로부터 차량 제공을 조건으로 거액의 선금을 모금하는 것을 돕는 등 자본 조달에 중요한 역할을 했다.[21]

의도했든 그렇지 않든, 잠재적 자동차 생산자로서 산자이의 부상과 은행 국유화는 비슷한 시기에 이루어졌다. 국유화된 은행 중 두 곳인 센트럴 뱅크Central Bank와 펀자브 내셔널 뱅크Punjab National Bank가 마루티에 대출을 제공했다. 이 은행 직원들은 산자이의 마루티 계열

---

* 인도 독립운동가로서 하라아나주 수상을 비롯해 국방부장관 등을 역임했다. 산자이와 막역한 친구 사이였으며 1996년 국민회의와 결별하여 별도의 정당을 창당했다.

** 1957년 처음 의회 의원으로 선출된 이후 2013년 사망할 때까지 총 9번 의원으로 선출되었다. 1967년부터 1977년까지 여러 장관직을 역임했다. 언론에 대한 탄압으로 악명 높았다.

사를 돕기 위해 "최선을 다했다". 은행 직원들은 산자이 간디가 "중요한" 고객이라는 사실을 극도로 의식하고 있었다. 자신이 가진 영향력을 정확히 알고 있던 산자이는 그 상황을 이용해 은행 직원들을 윽박지르며 마루티에 대한 대출 금리를 낮추고 담보물 기준을 완화시키는 엉성한 서류 작업을 강요했다.[22]

그 불행한 시작부터 은행은 부패의 온상이 되었다. 부유하고 정치적으로 강력하며 부패한 엘리트들은 유리한 조건으로 대출을 받았고, 종종 대출금을 갚지 않았다. 국유화된 은행의 청렴성과 재정 건전성은 꾸준히 악화되었고, 국유화된 은행이 사회주의적 목적 또는 실제로 어떤 경제적 목적에 봉사하고 있다는 주장은 전혀 사실이 아니었다.

국유화된 은행들은 이전에 "지점이 없던" 지역에 빠르게 진출했다. 사람들은 국유화된 은행이 민간 소유 은행보다 더 안전하다고 믿었기 때문에 더 많은 예금을 예치했다. 정부는 예금의 일부를 사용해 자금을 조달했다. 농민과 도시의 소기업들은 더 많은 신용을 제공받았지만, 정치적 영향력을 이용하면 대출금을 갚지 않아도 된다는 것을 금세 알게 되었다. 국유화된 은행의 고객 서비스는 악화되었는데, 은행 직원들이 공무원과 같은 직업 안정성을 누려서 고객에게 무관심하거나 심지어 적대감을 보이더라도 해고할 수 없었기 때문이다.[23]

I. G. 파텔이 지적한 대로, 은행 국유화가 완료된 후에도 나머지 경제 정책은 "정형화되고 신중하며 전통적인 노선"에 머물렀다.[24]

정책 태만에는 대가가 따른다

당시는 인도 경제 발전의 역사에서 중요한 순간이었다. 인도는 놀라운 속도로 뒤처지고 있었다. IMF는 1970~1971 회계연도에 인도의 GDP가 전년도와 마찬가지로 5% 증가했다고 보고했다. 농업 생산은 유지되었지만, 산업 생산과 수출 실적은 "덜 긍정적"이었다. 일반적으로 단기 거시경제에 초점을 맞추는 IMF로서는 이례적으로, 이 보고서는 실업과 불완전 고용이라는 인도의 심각한 장기 과제에 특별한 주의를 기울였다. 보고서는 인도의 인구가 매우 빠른 속도로 증가하고 있기 때문에 취약한 일자리 창출이 특히 우려된다고 지적했다.[25]

거의 동시에 이루어진 한국에 대한 평가에서는 1969년 16%의 "주목할 만한" GDP 성장에 이어 1970년 11%의 성장을 보고했다. 11%로의 성장 둔화조차도 경제 과열(높은 인플레이션과 더 큰 국제수지 적자)을 막기 위해 한국 당국이 의도한 것이었다. IMF는 한국의 제조업 수출 급증을 강조했다. 이러한 수출은 풍부한 일자리를 창출하여 한국에서는 거의 완전 고용이 달성되었다. 1960년대 중반 세계은행이 예상했던 대로 한국은 노동집약적 제조업 수출의 중심지가 되어가고 있었다.[26]

1970년 말 IMF의 이 스냅샷은 일자리를 거의 창출하지 못하는 수준의 경제 성장에 갇힌 인도, 그리고 폭발적이고 일자리가 풍부한 경제 성장의 한가운데에 있었던 동아시아의 호랑이들(홍콩, 싱가포르, 한국, 대만)을 포착했다. 그들은 일본의 뒤를 이었지만 이제는 노동집약적 제조업 제품 수출에서 일본을 앞지르고 있었다.[27]

오늘날 동아시아의 기적적인 성장의 핵심 요소들은 잘 알려져 있다. 그 전략은 흔히 표현되는 대로 자유시장의 활성화를 장려하는 단순한 "자유화"가 아니었다. 대신 동아시아 국가들은 모든 아동을 위한 양질의 초등교육부터 시작하여 아동 교육에 엄청난 중점을 두었다. 학교는 세계 시장을 겨냥한 점점 더 정교한 제조업 제품을 생산하는 남녀 산업 인력을 배출했다. 광범위한 교육과 고용 기회는 동아시아의 성장이 소득 불평등 감소 및 빠른 빈곤 감소와 함께 이루어지도록

보장했다.[28]

동아시아 국가들의 주목할 만한 요소는 여성의 경제활동인구 참여 증가였다(그림 10.1). 동아시아는 선순환에 있었다. 교육받은 여성들이 일하러 갈수록 자녀 수는 줄어들었고 그들은 특히 자녀의 건강과 교육에 더 많은 관심을 기울였다.[29]

동아시아 정부들은 경제 과열을 예측하고 방지하는 건전한 거시경제 관리에도 주의를 기울였다. 특히 국내 물가가 너무 빠르게 상승할 때마다 국제 경쟁력 상실을 방지하기 위한 환율의 평가절하에 항상 개방적이었다. 인도 역시 인플레이션 억제에 긴축 재정을 사용했지만, 환율 평가절하는 국제적으로 강요된 굴욕으로 여겼다. 1966년 평가절하 이후 그것은 금기가 되었다. 평가절하에 대한 이러한 혐오감은 인도의 수출 성장을 심각하게 제약했다.[30]

세상은 나아갔지만, 인도는 제자리걸음을 했다. 고질적인 불완전 고용은 엘리트들 간의 정책 논의에서는 거의 다루어지지 않았다. 인

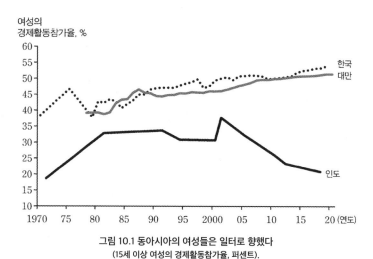

그림 10.1 동아시아의 여성들은 일터로 향했다
(15세 이상 여성의 경제활동참가율, 퍼센트).

출처: World Bank, World Development Indicators for Korea and India, SL.TLF.CACT.FE.NE.ZS; National Statistics for Taiwan, https://eng.stat.gov.tw/ct.asp?xItem=31332&ctNode=1611&mp=5.

디라 간디는 야심 찬 경제 및 사회 정책 조치를 취해야 할 필요성을 느끼지 못했다. 오직 산자이와 그녀 자신의 정치적 생존 문제만이 그녀를 움직였다.

황후의 대관식

1966년 말부터 인디라 간디는 스스로를 구원자로서 내세우기 시작했다. 그녀는 "국민들 사이에서 나의 지위는 논란의 여지가 없다"고 주장하며 "인디라 암마"라는 칭호를 받아들였다. 특히 은행 국유화 이후 그녀의 대중적 카리스마와 신비감이 커지면서, 그녀는 제도적 권력을 강화했다. 공직 임명과 형사 수사의 중요한 기능을 총리실 직속으로 가져왔다. 또한 정치적 감시를 위해 총리실의 자원을 확대했다. 1970년 12월, 그녀는 다음 단계의 조치에 착수했다. 다른 정당에 의존하는 소수 정부의 수장으로 남는 대신, 예정보다 1년 앞선 1971년 3월 조기 총선을 요구했다. 한 〈뉴스위크Newsweek〉 기자가 다가오는 선거의 쟁점이 무엇이냐고 묻자, 인디라는 간단히 "내가 쟁점"이라고 대답했다.[31]

1971년 선거에서 인디라는 자신의 브랜드를 홍보하기 위해 단호하게 또 다른 노력을 기울였다. 종종 학생들과 국민회의 청년조직 회원들은 "인디라 간디의 사진이 인쇄된 수백만 장의 포스터와 배지"로 전국을 뒤덮었다. 포스터와 기타 홍보 자료들은 "대도시에서 소도시로, 그리고 마을로 스며들었다". 1966년과 1967년처럼 인디라는 지칠 줄 모르고 선거운동을 했으며, "대규모 공개회의를 250회 진행하고 길에 소규모로 모인 사람들을 향해 수백 차례" 연설했다. 메시지는 "국민회의가 아니라 그녀 개인이 경제 및 사회 개혁에 대한 새로운 의

지를 대표한다"는 단순한 것이었다.[32]

브랜딩과 메시징은 효과가 있었다. 당시 그녀의 친구였던 라즈 타파르Raj Thapar는 다가오는 선거에서 누구를 선호하는 후보로 생각하는지 델리의 택시 기사에게 물었다. 그 착한 사람은 이 택시 정류장에 있는 모든 기사들이 "인디라"에게 투표할 것이라고 말했다. 타파르가 그것이 국민회의를 의미하는 것인지 캐물었을 때, 그 택시 기사는 어떤 정당도 투표할 만한 가치가 없으며, 그들의 투표는 인디라를 위한 것이라고 대답했다. 그녀는 평범한 사람들을 돌보았다. 그녀는 은행을 국유화했고 부자들에게 맞설 수 있다는 것을 보여주었다. 그녀는 야당 지도자들로부터 예기치 않은 선물도 받았다. 그들이 "인디라 하타오Indira hatao(인디라를 제거하라)"라는 슬로건으로 유권자들을 결집시키려 했을 때, 그녀는 "가리비 하타오garibi hatao(빈곤을 제거하라)"라는 자신만의 슬로건으로 대응했는데, 이는 그녀를 가난한 사람들의 챔피언으로 오래 각인시킨 기회주의적 구호였다.[33]

유권자들은 인디라에게 압도적인 승리를 안겨주었다. 그녀의 득표율은 44%로 상승했고, 하원 의석의 3분의 2를 차지하기에 충분했다. 선거 후 간디는 자신의 사회주의적이고 친서민적인 이미지를 높이기 위해 전직 왕족들의 "사금고privy purses"를 박탈하는 작업에 즉시 착수했다. 이 "사금고"는 왕국에 대한 모든 권리를 포기하는 대가로 정부가 왕족들에게 약속한 연금이었다. 그런데 사법부가 이 작업을 사유재산을 빼앗는 것으로 간주하여 위헌이라고 판단할 수 있다는 고민에 직면했다. 그녀는 헌법 개정안을 작성할 장관들을 직접 선택했다. 개정안은 국가정책지침Constitution's Directive Principles of State Policy(CDPS)의 "사회주의적 약속"에 우선순위를 부여했다. 이제 의회는 재산권을 포함하여 헌법으로 보장된 기본권을 무시하는 법률을 제정할 수 있게 되었다. 여기서의 법률적 트릭은 의회가 "사회주의적" 목표를 달성하기 위해 노력하고 있다고 주장하는 한 사유재산권을 부인할 수 있다는 것이었다. 의회는 자신의 권한을 확고히 하기 위해 1971년 12월 사금고를 폐지하는 헌법 개정안을 추가로 통과시켰다.[34]

인디라 간디는 인도군을 동원해 파키스탄군에 의한 동파키스탄 시민들의 집단학살을 저지하면서 국내외적으로 더 큰 명성을 얻었다. 그 과정에서 그녀는 파키스탄 분열의 조력자 역할을 했다. 서파키스탄은 파키스탄으로 남았고, 동파키스탄은 새로운 국가인 오늘날의 방글라데시로 변모했다. 널리 읽히는 영국 시사주간지 〈이코노미스트〉는 간디를 인도의 "황후", 나아가 남아시아의 "황후"로 추켜세웠다. 그녀는 국민회의에서 죽은 나무를 제거하고 당을 "자신의 이미지로" 재편했을 뿐만 아니라, 파키스탄을 위축된 국가로 만들었고 방글라데시는 당분간 인도의 "속국client"으로 남을 것이라고 〈이코노미스트〉는 말했다.[35] 처음도 아니고 마지막도 아니었지만, 곧 크게 틀린 것으로 판명될 대담한 예측을 하고 있었다.

부패가 뿌리내리다

1968년부터 1971년까지 가뭄 없이 4년의 호황이 지속되었다. 다수확 품종은 관개가 잘된 지역에서 성과를 내기 시작했다. 인플레이션은 긴축 재정 및 통화 정책에 의해 어느 정도 낮게 억제되었다. 인도 산업은 풍작을 거둔 농민들의 수요에 힘입어 빠르게 성장하고 있었다.

과거와 비교하면 인도 경제가 움직이고 있었지만, 여전히 많은 수의 젊은 구직자들을 고용할 수 없었다. 인디라나 인도 지도부의 그 누구도 동아시아 경제가 그들의 성공에 활용한 사용한 공공재 제공과 고용 창출 방법을 배울 이유를 찾지 못했다.

인디라는 자신의 권력을 공고히 하는 데에만 주력했다. 심지어 1971년 선거 전에 그녀는 공무원 임명과 형사 수사에 대한 주요 행정 권한을 총리실로 가져왔다. 그녀는 당직자 선거를 중단함으로써 국민회의 내에서의 민주주의를 폐지했다. 대신 그녀 자신이 당 간부와 국민회의가 다수당인 주의 수상을 임명했다. 선거 승리 2개월 후인 1971년 5월 그녀는 정부의 예방 구금 권한을 갱신했다. 이 권한은 1969년 당시 간디의 소수파 정부가 연합하고 있던 공산당이 정부에 무제한적 권한을 부여하는 1967년 불법활동방지법의 갱신을 거부하면서 소멸되었던 것이었다. 간디의 새로운 치안유지법Maintenance of Internal Security Act, MISA에 따라 중앙정부와 주 정부는 국내 안보를 해치거나 국가 방위를 위태롭게 하는 등 광범위하게 정의된 혐의를 이유로 누구든지 최대 1년 동안 구금할 수 있게 되었다.[36]

헌법학자 그랜빌 오스틴이 강조한 바와 같이, 인도에는 사실상 더 이상 삼권분립이 존재하지 않았다. 입법부는 간디의 제안을 거수기처럼 통과시켰다. 그녀의 헌법 개정안과 동시에 진행된 사법부 인사 개입으로 인해 행정부에 대한 견제 수단으로서의 독립적인 사법부 역할은 축소되었다.[37]

한편, 인디라 간디 주변에서 부패가 소용돌이치고 있었다. 그녀는 산자이가 최근 국유화된 은행을 자신의 개인 저금통으로 사용하는 것을 눈감아 주었다. 또 다른, 그리고 아마도 가장 부패를 부추긴 원인은 기업들의 정당 기부를 금지하기로 한 의회의 1969년 5월 결정이었다. 1969년 국민회의가 분열되기 몇 달 전 반부패 열기 속에 내려진 이 결정의 명시적 의도는 정치에 대한 기업의 영향력을 근절하는 것이었다. 그러나 더 개연성 있는 의도는 이것이 국민회의가 친기업 정당, 특히 스와탄트라당의 정치자금 모금 가능성을 위축시키기 위한 계산된 노력에 따른 것이었다. "금지된" 기업의 기부금은 실제로는 은밀히 계속되었다. 기업들은 "검은 돈"(세무당국의 그물을 통과하지 않은 돈)을 사용하여 기부금을 냈다. 기업들이 당선 가능성이 높은 사람들에게 돈을 주었기 때문에, 인디라는 그녀의 브랜딩 노력 강화로 선거운동 비용이 급증했을 때 최고의 수혜자가 되었다.[38]

일단 검은 돈이 정치의 주요 통화가 되자, 범죄자들은 정치에 참여할 더 많은 이유와 더 큰 능력을 갖게 되었다. 그들은 어쨌든 검은 돈의 저장고였고, 그들 역시 정치적 영향력을 행사하고 싶어 했다. 석탄 마피아, 목재 마피아, 주류 마피아 모두 난투극에 뛰어들었다.[39]

다른 형태의 부패도 성장했다. 특히 1969년 말 국민회의가 분열된 이후, 인디라의 부하들은 허가권과 산업 규제 권한을 이용해 기업들로부터 점점 더 많은 금액을 뜯어냈다. 1970년 6월, 정부는 독점 및 제한적 거래관행법Monopolies and Restrictive Trade Practices Act, MRTPA 을 기존 통제 수단에 추가했다. MRTP법은 "사회주의적" 조치로 선전되었다. 모든 선진 자본주의 국가에 독점력을 억제하는 제도가 있다는 점에서 그것은 이상한 특징이었다. 그러나 인도에서 MRTP법은 거의 제정 초기부터 부패의 도구가 되었다. 관료들은 새로운 산업에 진입하더라도 기업의 면허 신청을 지연시키고 거부할 수 있는 하나의 도구를 더 갖게 되었다. 일부 대기업 집단은 사전에 사업 확장 및 운영 권한을 차지함으로써 경쟁을 차단하고 MRTP법의 명시된 목적과 정반대로 움직였다.[40]

인디라 간디의 부패 기구 정점에는 L. N. 미슈라가 있었다. 그는 인디라 간디 정부에서 장관으로 재직했으며, 국민회의 회계책임자로서 기업으로부터 자금을 짜내는 일을 담당했다. 산자이의 마루티 자동차 사업을 위해 자본을 조달하는 데 앞장선 바로 그 미슈라였다. 이제 걸려 있는 것은 훨씬 더 컸다. 이제 "서류가방 정치" 시대였다. 각각의 허가나 면허는 사업가에게 일정량의 현금이 든 서류가방을 요구했다.

그리고 곧 서류가방이 아니라 여행 가방이 필요해졌다.[41]

저널리스트이자 작가인 쿨딥 나야르Kuldip Nayar에 따르면, 불법 기업 자금을 최종적으로 소유한 사람은 아마도 인디라 간디 자신이었을 가능성이 매우 크다. 두려움과 증오의 대상인 신디케이트의 일원이었던 S. K. 파틸S. K. Patil은 나야르와의 인터뷰에서 여행 가방에 든 거액의 현금을 그녀에게 건네주었다고 주장했다. 그리고 그녀는 심지어 그 여행 가방조차 돌려주지 않았다고 파틸은 불평했다.[42]

좀 더 냉정한 I. G. 파틸은 그것을 단지 약간 더 정중하게 표현했다. 인디라의 "오만과 망상"은 그녀가 권력을 강화함에 따라 커졌다. "그녀는 자신이 좋아하는 대로 할 수 있었고 옳고 그름에 대해 크게 걱정할 필요가 없었다." 파틸이 경제 담당 차관으로서 인도 기업들을 불행하게 만드는 결정을 내렸을 때, 기업들은 L. N. 미슈라가 자신들의 사람이라는 것을 알고 있었다. 미슈라는 "명백한 대가성 거래를 위해 특정 기업이나 다른 곳에 특혜를 달라"고 파틸을 끊임없이 괴롭혔다. 그리고 "모두가 알고 있듯이" 미슈라는 "총리의 지지"를 받고 있었다고 파틸은 썼다.[43] 산자이, L. N. 미슈라, 총리 이 3인방은 함께 모든 일을 꾸몄다.

4년 동안 인디라 간디는 슬로건과 헤드라인을 장식하는 결정을 내리며 활동했다. 아버지는 "사회주의"라는 주문을 믿었을지 모르지만, 딸은 그 수사를 꿰뚫어보지 못하는 모든 사람을 경멸하는 의미로 사용했다. 그 수사의 허울 뒤에서 인도 정치에 극심한 부패를 주입했다. 그동안 경제 발전이 미미한 가운데 시민들은 계속되는 경제적 불안을 느꼈다. 그리고 호황은 1971년 8월 가뭄으로 끝이 났다.

인디라 간디의 정치적 성공은 1972년 주 의회 선거운동까지 이어졌다. 그녀는 카리스마를 유지했다. 빈곤을 줄이겠다는 약속은 여전히 대중의 마음에 와닿았다. 그녀는 당 활동가들이 여러 언어로 제작한 "포스터, 영화, 영화 슬라이드, 전단지, 광고판"에 미친 듯이 돈을 쓰도록 무제한적으로 검은 돈을 사용할 수 있었다. 국민회의는 다시 한번 손쉽게 선거에서 승리했다. 그녀의 강력한 정치적 지배력을 속수무책으로 무기력하게 바라보던 자나 상의 지도자 아탈 비하리 바즈파이Atal Bihari Vajpayee는 야당이 전국에서 2,700명의 후보를 내세운 반면, 국민회의는 모든 선거구에서 인디라를 출마시켰다고 말했다.[44]

하지만 인도는 또 다른 전환점에 있었다. 인디라가 정적들을 압도하는 동안에도 전국적인 갈등과 혼란은 급속하게 그녀와 나라를 집어삼킬 위험을 가하고 있었다. 인도의 정치는 도덕적으로 닻을 내리지 못했다. 강력한 경제적 역풍이 다가오고 있었다. 그리고 거짓 약속과 그에 수반되는 냉소에 지친 젊은 인도인들은 분노를 폭발시킬 준비가 되어 있었다.

11장
분노가 억압을 만나다

1971년 말부터 인도 경제는 악화일로를 걸었다. 날씨의 신은 1971년 말부터 1975년 중반까지의 대부분의 기간 동안 미소 짓지 않았다. 실제로 그 기간의 끝 무렵에, 신들은 얼굴을 찌푸렸다. 또한 1973년 말 세계 석유 가격 급등이 식품 가격 상승으로 인한 인플레이션에 더해지면서 경제 성장은 더욱 둔화되었다. 이러한 연이은 위기로 인해 많은 인도인들이 일자리를 찾고 생필품 비용을 지불하기가 더 어려워졌다. 분노한 인도인들과 인디라 간디의 억압적 권력 사이에서 불협화음이 끓어올랐다.

경제 위기가 계속되다

1971년 8월, 거의 주목받지 못한 〈타임스 오브 인디아〉의 사설은 양호한 가을(카리프) 작물 수확 전망을 엇나가게 만든 "가뭄과 홍수의 맷돌"에 대해 경고했다. 전통적으로 건조한 지역인 마하라슈트라와 안드라프라데시는 특히 물이 부족했다. 다른 곳에서는 "벌거벗은" 히말라야 산악지대에 많은 비가 내려 동부 주, 특히 비하르에서 홍수로 인한 대혼란이 일어났다. 인도 당국은 그다지 우려하지 않았다. 녹색 혁명이 효과를 발휘하는 것 같았다. 이전 연도인 1970~1971년에 인도는 1억 800만 톤의 곡물을 생산했는데, 이는 사상 최고의 연간 생산량이었다. 생산량이 부족해도 정부의 곡물 비축량은 기근과 굶주림을 막기에 충분해 보였다.[1]

그러나 몇 달이 지났는데도 홍수와 가뭄은 계속 확산되었다. 1972년 8월, 또 다른 형편없는 가을 작물 수확철이 다가오면서 "약 10개 주에 기근의 유령이 맴돌았다". 11월, 인디라는 "극도로 어려운 시기"가 다가오고 있다고 말했다. A. P. 신데A. P. Shinde 농업부 장관은 정부가 기근을 막기 위해 구호 프로그램을 시작하고 있다고 발표했다.[2]

정부 구호 프로그램은 빈약했다. 마하라슈트라의 건조한 지역에서는 수십만 명의 농민과 농업 노동자들이 "작은 망치로 잔해들을 처리하는, 사기를 떨어뜨리는 힘든 일"의 대가로 보잘것없는 임금을 받았다. 생필품 가격이 오르고 있었지만 정부는 그 보잘것없는 임금조차 제때 지불하지 않아서 농민과 노동자 가족들은 가지고 있던 몇 안 되는 귀중품조차도 팔아야 했다.[3]

1973년 1월까지 가뭄은 14개 주로 확대되었고, 정부의 농산물 비축량은 최고 900만 톤에서 300만 톤으로 줄어들었다. 인도가 수입 농산물 대금을 루피화로 지불할 수 있었던 미국의 식품 원조 프로그램은 더 이상 존재하지 않았다. 정부는 귀중한 외화를 사용하여 주로 미국, 캐나다, 아르헨티나에서 약 200만 톤의 비싼 농산물을 구매했

다.[4]

곡물 가격 인플레이션과 공산품 수요 감소로 "실업이 급증"하고 노사분규가 발생하면서 인디라의 인기와 명성은 "급락"했다. 인디라에게 "남아시아의 여제"라는 왕관을 씌웠던 〈이코노미스트〉는 18개월도 채 되지 않아 이제 그녀의 "과도한 오만함" "특권 남용" "불법 선거 자금의 은닉"에 초점을 맞추었다. 〈이코노미스트〉는 인디라 간디의 국정 운영 능력이 크게 떨어졌으며 다음 선거의 전망이 암울하다고 덧붙였다.[5]

이후 2년 동안 인도는 엄청난 인플레이션을 경험했다. 식품 가격은 1972~1973년에 약 16% 상승했고, 1973~1974년 농업 생산이 반등했음에도 불구하고 식품 가격은 연간 19% 상승을 기록했다. 1973년 10월, 아랍 석유수출국기구Organization of Arab Petroleum Exporting Countries, OAPEC는 진행 중인 아랍-이스라엘 전쟁에서 이스라엘을 지지하는 미국과 다른 서방 국가들에 대한 석유 수출을 금지했다. 유가는 배럴당 2.90달러에서 1974년 1월 배럴당 11.65달러로 거의 4배 상승했다. 급격히 상승한 석유 수입 가격과 비료를 포함한 석유 제품의 가격상승이 인도의 인플레이션에 더해졌다. 1974년 중반, IMF는 인도가 "독립 이후 가장 높은 물가 상승률"을 겪고 있다고 음울하게 지적했다.[6]

1973년 4월, 간디는 표면적으로는 식품 인플레이션의 악순환을 막기 위해 밀 무역을 국유화했다. 국유화가 투기꾼들의 밀 사재기를 막을 것이라는 희망에서였다. 그러나 〈뉴욕타임스〉가 썼듯이 "정부는 무너졌다". 이를 해석하자면 관료들이 상황을 엉망으로 만들었다는 것이었다. 부족하다는 마음은 더 많은 사재기를 부추겼다. 1974년 3월, 정부는 실패한 밀 무역 모험을 끝냈다.[7]

1974년 여름과 가을, 가뭄과 홍수가 다시 전국을 휩쓸었다. 7월 25일, 〈타임스 오브 인디아〉는 국토의 거의 4분의 3이 재발한 가뭄의 위협에 처해 있다고 보도했다. 가장 심각한 영향을 받은 주 중에는 구자라트와 비하르가 있었다. 사람들은 보석(많은 인도 가정의 주요 저축 형태)은 물론 토지와 집을 팔았다. 그들의 가축은 "물과 사료가 부족해 죽어갔다". 정부 구호 사업의 근로조건은 다시 한번 "비참해졌고" 임금은 언제나처럼 "매우 낮았다". 동부 인도와 남서부 케랄라에서는 홍수가 대혼란을 일으켰다. 이에 대해 〈타임스 오브 인디아〉는 "섬세한" 자연의 "견제와 균형" 체계를 파괴하는 "무차별적인 삼림 벌채"에 대한 자연의 "복수"라고 평했다. 1970년대의 초반은 비하르주에 이중의 불운이 겹친 시기였다. 북부의 홍수와 남부의 가뭄이 수백만 명의 작물과 생계를 파괴했다.[8]

1974년 10월, 용감한 방글라데시 기자가 인디라에게 그녀가 빈곤을 없애겠다는 약속인 "가리비 하타오" 이행에 실패했는지 물었다. 그 질문은 그녀를 짜증나게 했다. "우리는 결코 기적을 약속하지 않았다"고 그녀는 말했다. "우리는 조치를 취했지만" "사람들은 우리가 그들을 위해 할 수 있는 것보다 훨씬 더 많은 것을 기대한다".[9]

1974~1975년에 농업 생산량은 다시 감소했다. 1972~1973년 이후 지속된 부족에 더해진 추가적인 감소는 농산물 가격을 38%나 급등시켰다. 1972년부터 1975년까지 3년 동안 농산물 가격은 누적 90% 상승했는데, 이는 연평균 25%라는 엄청난 수치였다.

녹색혁명의 약속은 진실이었다. 관개 지역에서는 생산량이 증가하고 있었다. 그러나 인도 경작지의 4분의 1만이 관개 시설을 갖추었다. "건조 농법"으로 경작해야 하는 나머지 토지는 강우량 부족에 매우 취약했다. 인도 관리들은 일단 관개용 지하수 추출을 위해 더 많은 우물을 파도록 장려했다. 그 근시안적인 조치는 단지 위험을 미래로 지연시켰을 뿐이었다. 이미 다량의 비료를 사용하는 다수확 품종이 토양을 고갈시키고 있었다.[10]

산업-도시 경제도 문제가 있었다. 〈파이낸셜 타임스〉의 객원 칼럼에서 인도 저널리스트 딜립 무커지Dilip Mukerjee는 네루의 산업화 드라이브가 비행기, 디젤 기관차, 공작 선반과 같은 기술적으로 정교한 제품을 생산할 수 있는 능력을 만들어냈다고 지적하면서 희망을 이야기했다. 무커지는 인도인들이 낮은 임금을 통해 곧 기술적으로 덜 까다로운 노동집약적 제품에서 진전을 이룰 수 있을 것이라고 주장했다. 그럴듯하게 들리는 주장이었지만 사실 잘못되었다. 인도의 정교한 제조업체들은 소수의 숙련된 노동자들에만 의존했다. 노동집약적 제품의 대량 생산에는 저숙련이더라도 생산성이 높은 다수의 노동자들이 필요했다. 그리고 동아시아의 성공 사례가 보여주듯이, 생산적인 저숙련 노동을 위한 규율과 동기를 심어주려면 잘 운영되는 초중등학교가 필수적이었다. 인도의 열악한 교육 시스템은 경제 발전을 사실상 불가능하게 만드는 장애물이었다. 인도에서는 20세기 초부터 낮은 노동생산성이 낮은 임금의 장점을 상쇄해 왔다.[11] 국제적으로 경쟁하기 위해서 인도는 더 잘 교육받은 노동자와 더불어 1966년의 불충분한 평가절하와 그 후의 엄청난 생산 비용 상승을 보상하기 위한 훨씬 더 약한 루피화 환율이 필요했다.

놀랍게도 IMF는 인도에 재정 긴축과 수입 및 산업 통제 완화를 요구했지만, 1974년과 1975년에 급증하는 식량과 석유 및 석유 제품 수입 수요를 충당하기 위해 인도가 거액을 차입한 대가로 루피화 평가절하를 인도 당국에 압박하지는 않았다. 그리하여 상황을 타개할 역동성의 원천이 없는 가운데 인도 경제는 저성과 기조로 느리게 앞으로 나아갔다.[12]

도시에서 분노가 끓어오르다

인도 경제는 무릎을 꿇었다. 1974년 말과 1975년에 가장 직접적인 피해를 입은 이들은 토지를 소유한 중소 농민과 토지가 없는 농업 노동자들이었다. 농민들은 수확량이 크게 줄었고, 농산물 가격 상승의 혜택은 대부분 상인과 투기꾼에게 돌아갔다. 1967년 하반기, 벵골의 낙살바리* 지역에서 소작농과 농업 노동자들이 대토지 소유자들로부터 토지를 빼앗으려 시도했고, 벵골 정부는 압도적인 경찰력으로 그 봉기를 진압했다. 대부분의 농민들은 계속 저항했지만, 녹색혁명의 혜택을 맛본 이들은 국가에 항의할 생각이 없었다. 농업 노동자들은 시위 운동을 스스로 조직할 능력이 부족했다.

끊임없는 인플레이션과 열악한 고용 전망에서 비롯된 분노는 주로 도시에서 표출되었다. 1950년대에 간헐적으로 폭발했던 그 분노는 1960년대 후반에 다시 타오르기 시작하여 1974년에 급속히 고조되었다(그림 11.1). 정치적, 관료적 규범의 급격한 붕괴는 경제적 어려움에 높아지고 있던 분노를 악화시켰다. 때로는 범죄자들과 결탁하여 행동하는 무법적인 공무원, 정치인, 경찰관들은 경제적으로 취약하거나 적절한 정치적 연줄이 없는 사람들을 먹잇감으로 삼았다.[13] 포위당한 듯한 느낌이 시민들의 분노와 폭력에 격렬함, 심지어 정당성을 부여했다. 인도 도시들은 폭발 직전의 화약고였다.

사티아지트 레이는 1970년 영화 〈적수Pratidwandi〉에서 고학력인 젊은 벵골인들의 좌절감을 그려냈다. 수십 명, 어쩌면 수백 명의 지원자

---

* 인도 서벵골주 실리구리구역에 위치한 마을이다. 마오주의 반란으로 이어진 1967년 농민봉기가 시작된 곳이다.

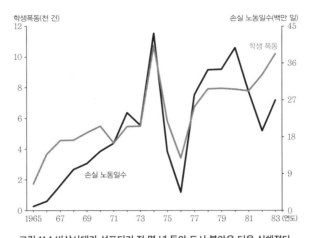

그림 11.1 비상사태가 선포되기 전 몇 년 동안 도시 불안은 더욱 심해졌다.
출처: Rudolph, Lloyd and Susanne Rudolph. 1987. In Pursuit of Lakshmi:
The Political Economy of the Indian State. Chicago: Chicago University Press, Table 23, 227.

들이 단 하나의 일자리를 놓고 경쟁한다. 운 좋은 후보자들은 귀중하지만 두려운 면접에 초대된다. 면접관들은 〈적수〉의 주인공 시다르트 Siddharth 가 베트남 저항을 칭찬했다는 이유로 그를 공산주의자로 선언하고 그 일자리에 부적격하다고 판단한다. 거듭된 실패에도 시다르트는 수많은 지원자들과 함께 다른 면접을 기다리고 있다. 지원자 중 한 명이 숨막히는 더위에 탈수로 쓰러진다. 시다르트는 그 긴 기다림이 그들 모두를 해골로 만들고 있다는 환상을 본다. 자신의 무력함에 짓눌려 있던 그는 면접관들에게 돌진하여 그들이 유령처럼 앉아 있는 책상을 뒤집어엎는다.

캘커타의 거리에서 학생들은 최근 출범한 "낙살라이트"* 정당과 협

---

* 1967년 낙살바리 마을에서의 봉기에서 시작된 인도 사회에서 가장 소외된 세력이 주도하는 전투적 공산주의를 가리킨다.

력하여 게릴라전을 벌였는데, 이는 인도공산당(마르크시스트)에서 급진적으로 분리된 세력이었다. 1971년 중반, 인디라 간디는 헌법상 권한(대통령의 공식 동의를 얻어)을 사용하여 정당하게 선출된 벵골 정부를 해산하고 자신의 직접 통치하에 두었다. 그녀는 자신의 권한을 이용하여 국민회의 고위급 정치인이자 어린 시절 친구인 시다르타 샹카르 레이Siddhartha Shankar Ray*를 주 수상으로 임명했고, 레이는 학생들에게 군대를 투입했다. 군대는 수만 명의 의심스러운 낙살라이트들을 체포하고 수천 명을 살해했다고 알려져 있으며, 이미 이전의 잔인한 경찰의 "조작된 정당방위"로 약화된 운동을 분쇄했다.[14] 인도는 독재국가로 접어들고 있었다.

광범위한 도시의 분노는 "성난 청년"을 다루는 힌디 영화에서 대중적인 탈출구를 찾았다. 이 중 첫 번째인 〈사슬Zanjeer〉은 식품 가격 인플레이션이 탄력을 받기 시작할 무렵인 1973년 5월에 개봉되었다. 〈장벽Deewar〉이 개봉된 1975년 1월까지 곡물과 석유 가격 상승으로 인한 높은 인플레이션이 몇 년 동안 지속되었다. 그러나 중요한 것은 인플레이션이 발생한 맥락, 즉 사회적, 정치적 규범의 침식이었다. 살림 칸Salim Khan과 함께 "성난 청년" 영화의 초기작들의 각본을 쓴 작가 자베드 악타르Javed Akhtar는 나중에 이렇게 설명했다. "당시의 도덕은 정의를 원한다면 스스로 싸워야 한다, 그리고 싸우지 않으면 짓밟힐 것이라고 말했다." 이 영화들은 폭력을 사용하여 권력과 부를 얻는 경찰, 범죄자, 정치인들의 거의 보도되지 않은 유착을 고발하고 있었다. "성난 청년"은 무법 상태의 피해자들을 보호하는 자경단원이었고, 그

---

* 인도 외교관이자 정치인으로서 서벵골주 수상을 비롯해 교육부 장관, 펀자브 주지사, 주미 대사 등 여러 직위를 역임했다.

또한 스스로 법이었다. 정치학자 파리두딘 카즈미Fareeduddin Kazmi가 썼듯이 "성난 청년"은 "관객의 가장 내밀한 욕망과 환상"을 구현했다. 도시 생활의 변덕스러움과 불공정함에 가장 많이 노출된 도시 주민들은 이 영화를 "보고 또" 보았다.[15]

화면 밖 현실에서의 문제는 1973년 말 구자라트주에서 끓어올랐다. 인디라 간디의 인기에 편승하여 국민회의는 1972년 구자라트주 의회 선거에서 168석 중 140석을 차지했다. 주 수상 치만바이 파텔 Chimanbhai Patel은 구자라트 요리에 흔히 사용되는 땅콩기름 가격에 씌워져 있던 규제의 뚜껑을 재빨리 들어 올렸다. 그의 목적은 시장 효율성을 높이는 것이 아니었다. "기름 왕"들은 엄청난 이익을 냈고 그 이익을 파텔과 공유했는데, 파텔은 다가오는 우타르프라데시 선거 비용을 위해 자신의 전리품 일부를 델리의 국민회의 지도부에 올려보냈다.[16]

땅콩기름 가격 인상은 곡물 가격 상승으로 인한 소비자들의 어려움을 가중시켰다. 1973년 12월 말, 학생들은 대학 식당에서 더 높아진 식비에 항의했다. 1974년 1월 4일, 주 최대 도시 아마다바드 Ahmedabad*의 공대생들은 식당을 불태우고 학장의 집을 습격했다. "잔인하기로 명성이 높은 폭동 진압 부대"로 알려진 주 예비 경찰들은 학생들을 폭행하고, 수백 명을 구금하고, 대학을 폐쇄했다. 폭동은 확산되었다.[17]

1월 7일, 주로 공공 및 민간 기업 직원으로 구성된 화이트칼라 노동자 연합은 1월 10일 아마다바드 **반드**bandh (폐쇄)를 요구했다. 낮은 임금과 부족한 승진 기회에 불만을 가지고 있던 교사 노조도 **반드** 요

---

* 구자라트주 최대 도시로 인도의 경제 및 산업 중심지이다.

구에 동참했다. 곤경에 처한 아마다바드 주민들의 지지를 받아 1월 10일 도시는 거의 완전히 폐쇄되었다.[18]

학생들은 당초 요구사항이었던 식비 인하를 넘어서 구자라트 정치에서 부패라는 암을 제거할 것을 요구했다. "나브 니르만Nav Nirman (재건)"이라는 깃발 아래 뭉친 그들은 부패의 상징인 치만바이 파텔 주수상의 사임을 요구했다. 이제 관례가 된 듯이 1월 28일 또다시 군대가 아마다바드 거리에 출현했다. 구자라트 사람들은 굴복하지 않았다. 그들은 군인들에게 다가가 과자와 차를 제공하는 새로운 접근 방식을 채택했다. 당황한 군대는 짐을 싸서 떠났다.[19]

2월 9일 파텔 주 수상이 사임했다. 학생들은 끈질기게 주 의회 해산을 요구하였다. 인디라 간디는 그녀의 국민회의가 의회에서 압도적 다수를 차지하고 있었기 때문에 주저했다. 그러나 거의 100명이 사망하고 수천 명이 부상당하자 3월 15일 결국 주 의회를 해산했다.[20]

인디라 간디, 반격에 나서다

1974년 3월 16일, 구자라트주 의회가 해산된 다음 날, 관심은 비하르 학생 시위로 옮겨갔다. 구자라트에서와 마찬가지로 학생들은 "치솟는 물가, 부족한 필수품, 증가하는 실업, 구식 교육과정에 항의하고" 있었다. 3월 18일까지 주도인 파트나Patna*는 "전쟁터"였다.[21]

3월 19일, "J.P."로 널리 알려진 전직 자유운동의 투사 자야프라카시 나라얀Jayaprakash Narayan은 비하르 학생 운동에 자신의 권위를 더

---

* 역사적으로 파탈리푸트라로 알려진 비하르주의 수도이다.

했다. J.P.는 갈피를 못 잡는 혁명가였다. 1902년 10월에 태어난 그는 19세에 미국으로 유학을 떠났다. 거기서 그는 위스콘신 대학교 매디슨 캠퍼스의 마르크스주의 학자들의 영향을 받았다. 인도로 돌아온 그는 간디, 네루와 함께 자유 투쟁에 참여했다. 그러나 간디의 비폭력 노선을 따르는 대신 그는 "철도와 통신을 방해하고 폭동과 파업을 선동하기 위해 게릴라 부대를 조직했다". 그는 더 큰 폭력과 불의를 막기 위한 폭력, 즉 "용인할 만한 폭력"을 옹호했다.[22] 이제 비하르의 폭력적 학생 운동의 지도자가 된 J.P.는 간디의 비폭력과 번영하는 인도 마을 공화국의 비전을 믿는 간디주의적 사회주의자를 자처했다.

비하르의 문제는 심각했다. 비하르는 구자라트보다 더욱 극심한 경제적 고통을 겪었다. 주 북부 지역의 홍수와 남부 지역의 가뭄은 정기적으로 농작물 생산에 막대한 피해를 입혔다. 좋게 표현해도 비하르의 정치는 혼란스러웠다. 1967년 선거 이후 기회주의적인 주 의회 의원들이 돈이 되는 장관직을 위해 당적을 바꾸면서 때로는 며칠 만에 연립정부가 교체되곤 했다. 1972년 선거에서 인디라 간디의 국민회의는 구자라트에서와 마찬가지로 의석 과반수를 차지했다. 돈이 되는 장관직을 둘러싼 국민회의 내 파벌 싸움으로 인해 부패는 줄어들지 않고 계속되었다. J.P.는 비록 모호한 간디주의적 사회주의를 내세우는 애매한 혁명가였지만, 그에게는 진짜 명분이 있었다. "거의 모든 사람이 부패하도록 강요한 바로 그 체제에 맞서는 투쟁"이 필요하다는 것이었다.[23]

비하르 시위가 탄력을 받으면서 전직 가톨릭 신학생이자 사회당 Socialist Party 지도자이며 저명한 철도 노조 대표인 조지 페르난데스

George Fernandes^{*}는 인도 철도 노동자들에게 파업을 호소했다. 그의 목표는 철도 운송을 마비시켜 기업들의 원자재 조달과 제품 판매 능력을 무력화하는 것이었다. 그는 열차가 발이 묶여 식품을 운송할 수 없게 되면 굶주릴 사람들의 영향력을 간파했다. 그는 경제 혼란을 일으켜 인디라 간디 정부를 무너뜨리자고 거침없이 이야기했다. 페르난데스는 거의 200만 명에 이르는 철도 노동자들의 임금과 보너스를 대폭 인상할 것을 요구했다. 인디라는 그 요구를 거부했다. 그러한 요구는 경제 위기를 겪고 있는 정부 재정에 감당할 수 없는 부담을 줄 것이었다. 그녀는 협상을 거부했다.[24]

파업이 1974년 5월 8일 시작되었을 때, 정부의 무자비한 진압은 페르난데스의 파업에 반대하는 사람들조차 충격에 빠뜨렸다. 대규모 경찰이 철도 노동자들이 가족과 함께 사는 철도 주거지에 진주했다. 경찰은 집에 있는 노동자들을 체포하고, 파업에 참여하고 있다고 추정되는 집을 비운 노동자들의 가족을 공포에 떨게 했다. 어떤 노조의 성명은 "철도 노동자들의 아내들이 법과 질서의 하수인들에 의해 강간당했다"고 말했다. 저널리스트이자 작가인 우마 바수데브 역시 경찰이 한 노동자의 아내를 강간했다고 보도했다. 압박을 견디지 못한 노동자들은 5월 14일부터 직장으로 복귀하기 시작했다. 파업이 공식적으로 끝난 5월 28일 이른 아침이 되자 경찰은 2만 5,000명 이상의 노동자들을 재판 없이 구금하고 있었고, 많은 수의 노동자들이 해고 위협에 직면해 있었다. 간디와 민간 기업에서 국민회의로 현금을 유입하는 통로 역할을 오래 해왔던 철도부 장관 랄리트 나라얀 미슈라는

---

*   인도의 노동운동가이자 정치가, 언론인이다. 1967년 처음 국회의원이 되었으며 1974년 철도파업을 이끌었다. 통신, 산업, 철도, 국방 등 주요 부처 장관을 역임하였다.

유화적인 성명을 발표했다. 그들은 그럴 여유가 있었다. 그들은 노조를 박살냈다.[25]

철도 파업이 사실상 끝났다는 것을 확신한 인디라 간디는 5월 18일 라자스탄주 포크란Pokhran 육군기지에서의 핵폭탄 실험 "웃는 부처Smiling Buddha"*** 작전을 승인했다. 실험의 성공은 그녀의 명성을 더했다. 부처는 마치 그녀에게 축복을 내리려는 듯이 미소를 지었다. 〈이코노미스트〉는 그녀의 독재적이고 잔인한 공권력 사용을 사실상 칭찬하면서 "인디라 간디는 다시 지도자의 면모를 회복했다. 인도를 구할 수 있을지도 모를 그런 지도자 말이다"라고 선언했다.[26] 사실 그녀는 인도를 암흑 속으로 빠뜨리고 있었다.

J.P.가 먼저 행동에 나섰다. 1974년 6월 5일, 파트나의 간디 마이단Gandhi Maidan(간디 공원)에서 거의 50만 명을 상대로 연설하면서 그는 "친구들이여, 이것은 혁명이요, 완전한 혁명sampurna kranti 이다"라고 선언했다. 그는 분개하며 덧붙였다. "굶주림, 치솟는 물가, 부패가 도처에 만연해 있다. 사람들은 온갖 불의에 짓눌리고 있다." 정부가 국민을 실망시켰다는 J.P.의 비난은 분명 정확했지만, 정치학자 간샴 샤Ghanshyam Shah 가 썼듯이 J.P.는 대안적 비전을 제시하지는 않았다. 그의 "완전한 혁명"은 경제적, 사회적 개혁의 어떤 전략도 없는 단지 "흥미로운 구호"였다.[27]

대신 J.P.는 구자라트의 교훈대로 10월 초 비하르 반드를 요구했다. 그 불운한 주는 다시 한번 북부의 홍수와 남부의 가뭄으로 고통 받고

---

* 1974년 5월 18일 시행된 인도 최초의 핵폭탄 실험이다. 인도는 1944년부터 원자력 연구를 시작하였으며, 독립 이후 네루 총리는 핵 개발 프로그램을 승인했다. 인디라 간디가 총리가 되면서 핵 프로그램은 가속화되었다. 핵 실험 규모는 8kt(TNT 8,000톤)규모였다.

있었는데, 이는 4년 사이에 세 번째였다. 고난과 대중적 분노 속에서 "기회주의자들과 좌절한 정치인들"은 〈타임스 오브 인디아〉가 생생하게 묘사했듯이 3일간의 반드를 이용해 "무자비한 폭력"을 행사하고 "무정부 상태를 확산"시켰다.[28] 이는 완전한 혁명, 더군다나 간디주의적 이상에 영감을 받은 혁명을 위해서는 좋은 징조가 아니었다.

J.P.와 인디라 간디 사이의 소모전이 시작되었다. 구자라트에서와 달리 그녀는 비하르주 수상 해임과 주 의회 해산 요구에 굴복하기를 거부했다. 대신 비하르주에 보안군을 "주둔"시켰다. 비하르는 "경찰과 군대가 주요 정부기관과 교육기관을 지키는 무장 캠프 같았다".[29]

총력을 기울인 J.P.의 혁명이 지연되면서 비하르에는 1975년 1월 3일 또 다른 폭력 사태가 발생했다. 철도부 장관 미슈라가 비하르 북동부 사마스티푸르Samastipur 철도역에서의 철도 개통식 직후 터진 폭탄에 의해 숨졌다. 미슈라는 인도의 부패와 정치 폭력의 상징이었다. 그는 국민회의의 주요 자금 모금책이었고, 인디라와 함께 철도 노동자들의 파업을 분쇄했다. 미슈라는 비하르 출신으로서 J.P.와 그의 추종자들이 축출하려 했던 주 정부를 "강력히 지지"하고 있었다. 미슈라에게는 적이 많았다고 말하는 것이 공정할 것이다. 인디라는 그의 암살이 그녀를 살해하기 위한 "예행연습"에 불과하다고 말했다.[30]

1975년 3월, 인디라 간디의 지지율은 인도여론연구소 조사 중 가장 낮은 수준인 39%로 떨어졌다. 이 여론조사 무렵 J.P.는 초점을 델리로 옮겼다. 어떤 진보적 이념에도 닻을 내리지 못한 그는 힌두 민족주의 정당인 자나 상이 주최한 회의에 참석했다. 모든 종교의 평등이라는 근본적인 간디주의 원칙을 거부한 정당인 자나 상과 힘을 합치는 것에 대해 J.P.는 모순을 거의 느끼지 못했다. 3월 6일, J.P.는 인도 의회로 향하는 행진을 이끌었다. 그는 "오토바이와 스쿠터를 탄 50명의 수행원이 뒤따르는 오픈 지프"를 탔다. 자나 상을 포함한 야당 지도자들이 바로 뒤에 따랐다. 10만 명이 넘는 시위자들이 집회에 합류했다. J.P.는 의회 의장에게 요구 사항 목록을 제시했다. 그는 추종자들에게 부패와 인도 민주주의의 퇴보에 맞서는 십자군을 약속했다. 그것은 인디라 간디가 더 이상 총리가 될 수 없다는 것을 의미했다.[31]

수의壽衣가 내려오다

1973년 12월 구자라트 시위부터 1975년 3월 인도 의회 시위까지 15개월 동안 억눌려 온 분노가 폭력적이고 무질서한 시위로 분출되었다. 인도는 경제적, 사회적, 정치적 파열의 위기에 처해 있었다. 다음에 일어난 일은 한편으로는 운명의 장난이었고 다른 한편으로는 그 순간까지 이어진 추세의 사악하지만 논리적인 연장선상에 있었다.

1975년 1월부터 인디라 간디는 자신의 권한을 확대할 방법을 모색하고 있었다. 1월 25일, 그녀는 어린 시절 친구이자 경험 많은 변호사이며 낙살라이트를 진압하기 위해 그녀가 서벵골주 수상으로 임명한 시다르타 샹카르 레이와 상의했다. 1월 30일, 총리 사무실의 한 소식통을 인용하여 〈인디언 익스프레스The Indian Express〉는 인디라가 힌두 무장 단체인 라슈트라야 스와얌세바크 상(RSS)을 불법화할 계획이라고 보도했다. 또한 그녀가 이번 주 말까지 J.P.를 체포할 가능성이 높다고 덧붙였다. 그 몇 달의 역사는 흐릿하지만, 1975년 상반기 어느 시점에 인도의 소중한 친구이자 카슈미르 정치인인 D. P. 다르D. P. Dhar*가 그녀에게 권력 확대를 위해 국가 비상사태를 선포하라고 제

---

* 정식 이름은 두르가 프라사드 다르Durga Prasad Dhar이다. 방글라데시 독립전쟁에서 인도

안한 것으로 보인다.[32]

그러한 생각은 6월 12일 이후 현실화되기 시작한다. 그날 우타르프라데시주 고등법원인 알라하바드 고등법원Allahabad High Court의 자그모한 랄 신하Jagmohan Lal Sinha 판사는 인디라 간디가 1971년 선거에서 라에 바렐리 국회의원 선거구에 출마하기 위해 총리직을 부적절하게 사용했다고 판결했다. 판사는 두 가지 위반 사항을 강조했다. 인디라의 보좌관 야스팔 카푸르Yashpal Kapoor는 정부에 소속된 직원 신분으로 그녀의 선거운동을 도왔고, 인디라는 지방 공무원들을 이용해 연설대를 제작하고 유세 과정에서 허용되지 않은 고성능 확성기를 사용했다. 판사는 법적으로 그러한 위반은 "부패한 관행"이라고 말했고, 법률은 그에게 "선택의 여지를 주지 않는다"고 했다. 그는 인디라의 국회의원 당선을 무효화하고 이후 6년 동안 공직을 맡는 것을 금지했다. 그녀의 지지자들은 그녀에게 많은 사람들의 제안에 따라 사임하기보다는 판결에 맞서 싸우라고 촉구했다. 6월 18일 열린 국민회의의 회의는 그녀가 "국가에 없어서는 안 될 사람"이라고 선언했다. 데브 바루아Dev Barooah 당 대표는 기억에 남을 만한 말을 남겼다. "인도는 인디라이고 인디라는 인도다." 그 단계에서 인디라 간디의 마음속 내면에서 어떤 일이 벌어졌는지는 수수께끼로 남아 있다. 그러나 그녀는 대법원에 항소했고, 6월 24일 V. R. 크리슈나 아이어V. R. Krishna Iyer 대법관은 알라하바드 판결의 집행을 정지시켰다. 아이어 대법관은 그녀의 위반에 대해 "중대한 선거 악습"은 아니라고 언급했다. 대법원 전원재판부가 최종 결정을 내릴 때까지 그녀는 국회의원직을 계속 유지할 수 있었다.[33]

개입을 계획한 주요 인사로 간주된다. 소련 주재 인도 대사와 기획부 장관 등을 역임했다.

J.P.는 대법원의 결정을 기다리지 않기로 선택했다. 6월 25일 저녁, 그는 델리에서 열린 집회에서 6월 29일부터 전국적인 시위에 돌입하겠다고 발표했다. 간디도 기다릴 기분이 아니었다. 그녀와 시다르타 샹카르 레이는 6월 25일 늦은 밤에 파크루딘 알리 아흐메드Fakhruddin Ali Ahmed* 대통령을 찾아갔다. 그녀는 대통령에게 국가의 정치적 혼란이 통제 불능 상태가 되었다고 주장하며, 정치 지도자들을 체포하고 언론을 검열할 수 있는 국가 비상사태 선포 명령에 서명해 줄 것을 요청했다. 대통령의 고문은 각료회의가 승인하지 않았다는 점에서 헌법이 그러한 명령을 허용하지 않는다고 주장하며 만류했다. 아흐메드 대통령은 고문에게 물러나라고 하고 비상사태를 승인하는 문서에 서명했다. 유순한 대통령과 거의 확실한 위헌적인 과정을 통해 1975년 6월 25일 자정 직전에 인디라는 독재자의 권력을 확보했다.[34]

6월 26일 이른 아침 정부의 작전은 "완벽하게 효율적"이었다고 런던 〈선데이 타임스Sunday Times〉는 썼다. 전날 밤 10시에 내려진 지시에 따라 오전 2시 직후 전력공급이 중단되면서 델리의 가장 저명한 신문사 인쇄기가 멈춰 섰다. 오전 5시까지 수백 명의 야당 지도자들이 "침대에서 끌려 나와 구금되었다". J.P.와 더불어 인디라의 오랜 정적인 모라르지 데사이도 체포되었다. 오전 6시에서 7시 사이 즈음에 인디라는 이후 "비상사태"라고 불리게 될 이 사태를 내각에 기정사실로 제시했고, 내각은 고분고분하게 도장을 찍었다.[35]

그날 아침 국민을 상대로 한 라디오 연설에서 인디라 간디는 악의적인 세력들이 "평범한 남녀들"을 위한 그녀의 경제 프로그램을 방해하고 있으며, 사회적 혼란으로 인해 인도 민주주의가 무너졌다고 말

---

*   1974~1977년까지 인도의 제5대 대통령을 역임했다.

했다. 그녀는 더 나은 날이 올 것을 약속했고, 비상사태가 일시적이라는 것을 암시하면서 곧 그것을 "해제"하기를 희망한다고 말했다. 다음은 그 짧은 연설의 상당 부분이다.

저는 여러분 모두가 제가 인도의 평범한 남녀들을 이롭게 하는 몇 가지 진보적 조치들을 도입하기 시작한 이후 줄곧 이어져 온 깊고 광범위한 음모를 잘 알고 있을 것이라고 확신합니다.

시위로 인해 분위기가 과열되어 폭력 사태로 이어졌습니다. 나의 내각 동료인 L. N. 미슈라 씨가 잔인하게 살해되어 온 나라가 충격을 받았습니다.

우리는 경제를 강화하고 빈곤층과 취약계층, 고정 소득자를 포함한 다양한 계층의 어려움을 해소하기 위한 조치를 적극 검토해 왔습니다. 저는 곧 이를 발표하겠습니다.

저는 새로운 비상사태가 법을 준수하는 시민의 권리를 결코 침해하지 않을 것이라고 여러분께 확신시켜 드리고 싶습니다. 저는 내부 상황이 신속히 개선되어 가능한 한 빨리 이 비상사태를 해제할 수 있기를 희망합니다.

앞으로도 여러분의 지속적인 협조와 신뢰를 부탁드리겠습니다.[36]

정부는 6월 26일 오후에 언론에 대한 "지침guidelines"을 발표했다. 검열관은 뉴스 항목이 "증오나 경멸"을 선동하거나 "정부에 대한 불만을 자극"하거나, "총리 관련 기관을 폄하"하는 경우, "허가되지 않았거나 무책임하거나 사기를 저하시키는 것"으로 간주할 것이었다.[37]

이후 몇 달 동안 인디라 간디는 자신에게 사실상 무제한의 권력을 부여하기 위해 헌법을 무력화했다. 의회는 1975년 7월 22일 비상사태에 대한 사법부의 심사를 금지하도록 하는 헌법 제38차 개정안을 통과시켰다. 2주 후의 제39차 개정안은 누구도 총리의 선거에 이의를 제기할 수 없다고 규정했고, 그 개정안이 소급 적용되면서 알라하바드 고등법원 판결과 진행 중인 대법원 검토는 이제 무효가 되었다. 제42차 개정안은 의회에 광범위한 권한을 부여했다. 당장 관련된 것은 의회가 임기를 연장할 수 있다는 것이었고, 의회는 1976년 예정된 선거를 취소함으로써 임기를 연장할 수 있었다. 의회 법률은 사법적 심사로부터 더 큰 면제권을 얻었다. 그리고 중앙정부는 주 정부에 대해 더 많은 권한을 획득했다. 1976년 3월, 인디라는 자신을 방문한 사람들에게 주 장관들이 이제 "몹시 불안해하고 있다"고 의기양양하게 말했다. 지나친 권한 이양이 국가에 "치명적"임이 입증되고 있었기 때문에 "내가 인도를 하나로 묶어야 합니다"라고 했다.[38]

보통 "인디라와 산자이 유지법"이라고 불리던 치안유지법(MISA)에 따라 투옥된 사람들은 헤비어스 코포스habeas corpus(인신보호청원), 즉 재판받을 권리를 가지고 있다고 항의했다. 대법원은 반대 의견을 낸 한 대법관을 제외하고 비상사태하에서 이 권리를 부인했다.

이렇게 경제적 번영과 민주주의 복귀를 약속하면서 인디라 간디는 자신이 자애로운 독재자임을 증명하기 위해 나섰다. 무엇이 잘못될 수 있었겠는가?

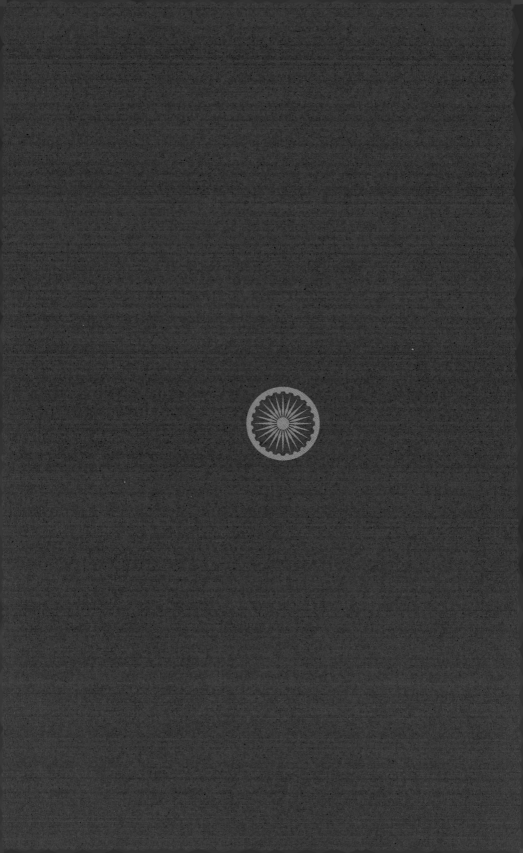

12장
실패한 도박

    적어도 1960년대 중반 이후부터 인도와 세계의 몇몇 엘리트들은 인도의 시끄럽고 느린 의회 민주주의가 국가의 경제 발전을 방해한다고 인식했다. 그들은 결코 공개적으로 독재를 주장하지는 않았지만 "대통령제 형태 정부"로의 전환을 제안했는데, 이는 강력한 최고 지도자가 반대를 무시하고 경제 발전을 가속화하기 위한 조치를 신속하게 집행할 수 있는 제도였다. 이런 발상은 기껏해야 순진한 생각에 불과했다. 대통령제 정부 형태를 가진 미국도 늘 교착 상태와 정책 불이행으로 어려움을 겪는다. 대통령제 요구는 결국 독재를 받아들이자는 호소에 다름 아니었고, 강력한 남성, 아니 강력한 여성이 통치하는 인도를 위한 것이었다.[1]

    1975년 6월 25일, 인디라 간디는 도박을 감행했다. 비상사태를 선포하고 독재적 권력을 획득한 후 민주주의의 장애물에 대한 언급을 반복했다. 그녀는 "인도에서 민주주의는 사람들에게 너무 많은 자유를 주었다"고 말했다. 신문과 야당이 자유를 오용하면서 "국가의 자신감을 약화시키고 있다"고 주장했다. 인디라의 지지자 중 한 명인 기업가 J. R. D. 타타J. R. D. Tata는 9년 만에 인도에 돌아온 〈뉴욕타임스〉 특파원 J. 앤서니 루카스에게 "파업, 보이콧, 시위 등 여기서 우리가 겪은 일을 상상할 수 없을 것입니다. 제 사무실에서 거리로 걸어 나갈 수 없는 날도 있었죠. 의회 제도는 우리의 필요에 맞지 않습니다"라고 말했다.[2]

비상사태 이후 수년간의 성과에 대한 연구에 따르면 일부 독재국가들이 높은 경제 실적을 달성하지만 대부분은 형편없이 실패했다. 인디라 간디가 취임했을 당시 동아시아 독재국가들은 성공적인 운영의 초기 단계에 있었다. 반면에 인도인들은 자이르Zaire의 대통령 모부투 세세 세코Mobutu Sese Seko와 우간다의 대통령 이디 아민Idi Amin이 그들의 나라를 망치고 있다는 것을 잘 알고 있었다. 《독재자들: 무솔리니에서 현재까지Strongmen: Mussolini to the Present》의 저자 루스 벤-기앗Ruth Ben-Ghiat이 말하듯이, 모부투는 자국민의 70%가 극심한 빈곤 속에서 살고 있는 동안 막대한 금액을 스위스 은행 계좌에 숨겨두었다. 아민은 자신의 예측 불가능성을 자신의 위대함의 척도로 보며 즐겼다. 벤-기앗은 독재자들이 현실과 동떨어졌을 때 복잡한 문제에 대한 해답을 가지고 있다고 믿는다고 썼다. 폭력은 그들의 상징이다. 독재를 갈망하는 인도인들이 그 위험을 이해했을까?[3]

인도에게 인디라 간디의 아들 산자이는 그녀의 독재 통치의 일부이자 전부였다. 그녀는 그를 "말만 하는 사람들"의 나라에서 "행동하는 사람"이라고 추켜세웠다. 그녀는 산자이와 그의 계획을 확고하게 지지했다. 이제 인도에 대한 거의 절대적인 권력을 가지게 된 그들의 의제는 무엇이었을까? 그것은 인디라가 비상사태를 선포할 때 언급했던 교육, 보건, 사회복지가 아니었다. 인적 자원 개발과 사회 보장 지출에 할당된 중앙정부 예산의 비중은 1969~1970년 6.3%에서 비상사태 직전에는 5% 조금 넘는 수준으로 떨어졌고, 1976년 초 발표된 비상사태 이후 예산에서도 낮은 수준에 계속 머물렀다. 산자이의 일자리 위기 해결책은 남성들을 강제로 불임 시술하는 것이었고, 도시 재개발 계획은 빈민가 거주자들을 그들의 집과 직장에서 쫓아내는 것이었다. 그의 이력과 권위에 대한 감각을 고려해 보면 폭력이 그의 트레이드 마크가 되었다는 사실은 놀랍지 않았다.[4]

거짓 희망 이후의 현실 점검

처음에는 행운이 인디라 간디의 독재라는 도박에 미소 지었다. 비상사태 선포 후 7주 후인 1975년 8월 17일, 비상사태 선포 7주 후 〈타임스 오브 인디아〉의 헤드라인은 "가을 생산량이 목표를 초과할 수 있다"고 전했다. 전통적으로 가물었던 지역에도 몬순 비가 내렸다. 히말라야의 눈이 녹으며 수력발전에 의한 전력 공급 전망을 개선시켰다. 인플레이션은 비상사태가 시작되기 전부터 완화되고 있었는데, 이는 1974년 7월 소득을 "압류impounded"하거나, 더 직접적으로 말해서 가계에 강제 저축을 강요한 정책의 도움을 받았다. 인도중앙은행은 금리를 높게 유지하고 은행의 신용 확대를 제한했다.[5]

거시경제적 관점에서 비상사태 첫해는 순조롭게 흘러갔다. 여름 몬순 비의 도움으로 풍작이 되어 수확량은 1억 2,100만 톤에 달했고, 1970~1971년에 달성했던 수준을 처음으로 초과했다. 늘어난 농산물 생산과 재정 긴축, 긴축적 통화 정책은 물가 상승을 억제했다. 세계적인 수요 약세로 인해 수입품 가격도 억제되었다. 실제로 물가 상승률은 마이너스로 돌아섰다. 즉, 가격이 실제로 하락하였다. 석유 가격 인상으로 크게 부유해진 중동 국가로 이주한 인도인들의 송금에 힘입어 인도의 외환보유고가 증가했다.[6] 유일한 흠은 취약한 제조업 성장세였다. 정부의 반인플레이션 정책이 공산품에 대한 수요를 제한했기 때문이었다.

IMF는 만족했다. 엄중한 보복의 위협 아래 노동자들이 더 나은 "규율disciplined"을 갖추게 되면서 파업 횟수는 급격히 감소했다. 원자재, 전력, 운송 서비스의 가용성이 개선되었다. IMF는 허가가 필요한 산업의 일부 자유화와 수출 촉진 및 인구 통제가 이루어지면서 인도 경제의 전망이 "1960년대 초 이후 어느 때보다 좋다"고 믿게 되었다.[7]

많은 인도인들이 이러한 낙관론에 동조했다. 한 흥분한 사업가는 〈뉴욕타임스〉 특파원 J. 앤서니 루카스에게 "아, 상황이 변했다는 것을 알게 될 겁니다. 우리는 이제 규율을 갖추고 있어요. 인디라 간디가 그렇게 했죠. 간디에게 경의를!" 이라고 말했다. 다른 사업가는 "요즘은 일을 처리할 수 있습니다. 돈을 벌 수 있죠. 그게 제가 신경 쓰는 전부예요"라고 말했다. 루카스가 델리에서 취재할 때 한 관리는 엄숙하게 덧붙였다. "표현의 자유 같은 것에 대해 걱정하는 사람은 당신 같은 기자들과 인도 상위 중산층뿐입니다. 우리 국민 대부분은 배를 채우는 일에만 신경 씁니다. 우리는 실패한 민주주의의 작업장이 되는 데 지쳤습니다. 이제 우리가 자랑스럽게 여기는 개인의 권리 중 일부를 경제 발전과 교환할 때가 되었습니다."[8]

세계은행은 IMF와 마찬가지로 인도에 찬사를 보냈지만 주의사항을 덧붙였다. 세계은행은 "지난 15년 동안 인구 증가 속도에 맞추어 성장한 인도의 농업 생산량이 장기적으로도 크게 상승할 것이라는 증거는 없다"고 경고했다. 마찬가지로 수출 성장세를 유지하려면 "수출 인센티브의 더 균일하고 안정적인 시스템"을 포함한 "더 광범위한 정책 조치"가 필요할 것이라고 했다.[9]

세계은행은 초등교육과 보건 서비스에 대한 정부의 지속적인 무관심을 향해 가장 신랄한 논평을 남겼다. 11~14세 아동의 36%만이 학교에 다니고 있는 상황에서 초등교육 예산이 적은 것은 변명의 여지가 없었지만, 상대적으로 고등교육은 계속 재정 지원을 잘 받고 있었다. 한편 농촌 지역의 보건 서비스는 "극히 부적절"했다. 말라리아 퇴치 프로그램은 "반복적인 좌절"을 겪었다. 모기가 DDT 살충제에 내성을 갖게 되면서 양성 사례 수가 1965년 10만 건에서 1974년 250만 건으로 증가했다. 한센병은 "주요 보건 문제"였다. 인도인 10명 중 1명은 성병을 앓고 있었다.[10]

비상사태 2년 차가 되자 인도의 행운은 바닥나기 시작했다. 가뭄으로 농업 생산이 감소했고 인플레이션 압력이 다시 나타났다. 전년도 농업 생산 증가로 농촌의 공산품 구매력이 증가하고 파업 횟수가 계속 낮게 유지되면서 1976~1977년 제조업 생산량이 늘어났다. 그러나 재무부는 투자가 "급증"하지 않는 데에 실망했다. 인도 기업들은 파업 감소를 기뻐했지만 미래에 대한 자신감이 없었기 때문에 투자를 늘릴 준비가 되어 있지 않았기 때문이었다.[11]

그 결과 고용은 안정성, 적절한 임금, 퇴직 및 건강 혜택을 제공하는 공식(현대적인) 부문에서 거의 증가하지 않았다. 사실 민간의 공식 부문의 고용은 1973년부터 1977년까지 4년 동안 680만 명에 정체되어 있었다. 공공 부문 고용은 그 기간 동안 1,200만 명에서 1,400만 명으로 증가했다. 참고로, 인도의 인구는 **매월 100만 명 이상씩 증가**하여 4년 동안 약 5,700만 명이 늘어났다. 그 정도의 인구 증가율이라면 사실상 거의 모든 새로운 구직자들은 농업이나 비공식적 도시 일자리에 종사하게 된다. 많은 사람들이 불완전 고용의 수렁에 빠져 오랜 시간 동안 유휴 상태로 지냈다.[12]

1976년 2월, 비상사태 8개월 만에 영화감독 사티아지트 레이는 특히 고학력자들의 심각한 일자리 부족에 대한 분노를 표출했다. 그의 영화 벵골어 제목인 〈인간 정글Jana Aranya〉은 영어 제목 〈중개인The Middleman〉보다 더 큰 울림을 주었다. 1970년 작품 〈적수Pratidwandi〉에서와 같이 레이는 〈중개인〉의 배경을 캘커타로 설정했다. 〈뉴욕타임스〉 영화 평론가 빈센트 캔비Vincent Canby 는 레이의 묘사에 따르면 캘커타에서는 "비유적으로나 문자 그대로나 모든 괜찮은 일자리에 수백 명의 지원자들이 몰리고 있다"고 썼다. 〈적수〉와 달리 〈중개인〉의 주인공 솜나트Somnath 는 체제에 맞서 싸우려 하지 않는다. 대신 상징적인 은유로, 그는 바나나 껍질을 밟고 미끄러진다. 그 사건으로 인해 그는 한 음흉한 사업가와 접촉하게 되고, 그의 지도 아래 솜나트는 도덕적이지 않은 시장에서 무엇이든 사고팔 준비가 된 "중개인"이 된다. 순진함과 이상주의에서 사기와 부도덕으로의 전환은 순식간에 이루어졌다. 레이는 고용 전망이 좋지 않은 젊은 남성들이 부패와 범죄의 쉬운 먹잇감이 된다는 이후의 연구를 예견하고 있었다. 캔비의 말처럼 〈중개인〉은 "모든 희망을 포기했거나 해결책이 너무 급진적이라 언급조차 할 수 없을 것을 두려워하는" 분노하지만 지친 감독의 표현이었다. 캔비에게 이 영화는 "절망"을 정의했다. 레이 자신도 1982년에 "나는 부패, 만연한 부패를 도처에서 느꼈다. 〈중개인〉은 그런 종류의 부패에 관한 영화이며 나는 어떤 해결책도 없다고 생각한다"고 말했다.[13]

인도에는 서로를 악화시키는, 겉보기에는 해결 불가능한 두 가지 문제가 있었다. 심각한 고용 부족과 삶의 모든 영역에서 만연한 부패였다. 비상사태는 어느 문제에도 대처하지 않았다.

정부는 비상사태 권한을 사용하여 대농으로부터 일부 소농과 농업 노동자에게 토지를 재분배했다. 토지 재분배는 과거에 비하면 상당한 진전이었지만 토지와 소득 불평등 수준에 질적 차이를 만들기에는 너무 적었다. 약 4억 에이커[약 1억 6,000만 헥타르]의 총 경작지 중 정부는 불과 110만 에이커[약 44만 5,000만 헥타르]의 잉여 토지(설정된 한도를 초과하는 토지를 보유한 사람들로부터 취득한 토지)만을 재분배했다. 연간 비율로 볼 때, 비상사태 시기의 재분배는 네루 시절에 비해 근소하게 높았을 뿐이었다. 인디라의 가리비 하타오(빈곤 제거) 프로그램은 농촌 지역의 취약계층을 도왔지만, 전국적 빈곤 추세에는 거의 영향을 미치지 않는 규모에 불과했다. 헌법학자 그랜빌 오스틴이 요약한 것처럼 "그녀는 가난한 사람들의 자유를 부인했고 그들에게 빵을 가져다주지도 않았다".[14]

인도인들은 여전히 교육 수준이 낮았고 심각한 보건 문제에 직면해 있었으며, 극심한 실업에 시달렸다. 1975~1976년의 표면적으로 빛나는 GDP 성장률과 인플레이션 수치는 좋은 몬순의 행운과 더불어 비상사태 전년도에 시행된 반인플레이션 정책의 효과가 이월된 데 따른 것이었다. 노동자들이 투옥을 두려워하면서 파업이 줄어들었다. 봄베이 고등법원에서 변론하던 정부 변호사는 "정권은 법적 이의 제기 없이 수감자들을 굶기거나 심지어 총살할 수도 있다"고 단호하게 말했다.[15]

벽보, 공공버스, 사무실 벽에는 인디라의 사진과 함께 선동과 찬양의 메시지가 적혀 있었다. "더 많이 일하고 덜 말하라" "노력, 명확한 비전, 철의 의지, 엄격한 규율" "용기와 비전의 명료함이여, 그대의 이름은 인디라 간디!" 그리고 인디라 간디는 행동하는 사람 산자이에게 무제한의 권한을 넘겼다.[16] 그는 정말로 대단한 사람이었다.

자동차에서 실패한 산자이 간디, 정치로 이동하다

산자이의 경악할 만한 부패는 부분적으로 그의 무능력에 대한 반응이었다. 그의 어머니의 관용은 그 모든 것을 가능하게 했다. 그리고 이제 그는 인도의 황태자였다.

비상사태 이전 그는 어머니의 그림자를 이용해 얼마 전 국유화된 센트럴 뱅크 오브 인디아와 펀자브 내셔널 뱅크에서 자신의 마루티 자동차 프로젝트를 위한 거액을 빌렸다. 1974년 2월 말, 자동차 프로젝트가 실패했다는 것이 명백해지자 그는 버스, 트럭 트랙터, 도로 롤러를 조립하기 위한 목적으로 마루티 중장비Maruti Heavy Vehicles를 설립했다. 인도중앙은행의 간부였던 다람 비르 타네자Dharam Vir Taneja가 산자이가 필요한 자금을 제공했다. 인디라 간디는 1974년 4월 재무부가 추천한 평판이 높고 유능한 은행가를 무시하고 타네자를 인도중앙은행 총재로 승진시켜 그에게 보답했다. 타네자 총재는 원래의 마루티사와 새로운 마루티 중장비에 계속해서 자금을 지원했다. 그러나 결국 그도 걱정하기 시작했다. 그의 은행은 명백히 상환 능력이 의심스러운 차입자와 건전하지 않은 관계를 맺고 있었다. 타네자가 나중에 말했듯이 "더 이상 견딜 수 없는" 순간이 왔다. 그는 인도중앙은행 직원들이 "실행 가능하지 않다"고 믿었던 투자에 자금을 지원해 달라는 산자이의 거액 대출 요청을 거절했다. 화가 난 산자이는 타네자에게 "다시 생각해 보라"고 요구했다. 나중에 산자이는 제삼자를 통해 "마루티를 돕지 않으면 안 좋은 결과를 맞게 될 것"이라는 메시지를 타네자에게 보냈다. 타네자의 임기는 1975년 4월에 끝났다. 인디라 간디는 관례를 무시하고 그에 대한 "어떤 불만"을 들었다며 재무장관에게 그를 연임시키지 말라고 지시했다.[17]

타네자가 해임된 지 한 달 후인 1975년 5월, 산자이는 인디라 간디의 전기작가 우마 바수데브와 한 동료 기자에게 자신의 마루티 자동차를 시승시켰다. 바수데브는 운전을 하며 공포감을 느꼈고, 차가 언제 분해될지 걱정했다고 썼다. 런던 〈선데이 타임스〉의 두 특파원이 "장난하냐a joke"라고 묘사한 차체 공장에서 손으로 이어붙인 차였다. 조립 라인이 없었기 때문에 노동자들은 반제품 차를 한 작업장에서 다른 작업장으로 손으로 운반했다. 1968년 산자이는 연간 5만 대의 자동차를 약속했는데, 1975년까지 12대도 생산하지 못했다.[18]

자동차를 한 대도 팔지 못했지만 산자이는 마루티 중장비가 조립한 조잡하고 비싼 차량을 주 정부와 공기업에 판매하여 돈을 벌었다. 더 큰 사기는 마루티사와 마루티 중장비에 기술 컨설팅을 제공한 마루티 기술 서비스Maruti Technical Services였다. 마루티 자동차 및 중장비 회사로부터 받은 지속적인 컨설팅 수수료 외에도 마루티 기술 서비스는 추적 불가능한 개인으로부터 최소한 한 번의 수수께끼 같은 무이자 대출을 받았다. 온 가족이 이 더러운 일에 얽혀 있는 것 같았다. 산자이의 형 라지브는 직접 연루되지 않았지만 그의 아내이자 산자이의 처형인 소니아 간디Sonia Gandhi는 두 미성년 자녀인 아들 라훌Rahul과 딸 프리양카Priyanka와 함께 마루티 기술 서비스의 소유주 중 한 명이었다. 두 아이는 아버지 라지브의 "후견" 아래 회사 이사회 구성원이었다.[19]

비상사태가 선포될 무렵, 산자이는 자신의 영향력을 이용해 친구들에게 호의를 베풀었다. 그런 사례 중 하나로, 그는 인디라 간디가 총리가 되기 훨씬 전에 국유화된 인도 최대 은행인 스테이트 뱅크 오브 인디아의 회장 라즈 쿠마르 탈와르Raj Kumar Talwar와 맞섰다. 탈와르는 산자이의 친구 중 한 명이 요청한 거액의 대출 요청을 거부했다. 산자이는 격분했다. 그는 먼저 재무부 차관을 통해 탈와르를 위협하려 했다. 그것이 실패하자 탈와르에게 적용 가능한 부패 혐의 조사를 명령했다. 그것마저 어떤 흠을 찾아내는 데 실패하자, 산자이는 의회가 은행 회장의 임기를 보장하는 조항을 변경하기 위해 재무부 장관에게 인도국립은행법을 개정하도록 요구했다. 개정된 인도국립은행법으로 무장한 재무부 장관은 1976년 8월 4일, 비상사태 13개월 조금 넘어 탈와르를 해임했다.[20]

산자이를 제지하기는커녕 인디라는 그에 대해 불평하는 사람들을 처벌했다. 가장 잘 알려진 사례는 수년간 그녀의 가장 가까운 고문이었던 P. N. 학사르의 경우였다. 학사르는 인디라 간디의 은행 국유화 전략을 고안했는데, 이는 그녀를 빈민의 옹호자로 만든 주요 상징물이었다. 인디라는 산자이의 마루티 프로젝트가 무법천지가 되었다고 불평한 학사르를 내쫓았다. 산자이의 영향력을 인식한 내각 장관들과 주 총리들은 그를 인디라와 비슷한 권력을 가진 인물로 대우하기 시작했다. 산자이는 엄격한 MISA에 따라 체포를 지시할 수 있었고, 실제로 그렇게 했다. 그의 분노로부터 자유로운 사람은 없었다.[21]

산자이는 자동차 제조는 실패했지만 마루티 중장비와 마루티 기술 서비스를 통해 쉽게 돈을 긁어모을 수 있었다. 또한 비상사태의 두 가지 대표적인 잔학 행위인 인구 증가를 통제하기 위한 강제 불임 시술과, 그가 주장하는대로 인도 도시를 "아름답게" 하기 위해 사람들을 집과 사업장에서 잔인하게 쫓아내는 일의 배후 세력이 되었다. 인디라는 마루티 관련 사기에서 그랬듯이 비상사태 시대의 공포 속에서 산자이를 지지했다.

인도 국민들이 독재라는 도박의 대가를 치르다

인도에는 인구 증가를 늦추기 위한 오랜 "가족계획 프로그램"이 있었다. 이 프로그램은 국제적으로 잘 알려진 수단에 따라 운영되었다. 자발적인 남성 불임 시술(정관 절제술)은 수년에 걸쳐 출산율을 크게 감소시키는 데 기여했다. 비상사태 첫해까지도 불임 시술 건수는 이전 연도들의 건수와 거의 같았다.[22]

그런 다음 비상사태 10개월 만인 1976년 4월, 새로운 국가 인구 정책은 산자이의 터무니없이 높은 불임 시술 목표를 달성하고 초과하기 위한 주들 간의 병적인 경쟁을 만들어냈다. 고위 공무원들은 "외과의사의 칼에 굴복하지" 않은 하위 공무원들의 급여와 보너스를 보류했다. 불임 시술 증명서가 없는 트럭 운전사들은 면허를 갱신할 수 없었고 철거된 빈민가 거주자들은 재정착 부지를 받을 자격을 상실했다. 급여, 수당, 승진을 거부당할 위협 속에서 교사들은 세 자녀 이상을 둔 불임 시술의 주요 대상자인 일명 "적격 남성eligible men"의 목록을 매월 작성하는 임무를 맡았다. 마하라슈트라의 한 마을에서 경찰 차량은 "적격"으로 간주된 남성들을 덮쳐 가장 가까운 보건소로 끌고 가 불임 시술을 받게 했다. 지방 공무원들과 경찰들은 버스를 세우고 남성들을 "불임 시술 캠프"로 밀어 넣었다.[23]

산자이는 보통 몇 년에 걸쳐 달성할 인구 억제 목표를 몇 달 안에 압축하려고 시도했다. 빈민가 철거를 산자이와 공모한 자그모한Jagmohan이 말했듯이, 산자이는 오직 "톱기어"로만 몰았다. 비상사태 2년 차에 불임 시술 건수는 820만 건에 달했는데, 이는 공식 목표인 400만 건을 훨씬 웃도는 것이었고 1972~1973년에 달성했던 이전 최고치의 두 배 이상이었다.[24]

강제 불임 시술은 잔인할 뿐만 아니라 경제와 역사에 대한 그릇된 해석에 기반을 두고 있었다. 출산율 감소는 경제 발전을 촉진하지 않는다. 오히려 경제 발전이 여성으로 하여금 교육을 추구하고, 결혼을 미루며, 출산을 연기하고, 궁극적으로 더 적은 수의 자녀를 갖도록 유도할 때 출산율은 감소한다. 인디라와 산자이 모두 교육, 보건 인프라, 일자리 창출에 대한 아이디어가 없었다. 단순히 말하자면, 인도에는 출산율의 급격한 감소를 유도할 조건이나 유인책이 없었다.

잔인하고 비인간적인 논리로 산자이는 자신의 빈민가 철거 프로그램도 밀어붙였다. 1975년 6월부터 1977년 3월까지 델리에서만 거의 70만 명이 "재정착resettled"되었고 15만 채 이상의 건물이 철거되었다. 철거된 건물의 수는 이전 2년 반 동안보다 8배나 많았다. 산자이의 공포 통치는 북부 인도 전역으로 퍼졌고, 마하라슈트라주 당국도 그의 지침을 열심히 따랐다.[25]

처음부터 퇴거와 철거는 무자비했다. 1975년 8월 초, 비상사태가 선포된 지 한 달 조금 넘어 한 공산당 지도자는 인디라 간디에게 편지를 보내 수천 가구가 판잣집에서 마구잡이로 쫓겨나고 있으며, 쫓겨난 사람들은 작은 땅 한 조각에 버려지고 있다고 알렸다. 인디라는 그 편지를 무시했고, 끔찍한 이야기는 계속되었다. 전기 작가 우마 바수데브는 "몬순이 한창인 상황에서 아픈 사람들, 임신부, 울부짖는 아이들, 노인들, 젊은 장사꾼들을 짐짝처럼 싣고 가서 땅 조각을 보여준 다음 '여기가 네 땅이다, 그 위에 알아서 지어'라고 말했다"고 썼다. 원칙적으로 재정착 지역에는 학교, 병원, 쇼핑센터 건립 계획이 따라왔다. 그러나 이 계획들은 계획으로만 남았다. 이 무정한 빈민가 철거 프로그램의 배후자인 산자이는 수십만 명의 사람들이 "어쨌든 비인간적인 조건에서" 살고 있었다고 말하면서 그런 행동을 정당화했다. 만약 일부가 쏟아지는 빗속 노천에 버려졌다면, 그런 비인간적 처사는 그들에게 "새로운 것이 아니기" 때문이라는 이유로 정당화되었다. 신생아가 죽거나 가족이 병들면 "글쎄, 그것은 델리를 아름답게 만드는 데 있어 위험요소지"라고 말한 그는 "사람들은 항상 죽는다"는 간단한 도덕적 관점을 가지고 있었다. 다른 문제에 대해서도 명쾌했다. 바수데브가 그의 발언을 바꿔 말하길 "사람들은 정부가 그들에게 시키는 대로 해야 했기" 때문에 그의 작전에는 비상사태가 필요했다.[26]

국민회의 원로 의원인 수바드라 조시Subhadra Joshi는 오랜 동지이자 친구인 인디라에게 호소했다. 조시 여사는 "당신이 상황을 알면서도 조치를 취하지 않는다는 것은 믿을 수 없다"고 썼다. 처음에는 답을 하던 총리는 곧 연락을 끊었다. 산자이는 "냉담했고" 인디라 간디는 "돌로 변했다"고 우마 바수데브는 요약했다.[27]

델리에서 산자이의 특별한 표적은 17세기에 세워진 존경받는 모스크인 자마 마스지드Jama Masjid 근처의 무슬림 지역 상점과 집들이었다. 자마 마스지드 지역의 첫 철거는 1975년 7월 19일에 진행되었다. 활동가이자 전직 자유 투사였던 인더 모한Inder Mohan은 간디에게 그 철거를 잠시 중단하고 먼저 적절한 재정착 대책을 세워달라고 호소했다. 간디는 그를 산자이에게 보냈다. 9월 17일 모한을 만난 산자이는 기다릴 때가 지났다고 우겼다. 애쓴 보람도 없이 경찰은 9월 19일 모한의 아파트로 돌입해 체포 사유도 밝히지 않고 MISA 규정에 따라 그를 체포했다.[28]

1975년 11월 22일, 경찰의 지원을 받은 철거반은 마스지드 단지에서 튀어나와 있던 약 400개의 상점을 완전히 철거했다. 이 쇼핑 단지의 상점들은 비리야니biryanis*, 가죽 제품, 모직 옷을 판매하고 심지어 새, 염소, 양을 파는 것으로 근근이 살아갔다. 상점을 철거한 후 공무원들은 자마 마스지드가 "이제 깨끗해졌다"고 의기양양하게 선언했다. 마스지드의 탁 트인 모습은 300m 떨어진 거리에서도 볼 수 있었다. 12월 10일, 산자이는 승리의 순회공연을 했다. 공무원들은 "산자

---

*   인도를 비롯한 남아시아 각지에서 먹는, 향신료와 식용유를 넣고 찌거나 볶은 쌀 요리.

이 간디 키 자이!Sanjay Gandhi ki jai!"(산자이 간디 만세!)를 외치며 환호했다. 철거된 상인들을 위해 약속된 새로운 쇼핑 단지는 결코 지어지지 않았고, 그들은 어떤 보상도 받지 못했다.[29]

1976년 4월 13일, 마스지드 근처 투르크만 게이트Turkman Gate 지역에서 불도저가 "포효했다". 명시된 목적은 예전 집이 철거된 후 그곳에 재정착한 약 40가구가 사는 임시 수용소를 치우는 것이었다. 그것은 사악한 에피소드의 시작에 불과했다. "4월 19일 댐이 터졌다"고 기안 프라카시는 썼다. 이번에는 탐욕스러운 경찰들이 불도저와 함께 갔다. 그들은 여성들의 보석을 훔치고, 담배로 여성들의 가슴에 상처를 내고, 그들을 강간했다. 지역 주민들은 경찰과 싸웠고, "대학살 현장"에 남겨졌다. 수백 명의 주민들이 철거에 항의하기 위해 파이즈-에-일라히 마스지드Faiz-e-Ilahi Masjid 의 푸른 돔 주위에 모였다. 그들은 감옥으로 사람들을 실어 나르는 차량에 돌을 던졌다. 경찰이 최루 가스를 쏘자 많은 시위자들이 모스크 안으로 피신했다. 경찰은 산자이 신봉자인 부경감 P. S. 빈더P. S. Bhinder의 지시에 따라 그들을 쫓아 모스크로 들어갔다. 프라카시의 말을 빌리면 "모스크는 순식간에 공포의 현장으로 변했다. 피가 바닥을 적셨다". 투르크만 게이트에서의 철거는 계속되었다.[30]

야만적인 방식으로 빈민가 거주자들을 쫓아낸 산자이의 빈민가 철거 작전의 경제적 이유는 강제 불임 시술 프로그램만큼이나 터무니없었다. 성공적인 "빈민가 해소"는 인구 증가세 감소와 마찬가지로 일자리 기회의 가용성에 따라 이뤄져야 했다. 작가이자 도시 개발의 선구자인 제인 제이콥스는 빈민가 주민들이 소득을 창출할 수 있는 기회를 가질 때에만 그 지역에서 벗어나 새로운 집으로 이사한다는 점을 열정적으로 강조했다. 그녀는 빈민가 주민들은 생활권 지원 시스템의 일부로 존재하는 그들의 집에 머물러야 한다고 주장했다. 다른 곳으로의 이주는 그들의 일자리 선택권과 사회적 네트워크에 따라 그들 스스로가 결정해야 한다. 주로 무슬림인 자마 마스지드 주민들은 광범위한 주거지 차별로 인해 델리의 많은 지역에서 환영받지 못한다는 추가적인 문제가 있었다. 빈민가 거주자들을 먼 "재정착" 부지로 내쫓는 산자이의 접근 방식은 그들의 일자리 선택 기회를 축소시켰고 새로운 장소에서도 빈민가와 유사한 상황을 영속시켰다.[31]

인도는 더 깨끗하고 활기찬 도시가 필요했다. 그러나 네루의 "정원 도시"인 찬디가르가 농촌 이주자들에 대한 경제적 압박이나 과부하가 걸린 도시 지역의 열악한 인프라 가운데 어느 것도 해결하지 못했던 순진했던 시대와 마찬가지로, 산자이의 잔인한 빈민가 철거 운동은 엘리트주의적 프로젝트였다. 그것은 특권층 도시 거주자들을 위한 공간을 만들어냈지만 절대 다수에게는 삶의 질이 떨어지는 도시 생활을 계속하도록 만들었다

선거 독재를 모색하는 인디라 간디

1977년 1월 18일 깜짝 라디오 방송에서 인디라 간디는 3월 셋째 주에 의회 선거를 치를 예정이라고 발표했다. 그녀는 일부 정치범을 석방하고 언론에 대한 규제를 완화했다고 언급했다. 또한 방송에서 국가를 "재앙의 벼랑 끝"에서 끌어냈고 "국가는 건강을 되찾았다"고 말했다. 그녀는 사람들이 경제가 "크게 개선되었고" 국가가 "더 건강하고 효율적이며 역동적"으로 변했다는 것을 알고 믿기를 원했다. 인디라의 개선과 역동성에 대한 주장은 사실이 아니었다. 놀랍지 않게도, 그녀는 이러한 주장을 증거로 뒷받침하려는 노력을 하지 않았다. 오싹하게도, 선거를 발표하면서 "국민에게 봉사하도록 고안된 정책

에 방해가 되는 요소들을 제거하기 위해 헌법이 개정되었습니다. 경제적 혼란을 일으키려는 세력은 엄중히 다룰 것입니다"라고 인디라는 덧붙였다.[32]

인디라는 자신이 권좌를 유지할 것이라고 믿었다. 정보 보고서는 특히 1977~1978년 날씨 추세와 식량 수확량 전망이 좋았기 때문에 그녀의 정당이 의석의 과반수를 차지할 것으로 예측했다. 게다가 그녀의 경제 발전 내러티브는 그녀에게 표를 안겨줄 것이었다. 실제로 많은 유권자들이 비상사태의 혜택을 받았고, 그들은 그녀에게 빚을 진 셈이었다. 권력을 유지하면 그녀는 인도 민주주의를 파괴했다는 비난을 일축할 수 있을 것이었다. 그녀가 말했듯이 더 이상 그녀를 제한할 수 없는 헌법과 복종적인 의회의 도움을 받아가며 총리로서 권한을 행사할 것이다. 인디라는 선거 독재를 향해 가고 있었다.[33]

인디라 간디는 자나 상, 사회당, 록 달Lok Dal(정식 명칭은 바라티야 록 달Bharatiya Lok Dal, 대중당), 그리고 옛 국민회의의 잔여 세력 등 네 개의 야당으로 구성된 누더기 그룹과 마주했다. 그들은 그녀가 선거를 발표한 지 5일 만인 1월 23일에 서둘러 모였다. 공통의 경제적 또는 정치적 이념이 없었기에, 그들은 소선거구제하에서 인디라에게 도움이 될 표의 분열, 즉 그들 사이의 표 분열을 막는 것만을 목표로 뭉쳤다. 그들은 "자나타당Janata Party"이라는 이름으로 각 선거구에 단 한 명의 단일 후보만 내세울 것이었다. 인디라의 옛 라이벌 모라르지 데사이가 자나타당의 지도자가 될 예정이었다.

산자이와 관련된 사항들은 인디라의 전망에 불리하게 작용하였다. 산자이의 친구들과 형 라지브는 비판의 표적이 될 가능성이 높으므로 산자이에게 정치에서 한발 물러서라고 제안했다. 그러나 인디라는 산자이에게 매달렸다. 그의 악행에도 불구하고 그가 "할 수 있는 일"을 하기 위해 자신의 곁에 있기를 원했다. 산자이에게 "보호받고 있다는"

느낌을 받았다고 그녀는 말했다. 아마도 그녀는 선거가 산자이의 정치적 정당성을 확립해 줄 것이라고 느꼈을 것이다.[34]

그러나 산자이는 선을 넘었다. 그는 대부분 법적 회색 지대에서 활동하는 사람들인 200명의 추종자들을 국민회의 후보로 공천할 것을 요구했다. 당 원로들로서는 만약 그렇게 한다면 자신들의 추종자들을 위한 자리가 거의 남지 않을까 봐 우려했다. 그런 당 원로 중 한 명인 자그지반 람Jagjivan Ram은 2월 2일 국민회의를 떠났다. 람은 네루가 총리였을 때부터 내각 직책을 맡아왔다. 그는 한때 "불가촉천민" 또는 하리잔Harijans(신의 자녀들, 마하트마 간디가 그들에게 붙인 이름)으로 알려진 지정 카스트Scheduled Castes의 지도자였다. 그들은 6억 인구 가운데 8,000만 명에 달했고, 유권자의 15%에 달하는 중요한 집단이었다. 람은 새로운 정당인 '민주주의를 위한 국민회의Congress for Democracy'를 결성하고 자나타당의 깃발 아래 선거에 출마하기로 합의했다. 람의 결정은 순식간에 전세를 바꾸어놓았다. 그 직후 인디라 간디의 정보 책임자는 그녀에게 "총리님, 안타깝게도 패배할 것 같습니다"라고 말했다.[35]

3월 20일 첫 번째 개표 결과는 자나타당이 대승을 향해 순항하고 있음을 보여주었다. 특히 산자이가 사람들에게 가장 큰 상처를 준 북부 인도에서 격차가 압도적이었다. 우타르프라데시와 비하르에서 국민회의는 단 한 명의 국회의원도 당선시키지 못했다. 인디라는 라에 바렐리 선거구에서 의석을 잃었고, 산자이는 이웃한 아메티Amethi에서 패했다. 강제 불임 시술과 빈민가 철거로 인한 고통이 덜 심했던 남부 주에서는 국민회의와 연합 정당들이 손쉽게 이겼다. 이렇게 하여 독재라는 도박은 끝났다. 인디라와 그녀의 내각의 권고에 따라 대통령 대행이던 B. D. 자티B. D. Jatti는 3월 21일 이른 아침에 인도의 국가 비상사태를 해제했다. 비상사태 규정을 사용할 수 없다는 것을 알고 있던 그녀와 내각은 3월 22일 사임했다.

인디라 간디는 할 이야기가 있었다. 다른 사람들을 탓하고 산자이를 변호했다. "나는 선거를 치르도록 명령할 의무도 없었고, 우리는 1년이나 2년 더 비상사태를 계속할 수도 있었다"고 말했다. 그녀가 보기에 자신의 실수는 "더 잘 알았어야 할 일부 사람들"과 그녀가 "선거에서 압승할 것"이라고 예측한 사람들에게 의존한 것이었다. BBC의 데이비드 프로스트David Frost와의 TV 인터뷰에서 그녀는 산자이가 의사 결정에 아무런 역할도 하지 않았기 때문이 그에 대한 혐의들은 "완전히 터무니없다"고 주장했다. 미래가 그녀를 입증해 줄 것이며, 산자이를 공격한 사람들은 사실 그녀를 공격한 것이었다고 말했다.[36]

이제 인도의 독재 실험 결과가 나왔다. 오랫동안 독재를 요구해 온 엘리트들은 혜택을 받았다. 그들은 노동자와 학생을 탄압함으로써 얻은 더 높은 이익을 뽑아냈다. 그러나 독재는 경제적 파이를 키우기보다는 줄였다. 기업은 더 야심 차게 투자하거나 더 많은 노동자를 고용할 이유가 없었다. 인디라와 산자이는 공공재 제공을 확대한다는 시늉조차 하지 않았다. 인적 자본과 도시 인프라는 여전히 최악이었다. 산자이의 빈민가 철거는 사람들을 모욕하고 죽이는 것이 인도의 도시 개발 문제를 해결할 것이라는 그릇된 도덕적, 경제적 가정에 의존했다.

인도는 나락으로 떨어지던 경로에서 천신만고 끝에 간신히 탈출했다. 독재는 지속적인 피해를 줄 태세였다. 만약 인디라 간디가 기대했던 대로 선거에서 이겼다면, 산자이는 사람들이 개인적 자유가 없는 채로 끊임없이 그의 변덕, 건방짐, 무모한 폭력에 노출되는, 민주주의의 껍데기 안에서 더 많은 대학살을 계속할 수 있었을 것이다. 인디라의 승리는 그녀가 완전히 잘못된 경제 전략과 병행한 무자비하고 잔인한 통치를 사람들이 지지한다고 주장할 수 있게 했을 것이다.

이제 고통 받는 인도인들에게는 새로운 걱정거리가 있었다. 독재에서 벗어났지만, 그들은 도덕적인 사회 규범과 정치적 책임 의식이 있는 새로운 시대의 혜택을 받을 수 있을까? 아니면 민주 인도는 정기적인 선거만 치를 뿐 신뢰와 협력을 장려하는 시민 의식을 육성하는 데 실패할까? 만약 민주주의로의 복귀가 더 많은 부패, 정책 대신 난무하는 정치적 수사, 임시방편으로 된 해결책, 그리고 경찰과 군대를 이용해 시위를 진압하는 국가를 의미한다면, 공공재 공급은 취약한 상태로 남을 것이고, 모두를 위한 기회 균등은 환상으로 남을 것이며, 사회적 분노는 곪아 터질 것이었다. 그런 경우 도덕적으로나 물질적으로 진전을 이룰 수 없는 인도 사회는 진퇴양난 상황에 갇히게 될 것이다.

13장
다시 배신하는 민주주의, 탈산업화의 시작

1977년 3월 24일, 인도 의회는 자나타당의 지도자 모라르지 데사이를 인도의 네 번째 총리로 선출했다. 그는 마침내 1964년 6월과 1966년 1월, 두 차례나 그를 비켜갔던 자리에 도달했다. 그는 짧은 수락 연설에서 비폭력적인 민주주의로의 복귀를 가능하게 한 국민들에게 감사를 표했다. 그는 국가가 막 "구덩이"에서 벗어나고 있기 때문에 앞으로의 과제가 어려울 것이라고 말했다. 그럼에도 불구하고, 그는 자나타당이 국민의 열망을 충족시킬 것이라고 확신했다. 국회의원들은 "열렬히" 환호했다. 데사이는 감사의 표시로 고개를 약간 숙이고 두 손을 모아 박수를 받아들였다.[1]

자나타 정부는 선거 승리의 열기를 이용하여 인디라 간디가 헌법에 가했던 손상을 회복시켰다. 1977년 12월에 시작된 이 과정은 1978년 12월에 완료되었다. 새로운 제43차 및 제44차 헌법 개정안은 비상사태의 선포를 훨씬 더 어렵게 만들고, 행정부의 권한을 제한하

며, 총리 선거를 포함한 모든 선거에 대한 대법원의 재판권을 재확립
했다. 이를 통해 헌법은 비상사태 이전에 갖고 있던 권위를 되찾았다.
1978년 12월 7일 하원이 제44차 헌법 개정안을 통과시켰을 때, 인디
라는 한 달 전 남부 카르나타카주의 치크마갈루르Chikmagalur에서 치
러진 선거에서 승리하여 국회의원으로 복귀한 상태였다. 그녀는 자신
이 훼손했던 헌법을 무효화하는 헌법 개정안에 찬성표를 던졌다.[2]

자나타당은 헌법의 완전성을 회복해야 한다는 필요성에 대해서는
단합되어 있었다. 그러나 이 당은 오로지 인디라 간디를 물리치기 위
해 뭉쳤을 뿐, 통일된 경제적 또는 정치적 이념은 없었다. 장관들은 서
로 다른 이해 집단을 대표했으며 이념적 선호도 역시 크게 달랐다. 그
들은 자신의 이익과 이념적 목표를 위해 서두르다가 자멸했다.

(인디라가 무자비하게 진압했던) 1974년 5월 철도 노동자 파업의 지도
자였던 조지 페르난데스는 산업개발부 장관이 되었다. 페르난데스는
1977년 8월 자나타당의 가장 초기 경제 조치 중 하나로, 코카콜라를
인도에서 밀어내기 시작했다. 페르난데스는 코카콜라 회사에게 인기
음료의 농축액 제조법을 공개하고 인도 법인의 지분 60%를 인도 투
자자들에게 양도할 것을 요구했다. 코카콜라는 철수하기로 결정했다.
페르난데스는 의회에서 코카콜라가 인도 병입 회사에 농축액을 판매
할 때 매우 높은 이윤을 남겼다는 점을 강조했다. 코카콜라가 철수하
더라도 그는 인도 마이소르의 중앙식품기술연구소에 상업적으로 준
비된 대체품이 있다고 말했다. 10월에는 IBM도 인도 사업의 지분을
40%로 줄이라는 요구를 거부하고 인도에서 철수했다.[3]

코카콜라와 IBM은 많은 일자리를 창출하지는 않았지만, 기술과
전문성을 보유한 회사였고, 인도인들에게 현대적인 제조 방식과 서비
스 트렌드를 접하게 해주었고, 인도가 매력적인 사업 후보지라는 것
을 세계에 알렸었다. 인도 생산자들이 직면한 경쟁을 줄이기 위해 그

들을 내쫓기로 한 결정은 철없는 민족주의의 표현이었다.

내무부 장관 차란 싱Charan Singh은 강력한 새로운 이해 집단인 "자본가" 농부들을 대표했다. 자본가 농부들은 녹색혁명 기술을 사용하여 산업형 농업을 실천하는 대규모 및 중규모 농민들이었다. 그들은 농산물 최저 보장 가격과 비료 보조금 정책 패키지의 혜택을 받았다. 특히 동부에 위치한 우타르프라데시와 비하르주에서 그들은 1950년대 개혁 기간 동안 토지를 취득했고 안정적인 토지 소유권을 확보했다. 그들은 점차 부유해졌고 의회에서의 대표성을 크게 높였다.[4]

자신이 총리가 되어야 한다고 생각했던 차란 싱은 마지못해 내무부 장관직에 만족했다. 싱과 데사이 총리의 관계는 빠르게 악화되었다. 1978년 상반기, 싱은 데사이에게 인디라가 산자이를 편애했던 것처럼 데사이가 아들 칸티Kanti를 편애한다고 비난하는 분노가 담긴 편지를 썼다. 1978년 6월, 데사이는 싱을 해임했다. 그러나 싱의 정치적 영향력을 인정한 데사이는 1979년 1월 그를 재무장관으로 복귀시켰다. 재무장관으로서 싱은 예산 권한을 사용하여 화학비료, 기계식 경운기, 모터식 양수기 및 양수기용 디젤유에 대한 보조금을 늘리는 형태로 "자본가" 농민 지지층에게 "특혜sops"를 베풀었다. 이러한 특혜의 비용을 감당하기 위해 그는 비누와 세제, 식용유, 치약과 칫솔, 압력밥솥, 오토바이 등의 상품에 매긴 세금을 인상했는데, 이는 이미 생계를 꾸리기 위해 고군분투하는 서민들의 빠듯한 살림을 더 힘들게 했다.[5]

"자본가" 농민들에게는 또 다른 요구사항이 있었다. 그들 중 많은 이들은 역사적으로 불리한 대우를 받았다고 믿는 카스트 집단에 속해 있었다. 우타르프라데시의 자트Jat, 비하르의 쿠르미Kurmi와 야다브Yadav, 마하라슈트라의 마라타Maratha, 타밀나두의 벨랄라Vellala가 그들이었다. 그들은 "기타 후진 계급other backward classes, OBC"*으로서 자신들을 위한 도시 일자리가 확보되기를 원했다. 헌법은 이미 중앙정부 일자리의 15%를 지정 카스트Scheduled Castes, SC에, 7.5%를 지정 부족 Scheduled Tribes, ST에 할당하도록 규정하고 있었다. 1978년 11월, 데사이는 일자리 할당을 위한 "새로운 공식"을 권고하기 위한 위원회를 설립했다. 비하르 전 주 수상 B. P. 만달B. P. Mandal이 이끄는 이 위원회는 1979년 3월 업무를 시작했다. 과거의 불의를 바로잡기 위한 것이었지만, 이 계획은 실패할 수밖에 없는 게임이었다. 일자리 수를 늘리기 위한 정책이 없는 상황에서 더 많은 인도인들은 이러한 제도가 불공정하다고 느꼈고, 더 많은 할당을 요구하는 목소리는 분명히 커질 수밖에 없었다.[6]

자나타당 지도자들의 제로섬 경쟁은 그들의 몰락을 초래했다. 1979년 7월 말의 권력 쟁탈전에서 차란 싱은 탈당하여 인디라 간디의 "지지 편지"를 받으면서 총리가 되었다. 그는 무슨 생각을 한 걸까? 한 달 후, 인디라는 그에 대한 지지를 철회했다. 싱과 자나타당은 무너졌다. 1980년 1월 새 선거가 예정되었다.[7]

자나타 정부는 헌법을 복원하겠다는 약속을 이행했다. 그러나 1977년 3월의 수락 연설에서 데사이가 약속했던 것과 달리 정부는 국민의 경제적 열망을 충족시키기 위해 사실상 아무것도 하지 않았다. 대신 자나타 정부의 짧은 통치 기간 동안 당의 많은 지도자들과 관료들은 권력의 특권과 전리품을 차지하기 위해 볼썽사나운 질주를 벌

---

* 전통적 분류로 구분되는 불가촉천민이 후진 카스트로 지정되어 보호받는 것에 자극을 받아 전통적인 분류에 포함되는 수드라도 자신들이 후진 카스트라고 주장하면서 다른 부류와 함께 보호를 위한 쿼터제를 요구하게 되었다. 이들을 묶어서 '기타 후진 계급'이라 부른다.

였다.[8]

2년 넘게 이어진 자나타 정부의 막간극은 민주주의에 대한 오래된 진실을 드러냈다. 국민을 위해 봉사하기 위해서 민주주의는 헌법의 절차, 견제와 균형 이상의 것을 필요로 한다. 민주주의는 권력과 영향력을 갖고 있는 사람들이 자신의 기회주의적 이익과 명성보다는 시민 복지에 더 큰 가치를 둘 것을 요구한다. 오직 그러한 도덕성만이 민주주의와 경제 발전의 대의를 위해 필요한 사회적 신뢰와 협력을 보장할 수 있다. 그러한 도덕 규범에 따르지 못함으로써 자나타 정부의 지도자들은 일반 대중의 기대를 배신했을 뿐만 아니라 정치인들이 자신과 추종자들을 위해 빠른 보상을 추구하는 덫으로 인도를 더 밀어 넣었다.

인도 경제는 새로운 충격에 의해 황폐화되려 하고 있었다. 1979년 여름 우기에는 카리프(가을) 수확량이 감소했고, 라비(겨울) 작물을 위한 겨울 강수량도 부족했다. 그와 동시에 1979년 초 이란 혁명이 세계 석유 공급을 교란시키면서 석유 가격이 급등하기 시작했다. 인도의 공업 생산은 감소했는데, 이는 부분적으로 강수량 부족으로 인해 수력발전 용량이 줄어들었기 때문이었다. 다른 인프라 병목 현상, 노동자 파업의 급격한 증가, 그리고 유가 상승은 산업 생산을 더욱 감소시켰다. GDP는 하락하고 인플레이션은 극성을 부렸으며, 수입 대금 지불을 위한 달러 수요는 급격히 증가했다.[9]

인디라 간디의 독재는 실패했다. 자나타 정부의 민주주의는 국민을 배신했다. 그리고 인디라 간디의 의기양양한 새 정부의 민주주의는 인도인들을 다시 한번 배신하려 하고 있었다.

인디라 간디에게는 새로운 친구가 생겼다

1980년 1월 개표 결과가 나왔을 때 인디라에게는 축하할 만한 이유가 있었다. 1971년의 압도적인 승리에 필적하는 의회 의석 353석(약 67%)을 차지한 것이다. 선거운동 기간 동안, 그녀는 인도 경제가 비참한 상태가 된 원인으로 현직 자나타당 지도자들 간의 다툼을 지적하고 이들을 비난하는 여론의 덕을 보았다. 인디라는 양파 가격을 인하하고 법과 질서를 회복하겠다고 약속하면서 국민들이 느끼는 불안감에 호소했다. 이전 선거에서와 마찬가지로 그녀는 지치지 않고 선거운동을 펼쳤다. 9,000만 명의 사람들이 그녀가 전국 각지의 선거구를 방문하는 모습을 듣거나 보았다. 당시로서는 신기했던 그녀의 컬러 포스터는 "일하는 정부를 선출하자"와 "인디라를 다시 데려와 인도를 구하자Indira lao, desh bachao"라고 유권자들에게 호소했다. 유명 영화 곡에 맞춰진 선거운동 음악은 국민회의 집회에서 연주되었다.[10]

1980년 선거 승리는 한 가지 예상치 못한 방식으로 인디라 간디에게 용기를 불어넣었다. 그때까지 그녀는 스스로를 가난한 이들의 챔피언으로 내세우며 인도 기업과의 관계는 대중의 시야에 띄지 않도록 했다. 사실 산자이는 인도 기업과 국유화된 은행에서 받은 자금으로 부를 축적했고, L. N. 미슈라는 기업에서 국민회의로 현금 가방을 실어 날랐다. 그러나 인디라와 인도 기업과의 개인적인 연결고리는 공개적으로 드러나지 않았다. 1980년 선거 후 그것이 바뀌었다.

그녀의 첫 번째 공개 행사 중 하나는 사업가 디라질랄 히라찬드 암바니Dhirajlal Hirachand Ambani가 주최한 "호화로운" 축하 행사였다. 사람들은 흔히 그의 고향인 구자라트주의 관행에 따라 그를 "디루바이Dhirubhai"라고 불렀다. 1932년에 태어난 그는 1940년대 후반 예멘의 항구도시 아덴으로 건너가 주유소 직원으로 일하기 시작했다. 1958년 봄베이로 돌아온 그는 동아프리카로 향신료와 직물을 수출하는 무역회사의 공동 소유주가 되었다. 그는 사업을 다각화하여 합성

원사를 사고팔기 시작했고, 이어 합성 섬유로 만든 직물을 제조하기 시작했다. 디루바이는 다시 한번 사업을 다각화했는데, 이번에는 주요 인도 정치인들과 친분을 쌓아 정부의 수입 및 산업 허가 제도의 혜택을 받을 수 있게 했다. 인디라 간디도 그가 사귄 인물 중 한 명이었다. 1977년 그녀가 자나타당에 권력을 빼앗겼을 때, 디루바이는 자나타당 의원들에게 금전적 유혹을 제공하여 그들이 자멸적인 파벌로 분열되도록 하는 등 인디라를 위해 계속 책략을 꾸몄다.[11]

디루바이의 충성심은 보상 없이 끝나지 않았다. 선거 승리 후 열린 파티에서 인디라는 방문객들이 와서 그녀에게 축하 인사를 하는 동안 거의 2시간이나 디루바이를 자신의 옆자리에 앉혔다. 인디라와 그녀의 재무장관 프라납 무커지Pranab Mukerjee를 통해 디루바이는, 그의 전기 작가 해미시 맥도널드Hamish McDonald의 말을 빌리자면 "정부 정책에 대한 타의 추종을 불허하는 영향력"을 얻었다. 예를 들어, 1982년 11월 디루바이가 폴리에스터 섬유 제조 공장을 설립한 후, 정부는 그러한 섬유 수입에 추가 관세를 부과함으로써 그를 외국과의 경쟁으로부터 보호했다. 그의 생산 능력 확장 신청은 신속하게 승인되었다. 그가 겪은 좌절에도 불구하고, 그의 릴라이언스 인더스트리스Reliance Industries는 〈포춘〉 500 리스트에 오른 최초의 인도 기업이 되었다. 2002년 그가 사망했을 때, 한 부고 작성자는 간단히 이렇게 썼다. "암바니는 총애를 받는 사람이었기에 상상을 초월하는 번영을 누렸다."[12]

디루바이도 인디라에게 중요했지만, 왕위 계승자 산자이는 그녀의 새 정권에 결정적인 존재였다.

산자이가 하늘로 날아오르다

산자이는 우타르프라데시주의 아메티 선거구에서 승리하여 국회에 입성했다. 또한 자신에게 맹목적으로 충성할 약 100명의 당선자를 직접 선발했다. 이들은 새로운 유형의 의원들이었다. 노련한 언론인이자 인디라 간디의 전기 작가인 인더 말호트라가 썼듯이, "산자이의 추종자들은 의원직과 권력자와의 연줄을 가능한 한 짧은 기간 내에 최대한 많은 돈을 벌기 위한 지름길로 여겼다". 머지않아 끔찍한 역할을 하게 될 자그디시 타이틀러Jagdish Tytler가 새로운 산자이 추종자 중한 명이었다. 비상사태 기간 동안 산자이의 마루티 프로젝트를 도왔고 불임 수술과 빈민가 철거를 지원했던 이전 세대의 일부 정치인들도 국회로 돌아왔다.[13]

말호트라에 따르면 산자이의 "권력"은 "사실상 저항할 수 없는" 수준이었다. 인디라가 9개 주 정부를 해산한 후 그의 권력은 더욱 절대적이게 되었다. 이 정부들을 해산한 명분은 최근 치러진 의회 의원 선거 이전에 선출되었던 주 의회들은 더 이상 국민의 뜻을 대변하지 않는다는 것이었다. 산자이는 새 선거에서 국민회의를 주도했다. 그는 더 많은 자신의 추종자들을 국민회의 후보로 내세웠다. 그들 중에는 1978년 12월 자나타 정부가 인디라를 국회모독죄로 일주일 동안 구금한 것에 항의하여 인도 국내선 항공기를 납치한 두 젊은이도 있었다. 납치범들은 다른 많은 산자이 충성파들과 함께 선거에서 승리했다. 국민회의는 타밀나두를 제외한 모든 주에서 큰 승리를 거뒀다. 널리 읽히는 격주간 뉴스 잡지인 〈인디아 투데이India Today〉는 산자이를 "인도 정치에서 가장 중요한 인물"이라고 칭송했다.[14] 그가 우타르프라데시주의 주 수상이나 국민회의 총재가 될 수 있다는 정치적 소문이 돌았다. 그는 비유적으로나 문자 그대로나 승승장구하고 있었다.[15]

과시를 하고픈 욕심에서 산자이는 델리 상공에서 곡예 비행을 자주 했다. 1980년 5월 말, 민간항공국장 자파르 자히르Jafar Zaheer 공군

원수는 산자이가 항공 안전 규정을 위반하고 자신과 타인의 생명을 위태롭게 했다고 비난했다. 비상사태가 발효되지 않은 상황에서 산자이는 공군 원수를 체포할 수는 없었다. 그러나 화가 나서 그를 강제로 조기 전역시켰다.[16]

한 달 후인 6월 23일 이른 아침, 산자이는 어머니와 함께 살던 집에서 약 1킬로미터 떨어진 사프다르정 공항Safdarjung Airport까지 차를 몰았다. 그는 숙련된 곡예 비행사를 위해 설계된 비행기인 피츠-S2A Pitts-S2A에 탑승하여 하늘로 날아올랐다. 얼마 후 그는 비행기를 급강하시켰는데, 아마도 마지막 순간에 급상승하는 위험천만한 곡예를 보여주려 한 것으로 보였다. 대신 그는 추락했다. 산자이와 그와 동행한 공항의 교관이 즉사했다. 산자이의 나이 33세였다. 사고 소식을 듣고 인디라는 현장으로 달려갔다. 처음에는 아들의 시신 쪽으로 뛰어갔지만, 이내 자제하고 걸음을 늦췄다. 그의 훼손된 얼굴을 보았을 때 그녀의 침착함은 다시 무너졌다. 오직 어머니만이 아는 슬픔의 순간에, 그녀는 위로할 길 없이 흐느꼈다.[17]

산자이는 공식적인 직책을 맡지 않았지만, 장례는 국장으로 치러졌고 17년간 인도 총리를 지낸 외할아버지 자와할랄 네루 옆에 안장되었다. 장례식 후 인디라 간디의 사촌이자 전 주미 대사인 B. K. 네루는 라지브에게 산자이의 사무실에서 돈을 찾았는지 물었다. 라지브는 "크로르(수천만 루피)가 있었고, 출처를 알 수 없었다"고 대답했다. 네루 대사는 자신의 회고록에서 산자이가 살아 있었다면, 그의 황당한 정책 아이디어와 뻔뻔스러운 부패가 인도의 경제적, 정치적 미래에 심각한 타격을 줄 수 있었을 것이라는 널리 공유되던 견해를 밝혔다. 그의 죽음은 "나라를 큰 비극에서 구했다".[18]

산자이가 사망한 지 며칠 만에 그의 형인 라지브를 정계에 영입하자는 대중 캠페인이 탄력을 받기 시작했다. 라지브는 국영 항공사인 인디언 에어라인스Indian Airlines의 조종사였다. 이탈리아 출신인 그의 아내 소니아Sonia는 남편이 정치에 뛰어드는 것에 대해 "결사적으로 반대했다". 그러나 라지브는 선택의 여지가 거의 없다고 말했다. 그는 "엄마를 도와야만" 했다.[19]

인디라 간디의 전기 작가들은 비록 라지브가 왕조를 구했지만, 산자이의 죽음은 그녀의 일부를 마비시킨 "결정적 타격"이었다는 데 동의한다. 그녀는 점점 사이비 디렌드라 브라마차리에게 의지하여 힌두교 의식뿐만 아니라 정치적 조언까지 받았다. 당시 인도중앙은행 총재였던 I. G. 파텔은 인디라는 경제 정책에 전혀 관심을 보이지 않았다고 나중에 썼다. 이러한 면모는 그녀가 1980년 다시 총리가 된 후에도 거의 변하지 않았다. 파텔은 "그녀가 다시 권력을 잡으면서 가져온 것은 어떻게든 자신의 존재감을 과시하려는 정치 무대의 새로운 행위자들"이었다고 덧붙였다. 중앙은행 총재인 파텔에게 그것은 특혜를 요구하는 더 많은 사람들을 "물리치는" 것을 의미했다.[20] 정치적 규범은 빠르게 퇴화하고 있었다.

인도의 고통 속에서 부패가 만연하다

경제 상황은 계속 악화되었다. 1980~1981 회계연도에 수출은 정체되었고, 국제 유가 상승으로 인해 수입 물가는 상승했다. 국제수지 적자의 대부분을 차지한 무역 적자(수입이 수출을 초과하는 액수)가 급격히 증가했다. 1949년 이후 줄곧 그랬던 것처럼, 인도의 수입 대금 지불 능력은 큰 압박을 받고 있었다. 인도가 이러한 재정적 스트레스에 직면할 때마다 그랬듯이, 중동의 이주 노동자들은 루피화 평가절하를 예상하고 본국으로의 외환 송금을 줄였다. 긴급한 외환 수요를 충당하기 위해 인도는 1980년 7월 IMF로부터 3억 4,500만 달러(IMF의 가상 통화인 특별인출권 2억 6,600만 SDR에 해당)를 차입했다. 그 대출은 전 세계적 혼란 속에서 양허 금리로 대출하도록 설계된 보상금융기구Compensatory Financing Facility *에서 나온 것이었다.[21]

1981년 9월, 인도 당국은 다시 IMF에 의지했는데, 이번에는 향후 3년 동안 57억 달러(50억 SDR)의 일반 대출을 요청했다. 이렇게 큰 금액을 빌리는 것은 간단치 않았다. 로널드 레이건Ronald Reagan이 1981년 1월 미국 대통령이 되었다. "자유화liberalization"와 "외국인 투자foreign investment"에 대한 의존도 증가라는 주문이 널리 받아들여지고 있었다(그림 13.1). 그것은 민간 투자자들, 특히 국제 투자자들이 더

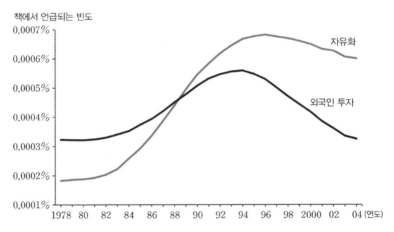

그림 13.1 1980년대 초에 새로운 글로벌 이데올로기가 형성되기 시작했다
(구글 전자책에서 "자유화"와 "외국인 투자"에 대한 언급 빈도).
출처: Google NGram.

---

* IMF 산하에 1963년 설립되었다. 처음 13년 동안에는 총 12억 SDR 규모로 57회 인출되었는데 1975년 경기침체로 인한 상품가격이 폭락하자 1972년 12월부터 활성화되었다. 1976년 1월부터 1980년 3월까지 총 40억 SDR 규모의 107회 인출이 발생했다.

큰 역할을 하는 시장 지향적 경제를 의미했다. 레이건 대통령은 IMF 나 세계은행의 존재 이유를 거의 찾을 수 없었다. 국제적으로 운영되는 민간 은행들이 외환이 부족한 개발도상국에 자금을 공급해 줄 수 있는 완벽한 능력이 있다는 것이 그의 견해였다. 미국은 인도가 IMF 가 아닌 민간 은행에서 대출받도록 IMF의 최대 주주자격으로 압박했다. 인도 당국은 대체 자금 조달방안을 모색했지만, 결국 1981년 11월 IMF가 나서게 되었다. 미국은 인도에 대한 대출을 막기보다는 기권을 선택했다.[22]

산업에 대한 통제 완화는 인도가 IMF 차관을 확보할 수 있도록 도왔다. 정책 변화는 미미했지만 과거의 인도와 결별하는 한 걸음이었다. IMF는 인도의 "실용적인 산업 정책"을 칭찬했다. 〈파이낸셜 타임스〉는 인도가 "레이건 시대"에 적응하고 있다고 언급했다.[23]

일부 학자들은 인도가 레이건 시대의 흐름을 수용한 것이 인도 GDP 성장을 가속화했다고 믿는다. 약간이라도 통제를 완화하여 정부가 "친기업적"으로 돌아섰다는 신호를 인도 기업들에게 보내 투자와 성장을 유도했다는 것이다.[24] 1980년 전후로 1인당 GDP 성장률은 이전 30년간의 연 1.4% 수준에서 이후 10년간은 연 3.5%로 치솟았다(그림 13.2). 그러나 친기업 태도가 GDP 성장률 급등을 초래했다고 믿는 것은 잘못이다.

정부는 친기업적이지 않았다. 정부는 일부 기업에 대해서는 특혜를 베풀고 다른 기업에 대해서는 그렇게 하지 않음으로서 자의적이고 변덕스러운 정책 환경을 조성했다. 산자이는 죽기 전에 19세기부터의 직물 가문이었던 주요 섬유 제조업체인 누슬리 와디아Nusli Wadia 의 면허 발급을 보류했다. 와디아가 산자이에게 정치자금 제공을 거부했기 때문이었다. 산자이가 사망한 후 그의 형 라지브는 와디아가 합성 섬유용 석유화학 원료를 제조할 수 있는 면허를 얻도록 도와주었다.

그러나 인도 세관은 와디아의 기계들을 "검사inspection "한다는 명목으로 억류하여 수년간을 질질 끌었다. 이를 주도한 세관 공무원은 퇴직 후 디루바이의 릴라이언스에 채용되어 후한 급여를 받았다. 산자이처럼 인디라 간디도 사적인 감정을 공적인 결정과 분리하지 않았다. 바자즈 그룹의 오너 카말나얀 바자즈Kamalnayan Bajaj 가 그녀를 비난했다는 이유로 스쿠터 제조 확장 허가를 보류했다.[25]

마하라슈트라주에서 〈인디아 투데이〉가 인디라의 "가장 충성스러운 정치적 수하"이자 "충실한 자 중 가장 충실한 자"로 묘사한 주 수상 압둘 라만 안툴레이Abdul Rahman Antulay 는 기업 갈취 사건을 주도했다. 안툴레이는 정부가 통제하는 시멘트, 토지, 산업용 알코올 등의 공급을 분배하는 데 막대한 수수료를 부과했고, 주류 양조장과 설탕 생산자에게는 계속 운영할 수 있는 특권을 부여했다. 그는 이러한 기업 "기부금"을 자선 활동에 사용할 것이라고 주장했지만 실제로는 비자금으로 조성하였다, 인디라는 안툴레이의 비자금 중 일부를 이용하여

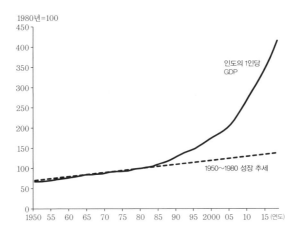

그림 13.2 인도의 1인당 GDP 성장은 1980년대에 가속되었다
(1인당 GDP, 2011년 가격, 1980=100을 기준으로, 5년 이동평균).
출처: Maddison Project Database 2020, https://www.rug.nl/ggdc/historicaldevelopment/
maddison/releases/maddison-project-database-2020.

인디라 간디 프라티바 프라티스탄Indira Gandhi Pratibha Pratisthan (인디라 간디의 영광을 선전하기 위한 조직)을 출범시켰다. 공직을 이렇게 뻔뻔스럽게 악용한 데 대한 항의가 1981년 8월 최고조에 달했을 때, 인디라는 자신의 이름을 기금에서 뺐다. 그럼에도 안툴레이는 그녀의 이름으로 모금한 돈에 대한 통제권을 유지했다.[26]

부패는 만연해 있었다. 경제학자이자 인류학자인 로버트 웨이드 Robert Wade가 1982년 발표해 유명해진 논문은 남인도 운하 관개 시스템의 리베이트 제도를 고통스러울 정도로 상세히 묘사했다. 공무원들은 운하의 물, "바람직한" 일자리, 공사 계약 수주가 필요한 사람들에게 뇌물을 요구했다. 또한 관개 부서의 고위 공무원들은 종종 토건회사에 개인적인 이해관계를 갖고 있어, 이 회사들이 공사 및 유지 보수 계약을 수주하는 데 유리했다. 이런 특혜를 받은 회사들은 부풀린 가격으로 졸속 공사를 했다. 농민들은 때때로 지역 정치인들에게 열악한 관개 서비스에 대해 불평했다. 정치인들은 공사 계약을 통해 돈을 버는 기술자들과 업체들로부터 자신들의 몫을 챙겼는데, 이는 종종 과거의 부실 공사에 대한 보상 차원이었다. 이런 환경에서 정치인들은 자신의 지지자들에게 부족한 물을 확보해 줌으로써 명성과 충성심을 얻었다. 이 제도는 부실과 결핍으로 유지되었다. 만약 공무원이 이런 사기 행각에 참여하기를 거부하면, 그는 동료들로부터 배척당할 위험이 있었다. 한 공무원이 웨이드에게 무기력하게 말했듯이, 그가 부정한 규칙을 따르지 않으면 "짓밟힐" 것이었다.[27]

이러한 관행이 너무나 만연하고 뿌리 깊어서 비슷한 시기에 우타르프라데시에서 현장 조사를 하던 인류학자 아킬 굽타Akhil Gupta는 "부패라는 주제가 마을 사람들의 일상 대화에 얼마나 자주 등장하는지" 놀랐다. 마을 사람들은 전기 연결이나 물소 구입을 위한 대출의 "시가"에 대한 소식을 정기적으로 교환했다. 그들은 뇌물을 원하는 공무원들을 제치고 원하는 것을 얻어낸 이야기를 주고받으며 "정상적인 절차를 우회하는 행동의 합법성"에 대해 토론했다.[28]

부패가 확산되면서 영화감독 라즈 카푸르의 이상주의는 서서히 사라졌다. 1951년 카푸르의 〈방랑자〉에는 희망의 메시지가 있었다. 10년 후인 1961년, 낙담했지만 아직 포기하지 않으려 했던 카푸르는 〈갠지스강이 흐르는 땅〉을 제작했다. 비록 이 영화가 도적떼를 중심으로 했지만, 강조점은 갠지스강Ganga River의 순수성에 있었다. 1985년에 이르러 카푸르는 모든 희망을 잃었는데, 이는 〈당신의 갠지스강은 더럽혀졌다Ram Teri Ganga Maili〉에서 분명히 드러났다. 영화의 오프닝 장면에서 마하트마 간디의 늙은 추종자는 갠지스강을 청소하는 프로젝트의 시작을 알린다. 그는 그러한 인프라 프로젝트에서 자금을 횡령하는 행태를 비난한다. 인도의 비참한 현실을 강조하기 위해 이 영화는 한 젊은 여성의 인신매매를 추적한다.[29]

인디라 간디는 부패에 정당성을 부여했다. 그녀는 국민회의 의원들에게 그것이 삶의 방식이며 "세계적인 현상"이라고 말했다. 이 발언을 통해 인디라는 도덕이란 그리 중요하지 않다고 주장하기도 했다. 미국의 철학자이자 혁명가인 토머스 페인Thomas Paine이 200년 전에 썼듯이, "어떤 일이 **잘못**되었다고 오랫동안 생각하지 않는 습관은 겉보기에는 그것이 **옳은** 것처럼 보이게 한다".[30]

부패가 정부의 기능에 일상화되어 있었음에도 불구하고 인도의 GDP 성장률은 녹색혁명의 보너스 효과로 인해 부분적으로 상승했다. 농업 생산량은 강수량이 좋은 해에 증가했고 1982~1983년과 같이 나쁜 해에도 약간만 감소했다. 농업 생산량의 평균 성장률 상승은 경제 전체의 성장률을 직접적으로 끌어올렸고, 공산품 수요를 늘려 간접적으로 도움을 주었다. 여기에 더해 정부는 이미 높은 수준이었던 GDP 대비 재정 적자를 1981~1982년 6.7%에서 1984~1985년

9.7%로 늘려 국내 수요를 더욱 촉진했다. 예산 팽창 과정에서 인도는 1984년 5월 IMF 프로그램을 떠남으로써 당초 확보했던 57억 달러 차관 중 11억 달러를 포기했다. 다음 총선이 다가오면서 인디라 간디 정부가 영향력 있는 이익 집단에 더 많은 보조금을 제공할 수 있도록 IMF로부터의 자유를 원했기 때문이었다.[31]

기업들이 농업 소득과 정부의 팽창적 재정 지출로 늘어난 수요에 대처하기 위해 생산을 늘림에 따라 인도 경제는 빠르게 성장했다.

그러나 냉정한 기준에서 보자면 인도의 경제성과는 여전히 비참했다. 인도의 세계 수출 점유율은 독립 직후 2%에서 1966년 인디라의 첫 임기 시작 당시 1%로 떨어졌는데 이제 0.5%라는 최악의 수준으로 더 떨어졌다(그림 13.3).

동아시아 호랑이 국가들과의 경쟁에서 뒤처진 결과에서 특히 우려스러운 점은 인도의 노동집약적 제조업 수출 실적이 저조하다는 것이었다. 예를 들어, 섬유 수출은 1980~1981년과 1984~1985년 사이에 거의 증가하지 않았다. 인도의 제조업 수출은 한국의 4분의 1 수준이었다. 한국인들은 간단한 공식을 가지고 있었다. 그들의 제품에 대한 수요를 창출하기 위해 지속적으로 저렴한 환율을 유지하고, 품질 좋은 제품의 공급을 보장하기 위해 광범위한 교육을 실시하는 것이었다. 인도는 둘 다 부족했다.[32]

1980년부터 1984년까지 인도는 말레이시아, 태국, 인도네시아, 필리핀 등 노동집약적 제품을 수출하는 새로운 동아시아 국가 그룹에도 뒤처졌다(그림 13.4). 새로운 세대의 글로벌 수출국들에게 거듭 뒤처지면서 인도의 가장 심각한 경제 문제인 일자리 부족은 지속되고 심화되었다.[33]

인도의 민간 조직 부문에서는 사실상 새로운 일자리가 생기지 않았기 때문에 대부분의 구직자들은 비공식 부문으로 몰려들 수밖에

전 세계 제조업 수출에서 차지하는 비중, %

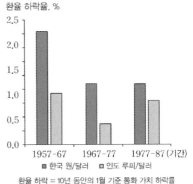
환율 하락율, %

1957-67 1967-77 1977-87 (기간)
■ 한국 원/달러   ■ 인도 루피/달러
환율 하락 = 10년 동안의 1월 기준 통화 가치 하락률

그림 13.3 1970년대 초 인도는 한국과의 붉은 여왕 경쟁에서 패배했는데
한국이 공격적인 통화가치 절하를 통해 이득을 봤기 때문이다.
출처: (왼쪽) UNCTAD Statistics, https://unctad.org/statistics, (오른쪽) Global Financial Data.

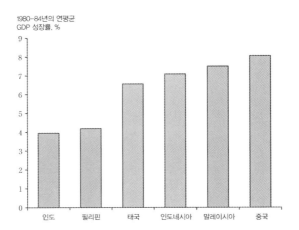
1980~84년의 연평균
GDP 성장률, %

그림 13.4 인도는 동아시아 경제의 새로운 물결로 인해 경쟁에서 밀리기 시작했다
(연평균 GDP 성장률, 1980~1984년, 퍼센트).
출처: International Monetary Fund World Economic Outlook database.

없었다. 그곳에서 그들은 생산성이 낮고 종종 불안정한 업무에 시간제로만 일했다. 인도의 광범위한 "불완전 고용"은 계속 증가했다. 1980년대 중반까지 보다 완만해진 "공식" 실업과 함께 인도의 실질 누적 실업자 수(이전 세대부터 더 많은 일자리가 필요했던 사람들의 수)는 20년 전 네루 시대 말의 3,000~3,500만 명에서 4,000~4,500만 명 으로 늘어났다. 향후 10년 동안 "누적" 실업자와 불완전 고용자, 그리고 신규 구직자들에게 충분한 일자리를 만들려면 매년 무려 900만 개의 새로운 일자리가 필요했다.[34]

이미 힘겨운 일자리 창출 과제는 더 어려워지려 하고 있었다. 1979년 초 화궈펑華國鋒과 덩샤오핑鄧小平이라는 새로운 지도자 아래 중국은 혼란의 공산주의 시대에서 벗어나기 시작했다. 이 "암흑 속의 대약진"의 출발점에서 중국의 1인당 GDP는 인도와 비슷한 수준이었다. 그러나 중국의 역동성은 곧 농업과 제조업 모두에서 분명해질 것이었다. 농업에서 집단 농장은 농민들에게 더 많은 의사결정 권한을 부여하는 "가구 책임household responsibility"* 제도로 바뀌고 있었다. 1980년대 전반기에 중국의 농업 생산량은 연평균 약 7% 성장했는데, 인도는 4.5%였다.[35]

하지만 중국의 가장 눈부신 성과는 제조업 성장에 있었다. 중국의 지방정부는 민간 기업가 정신을 향한 첫걸음으로 향진기업township and village enterprises을 설립했다. 중국 동부 해안을 따라 조성된 경제특구는 외국인 투자의 물결을 끌어들였다. 1980년대 초 중국은 세계 제일의 제조업 중심지로 자리매김하기 시작했다. 그리고 중국이 세계 노동집

---

* 정부가 농지를 각 농가의 구성원 숫자에 비례해서 빌려주고, 그것을 빌린 농민들이 경작을 하고, 그 수확물을 시장에 팔고, 판 금액의 일부를 정부에 빌려준 농지에 대한 대가로 상납을 하고, 나머지는 농민 스스로 가지는 형태를 말한다.

약적 수출의 큰 부분을 차지하게 되면서 인도는 자국민을 위한 제조업 일자리 제공에 있어 엄청난 도전에 직면했다.[36]

중국이 세계 경제 무대에 등장한 것은 공산당 통치가 많은 재앙을 야기했음에도 불구하고 현대화 과정을 시작하면서 중국에 뚜렷한 이점을 제공했기 때문이다. 세계은행은 1983년 중국에 관한 첫 번째 주요 보고서에서 인도의 51세에 비해 "탁월하게 높은" 64세의 중국 기대수명을 언급했다. 기대수명이 높아진 기반에는 인도인에 비해 훨씬 우수한 영양 수준이 있었다. 또한 중국인들은 사실상 보편적인 의료 서비스를 누렸고 여성을 포함한 초등교육 이수율도 높았다. 그리고 비록 중국 여성들은 계속해서 권리를 위해 싸워야 했지만, 해방을 향해 큰 진전을 이루었다. 여성들은 경제활동을 활발히 하고 중국 공산당 중앙위원회에서도 열성적으로 활동했다. "여성이 하늘의 반을 떠받치고 있다"고 선언한 것은 최고 공산당 지도자 마오쩌둥이었다. 교육과 경제활동 참여는 여성들의 출산 자녀 수를 감소시켰고 "아이들의 영양과 건강 개선에 기여했다".[37]

세계은행의 1983년 보고서는 이례적으로 대담한 예측을 내놓았다. "엄청난 인적 재능과 노력 및 규율이라는 부"를 가진 중국은 "한 세대 안에 국민의 생활수준을 엄청나게 향상시킬" 준비가 되어 있다는 것이었다.[38] 세계은행이나 IMF와 같은 기관들은 이렇게 강하고 단정적인 예측을 쉽게 내놓지 않는다. 처음도 아니고 마지막도 아니지만, 핵심 메시지는 인적 자원에 대한 투자는 시민들의 기회를 확대하고 거시경제 성장을 촉진한다는 것이었다.

인도는 계속해서 국민을 무시한다

인디라 간디의 마지막 임기 동안 국민의 복지에 대한 무시는 한심한 수준의 인적 자원 개발, 심각한 환경 악화, 무너진 도시에서 분명히 드러났다.

세계은행의 중국 보고서와 거의 동시에 아마르티아 센은 인도의 초등교육에 대한 "충격적인 무시"를 한탄했다. 인도는 핵무기를 다룰 능력을 갖추고 있지만 "성인 인도인의 겨우 36%만이 읽고 쓸 줄 안다"고 센은 지적했다. 시인 라빈드라나트 타고르가 수년 전에 지적했듯이, 센은 "초등교육의 낮은 보급률은 다른 사회 서비스의 제한과 함께 가는 것 같다"고 말했다. 센이 강조한 한 가지 결과는 의료 서비스 부족으로, 이는 인도와 스리랑카의 1인당 소득이 비슷함에도 불구하고 인도의 영아 사망률이 훨씬 높은 원인이 되었다. 특히 인도 여성의 지위는 "비참하다"고 센은 한탄했다. 총리는 여성이었지만 대부분의 인도 여성은 교육, 의료, 영양 면에서 평생 불이익을 안고 살았다.[39]

인적 자원 개발은 인디라의 우선순위가 아니었다. 인도의 문해율이 왜 그렇게 낮은지에 대한 질문에 그녀는 "글을 깨치는 것이 얼마나 중요한지 모르겠다. 그것이 서구에 무엇을 해주었나? 사람들이 더 행복해졌나, 문제에 더 민감해졌나? 오히려 그들이 더 피상적이 되었다고 생각한다"고 답했다. 인디라의 인적 자본에 대한 무시는 일관되었다. 1966년 총리 재임 초기에 비슷한 질문을 받았을 때 그녀는 교육에 대한 큰 추진력은 독립 직후에만 가능했다고 답했다. 그 이후로 습관과 인센티브가 뿌리내림에 따라 개선이 매우 어려워졌다는 것이다.[40]

이제 인력 개발뿐만 아니라 급속히 악화되는 환경과 기능하지 못하는 도시도 공정한 기회와 장기 성장에 장애물이 되고 있었다. 1982년 델리에 본부를 둔 싱크탱크인 과학환경센터Centre for Science and Environment는 획기적인 '제1차 시민 보고서The First Citizens' Report'를 발표했고, 1985년에는 후속 보고서를 발표했다. 두 보고서는 인도의 환경 문제에 대해 한결같이 암울한 견해를 제시했다. 그들은 오랫동안 우려해 온 녹색혁명으로 인한 환경 피해를 확인했다. 과도한 관개는 토양 염류화와 습지화를 일으켰는데, 이 두 가지 모두 장기적인 경작 가능성에 피해를 줄 여지가 있었다. 또한 매년 수십만 개의 우물이 생기면서 인도의 지하수위가 떨어지고 있었다. 가난한 사람들이 판 낮은 우물은 마르고 있었다. 인도 물의 70%가 오염되었다. 특히 야무나강의 대장균(인간 분변과 관련된 병원균) 수는 델리에 들어가기 전 100밀리리터당 7,500마리에서 델리에 들어온 후 거의 2,400만 마리로 급증했다는 기막힌 사례를 제시했다. 설사는 "영구적인 전염병"이 되어 매년 150만 명의 어린이를 죽게 했다. 수인성 질병으로 인해 매년 수백만 근로일수가 손실되었다. 화력 발전소와 늘어나는 자동차와 이륜차가 대기를 오염시켜 점점 더 많은 사람들을 숨 막히게 하고 있었다. 문제들은 끝이 없었다.[41]

인도 환경에 대한 이러한 평가 보고서의 영감의 원천인 아닐 아가르왈Anil Agarwal이 말했듯이 "개발은 어느 정도까지는 환경을 희생해서 이루어질 수 있다. 그 지점을 넘어서면 자신이 앉아 있는 가지를 자르려는 어리석은 사람과 같을 것이다". 아가르왈은 1972년 스톡홀름에서 열린 유엔 인간환경회의에서 인디라 간디가 "빈곤이 가장 큰 오염원"이라고 주장한 것에 대해 세계 지도자들이 칭찬했다고 독자들에게 상기시켰다. 그녀의 정확한 발언은 "빈곤과 궁핍이 가장 큰 오염원 아닌가?"였다. 그녀의 전체 발언은 당시 세계가 이해한 것처럼 환경을 희생하면서 경제 발전을 추구하라는 투박한 요구는 아니었지만, 아가르왈이 지적한 대로 인도의 경제 발전 방식은 환경에 심각한 피해를 주고 있었다. 그리고 환경을 심각하게 훼손하는 경제 성장은 가난한 사람들에게 큰 피해를 주고 부자들에게 이익을 줬다. 아가르왈은 "환경 파괴는 사회적 불의와 함께 간다"고 썼다.[42]

인도 도시에서도 공평성과 지속 가능한 성장에 대한 동일한 무시가 분명히 드러났다. 아닐 파트와르단Anil Patwardhan은 인상적인 다큐멘터리 〈우리 도시Hamara Shaher〉(영어 제목은 'Bombay: Our City')에서 봄베이 빈민가 철거의 불공정성을 부각시켰다. 1985년 개봉된 이 다큐멘터리는 부자들이 "도시 생활의 낭비적이고 화려한 소품"을 즐기는 동안 거친 경찰관들의 지원을 받은 시 공무원들이 빈민가를 철거하는 모습을 보여줬다. 집에서 쫓겨난 한 여성은 자신과 아이들이 어디서 살고 어떻게 먹을 것을 찾을지 막막해했다. 장애인 예술가는 기차역 외에는 갈 곳이 없었다. 이 다큐멘터리에 대한 논평에서 괴로워하는 〈타임스 오브 인디아〉 평론가는 "우리는 뿌리 뽑힌 사람들의 곤경을 목격하면서 무력감을 느낀다. 우리는 해결책이 있기를 바라지만, 해결책이 없다는 사실이 우리를 낙담하게 한다"고 썼다.[43]

문제의 규모는 엄청났다. 1980년대 초 1,000만 명에 육박하는 봄베이 인구 중에서 아마도 절반은 노숙자이거나 "인간이 살기에 부적합한 건물"로 공식 정의된 빈민가에 살고 있었다. 1975~1976년 산자이 간디가 빈민가 주민들을 집에서 쫓아내려 한 본능은 여전히 인도 엘리트들의 혈관 속에 흐르고 있었다. 1981년 7월 최빈곤층의 친구라고 자칭하며 특별 자금에 기부금을 내는 대가로 특혜를 판매했던 마하라슈트라 주 수상 압둘 라만 안툴레이는 몬순 시즌이 한창일 때 빈민가 주민들을 쫓아내고 노숙자들을 쫓아내는 운동을 시작했다. 〈타임스 오브 인디아〉에 보낸 지역 주민들의 편지는 처음에는 지독하게 더러운 이웃을 청소하려는 안툴레이의 계획을 칭찬했다. 그러나 그 잔혹함을 목격하면서 주민들은 이런 게임의 계획이 무엇인지 물었다. 농촌 이주민들은 주택과 일자리가 부족한 도시로 계속 쏟아져 들어올 것이기 때문이다. 봄베이를 방문한 인디라 간디 내각의 한 차관은 빈민가 철거로는 도시의 문제를 해결할 수 없으며, 그것은 단지 가장자리를 "만지작거리는" 것에 불과할 것이라고 강조했다. 봄베이시 당국은 도시의 "혼란스러운 개발"로 이어진 도시 계획의 "근본적인 결함"을 다룰 필요가 있었다.[44] 그러한 훌륭한 발언에도 불구하고 빈민가 철거는 종종 개발지를 비싼 고층 개발에 수익성 있게 사용하려는 도시 개발 전략으로 남아 있었다.

사실 이러한 도시 토지 쟁탈전은 인도의 민주주의와 발전 전망에 새로운 타격을 가하려 하고 있었다.

섬유 노동자 파업: 인도의 돌이킬 수 없는 순간

1982년 1월 18일, 봄베이의 60개 방직 공장에서 약 25만 명의 노동자들이 임금 인상과 근로조건 개선을 요구하며 파업에 돌입했다. 고용주와 파업을 주도한 다타 사만트Datta Samant가 이끄는 노조는 누가 더 오래 고통을 견딜 수 있을지 보려는 듯 "소모전"을 시작했다. 파업은 1년 넘게 계속되었다. 임금 손실이 계속되고 집마저 잃을 것을 우려한 일부 섬유 노동자들이 1983년 2월 직장으로 돌아가기 시작했기 때문에 파업 종료일은 명확하지 않다. 그러나 적어도 1983년 11월까지 실과 천 생산량은 1981년 수준을 훨씬 밑돌았다.[45]

파업과 그에 수반된 위기는 오래전부터 조성되어 왔다. 19세기 후반과 20세기 초의 전성기에도 인도 방직 공장은 생산성이 매우 낮았고 주로 당시 섬유 생산 신흥국이었던 중국에 비해서만 경쟁력 있게 수출할 수 있었다. 1930년대부터 독립 때까지 인도 방직 공장은 주로 영국 식민지 지배자들이 일본 등 세계적으로 경쟁력 있는 생산자들로부터 높은 관세로 보호했기 때문에 살아남을 수 있었다.[46]

방직 산업의 추락은 독립 후에도 계속되었다. 인도 정부의 섬유 정책은 비효율적인 수동 직기 생산자들을 선호하고 (더 중요하게는) 방직 공장들이 합성 섬유를 사용하는 직물 생산으로 다각화하는 것을 막음으로써 방직 산업을 속박했다. 이러한 제약으로 인해 대부분의 인도 방직 공장은 새로운 설비에 투자하지 않았다. 1975년 세계은행의 직설적인 보고서는 일부 공장은 잘 운영되고 있지만 "대다수는 산업 슬럼으로밖에 묘사할 수 없다"고 말했다. 공장 바닥은 "상상하기 어려울 정도로 불결한" 상태였다. 기계는 "수리가 잘 안 된" 상태였고, 이것은 "끔찍한 작업 조건"과 함께 양과 질 모두에서 "엄청나게 낮은 기술적 성과"를 초래했다.[47]

10년 후 인도의 방직 공장은 기계의 "박물관", 심지어 "묘지"가 되었다고 언론인 프라풀 비드와이Praful Bidwai 는 썼다. 방직 공장들은 "노동자를 혹사"하고, 전기를 훔치고, 한국과 대만에서 밀수한 저렴한 합성 실을 사용하는 새로 등장한 소규모 동력 직조 섬유 생산업체와 경쟁하기 위해 고군분투했다. 비드와이의 말에 따르면 인도의 방직 공장은 "부자에서 거지로" 변해갔다.[48]

아마도 섬유 노동자 파업은 불가피했겠지만, 그 여파가 그토록 큰 피해를 준 것은 그것이 깊은 경제적, 사회적 불황의 순간에 왔기 때문이었다. 그 불황은 봄베이에서 도시가 "도시 연옥urban purgatory"으로 퇴보하는 와중에도 부동산 가격은 하늘 높은 줄 모르고 치솟는 역설로 나타났다. 도시의 고급 주거 및 상업 지역에서 부동산 가격은 런던, 파리, 맨해튼보다 높았다. 봄베이의 "토지 마피아"는 정치인, 공무원, 건설업자, 부동산 사기꾼들이 결탁하여 토지 공급을 부족하게 만듦으로써 멀쩡한 기업과 새 집을 구하는 사람들로부터 경쟁적인 토지 수요를 창출했다. 이러한 맥락에서 공장주들은 노동자들에게 퇴직 보상금을 지급하지 않은 채 해고하고 공장 부지를 팔 수 있었기 때문에 섬유 노동자들의 파업을 환영했다. 진짜 돈은 더 이상 제조업에 있지 않았다. 대신 수익성 높은 부동산 개발 거래로 토지를 파는 데 있었다.[49] 인도는 탈산업화의 순간에 있었다.

그 탈산업화의 상징으로, 파업이 끝났을 때 노동자들만 패했다. 네덜란드 학자 H. 반 베르시H. van Wersch 는 공장주들이 5만에서 10만 명의 노동자를 해고했다고 추정했다. 직물 기계와 염료를 생산하는 공장 내 많은 수의 정체불명의 노동자들도 일자리를 잃었다. 봄베이의 다른 제조업인 화학과 엔지니어링은 네루식 개발의 결과로, 자본 집약적인 기술을 사용했고 노동자를 거의 필요로 하지 않았다. 따라서 섬유 관련 일자리를 잃은 대부분의 노동자들은 제조업으로 다시 돌아오지 않았다. 일부는 탈출하고자 했던 고된 농사일을 찾아 고향집으로 돌아갔다. 이제 그들은 공장에서 받는 월급으로 가족을 도와주는 대신 짐이 되었다. 봄베이에 남은 사람들 중 일부는 일용직 건설 노동자가 되었다. 다른 이들은 손수레로 물건을 파는 행상이 되었다. 실직한 노동자 중 일부가 도시의 조직범죄 네트워크에서 조직원으로 유입되면서 봄베이의 범죄 활동이 늘어났다. 또한 해고된 노동자들은 봄베이의 공동체 분열 과정에서 적대적인 태도를 취했다.[50]

섬유 파업의 실패와 그 여파는 인도 기업의 유인이 제조업에서 토지, 부동산, 금융에 대한 투자로 지속적으로 이동하고 있음을 적나라하게 보여주었다. 그 전환은 강화될 태세였다. 교육 수준이 낮은 경제활동인구, 비싼 통화, 그리고 세계 시장과 인도 시장에서 치열한 중국과의 경쟁은 제조업의 수익성을 떨어뜨렸다. 인도는 돌이킬 수 없는 수준으로 추락하고 있었다.

14장
폭력이 집으로 들어올 때

1966년 1월 인디라 간디가 총리가 되었을 때, 그녀는 아버지 자와할랄 네루 전 총리로부터 암울한 국가적 유산을 물려받았다. 경제는 너무 적은 일자리만을 만들었고, 잦은 인플레이션의 습격으로 큰 어려움을 겪었으며, 사회적 격변이 가속화되고 있었고, 부패 바이러스가 인도 관료사회를 감염시켰으며, 국민회의와 인도 정계는 분열되고 있었다. 아마도 가장 우려스러운 것은 힌두 민족주의 세력이 힘을 얻고 있다는 점이었다.

경제적 부흥을 위해 거의 아무것도 하지 않은 채 인디라는 국가의 도덕적 타락을 가속화시켰다. 자신을 좀 더 세련된 아버지와 비교하며 아버지는 "정치에 발을 들인 성자입니다. 저는 거친 정치인입니다"라고 말했다.] 1947년 인도의 자유를 쟁취했던 국민회의와 결별한 후, 1969년에 자신을 따르는 충성파들과 함께 자신만의 집권당인 국민회의를 창당했다.

인디라는 총리로서 거의 20년을 냉소적이고 이기적인 사회주의 외피를 쓰고 보냈으며, 가난한 사람들에게 지킬 생각이 없었던 약속을 남발했다. 고위 정치인들의 부패를 합법화했고, 정치적 목적으로 은행을 국유화한 후 산자이가 은행에서 부패를 일상적인 문화로 만들도록 내버려두었다. 행동과 말을 통해 고위급 정치인들의 부패를 정당화했다. 권력은 곧 돈이었기에 마피아로 하여금 선거 자금을 대고 조직폭력배를 이용해 유권자들을 협박하도록 만들었다.

총리 재임 초기부터 인디라는 권력을 위해 국가의 강압적인 수단에 크게 의존했다. 비상사태 조치로 모든 이견을 억누르기 훨씬 전부터 반대파들을 적법한 절차 없이 구금하기 위해 예방 구금법을 사용했으며, 사회적 저항을 진압하기 위해 경찰과 군대를 광범위하게 활용했다. 1975년 6월부터 1977년 3월까지의 비상사태 동안, 산자이가 제멋대로 날뛰도록 내버려두었고 감히 그를 비난하는 모든 사람들을 멀리했다. 비상사태가 끝날 무렵 유권자들이 그녀를 거부하자, 산자이와 그의 도당은 무법한 범죄자들처럼 대응했다. 1980년 1월 그녀의 총리 복귀를 위해 산자이는 1980년 6월 델리 상공에서 특유의 오만한 곡예 비행으로 자폭하기 전까지 순식간에 부자가 되려는 다수의 국회의원 지망생을 대거 끌어모았다.

그녀는 수만 명의 노동자들이 일자리를 잃게 된 봄베이 방직 노동자 파업과 거리를 두었다. 그때부터 인도의 탈산업화가 시작되었고 중국이라는 산업 기계는 떠오르고 있었다. 새로운 기회를 열어줄 수 있는 공공재 인프라가 부족한 상황에서 실직한 인도인들에게는 범죄 조직과 힌두 민족주의의 신병이 되는 가능성만 남아 있었다.

정치적, 사회적 폭력이 만연했는데, 1983년 영화 〈반쪽 진실Ardha Satya〉은 이를 기억에 남을 만큼 감동적인 형태로 포착했다. 정치인, 경찰, 마피아로 구성된 권력 엘리트들 사이에서 유일하게 정직한 경찰관은 설 자리가 없었다. 그의 동료들과 상사들에게 그는 "기이하고" 따라서 "위험했다". 그의 선택지는 권력 엘리트에 합류하거나 사회적, 개인적 파멸에 직면하는 것뿐이었다.[2]

끝의 시작

인디라 간디가 거친 스타일에도 권력을 꾸준히 유지할 수 있었던 것은(비상사태 종식 후 잠시 정계에서 추방된 것을 제외하고) 그녀의 정치적 기량을 보여주는 증거라 할 수 있다. 그럼에도 불구하고 그녀는 시크교도와의 교착 상태를 결코 극복하지 못했다. 인디라 간디는 1966년 별도의 시크교 주가 필요하다는 오랜 요구를 수용하여 펀자브를 시크교도가 지배하는 작은 펀자브와 힌두교도가 대다수인 하리아나주로 분할했다. 그러나 시크교 지도부는 새로운 펀자브가 주도 찬디가르를 하리아나와 공유해야 했기 때문에 부분적으로 불만이었다. 시크교도들은 또한 펀자브의 강물이 가난한 이웃 주들로 우회되는 것에 화가 났다. 수용 가능한 타협은 불가능했다. 받아들일 만한 타협안이 없었다.

그런 교착 상태에 시크교 설교자이자 정치인인 산트 자르나일 싱 빈드란왈레Sant Jarnail Singh Bhindranwale가 등장했다. 그는 펀자브주를 분리하자는 오랜 요구를 그의 열렬한 목적에 투신하는 폭도, 즉 맨발의 병사가 된 젊고 가난한 시크교 남성들의 경제적 분노와 교묘하게 연결시켰다. 1960년대 중반, 발 타케레이는 남부 인도인들에 대항하는 운동에 분노한 젊은 마하라슈트라 남성들을 끌어들였다. 힌두 민족주의자들은 무슬림에 대한 폭력을 가하는 데 동일한 분노를 이용했다. 정치 철학자 한나 아렌트Hannah Arendt가 썼듯이, 부족주의는 뿌리 없는 분노의 분위기에서 번성한다.[3] 1980년대 초 펀자브에서도 그랬다.

빈드란왈레는 깊게 파인 눈과 긴 수염을 가진 당당한 인물이었다. 시크교 신학교의 책임자였고 그의 칭호 "산트Sant"는 그를 설교자로 규정하는 것이었다. 그는 1979년 모든 성인 시크교도들에 의해 선출되는 시크교 의회인 시로마니 구루드와라 프라반닥 위원회Shiromani Gurudwara Prabandhak Committee, SGPC 선거를 계기로 자신의 정치적 야심을 드러냈다. SGPC는 주로 종교 문제를 관리했지만, 시크교도들은 이 선거에서 승리한 정당이 자신들의 정치적 이해관계를 가장 잘 대변한다고 여겼다. 이 지역에서는 수 년에 걸쳐 아칼리 달(불멸의 정당)이 정치적 영예를 차지해 왔다. 빈드란왈레가 1979년 아칼리에 도전하기 위해 선거에 뛰어들었을 때, 국민회의 지도자인 기아니 자일 싱 Giani Zail Singh은 다가오는 주 및 전국 선거에서 국민회의에 유리하도록 시크교도들을 분열시킬 기회를 감지했다. 자일 싱은 산자이 간디의 지원을 받아 빈드란왈레에게 자금을 지원함으로서 아칼리를 약화시키는 데 도움을 주었다. 빈드란왈레는 1980년 총선에서 국민회의 후보들을 위해 선거운동을 함으로써 인디라의 선거 승리에 도움을 주며 보답했다.[4]

그러나 빈드란왈레는 꼭두각시가 아니었다. 그는 시크교도들의 도덕적 퇴보를 개탄함으로써 명성을 얻었다. 인도를 식량 자급자족 국가로 만드는 데 결정적인 역할을 한 펀자브의 성공한 대농들은 술, 마약, 포르노에 점점 더 많은 돈을 쓰고 있었다. 이러한 행태가 전혀 경제적 여유가 없는 사람들에게까지 확산되자 빈드란왈레는 그들이 시크교의 교리를 위반하고 있다고 엄중히 경고했다. 그는 시크교도들 사이에서 명망이 높아졌고, 그들 중 많은 이들은 검소한 삶의 미덕과 그들의 정신적 뿌리를 상기시켜 준 것에 감사해했다.[5]

빈드란왈레는 그의 명성을 이용하여 녹색혁명에 뒤처진 사람들을 끌어들였다. 소농들은 끝없는 경제적 압박에 시달렸다. 그들은 녹색혁명 기술을 적용하는 데 필요한 비싼 종자, 화학 비료, 살충제, 드릴 파종기, 트랙터, 살충제 스프레이, 관정을 사기 위해 감당할 수 없는 금액을 빌렸다. 그들은 거액의 손실을 보았고 헤어나기 어려운 채무의 늪에 빠져 있었다. 토지가 없는 노동자들은 처음에는 임금 인상의 혜택을 받았지만, 부유한 농부들이 기계화를 시작하면서 노동자들의 고용 전망은 악화되었다. 언론인이자 역사가인 쿠쉬완트 싱Khushwant Singh이 썼듯이, 녹색혁명의 "풍성한" 열매는 주로 대농들에게 돌아갔다. 농업으로 생계를 꾸리기 어렵거나 원하지 않는 사람들에게 대학 교육과 도시 일자리에 대한 희망 역시 실망스러운 것으로 판명되었다. 인도 전역에서 그랬듯이 펀자브 전역에 생겨난 수많은 대학들은 고용이 불가능한 수천 명의 졸업생들을 배출했다. 1984년 펀자브 대학교Punjab University의 한 조사에 따르면 대학 졸업생의 약 3분의 1이 실업 상태였다. 그들 중 많은 이들이 2년 넘게 일자리를 찾아다녔다. 일할 능력이 있는 사람들을 고용할 만한 충분한 일자리가 없어 심각한 불완전 고용 문제가 발생했다. 빈드란왈레가 반항적인 젊은이들을 자신의 대의에 끌어들일 기회였다.[6]

점점 심해지는 폭력

빈드란왈레는 오래되었지만 잘 검증된 정치 전략을 구사했다. 힌두교도를 적으로 규정함으로써 그는 시크교도들이 공동의 대의로 단결하자고 호소했다. 독일 법철학자 카를 슈미트가 1920년대 후반에 언급했고 발 타케레이가 당시 봄베이에서 실천하고 있었던 것처럼, 빈드란왈레는 정치적 이득을 얻기 위해 행하는 "적"에 대한 영구적인 폭력을 믿었다. 설교자 빈드란왈레는 탄환이 가득한 탄띠를 차고 다니면서 강인한 이미지를 키웠다. 무표정한 그의 경호원들은 위협적인 총기와 도끼를 들고 다녔다. 그는 "시크교 근본주의의 메시아"가 되었다.[7]

경찰이 들어가기 곤란한 성지인 황금 사원Golden Temple 이라는 안전한 피난처에서 빈드란왈레는 거의 매일 살인과 은행 강도를 지시했다. 시크교 무장대원들은 버스를 세우고 힌두교 남성 승객들을 끌어내려 피도 눈물도 없이 총살하기도 했다. 심지어 그를 제지할지도 모르는 시크교 경찰관들조차 적으로 간주되었다. 한 시크교 경찰관이 기도를 마치고 황금 사원에서 떠나는 순간 빈드란왈레의 청부살인범이 그를 살해했다.[8]

폭력이 수그러들지 않고 몇 달이 지나자 인디라 간디는 "블루 스타 작전Operation Blue Star "을 승인했다. 1984년 6월 5일 저녁, 군인들이 황금 사원에 진입했다. 그때 빈드란왈레는 사원의 가장 신성한 성소인 아칼 타크트Akal Takht 에 숨어 있었다. 다음 날 벌어진 대학살로 최대 1,000명의 시크교 무장대원들과 수백 명의 인도군 병사들이 목숨을 잃었다. 빈드란왈레가 사망자 중에 포함되어 있음을 확인하는 데는 며칠이 걸렸다.[9]

빈드란왈레의 죽음도 시크교 극단주의를 종식시키지 못했다. 심지어 그의 광신적 폭력 선동을 혐오하는 시크교도들조차도 성전으로 군대가 진입하여 그들이 사랑하는 아칼 타크트를 파괴한 데 대해 경악했다. 황금 사원에서의 군 작전 직후 극단주의자들은 재집결하기 시작했다. 인디라의 후계자로 유력했던 라지브 간디는 군 병력이 펀자브를 계속 순찰할 것임을 확인했다. 인도군과 펀자브의 무장대원들은 다시 한번 대치했다. 인디라는 폭력이 집으로 다가오는 것을 감지했다. 1984년 10월 30일 부바네스와르에서 환호하는 지지자들에게 연설하면서 그녀는 "오늘 내가 죽는다면, 내 피의 모든 한 방울이 국가에 활력을 줄 것"이라고 말했다. 델리에서 잠자리에 들기 전 그날 밤, 그녀는 유난히 피곤해 보였다.[10]

수치스러운 나날들

10월 31일 오전 9시 30분경, 델리 대학교에서 인류학 강사로 일하며 첫 소설을 쓰고 있던 젊은 아미타브 고시Amitav Ghosh는 버스를 타고 대학으로 향하고 있었다. 30분도 채 되지 않아 인디라 간디가 암살되었다는 소문이 번졌다. 그가 대학에 도착했을 때, 학생들은 두 명의 시크교 경호원이 그녀를 쏘았다고 웅성거리고 있었다.[11]

고시가 들은 충격적인 소식은 한 시대의 끝을 알렸다. 검은 테두리가 있는 사프란색 사리를 입은 인디라는 개인 숙소와 사무실을 연결하는 정원을 걷고 있었다. 다큐멘터리를 촬영하기 위해 인도에 온 영국 배우 피터 어스티노프Peter Ustinov를 만나러 가는 길이었다. 그녀가 길 옆에 서 있던 두 명의 경호원에게 다가갔을 때는 밝은 가을 아침 9시 8분이었다. 그녀는 손을 모아 전통적인 나마스테로 그들에게 인사했다. 그들은 그녀의 몸에 총알을 쏟아부은 뒤 총을 내려놓았다. 그들 중 한 명이 충격을 받은 옆 사람들에게 펀자브어로 "내가 해야 할 일을 했다. 이제 당신들이 하고 싶은 대로 하라"고 말했다.[12]

그날 오후 고시는 도시에서 끓어오르는 분노를 목격했다. 그가 타고 있던 친구 집으로 가는 버스는 인디라의 시신이 안치된 병원을 지났다. "델리는 선선하고 시원해서 최고였다"고 고시는 회상했다. 그러나 공기의 상쾌함에도 불구하고 병원 밖의 "충혈된 눈의 젊은 남자들"은 "셔츠 단추를 반쯤 풀고" 있었다. 일부는 "쇠막대기와 자전거 체인으로 무장했다". 국민회의 충성파들은 "그곳에 모인 군중들에게 복수하라고 선동"했다. 젊은이 몇 명이 고시가 타고 있던 버스를 세우고 "오싹한" 목소리로 시크교도가 있는지 물었다. 운전기사는 없다고 대답했고, 승객들은 좌석 밑으로 기어들어간 유일한 시크교도 승객을 가려주었다.

라지브 간디는 그날 저녁 아마도 군주제 방식으로는 대관식에 해당하는 인도 총리가 되겠다는 선서를 했고, 폭력은 계속되었다. 밝은 아침에 잠에서 깬 고시는 "상상조차 할 수 없던 광경"을 보았다. "모든 방향에서 연기 기둥이 맑은 하늘로 천천히 피어올랐다. 시크교도의 집과 상점이 불타고 있었다." 시크교도들을 보호해 준 힌두교도와 무슬림들의 집도 "약탈당하고 불타고 있었다". 스카이라인은 "거대한 기둥이 있는 홀의 둥근 천장"처럼 보였다.[13]

다음 며칠 동안 델리의 사망자 수는 계속 늘어났다. 약 3,000명의 시크교도가 사망했는데, 일부는 등유를 뒤집어쓰고 불태워졌다. 산자이 간디의 유령이 있었다. 피해자들은 그의 부하 중 두 명인 H. K. L. 바갓H. K. L. Bhagat과 자그디시 타이틀러를 대학살의 주모자로 지목했다. 다른 도시에서도 수백 명, 어쩌면 수천 명이 사망했다. 11월 19일 라지브는 어머니의 67번째 생일을 기념하기 위해 20만 명의 사람들이 모인 델리 보트 클럽Boat Club의 집회에서 연설했다. "거대한 나무가 쓰러질 때 주변의 대지가 약간 흔들리는 것은 당연하다"는 그의 말은 수천 명의 시크교도들의 무의미한 죽음을 정당화하는 것처럼 보였다.[14]

라지브는 시크교도에 대한 학살을 통제하려 하지 않았고, 그에 대한 책임을 묻지도 않았다. 1985년 4월 대법원 판사 랑가나트 미스라Ranganath Misra를 위원장으로 하는 조사위원회는 시크교도 살해를 신비로운 "악마적인satanic" 세력의 소행으로 일축했다. 미스라 위원회와 다른 8개 위원회가 국민회의 지도자들이 연루되었다는 증거를 발견했지만, 사법부는 2018년 12월 상대적으로 무명의 지도자인 사잔 쿠마르Sajjan Kumar 만 처벌했다.[15]

인디라 간디의 암살과 함께 폭력으로 물든 시대가 대학살로 끝났다. 그녀가 지휘봉을 잡은 세월은 인도를 돌이킬 수 없이 후퇴시켰다. 사회적, 정치적 규범이 말살되었다. 중국인들은 곧 노동집약적 제조업에서 세계의 일자리를 차지할 참이었다. 아무도 수천만 인도인들을 위한 일자리가 어디에서 나올지 몰랐다. 정치 엘리트 중 아무도 신경 쓰지 않는 것 같았다. 종교적 편협함과 부족주의의 요정들이 풀려났다. 라지브가 당연히 총리가 되어야 한다는 의견이 널리 받아들여졌다. 살만 루슈디Salman Rushdie 가 나중에 썼듯이 "인도를 '세계 최대 민주주의 국가'라고 하는 이미 고리타분해진 표현은 훨씬 더 피폐해졌다".[16]

3부
약속,
1985~2004

15장
정치적 역풍에 직면한 파일럿

1944년 8월에 태어난 라지브 간디는 1980년 6월 그의 동생 산자이가 사망할 때까지 정치에 간여하지 않았다. 사실 그 시점까지 라지브는 간디-네루 왕조와 자신의 관련성을 무시했다. 1977년 비상사태가 끝나고 국민의 분노가 인디라 간디와 산자이에게 향했을 때, 라지브와 그의 이탈리아 출신 아내 소니아는 두 자녀와 함께 이탈리아로 이주하는 것을 고려하기도 했다. 다만 그 계획은 실현되지 않았고 대신 그는 "간디"라는 이름을 숨기고 인도항공에서 쌍발 아브로 비행기를 계속 조종했다. 비행 전 안내 방송에서 그는 자신을 "라지브 기장 Captain Rajiv"이라고만 소개했다.[1]

라지브의 성은 1984년 10월 31일 저녁, 어머니가 암살당한 날 라지브를 총리 자리로 밀어 넣었다. 2주 후인 11월 13일, 그는 총선을 요구했다. 그러나 투표가 시작되기 전, 이미 충격에 빠진 인도에 새로운 비극이 닥쳤다. 12월 3일 새벽, 중부 인도 도시 보팔Bhopal에 위치한 미국 다국적 기업 유니언 카바이드Union Carbide의 살충제 생산 공장에서 독가스가 유출되었다. 그 공장은 인구 밀집 지역에 위치해 있었고 규제와 감독이 미흡한 상태에서 운영되고 있었다. 〈뉴욕타임스〉는 "유독한 구름이 빈민가와 가난한 이웃을 휩쓸고 지나가면서 사람들을 잠자는 동안 죽이고 공포에 질려 거리로 뛰쳐나오게 만들었다"고 보도했다. 가스로 인해 3,500명이 사망하고 20만 명이 중상을 입었다.[2]

여러 위기가 몰아닥치는 상황에서 미지의 것을 두려워하던 인도 국민은 라지브에게 기대고자 했다. 12월 24일부터 28일까지 실시된 선거에서 전체 등록 유권자의 63.6%에 달하는 3억 명이 투표에 참여했다. 국민회의는 전체 의석의 5분의 4를 차지했는데, 그의 어머니나 할아버지도 그 정도 의석 점유율에 근접하지 못했던 기록이었다.[3]

라지브는 네루-간디Nehru-Gandhi 왕조의 후계자였기 때문에 총리가 되었지만, 그는 또한 정치적 국외자였다. 그는 젊었고 정치에 마지못해 입문한 사람이었는데, 이는 그가 추문과 정치적 부패의 그물에서 자유롭다는 것을 의미했다. 많은 인도인들은 라지브에게서 새로운 출발의 약속을 보았다. 그의 가장 큰 대중적 호소력은 "미스터 클린Mr. Clean"이라는 이미지였다. 그 이미지를 내세우기 위해 선거운동 포스터에 그는 어머니와 동생이 조장했던 부패를 쓸어내기 위해 빗자루를 들고 있는 모습으로 나왔다. "부패 일소"는 무너진 규범을 회복하고 정치적 책임 의식을 회복하는 것의 은유에 불과했다.[4]

인도인들은 라지브를 믿고 싶어 했다. 언론인이자 작가인 타블린 싱Tavleen Singh이 썼듯이 "라지브는 인도 역사의 짧고 빛나는 순간 동안 희망의 살아 있는 상징이 되었다". 변화의 요구가 너무 커서 "더 많은 호의, 사랑, 희망으로 시작할 수 있었던 다른 지도자를 생각하기는 어려웠다"고 그녀는 덧붙였다. 높은 기대치를 감지한 라지브는 그런 기

대들이 "두렵다"고 말했다.[5]

호기를 만난 사람

　컴퓨팅과 통신 기술은 발전을 위한 새로운 길을 열어주고 있었고, 라지브의 젊음과 기술적 적성은 그런 시대와 잘 어울렸다. 당시 라지브 간디의 경제 고문이자 나중에 인도 최고의 경제 관료 중 한 명으로 꼽히게 되는 몬텍 싱 알루왈리아Montek Singh Ahluwalia는 라지브가 인도 정부 관리들에게 당시 최첨단 스프레드시트인 로터스 1-2-3Lotus 1-2-3을 소개한 이야기를 들려주었다. 라지브는 더 큰 꿈을 가지고 있었다. 그는 "21세기가 되기 전에 모든 마을 학교에 컴퓨터 한 대씩" 갖추는 것이 인도의 능력 범위 내에 있는 목표라고 믿었다.[6]

　전 세계적으로 경제 정책은 민간 주도와 자유시장에 더 많은 공간을 열어주고 있었다. 인도는 이러한 세계적 변화에 발맞추기 시작했다. 로널드 레이건 미국 대통령의 정책을 본받아 라지브 간디의 재무 장관이던 비슈와나트 프라탑 싱Vishwanath Pratap Singh은 1985년 3월 정부 예산에서 세율을 대폭 인하했다. 그는 개인소득세율을 62%에서 50%로 인하했고, 법인세율도 55%에서 50%로 인하했다. 싱은 상속세를 폐지하고 재산세를 인하했다. 그는 또한 수입 관세와 통제를 낮추면서 사업을 시작하고 확장하기 위해 라이선스를 받아야 하는 요건을 완화했다.[7]

　전문가들(인도인과 외국인 모두)은 감세를 환영했다. 그들은 낮은 세율이 실제로 정부 세수를 늘릴 수 있다고 제안한 미국 경제학자 아서 래퍼Arthur Laffer의 잘 알려진 "래퍼 곡선"을 근거로 낙관적이었다. 세율이 낮아지면 탈세 유인이 줄어들어 기업들이 성장 기회에 더 많이 투자함으로써 정부 세수의 "엄청난" 증가가 뒤따를 것이라고 예측했다. 전문가들은 낮은 세율이 자본을 더 효율적으로 배분할 유인을 높일 것으로 예상했다.[8]

또한 V. P. 싱은 기업이 정당에 자금을 지원하는 것을 합법화했는데, 이는 1969년 간디가 도입한 이래 시행되어 온 금지령을 뒤집은 것이었다. 그 금지령은 큰 정치적, 사회적 피해를 야기했다. 기업들은 "검은"(설명되지 않은) 돈으로 기부금을 내는 방식을 통해 그것을 피해 갔다. 인도 정치는 범죄 자금을 포함한 검은 돈에 의존하게 되었다. 이제 기업의 정치자금 제공 금지를 해제하면 정당의 합법적인 자금 조달을 장려하고, 탈세 유인을 줄이면서 점차 검은 돈을 없앨 수 있을 것으로 기대되었다.[9]

박수갈채는 즉각적이었다. 1985년 3월 예산에 대해 언급하면서 〈월스트리트 저널Wall Street Journal〉은 "라지브 레이건Rajiv Reagan"이라는 제목의 찬사 일변도의 사설을 실었다. 그 사설에 따르면 라지브 간디는 "우리가 아는 또 다른 유명한 감세자"라는 명성에 걸맞게 세금을 "대폭 삭감"하고 규제를 줄임으로써 "작은 혁명"을 일으켰다. 5월에는 레이건 대통령이 인도 정부를 치하했다. 마드리드에서 스페인 사업가들에게 연설하면서 그는 "곧 인도에서 경제 혁명이 일어날 것"이라며 "라지브 간디가 규제를 줄이고, 관세를 낮추고, 세금을 대폭 삭감하고 있다"고 말했다. 그해 6월 라지브가 미국을 방문했을 때 레이건은 백악관 사우스 론South Lawn에서 그를 맞이했다. 연설에서 레이건은 "방문 기간 동안 인도와 인도 국민에 대한 미국민들의 깊은 애정과 존경심을 발견하게 될 것"이라고 말했다.[10]

컬럼비아 대학교의 유명한 경제학자 자그디시 바그와티Jagdish Bhagwati는 "인도가 살아났다"고 선언했다. 그리고 중국이 앞서 나가는 것을 두려워하며 지켜보던 인도 경제학자들 사이의 불안을 일축하면서 바그와티는 "오늘날 인도는 중국보다 훨씬 더 기적이 일어나기를 기다리고 있다"고 단언했다. 그리고 만약 인도의 기적이 일어난다면 바그와티는 "중심 인물은 젊은 총리가 될 것"이라고 썼다.[11]

그러한 예측을 입증이라도 하듯이 인도는 또 다른 세계적 추세에 매달렸다. 개발도상국들은 자본, 기술, 일자리를 위해 외국인 투자자들에게 구애하고 있었다. 〈뉴욕타임스〉의 니콜라스 크리스토프Nicholas Kristof는 심도 있게 조사한 기사에서 "불과 10년 전만 해도 다국적 기업들은 제3세계의 재앙으로 널리 여겨졌다. 그러나 오늘날 중국에서 알제리에 이르기까지 외국계 다국적 기업들은 모든 곳에서 따뜻한 환영을 받고 있다"고 썼다.[12]

1985년 6월 미국 전자 회사 텍사스 인스트루먼트Texas Instruments는 남부 도시 방갈로르에 연구 센터를 개소했다. 인도 정부는 방갈로르에서 영국 베드퍼드에 있는 텍사스 인스트루먼트 연구 센터와 텍사스주 댈러스에 위치한 회사 본사로의 직통 위성 연결을 승인했다. 이 회사는 초기에 방갈로르에 약 600만 달러만 투자하고 35명의 엔지니어만 고용했지만, 이 투자는 인도를 세계화로 급격히 나아가는 데 필수적인 요소인 국제 아웃소싱의 선두 주자로 만들었다(그림 15.1).[13]

텍사스 인스트루먼트의 한 임원은 인도의 "불완전 고용 상태인 수많은 졸업생들"이 댈러스와 선진국 다른 지역의 비싼 엔지니어 인건비를 줄이는 데 도움이 될 것이라고 말했다. 인도에게는 새로운 길이 열렸고, 인도는 세계 시장에서 소프트웨어 기술과 저비용 "인적 자본"으로 명성을 쌓기 시작했다. 방갈로르는 인도의 실리콘밸리로 알려지면서 인도 여피족yuppies을 위한 "붐 타운"이 되었다. 한 미국 평론가는 방갈로르가 "라지브 간디 총리의 서양 기술 도입을 통해 자국을 현대화하려는 야심 찬 계획의 최전선에 있다"고 썼다.[14]

〈파이낸셜 익스프레스Financial Express〉에 따르면 1984년 10월 인디

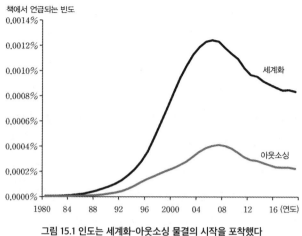

책에서 언급되는 빈도

0.0014%

0.0012%

0.0010%

0.0008%

0.0006%

0.0004%

0.0002%

0.0000%

세계화

아웃소싱

1980 84 88 92 96 2000 04 08 12 16 (연도)

그림 15.1 인도는 세계화-아웃소싱 물결의 시작을 포착했다
(구글 전자책에서 "세계화"와 "아웃소싱"에 대한 언급 빈도).
출처:Google NGram.

라 간디 암살 이후 하락하던 인도의 주가는 1985년 8월까지 38% 이상 상승했다.[15] 조종사 라지브는 순조로운 이륙에 성공했다. 그러나 험난한 하늘이 앞에 놓여 있었다.

경제적 격랑 속으로

래퍼 곡선은 광범위한 지지를 받았음에도 불구하고, 그것의 장밋빛 예측은 미국에서조차 실현되지 않았다. 미국의 낮은 법인세율은 경제 활동과 재정 수입을 자극하기보다는 단순히 부유한 미국인들의 주머니에 돈을 채워주었을 뿐이었다. 최근 연구는 세율이 낮더라도 전 세계의 부유한 개인들과 대기업들이 적극적으로 세금을 회피한다는 것을 재확인했다. 왜? 그들이 그럴 수 있기 때문이다![16]

인도에서는 기업들이 오랫동안 세금과 규제의 감독을 벗어난 검은 돈 환경에서 번성해 왔다. 그들은 뿌리 깊은 습관과 본능에 따라 계속해서 탈세를 하고 정치자금을 검은 돈으로 내고 있었다. 정치학자 밀란 바이슈나브Milan Vaishnav와 에스와란 스리다란Eswaran Sridharan이 설명했듯이, "규제 특혜에 대한 대가로 정당과 정치인들에게 불투명한 기부금을 제공하는 시스템이 너무 깊이 뿌리박혀 있었다". 인도의 전 선거관리위원장 나빈 차울라Navin Chawla는 기부자들과 수령인들이 "세무 당국의 레이더 사각지대에" 있는 것을 즐긴다고 덧붙였다. 예측과 달리 직접세(개인세와 법인세)의 비중은 국내 GDP의 2.9%에서 2.4%로 하락했다. 세금 부담은 소비 지출에 부과되는 간접세로 이동했다. 특히 간접세는 소득의 더 많은 부분을 소비에 지출하는 저소득층 가정에 더 큰 부담을 준다.[17] 의도는 좋았지만 라지브의 정책 실험은 부패와 검은 돈이 인도인들의 삶의 그물망에 얼마나 깊이 얽혀 있는지 보여주었다. 특권층은 그 관행에서 이익을 얻었고, 취약계층은 그 비용을 감당했다.

　어머니의 뒤를 이어 라지브도 끝없이 늘어나는 정부 보조금이라는 함정에 빠졌다. 가장 큰 보조금은 녹색혁명을 이끌기 위한 노력의 후유증이었다. 정부는 비료 사용에 보조금을 지급했고 농부들에게는 수확물의 최소 보장 가격을 지불했는데, 정부는 이를 소비자들에게 보조금을 주고 판매했다. 인도는 1960년대 중반 농업 생산을 촉진하기 위해 이런 정책을 시행했고, 이제 보조금은 되돌릴 수 없었다. 경제학자 프라납 바르단Pranab Bardhan이 썼듯이, 보조금은 "정부 소유 관개 시설, 주 전력 위원회, 도로 운송 공사 및 기타 공기업의 지속적인 손실"에 암묵적으로 포함되어 있었다. 보조금은 또한 기생충처럼 일하지 않고 "급여를 받는 관료 조직의 과잉 인력"에도 암묵적으로 포함되어 있었다. 1986년 7월 정부가 임명한 보수위원회Pay Commission는 생활비 상승을 보전하기 위해 인도 공무원들의 급여와 복지 혜택을 대폭 인상할 것을 권고했다. 공무원들의 임금이 급증했다. 그것은 함정이었다. 더 많은 보조금은 더 높은 인플레이션을 의미했고, 이는 더 많은 보조금을 의미했다. 바르단이 썼듯이 정부는 자신들이 더 많이 받을 자격이 있다고 주장하는 모든 사람들을 "달래야" 했다.[18]

인도 군대의 현대화 등 다른 요구로 인해 정부 지출은 증가했다. GDP 대비 세금 징수율은 대체로 변함없는 가운데, 인도 정부의 재정은 위기를 향해 질주했다. 인디라 간디의 마지막 임기 4년 동안 재정 적자는 이미 GDP의 6.7%에서 9.7%로 증가했다. 라지브 집권 첫 2년 동안 GDP 대비 적자는 10.9% 이상으로 상승했고, 그 후 정부가 장기 투자 지출을 삭감하면서 소폭 감소했다. 정부는 거액의 적자를 충당하기 위해 차입에 의존하면서 더 많은 빚을 지게 되었다. 부채에 대한 이자는 적자를 더욱 증가시켰다.[19]

재정 적자와 인플레이션의 악순환은 재정 위기의 심각성을 더해갔다. 정부는 국내 수요의 일부를 충족시키기 위해 수입을 허용했지만, 수출은 그 수입 대금을 지불할 만큼 빠르게 성장하지 않았다. 인도의 국제수지는 소규모 흑자에서 적자로 돌아섰다. 정부는 국제수지 적자를 충당하기 위해 위험한 전략을 사용했다. 외환보유고를 고갈시키고 해외 상업 대출기관으로부터 단기 만기 계약으로 차입하기 시작했다. 이제 해외 대출 기관이 언제든지 돈을 돌려달라고 요구할 수 있는 위험이 생겼고, 외환보유고라는 완충 장치 없이 이런 상황이 닥친다면 국가를 부도 위기로 몰아갈 것이었다.

인도중앙은행 총재는 라지브 간디를 방문하여 금융 위기 가능성을 경고했다. IMF 총재 미셸 캉드쉬Michel Camdessus도 적신호를 제기하고 인도에게 IMF 차관을 고려할 것을 제안했다. 그러나 IMF 자금을 받기 위해서는 문제가 되는 보조금을 삭감해야 했다.[20]

원칙적으로 외국인 장기 투자자들도 국제수지 적자 해소에 도움을 줄 수 있었다. 그러나 텍사스 인스트루먼트에 대한 정부의 환영은 예외적인 사례였던 것으로 판명되었다. 미국 청량음료 생산업체인 펩시 Pepsi 와 이전의 외국인 투자에 대한 양가감정이 다시 나타났다. 정치인들은 고상한 반대 의견을 내놓았다. 인도는 가난한 나라이고 더 많은 청량음료 생산업체가 필요하지 않다고 그들은 말했다. 또한 펩시의 고가 장비 수입에 대한 대금 지불에 귀중한 외환보유고가 쓰일 수 있다고 했다.

텍사스 인스트루먼트와 펩시에 대한 정부의 접근 방식의 차이는 인도 기업들이 경쟁에 직면할 준비가 얼마나 되어 있지 않은지 보여주었다. 회사 내부의 요청 사항만을 처리하는 텍사스 인스트루먼트의 방갈로르 센터는 인도 기업에게 경쟁적 위협이 되지 않았기 때문에 미끄러지듯 반대를 통과할 수 있었다. 하지만 사실상 다른 모든 사업 분야에서 외국인 투자자들은 위협적 경쟁 상대였기에 인도 기업들은 그들에 반대하는 로비를 적극적으로 했다. 탐스 업 Thums Up 이라는 콜라를 생산하며 시장의 절반 이상을 장악하고 있던 파를레 엑스퍼트 Parle Exports 의 대표 라메시 차우한 Ramesh Chauhan 은 펩시의 인도 진출에 반대하며 열심히 로비를 벌였다. 인도 스쿠터 시장에서 70%를 점유하던 기업가 라훌 바자즈 Rahul Bajaj 조차 외국 기업들과의 경쟁을 거부했다. 그는 "우리는 더 많은 시간이 필요하다"라며 "외국 기업들이 인도에 들어오면 우리는 죽을 것"이라고 말했다.[21]

펩시의 고난은 외국인 투자자들이 인도 진출에 겪는 어려움을 보여주었다. 1985년 처음 인도 당국에 접근한 펩시는 1986년 7월 펀자브주 정부가 같은 편이 될 수 있다는 것을 알게 되었다. 펀자브의 농업 생산과 식품 가공 산업 확장을 돕기 위해 펩시는 감자칩, 옥수수칩, 소스, 과일 및 채소 주스 농축액(후자는 주로 수출용)을 생산하기로 합의했다. 인도 정부는 1988년 2월 승인하는 듯했지만 최종 승인은 9월까지 기다려야 했다. 게다가 최종 승인 조건에는 "가혹한" 조건이 달려 있었다. 모회사는 인도 법인에서 지분의 40% 이상을 보유할 수 없었고 인도에서 수출 목표를 달성해야 했다. 펩시콜라 인터내셔널 사장은 이러한 조건은 소련과 중국이 요구하는 조건보다 더 까다롭다고 말했다. 그러나 그는 "인도 중산층이 성장하고 있고 그 전망을 긍정적으로 보고 있기 때문에 우리는 인도를 위해 그 정도까지는 기꺼이 갈 것"이라고 덧붙였다.[22]

많은 다른 아시아 국가들이 상당한 금액의 투자를 받는 동안 인도의 해외 투자 유치는 여전히 저조했다. 1985년부터 1989년까지의 라지브 간디 재임 기간 동안 인도로 유입된 해외직접투자액은 연간 1억 달러에서 2억 달러 사이였다. 중국의 경우 연간 17억 달러에서 34억 달러였다. 몬텍 알루왈리아는 이를 인도가 "놓친 기회missed opportunity"라고 썼다.[23]

비록 라지브 간디가 인도를 금융 위기의 길로 들어서게 했고 인도 경제를 더 경쟁력 있게 만들기 위해 거의 아무것도 하지 않았지만, 일부 평론가들은 계속해서 인도 경제를 "자유화"하기 위한 그의 조치를 칭찬했다. 경제학자 아르빈드 파나가리야Arvind Panagariya는 라지브 간디의 산업 허가제와 수입 제한 축소를 매우 상세하게 기록하기도 했다. 또한 파나가리야는 수출을 장려하기 위한 많은 정책 인센티브들을 열거했다. 자유화 조치의 목록은 길었지만, 그것들은 단지 주변부만 만지작거리는 수준이었다. 3년 전 라지브를 칭찬했던 〈월스트리트 저널〉은 1988년 4월에 인도 관료주의가 다시 한번 국가를 수렁에 빠뜨렸다고 한탄했다. IMF는 1990년 5월 간행된 라지브 간디의 5년 임기 동안에 대한 평가 보고서에서 다음과 같이 상황을 요약하였다.

산업계는 여전히 투자를 저해하고 수익성이 없는 기업이 폐업하는 것을 막는 규제에 직면해 있다. 무역 체제는 복잡하고 제한적인 반면 관세율은 세계에서 가장 높은 수준이다. 다수의 부실 대출[대출금을 제때 상환하지 않는 차용자의 대출]이 은행 시스템의 건전성과 효율성을 약화시킨다. 그리고 공기업은 상업적 인센티브가 부족하다.[24]

따라서 민간 주도와 시장의 힘을 중시한다는 자체적인 정책 목표 측면에서도 라지브 간디 정부의 성과는 부진했다. 당연히 인도의 경제성과는 평범한 수준에 머물러 있었다. GDP 성장률은 인디라 간디 집권 말기(연간 약 5.5%)와 거의 비슷했다. 인디라 집권 말년과 마찬가지로 라지브 정부는 가뭄에도 불구하고 농업 생산량을 안정화한 녹색혁명의 지속적인 혜택을 받았다. 1986~1987년의 극심한 가뭄과 1987~1988년의 지속적인 강우 부족은 특히 오리사주에 큰 고통을 야기했지만, 전국 농업 총생산량은 약간만 감소했다. 대농의 늘어난 소득은 공산품에 대한 꾸준한 수요를 창출했다. 그리고 "공식" 부문의 좋은 일자리는 부족했지만, 보조금과 공공 부문 임금 인상이 총수요에 추가되어 제조업 성장에 도움이 되었다. 부유한 인도인들(소득 상위 15%이지만 종종 중산층으로 잘못 분류됨)도 공산품 수요를 유지했다.[25] 그러나 인도 경제는 활력이나 역동성이 부족했으며, 이는 지속되는 국제 경쟁력 부족에서 명백하게 드러났다. 인도의 세계 수출 점유율은 0.5%에 머물러 있었다(그림 15.2). 반면, 1960년대와 1970년대 동아시아의 호랑이였던 대만과 한국에 이어 중국도 인도를 앞지르기 시작했다.

정책 수단으로 감세와 규제 완화가 중시되었다. 그러나 중국을 부러워하는 인도 지식인들과 정책 입안자들은 중국 정부가 올바르게 하고 있는 것이 무엇인지 이해하지 못했다. 중국은 야심 찬 조세 및 규제

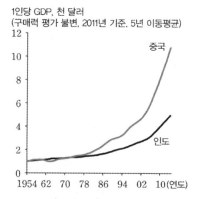

1970년대 후반부터 중국은 세계 시장
점유율을 높이기 시작했지만 인도는 주춤했다.

세계 제조업 수출의 비중, %

1948 53 58 63 68 73 78 83 88(연도)

1980년대 초 중국의 1인당 GDP가
인도를 추월했다.

1인당 GDP, 천 달러
(구매력 평가 불변, 2011년 기준, 5년 이동평균)

중국

인도

1954 62 70 78 86 94 02 10(연도)

그림 15.2 수출과 GDP에서 인도를 추월한 중국.
출처: UNCTAD Statistics, https://unctadstat.unctad.org/EN/Index.html과 Maddison Project database,
https://www.rug.nl/ggdc/historicaldevelopment/maddison/releases/maddison-project-database-2020.

변화 때문이 아니라 중국 지도자들이 근본적으로 다른 경제 발전 철
학을 채택했기 때문에 빠르게 성장하고 있었다. 중국 지도자들은 동
아시아 호랑이들의 성공을 복제하기를 희망하면서 중국 동부 해안선
을 세계 시장을 위한 제조 기지로 만들기 시작했다. 그들은 펩시뿐만
아니라 혼다, 도요타, 힐튼 호텔 등 해외 투자자들에게 구애했다. 분명
히 하자면, 일본을 포함한 각각의 동아시아 성공 사례는 저마다 고유
한 특징을 가지고 있었다. 그러나 그들 모두 자국민이 세계 각국의 지
식과 정보를 취득하여 활용할 수 있도록 적극적으로 교육했다.[26]

중국의 광범위한 산업적 문해력, 포괄적인 의료 전달체계, 핵심적
인 인프라의 가용성은 외국의 아이디어 및 투자와 결합하여 강력한
발전 동력을 촉발했다. 반대론자들은 동아시아, 특히 중국의 성공을
독재 정부의 산물로 일축했다. 그러나 동아시아의 독재자들이 종종
시민들에게 심각한 피해를 입히기도 했지만, 역설적이게도 동아시아
정권은 민주주의 국가인 인도가 거의 하지 않았던 방식으로, 심지어

사람들의 복지에 민감하게 관심을 가졌던 것으로 나타났다.

중국의 놀라운 성장에 충격을 받았지만 그 성공의 이유를 인식하지 못한 평론가들은 토끼와 거북이의 비유를 들었다. 그들은 민주주의 거북이인 인도가 결국 전체주의 토끼인 중국과의 경주에서 승리할 것이라고 말했다.[27] 그러한 희망 사항(1985년 자그디시 바그와티가 인도가 더 큰 기적을 이룰 것이라고 예측한 것처럼)은 중국에 대한 시기심이 가득한 상황에서 인도의 지적 피난처가 되었다. 라지브는 인도가 다시 시작할 수 있다는 희망을 불러일으켰다. 그러나 그는 경제를 더 경쟁력 있게 만들 수 없는 것으로 판명되었다. 대신 경제를 금융 위기로 이끌었다. 인도에게 더 비극적인 것은 라지브가 국가의 도덕적 추락마저 멈출 수 없었다는 점이다.

정치적 격동 속으로

라지브는 부패의 뿌리를 뽑을 "미스터 클린"으로 총리 재임을 시작했다. 그것은 엄청나지만 시급한 과제였다. 문제는 그가 어디서부터 시작해야 하는가였다. 그의 어머니가 남긴 도덕적 타협의 목록은 길었다. 그러나 인디라 간디는 그중 한 가지에 대해서는 대중에게 감추지 않았었다. 떠오르는 초대형 기업가인 디루바이 암바니는 인디라 정부(특히 재무장관 프라납 무커지)로부터 그의 릴라이언스 인더스트리에 많은 규제 및 정책적 특혜를 받았다. 라지브는 자신의 내각에 무커지를 포함시키지 않음으로써 시작은 잘했다. 하지만 라지브가 후에 디루바이와 맺은 관계는 그의 초기 약속과 달리 후에 실추된 명예를 보여준다.

부패한 무커지가 사라지고 V. P. 싱이 라지브 간디의 재무장관이 되면서 디루바이는 갑자기 정부의 후원자가 없어졌다는 것을 알게 되었다. 사실 그는 1980년대 초 우타르프라데시주 수상으로서 무자비하기로 정평이 나 있던 싱의 끈질긴 정적이었다. 1985년 5월부터 싱은 디루바이를 견제하기 시작했다. 재무부는 폴리에스터 섬유 생산을 위해 디루바이가 선호하던 원료 수입을 금지했다. 이 금지령으로 디루바이는 라이벌이던 누슬리 와디아에게서 인도 국내산 원료를 구입해야만 했다. 재무부의 수입 금지가 거의 사전 통보 없이 시행되었음에도 불구하고 디루바이는 이미 원료를 수입하기로 계약했다고 주장했다. 증거로 그는 수입 자금을 조달하기 위해 국유 은행과 3개 해외 은행으로부터 필요한 대출 약정(신용장)을 제시했다. 디루바이가 수입 금지 조치를 사전에 인지한 것처럼 보였기 때문에 정부는 10월 공무원들이 디루바이에게 정보를 유출했을 가능성에 대한 조사를 명령했다. 10월 말, 한 세무 공무원은 디루바이에게 약 2,200만 달러의 미납 세금을 요구하는 통지를 보내 압박을 가했다.[28]

1985년 12월, 싱이 디루바이를 상대하면서 여전히 "미스터 클린"의 열정으로 불타오르고 있던 라지브는 그의 가장 유명한 연설을 했다. 특별한 행사에서였다. 국민회의 창당 100주년이었다. 국민회의는 영국으로부터 인도에 자유를 가져온 정당이었고, 비록 그의 어머니가 기존 세력과 결별한 이후 변모했지만, 열정적인 라지브는 자신이 그 사명을 짊어지고 있다고 믿었다. 연설은 사회정의를 위한 신랄한 고발이었다. 그는 이렇게 말했다. "우리에게는 가난하고 무력한 사람들을 억압할 뿐 봉사하지 않는 공무원들, 법을 지키지 않고 죄 있는 자들을 보호하는 경찰, 세금을 징수하지 않고 국가를 속이는 자들과 결탁하는 세금징수원들이 있다." 라지브는 "권력과 영향력을 가진 브로커들"과 "법을 어기고 탈세하는 자들의 대열"에 분노를 터뜨렸다. 이 연설은 도덕적 정화를 요구하는 것이었다.[29]

V. P. 싱은 전방위적으로 디루바이를 압박했다. 1986년 6월 싱의 재무부는 폴리에스터 원사에 대한 반덤핑 관세를 폐지했다. 원칙적으로 반덤핑 관세는 외국 생산자들이 국내 생산자들로부터 국내 시장을 빼앗기 위해 불합리하게 낮은 가격을 책정하는 것을 막는다. 실제로 이러한 관세는 (인도와 다른 곳에서) 국제 경쟁으로부터 과도한 보호를 제공한다. 1982년 처음 반덤핑 관세가 부과되었을 때, 재무장관 프라납 무커지는 디루바이에게 준 여러 선물 중 하나로 폴리에스터 원사가 반덤핑 관세를 통한 보호를 받을 자격이 없다고 주장한 부처 관리들의 의견을 무시했었다. 싱의 관세 폐지는 디루바이의 원사 생산을 수입품과의 극심한 경쟁에 노출시켰다. 관리들은 또한 디루바이가 필요한 승인 없이 생산 능력을 확장하기 위해 기계를 불법적으로 수입했을 가능성을 조사하기 시작했다. 다른 한편으로 재무부는 그의 금융 거래를 조사했는데, 국유 은행으로부터 차입하여 부적절하게 그의 회사 주가를 올렸다는 사실이 발각되었다.[30]

1986년 8월, 〈인디아 투데이〉는 "포위된 릴라이언스, 미래는 의문투성이인 것 같다"라는 제목의 표지 기사를 실었다. 이 잡지는 이 "거대 기업corporate juggernaut"이 인도에서 3번째로 큰 회사일 뿐만 아니라 포춘 500대 기업에 포함되면서 "세계 무대에 등장할" 것처럼 보였는데, 갑자기 그 미래가 의심스러워졌다고 지적했다. 이전 정부가 릴라이언스에 "온갖 호의"를 베푼 반면, 새 정부는 "오래된 해골과 새로운 해골을 찾기 위해 릴라이언스의 찬장을 파헤치는 데" "열을 올리는" 것처럼 보였다. 이 신문은 또한 인도중앙은행이 실시한 조사를 강조했는데, 그 조사에 따르면 1985년 5월 디루바이는 정부가 막 수입을 금지한 원료를 수입할 계약상 의무가 있다고 거짓으로 주장한 것으로 드러났다. 정부 소유의 카나라 은행Canara Bank에서 나온 신용장은 디루바이가 정부가 수입 금지를 부과하기 전에 원사 수입계약을 맺은

것처럼 보이도록 만들어졌다.[31]

디루바이는 거대한 산업 제국을 건설하고 있던 야심 찬 사업가였다. 그 목표를 달성하기 위해 수입 통제와 산업 허가 제도를 자신에게 유리하도록 능숙하게 조작했다. 이제 그 제도는 그에게 불리하게 돌아섰다. 릴라이언스 인더스트리의 수익성과 주가는 곤두박질쳤다.

디루바이에 대한 압박과 병행하여 싱은 탈세를 색출하기 시작했다. 인도 언론은 싱의 "세금 급습tax raids"을 칭찬했다. 그러나 싱은 어떤 민감한 선을 넘었다. 세금 감면과 규제 완화를 이유로 이전에 그를 칭찬했던 기업 경영진들이 불평하기 시작했다. 한 경영진은 "탈세는 보편적인 문제다. 모두가 그렇게 한다. 왜 기업가만 집중 공격하나?"라고 말했다. 경영진과 소유주들은 라지브에게 자신들이 "언론을 통한 불법적인 인민재판kangaroo court trial"을 받고 있다고 불평했다.[32]

그러나 싱은 계속 나아갔다. 1985~1986년 세무 공무원들은 6,000개가 넘는 사업체와 개인을 조사하여 부정하게 빼돌린 거액의 돈을 밝혀냈다. 〈이코노미스트〉가 표현한 바와 같이 인도 사업가들은 "그렇게 심하게 다뤄진 적이 없었다". 1986년 9월 세무 경찰은 유명 기업가인 랄리트 모한 타파르Lalit Mohan Thapar를 체포하고 그의 "금전적 범죄"에 대해 사과하도록 강요했다. 이 시점에 라지브는 싱에게 물러나라고 요구했다. 그리고 싱이 그렇게 하기를 거부하자 그는 "표적 인물"이 되었다. 1987년 1월 라지브는 싱을 재무장관직에서 해임하고 그를 국방장관으로 임명했다. 그 인사의 공식적인 명분은 파키스탄 군대의 위협적인 기동에 대처하기 위해 강력한 국방장관이 필요하다는 것이었다. 대중의 눈에 라지브는 미스터 클린의 사명을 포기한 것으로 보였다.[33]

릴라이언스는 곧 라지브 정부의 호의를 다시 받게 되었다. 1987년 5월 새 재무장관 나라얀 다트 티와리Narayan Dutt Tiwari는 릴라이언스

계열사들의 수익성 향상에 도움이 되는 수입 관세 변경을 발표했다. 티와리는 장비 수입을 위해 릴라이언스에 더 많은 외환을 할당하고 원래 허용된 수준을 초과한 회사의 생산 능력을 소급 승인했다. 새로운 세금 및 규제 특혜를 기념하는 것처럼 디루바이는 1988년 11월 봄베이 콜라바 지구의 호화로운 커프 퍼레이드Cuffe Parade에 있는 "시 윈드Sea Wind"라는 17층 건물을 새 집으로 구입했다. 체육관은 수영장과 마찬가지로 독립된 층을 차지했고, 주차장과 손님용 아파트를 위해 또 다른 층이 예약되었다. 1989년 디루바이가 더 웅대한 야망을 추구하면서 그에 대한 다양한 형사 조사는 흐지부지되었다. 신문들은 그가 연말에 라지브의 재선 운동 자금을 지원할 것이라고 추측했다. 〈파이낸셜 타임스〉는 디루바이를 라지브의 가장 중요한 산업계 후원자로 묘사했다.[34]

라지브는 디루바이와 어머니가 맺었던 관계에서 어머니의 자리를 대신하면서 익숙한 옛 방식으로 돌아갔다. 인도는 깨어진 규범과 부족한 책임 의식이라는 딜레마에 단단히 빠져 있었다.

인도 부패의 성격을 묘사하기 위해 인류학자 비나 다스Veena Das는 20세기 위대한 힌디어와 우르두어 작가 중 한 명인 문시 프렘찬드 Munshi Premchand가 1907년에 쓴 이야기를 다시 들려준다.《소금 감독관Namak ka Daroga》이라는 제목의 이 이야기는 소금 감독관으로서 소금에 부과되는 세금 납부를 인증하는 한 젊은이의 이야기다. 감독관은 세금을 줄이거나 면제해 주는 대가로 뇌물을 받아 큰 부수입을 벌 수 있었다. 어느 저녁, 젊은 감독관이 강력한 지역 자민다르가 소금 광산에서 몰래 소금을 실어 나르는 것을 목격하고, 눈감아 주는 대가로 받을 수 있는 뇌물을 거절한다. 대신에 그 초짜 미스터 클린은 자민다르를 체포한다. 다음 날 아침, 법원은 자민다르를 석방하고 감독관에게 무고한 시민을 괴롭혔다며 질책한다. 한 걸음 더 나아가 감독관의 상사들은 그를 해고해 버린다. 며칠 후, 침울한 전직 감독관의 문 앞에 자민다르가 나타나 자기와 함께 일하자고 제안한다. 다스가 언급했듯이, "그가 지닌 정직함의 미덕"은 이제 "소금 밀수, 경찰과 증인 매수로 유명한" 주인을 섬길 것이었다.[35]

소금 감독관의 비유는 라지브 간디의 변신과 정확히 일치하지는 않는다. 그러나 메시지는 분명하다. 부패로 가득 찬 체제에서 미스터 클린으로 살기는 엄청나게 어렵다는 것이다. 국방장관이라는 새로운 직책에서 V. P. 싱은 라지브의 고민거리를 더했다. 싱은 인도 정부의 무기 구매에서 부패를 척결하겠다는 명예로운 목표를 가지고 있었다. 이를 위해 그는 외국 무기 공급업체가 인도 국방 계약을 따내기 위해 지불한 거액의 수수료를 조사했다. 싱이 국방장관이 된 지 3개월도 채 되지 않은 1987년 4월 라지브는 그의 사임을 강요했다. 스웨덴 무기 제조업체 보포르스Bofors가 인도에 야포를 판매했을 때 라지브나 그의 친구들이 리베이트를 받았다고 싱이 지적했기 때문에 그를 해임 했다는 여론이 형성되었다. 비록 그 혐의를 뒷받침하는 증거는 없었지만, 부패 혐의가 라지브를 뒤덮었다. 보포르스라는 단어는 "썩은, 부서진, 더러운"을 의미하는 힌디어 어휘가 되었다. 사냥꾼 라지브는 사냥감이 되었다. 미스터 클린의 이미지는 그에게서 V. P. 싱에게로 옮겨갔다.[36]

또한 라지브는 펀자브와 인도 북동부에서 불거지던 정치적 갈등을 해결하려는 목표도 이루지 못했다. 1985년 7월, 총리가 된 지 겨우 6개월 만에 그는 정치 문외한이라는 입지와 화합을 내세워 시크교 지도자 하르찬드 싱 론고왈Harchand Singh Longowal과의 거래를 성사시켰다. 이 합의에 따라 펀자브는 주도인 찬디가르를 이웃 하리아나주와 공유할 필요가 없게 되었고, 대신 다음 공화국 기념일인 1986년 1월 26일부터 찬디가르 전체를 가질 수 있게 되었다. 그 대가로 한 위원회가 펀자브에서 하리아나로 이전할 영토를 정할 것이었다. 또 다른 위원회는 펀자브강의 물을 다른 주로 공정하게 이전하는 방안을 결정할 것이었다. 이 거래에 정치적 정당성을 부여하기 위해 라지브는 9월 펀자브주 의회 선거를 요구했다. 그의 어머니를 희생자로 삼은 시크교 극단주의를 약화시키려는 가치 있는 노력이었다. 그러나 약속된 위원회와 처방도 극단주의자들을 달래지는 못했다. 8월 20일, 협정 후 한 달도 채 되지 않아 시크교 테러리스트들은 다가오는 선거를 위해 선거운동을 하던 론고왈을 암살했다. 펀자브에 타협과 평화를 가져오려는 라지브의 노력은 사실상 거기서 막을 내렸다.[37]

　펀자브의 경제 문제는 계속해서 극단주의자들에게 기름을 부었다. 많은 젊은 펀자브 남성들에게 미래는 암담해 보였다. 그들은 대부분 대대로 반복된 분할로 땅이 줄어든 소농의 자녀들이었다. 그들에게 농업은 막다른 골목이었다. 질 낮은 교육과 도시 일자리의 부족은 그들에게 좋은 선택지를 거의 남기지 않았다. 폭력은 그들에게 잘못된 목적의식을 주었다. 바버라 크로세트Barbara Crossette는 1988년 〈뉴욕타임스〉에 실린 감동적인 에세이에서 펀자브의 꽃은 죽어가고 있었다고 썼다.[38]

　론고왈이 암살된 후 새로 선출된 펀자브 정부는 테러리즘의 확산을 억제할 수 없었다. 폭력으로 1986년에 약 600명이 사망했다. 1987년 5월 말까지 또 300명이 사망하자 라지브는 선출된 펀자브 정부를 해산하고 중앙정부의 직할 통치를 실시했다. 그는 5,000명의 준군사경찰을 보내 펀자브의 평화를 유지하게 했다. 결국 라지브는 찬디가르의 펀자브 이전 약속을 지키지 못했다. 이 실패의 공식적인 이유는 펀자브가 하리아나에 넘겨줄 토지에 대해 받아들일 만한 합의를 제시하지 못했기 때문이었다. 그러나 라지브는 찬디가르를 펀자브로 이전하면 하리아나에서 힌두교도의 표를 잃을 것 또한 걱정했다.[39]

독립 40년이 지난 후에도 국내 산업의 경쟁력 약화, 검은 돈과 부패, 펀자브 극단주의자들의 요구 등 인도의 가장 심각한 문제 중 일부는 해결이 요원해 보였다. 라지브는 1985년 하반기 아삼Assam 주에서 지역 아삼인과 방글라데시 출신 무슬림 이민자들 사이의 오랜 갈등을 해결하려 했지만 실패하면서 동일한 교훈을 얻었다. 1986년 6월 그는 문제가 덜 복잡했던 미조람Mizoram 주에서만 수년간의 분리주의 폭력을 성공적으로 종식시킬 수 있었다.[40]

인도의 오래된 문제 중 가장 반문명적인 문제가 불거지고 있었다. 라지브는 힌두교와 이슬람 사회 사이에 깊이 파인 갈등으로 인해 화합을 이루기 어려울 것임을 깨달았다. 이제 그는 선거에 유리하도록 분열을 조작하려 했다. 그는 감당하기 어려운 상황으로 순식간에 빠져들었다.

16장
라지브, 힌두 민족주의의 돌풍을 불러오다

총리로서 라지브는 취약한 민주주의를 물려받았다. 심지어 약간의 혼란조차도 극심한 결과를 초래할 수 있었다. 효과적인 민주주의는 개인의 자유를 보존할 뿐만 아니라 공공복지를 증진하는 경제 정책에도 필수적이다. 실적이 저조한 정부를 응징할 기회를 유권자들에게 주는 정기적인 선거에도 불구하고 인도 민주주의는 해체되고 있었다. 국가 및 주 차원의 정치인들은 개인적 카리스마, 부유한 후원자들의 재정적 지원, 또는 이념적으로 충성스러운 유권자들을 통해 권력을 획득했다. 그리고 권력을 얻은 후 정치인들은 주로 유권자들의 경제적 복지 향상을 돕기보다는 자신들의 금전적, 이념적 의제를 강화하기 위해 노력했다. 라지브는 힌두교 우월주의를 달성하고자 하는 권위주의 이념인 힌두트바, 즉 힌두 민족주의가 급증하기 직전에 총리가 되었다.

인도 민주주의의 해체는 라지브의 할아버지인 자와할랄 네루 때부터 서서히 시작되었다. 농업 위기, 부족한 도시 일자리, 끝없는 인플레이션에서 비롯된 깊은 경제적 불안은 빈번한 폭력 시위를 촉발했다. 공공 부문에는 부패가 만연했다. 그래도 네루 시대에는 의회와 사법 제도 등의 민주주의 제도가 대체로 온전했다. 라지브의 어머니인 인디라 간디 시대에 경제적 불안과 사회적 저항이 커졌다. 인디라는 인도 사회와 정치의 부패를 크게 증폭시켰고, 권력을 유지하기 위해 폭력배와 범죄자들에게 의존하기 시작했다. 결과적으로 민주주의의 규범과 제도에 심각한 피해를 입혔다.

인디라 간디 정권에서 반복된 특징은 젊은 인도인들 사이에서 경제적 불안이 확산되고 민주주의가 침식되는 것이었다. 그 연결 고리는 1960년대 후반 낙살라이트 처리 과정에서 처음 나타났는데, 당시 인디라는 낙살라이트가 주도한 농민 봉기와 도시 게릴라 운동에 대해 경찰력을 무자비하게 사용하는 것으로 대응했다. 그때부터 경찰과 군대는 "예방 구금" 법률의 지원을 받아 강압적인 통치의 전위대가 되었다. 경찰은 자기방어 차원이었다고 주장하며 시위대와 활동가들을 살해하는 즉결 심판을 내렸다. "조작된 정당방위"라고 불리는 그런 사례들은 인도 엘리트들 사이에서 점점 더 정당성을 얻었다.[1]

1970년대 전반기의 "성난 청년" 영화들은 경제적, 사회적 분노의 표출인 동시에 정치인-경찰-범죄자의 심각한 연계를 고발하는 작업이었다. 스크린 밖에서는 새로운 물결의 시위가 일어났다. 분노한 학생들은 구자라트와 비하르에서 선출된 정부의 권위에 도전했다. 인디라의 강압적인 통치는 1975년 6월부터 1977년 3월까지 비상사태로 절정에 달했다. 1980년 총리로 복귀했을 때에는 경찰과 군대를 앞세워 산트 자르나일 싱 빈드란왈레가 이끄는 시크교 극단주의자들을 진압했는데, 이들은 소농이나 도시의 저임금 노동자였다가 생계비마저 벌 수 있는 전망이 막막하거나 좌절한 사람들이었다.

1984년 12월 라지브 간디가 총리가 되었을 때 빈드란왈레는 이미 죽고 없었지만, 시크교 극단주의는 여전히 인도 경제 정책에서 배제되었다고 느끼는 사람들을 끌어들였다. 펀자브에 평화를 가져오려는 라지브의 노력이 성공하지 못하자 폭력은 다시 급증했다. 시크교 극단주의자들은 무작위 테러 행위로 펀자브 농장에서 일하는 동부 인도 출신의 힌두교도 이주자들을 살해했다. 경찰과 군인들은 그에 맞서 시크교 극단주의자들을 살해했다.[2] 그것은 피의 살육이었다.

비상사태 시대의 가혹한 언론 통제가 다시 등장하지는 않았지만, 라지브도 언론의 자유를 제한하려 시도했다. 경찰은 라지브를 부패 혐의로 고발하는 일련의 기사를 게재한 일간지 〈인디언 익스프레스〉의 사무실을 급습했다. 인도 편집자 조합Editors Guild of India은 〈인디언 익스프레스〉 급습이 "국내 주요 신문 중 하나를 위협하려는 의도적 시도"라고 항의했다. 라지브는 또한 정부에 언론인에게 명예훼손 혐의를 제기할 수 있는 더 큰 권한을 부여하는 법안을 의회에 제출하기도 했다. 결국 정부가 명예훼손 방지법을 철회하기는 했지만, 언론에는 물러서라는 분명한 메시지가 전달되었다.[3]

다음에 무슨 일이 일어났는지 해석하는 데 가장 어려운 부분은 지도자로서 라지브의 역할이 무엇이었고 그가 거의 할 수 없던 역사적 추세의 연장이 얼마나 이어지는지를 파악하는 것이다. 라지브는 네루나 인디라 간디만큼의 위상을 갖지 못했다. 네루는 동시대 인물들 위에 우뚝 서서 인도 역사를 지배했고, 그의 농업, 중공업, 교육에 대한 정책 결정은 오늘날까지 영향을 미치고 있다. 인디라 간디도 동시대 인물들 위에 우뚝 서서 인도 역사를 만들었지만, 그녀의 행동은 부분적으로 아버지가 물려준 역사에 대한 계승이었다. 라지브는 어머니의 아들이었기 때문에 총리가 되었을 뿐이다. 그는 한때 말했듯이 "엄마를 도와야" 했다. 라지브는 정치적 감각이 거의 없었지만 역사를 자신의 정치적 이익에 맞게 이끌 수 있다고 믿었다. 인도 역사의 위험한 갈림길에서 자신의 게임을 한 것이다.

1980년대 초반이 되자 힌두 민족주의자들에게 유리하게 저울이 기울기 시작했다. 네루식 민족주의 이데올로기는 식민 통치의 종식이라는 흥분으로 인해 공동 번영이라는 약속을 이행하지 못했다. 인디라 간디의 구호는 기껏해야 사람들의 삶에 제한적인 향상만을 가져왔고, 그녀가 총리로 재임한 시기의 끝부분에 해당하는 1980년대 초에는 인도인의 약 45%가 빈곤선 아래에서 살고 있었다. 분류상으로는 빈곤선 위에 있는 많은 사람들(그래서 "가난한 사람들"로 집계되지 않은)도 사회 안전망이 없는 저생산성, 저임금 일자리에서 일했다. 그들은 회복 불가능한 재정적 피해를 초래할 질병이나 예기치 않은 비용에 대한 두려움 속에 불안정하게 살았다. 더 높은 소득을 찾아 헤매는 도시 이주민들에게는 너무나 자주 공동체와 사회적 지원 네트워크가 부족했다. 식민 지배를 벗어나며 얻은 자유를 축하하는 분위기나 경제적 미래를 낙관하는 전망이 사라지면서 관용적이고 세속적인 민주주의로서의 인도에 대한 합의는 약화되고 있었다. 가혹한 경제 환경에서 잘해낸 사람들조차도 자신들의 성공을 이어가기 위해 더 호전적인 부족주의를 모색했다. 정치 철학자 한나 아렌트가 말했을지도 모르겠지만, 인도인들은 "뿌리 없음rootlessness"에 대한 날카로운 감각을 경험하고 있었고, 그것은 그들의 "부족 의식tribal consciousness"을 일깨우고 있었다.[4]

힌두트바의 인기와 선거 승리는 두 가지 이점에서 비롯되었다. 힌두교도는 1980년대 초 인도 인구의 약 82%를 차지했는데, 이는 1951년 84%에서부터 꾸준히 유지되고 있었다. 수적 우위를 기반으로 힌두교 초다수파는 선거에서 반복적인 승리를 거둘 수 있었다. 게다가 힌두 민족주의는 공동의 적에 대한 위협에 맞서 정치적으로 강력한 구호로 결집했다. 1927년 카를 슈미트는 "친구-적" 구분이 "정치의 절정"을 나타낸다고 썼다. 어떤 슈미트 해설가가 설명하듯이, 적을 규정하는 것은 "우리"가 누구인지를 정의하고 "자신의 정체성"을 날카롭게 함으로써 정치적 결속을 공고히 한다.[5] 이 친구-적 구분의 파멸적인 정치적 매력은 슈미트 자신을 나치 동조자로 만들었다.

사회적, 정치적 분열에서 자양분을 얻었기 때문에 힌두트바는 민주주의의 옷을 입었지만 무시무시한 전체주의 세력이 될 잠재력을 가지고 있었다. 슈미트가 지적했듯이 친구-적 구분은 "협상과 타협"을 배제했다. 경제적 불안과 사회적 소외에 주목한 한나 아렌트는 "정치적, 사회적, 경제적 비참함을 인간적인 방식으로 완화하는 것이 불가능해 보일 때마다" "전체주의적 해결책totalitarian solutions"이 특히 유혹적이라고 경고했다.[6] 인도 경찰의 힘과 더불어 표현의 자유를 억압하려는 인도 지도자들의 경향은 힌두트바의 불관용과 결합하면서 위험을 증폭시켰다.

라지브에게는 그러한 강력한 경향을 다룰 역사적 지식과 정치적 기술이 부족했다. 그는 순진하게 힌두 민족주의의 돌풍을 자신의 정치적 이익에 맞게 이끌려고 했다. 실제로는 그 힘이 그를 소용돌이 속으로 빨아들였다.

비나야크 다모다르 사바르카르의 긴 팔

1905년 10월, 총명하고 호전적인 국민회의 자유 운동가인 발 강가다르 틸락Bal Gangadhar Tilak은 서양 옷 화형식을 지휘했다. 틸락은 힌두교 의식을 상징하는 의미에서 참가자들에게 불 주위를 세 번 돌고 이마에 재를 바르도록 지시했다. 모인 사람들은 인도산 직물로만 만든

옷을 입겠다고 맹세했다.[7]

22세의 비나야크 다모다르 "비르" 사바르카르Vinayak Damodar "Veer" Savarkar는 이 화형식을 계기로 힌두트바의 철학자이자 전령으로 떠올랐다. 1906년 6월 그는 틸락의 추천서 덕분에 장학금을 받고 법학을 공부하기 위해 런던으로 향했다. 그는 학위 요건을 완료했지만 무정부주의 인도 민족주의자 무리를 이끌었기 때문에 영국에서 변호사 자격을 취득할 수 없었다. 1909년 10월 사바르카르는 당시 남아프리카공화국의 변호사로 런던을 방문 중이던 마하트마 간디와 만났다. 간디는 사바르카르의 폭력을 못마땅해했지만 그를 **데시 박트**desh bhakt, 즉 자신의 국가를 숭배하는 사람이라고 묘사했다. 인도 자유 운동의 변방에 있던 사바르카르는 이미 존경받는 민족주의자가 되었다.

1911년 7월, 사바르카르는 영국 관리 암살 음모, 폭탄 제조 팸플릿 배포, 인도 혁명가들에게 권총 공급 등 선동적인 활동으로 투옥되었다. 그는 미얀마 해안 벵골만에 있는 군도인 안다만 니코바르 제도Andaman and Nicobar Islands의 포트 블레어Port Blair에 있는 셀룰러 감옥 Cellular Jail에 수감되었다. 감옥에서 사바르카르와 다른 수감자들은 비인간적 고문을 당했다. 한 영국 정치인은 그 시설을 "지상 지옥"이라고 묘사했다. 사바르카르가 여러 차례 선처를 호소한 끝에 영국 당국은 1921년 5월 그를 마하라슈트라주 라트나기리Ratnagiri의 감옥으로 이송했다. 거기서 그는 셀룰러 감옥에서 작업했던 논문을 서둘러 완성했다. 그의 저서 《힌두트바Hindutva》는 1923년에 출판되었고 지금까지 힌두 민족주의의 신성한 지침서로 남아 있다.

사바르카르에게 인도는 힌두교도의 국가였다. 힌두교도는 인도를 자신들의 조국pitrubhumi이자 성지punyabhumi로 여기는 사람들이었다. 사바르카르는 나침반의 네 방향을 언급하면서 조국은 "카슈미르에서 실론Ceylon까지, 신드에서 벵골까지" 뻗어 있다고 썼다. 이 조국의 힌두 교도들은 긴 조상의 계보를 통해 흐르는 "공통의 피의 유대bond of common blood"를 공유했다. 사바르카르의 묘사에서 조국은 또한 신성했는데, 아요디아Ayodhya의 신화적 왕자이자 존경받는 인도 신 "용감한 라마찬드라Ramachandra"가 이 광활한 지역에 걸쳐 사람들을 "나라nation"로 "엮었기" 때문이다. 람Ram은 더 널리 알려진 바와 같이 힌두철학 체계에서 최고의 초월적 군주이고 힌두교 신화에서는 현명한 왕의 화신이기도 하기 때문에 라마찬드라의 호출은 강력했다. 현명한 왕으로서 람은 정서적, 문화적 실을 통해 지리적으로 인도 공간을 엮었다. 그 유대감은 "말라바르의 나야르인들Nayars of Malabar이 카슈미르의 브라만들의 고통에 대해 슬퍼하게" 만들었고, 벵골의 힌두교도들은 페르시아의 시 하피즈Hafiz가 아니라 타밀어 시 캄바Kamba에게 공감하도록 했다. 이슬람교나 기독교로 개종한 사람은 조국에서 살았던 조상의 후손이라 할지라도 인도를 신성하고 숭배할 만한 가치가 있다고 여기지 않았기 때문에 힌두교도가 아니며, 따라서 진정한 인도인이 아니었다.[8]

사바르카르는 힌두트바가 힌두교의 종교적 의식 및 의무와 아무 관련이 없다고 주장했다. 그는 9살 때 어머니가 콜레라로 사망한 후 개인적 종교 의식을 포기했다.[9] 사바르카르가 힌두트바가 힌두교와 같지 않다고 주장한 것에는 아이러니한 진실이 있었다. 힌두트바는 다른 종교, 특히 이슬람교와 기독교를 폄하한다. 대조적으로 베단타Vedānta로 알려진 텍스트로 표현되는《우파니샤드Upanishads》의 철학적 힌두교는 모든 사람이 동일한 초월적 신성에 의해 움직이기 때문에 모든 남성과 여성의 평등을 가르친다.

철학적 힌두교의 통일성 대신 사바르카르는 카를 슈미트보다도 먼저 정치 무대를 친구와 적으로 나누어 묘사했다. 사바르카르는 "적의 압력"이 "민족을 나라nation로, 나라들을 하나의 국가state로 용접한다"

고 썼다. 그는 국내에서 단결한 힌두교도들은 해외에서도 강할 것이라고 선언했다. 그들은 "전 세계에 자신들의 조건을 강요"할 수 있었다.[10]

힌두트바 이념은 빠르게 확산되었다. 케샤브 발리람 헤드게와르 Keshav Baliram Hedgewar는《힌두트바》의 초기 필사본을 읽었다. 헤드게와르는 의사이자 틸락의 민족주의 저술의 열렬한 독자였고, 호전적인 민족주의자이자 국민회의 당원이었다. 힌두트바의 메시지에 감동한 그는 1925년 3월 나그푸르Nagpur에서 라트나기리로 가서 사바르카르를 만났다. 그해 9월, 신화 속 람 왕이 악마 왕 라반Ravan을 물리친 것을 기념하는 더세라Dussehra 축제 당일 헤드게와르는 라슈트리야 스와얌세바크 상(RSS)을 출범시켰다. RSS는 종종 체육관에서 젊은 남성들을 모집했다. 젊은 신병들은 힌두트바 이념과 무술 기술을 갖추고 "타협할 수 없는 지지와 복종"을 제공할 것으로 기대되었다.[11]

틸락의 1905년 화형식 이후 20년이 지나자 힌두트바 연합이 자리를 잡았다. 사바르카르는 이념적 구심점이었고 헤드게와르는 조직가였다.

사회적, 문화적 운동으로서의 놀라운 성공에도 불구하고 힌두트바 세력은 정치에 발을 붙일 수 없었다. 간디는 영국으로부터의 자유를 위한 싸움에서 인도를 지배하는 지도자였다. 폭력적 수단을 옹호하고 친구와 적 사이의 분열을 조장한 힌두트바 주장자들과 달리 간디는 힌두교 경전에 대한 그의 심오한 독서에서 영감을 받아 비폭력 저항과 다른 종교적 신념에 대한 존중을 설파했다.

그러나 간디도 힌두트바를 지울 수는 없었다. 힌두트바 대의의 옹호자들은 종종 국민회의 내에서 일했다. 예를 들어 헤드게와르는 RSS를 만들면서도 1920년대 후반까지 국민회의 당원이었다. 1931년 헤드게와르는 RSS를 잠시 떠나 국민회의가 주도하는 영국에 맞서는 시민 불복종 운동에 합류했다. 1937년까지 국민회의 고위 당원들도 종종 덜 호전적인 힌두교 단체인 힌두 마하사바Hindu Mahasabha에 소속되어 있었다. 그리고 공식적인 국민회의-힌두 마하사바 연결이 끊어졌을 때, 마하사바의 초기 지도자들은 계속해서 국민회의에서 중요한 직책을 맡았다. RSS는 영국 당국의 감시를 피하기 위해 적극적으로 자신들을 드러내지는 않았지만, 호전적(종종 군국주의적인) 교육과 "인격 형성" 활동은 계속되었다. RSS 회원 수는 꾸준히 증가했다.[12]

1948년 1월 30일, 독립 후 겨우 5개월이 조금 지났을 때, 사바르카르의 이념적 후계자이자 RSS의 전직 회원인 나투람 고드세는 기도회로 걸어가는 간디에게 다가갔다. 고드세는 전통적인 나마스테 제스처로 간디에게 인사한 후 총을 쏴 그를 죽였다. 그날 저녁 네루는 자신과 국가의 고뇌와 공허함을 표현하며 기억에 남을 만한 말을 했다. "우리 삶의 빛이 사라졌고, 어디에나 어둠이 있다."

간디에 대한 경외심은 힌두 민족주의를 수치스럽게 만들었고 네루에게 세속적인 인도를 이끌 공간을 만들어주었다. 인도 정부는 1948년 2월부터 1949년 7월까지 RSS를 금지했고, 그 후 RSS는 몇 년 동안 주목을 받지 않기로 선택했다. 1951년 10월, 자나 상이 힌두 민족주의의 정치적 얼굴로 등장했다. 이 새로운 정당은 세력이 커져가는 RSS에서 끊임없이 당원과 지도자를 공급받았지만, 네루의 그늘 아래 선거에서는 거의 성과를 올리지 못했다.

1966년 2월, 네루 사망 후 2년도 채 되지 않아 사바르카르는 대부분으로부터 잊힌 채 사망했다. 인디라 간디는 막 총리가 되었다. 그녀는 마하트마 간디가 그랬던 것처럼 사바르카르를 데시 박트라고 묘사하지는 않았지만, 그럼에도 그에 대한 찬사를 아끼지 않았다. 그녀는 "사바르카르 씨의 이름은 대담함과 애국심의 대명사였다"고 말했다. 그녀는 "그는 고전적인 혁명가의 틀에 맞춰졌고, 수많은 사람들이 그

에게서 영감을 얻었다. 그의 죽음은 우리 가운데서 현대 인도의 위대한 인물을 데려갔다"고 덧붙였다.[13]

런던의 〈더 타임스The Times〉의 부고는 예리한 예측이 담겨 있었다. 사바르카르의 무정부주의를 집요하게 추적해 온 이 신문은 힌두트바 이념의 힘을 잘 이해하고 있었다. 〈더 타임스〉는 "간디와 네루의 영향력"과 "국민회의의 지배력" 아래에서도 인도 민족주의가 힌두 민족주의로 느껴지고 표현되는" 뿌리 깊은 긴장이 지속되고 있다고 지적했다. 이어서 이러한 민족주의의 변형이 "오늘날 다시 부활할 수 있다"고 말했다.[14]

힌두 민족주의는 단속적으로만 다시 등장했다. 1977년 1월, 자나상은 인디라 간디의 비상사태 독재가 끝날 무렵 치러진 선거에서 그녀를 물리치기 위해 잡다한 세력이 결집한 자나타당에 합류했다. 그러나 인디라는 1980년 1월 선거에서 자나타당에 압승을 거두었다. 그결과로 1980년 4월 6일 바라티야 자나타당Bharatiya Janata Party, BJP, 즉인도 인민당Indian People's Party이 출현했다. 주로 옛 자나 상 출신 당원들로 구성된 BJP는 스스로를 온건한 힌두트바 정당으로 내세웠다. 힌디어 시를 끄적거리는 것으로 알려진 아탈 비하리 바즈파이는 타협하지 않는 힌두 민족주의 단체 RSS의 오랜 회원으로서 당 총재가 되었다. 또 다른 BJP 고위 지도자인 랄 크리슈나 아드바니Lal Krishna Advani는 BJP가 RSS와의 긴밀한 관계를 계속 유지할 것임을 분명히 했다.[15]

사바르카르는 1983년 11월, 틸락의 화형식 이후 78년,《힌두트바》출판 이후 60년 만에 부활하기 시작했다.

힌두트바, 탄력을 얻다

힌두 민족주의자들은 여러 조직으로 발전하면서 상 파리바르Sangh Parivar로 진화했다. 이 중 비슈와 힌두 파리샤드Vishwa Hindu Parishad, VHP (세계힌두협회)는 특히 적극적으로 활동했다. 1983년 11월 16일 VHP는 인도를 지리적으로 신성한 힌두 통일체로 보는 사바르카르의 견해를 확인하기 위해 행진yatras을 시작했다. 주요 행진 중 하나는 하리드와르Haridwar의 성스러운 갠지스 강둑에서 시작되었다(히말라야 기원에서 시작된 갠지스강이 평야로 내려오는 곳). 목표는 인도 반도 남쪽 끝 칸야쿠마리Kanyakumari까지 3,000킬로미터를 행진하며 경외감을 고취하는 것이었다. 또 다른 주요 행진은 동쪽의 강가사가르Gangasagar에서 시작하여 서쪽의 상징적인 솜나트Somnath 사원으로 향했다. 모두 100개의 행진이 전국을 누비게 될 것이었다. 주요 행진은 RSS 본부가 있는 나그푸르를 지날 것이었다. VHP는 이 행진을 에카트마타 야그나Ekatmata yagna, 즉 단일한 힌두 영혼이 인도의 성지를 생기 있게 한다는 것을 재확인하는 제의라고 묘사했다.[16]

두 대의 의식용 "전차", 즉 장식된 자동차가 각 행진을 이끌었다. 한 전차는 갠지스 잘Ganga jal(성스러운 갠지스 물)로 가득 찬 구리 항아리를 실었고, 다른 전차는 힌두교 신들의 새로운 추가 구성원인 바라트 마타Bharat Mata(어머니 인도)의 우상을 실었다. 전차들이 전국을 여행하자 대규모 군중들이 꽃과 동전을 뿌리면서 그들을 격려했다. 델리에서는 BJP의 주요 인사인 아탈 비하리 바즈파이와 L. K. 아드바니가 수도로 들어오는 전차들을 환영하기 위해 기다리는 거대한 군중을 향해 연설했다. 봄베이에서는 이른 새벽 시간에 전차가 들어왔을 때, 사제들이 고대 찬가를 외는 가운데 시장이 바라트 마타상에 화환을 걸 준비를 하고 있었다. 봄베이를 기반으로 하는 남인도 이민자 반대 정당이었다가 이제는 무슬림을 향해 독설을 퍼붓는 시브 세나는 도시 곳곳에서 장관을 연출했다. 전국에서 흥분한 연사들은 힌두교가 "위험에" 처해 있다고 강조했다. 그들은 정치인들이 무슬림들을 "너무 감싼다"고 꾸짖고 기독교 선교사들을 "신랄하게 비난했다".[17]

1984년 5월 VHP 지도자들은 "타격대" 역할을 할 실업 상태의 힌두 청년들로 구성된 호전적 청년 조직 바즈랑 달Bajrang Dal*을 만들었다.[18] 바즈랑 달은 젊은 신병들을 1960년대 중반 이후 시브 세나 단원들, 인디라 간디 암살 후 며칠 동안 시크교도들을 학살한 "충혈된 눈"의 힌두 남성들, 1980년대와 1990년대 초 힌두교도들을 공포에 떨게 한 시크교 극단주의자들 등으로 이루어진 다른 폭력적인 파벌들로부터 모집했다. 바즈랑 달은 인도에서 가장 큰 규모로 청년들의 분노를 공동체 증오와 분열에 이용한 집단이었다.

1984년 7월 VHP 지도부는 판돈을 올렸다. 그들은 힌두교 지도자들이 신화 속 람 왕이 태어났다고 주장하는 아요디아시에 있는 람 잔마부미Ram Janmabhoomi를 "해방liberate"시키기 위한 위원회를 설립했다. 그 부지에는 무굴 제국의 바바르 황제Emperor Babar가 1528년에 건립한 바브리 마스지드Babri Masjid 사원이 서 있었기 때문에 "해방"이 필요했다. 수십 년 동안 바브리 마스지드는 힌두-무슬림 반목의 초점이었다. 1949년 12월, 이상하게도 람과 그의 아내 시타Sita의 우상이 사원 안에 나타났다. 비록 현명하게 행정당국은 그 부지에 바리케이드를 치도록 명령했지만, 힌두교 신자들은 계속 그들의 신을 숭배하기 위해 빠져나갔다. 이 문제는 1984년 10월 7일 VHP가 조직한 행진이 아요디아에 들어올 때까지 계속되었다. 힌두교 지도자들은 무장한 힌두교

---

*   힌두교 신 하누만을 표본으로 삼아 '적'을 공격하는 과업을 일삼는 우익 폭력 조직.

도들과 무슬림들이 불안하게 서로를 응시하는 모습을 보여주는 거대한 광고판 앞에 섰다. 지도자들은 그 자리에 모인 수천 명의 힌두트바 활동가들에게 람 잔마부미의 "해방"에 대해 헌신을 맹세할 것을 요구했다. 람 왕의 탄생지를 해방시킬 수 있다는 전망은 전국의 힌두교도들을 흥분시켰다. 〈인디아 투데이〉가 보도한 바와 같이 이 문제는 "위험할 정도로 흥분 상태에 도달했다".[19]

인도를 조상의 혈통과 힌두교 문화로 묶인 시민들의 땅으로 묘사한 이념인 사바르카르의 힌두트바는 남부보다 북부 주와 마하라슈트라에서 더 호소력이 있었다. 힌두 민족주의자들에 대한 재정적 지원은 도시 상인, 소규모 산업가, 중간급 전문직들로부터 나왔다. 그러나 행진과 람 사원의 전망은 힌두교가 초다수파를 구성하는 국가라는 매력적인 가능성을 만들어냈다. 이 전망은 특히 농촌의 가난한 유권자들을 끌어들이는 동시에 남부에서도 유권자 기반(또는 적어도 선거 동맹)을 구축하는 데 도움이 되었다. 10월 31일, 두 명의 시크교 경호원에게 죽임을 당한 어머니를 이어 라지브 간디가 총리가 되었다. 그리고 고조된 힌두 민족주의의 광풍을 다루는 것이 그의 임무가 되었다.

근대화론자 라지브가 힌두 민족주의를 가속화하다

라지브는 지지표를 확보하는 과정에서 힌두교도와 무슬림 모두를 기쁘게 하려고 노력했다. 1985년 4월, 총리 임기 4개월 만에 대법원은 73세 무슬림 여성 샤 바노Shah Bano의 전 남편이 무슬림 법 샤리아Shariat에 명시된 관례적인 3개월 기간을 초과하는 위자료를 지급해야한다는 그녀의 탄원을 받아들였다. 대법원은 또한 인도 헌법이 약속한 대로 모든 인도인에게 적용되는 통일 민법uniform civil code을 제정하라고 정부에 요청했다. 근대화론자인 라지브는 처음에는 대법원의 결정에 공감했지만, 무슬림 법에 간섭한다고 항의하는 무슬림 성직자로 인해 흔들렸다. 12월이 되자 라지브는 무슬림 지도자들에게 대법원 판결을 입법적으로 뒤집겠다고 약속했다. 그런 약속을 함으로써 라지브는 샤리아 법의 위자료 거부를 퇴행적인 것으로 보는 여성 단체와 진보적 무슬림들을 짜증나게 했다. 라지브는 또한 힌두교도들의 분노도 샀는데, 그들은 라지브가 무슬림들의 표를 얻기 위해 무슬림들을 "달래고" 있다고 믿었기 때문이다. 실제로 그랬다.[20]

다음 일련의 사건들은 분명한 증거는 없지만 이상하게 잘 짜맞춰진 것처럼 보인다. 1986년 2월 1일, 한 지방 판사는 오랫동안 폐쇄된 바브리 마스지드 부지의 문을 다시 개방하라고 명령했다. 판사의 명령이 내려진 지 30분 후, 한 경찰관이 문의 자물쇠를 부쉈다. 국영 TV 방송국인 두르다르샨Doordarshan의 카메라 팀이 자물쇠가 부서지는 장면을 전국에 생중계하기 위해 현장에 있었다. 전국의 힌두교도들이 환호했다. 많은 사람들은 라지브가 바브리 마스지드 문을 여는 데 방해가 되는 장애물을 제거하도록 지시했다고 믿는다. 다른 이들은 그의 장관 중 한 명이었던 아룬 네루Arun Nehru가 승인했다고 추측한다. 어느 쪽이든 눈물을 흘리는 한 무슬림 장로가 가슴에 사무치게 말했듯이 "오늘, 우리는 이등 시민이 되었습니다".[21]

한 달도 채 지나지 않은 1986년 2월 25일, 라지브는 무슬림 성직자들에게 한 약속을 이행했다. 그는 샤 바노에게 위자료를 지급하라는 대법원 판결을 뒤집기 위해 의회에 법안을 제출했다. 5월, 그는 자신의 거대한 다수당을 이용하여 그 법안을 통과시켰다.[22]

라지브는 힌두교도들을 위해서도 뭔가를 준비했다. 1985년 초 그는 두르다르샨에 거의 모든 힌두교 어머니가 갓난아기에게 들려주는 사랑받는 람 왕의 신화적 이야기인 〈라마야나Ramayana〉를 제작하여

연속 방송하라고 지시했다.[23]

1987년 1월 두르다르샨은 라마야나 시리즈 방송을 시작했다. 방송은 1988년 7월까지 78회에 걸쳐 매주 일요일 계속되었다. 인도인들은 넋을 잃었다. 전국적으로 일요일 45분간의 라마야나 시간대에는 삶이 멈추었다. 상점들은 문을 닫았고, 간호사와 의사들이 환자로부터 떠났으며, 사람들은 방송이 끝난 후에야 움직였다. 시청자들은 각 화를 위한 푸자pujas(종교 의식)를 준비했다. 그들은 심지어 TV 수상기를 "목욕"시키고 경건하게 화환을 걸었다.[24]

1987년 인도인들은 겨우 1,300만 대의 TV를 소유하고 있었다. 사람들은 이웃과 상점의 TV 주위에 모였다. 농촌에서는 수백 명의 사람들이 이용 가능한 유일한 TV 주위에 모였다. 평균적으로 약 8,000만 명(인구의 거의 10%)이 각 화를 시청했다. 시리즈가 끝날 때까지 거의 모든 인도인들이 여러 화를 보았다.[25]

에카트마타 야그나Ekatmata yagna(1983년 후반의 일련의 행진)보다 라마야나 시리즈가 인도를 힌두교도의 조국이자 성지로 보는 사바르카르의 견해를 융합했다. 〈인디언 익스프레스〉의 미디어 특파원 샤일라자 바즈파이Shailaja Bajpai는 시리즈가 종영된 지 일주일 후인 1988년 8월 7일 "칸야쿠마리에서 카슈미르까지, 구자라트에서 고라크푸르Gorakhpur까지 수백만 명이 서서, 앉아서, 무릎을 꿇고 그것을 지켜봤다"고 사바르카르가 만족했을 만한 찬사를 남겼다. 그러한 완전한 몰입을 되돌아보면서 그녀는 "라마야나 이후에도 삶이 있을까?"라고 의문을 제기했다. 아니라고 그녀는 대답했다. 라마야나 이후에는 삶이 있을 수 없다. 대신 마하트마 간디가 죽었을 때 자와할랄 네루가 감지한 공허함을 반복하며 바즈파이는 "우리 삶의 빛이 사라졌고 다시는 아무것도 이전 같지 않을 것이다"라고 썼다.

라마야나 시리즈는 방영된 78주 동안, 무예에 능하고 분노한 람이 정의를 펼치는 모습을 보여주었다. VHP는 람의 도상학에 그 시리즈에 대한 편파적인 견해를 투영했다. 작가 판카즈 미슈라Pankaj Mishra는 VHP 포스터에 등장한 람을 "도티를 입은 몹시 근육질의 람보"라고 묘사했다. 연극학자 아누라다 카푸르Anuradha Kapur는 VHP의 이미지는 람을 "전통적인 묘사보다 훨씬 더 무장한 모습"으로 보여준다고 한탄했다. 한 이미지에서 람은 "산업화 이전 전사의 방식으로" 다누시dhanush(활), 트리슐trishul(삼지창), 도끼, 검을 들고 있었다. 또 다른 이미지에서 람은 성난 남성 십자군 전사로, 도티를 날리며 하늘을 가로질러 행진하고 있었고, 가슴은 벌거벗었으며, 전통적으로 말린 머리카락은 바람에 펄럭이고 있었다. 그러한 이미지와 함께 모든 VHP 포스터는 아요디아에 사원을 짓겠다고 약속했다. 낙담한 카푸르는 전지전능한 람 왕이 어디에나 있다는 점을 지적했다. 람 왕을 아요디아에 가두는 것은 말이 되지 않았다. "힌두교는 그 옹호자들에 의해 그 자체로 비극으로 전락하고 있다"고 그녀는 절망적으로 썼다.[26] 힌두트바 운동이 그 사명을 달성하기 위해 젊고 과도하게 남성적인 전사들에 크게 의존하는 것은 이러한 비극을 악화시킬 뿐이었다.

1987년 4월과 5월, 라마야나 시리즈가 초기 단계였을 때 우타르프라데시 서부의 도시 메루트Meerut에서 힌두-무슬림 유혈 폭동이 일어났다. 대부분의 기록에 따르면 무슬림들이 폭동을 유발했다. 그러나 힌두트바 바이러스에 감염된 우타르프라데시 지방 무장 경찰대는 수백 명의 무슬림을 냉혹하게 살해했다.[27]

열병은 퍼져나갔다. 바즈랑 달 자원봉사자들은 이른바 발리다니 자타스balidani jathas(자살 부대), 즉 힌두트바 대의를 위해 기꺼이 죽겠다고 공언하는 남성 집단을 구성했다. 마하라슈트라에서 시브 세나는 1987년과 1988년에 반反무슬림 운동을 강화했다. 그것은 "우리가 힌두교도라는 것을 자랑스럽게 말하라garv se kaho hum Hindu hain"는 슬로건 아래 지지자들을 결집시켰다. 인류학자 토머스 블롬 한센Thomas Blom Hansen이 쓴 바에 따르면 많은 세니크(시브 세나 부대원)들은 마하라슈트라의 도시에서 우후죽순으로 생겨난 대학에서 "교육"을 받았다. 그러한 "학위"를 가진 남성들은 "자기만족에 빠진 정치 권력층에 의해 사회적 이동이 막혔다"는 것을 알게 되었다.[28] 힌두트바 메시지는 그런 남성들에게 호소력이 있었다.

1989년 6월 BJP는 더 이상 세계힌두협회(VHP)와 바즈랑 달의 뒤를 따르지 않기로 결론 내렸다. 히마찰 프라데시Himachal Pradesh의 팔람푸르Palampur에서 열린 BJP 전국 지도부 회의에서 당 총재 랄 크리슈나 아드바니는 BJP의 아요디아 람 사원 지지를 공식화한 "람 잔마부미 결의Ram Janmabhoomi resolution"를 주도했다. 아요디아는 이제 선거 쟁점이 되었다.[29]

라지브는 무슬림과 힌두교도 모두를 달래는 전략을 계속했다. 무슬림들에게 고개를 끄덕이며 그는 우타르프라데시 정부가 우르두어를 주의 두 번째 공식 언어로 채택하도록 허가했다. 그는 힌두트바 주창자들이 제안한 대로 마스지드 옆 땅에 람 사원의 기초를 놓는 것을 승인했다. 전국 힌두트바 지지자들은 람의 이름이 새겨진 실라스shilas(벽돌)를 "봉헌consecrated"했다. 이 벽돌들은 1989년 11월 9일 실란야스shilanyas(기공식)를 위해 아요디아로 운반되었다. 아마도 라지브를 제외하고는 힌두트바 지도자들이 약속한 마스지드 옆 땅이 아니라 분쟁 지역 바로 그곳에서 기공식을 열었을 때 아무도 놀라지 않았다.[30]

라지브는 바브리 마스지드에서 약 6킬로미터 떨어진 아요디아 외곽의 파이자바드Faizabad에서 재선 운동을 시작했다. 그는 람 왕의 황금 정부인 람 라즈야Ram Rajya를 열겠다고 약속했다. 라지브가 자신이 바보가 되고 있다는 것을 이해했는지는 분명하지 않다. 그는 람 라즈야를 약속하면서 웃음거리가 되었다. 영국식 교육을 받은 그는 연설에서 종종 일부 힌디어 단어를 잘못 발음했고 역사에 대해서도 통념과 다른 언급을 했다. 힌두트바 바이러스는 계속 맹위를 떨쳤다. 11월 중순 비하르의 바갈푸르Bhagalpur에서 또 다른 끔찍한 힌두-무슬림 폭동이 일어났다.[31]

힌두트바 지지자들이 진짜 자신들의 대표자를 가질 수 있을 때 왜 국민회의에 투표하겠는가? 놀랍지 않게도 국민회의는 1989년 11월 말 치러진 선거에서 참패했다. BJP는 과반수를 얻지는 못했지만 1984년 의회 의석 2석에서 1989년에는 85석으로 극적인 진전을 이루었다.

역사는 라지브가 인도에서 가장 사나운 두 개의 반민주주의 세력과 맞서도록 했다. 그는 부패와 검은 돈에 맞서 싸우려 했고, 힌두트바를 달래려고 노력했다. 불행하게도 두 세력 모두 그를 압도했다. 부패는 정치와 사회에 뿌리 깊게 남아 있었다. 그리고 힌두-무슬림 분열을 정치에 이용함으로써 라지브는 권위주의 문화의 분노로 물든 사악한 힌두 민족주의를 퍼뜨리는 데 오히려 일조했다. 이제 그것은 인상적인 승리를 거둘 수 있는 지름길이었다. 부패와 힌두트바는 민주주의 규범을 계속 갉아먹을 것이었다. 그러나 당장 중요한 것은 라지브가 인도에서 경제적 역동성을 만들어내지 못한 것이었다. 대신 인도는 그가 촉발한 금융 위기로 곧장 굴러떨어지고 있었다.

17장
너무도 짧았던 각성의 순간

1980년대 후반부터 인도는 개인주의가 고조되고 공익이 점점 무시되는 상황에 휩싸였다. 이러한 변화는 레이건 시대의 경제적 "자유화"와 민간 주도를 강조함에 따라 촉발된 개인을 중시하는 세계적 추세의 일부였다. 이 새로운 시대의 범퍼 스티커에는 비틀스의 조지 해리슨George Harrison이 수년 전 쓴 "나는 나의 것, 나는 나의 것I me mine, I me mine"이라는 가사가 잘 어울릴 것이다.[1]

자기중심적 사고가 확산되면서 장기적인 집단적 발전에 필수적인 사회적 책임감을 약화시켰다. 판카즈 미슈라는 확산되는 "나는 나의 것I-me-mine" 문화를 포착했다. 녹색혁명의 혜택을 받은 우타르프라데시의 마을인 무자파르나가르Muzaffarnagar에서 운 좋은 사람들은 값비싼 "웨딩 케이크" 주택을 지었다. 그들은 또한 다른 사람들이 처리하도록 거리에 "거대한 쓰레기 더미"를 버렸다. 이런 관찰을 통해 미슈라는 새로운 부가 "시민적 책임감의 개념을 조성하기는커녕" "공격적인 개인주의를 조장했다"고 썼다.[2] 일부 사람들의 형편은 나아졌지만 공공재 제공의 중요성을 계속 경시하고 번영과 사회 복지를 막아서는 광범위한 장벽이 지속될 것이라는 점이 걱정이었다.

대부분의 인도인들에게 장벽은 너무나 뚜렷했다. 라자스탄주 우다 이푸르Udaipur의 한 정거장에서 미슈라는 5학년만 마치고 학교를 그 만둔 농부의 아들 문나 야다브Munna Yadav를 만났다. 문나는 잠시 동안 아버지의 농장에서 일하다가 델리에 있는 친척의 찻집에서 조수로 일 했다. 그는 아메다바드에서 공장 일자리를 찾기 위해 트럭을 기다리 고 있었다.[3]

비하르, 특히 가야Gayā 마을에서 미슈라는 무정부적인 제4세계를 만났다고 썼다.

사실은 너무 끔찍하고 잔학한 행위의 목록은 너무 길다. 의과대학 은 학위를 팔고 파업을 하는 의사들은 환자의 정맥에서 수혈관을 뽑아버린다. 살인범과 강간범은 대규모 기표소 점거를 통해 입법 자가 된다. 부유한 지주들은 개인 비행기와 롤스로이스를 소유하 고 있다. 무토지 노동자는 스카프 외에는 아무것도 소유하지 않으 며 자신의 이름조차 잊어버렸다.

이 제4세계에서 영원한 구직자 우데이 프라카시 싱Uday Prakash Singh 은 국가 및 지방 공무원 시험에 매년 응시했으나 낙방했다. 이 시험에 합격하는 것은 정부 일자리에서만 제공되는 재정적 안정과 명성을 얻 을 수 있는 복권이나 다름없었다. 정부 일자리는 또한 사소하고 때로 는 그다지 사소하지 않은 부패를 통해 상당한 추가 소득을 제공했다. 우데이 프라카시 싱과 그의 친구들, 다른 시험 응시자들은 권위 있는 인도행정공무원단보다 "더 강력"하고 따라서 "더 수익성이 높다"고

알려진 경찰관의 매력에 대해 이야기했다.[4]

그러한 꿈의 직업은 대부분의 젊은이들의 손에 닿기 어려웠고, 사회적으로 파괴적인 또 다른 경향을 만들어냈다. 경제학자 앨버트 O. 허쉬만Albert O. Hirschman은 이를 "터널 효과"라고 부르는데, 2차선 터널에 갇힌 운전자들은 다른 차선의 차들이 움직이기 시작하는 것을 보면 처음에는 안도감을 느낀다고 설명했다. 그들은 자신들이 다음 순서가 될 것이라고 생각한다. 그러나 그들의 차선이 움직이지 않을 때(또는 비교적 느리게 움직일 때) 그들은 "부정 행위suspect foul play를 의심한다". 그러한 불만은 그들을 "매우 분노하게 만들고 명백한 불의를 바로잡고자 하도록 만들 수 있다".[5]

인도 정치인들은 그 꿈틀거리는 분노를 이용했다. 1989년 11월 말의 선거를 위한 격렬하고 유혈이 낭자한 선거운동 기간 동안 100명 이상이 목숨을 잃었다. 힌두교도들은 무슬림과 싸웠는데, 선거 후에도 사망자 수가 계속 증가한 비하르주 바갈푸르에서 가장 격렬했다. V. P. 싱이 급조한 자나타 달 당Janata Dal Party은 "기타 후진 계급(OBC)"과 농민을 대신하여 다른 싸움을 벌였다. AK-47 소총을 든 범죄 집단은 자신들이 지지하는 후보자들에게 투표하라고 유권자들을 위협하고 폭행했다. 암살자들이 싱을 향해 총을 쐈지만 빗나갔다. 한 발의 총알이 자나타 달 당 후보이기도 한 V. P. 싱의 조카 산자이Sanjay의 복부를 뚫고 지나갔다. 중상을 입은 산자이는 영국의 병원에서 천천히 회복되었다.[6]

무장 단체들은 또한 우타르프라데시주 라지브 간디의 아메티 선거구 투표소에서 무단으로 투표용지를 채워 넣었고, 이로 인해 선거관리위원장은 여러 투표소에 재투표를 명령했다. 낙담한 〈타임스 오브 인디아〉는 사설에서 인도가 "심각하게 결함이 있는 민주주의가 되어가고 있다"고 썼다. 기자들은 총리가 자신을 위해 일하는 "불량배와 마피아 두목"을 통제하려 하지 않는 것과 전국 투표소에서 벌어지는 "엄청난" 양의 부정 투표에서 드러난 국가의 도덕적 타락을 한탄했다.[7]

뿌리 없고 분열된 국가는 필연적으로 분열된 의회를 만들어냈다. 힌두트바의 물결은 2석에 불과했던 BJP에 85석의 의회 의석을 안겨주었다. 공격적인 선거 전략에도 불구하고 당초 415석이던 국민회의는 1984년 선거에서 197석밖에 얻지 못했다. V. P. 싱은 정치력을 발휘하여 활로를 뚫어내었다. 그의 자나타 달 당은 143석만 얻었지만 다른 4개 정당과 동맹을 맺어 국민전선National Front을 형성했다. 그렇게 그는 BJP와 공산당의 암묵적 지지("외부" 지지)를 얻어냈다. 이념적으로 극단적인 입장을 대표하고 권력의 한 자락을 얻기 위해서만 존재하는 이 잡다한 집단과 더불어 싱은 1989년 12월 2일 신임 투표에서 승리함으로서 불안정한 정부의 총리가 되었다.

정치 지도자들의 공격적인 개인주의는 정치학자 로버트 퍼트남 Robert Putnam이 관찰했듯이 "타인을 희생시키면서 자신의 이익을 추구하는 것"은 "무자비한 제로섬 경쟁과 반복되는 타협의 실패"를 초래한다는 점에서 인도에게 문제였다. 퍼트남은 '나는 나의 것' 시대의 미국에서 광범위한 사회적 목표에 대한 합의의 부족이 공공정책을 "방해hobbled"하는 동시에 정치에서 부패와 범죄를 증가시켰다고 설명한다. 물리적 인프라는 악화되었고, 금융시장과 천연자원 이용에 대한 규제는 어려움을 겪었으며, 환경 파괴 속도는 증가했다. 아마도 미국의 가장 자랑스러운 업적이었던 교육 체계도 쇠퇴하기 시작했다.[8]

미국의 추세는 인도에게 불길한 조짐이었다. 인도의 공공재는 인도가 '나-나-나me-me-me' 문화로 전환되기 전에도 처참한 상태였다. 1990년 재고 조사에서 세계은행은 인도에 대하여 장기 성장과 빈곤 감소는 초등교육, 예방의학, 일차의료의 질이 향상되고 더 많은 사람들에게 다다를 때만 가능할 수 있다는 표준적인 경고를 반복했다. 인도 정부는 그러한 필수적인 수요에 "요구되는 것보다 훨씬 적게" 지출하고 있었고, 대신 "빚 탕감과 같은 급조한 해결책"과 낭비적인 보조금에 희소한 자금을 낭비하고 있었다. 세계은행은 현저하게 열악한 여성 초등교육과 의료에 특히 큰 경고를 울렸다. 인도가 성평등 증진에 실패한 것은 불평등 지속이라는 점에서 비난받아 마땅할 뿐만 아니라, 교육받고 건강한 여성이 더 적은 수의 자녀를 낳고 더 잘 교육받고 건강한 가정을 가져온다는 점에서 국가에 심각한 오점이 되었다.[9]

인도의 수질과 대기질은 급속도로 악화되고 있었다. 성스러운 갠지스강을 포함한 많은 강들이 산업 폐기물, 불법 농약, 처리되지 않은 하수로 인해 "생물학적으로 죽어가고" 있었다. 한 특별 조사에서 델리 외곽의 야무나강 둑을 따라 중금속과 화학물질 중독이 발견되었다. 델리는 세계에서 4번째로 오염된 도시였고, 도시의 버스는 "스스로 내뿜는 매연에 휩싸여" 다니고 있었다. 1980년대 후반, 워싱턴에 본부를 둔 싱크탱크인 세계자원연구소World Resources Institute에 따르면 인도는 상위 5대 온실가스 생산국이 되었다.[10]

인도의 한심한 인적 자원 개발 지체와 증가하는 환경 파괴는 장기적인 위기를 초래하고 있었다. 그것들은 오랫동안 경제 발전을 방해할 것이고, 주의를 기울이는 것이 늦어질수록 해결하기가 더 어려워질 것이다. 그러나 즉각적인 주의를 요구하면서, '나-나-나' 정치 문화는 인도 경제를 경제적, 금융적 재앙의 끝으로 몰아가고 있었다.

절벽 끝에서, 심연을 내려다보다

1989년 12월 집권한 V. P. 싱 정부는 라지브 간디 행정부로부터 물려받은 금융 위기에 대처해야만 했다. 라지브의 감세와 다양한 이해 집단에게 제공된 보조금은 큰 폭의 재정 적자를 초래했다. 재정 적자에 힘입은 수요 증가는 수출에 비해 수입이 과도해지는 결과를 낳았고, GDP의 약 3%에 달하는 경상수지 적자를 초래했다. 외환 보유액은 극적으로 감소했고 단 2개월 치의 수입만을 감당할 수 있는 수준까지 줄어들었다. 외환 보유액이 고갈될 위험이 가장 시급한 문제였는데, 이 경우 외국 금융기관들은 인도가 빚을 갚지 못할 가능성이 높다는 합리적인 전제하에 대출을 중단할 가능성이 매우 높았다.[11]

"정부의 금고가 비어 있습니다"라고 V. P. 싱은 총리로 임명된 직후 TV로 전국의 청중들에게 말했다. 그는 재정 적자를 줄이고 인플레이션을 통제하겠다고 약속했다. 그러나 싱이 계획한 재정 적자 감축은 결코 실현되지 않았다. 사실, 임시방편적 정책으로 인해 새 정부는 상황을 더 악화시켰다. 당내 농민들의 민심을 달래기 위해 싱은 농민과 장인들이 국영 은행에 지고 있는 1만 루피(약 500달러) 미만의 대출을 면제하겠다는 선거 공약을 이행했다.[12]

해외에 거주하는 인도인들은 루피화의 평가절하 가능성이 높아짐에 따라 본국으로의 송금을 줄였다. 1990년 6월까지 외환 보유액은 단 7주 치 수입액 수준으로 떨어졌다. 이라크 대통령 사담 후세인 Saddam Hussein은 인도의 고민거리를 더했다. 쿠웨이트인들이 이라크의 석유를 훔치고 있다고 주장하며, 8월 2일 쿠웨이트를 침공한 것이다. 쿠웨이트 석유 공급 감소 예상과 이라크가 사우디아라비아도 침공할 수 있다는 우려로 인해 원유와 석유 제품 가격이 급등하면서 인도의 인플레이션과 수입 비용이 상승했다.[13]

정치적 돌파구를 마련하기 위해 8월 9일 싱은 만달 위원회 보고서 Mandal Commission Report를 꺼내들겠다고 발표했다. 전 총리 모라르지 데사이는 1978년 11월 중앙정부 일자리 할당을 통한 보다 광범위한 차별시정조치를 권고하기 위해 만달 위원회를 설립했다. 위원회는 데사이의 자나타당 정부가 붕괴된 지 한참 지난 1980년 12월에야 보고서를 제출했다. 다음 두 총리인 인디라 간디와 그녀의 아들 라지브는 보고서의 결론을 실행하면 격렬한 시위를 촉발할 것으로 예상하여 실행을 주저했다. 할당할 수 있는 일자리의 수는 제한되어 있었고, 누군가는 항상 배제될 수밖에 없었기 때문이었다.

만달 위원회 보고서는 중앙정부 일자리의 27%를 "기타 후진 계급(OBC)"에 할당할 것을 제안했다. 헌법은 이미 일자리의 22.5%를 가장 불리한 두 그룹의 인도인들에게 할당하도록 의무화하고 있었다. 이 그룹 중 더 큰 그룹인 지정 카스트는 달리트Dalits(억압받거나 부서진 자들)라고 불리는데, 그들은 전통적인 인도 사회 계급 구조에서 최하위에 속했다. 지정 부족(토착 부족 사회 구성원)은 헌법상 할당된 22.5%의 일자리 할당을 지정 카스트와 공유했다. 만달 위원회의 권고에 따르면 중앙정부 일자리의 49.5%가 별도로 지정될 예정이었는데, 이는 대법원이 설정한 50% 한도에 근접한 수치였다.[14]

인도가 과거의 불평등을 시정하기 위해서는 차별시정조치가 필요했다. 그러나 싱은 지지층을 확보하기 위해 기회주의적으로 행동하고 있었다. 더 나은 고용 전망을 창출하기 위한 전략 없이, 광범위한 할당제의 실시는 일자리를 둘러싼 제로섬 게임을 촉발하고 카스트 간 경쟁을 심화시킬 것이 확실했다. 또 다른 문제는 "기타 후진 계급(OBC)" 자체가 여러 하층 카스트로 분열되어 있다는 점이었다. 정치적 영향력이 더 큰 하층 카스트가 할당된 자리에서 더 많은 혜택을 받을 것이고, 따라서 불평등은 지속될 것이었다. 할당제에서 제외된 사람들 중 경제적으로 취약한 이들은 특히 불안해하고 분노할 가능성이 높았다.[15]

싱이 새로운 할당제를 발표한 지 한 달 조금 넘은 9월 중순, 우편 노동자의 아들인 20세의 라지브 고스와미Rajiv Goswami가 분신자살을 시도했다. 브라만으로 "선진forward" 카스트에 속한 그의 미래 전망이 갑자기 암울해진 탓이었다. 고스와미는 살아남았지만 이후 2개월 동안 분신자살을 시도한 153명 중 63명이 사망했다. 비하르에서는 학생들이 기차역에 불을 지르면서 철도 운행을 방해하고 며칠 동안 일상생활을 혼란에 빠뜨렸다. 안드라프라데시에서는 학생들이 항의의 표시로 버스를 불태웠다. 전국적으로 학생들이 총파업을 조직했다. 북부와 서부 인도에서는 격렬한 카스트 전쟁이 일어났다.[16]

V. P. 싱 정부의 중요한 동맹이었던 BJP에게 할당 정책과 그 이후 발생한 카스트 전쟁은 이중의 두려움을 야기했다. 하층 카스트의 지지는 싱을 정치적으로 강화시킬 것이고, 카스트 간의 계속되는 분열은 통일된 힌두트바의 서사를 약화시킬 것이었다. 이러한 우려에 대응하여 BJP와 다른 힌두트바 조직들은 성지 아요디아에 있는 바브리 마스지드를 철거하고 그 자리에 람 신Lord Ram의 사원을 세워야 한다는 요구를 제기했다. 9월 25일, BJP 총재 랄 크리슈나 아드바니는 서부 인도의 사원 도시 솜나트에서 출발하는 전차 행진rath yatra을 시작했다. 도요타 트럭을 개조한 전차는 아요디아까지 1만 킬로미터를 달릴 예정이었다. 힌두 민족주의자들의 청년 조직인 바즈랑 달은 삼지창으로 무장하고 행진을 호위할 것이었다.[17]

9월 30일, 우타르프라데시의 곤다Gonda 지구에서 전차 행진 경로를 따라 대규모 힌두-무슬림 폭동이 발생했다. 공식적으로는 40명이 사망했지만, 비공식적인 집계는 사망자 수를 100명 이상으로 추산했다. 10월 2일 카르나타카의 여러 마을에서, 10월 3일에는 라자스탄의 우다이푸르에서 폭동이 발생했다.[18]

1990년 10월 4일, 뉴욕에 본사를 둔 신용평가사 무디스Moody's는 인도의 신용 등급을 저위험 등급(A2)에서 투자자에게 앞으로의 위험을 경고(BAA1)하는 단계로 두 단계 하향 조정했다. 무디스는 "예외적으로 엄격한" 성명을 통해 인도 정부가 적자와 부채를 줄일 역량이 없다고 지적했다. 무디스는 사회적 분열과 힌두 민족주의가 어려운 경제 상황을 더욱 악화시키고 있다고 덧붙였다.[19]

V. P. 싱 정부는 막바지에 이르렀다. 싱의 요청에 따라 행동한 것으로 추정되는 비하르주 수상 랄루 프라사드 야다브Lalu Prasad Yadav는 10월 24일 이른 아침 비하르를 통과하던 아드바니를 체포했다. 하지만 BJP 지지자들은 아요디아로 계속 진군했다. 계속되는 유혈사태 속에서 BJP 지도부는 싱 정부에 대한 지지를 철회했다. 1990년 11월 7일, 의회 신임투표에서 분노하고 원망에 찬 싱은 의원들에게 물었다. "당신들은 어떤 나라를 원하는가? 모두가 자신의 얼굴을 직시할 수 있도록 거울을 마주 보아야 한다." 의원들은 부끄러워하지 않았다. 싱의 당 동료 의원 중 많은 이들이, 자칭 사회주의자였던 찬드라 셰카르Chandra Shekhar로부터 수십만 달러를 받았다는 의혹을 받으면서 싱에게 반대표를 던졌다. 543명의 의회에서 단 58명의 지지자밖에 없었던 셰카르는 총리가 되기 위해서 197명의 의회 의원을 이끌고 있던 라지브 간디로부터 암묵적("외부적") 지지를 받았다. 셰카르는 11월 10일 총리로 취임했다.[20]

연초에 있었던 이라크의 쿠웨이트 침공 결과로 세계 경제는 급속도로 둔화되었고 전 세계 인플레이션이 급등했다. 부진한 인도의 수출은 국내 GDP 성장을 둔화시켰다. 이미 높던 인플레이션은 더욱 상승했다. 한편, 10월 무디스의 신용 등급 하향 조정 이후, 인도는 세계 금융시장에서 경상수지 적자를 해결하고 부채를 상환하기 위한 자금 조달 능력을 사실상 모두 상실했다. 1990년 12월에는 인도의 외환 보유액이 수출액의 약 한 달분 미만으로 떨어졌다. 1990년 12월 28일, 재무장관 야쉬완트 신하Yashwant Sinha는 IMF에 약 18억 달러의 차관

을 요청하는 서한을 보냈다. 1991년 1월 초, IMF는 이 차관을 승인했다.[21]

인도는 시급히 더 많은 외부 자금이 필요했지만, 더 많은 자금을 받기 위해서는 정부가 재정 적자를 줄이는 데 전념하고 있음을 보여줄 필요가 있었다. 1991년 2월 20일, 셰카르 정부의 출범에 결정적이었던 197명의 국민회의 의원들과 함께한 라지브 간디는 예산안 통과를 지연시켰다. 새 예산 없이는 인도 정부가 어떤 것에도 전념할 수 없었다. 〈파이낸셜 타임스〉의 인도 특파원 데이비드 하우스고David Housego가 요약한 바와 같이, "정치적 마비와 경제 위기라는 두 가지 재앙"이 인도를 괴롭혔다. 인도 최대의 스쿠터 제조업체이자 엔지니어링 산업의 선도 기업인 바자즈 오토Bajaj Auto는 3,500명의 근로자를 해고했다. 간신히 경제가 버티고 있는 가운데, 1991년 3월 초에 출범 4개월 만에 정부가 무너졌고 셰카르는 사임했다.[22]

새로운 선거운동의 중반이던 1991년 5월 21일 타밀나두에서의 유세 도중, 한 젊은 여성이 라지브 간디에게 다가가 인도식 경의의 제스처로 그의 발을 만지고 나서 폭발물 벨트를 폭파시켜, 46세의 라지브와 다른 14명과 함께 자신도 사망했다. 자살 폭탄 테러범은 스리랑카 타밀 반군 단체를 대표했다. 이 단체는 타밀 반군이 싱할리즈Sinhalese와 싸우는 동안 총리인 라지브가 "타밀 반군을 격렬하게 진압하려 했기" 때문에 분노했다. 라지브 암살 후 혼란 속에서 국민회의는 급히 그의 44세 이탈리아 투린 출신 배우자 소니아를 당 대표로 임명하여 국민의 동정심에 호소하려 했다. 하지만 그녀는 이 혼란에 빠지기를 거부했다.[23]

람Ram의 탄생을 기리는 사원에 초점을 맞춘 BJP는 1991년 선거에서 1989년의 85석에서 증가한 120석을 획득했다. 국민회의도 라지브의 충격적인 죽음에 동정을 표하는 유권자들의 도움으로 232석으로 의석수를 늘렸다. 국민회의의 의석은 절대 다수에는 미치지 못했지만, 69세의 새 지도자 P. V. 나라심하 라오P. V. Narasimha Rao가 1991년 6월 21일 인도의 새 총리가 되었다.

외환 보유액은 수입액의 3주 치 수준으로 떨어졌다. 해외 거주 인도인들의 송금도 끊겼다. 인도는 1957년과 마찬가지로 외환위기에 직면했다. 다시 한번 금융 재앙의 벼랑 끝에 서서, 정부는 이전과 마찬가지로 외환의 추가 유출과 국제적 파산을 막기 위해 수입을 엄격히 제한하는 것 말고는 아무것도 하지 않았다.[24]

루피화 평가절하 약속

나라심하 라오는 옥스퍼드 대학교에서 수학한 경제학자이자 베테랑 공무원인 만모한 싱Manmohan Singh을 재무장관으로 임명했다. 7월 1일, 새 정부 출범 10일 만에 싱은 루피화를 달러당 21루피에서 23루피로 9% 평가절하한다고 발표했다. 절실히 필요했던 평가절하는 인도 수출업체들이 해외에서 더 많은 제품을 팔기 위해 더 낮은 달러 가격을 책정하거나 더 큰 루피화 표시 이익을 얻을 수 있게 해줄 것이었다. 평가절하된 루피화는 또한 수입품의 루피화 가격을 상승시켜 수입을 줄일 것이었다. 수출 증가와 수입 감소는 인도의 국제수지 적자 압박을 완화시킬 것이었다. 그러나 몬텍 싱 알루왈리아가 그의 회고록에서 썼듯이, 9%의 평가절하는 "너무 적어 보였다". 그가 옳았다. 인도가 공식적으로 평가절하를 한 마지막 때는 거의 정확히 25년 전인 1966년 6월이었다. 내가 9장에서 주장했듯이, 그 평가절하는 분명히 너무 적었다. 1966년 이후 인도는 공식 발표 없이 평가절하를 했는데, 처음에는 달러 대비 약세였던 영국 파운드에 루피화를 연동시키고, 그 다음에는 통화 바스켓에 루피화를 연동시키는 방식이었다. 그러나 중앙은행 총재였던 I. G. 파텔이 그의 회고록에서 지적했듯이, 그러한 "전략"은 경쟁국과 비교했을 때 훨씬 더 큰 인도의 생산비용 증가를 보상하기에는 전적으로 부족했다. 또 다른 부족한 평가절하는 그 목적을 무력화시켰을 것이다.[25] 그리고 거의 그렇게 되었다.

나라심하 라오는 추가적인 평가절하를 저지하려 했다. 인도인들은 평가절하는 국가의 명예를 잃는 것으로 생각했다. 동아시아 국가들은 수출품을 더 매력적으로 만들기 위해 평가절하를 적극적으로 활용했고, 국제 기준에 부합하는 수출품 공급을 보장하기 위해 국민들을 교육시켰다.[26] 인도는 두 가지 모두에서 발이 묶였다.

인도에게 다행스럽게도, 평가절하의 기차는 이미 출발한 상태였다. 만모한 싱은 중앙은행에 7월 3일 다시 평가절하를 지시했고, 중앙은행은 나라심하 라오가 이를 막기 전에 실행에 옮겼다. 새로운 환율은 1달러당 약 26루피였다. 아슬아슬한 순간이었지만, 2단계 평가절하를 통해 루피화 가치는 약 19% 하락했다. 인도는 더 싸고 더 합리적인 가치의 루피화를 갖게 되었는데, 이는 국가의 심각한 외환 부족을 더 잘 반영한 것이었다.[27] 주저하면서 평가절하를 했지만, 지도자들은 순간이나마 집단적 이성을 보여주었고 벼랑 끝에서 물러섰다.

더 싼 루피화는 수출 보조금과 수입 통제의 역할을 했다. 7월 3일, 만모한 싱은 자정을 기해 수출 보조금을 대폭 철폐한다고 발표했다. 7월 4일, 상무장관은 대부분의 수입 통제를 해제한다고 발표했다. 인도는 1957년 외환을 절약하기 위해 수입 통제가 시작된 이후 34년을 기다렸다. 이러한 통제들은 (4장과 5장에서 설명했듯이) 경제에 피해를 주고, 부유하고 권력 있는 자들에게만 이익을 주며, 사회주의의 이름으로 지속되는 인상적인 조합인 여러개의 머리를 가진 히드라와 같은 라이선스-허가 통치license-permit raj가 되었다. 이런 "가짜 사회주의"를 해체하라는 대중의 함성은 수년에 걸쳐 더욱 커졌고, 그것이 카드로 만든 집처럼 무너지기 시작했을 때 애도하는 사람은 거의 없었다.[28]

그러나 외환 부족은 여전히 절박했다. 정부는 2억 달러의 대출을 받는 대가로 영국 중앙은행에 25톤의 금을 런던으로 운송하여 담보로 제공했다. 평가절하와 마찬가지로, 금을 담보로 잡혀야 한다는 생각에 전국이 공포에 휩싸였다. 셰카르 정부가 시작한 거래를 옹호하면서, 만모한 싱은 대안은 해외 채권자에 대한 재앙적인 채무 불이행뿐이라고 설명했다. 유사한 거래가 일본은행과도 진행 중이었다. 또한 셰카르 정부는 또 다른 2억 달러를 위해 20톤의 금을 스위스 은행에 담보로 제공했다. 그러나 금을 담보로 제공하는 이러한 거래로는 인도의 외환 수요를 충족시키기에 충분하지 않았다. IMF 팀이 대규모 IMF 차관 조건을 충족시킬 정책 조치를 논의하기 위해 인도를 방문했다.[29]

국민회의의 내부 다툼 끝에 1991년 7월 24일 의회는 새로운 산업 정책을 승인했다. 이 정책은 18개 산업을 제외한 모든 산업에 대한 라이선스를 폐지했다. 공공 독점을 8개 부문으로 제한하고, 반독점 제한을 완화하며, 외국 기업이 인도 기업의 51%를 소유하는 것을 허용했는데, 이는 이전의 40% 한도에서 상향 조정된 것이었다.[30]

그날 오후 만모한 싱은 예산안을 제출했다. 그는 정부가 적자를 충당하기 위해 부채를 쌓아왔다고 의회에 상기시켰다. 부채에 대한 이자 지급액만도 GDP의 4%에 달했는데, 이는 정부 세수의 20%에 해당했다. 외환 보유액으로는 이제 단 2주일 치의 수입만 감당할 수 있었다. 인도의 경제 위기는 싱의 말처럼 "심각"하고 "깊었다". 그는 재정 적자를 "상당히 감축하겠다"고 약속했는데, 이는 대외 지급 적자도 줄일 것이라고 지적했다. 정부의 산업 및 무역 정책 변화를 요약한 후, 싱은 화려하게 연설을 마무리했다. 작가 빅토르 위고Victor Hugo의 표현을 빌리자면, 그는 인도를 "주요 경제 강국"으로 만들 때가 왔다고 생각했다. "온 세상이 크고 분명하게 들을 수 있게 합시다. 인도는 이 제 완전히 깨어났습니다."[31]

10월 초, IMF는 16억 5,600만 SDR(22억 6,000만 달러)의 차관을 제 공했다. 수출 보조금, 수입 통제, 산업 라이선스 요건 축소와 함께 평 가절하를 포함한 자유화 정책으로 인도는 시장경제 촉진을 위한 최소 한의 조치를 취했다. 장기 성장의 필수 토대인 인적 자원과 도시 개발 은 논의조차 되지 않았다. 특히 금융 부문과 천연자원에 대한 인도의 시장 규제 체계는 여전히 초보 수준이었다. 그러나 1991년 7월에 취 해진 조치는 중요한 시작이었다. 파란 터번을 쓴 시크교도인 만모한 싱은 유명인사가 되었다. 몇 달 후, 판카즈 미슈라가 인도 여행을 계속 하던 중, 출장 중이던 라스토기Rastogi 씨를 기차에서 만났는데, 그는 "만모한 싱이 하고 있는 일이 맞다고 생각합니다"라고 현명하게 말했 다.[32]

사기 시즌의 시작

만모한 싱과 내각 동료들은 제조업 성장을 촉진하기 위해 경제 자유화 조치를 취했다. 하지만 초기 효과는 금융 부문에서 나타났 다. 1991년 7월 24일 싱의 첫 예산안부터 1992년 2월 28일 다음 예 산안까지 7개월 동안 센섹스SENSEX(인도 주가지수)는 거의 두 배인 2,800까지 상승했다. 지수는 두 번째 예산안 이후에도 계속 급등했다. 그러나 주식시장의 광란은 수수께끼였다. 분석가들은 날씨가 나쁠 것 이고 제조업 성장도 미미할 것으로 예상했기 때문이었다. 일부 평론 가들은 싱의 주식과 채권에서 발생한 양도소득세 면제 조치가 주식시

장에 자금을 유입시키고 있는 것은 아닌지 의문을 제기했다.[33]

이어진 사건들은 오늘날 호기심의 대상으로 여겨진다. 사실 그것들은 규제가 취약한 경제에서 빠르게 부를 축적할 수 있는 수단들의 유혹을 일찌감치 보여준 사례였다. 그것들은 높은 GDP 성장률 달성, 소득과 부의 불평등 확대, 그리고 초부유층에 대한 숭배를 위해 금융 부문에 크게 의존하는 경제에서 반복되는 규제 실패를 예고했다.

시장의 광란이 계속되자 한 은행 임원은 투덜거렸다. "전화벨이 울릴 때마다 소스라치게 놀랍니다. 제 이모입니다. 오를 주식을 알려달라고 전화하는 겁니다." 그 이모는 무언가를 알고 있었다. 싱의 두 번째 예산안 이후 두 달 동안 주가지수는 약 60% 상승하여 1992년 4월 23일 거의 4,500에 도달했다.[34]

4월 23일, 〈타임스 오브 인디아〉의 아침 판은 수체타 달랄Sucheta Dalal 과 R. 스리니바산R. Srinivasan 의 기사를 실었는데, 인도 최대 은행인 스테이트 뱅크 오브 인디아(SBI)가 "주식시장에서 거액의 거래를 해온" "큰 황소"에게 "적절한 절차 없이, 아마도 담보 없이" 500크로르 루피(약 1억 7,500만 달러)를 대출했다는 내용이었다. 이 큰 황소가 곤경에 처했을 수 있다는 소식은 시장을 혼란에 빠뜨렸다. 4월 말 약 4,500의 정점에서 센섹스는 6월 초 3,000까지 하락했고 연말에는 2,500 근처에서 마감했다.[35]

달랄–스리니바산 기사에서 이름이 거론되지 않은 큰 황소는 하르샤드 메타Harshad Mehta였다. 하르샤드 메타 스캔들로 알려지게 된 이 사건은 비효율적이고 거의 전적으로 정부 소유였던 은행 부문에 뿌리를 두고 있었다. 대부분의 은행은 매년 큰 손실을 입었고, 성공적인 은행들조차도 작은 이익만을 겨우 내고 있었다. 은행들은 운영이 엉망이었을 뿐만 아니라, 농민과 중소기업에 대한 대출을 "면제"하라는 정치인들의 지속적인 압박을 받고 있었다. 은행에 문제가 있을 때마다

정부는 부족한 예산을 사용하여 은행의 자본을 보충했다.[36]

　1990년대 초 또 다른 이익 압박에 직면한 은행들은 은행 간 시장을 통해 다른 은행과 증권을 거래함으로써 이익을 늘릴 수 있다는 것을 발견했다. 전형적인 거래에서 하르샤드 메타는 SBI를 위해 증권을 구매하겠다고 제안했고, 이에 SBI는 그에게 수표를 발행했다. 그러나 메타는 "구매했다"고 주장한 증권을 항상 인도하지는 않았다(또는 인도하는 데 시간이 걸렸다). 그는 조건 없는 자금을 대출 받아 주가를 끌어올렸다. 모든 은행이 공모했다. 일부는 메타에게 "적절한 절차 없이" 돈을 "대출"했고, 다른 일부는 그를 위해 수표를 현금화했다. 모든 것을 합치면, 하르샤드 메타와 다른 투기꾼들에 대한 조건 없는 대출은 수억 달러에 달했다. 이 거액으로 메타는 많은 투기꾼 중 가장 큰 투기꾼이 되었다. 그는 주가 상승을 예측했고, 마술처럼 주가가 상승했다. 메타는 인도에서 가장 부유한 사람이 되고 싶었고, 그렇게 되는 길을 걷고 있었다. 그는 시장에서 얻은 수익을 1만 5,000제곱피트[약 1,400제곱미터] 규모의 바다가 내려다보이는 아파트와 자동차 여러 대에 쏟아부었다. 그는 이제 경제 자유화라는 미명 아래 인도의 "공격적 개인주의aggressive individualism"의 상징이 되었다.[37]

　놀랍지 않게도, 판카즈 미슈라의 또 다른 여행 동반자인 고엔카 Goenka 씨는 하르샤드 메타를 찬양했다. 고엔카 씨는 "사람들은 하르샤드 메타를 부패했다고 생각합니다"라고 말했다. "그가 왜 부패한가요? 돈을 많이 벌었기 때문인가요? 저는 그가 천재라고 생각합니다. 그가 부패했다 하더라도 저는 그가 젊은이들에게 영감을 준다고 말합니다."[38]

　두 건의 공식 조사에서 금융 규제 기관인 인도중앙은행(RBI)은 면죄부를 받았다. 보고서는 RBI의 수작업 거래 기록 시스템이 빠른 속도의 은행 간 증권 시장에서 "사라진" 자금을 추적할 수 없었다고 온

건하게 결론 내렸다. 두 조사 보고서 모두 메타와의 "대규모" 공모에 대해 은행원들을 비난했고, 메타와 같은 "브로커"들을 비난했다.[39]

안타깝게도 RBI를 면책하려는 조급함 속에서 RBI의 규제 실패는 이슈화되지 않았다. 한 전직 RBI 관계자는 〈이코노믹 타임스Economic Times〉에서 공개적으로 밝혀진 RBI 내부 메모를 통해 RBI가 진행 중인 사기를 알고 있었지만 주가가 급등하는 9개월 동안 아무런 조치도 취하지 않았다고 지적했다. RBI의 자체 조사 기록은 증권 거래와 관련하여 당국이 은행에 내린 지침이 지켜지는지를 RBI가 지속적으로 관리하지 않았음을 강조했다.[40]

하르샤드 메타 사건은 경제 정책이 새로운 활기를 가져오며 대중의 기억에서 빠르게 사라졌다. 1993년 3월 1일, 밀턴 프리드먼이 루피화 변동환율제를 권고한 지 거의 30년 만에 정부는 마침내 이를 시행했다. 정부는 공식 환율에 대한 약속을 포기하고 대신 시장이 루피화의 가치를 결정하도록 허용했다. 루피화 변동환율제는 시기적절한 결정이었다. 1991년 7월 19%의 2단계 평가절하는 이미 불충분한 것으로 입증되고 있었고, 암시장 환율은 루피화가 공식 환율에 따르면 비싸지고 있음을 시사했다. 그 환율을 유지하는 것은 수출 성장을 둔화시키고 수입 증가를 가속화하며 수입과 산업 통제에 대한 압력을 재촉했을 것이다. 변동하는 루피화가 평가절하되면서 인도 수출업체들이 세계 시장 점유율을 높이는 데 도움이 되었지만, 그 수준은 단지 0.85%에 불과했다(그림 17.1).[41] 지속적으로 국제 경쟁력을 갖추기 위해서는 인도 수출업체들이 생산성을 크게 높일 필요가 있었다.

루피화 변동환율제로 인해 인도는 금융 위기에서 벗어나 안전지대로 돌아왔다. 외국 투자자들은 인도를 더 호의적으로 바라보게 되었다. 코카콜라는 1993년 10월, 자사 농축액의 비밀 조합을 공개하라는 자나타당 정부의 요구를 거부하고 인도 자회사의 지분 희석도 거부한

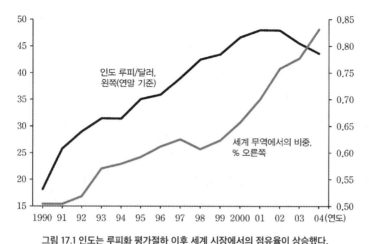

그림 17.1 인도는 루피화 평가절하 이후 세계 시장에서의 점유율이 상승했다.
참고: 루피/달러 환율은 12월 마지막 주 일별 평균 환율.
출처: UNCTAD Statistics, https://unctadstat.unctad.org/EN/Index.html과 Global Financial Data.

채 떠난 지 16년 만에 다시 돌아왔다. 코카콜라는 왕비를 사랑한 황제의 기념비인 백색 대리석 건축물 타지마할에서 열린 의식에서 인도인들에게 화려하게 자신을 다시 소개했다.[42]

그러나 대부분의 외국 자금은 코카콜라와 같은 생산 벤처에 대한 해외직접투자(FDI)보다는 인도 주식시장에 대한 투자로 유입되었다. 중국과의 대조는 눈에 띄었다(그림 17.2). 1996년 중국은 투자자들이 공장을 짓고 운영하는 유형인 해외직접투자로 400억 달러를 받았지만, 인도는 그해 직접투자로 겨우 25억 달러만 받았다. 인도는 투기적이고 변동성이 큰 주식 투자로 40억 달러를 받은 반면, 중국은 그러한 부문의 투자는 무시할 만한 수준으로 받았다. 중국이 세계 제조업의 중심지였다면 인도는 위험한 도박장이었다.

1994년 5월, 인도를 금융 투자 대상으로 보는 분위기 속에서 미국 투자은행 모건스탠리Morgan Stanley가 인도에 사무소를 열었다. 모건스탠리의 인도 임원 중 한 명인 나이나 랄Naina Lal이 연간 보수로 1크로

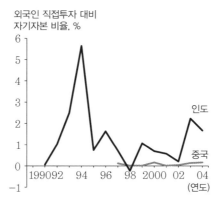

외국인 직접투자 대비
자기자본 비율, %

인도

중국

199092   94   96   98   2000   02   04
(연도)

그림 17.2 해외 투자: 중국은 공장들을, 인도는 어느 정도의 현금을 얻었다.

출처: World Bank, World Development Indicators, BX.KLT.DINV.CD.WD and BX.KLT.DINV.CD.WD.

르(1,000만) 루피, 약 30만 달러를 받을 것이라는 소문이 돌았는데, 이는 인도에서는 들어본 적 없는 금액이었다. 1994년 인도의 평균 소득은 약 345달러였다. 하르샤드 메타 스캔들이 일시적인 사건으로 기억에서 사라진 가운데 나라심하 라오와 만모한 싱의 자유화에 대한 열광은 금융 부문에서 계속되었고, "신흥 시장"에서 높은 수익을 추구하는 국제 자본의 유입으로 증폭되었다. 급격히 성장하는 금융 부문의 경제적 가치는 의심스러웠다.[43] 케임브리지 대학교의 걸출한 경제학자 조앤 로빈슨Joan Robinson이 간결하게 말했듯이, 금융은 반드시 기업을 따라야 한다. 인도에게 중요한 질문은 '자유화가 기업가 정신을 촉발할 것인가?' 였다.

"나, 나, 나"의 한계와 위험

라오-싱Rao-Singh 개혁에 대한 전반적인 평가, 특히 일자리 창출과 빈곤 감소 능력에 대한 평가는 20장까지 기다려야 한다. 그러나 초기부터 여러 가지 경고의 메시지가 있었다.

당시 세계 다른 곳에서의 시장 개혁 경험을 평가하던 경제학자들, 특히 하버드 대학교의 대니 로드릭Dani Rodrik은 그러한 개혁으로 인한 생산성 향상은 단기적이라고 경고했다. 시장 개혁은 자원을 보다 효율적인 용도로 이동시켰지만, 일단 재배치가 완료되면 성장 동력은 소진되었다. 당시 스탠퍼드 대학교 경제학 교수였던 폴 크루그먼Paul Krugman은 로드릭의 경고를 강조했다. 1995년 멕시코의 극적인 금융 위기 직후, 크루그먼은 멕시코가 자유시장 개혁의 모범 사례였음에도 불구하고 한심할 정도로 낮은 성장률에 갇혀 있다고 지적했다. 자유시장 개혁이 엄청나게 인기를 끈 이유는 중요한 사람들이 서로에게 그러한 개혁이 중요하다고 말했기 때문이라고 크루그먼은 말했다. 그는 개혁이 소득과 부의 불평등을 심화시키고 금융 버블을 일으킬 가능성이 있다고 경고했다.[44] 인도의 맥락에서 금융 버블에 대한 경고의 종소리는 이미 울렸고, 불평등의 확대는 빠르게 분명해졌다(그림

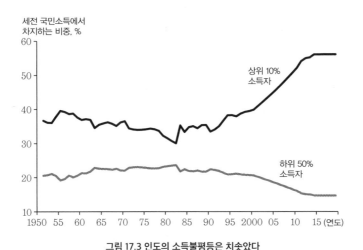

그림 17.3 인도의 소득불평등은 치솟았다
(세전 국민소득에서의 비중, 퍼센트).
출처: World Inequality Database (WID), https://wid.world/country/india/.

17.3).

　무역과 산업에 대한 통제라는 가짜 사회주의를 뒤늦게 포기한 인도는 이제 성장을 위한 진정한 사회민주주의적 추진력이 필요했다. 오직 인적 자본과 도시 개발에 대한 정부 주도의 대규모 투자만이 지속적인 생산성 향상을 달성할 수 있었다. 세계은행은 인도 당국에게 인적 자본에 훨씬 더 많이 투자해야 한다고 계속 설득했다. 1991년 인도에 대한 조사에서 세계은행은 "세계 경제에서 진행 중인 지속적인 변화에 적응하기 위해서는 노동자 교육과 숙련을 지속적으로 향상시켜야 한다"고 말했다. "노동집약적 산업조차도 더 나은 교육을 받은 노동자를 통해 국제적으로 더 경쟁력을 가질 수 있다"고 강조했다. 1996년 세계은행은 인도 당국에게 동아시아의 사례를 제시했다. "초등교육의 혜택이 동아시아 고속 경제 성장의 도약을 이끌었다." 세계은행은 중국의 "인상적인" 인적 자원 개발을 칭찬했다.[45] 세계은행의 칭찬을 입증하기라도 하듯 중국은 세계의 공장이 되어가고 있었고, 인도는 그렇지 않았다.

　1996년 보고서에서 세계은행은 또한 인도 도시와 농촌의 상태에 대해 경종을 울렸는데, 이들은 "도시 지역에 대한 만성적인 투자 부족과 그에 따른 주요 도시 인프라 부족으로 인해 심각한 위기에 직면"해 있었다. 간단히 말해서, 인도 도시는 엉망이었다. 판카즈 미슈라는 인도 여행을 계속하면서 인도의 실리콘밸리인 화려한 방갈로르조차도 덜 화려한 인도 도시들을 괴롭히는 모든 문제인 "전력과 물 부족, 적절한 교통 수단 부족, 혼잡, 오염" 등을 안고 있다는 점을 지적했다. 20만 명이 사는 카르나타카주의 도시 시모가Shimoga에서는 여전히 전통적인 빈랑 열매arecanut 무역이 주요 영리 활동이었다. 물 부족도 심각했다. 그럼에도 인구는 계속 증가했고, 부동산 가격은 방갈로르의 가격과 비슷했다.[46]

급속히 악화되는 환경 이슈는 인도의 미래 성장 전망을 약화시키고 토지, 물, 어업, 산림, 광물의 통제를 둘러싼 심각한 사회적 갈등을 야기했다. 1990년대 초 가장 격렬한 시위 운동은 나르마다강Narmada River의 댐 건설을 반대하는 움직임이었다. 지역 주민들과 부족민들은 과거 댐 건설 사례에서의 쓰라린 경험을 통해, 그들이 잃은 토지에 대해 약속된 보상을 거의 받지 못하고, 좋은 새 일자리는 외부인에게 돌아간다는 것을 알게 되었다. 제조업 프로젝트도 마찬가지로 논란의 여지가 있었는데, 이들은 물에 폐수를 배출하고, 식수의 염소 함량을 높이며, 토양 염도를 높여 작물 수확량을 감소시켰다. 채광 프로젝트는 수질 오염, 삼림 파괴, 산사태를 야기했다. 환경 피해를 예방하고 집과 생계를 잃은 사람들을 지원하는 법률은 존재했다. 그러나 많은 인도 관리들은 수혜 기업들로부터 보상을 받았기 때문에 법을 무시했다. 대신 오래된 각본에 따라 경찰은 종종 수혜자를 대신하여 시위대를 잔인하게 진압했다. 이러한 탄압의 결과로 원래 1967년 낙살바리에서 농민 반란을 지원했던 낙살라이트의 새로운 세대가 이제 더 많은 무력 충돌을 벌이게 되었다.[47]

이러한 대결 구도에서, 인도의 지도자들과 관변 지식인들은 가장 편협하고 냉소적인 경제 성장 전략에 매몰되어 있었다. 그것은 사회에서 가장 약한 사람들의 권리를 박탈하고, 다음 세대가 누려야 할 환경을 훼손하며, 낙수 효과가 있을 것이라는 불확실한 약속과 함께 이루어졌다. 협력 대신 갈등이 인도 공공정책의 원동력이 되었다. 문제는 간단했다. 인도인들은 무역과 산업에 대한 통제와 사회주의를 연관시킴으로써 사회주의라는 단어에 지울 수 없는 오점을 남겼다. 로널드 레이건의 "정부는 우리 문제의 해결책이 아니라 바로 문제 그 자체다"라는 말은 인도의 주문이 되었다. 이는 실제로 정부가 부자와 권력자들을 위해 일한다는 것을 의미했다.

공공의 이익을 무시하는 기조를 반영하듯, 정치는 권력을 잡고 그것이 가져다주는 부를 차지하기 위한 경쟁이 되었다. 1996년 선거가 다가오면서, 대법원은 선거운동 비용이 급증하는 세태를 비난했는데, 선거는 사실상 모두 기부금을 낸 기업들의 "검은" (설명되지 않은) 자금에 의존했다. 라이선스-허가 체제가 사라지면서, 정치인과 대기업 간의 연결고리는 이제 토지, 천연자원, 건설 계약을 둘러싸고 이루어졌다. 모든 정당이 이 게임에 참여했다. 심지어 원칙 있고 검소한 정치 행위를 한다고 주장했던 BJP조차 선거 기간 동안 돈을 화려하게 과시했다. 돈 먹는 새로운 장난감은 한 유세 장소에서 다른 곳으로 뛰어다니는 비싼 헬리콥터였다.[48]

라오-싱 개혁은 인도에 새로운 가능성을 열어주었다. 1991년 잠깐 동안의 이성적인 순간에, 소수의 정치인들과 관리들이 부패를 조장하는 통제를 해체했다. 그러나 이러한 조치로는 결코 충분하지 않았다. 인도는 훨씬 더 광범위한 사회민주주의 의제가 필요했다. 한편, 힌두트바 폭도, 정치에 개입한 범죄자들, 여성에 대한 폭력으로 인해 형성된 정치와 사회의 어두운 이면은 공동의 번영 가능성을 더욱 어둡게 했다.

18장
약속에는 어두운 이면이 있다

1985년 6월, 텍사스 인스트루먼트가 방갈로르에 진출하겠다고 발표했을 때 새로운 인도의 약속이 모습을 드러냈다. 인도의 신생 정보 기술(IT) 산업과 전문가들은 위상을 높일 수 있는 계기를 맞았다. 그리고 텍사스 인스트루먼트가 위성을 이용해 방갈로르를 해외 지역과 연결한 것과 같은 방식으로, 기술을 갖춘 젊은 인도인들에게는 세계로 진출할 기회가 열리기 시작했다. 1991년 7월 "자유화" 개혁을 통해 루피화 평가절하와 너불어 수입 및 산업 생산 통제를 상당히 완화한 조치는 광범위한 경제 활동에서 기업가 정신을 자유롭게 해방시킬 수 있다는 희망을 만들어냈다. 경제 발전의 실현이 더 가까워 보였다. 인도 정책 입안자들에게 앞으로의 길은 분명해 보였다. 시장의 마법을 발휘하기 위한 더 많은 자유화가 그것이었다.

그러나 사회적 규범은 그 약속에 역행하고 있었다. 신뢰와 협력은 개인적 이익을 추구하는 과정에서 희생양이 되었다. 인도의 어두운 이면에는 힌두트바의 급증, 범죄자와 정치인 간의 유착, 그리고 사회를 좀먹는 여성 혐오가 있었다. 1990년대 중반의 질문은 밝은 미래에 대한 약속이 어둠의 세력을 물리칠 수 있을지, 아니면 어두운 이면이 그 약속을 끌어내릴지 여부였다.

어둠의 세력 각각은 공공의 이익이 아닌 다른 우선순위에 의해 추동되었다. 인류학자 토마스 블롬 한센의 통찰력 있는 말에 따르면, 힌두트바 지도자들에게 있어서 우선순위는 폭도가 주도하는 "영구적인 퍼포먼스"였는데, 이는 "공공 공간에서의 의례화된 폭력"을 찬양하는 것이었다. 범죄자들은 공익을 위해서가 아니라 자신을 부유하게 만들기 위해 정치에 참여했다. 역설적이게도 시장을 마법이라고 믿는 사람들, 힌두트바 지도자들, 범죄자 정치인들은 한 가지 공통점이 있었다. 그들은 모두 장기적 관점보다는 단기적 해결책을 장려하는 근시안적인 정책 시야를 가지고 있었다. 그리고 여성의 경제활동이 늘어나면서 힌두트바 단체와 범죄 조직의 과도한 남성성과 여성 혐오가 여성 폭력을 가중시킴으로써 인적 자원 개발의 기반을 더욱 약화시켰다.[1]

경쟁이 시작되었다. 그리고 경쟁의 이면은 날이 갈수록 더 무겁고 어두워지고 있었다.

"그래, 나는 분노한 힌두교도다"

1988년, 힌두 민족주의 운동이 탄력을 받고 있을 때, 힌두트바 운동의 무장 조직인 라슈트리야 스와얌세바크 상(RSS)의 주간 간행물인 〈오거나이저Organiser〉는 자칭 "분노한 힌두교도"라고 주장하는 에세이를 실었다. 그는 분노했다고 말했다. 그의 사원은 "모독되었고," 그의 신들은 "울고 있었다". 그는 만약 자신이 분노하지 않는다면 "사람이 아닐 것"이라고 썼다.[2] 힌두 민족주의 지도자들은 무슬림 침략자가 지은 16세기 모스크인 바브리 마스지드를 철거하고, 그 자리에 람신을 위한 정당한 사원을 지어야 한다면서 그러한 분노를 부추기는 데 초점을 맞추었다.

"분노한 힌두교도"정서는 1992년 하반기에 최고조에 달했다. 경제는 아직 1991년 금융 위기에서 회복되지 않았다. 인플레이션은 연간 약 9%의 비교적 높은 수준으로 유지되고 있었다. 주식시장은 4월 하르샤드 메타 스캔들이 공개된 이후 약세였다.[3]

1992년 12월 6일, 힌두트바를 지지하는 대규모 군중이 바브리 마스지드 바로 바깥에 모였다. 〈뉴욕타임스〉의 에드워드 가르간Edward Gargan이 보도한 바와 같이 "전통적인 힌두교 성직자의 색깔인 사프란 색으로 장식된 거대한 인간 카펫처럼 보이는 군중들이 힌두교 종교 및 정치 지도자들의 열광적인 연설을 들었다". 그 군중 속에서 많은 사람들의 전형으로 보이는 한 젊은이는 "나는 죽을 것입니다. 우리가 그의 사원을 짓지 않는다면 내가 살 이유가 없습니다"라고 말했다. 오전 11시경 갑자기 "빠르게 후퇴하는 경찰 대열을 뚫고 쐐기 모양으로 뭉친 젊은 남성들이 돌진했다". 경찰이 물러서자 처음에는 조금씩, 그 다음에는 수십 명의 젊은이들이 모스크 주변의 철조망 울타리를 기어 올라갔다. 그들은 모스크 옆면으로 올라가 곡괭이로 3개의 돔을 부수었다. 군중은 환호성을 질렀다. 이른 저녁 무렵, 모스크는 잔해로 변했다.[4]

수년에 걸쳐 인도의 "분노한 젊은이들"의 행동은 여러 가지 형태를 취했다. 1970년대에 그들은 열악한 교육 기회와 암울한 미래에 항의하는 학생들이었고, 야심 찬 정치인들을 위해 일하는 거리의 불량배들이었으며, 스크린에서 자경단의 정의구현을 보면서 감정을 발산하는 영화 관객들이었다. 20년 후, 그들은 여전히 제대로 교육받지 못했고 여전히 미래가 암울했다. 진보의 희망을 포기한 그들은 힌두교도, 무슬림, 시크교도를 막론하고 종교적 광신자들의 손쉬운 먹잇감이 되었다. 바브리 마스지드가 무너진 지 몇 시간 후, 아요디아에서 서쪽으로 230킬로미터 떨어진 산업 도시 칸푸르에서 무슬림과 힌두교도 청년들은 수류탄으로 서로를 겨냥했다.[5]

바브리 마스지드의 철거 소식은 12월 6일 국영 라디오와 TV 보도를 통해 신속하게 전파되었다. 아요디아에서 1,500킬로미터 떨어진 봄베이에서 힌두교도들이 환호했다. 12월 7일 이른 아침부터 분노한 무슬림들이 거리로 나섰다. 힌두교도에 동조하는 경찰은 무슬림 시위대를 총으로 쐈다. 시브 세나의 과격 힌두교 조직원과 무슬림 폭도는 서로 싸웠다. 오후 중반이 되자 손수레, 자동차, 구급차의 끝없는 행렬이 봄베이의 J. J. 병원 원형 진입로에 시신과 부상자를 실어 날랐다.[6]

봄베이는 폭발 직전이었다. 학자들이 발견한 바와 같이, 어려운 경제 상황은 사회 갈등을 심화시킨다. 1992년 봄베이 인구의 절반 이상이 "빈곤, 문맹, 실업과 빈민가 같은 상황"에서 살고 있었다. 1983년 섬유 노동자 파업이 실패한 후, 정규직 일자리를 잃고 생계가 불안정해진 주민의 수가 증가했다. 인도의 저명한 사회학자 M. N. 스리니바스M. N. Srinivas가 〈인디아 투데이〉와의 인터뷰에서 설명한 바와 같이, 열악한 생활과 근로조건은 "공동체의 광란이 만연할 수 있는 가장 비옥한 토양"이었다. 이 명제는 시브 세나의 행동 변화를 설명하는 데 도움이 되었다. 1960년대와 1970년대에 하위 중산층 마하라슈트라인들이 사무직과 공무원 일자리를 놓고 경쟁할 때에는 시브 세나의 지도자 발 타케레이는 마하라슈트라인들의 분노를 주로 더 나은 자격을 갖춘 남인도인들에게 돌렸다. 그러나 1980년대에는 한때 섬유 노동자로 높은 임금을 받던 많은 마하라슈트라인들에게 삶이 실존적 투쟁이 되었다. 이제 그들은 임시직 일용직 노동자로 일하기 위해 경쟁했다. 또한 그렇게 하면서 그들은 상당한 수의 무슬림들과 일자리를 놓고 경쟁했다. 게다가 중동의 일자리 기회가 일부 무슬림 가정에 번영을 가져다주면서 힌두교도들의 질투와 증오의 표적이 되었다.[7]

타케레이는 널리 읽히는 그의 일간지 〈사암나Saamna〉(대결적 만남을 의미하는 마라티어)를 통해 무슬림들에게 악담을 쏟아냈다. 신문의 발행인란에는 "불타오르는 호전적 힌두트바의 대의를 옹호하는 유일한 마라티어 일간지"라고 선언되어 있었다.[8]

봄베이에서의 첫 번째 힌두-무슬림 폭력 사태는 12월 11일까지 약 4일 동안 지속되었다. 거의 즉시 시브 세나는 힌두교 정서를 자극하기 위해 도시 주변에서 마하아르티maha artis(대규모 기도회)를 조직했다. 며칠 동안의 폭력이 잦아든 후, 1993년 1월 8일 두 번째 폭력 사태가 시작되었다. 무슬림이 대다수인 한 지역에서 극단주의자들은 힌두교 부부가 수십 년 동안 살았던 아파트에 불을 질렀다. 노부부는 불에 타 사망했다. 〈사암나〉의 1면 사설은 "앞으로 며칠은 우리의 날이 될 것"이라고 선언했다. 시브 세나 활동가들과 힌두 민족주의자들의 청년 조직인 바즈랑 달은 "무슬림과 무슬림 소유의 재산을 찾아다니며 공격했다". 두 번째 폭동은 1월 셋째 주까지 이어졌다. 두 차례 폭동으로 약 900명이 사망했는데, 그중 3분의 2가 무슬림이었다.[9]

학살에 고무된 타케레이는 인도의 1억 1,000만 명의 무슬림을 "쫓아내서" 파키스탄으로 보내겠다고 말했다. "그들이 독일의 유대인들처럼 취급된다고 해도 잘못된 것이 없다"고 그는 말했다.[10]

봄베이의 종교적 열정과 경제적 고뇌는 도시의 조직범죄와 폭발적으로 뒤섞였다. 범죄 조직은 봄베이에서 오랜 역사를 가지고 있었다. 그들은 1950년대 금주법 시절 밀주로 시작하여 금, 시계, 트랜지스터 라디오 밀수로 빠르게 사업을 다각화했다. 특히 임대료 통제의 혜택을 받는 세입자에 대한 퇴거도 조직범죄의 초기 사업이었다. 1980년

대에 범죄 조직은 수익성 높은 마약 거래에 뛰어들었다.[11]

봄베이의 범죄 조직은 1983년 섬유 산업 구조 조정 이후 그 활동 규모를 크게 확대했다. 많은 실업자들은 도시 빈민가 폭력배들의 전통적인 모집 풀에 합류했다. 동시에 공장이 서 있던 땅은 범죄자들을 자석처럼 끌어들였다. 그곳은 1990년대 초반 잠시 조정을 겪은 후 다시 어지러울 정도로 가격이 상승하고 있는 일급 부동산이었다. 고급 업무 지구인 나리만 포인트Nariman Point의 평당 토지 가격은 세계 어느 곳보다 높은 것으로 알려졌다. 도시의 다른 곳에서도 가격이 "터무니없는" 속도로 상승하고 있었다. 나라심하 라오와 만모한 싱의 자유화로 인한 열기에 부응하여, 다국적 기업들은 사무실 공간과 임원 주택을 확보하고 있었다. 이렇게 부동산 수요는 급증하는데 이를 충족시키기 위한 공급은 오래된 토지 규제로 제한되었다. 공장주들에게 사무실 건물과 쇼핑몰을 위한 토지 매각은 엄청난 부를 얻을 가능성을 열어주었다. 그 꿀단지는 필연적으로 범죄자들과 정치인들을 빨아들였다.[12]

범죄와 종교는 1993년 3월 12일, 이후 블랙 프라이데이Black Friday로 알려진 날 만났다. 봄베이 증권거래소 건물과 같은 상징적인 시설을 포함하여 봄베이 여러 곳에서 폭탄이 터지면서 엄청난 피해를 일으켰다. 200명이 훨씬 넘는 사람들이 사망했다. 몇 달 전 무슬림 학살에 대한 보복으로 폭탄 테러를 주도한 것으로 알려진 인물은 폭력조직 두목 다우드 이브라힘Dawood Ibrahim이었다. 다우드 자신은 봄베이 경찰을 피해 두바이에 숨어 있었기 때문에, 봄베이에 있는 그의 동료이자 떠오르는 폭력배 타이거 메몬Tiger Memon이 치명적인 폭발물 테러를 주도했다. 범죄 세계는 "우리" 범죄자와 "그들" 범죄자라는 공동체 경계를 따라 분열되었다.[13]

대규모 봄베이 폭탄 테러를 통해 다우드 이브라힘과 타이거 메몬은 무슬림 공동체에게 누군가가 그들을 위해 싸우고 있다는 느낌을 주었다. 인류학자 토마스 블롬 한센에게 한 무슬림 친구는 "하나님은 제가 무고한 여성과 어린이들의 살해를 용납하지 않는다는 것을 아십니다. 하지만 폭탄 테러 이후 우리는 다시 약간의 존엄성을 가지고 살 수 있었습니다"라고 말했다.

힌두교도들도 보호받기 위해 자신들의 폭력조직 두목을 두고 있었다. 시브 세나의 타케레이는 그의 폭력조직과의 연계를 과시하는 것을 절대 주저하지 않았다. 그는 무슬림에게는 다우드가 있고, 힌두교도에게는 아마르 나이크Amar Naik 와 아룬 가울리Arun Gawli 가 있다고 말했다. "이들(나이크와 가울리)은 아암치 물레이aamchi muley (우리 아이들)입니다."[14]

타케레이가 허투루 말한 것이 아니었다. 시브 세나는 일찍부터 범죄자를 모집하기 시작했다. 1985년 봄베이 시의회 선거에서 시브 세나는 범죄 혐의로 수감 중이던 후보를 내세웠고 그는 선거에서 이겼다. 범죄자들은 유권자들에게 매력을 발산했다. 로빈 후드의 이미지를 갖추려 범죄자 출신 정치인들은 부족한 공공 서비스와 일자리에 대한 접근을 용이하게 하고, 거리의 정의를 실현했다. 유권자들에게 범죄자 출신 정치인들은 제 기능을 하지 않는 정부를 대신했다. 정당에게 범죄자들은 선거에 출마할 풍부한 자금을 가지고 있어 당선 가능성이 높기 때문에 매력적이었다. 범죄자들에게도 선거는 정치 경력을 통해 새로운 이익을 추구하고 경찰에게 더 강하게 보호받을 수 있는 기회였다. 필연적인 일들이 뒤따랐다. 1990년 봄베이 시의회 선거에는 범죄 경력이 있는 후보 40명이 출마했다.[15]

1992년 영화 〈불Angaar〉은 정치에 미치는 범죄자들의 영향력을 현실적으로 묘사했고, 1993년 10월 공식 위원회가 현실을 따라잡았다. 저명한 공무원 N. N. 보라N. N. Vohra 가 이끄는 위원회는 인도 전역의 정보 보고서를 바탕으로 광범위한 범죄자-정치인 유착의 존재를 확인했다. 위원회는 법원의 판결이 느리고 범죄자들이 정치적 지원을 받아 죄를 면하는 데 도움을 받기 때문에 정치에서 범죄자를 제거하는 것은 거의 불가능하다고 결론 내렸다. 최종 발언에서 보라는 순환고리를 끊었다. 타이거 메몬과 다우드 이브라힘은 권력자들의 도움 없이는 1993년 3월 봄베이 폭탄 테러를 주도할 수 없었을 것이라고 그는 썼다. 인도의 정치인, 범죄자, 종교적 증오를 선동하는 자들이 서로 도와 방조하고 있다는 것이 공식화되었다.[16]

장관이 된 폭력배

BJP 지도자인 칼얀 싱Kalyan Singh은 1992년 12월 우타르프라데시주 수상이었을 때 바브리 마스지드 철거 결정에 어떤 역할을 했는지 형사 조사를 받았다. 하지만 그는 1997년 9월 우타르프라데시주 수상으로 복귀했다. 그는 93명이라는 어마어마한 숫자의 각료를 내각에 임명했다. 모든 경제 및 사회 발전 지표에서 인도 주 중 최하위를 차지하는 주에서 각 장관은 자동차, 가구가 갖춰진 집, 경호원, 그리고 "현금으로 지불하는 비용"을 명목으로 넉넉한 수당을 받았는데, 주 정부는 이를 위해 매달 각 장관당 30만~50만 루피(약 8,500~1만 4,000달러)의 비용이 필요했다.[17]

싱의 93명의 장관 중 19명은 살인, 갈취, 길거리 싸움 등 여러 범죄 경력이 있었다. 그중에는 과학기술부 장관 하리 샨카르 티와리Hari Shankar Tiwari가 있었다. 〈인디아 투데이〉는 "이름만 대면 알 수 있듯이, 그는 그 사건에 연루되어 있었다"고 썼다. 폭력조직 두목 라구라즈 프라탑 싱Raghuraj Pratap Singh은 통계처 장관이었다. 그의 청년 여단은 "무슬림 소유의 다수 가옥을 불태우며" 지역 사회에 공포를 퍼뜨렸다.[18] 말할 필요도 없이, 악질 범죄자는 과학기술부 장관, 아니 어떤 장관으로도 합리적인 선택이 아니다.

범죄자들은 또한 비하르와 하리아나에서도 마찬가지였다. 언론인 수닐 세티Sunil Sethi가 썼듯이, 우타르프라데시의 상황은 구제 불능이었지만 "비하르의 살육 현장"은 "무한히 더 나빴다". 인도 전역에서 범죄자-정치인 마피아 집단은 불법적으로 하천 바닥의 모래를 준설하고 도시화되는 지역의 토지를 강탈하여 건설 경기가 좋을 때 막대한 이익을 얻었다. 또한 범죄자 출신 정치인들은 다이아몬드에서 철광석에 이르는 광물 채굴에도 관여했다.[19]

점점 더 많은 범죄자들이 자신들의 사업을 정치와 유착시키던 바로 그때 인도는 경제 자유화를 시작했다. 악마적인 상황이 전개되었다. 정치인들은 점점 더 범죄 활동에 관여했다. 그들은 신비감과 권력을 유지하기 위해 공공 서비스를 부족하게 유지했다. 그리고 유권자들에게 그 부족한 공공 서비스에 접근할 수 있도록 해줌으로써 유권자들의 지지를 얻었다. 부패하고 범죄 혐의를 받는 정치인들이 주요 직책에 있으면서 공공재를 무시하는 행태가 계속되었다. 더 나쁜 것은 특히 범죄 혐의를 받는 정치인들을 선출한 지역에서 여성을 상대로 한 범죄가 증가함으로써 사회적으로 공유된 경제 발전 전망을 더욱 해쳤다는 점이다.[20]

공동의 번영을 기대하기 어려웠기 때문에 젊은이들이 범죄의 영역으로 지속적으로 유입될 것이라고 예상할 수 있었다. 연구 조사에서 확인된 바와 같이, 망을 보거나 불법 상품을 운반하는 것과 같은 초급 범죄 일자리는 실업 남성(때로는 여성)을 끌어들인다. 예를 들어 멕시코에서는 중국 수출업체에 밀려 미국 시장을 잃어버린 기업들이 소재한 지역에서 범죄자 수가 증가했다. 이러한 일자리 손실 지역이 마약 거래 조직의 위치와 겹칠 때, 범죄 인구가 특히 크게 증가했다. 페루에서는 코카 재배로 인해 어린이들이 불법 코카인 생산 및 유통에 노출되었다. 그런 아이들은 성인이 되어서도 범죄에서 벗어나지 못하는 경향이 있었다.[21] 인도가 경제를 자유화하였지만 전망은 좋지 않았다. 훨씬 더 많은 합법적 일자리가 없다면 범죄는 더 많은 젊은 인도인들을 끌어들일 것이고 범죄자 출신 정치인이 늘어나며 또 다른 악순환이 생겨날 것이었다. 공유된 발전의 부재, 더 많은 범죄, 그리고 공유되지 않는 발전, 더 많은 범죄, 공유되지 않는 발전의 지속이라는 또 다른 악순환이 반복되었다.

범죄자 출신 정치인들은 통치 구조에 융합되었고, 그들의 존재와 역할은 거의 주목할 만한 가치가 없는 것으로 여겨졌다. 그러나 힌두트바는 최근 바브리 마스지드 철거로 화려한 쇼를 펼친 후 사람들의 마음에 남아 있었다. 1993년 3월 말의 블랙 프라이데이 폭탄 테러 직후, 봄베이의 저명한 지식인 알리크 파담시Alyque Padamsee는 "힌두 급진주의자들에 의해 독재가 시행될 것"이라고 예언했다. 그해 8월, 독립기념일이 다가오자 베테랑 언론인이자 역사가인 쿠쉬완트 싱은 절망적으로 말했다. "인도는 세속적인 겉모습을 유지할 수 있겠지만 그 내면의 정신은 호전적인 힌두교가 될 것입니다. 이 나라는 더 이상 지난 47년 동안 우리가 알고 있던 인도가 아닐 것입니다."[22] 힌두트바의 영구적 퍼포먼스 정치는 정치적 시야의 범주를 더욱 축소시키고 임기응변식 정책 결정 경향을 강화할 것이었다.

"누구도 제시카를 죽이지 않았다"

이제 연대기에서 앞으로 뛰어넘어, 만연한 범죄 문화와 정치적 오만함이 인도의 여성 혐오에 새로운 충격을 준 1999년 4월 30일 새벽 2시로 가보자. 네 명의 남성 술꾼이 델리의 한 바에서 술을 청했다. 바텐더 제시카 랄Jessica Lal은 거절하며 그날 밤의 바 영업이 끝났다고 말했다. 술꾼 중 한 명인 마누 샤르마Manu Sharma가 직접 술을 따르기 위해 바 뒤로 걸어 들어가자, 제시카는 그를 쫓아내려 했다. 샤르마는 총을 꺼내 공중에 발사했다. 그러고는 제시카 랄의 관자놀이에 총을 겨누고 그녀를 죽였다.[23]

마누 샤르마는 호텔과 영화관을 소유한 전직 주류 판매상이자 하리아나주 정치인 베노드 샤르마Venod Sharma의 아들이었다. 베노드 샤르마는 인디라 간디와 친구였고, 나중에는 나라심하 라오 정부에서 차관보를 지냈다. 그는 사업과 정치의 모호한 경계를 넘나드는 전형적인 1990년대의 인도 정치인이었다. 판사는 증인들이 재판에서 증언을 바꿨기 때문에 그의 아들 마누를 제시카 랄 살인 심리에서 무죄로 판결했다. 놀란 〈타임스 오브 인디아〉는 "누구도 제시카를 죽이지 않았다"는 제목으로 이 소식을 전했다.[24] 결국 용감한 기자들이 샤르마를 함정 수사로 잡아 그를 법의 심판대에 세웠다.

제시카 랄의 살인에는 인도 사회와 정치의 여러 폭력의 흐름이 무시무시한 방식으로 합쳐졌다. 여성 혐오, 과도한 남성성, 정치권력, 뻔뻔한 죄의식이 모두 작용했다. 랄의 끔찍한 살인이 아들 선호 관습이 뿌리 깊은 주인 하리아나 출신 남성의 손에 의해 이루어진 것은 우연이 아니었다. 또한 마누 샤르마의 아버지가 뿌리 깊은 범죄자-정치인 네트워크를 가진 하리아나의 고위 정치인이었다는 것도 우연이 아니었다.[25]

정계의 범죄자들과 힌두트바에서 비롯된 충돌 외에도 여성 혐오는 인도의 사회적, 경제적 발전 전망을 짓눌렀다. 여성들은 영양실조와 열악한 의료 서비스로 인해 더욱 고통 받았다. 현대적인 기술로 자궁에 있는 아이의 성별을 확인할 수 있게 되면서 여아 낙태가 더 흔해졌다. 여성 혐오가 만연한 폭력적 환경에서 살아가는 여성들은 종종 안전하지 않은 이웃을 두려워하고 심리적 상처를 안고 있어 경제활동인구에서 이탈했다. 여성들의 경제활동인구 이탈은 국가 생산량을 감소시키고 더 작고 건강하며 교육을 잘 받은 가정이 생길 가능성을 낮췄다.[26]

균형을 잃은 인도의 약속

중요한 역사적 사례를 살펴보면 경제적 역동성은 부패와 범죄를 극복했다. 특히 1850년부터 1930년 사이 미국 대도시의 시장을 비롯한 정치인들은 1980년대 중반 이후 인도 정치인들과 거의 같은 방식으로 부패, 범죄, 통치를 혼합했다. 역사학자 레베카 메네스Rebecca Menes는 인도의 많은 지역에 그대로 적용될 수 있는 말로 미국 정치에서의 부패와 범죄의 혼합을 이렇게 묘사한다.

시 계약과 면허는 악명 높게 부패했고, 규제는 불공평하게 적용되었으며, 철도와 물에 대한 접근은 돈을 주어야만 가능했다. 대부분의 도시에서 정치인과 관리들은 조직범죄로부터 뇌물을 받았고, 일부 도시에서는 정치인과 관리들이 직접 범죄를 조직했다. 특히 도박, 매춘, 불법 주류 판매가 그러했다.

인도에서와 마찬가지로 미국의 정치인들도 정부 계약에 입찰하는 건설 회사와 연루되어 있었다. 놀랍지 않게도 계약은 종종 과대 계상되었다.[27]

정치인들이 이렇게 약탈을 일삼았음에도 불구하고 미국 도시들은 이 수십 년 동안 경제적으로 번영했다. 그들은 "깨끗한 물, 하수도, 포장도로, 교육, 가스, 전기, 공공 안전, 공중 보건, 대중교통 제공"이라는 점에서 세계를 선도했다. 미국 농촌과 전 세계에서 이주해 온 사람들이 제조업 일자리를 찾아 미국 도시로 몰려들었다.[28]

미국은 가장 최악의 시기에도 정치적 책임 의식을 고취하는 데 도움이 되는 여러 가지 장점을 가지고 있었다. 1800년대 후반의 광범위한 초등교육에 이어 1900년대 초반에 거의 달성된 보편적인 중등교육은 적극적인 언론의 탐사 보도에 호응하는 식자층을 만들어냈다. 또한 비약적인 기술 진보는 일자리와 미래에 대한 낙관론을 만들어냈다. 실제로 당시 미국은 통신, 전기, 의약품, 의료 기술, 내연 기관 분야의 기술 혁신을 주도하고 있었다. 교육과 일자리 기회는 사람들에게 경제적 선택권을 주었다. 특히 20세기 전환기에 자동차가 발명된 후 이동성이 크게 증가하면서 사람들은 도심에서 교외로 이동하기 시작했다. 도시 지도자들은 사람들이 더 나은 공공 서비스를 가진 지역으로 이동할 수 있다는 것을 알고 있었기 때문에 투표함의 메시지에 주의를 기울였다. 또한 도시 지도자들이 자신들의 재정적 자율성을 부패한 수입을 위해 오용할 수는 있었지만, 채권시장의 규율에도 주의를 기울일 필요가 있었다. 그리고 미국 기업들은 당시의 경제적 역동성에 올라타 달리면서 부패가 자신들의 기업 운영을 저해한다는 이유로 부패에 맞섰다. 이 모든 요인들은 정치 개혁의 추진력을 만들어냈고, 이를 통해 미국 지역 정치에서의 부패와 범죄를 꾸준히 줄여나갔다.[29]

1980년대 이후 인도의 경제 상황은 100년 전 역동적이던 미국의 상황과 달랐다. 인도는 부패와 범죄뿐만 아니라 폭력적인 힌두트바와 뿌리 깊은 여성 혐오를 품고 있는 더 어둡고 무거운 이면에 의해 짓눌렸다.

역동적인 신흥 인도, 즉 "인도 스토리"에 대한 내러티브는 인도 지도자들과 인도 및 글로벌 전문가들이 충분히 자주 반복한 덕분에 살아남았다. 홍콩, 싱가포르, 런던의 투자 펀드 매니저들은 인도의 시장 개혁 자유화 스토리에 대한 신념을 유지했다. 그들은 고객을 위해 인도 기업의 주식을 더 많이 매입했다. 인도가 내건 경제 발전의 약속은 주로 국제적인 삶의 방식을 구매할 수 있는 소수의 시민들에게만 적용되었다. 1993년 11월, 인도 정부는 펩시코PepsiCo Inc.의 자회사인 KFC의 투자 제안을 승인함으로써 인도인들에게 "손가락이 근질거리게 맛있는" 닭튀김을 맛보게 했다. 한 영국 양조장은 인도 기업과 협력하여 인도인들에게 스미르노프 보드카Smirnoff vodka, 말리부 코코넛 럼Malibu coconut rum, 첼시 진Chelsea gin을 선보인다고 발표했다.[30]

자유화 개혁이 인도 경제나 정책 결정 과정에 추진력을 부여했는지는 분명하지 않다. 1994년 초, 개혁이 3년 차에 접어들면서 IMF는 인도 정부의 재정 적자가 줄지 않았다고 지적했다. 산업 성장은 더뎠고 인플레이션은 계속 상승했다. 1994년 8월 〈이코노미스트〉의 한 사진은 자전거 인력거 운전사가 졸고 있는 모습을 보여주었다. 그 메시지는 명백했다. 인도의 개혁은 현재 낮잠을 자는 중이었다. 〈이코노미스트〉는 인도 정부가 부유한 농민들에게 공급하는 수도와 전기 보조금을 줄이기 위한 노력을 거의 하지 않았고, 매우 비효율적인 공기업을 매각하기 위해 최소한의 노력만 기울였으며, 노동자들의 고용을 유지하려고 적자에 빠진 민간 기업들의 퇴출을 불합리하게 막았다고 지적했다. 평가절하와 수입 및 산업 통제 해제와 달리, 소수의 관리들이 사실상 하룻밤 사이에 행정 명령을 이용해 시행한 새로운 개혁은 더 크고 달성하기 어려운 것, 즉 합의를 필요로 했다.

힌두트바가 더 잘 다스릴 수 있는지에 대한 시험은 1995년 초에 이루어졌다. 무시무시한 힌두트바 세력을 바탕으로 시브 세나는 마하라슈트라 유권자들에게 엄청난 경제적 약속을 했다. 시브 세나 지도자들은 필수 식품 가격을 제한하고, 빈민가 주민들에게 400만 채의 주택을 제공하며, 270만 개의 일자리를 창출하고, 부패를 줄이겠다고 말했다. 1995년 3월 주 의회 선거에서 시브 세나와 BJP는 지금까지 무적이었던 국민회의를 박살내고 압도적인 다수를 차지했다. 마하라슈트라의 새로운 힌두 민족주의 정부는 1995년 6월 봄베이Bombay의 이름을 "뭄바이Mumbai"로 바꾸며 헤드라인을 장식하는 변화를 가져왔다. 불행하게도 그러나 놀랍지 않게도, 새 정부는 주택, 고용, 반부패 약속 중 사실상 어느 것도 이행하지 않았다. 정부는 봄베이에 입체교차로(육교)와 봄베이에서 푸네Pune로 가는 고속도로를 건설했다. 건설은 정치인들에게 수익성 높은 사업이었다. 저명한 시브 세나 당원들은 부동산 개발업자가 되었다. 당 지도자들은 이전의 조용한 라이프스타일을 버리고 부정하게 획득한 부를 화려하게 과시했다.[31]

인플레이션율은 계속 높았고 고용 전망은 계속 암담했다. 1991년부터 1996년까지 나라심하 라오 총리 시절 현대적인 기업 부문은 매년 약 20만 개의 일자리를 추가했다. 그러나 경제활동인구로 새롭게 진입하는 사람들의 요구를 충족시키고 실업자 또는 불완전 고용자들의 누적분을 줄이기 위해서는 매년 수백만 개의 새로운 일자리가 필요했다. 일자리를 원하는 사람들은 계속해서 비공식 부문에 몰려들었고, 그곳에서 그들은 원하는 것보다 적게 일했으며, 급여도 적게 받고, 안전망도 없었다.[32]

인도의 경제 발전 약속은 지켜지지 않았고, 무겁고 어두운 이면이 득세하고 있었다. 1996년 초, 대규모 부패 스캔들이 터졌다. 정체불명의 금융 브로커가 기업으로부터 정치인들에게 뇌물을 제공한 사건이었다. 모든 정당에 걸쳐 115명의 정치인들이 이 사건에 연루되었다.

부패의 오점은 나라심하 라오 총리에게까지 퍼졌다. 그의 장관 세 명이 부패에 연루되었다. 그중 두 명은 하르샤드 메타가 은행에서 남은 현금을 빼돌려 주가를 끌어올린 사건에 개입한 혐의를 받고 있었다. 세 번째 장관은 설탕 수입을 막아 설탕 가격을 올림으로써 강력하고 부패한 로비스트인 설탕 생산자와 제분소 소유주들을 부유하게 만들었다. 나라심하 라오의 시장 개혁으로 이익을 본 사람들조차도 부패에 혐오감을 느꼈다. 나라심하 라오 시절 급여가 두 배로 늘었던 한 자동차 공장 노동자는 "국민회의가 나라를 약탈하고 있다"고 말했다.[33]

1996년 4월 말과 5월 초에 엄청난 자금이 투입된 전국 선거에서 5억 9,000만 명의 유권자 중 거의 3억 5,000만 명이 투표했다. 그들은 나라심하 라오와 그의 정부를 거부했다. 그러나 한 무리의 악당들을 쫓아내면서도 인도 유권자들은 더 많은 범죄자들을 정치에 끌어들였다. 당시 선출된 545명의 하원 의원 중 40명이 절도 및 갈취에서 강간 및 살인에 이르는 범죄 혐의를 받고 있었다. 범죄 혐의가 있는 많은 수의 정치인들이 새로이 주 의회에 입성했다.[34] "인도 스토리"의 첫 번째 열풍 속에서 인도인들은 공공재와 양질의 일자리를 제공할 가능성이 가장 낮은 정치인 집단에 투표했다.

힌두트바 입장을 완화했다고 주장하는 BJP는 의회에서 가장 많은 의석인 161석을 차지했는데, 이는 1991년의 120석에서 증가한 것이었다. BJP는 이 지점에 도달하기까지 먼 길을 걸어왔지만 아직 갈 길이 멀었다. 안정적인 정부를 구성할 수 없었던 당 지도자 아탈 비하리 바즈파이는 13일 만에 사임했다. 일련의 불안정한 연정이 뒤따랐다.

1996년 GDP 성장이 둔화되었다. 가장 좋게 해석을 해도 인도의 경제 개혁은 성장에 제한적인 추진력만 줄 수 있었고, IMF는 성장 동력이 이미 "둔화되었는지" 의문을 제기했다. 그러나 좋은 소식도 있었다. 맥도날드McDonald's는 델리의 부유한 동네인 바산트 비하르Vasant

Vihar에 세계 최초의 쇠고기 없는 레스토랑을 열었다. 첫 번째 고객인 힌두교 사두sadhu(승려)는 양고기(램) 버거인 마하라자 맥Maharaja Mac을 건너뛰고 감자튀김과 탄산음료를 선택했다. 그는 감자튀김이 개선되어야 한다고 말했다.[35]

1998년 2월 선거를 앞두고 BJP의 고위 지도자들은 연정 파트너를 확보하기 위해 다시 한번 공격적인 힌두트바가 과거의 일이라고 주장했다. 그러나 사실상 모든 지도자들이 아요디아에 람 사원을 건설하겠다는 당의 공약을 재확인했다. BJP는 182석을 획득하여 잠시 바즈파이가 연정을 이끌 수 있게 했다. 그것도 무너지자 BJP는 다시 "온건" 노선을 내세워 선거운동을 벌였지만, 힌두 의용단 일가Sangh Parivar와 BJP 지도자들은 람 사원을 비롯한 다른 분열적인 문제를 계속 제기했다. BJP의 암묵적인 메시지는 일단 자력으로 권력을 잡으면 힌두트바 의제에 대한 공약을 지키겠다는 것이었다. 그 미묘한 균형 잡기에 힘입어 BJP는 1999년 9~10월 다시 182석을 차지했다. 이번에는 바즈파이가 이끄는 힌두 민족주의자들이 집권했다.[36]

인도가 새로운 경제 발전의 문턱에 서 있을 때, 범죄 혐의가 있는 정치인들이 점점 더 많이 국회의원이 되고 있었다. 1999년 9월, 인도의 선거관리위원장은 전과가 있는 국회의원들이 인도 민주주의의 "암"이 되었다고 말했다. 그는 "법을 어기는 자들은 법을 만드는 자가 될 수 없다"라고 무력하게 덧붙였다.[37]

인도인들은 힌두 민족주의 정당인 BJP에 국가 통치를 맡겼다. 그리고 당의 온건화에 대한 모든 이야기는 연막이었다. BJP의 떠오르는 스타 나렌드라 모디는 이 문제에 대해 분명했다. 1990년 9월, 그는 "전차" 행진이 구자라트의 솜나트 사원에서 출발하여 동쪽의 아요디아까지 행진을 시작할 때 초기 단계를 담당했었다. 〈타임스 오브 인디아〉의 한 기자는 "BJP의 홍보 기구는 당이 이제 전통적인 국민회의에 맞서는 대안으로 등장할 준비가 되었다는 인상을 전달하는 데 성공했다"고 말했다. 하지만 모디는 이 개념을 단호하게 일축했다. "우리의 이념이 희석되는 것은 의심의 여지가 없습니다"라고 그는 말했다.

19장
아니, 인도는 빛나지 않는다

"커피 한 잔을 마시는 동안 많은 일이 일어날 수 있습니다." 신비로운 즐거움에 대한 약속과 함께 카페 커피 데이Café Coffee Day는 1996년 7월 11일 첫 PC카페를 열었다. 그 카페는 방갈로르의 고급스러운 브리게이드 로드Brigade Road에 위치한 서양 유명 디자이너의 작품을 판매하는 부티크 옆에서 화려하게 선을 보였다. 세련된 사람들이 "CCD"라고 부르는 카페 커피 데이는 새로운 야망의 인도를 상징했다. 방갈로르의 IT 기업들의 광채 속에 젊고 즐거워하며 경제적 지위 상승을 갈망하는 하는 여피들은 CCD에서 100루피(2.80달러)에 커피 한 잔과 인터넷 한 시간 이용권을 살 수 있었다.[1]

CCD 매장은 곧 방갈로르 전역에 점점이 생겨났고 전국 도시로 확산되었다. 경쟁자들은 인도의 "사이버 공간에 대한 탐닉"에 부응하기 위해 서둘렀다. PC카페는 "모퉁이 찻집의 뉴 에이지적 대안"이었다. PC카페는 "어울리기 좋은 멋진 장소"였다. 대부분의 고객은 10대 후반과 젊은 성인이었지만, "평화와 고요함"을 찾는 "지친 엄마들" 또한 "한두 시간 동안" 아이들을 그곳에 내려두었다.[2]

동양과 서양이 융합되기 시작했다. 델리 외곽의 구르가온에 많은 다국적 기업들이 인도 본사를 설립했는데, 여기서 미국 체인인 배스킨라빈스Baskin-Robbins는 망고 맛 아이스크림을 제공했다.[3]

인도는 스스로를 세계적인 강대국이라고 주장했다. 1998년 5월 11일, BJP가 이끄는 연립정부인 국민민주동맹National Democratic Alliance 정부는 핵실험을 실시했다. 핵실험은 인도 국내적으로는 엄청난 지지를 이끌어냈지만, 국제적 비난과 미국 주도의 경제 제재를 불러왔다. 5월 24일에는 인도의 실험에 대한 보복으로 파키스탄이 자국의 핵 장치를 폭발시켰다. 아탈 비하리 바즈파이 총리는 인도가 새로운 군비 경쟁을 촉발했다고 비난하는 사람들을 일축했다. 인도 국내의 여론에 힘입어 그는 인도의 실험이 "자긍심과 자존감을 창출하고 국민의 사기를 높였다"고 말했다.[4]

이제 핵무기로 무장한 인도와 파키스탄은 1999년 5월부터 카슈미르에서 재래식 전쟁을 시작했다. 6월이 되자 빌 클린턴Bill Clinton 미국 대통령은 인도에 유리한 입장을 취했다. 그는 파키스탄 총리 나와즈 샤리프Nawaz Sharif에게 전화를 걸어 파키스탄 군대의 철수를 "촉구"했다. 며칠 후, 인도군이 분쟁 지역인 카르길Kargil에서 주요 히말라야 고지를 점령하자 G8 국가들로 구성된 주요 세계 강대국들도 파키스탄에게 철수를 요구했다.[5] 인도가 새로운 국제적 위상을 획득하는 순간이었다.

인도인들로서는 흥분되는 나날이었다. 2001년 8월, 성장 영화인 〈마음이 원하는 대로Dil Chahta Hai〉는 부유한 인도인들의 자신감을 표현했다. 대학 졸업 파티에서 영화의 주인공 중 한 명은 이제 일자리를 찾을 때라고 이야기한다. 파티에 흥분해 있던 사람들이 충격으로 침묵에 빠지자 주인공은 "농담이야, 친구들"이라며 껄껄 웃는다. 그 방에 있는 누구도 일자리를 찾을 필요가 전혀 없었다. 경제적으로 여유 있는 부모들은 자녀들에게 재정적으로 안정된 미래를 마련해 주었고, 그중 일부는 다국적 기업을 물려받을 것이었다. 이 젊은 인도인들은 "디자인 된 공간"에서 "좋은 삶"을 살고 있다. 그들은 디스코와 "깨끗한" 해변 리조트에서 삶을 즐겼다.[6] 〈마음이 원하는 대로〉는 젊은 세대의 환상이자 청년기 자기 탐닉의 정점이었다.

또한 이 시기는 인도의 "소프트 파워"가 성장한 시기였다. 미국으로 이주한 인도인의 자녀들과 증가하는 새로운 인도 이민자들은 미국 사회에서 명망 높은 지위를 획득했다. 요가와 명상이라는 인도의 수출품은 미국에서 새롭게 떠오르는, 동양 정신 수련과 결합된 피트니스 열풍에 부응했다(그림 19.1). 인도와 국제 엘리트들에게 발전의 약속이 눈앞에 다가온 것처럼 보였다. 1998년 3월부터 2004년 5월까지 6년 동안 아탈 비하리 바즈파이 총리와 BJP가 주도하는 두 개의 연립 정부가 국가를 통치했다. 인도의 보석인 IT 산업은 밝게 빛났다. 그러

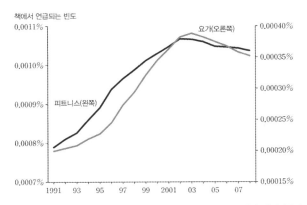

그림 19.1 요가는 전 세계적인 "피트니스"열풍을 타고 인도의 소프트파워 이미지를 높였다
(구글이 디지털화한 영어 서적에서 '피트니스'와 '요가'라는 단어의 빈도수).
출처: Google NGram.

나 다른 거의 모든 곳에서는 그림자가 길어졌다.

IT 보석

IT 혁명이 한창일 때 미국 기업들은 컴퓨터, 통신, 소프트웨어에 집중적으로 투자했다. 그것을 반영하듯 세계 최고의 기술 주식으로 구성된 나스닥 종합 지수는 치솟았다.[7]

셰익스피어의 〈줄리어스 시저〉에 등장하는 브루투스의 말을 인용하자면, 인도 기업들은 IT 붐을 "최고조에" 맞이했다. 인도의 대학들은 소프트웨어 프로그래밍에 대한 세계적 수요를 충족시킬 만큼 충분히 우수한 공학 졸업생들을 배출했다. 1999년 3월 11일 목요일, 인포시스 테크놀로지스Infosys Technologies는 나스닥에 상장된 최초의 인도 기업이 되었다. 당시 나스닥 종합 지수는 2,400이었는데, 이는 1996년 8월 1,100의 두 배 이상이었다. 인도에게 이것은 승리의 스토리였다. 52세의 인포시스 창업자이자 회장인 나가바라 라마라오 나라야나 무르티Nagavara Ramarao Narayana Murthy는 교사의 아들이었다. 전해지는 이야기에 따르면 그와 6명의 공동 창업자들은 250달러라는 거금으로 1981년 회사를 설립했다. 나스닥 상장으로 인포시스의 가치는 19억 달러로 평가되었다. 나라야나 무르티의 개인 재산은 1억 9,000만 달러에 달했다. 회사의 스톡옵션을 가진 인포시스의 운전기사와 전기기술자들은 인도 루피화로 환산했을 때 백만장자가 되었다.[8]

1999년 내내 Y2K 버그의 위협은 인도 프로그래머에 대한 엄청난 수요를 창출했다. 많은 구형 컴퓨터 하드웨어와 소프트웨어 시스템이 연도를 마지막 두 자리 숫자로만 식별했기 때문에 이런 위협이 발생했다. 새 천년이 되면서 컴퓨터가 2000년을 00으로 끝나는 이전 연도와 구별하지 못할 위험이 있었고, 이 경우 심각한 오작동을 일으킬 수 있었다. 해결책은 모든 컴퓨터 프로그램을 그러한 위협에 대해 검사하고 결함이 있는 프로그램을 개별적으로 수정하는 것이었다. 시한이 정해져 있던 Y2K 문제를 기한 내에 해결함으로써 인도 기업들은 Y2K 이후 계약을 따내는 데 도움이 되는 신뢰할 수 있고 납기를 준수한다는 평판을 쌓았다.[9]

카르나타카주의 수도인 방갈로르는 인도의 선도적인 소프트웨어 개발 도시로 남아 있었다. 그룹 불Groupe Bull, IBM, 모토로라Motorola, 지멘스Siemens, 썬 마이크로시스템즈Sun Microsystems를 비롯한 더 많은 외국 기업들이 텍사스 인스트루먼트를 따라 이 도시로 진출하면서 방갈로르의 첨단 이미지는 더 커졌다. 인구가 폭발적으로 증가하고 인프라가 노후화되면서 방갈로르의 "울창한 녹색 공원과 나무가 늘어선 대로"는 사라져가는 우아함을 상기시켰다.[10]

기술에 정통한 안드라프라데시의 찬드라바부 나이두Chandrababu Naidu 수상은 수도 하이데라바드에 마이크로소프트 유치라는 성과를 올렸고, 당연하게 그 도시에 "사이버라바드Cyberabad"라는 별명을 붙여주었다. 공학의 중심지인 타밀나두는 포드, 현대, 미쓰비시를 유치했고, 타밀나두의 주도인 첸나이는 성장하는 소프트웨어 센터가 되었다. 카르나타카, 안드라프라데시, 타밀나두 등 3개 남부 주와 더불어 델리, 봄베이가 인도 소프트웨어 생산의 대부분을 차지했다.[11]

세계 지도자들은 인도의 발전과 잠재력에 감탄했다. 2000년 1월, 로렌스 서머스Lawrence Summers 미국 재무장관이 인도를 방문했는데, 당시 그는 방갈로르에 있는 인포시스 본사도 방문했다. 네루의 비유를 인용하면서 서머스는 인포시스의 최첨단 캠퍼스를 현대 인도의 사원이라고 묘사했다. 두 달 후, 서머스의 상사인 빌 클린턴 대통령은 인도 방문의 일환으로 하이데라바드를 방문했다. 1,000명이 넘는 기술 인력들을 대상으로 한 연설에서 클린턴은 인도의 젊은 IT 백만장자들을 치하했다. 그는 이러한 창의적인 두뇌들이 새로운 기술을 활용하여 인도의 교육 및 의료 시스템을 업그레이드할 수 있다고 말했다. 클린턴은 컴퓨터와 교육용 소프트웨어가 갖춰진 인도의 마을들에서 교육 혁명을 제시했다.[12]

1990년대 후반의 또 다른 IT 관련 현상은 "콜센터"였다. "안녕하세요. 제 이름은 재닛이고 G.E. 캐피털에서 전화드렸어요." 그녀는 사실 델리 외곽의 구르가온에 있는 G.E. 캐피털 콜센터에서 전화를 거는 23세의 푸자 아트리Pooja Atri 였다. 그녀는 TV 시리즈 〈베이워치 Baywatch〉를 보면서 미국 억양을 익혔다. 방갈로르에서 C. R. 수만C. R. Suman 은 "수잔 샌더스Susan Sanders "였고 니샤라 앤서니Nishara Anthony 는 "나오미 모리슨Naomi Morrison "이었다. 그들은 TV 프로그램 〈프렌즈 Friends〉와 〈앨리 맥빌Ally McBeal〉을 시청했다. 콜센터는 받아쓰기를 하는 직원과 회계 서비스를 수행하는 직원도 고용하는 광범위한 비즈니스 프로세스 아웃소싱(BPO)의 일부였다. BPO 노동자들의 임금은 미국 동료들의 5분의 1 수준이었다. 인도는 멕시코, 아일랜드, 특히 필리핀과 경쟁했고, 인도가 가장 경쟁력이 있었다.[13]

남부 인도 주에서 IT 산업이 급증한 것과 대조적으로 북부 힌디어권에서는 IT 관련 활동이 거의 존재하지 않았다. 새로운 기술 발전은 지속적으로 커지는 경제적 격차를 더욱 악화시켰다. 남부 주들은 이미 1985년까지 상당히 부유해졌을 뿐만 아니라, 이후 20년 동안 경제가 더 빠르게 성장하면서 남부와 북부 간의 소득 격차를 더욱 벌렸다. 경제적 관성은 비하르, 마디아프라데시Madhya Pradesh , 라자스탄, 우타르프라데시의 4개 북부 주에서 가장 컸다(그림 19.2). 총칭 BI-MARU(힌디어로 "병약한"이라는 말장난)로 알려진 이들 주는 인도 인구

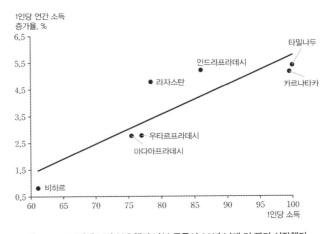

그림 19.2 1985년에 보다 부유했던 남부 주들이 20년 넘게 더 빨리 성장했다.
참고: 1985년 타밀나두의 1인당 소득은 1,758루피로 주들 가운데 가장 높았는데 이를 100으로 설정하였다.
출처: Reserve Bank of India, Handbook of Statistics.

의 3분의 1을 차지했다. 그들은 경제적 역동성이 부족했고, 인구는 남부보다 빠르게 증가하고 있었다. 부패와 정치인-범죄자 유착은 남쪽에서도 횡행했지만, 그러한 병리는 BIMARU 주민들에게 훨씬 더 큰 피해를 주었다.

국가적 관점에서 IT 붐의 주된 혜택은 인도의 경상수지 적자 해소에 숨통을 틔워준 것이었다. 고질적인 국제 경쟁력 부족을 반영하듯 인도는 상품 무역에서 큰 적자를 내고 있었고 수입이 수출을 큰 폭으로 초과했다. 2000년 4월부터 2001년 3월까지의 회계연도에 무역적자는 120억 달러였다. 그러나 무역 적자가 외환보유고를 거의 고갈시키고, 심지어 수입 대금을 지불하기 위해 금을 해외 중앙은행에 담보로 잡혀야 했던 1990~1991년 위기와 달리 지금의 상황은 더 여유로웠다. 소프트웨어와 BPO 수출이 무역 적자의 절반을 메웠다. 또한 해외 거주 인도인들의 송금액은 130억 달러였고, 인도 주식시장에 유입되는 25억 달러가 추가되었다. 2004~2005 회계연도에는 무역 적자가 380억 달러로 증가했지만, 소프트웨어 수출도 170억 달러에 달했다. 송금과 외국인 지분의 지속적인 유입으로 인해 중앙은행의 외환보유고가 급증했다.[14]

소프트웨어 산업은 세계 시장에 집중했지만 국내에서의 판매는 제한적이었다. 그 이유 중 하나는 비참한 수준의 통신 인프라였다. 그 결함을 해결하기 위해 바즈파이가 이끄는 국민민주동맹은 1999년 3월 새로운 통신 정책을 준비했다. 정부가 과반을 상실한 후 10월에 다시 회복함에 따라 정책 시행은 몇 달에 걸쳐 이루어졌다. 이 정책은 새로운 규제 체제를 이용해 경쟁하는 기업들 사이에 "공정한 경쟁의 장"을 마련함으로써 새로운 공급자의 진입을 장려하고자 하는 것이었다. 기존의 국영 공급자들은 체제를 정비해야 한다는 통지를 받았다.[15] 전화 보급률이 세계에서 가장 낮았던 인도였지만 이제 인도의 전화 사용은 세계 나머지 국가를 따라잡기 시작했다(그림 19.3).

그러나 IT가 국가를 위해 할 수 있는 것에는 한계가 있었다. 1990년대와 2000년대 초 빠른 성장에도 불구하고 소프트웨어 산업은 2005년 인도 GDP의 2%에 불과했다. 따라서 총 GDP 성장에 대한 기여도는 미미했다. 그리고 이 산업은 상대적으로 숙련된 소수의 노동자만을 고용했기 때문에 고용 기여도는 더 작았다. 2005년 인도 소프트웨어 및 비즈니스 서비스 산업은 4억 2,000만 명의 경제활동인구 중 130만 명만을 고용하고 있었다.[16]

인도의 IT 보석은 밝게 빛났다. 그러나 빛나지 않는 인도는 어땠을까? 그 인도에는 대다수의 인도인들이 살고 있었고, 그들은 일자리가 어디서 올 것인지 궁금해했다.

"쿠츠 캄 밀레가Kuch Kaam Milega?" - 일이 있나요?

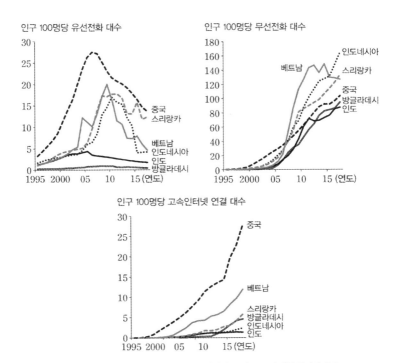

인구 100명당 유선전화 대수

인구 100명당 무선전화 대수

인구 100명당 고속인터넷 연결 대수

그림 19.3 인도는 2000년대 초반이 되어서야 통신 부문이 대중화되었지만
여전히 다른 국가에 비해 낮은 수준이었다.

출처: World Bank, World Development Indicators, IT.MLT.MAIN.P2, IT.CEL.SETS.P2, and IT.NET.BBND.P2.

1955년 영화 〈쉬리 420〉(힌디 관객에게 "사기꾼"을 의미함)에서 라즈 Raj 역할을 맡은 라즈 카푸르는 경쾌하게 봄베이로 걸어 들어간다. 그가 만난 첫 번째 사람에게 그는 "정말로 일자리를 찾아 여기에 왔습니다. 일자리를 알려주시겠습니까Kaam hi taalash me to mein aaya hoon, koi kaam batao mujhe?"라고 말한다. 43년 후, 람 고팔 바르마Ram Gopal Varma의 1998년 영화 〈진실Satya〉에서 주인공 사티아는 기차를 타고 봄베이에 도착한다. 그는 대화 상대에게 같은 질문을 한다. "쿠츠 캄 밀레가Kuch kaam milega (일이 있나요)?"

캄kaam (일)이라는 단어는 40년이 넘는 세월 동안 섬뜩하게 메아리쳤다. 그러나 1955년 학사 학위를 내세운 라즈와 달리 사티아는 학위에 대해서는 신경 쓰지 않는다. 그가 어떤 교육을 받았는지 또는 안 받았는지는 중요하지 않다. 상대방은 그의 상황을 이해하고 눈에 악의적인 빛을 띠며 묻는다. "쿠츠 비 찰레가 테레코Kuch bhi chalega tereko", "어떤 종류의 일이라도 할 건가요?"라는 속어다. 그렇게 봄베이의 범죄 세계는 사티아를 자신들의 품으로 빨아들인다.

영화 〈진실〉은 평론가들의 찬사를 받고 영화 관객들을 매료시키면서 컬트적 지위를 획득했다. 주인공 사티아는 커피 한 잔과 한 시간의 인터넷을 위해 카페 커피 데이를 방문하는 사람들과 비슷한 연배다. 사티아는 도시의 물소 헛간 옆 방의 침대에서 시작해서 결국 붐비는 봄베이 아파트에 방을 얻기에 이르는 과정을 거치면서 범죄 경력의 사다리를 오른다. 새로운 거처에서 그는 퓨즈를 고치는 데 도움이 필요한 복도 맞은편의 젊은 여성과 친구가 된다. 사티아의 보스는 아이들을 영어로 가르치는 학교에 보내고, 딸이 "반짝반짝 작은 별Twinkle, Twinkle, Little Star"을 암송할 때 자부심으로 가슴이 부풀어 오른다.

비록 그들이 정상적인 겉모습은 유지했지만, 범죄에 종사하는 많은 이들의 삶은 짧았다. 그들은 서로를 베어 넘어뜨리거나 경찰관들은 솜씨 좋게 자주 "정당방위"로 조작하여 그들을 죽였다. 경찰 관계자들은 그러한 정당방위로 조작된 살인이 자기방어나 범죄자들이 법의 손아귀를 벗어나는 것을 막기 위해 필요하다고 말했다. 정당방위로 조작한 살인은 1960년대 후반 경찰이 벵골의 낙살라이트를 진압했을 때 시작되었다. 이제 그것은 국가를 민주적으로 통치할 수 없는 인도의 관행이 되었다. 1993년 나라심하 라오 총리 때 폭력적인 경찰이 편자브에서 끝없는 극단주의자들의 반란을 진압했을 때 정당방위로 조작한 살인은 최고조에 달했다. 1990년대 후반과 2000년대 초, 조작된 정당방위는 봄베이의 범죄 세계를 다루기 위한 선택의 도구였다. 경찰관들 중 "조작된 정당방위 살인 전문가"들은 살인의 전리품을 쌓아

그들을 국민적 유명인사로 만들었다.[17]

1998년 7월 〈진실〉은 두 가지 인도의 현실이 펼쳐지는 결정적인 순간에 개봉했다. 인도와 글로벌 엘리트들이 낙관적인 "인도 스토리"를 축하하는 동안, 일자리가 부족하고 사회적 폭력이 만연한 모습을 담은 영화의 어두운 메시지는 전국의 극장에서 공감을 샀다.

인도의 성장 버블은 축하할 이유가 되지 않는다

인도의 GDP 성장률은 1997~1998 회계연도에 둔화되었지만, IMF는 이전 3년 동안의 성장을 "인상적"이라고 평가했다. 더 빠르게 성장하는 중국 경제와 계속 비교하면서 평론가들은 인도의 전망에 대해 확신했다. 〈월스트리트 저널〉은 인도가 "진정한 민주주의"이며 법치에 전념하고 있다고 썼다. 반면에 중국은 "법에 의해서가 아니라 노인들의 변덕과 불안에 의해 통치되는" 취약한 권위주의 사회였다. 한 인도 칼럼니스트는 익숙한 비유를 반복했다. "권위주의 체제"는 "중국 토끼에게 도약의 기회를 주었다". 그는 민주주의의 인도 "거북이"가 "더 만족스러운 결과를 낳을 것"이라고 예측했다.[18]

IMF는 인도의 잠재력에 대해 대체로 낙관적이었지만 몇 가지 우려할 만한 징후를 감지했다. 1997~1998년 성장 둔화는 동아시아 금융 위기에 따른 우발적 파급효과라기보다는 인도 내부의 취약성을 반영한 것이었다. 다양한 취약점이 인도 경제를 괴롭혔다. 농업 실적은 우려스러웠고, 인구의 상당 부분, 특히 여성은 "기초교육에의 접근성이 심각하게 제한"되어 있으며, 노동집약적 제품 수출의 느린 성장은 일자리 전망을 저해했다.[19] 독립 반세기가 지나고 심지어 낙관적인 국면에서도 인도의 근본적인 문제는 지속되었다.

바즈파이 정부는 나라심하 라오가 이끄는 국민회의 정부에서 시작된 시장 지향적 경제 자유화를 지속했다. 혁신은 인도의 노후한 인프라를 현대화하는 데 중점을 두었다. 매년 부자와 권력자들을 스위스 다보스로 불러 모으는 세계경제포럼World Economic Forum은 1998년 조사한 53개국 중 인도의 인프라를 최하위로 평가했다. 세계은행 보고서는 인구 100만 명 이상의 27개 아시아 도시 중 인도의 4대 도시를 물 공급과 도시 폐기물 관리 면에서 최하위로 평가했다. 핵심 문제는 이해하기는 쉽지만 정치적으로 해결하기는 어려웠다. 인프라 공급자, 특히 수도와 전기 공급자들은 인도 소비자들에게 보조금을 제공하라는 압력을 크게 받았고, 이로 인해 그들이 부담하는 비용보다 낮은 가격에 서비스를 판매하게 되었다. 또한 많은 사용자들이 물과 전기를 훔쳤기 때문에 손실은 계속 증가했다. 인프라 공급을 개선하려면 인도인들이 서비스에 대한 비용을 지불해야 공급자들이 이익을 얻고 더 나은 서비스에 투자할 수 있었다.[20]

바즈파이는 부유한 인도인들에게 더 높은 지방세를 내도록 강요하거나 서비스 비용 지불을 강제할 준비가 되어 있지 않았다. 그는 터무니없이 낮은 가격 책정과 서비스 절도가 가장 중요한 제약조건이 아닌 다른 분야에 초점을 맞췄다. 1998년 12월, 1만 3,000킬로미터가 넘는 고속도로 투자의 일환으로, 그는 인도의 4대 대도시인 델리, 캘커타, 뭄바이, 첸나이를 연결하는 "황금 사다리꼴" 도로를 4차선으로 개선할 계획을 발표했다. 또한 1999년 3월, 위에서 설명한 바와 같이, 통신 서비스를 업그레이드하기 위한 정책을 발표했다. 일부 주에서는 적자를 기록하던 전력 공급업체의 민영화를 시작했는데 이는 정년을 보장받았던 직원들의 일자리 감소와 요금 인상을 의미했다. 그러자 기존 수혜자들이 이에 저항하면서 민영화를 지연시켰다.[21]

바즈파이는 2000년 7월 전 세계은행 경제학자이자 열성적인 탐사 저널리스트인 아룬 쇼우리Arun Shourie를 투자 철회 장관으로 임명하면서 또 다른 정책 전선을 형성했다. "투자 철회disinvestment"라는 단어는 공기업 민영화를 위한 인도식 완곡어법으로, 1990년대 초에 등장한 것으로 보인다. 공기업 매각을 곧이곧대로 부르는 것은 사회적으로나 정치적으로 받아들여지지 않았다. 공기업은 어떤 더 큰 목적에 봉사한다는 인식이 남아 있었다. 공기업 소유 구조에서 혜택을 받은 사람들, 특히 평생 안정적인 직장을 가졌던 노동자들은 항의했다. 그러나 가장 큰 정치적 반대는 BJP의 힌두 민족주의 지지자들로부터 나왔다. 그들에게 공기업은 스와데시Swadeshi(조국)의 "왕관 보석"이었고, 민영화는 그것을 외국인들에게 넘겨주는 것을 의미했다.[22]

쇼우리는 열정적으로 대응했다. 인도의 공기업은 보석이 아니라 "피를 흘리는 궤양"이었다. 그가 맞았다. 인도의 공기업을 구매하려는 투자자는 거의 없었다. 고통스러운 4년 동안 정부는 제빵 기업, 아연 및 납 생산업체, 알루미늄 생산업체, 각종 고급 호텔, 두 개의 무역 회사, 그리고 다양한 석유 및 통신 회사의 지분을 매각했다. 가장 주목할 만한 투자 철회는 1981년 인도 정부와 일본 스즈키 모터스Suzuki Motors 사이에 설립된 합작 회사인 마루티 우됴그Maruti Udyog Limited의 지분 매각이었다. 그 매각으로 산자이 간디의 기술적으로 미숙하고 터무니 없이 부패한 의도에 따른 산물이자 그의 어머니의 관용으로 조장되었던 마루티의 이야기는 비로소 막을 내렸다. 가장 큰 실패는 때로는 "덕트 테이프로 붙여진 것처럼 보이는" 노후화된 항공기와 형편없는 서비스로 악명 높은 "피를 흘리는 궤양"의 전형인 국영 항공사 에어 인디아Air India를 매각하려는 시도가 중단된 것이었다. 특히 국영 은행을 포함한 수십 개의 공기업이 매각되지 않은 채 남아 있었다.[23]

바즈파이는 겨우 표면을 긁어냈을 뿐이었다. 그러나 그는 인도의 기준으로 보자면 국내 경쟁, 인프라, 민영화를 진전시키는 데 기여했다. GDP 성장률은 1999년에서 2001년 사이 하락한 후 연간 8%로 가속화되었다. IMF는 2004년 평가에서 "인도 경제의 최근 인상적인 실적은 1990년대 초반 이후 이루어진 개혁의 혜택을 입증한다"고 썼다.[24] 개혁과 GDP 성장을 이렇게 단순하게 병치시킴으로서 IMF는 신뢰를 거의 얻지 못했고 인도에게도 아무런 도움이 되지 않았다.

IMF와 다른 분석가들이 지적한 것처럼 1990년대 초 인도의 "개혁"이 2000년대 초에 목격된 성장의 원인이었을까? 그렇다면 개혁의 주요 내용이 인도 제조업에 대한 통제 완화에 있었기 때문에 제조업 부문의 실적이 인상적이어야 했다. 하지만 인도 제조업의 성과는 기껏해야 평범한 수준이었다.

인도의 개혁 후 제조업 실적 부진의 가장 뼈아픈 증거는 노동집약적 제조업 수출에서 인도와 중국 간의 격차가 벌어지고 있다는 점이었다. 이 격차는 1970년대 후반에 시작되었고 1990년대에 확대되었으며, 2001년 12월 중국이 세계무역기구WTO의 회원국이 된 후 크게 벌어졌다. 중국의 수출은 엄청나게 성장했는데, 이는 중국 노동자들에게 지급되는 낮은 임금 때문만은 아니었다(심지어 주된 이유도 아니었다). 중국의 성공 배경에는 중국 제조업체와 노동자의 생산성이 비약적으로 향상되었다는 점이 있었다. 1993년부터 2004년 사이 중국의 총요소생산성total factor productivity, 즉 모든 투입요소 사용의 효율성은 연간 6.1% 증가했다. 같은 기간 인도의 총요소생산성은 연간 1.1% 증가했다. 인도는 거의 한 세기 전 세계 섬유 시장에서 일본과의 전쟁에서 패한 이후 생산성 핸디캡을 안고 살아왔다. 그때와 마찬가지로 인도의 생산성 실패는 또 다른 개혁 실패, 즉 인적 자본을 개발하지 못한데 있었다.[25]

생산성의 지속적인 향상은 더 많은 교육을 받은 노동자들이 기한을 엄격하게 준수하면서 생산 과정에서의 낭비를 줄일 때에만 가능하다. 1990년대 중반 언젠가 나는 세계은행 연구원으로서 중국 남동부 해안의 푸젠성에 있는 TV 제조업체를 방문했다. 내가 그곳의 생산 품질이 한국과 일본의 경쟁업체에 비해 얼마나 뒤처져 있는지 물었을 때 공장장은 짜증을 냈다. 그는 엄숙하게 나를 품질관리실로 안내했는데, 그곳에는 작업에 대한 통계를 보여주는 차트가 걸려 있었다. 차트를 가리키며 공장장은 미소를 지었다. 그는 자신의 공장이 세계 최고 수준이라고 말했다. 인도는 1990년대에 게임의 수준을 높였지만 중국과의 붉은 여왕 경쟁에서 결정적으로 패배했다.

인도 기업(그리고 경제)에게 금융과 건설은 성장의 원천이었다. 1990년 이후 GDP에서 제조업이 차지하는 비중은 다소 감소한 반면, 금융 부문의 비중은 급격히 증가했다. GDP에서 건설 산업이 차지하는 비중도 꾸준히 증가했다(그림 19.4). 제조업에서 금융과 건설 쪽으로의 전환은 1980년대 초 봄베이 섬유 산업 파업과 함께 시작되어 계

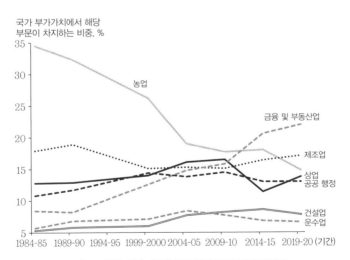

그림 19.4 금융-건설 거품은 인도 GDP 성장률을 부풀렸다
(총 부가가치에서 차지하는 비중, 퍼센트).
출처: Central Statistical Office of India,
http://mospi.gov.in/publication/national-accounts-statistics-2021, Statement 1.6.

속 탄력을 받았다. 인도의 자유화 이후의 "성장 스토리"는 주로 금융과 건설 버블에 관한 것이었다.

또한 인도의 GDP 성장은 1998년부터 2000년까지 미국의 놀라운 기술 열풍에 의해 먼저 시작된 이후 급성장한 세계 경제의 도움을 받았다. 2001년 닷컴 버블이 붕괴된 후 미국의 금융 규제 완화는 미국과 세계 경제의 높은 성장률을 유지하는 데 도움이 되었다. 미국 소비자는 저렴한 중국 제품에 대한 무한한 수요처였다. 그 수요를 충족시키기 위해 중국 제조업체들은 나머지 세계에서 원자재와 기타 투입 요소를 구매했다. 세계 무역은 제2차 세계대전 이후의 호황 이래 가장 빠른 속도로 성장했다. 더 세계화된 세계에 밀려온 무역의 밀물은 모든 배를 끌어올렸다. 세계 무역에 상대적으로 제한적으로 참여한 인도의 배까지도 말이다.

하지만 축하할 때가 아니라 걱정할 때였다. 금융-건설 버블은 터질 것이고 세계 무역 성장은 둔화될 것이었다. 더 근본적인 문제가 있었다. 인도의 성장 패턴은 사회 규범과 책임 의식을 더욱 침식시키면서도 좋은 일자리는 거의 만들어내지 않고 있었다.

도덕적 타락과 좋은 일자리가 부족한 발전

인도의 금융 붐으로 상업용 부동산, 고층 주택, 쇼핑몰에 자금이 밀려들었다. 이 중 가장 화려한 개발 프로젝트인 피닉스Phoenix는 2002년 말 뭄바이에서 문을 열었다. 섬유 공장의 잔해에 건설된 피닉스는 100만 제곱피트[약 9만 2,903제곱미터] 규모의 고층 사무실, 아파트와 유행을 선도하는 쇼핑몰로 구성된 단지였다. 쇼핑몰은 루이비통, 구찌, 몽블랑과 같은 고급 매장의 "화려한 쇼룸"과 함께 전국에 생겨났다. 인도의 초부유층을 대상으로 하는 이들은 "매끈한 대리석 바닥과 세련된 식당"을 갖추고 있었다.[26]

건설 산업은 1983년 코미디 영화 〈친구들아 그냥 넘어가자Jaane Bhi Do Yaaron〉에서 처음 주목받은 새로운 범죄-정치 유착의 중심이었다. 그 영화에서 범죄자들과 정치인들은 서투른 아마추어들이었다. 1998년 영화 〈진실〉에서 건설 마피아는 더 조직화되고, 유머는 더 어두워지며, 폭력은 더 기괴해진다.[27]

전 세계적으로 건설은 사업의 상당 부분이 현금으로 진행되고, 전체 과정의 여러 단계에서 관의 승인이 필요하기 때문에 부패와 범죄의 온상이 되곤 한다. 뉴욕과 이탈리아 마피아도 건설 산업과 밀접한 관련이 있었다. 인도에서 가장 흔한 건설 관련 범죄는 건축에 필요한 콘크리트를 생산하기 위해 시멘트와 자갈에 혼합되는 모래를 공급하는 불법 하천 모래 채취와 관련된다. 한 추정에 따르면 모래 채취는 인도에서 가장 큰 범죄 활동으로 성장했다. 모래 채취로 인한 피해는 범죄를 훨씬 넘어선다. 하천이 마르면서 지형과 토지의 안정성이 변한다. 모래 채취는 토양의 산도를 높이고 용해된 금속이 지하로 스며들어 지하수를 오염시키며, 미생물과 생물다양성도 파괴한다.[28]

1999년, 고용 전문가 아지트 쿠마르 고스는 또 다른 심각한 문제에 대해 경종을 울렸다. 그는 GDP 성장이 "고용 여건을 개선하지 못했다"고 썼다. 그는 인도가 "곧 고용 위기에 직면할 것"이라고 말했다. 고스는 중요한 점을 지적하고 있었다. GDP 성장은 고용 성장과 동의어가 아니며, 창출되는 일자리의 질과는 더더욱 그렇지 않다는 것이다. 실질 실업률(상당한 불완전 고용을 감안할 때)은 약 12%였다. 그러나 앞서 지적했듯이 인도인들은 실업자가 될 여유가 없었기 때문에 고용 문제의 심각성은 인도 일자리의 질이 낮다는 데에도 있었다. 취업자 중 정규직으로 임금수준이 양호하고 건강보험 및 연금 혜택이 포함된 일자리에 종사하는 사람은 약 8%에 불과했다. 심지어 현대적인 부문도 제한된 수의 정규직만을 창출했고, 계약직 임금 노동에 점점 더 의존했다. 고스는 구직자 수가 더 빠르게 늘고 있으며 일자리가 제한되어 노동자들이 계속해서 저생산성, 저임금의 비정규직으로 내몰릴 것이라고 강조했다.[29]

좋은 일자리가 부족한 이유는 간단했다. 일반적으로 빠르게 성장하는 금융 부문은 소수의 고숙련 노동자만을 필요로 했다. 글로벌 노동집약적 상품 무역에서 인도가 차지하는 비중이 미미했기 때문에 저숙련 제조업 일자리는 느린 속도로만 증가했다. 그래서 대다수의 저숙련 노동자들은 주로 건설업과 상업, 음식점, 운송업으로 이루어진 비공식 경제 부문에 자리를 잡았다. 이러한 일자리들은 휴업 기간이 길어 불완전 고용이 되기 쉽다. 건설 일자리는 위험했다. 노동자들은 먼지 나고 유독한 환경에서 일했다. 그들은 종종 헬멧과 안전벨트 없이 일했고 심각한 부상이나 사망의 위험에 항상 노출되어 있었다.[30]

"후진" 비하르뿐만 아니라 "선진" 타밀나두에서도 새로운 일자리는 주로 건설업과 생산성이 낮은 서비스업에 집중되었다. 타밀나두는 많은 찬사를 받은 제조업 허브임에도 불구하고 제조업 종사자 비중은 감소하고 건설업 종사자 비중이 증가하는 모습을 보였다(그림 19.5). 괜찮은 비농업 일자리를 찾지 못한 여성들은 경제활동인구에서 이탈하고 있었다.[31]

고용은 인도 정책 입안자들에게 우선순위가 아니었다. 몬텍 알루왈리아는 1990년대와 2000년대 경제 정책을 검토하면서 고용을 "중기" 문제로 맨 마지막에 다뤘다. 한편, 사티아 같은 젊은이들은 계속 봄베이로 향했다. 그들은 일자리 기회가 별로 없다는 것을 알면서도 정체도 모르는 사람에게 "일이 있나요?"라고 물을 수밖에 없었다. 그들에게는 "중기" 계획이 없었다. 그들에게 폭력적인 삶은 여전히 합리

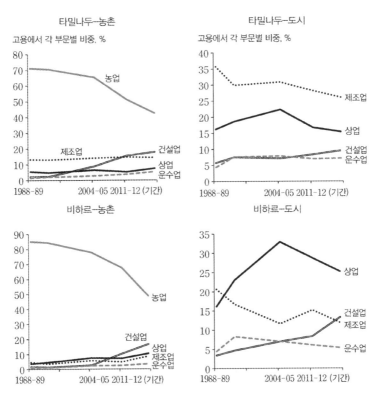

타밀나두-농촌

고용에서 각 부문별 비중, %

농업

제조업

건설업

상업
운수업

1988-89   2004-05 2011-12 (기간)

타밀나두-도시

고용에서 각 부문별 비중, %

제조업

상업

건설업
운수업

1988-89   2004-05 2011-12 (기간)

비하르-농촌

농업

건설업

상업
제조업
운수업

1988-89   2004-05 2011-12 (기간)

비하르-도시

상업

건설업
제조업

운수업

1988-89   2004-05 2011-12 (기간)

그림 19.5 농업에서 건설업으로의 고용 전환은 '선진' 타밀나두와 '후발' 비하르에서 발생했다 (고용의 부문별 분포, 본업 및 부업 상태, 퍼센트).

출처: Central Statistics Office of India, Periodic Labour Force Survey, 1987-88: Statement 36, pp.105-108; 1993-94: Table 6.7.2, pp.116-120; 2004-05: Statement 5.9.2, pp. 140-145; 2011-12: Statement 5.11.1, pp. 165-173; 2017-18: Table (27), pp. A-163 to A-168.

적인 선택이었다.[32]

그러나 더 큰 문제는 광활한 농업 부문에서 발생하고 있었다.

빛이 비치지 않는 곳

독립 직후인 1950년 농업은 인도 전체 노동자의 70%를 고용하고

있었다. 이후 반세기 동안 농업 부문 경제활동인구 비중은 겨우 10%
포인트 감소했다. 비교 가능한 일본의 경우 메이지 시대 이후 반세기
동안 농장 노동자의 비중은 1880년 80%에서 1930년 45%로 35%포
인트 감소했다. 1920년대 초반이 되자 본인이 원하지 않는데 농장에
서 일하는 일본인은 아무도 없었다.[33]

이후 동아시아의 발전에서도 노동자들은 농업에서 비농업 부문으
로 더 빠른 속도로 이동했다. 한국의 농업 종사자 비중은 1965년 55%
에서 2000년 10%로 감소했다. 1인당 소득 기준으로 1970년대 후반
까지 인도보다 가난했던 중국에서도 농업의 경제활동인구 비중은
1965년 80%에서 2000년 50%로 감소했다. 한국과 중국 모두 1990년
대에 농업에서 비농업으로의 전환이 특히 빨랐는데, 인도는 이 지표
에 따르면 거의 제자리걸음이었다. 일본, 한국, 중국에서 농업에서 타
분야로의 고용 전환은 제조업과 서비스업의 일자리 기회가 확대되었
기 때문만이 아니라 농업 자체가 역동적이었기 때문에 발생했다.[34]

일본에서는 메이지 시대 이후 토지 생산성이 빠르게 증가하여
1960년대에는 세계 최고 수준에 달했다(그림 19.6). 한국의 토지 생산
성은 1980년대 초에 일본을 따라잡았고 중국은 2015년경 따라잡았
다. 토지의 생산량이 늘어나면서 농업 생산은 건강한 속도로 성장했
고 젊은 신규 구직자와 고령 농업 노동자들은 비농업 일자리를 찾게
되었다.[35] 모든 선진국은 이러한 고전적인 전환을 겪는다. 오직 인도
만이 만성적으로 그렇게 할 수 없는 것 같았다.

1991년 경제 "자유화" 이후 10년 동안에도 3,500만 명이 넘는 인도
노동자들이 생산성이 낮은 농업 일자리에 몰려들었다. 국가적 관점에
서 보자면 이는 경제활동인구를 매우 비효율적으로 사용하는 것이었
다. 인도 농업의 노동자 1인당 생산량(기술적으로는 부가가치에 해당)은
비농업 노동의 노동자 1인당 생산량의 4분의 1에도 미치지 못했다.[36]

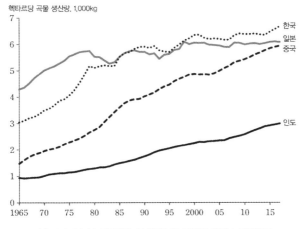

그림 19.6 오늘날 인도의 농업 생산성은 과거에 비해 높아졌지만
여전히 다른 나라에 비하면 훨씬 낮다
(헥타르당 곡물 생산량, 1,000킬로그램, 5년 이동평균).
출처: World Bank World Development Indicators, AG.YLD.CREL.KG.

그러나 비농업 일자리가 제한되어 있고 도시 주거 환경이 열악하기 때문에 농민들은 비참한 농촌 생활에 머무를 수밖에 없었다.

비참하다는 단어로는 부족할 수도 있다. 1990년대 후반부터 농업 노동의 가혹한 현실은 특히 남동부 안드라프라데시주와 서부 마하라슈트라주에서 농민 자살이 잇달아 발생하면서 드러났다. 인도 나머지 지역과 마찬가지로 세대를 거듭하고 상속이 이루어지면서 농민들이 경작하는 토지는 점점 더 작아졌고 가족들이 생계를 꾸려나가기가 더 어려워졌다.[37]

안드라프라데시의 찬드라바부 나이두 주 수상은 IT 중심지로 내세운 주도 하이데라바드에만 시선을 단단히 고정하고 있었다. 나이두는 새로운 기술적 기회(예: 유전자 변형 종자 품종)가 농민들의 문제를 해결해 줄 것이라고 거만하게 말했다. 기술은 또한 "농촌 기반 사회에서 서비스 부문 사회로의 도약"을 가능하게 할 것이었다.[38] 농민들은 그런 행복을 헛되이 기다렸다.

안드라프라데시는 큰 주다. 2001년 7,600만 명의 인구는 같은 해 독일의 8,200만 명과 비슷했다. 이 주에는 거대한 크리슈나Krishna강 과 고다바리Godavari강, 그리고 많은 작은 강들이 흐른다. 인도 기준으 로 보면 이 주의 농업은 성공적이었다. 농민들은 쌀과 땅콩, 면화, 사 탕수수 같은 환금성 작물을 생산한다. 그러나 1990년대 인도 전역에 서 녹색혁명의 효과가 줄어들면서 농업 성장률이 하락했다. 안드라프 라데시에서는 고다바리강마저 마르기 시작하면서 문제가 광범위하 게 퍼졌다. 강우량에 전적으로 의존하던 이 주의 광활한 건조 지대는 큰 고통을 겪었다. 부패로 얼룩진 운하 관개 부서는 예산을 낭비하고 유지 보수를 등한시했다. 부유한 농민들은 더 깊이 우물을 팠고, 이로 인해 지하수위가 위험할 정도로 내려가 소규모 농민들은 물을 찾기 위해 땅을 더 깊이 파야 했다.[39]

생계를 꾸리기 위해 고군분투하면서도 농민들은 허쉬만의 터널 효 과가 예측하듯 기대치가 높아졌다. 다른 이들이 앞서 나가는 것을 보 면서 그들도 따라잡고 싶어 안달이 났다. 소규모 농민들은 환금성 작 물을 심기 시작했고 다수확 품종에 더 의존하게 되었다. 값비싼 농작 물에 대한 투자가 늘어났다. 그들은 가라앉는 지하수면에서 물을 끌 어올리기 위해서 더 많은 자금이 필요했다. 이러한 지출을 충당하려 고 농민들은 사채업자, 상인, 대지주로부터 비싼 이자에 돈을 빌렸다. 위험이 컸다. Bt 면화와 같은 새로운 품종은 많은 소규모 농민들이 갖 추지 못한 경작 기술을 요구했다. 작물 재배 실패, 가족의 질병, 결혼 과 같은 큰 지출이 종종 겹치면 빚을 갚는 것은 불가능하게 되었다. 농 민 자살이 늘어났다.[40]

불확실한 이득을 위한 감당할 수 없는 투자 지출에도 불구하고 안 드라프라데시의 농민과 농업 노동자들은 여전히 발이 묶여 있었다. 도시 일자리가 거의 없었다. 농업 종사 노동자 비중은 1991년 65%에서 2001년 62%로 거의 변화가 없었다. 인구 증가와 함께 안드라프라데시의 농업은 2001년에 1991년보다 700만 명이 더 많은 노동자를 고용했는데, 이는 그 10년 동안 인도 전체 IT 산업이 고용한 것보다 훨씬 더 많은 숫자였다.[41]

광활한 건조 지대, 열악한 관개 인프라, 하락하는 지하수위, 상승하는 투입 비용이 결합된 안드라프라데시의 상황은 인도 대부분의 지역에서도 마찬가지였다. 안드라프라데시에서와 같이 많은 지역에서 과일과 채소를 포함하는 환금성 작물 재배가 확산되었다. 그러나 이러한 작물은 풍부한 물을 필요로 했다. 언론인 카비타 아이어Kavitha Iyer는 마하라슈트라의 건조 지역에서 그을린 스위트 라임 과수원의 잔해에 대해 썼다. 그곳에서도 농민 자살은 우울할 정도로 흔해졌다.[42]

정도의 차이는 있지만 안드라프라데시-마하라슈트라의 이야기는 인도 전역에서 반복되었다. 1980년대와 1990년대 초 녹색혁명으로 인한 짧은 성공 이후 인도 농업은 다시 위기에 처했다. 인도 전역에서 정부는 관개용 투자를 줄였고 생산성도 낮아졌다. 우물을 이용한 물 대기는 점점 더 비싸졌다. 1990년대 후반 농민 자살이 급증했다.[43]

그러다 상황이 더 악화되었다. 기후 변화로 인해 2000년대 초반에 가뭄 등의 상황이 더 잦아졌다. 〈타임스 오브 인디아〉는 오리사, 구자라트, 마하라슈트라, 마디아프라데시, 라자스탄의 광범위한 지역에서 되풀이되는 가뭄과 고통 받는 농민들을 보도했다. 2000년 4월, 신문은 정부의 우선순위에 대해 신랄한 비난을 가했다. 소수의 인도인들이 "사이버 밀레니엄"으로 진입하는 동안, 훨씬 더 광대한 다른 인도는 "건조의 바다"에 갇혀 있었다. 신문은 관개 프로젝트가 "서류상으로는 완료되었지만" 실제로는 "뇌물과 부패의 전체 네트워크에 자금을 댈 뿐"이라고 썼다. 2002년 여름 가뭄은 전통적인 건조 지역을 넘어 펀자브, 하리아나, 우타르프라데시로 확산되었는데, 이곳에서는

지하수위 하락과 더불어 비료와 농약의 집중 사용으로 인해 토양이 고갈되고 있었다.[44]

농민들은 낙살라이트에 의지하여 자신들을 대변하도록 했다. 9장에서 보았듯이 낙살라이트는 1960년대 후반 벵골의 낙살바리 지구에서 농민들의 토지권 확보를 위해 농민 봉기를 일으킨 적이 있기 때문에 그렇게 불렸다. 벵골 경찰이 그 운동과 뒤이은 도시 게릴라 활동을 진압한 후 낙살라이트는 대부분 수면 아래에 머물렀다. 그들은 1970년대 후반 토지를 보유하지 못한 농업 노동자를 위한 더 높은 임금과 소규모 경작자를 위한 더 큰 농지를 위한 싸움을 재개하면서 다시 모습을 드러냈다. 2003년 10월 초 안드라프라데시에서 심각한 가뭄이 발생한 후 낙살라이트 단체는 찬드라바부 나이두 주 수상 암살을 시도했으나 실패했다. 이 암살 시도는 심각한 강수량 부족 이후 낙살라이트 활동이 더 잦아지고, 낙살라이트가 자금 조달을 위해 광산에 의존하는 곳에서는 더 폭력적으로 될 것이라는 예측에 완벽하게 들어맞았다. 안드라프라데시는 풍부한 광물 자원을 가지고 있었다. IT의 메시아인 나이두는 빌 게이츠, 빌 클린턴, 세계은행의 환심을 사기 위해 노력하면서도 정작 곤경에 처한 주 농민들을 돕기 위해서는 거의 아무것도 하지 않았다. 대신 1960년대 벵골에서처럼 경찰과 지주가 고용한 사병들이 종종 "정당방위를 가장한 살인"이라는 방법으로 낙살라이트를 탄압했다. 국가로서의 인도는 국민에게 폭력을 가하는 일을 가장 잘했다.[45]

농민들의 고통이 커지면서 2000년대 초 농업 노동에서 벗어나려는 이주의 물결이 시작되었다. 다시 한번 〈타임스 오브 인디아〉의 헤드라인이 그 이야기를 전한다. "상황이 악화되고 난 다음에야 지원이 쏟아진다"(2000년 4월 25일), "가뭄의 정치가 주나가드(구자라트)에서의 대량 탈출을 촉발한다"(2000년 4월 27일), "가뭄으로 마디아프라데시 주민들이 고향을 떠나고 있다"(2000년 10월 11일), "오리사의 노예 노동자들이 다른 주로 이주한다"(2001년 4월 30일), "가뭄으로 타격을 입은 라투르(마하라슈트라) 마을에서 대량 이주"(2006년 2월 15일), "또 다시 대탈출의 시간이다: 비하르"(2009년 8월 11일). 사람들은 절망 속에 가축들이 죽도록 내버려 두고 고향을 떠났다.

뉴스 보도를 검증하는 한 연구 결과에 따르면 도시의 일자리에 대한 전망보다는 더 잦은 가뭄이 인도 농촌 인구의 도시 이주를 설명했다. 인구통계학자 람 바갓Ram Bhagat과 쿠날 케쉬리Kunal Keshri는 2006년부터 2011년 사이 약 7,700만 명의 인도인이 농촌에서 도시로 이주했다고 추정한다. 그러나 그들은 농촌에서 도시로 이주한 사람들 중 많은 수가 일시적으로만 이동했으며, 종종 고향의 가족과 공동체가 제공하는 안전망으로 돌아갔다고 덧붙인다.[46]

도시는 이주자들에게 여전히 불친절했다. 2004년 〈뉴욕타임스〉의 에이미 왈드만Amy Waldman은 하이데라바드의 첨단 도시에서 거리 청소부로 일하는 안드라프라데시 출신 농민 부부를 취재했다. 많은 농촌 이주자들은 건설 노동자가 되었다. 그들은 또한 건설 회사에 자재를 공급하는 벽돌 공장과 채석장에서 일했다. 그들은 임시 판자촌이나 갈대 돗자리로 만든 작업 현장의 오두막에서 살았다. 다른 이들은 구두닦이, 짐꾼, 포주, 넝마주이로 일했다. 이주가 발전의 문을 열어주지는 않았다. 바갓과 케쉬리는 그것이 "생존 전략"이라고 썼다.[47]

이주자들은 항상 불안정한 상태로 내몰렸는데, 이는 1943년 벵골 기근을 다룬 영화 〈땅의 아이들〉에서 처음 묘사되었다. 사반세기 후 이주자들은 여전히 도시 생활의 끝자락에 있었다. 1978년 영화 〈출발 Gaman〉에서 부유한 지주에게 땅을 빼앗긴 젊은 농부는 꿈의 도시 봄베이로 떠난다. 그는 택시 운전을 배우고, 승객을 찾느라 낮을 보내며, 다른 택시 운전사들과 함께 빽빽한 판자촌에서 산다. 영화가 끝날 무렵, 그는 기차역 플랫폼에 서 있는데, 죽어가는 어머니에게 돌아갈 돈이 없다는 것을 알고 있다.[48] 인도의 도시는 새천년에도 이주자에게 여전히 그만큼 불친절했다.

신의 이름으로 죽음을

2002년 2월 27일 오전 7시 43분, 아요디아에서 출발한 사바르마티 특급열차Sabarmati Express가 구자라트 동부의 고드라Godhra 역에 도착했다. 기차에는 아요디아에서 좌절감을 안고 돌아오는 카르 세바크kar sevaks(종교 의용단 대원)들이 타고 있었다. 열광적인 카르 세바크들은 1992년 12월 바브리 마스지드를 철거한 자리에 그토록 갈망하던 람 신을 위한 사원 건설을 시작하지 못하고 있었다. 많은 카르 세바크들은 마스지드 자리에 사원을 짓자는 열기를 주도한 VHP(세계힌두협회)의 청년 조직인 바즈랑 달 소속이었다. 이 분노한 힌두교도들은 아요디아에서 돌아오는 여정 내내 싸움을 걸었고 더 많은 싸움을 갈망하고 있었다.[49]

고드라 정션 기차역 플랫폼에서 일부 젊은 카르 세바크들은 담배 파는 사람에게 돈을 주지 않았고 차 파는 사람의 얼굴에 찻잔을 던졌다. 그들은 또한 소녀를 희롱했다고 한다. 고드라는 무슬림이 다수인 도시로, 무슬림들은 게토와 같은 환경에서 살고 있었다. 기차가 역을 떠난 후 무슬림들은 기차를 향해 병, 돌, 불타는 천 조각을 던졌다. 열차 한 량에 불이 붙어 59명의 카르 세바크가 사망했다.[50]

한 설에 따르면 화가 난 외부의 무슬림들에 의해서가 아니라 기차 안의 승객들이 그들이 가지고 있던 취사 연료에 실수로 불을 붙였다고 한다. 정확히 무슨 일이 있었는지는 알 수 없는데도 무슬림들이 카르 세바크를 죽이기 위해 음모를 꾸몄다는 이야기가 급속도로 퍼졌다. 이후 며칠 동안 힌두교도들은 구자라트주 전역에서 무슬림들을 학살했다. 약 2,000명이 사망했는데, 그중 대다수는 무슬림이었다. 경찰이 방관하는 가운데 힌두트바에 대한 충성을 의미하는 사프란색 머리띠를 두른 젊은 힌두교도 남성들은 무슬림들의 생명과 삶의 기반을 마구잡이로 파괴했다. 그들은 무슬림 여성들을 잔인하게 강간했다. 인류학자 파르비스 가셈-파찬디Parvis Ghassem-Fachandi에 따르면 많은 힌두트바 약탈자들은 "바즈랑 달과 같은 조직에 의해 불법적인 폭력 행위를 하도록 동기를 부여받았으며, 처지가 나아지기를 갈망하지만 혜택을 받지 못하는 청년 세대"에 속해 있었다. 구자라트 폭력의 사회학적 뿌리는 뭄바이에서의 1992~1993년 폭동 당시와 유사했다. 한때 뭄바이처럼 좋은 일자리의 원천이었던 구자라트의 섬유 공장은 대부분 문을 닫았다. 폭력적인 힌두트바는 선택지가 거의 없는 젊은이들을 자석처럼 끌어들였다.[51]

당시 일부 언론은 나렌드라 모디와 그의 정부가 무슬림 학살을 막기 위해 거의 노력하지 않았다고 비난했다. 한 초기 뉴스 보도는 "물고기는 머리부터 썩는다"면서 정부, 경찰, 힌두트바 조직 간의 경계가 "완전히 흐려졌다"고 덧붙였다. 3월 1일 전국에 방송된 인터뷰에서 모디는 "모든 행동은 필연적으로 반작용을 낳는다"고 말했는데, 이는 그의 정부가 학살에 공모했다는 의혹을 강화하는 발언이었다. 4월 12일 고아Goa에서 열린 BJP 지도자 회의에서 바즈파이 총리는 정당한 보복이라는 주제를 반복했다. "고드라가 없었다면 구자라트의 비극은 일어나지 않았을 것입니다." 그런 다음 바즈파이는 전통적인 힌두트바 장광설을 늘어놓으며 "무슬림이 있는 곳마다 그들은 다른 사람들과 함께 살기를 원하지 않습니다. 대신 그들은 다른 사람들의 마음에 공포를 조성함으로써 그들의 종교를 설교하고 전파하기를 원합

니다"라고 덧붙였다.[52]

바즈파이는 모디를 해임하라는 요구를 거부했다. 대신 그는 모디에게 선거에 관한 새로운 임무를 맡아달라고 요청했다. 이제 모디는 힌두트바의 탄력을 등에 업고 있었기 때문에 이러한 요청을 반겼다. 선거관리위원회가 분노와 적대의 분위기를 이유로 조기 투표 실시를 거부하자 모디는 전국 신문과 TV 시청자들에게 어두운 메시지를 던지며 반무슬림 정서를 계속 부추겼다. 국민회의 당수 소니아 간디를 포함한 국민회의 지도자들은 그러한 수사를 극복하지 못하고 힌두 유권자들에게 잘 보이기 위해 힌두의 상징에 필사적으로 매달렸다. 그러나 의례적 폭력 없이 힌두 상징에만 호소하는 "온건한 힌두트바"는 1989년 소니아의 남편 라지브가 했던 비슷한 노력만큼이나 무의미한 것으로 판명되었다. 2002년 12월, 모디는 압도적인 승리를 거뒀다. 세계힌두협회의 지도자인 프라빈 토가디아Praveen Togadia는 날카로운 어조로 구자라트 힌두트바 "실험실"에서의 "성공적인 실험"이 전국 다른 곳에서도 그러한 성공을 기대할 이유를 제공한다고 말했다. "힌두트바 그 자체가 발전"이라고 그는 대담하게 선언했다. "우리는 전국을 사프란색으로 물들일 것입니다." 2005년 3월, 미국은 종교 박해에 책임이 있다는 이유로 나렌드라 모디의 입국 비자를 거부했다. 인도 법원은 그에게 어떤 책임도 묻지 않았다.[53]

인도의 높은 GDP 성장률과 IT 산업에 대한 해외의 찬사가 계속 쏟아졌다. 엘리트들끼리의 증폭작용을 거치면서 바즈파이는 인도인들이 자신처럼 경제 발전에 만족하고 있다고 확신했다. 그는 새 선거를 요구했고, BJP는 "인도는 빛나고 있다India Is Shining"라는 슬로건으로 선거에 나섰다. 이제 힌두트바의 민중적 영웅이 된 나렌드라 모디는 장기간 이어진 투표 일정의 마지막 날에 BJP를 위해 선거 유세를 했다.[54]

그러나 농업이 곤경에 처해 있고 도시의 일자리는 너무 적었기 때문에 많은 인도인들은 "빛나는 인도"라는 표현에 대해 거부감을 느꼈다. BJP는 고용 보장 프로그램을 약속한 국민회의에게 패배했다. 안드라프라데시주 의회 선거에서도 사이버 세상에 몰두해 있던 찬드라바부 나이두가 패배했다.[55]

1985년부터 2004년까지 20년간 지속된 인도의 경제적 약속은 막을 내렸다. 교육, 보건 인프라, 도시, 환경을 무시하는 기조가 계속되었다. 사법 제도는 경직되고 독단적인 채로 남아 있었다. 인도 민주주의는 도덕적으로 위험 수위에 있었다. 정치는 부패하고 범죄자들이 번창하고 있었다. 친구와 적 사이의 차이를 강조하는 힌두트바는 이전에는 좀처럼 볼 수 없었던 규모의 폭력을 정당화했다. 바즈파이의 "온건한" 힌두트바 기조에 따라 교육부 장관은 힌두트바 색채를 입힌 교과서 개편 작업을 시작했다. 2002년 바즈파이는 구자라트에서 힌두트바의 무슬림 학살을 막기 위해 아무런 노력도 하지 않았다. 2003년 2월, 그는 인도 의회 중앙홀에 있는 마하트마 간디 초상화 맞은편의 벽감에 분열과 폭력을 선동하는 힌두트바 책의 저자인 비나야크 다모다르 사바르카르의 초상화를 걸었다. 2004년 6월, 바즈파이는 구자라트 무슬림 학살이 총선에서 BJP의 실패를 가져왔는지 잠시 공개적으로 의문을 제기하기도 했다. 그러나 그는 끝까지 밀고 나가지 않았다.[56]

바즈파이는 대부분의 인도인들에게 경제적 희망을 거의 제시하지 않았기 때문에 2004년 선거에서 패배했다. 그리고 나렌드라 모디의 힌두트바 광신에 맞서 투표에서 승리하기 위한 표를 얻지 못했다. 인도 경제와 민주주의를 위해 국민회의가 이끄는 연립정부는 해야 할 일이 많았다. 불행하게도 자만심이 발동했다.

4부

교만,
2005년부터
현재까지

20장

두 인도가 흔들리면서 멀어지고, 민주주의는 삐걱거리다

몇 년 전 어느 저녁, 델리의 한 커뮤니티 센터에서 나는 체육관 강사에게 물었다. "낮에는 뭐 하세요?" 그는 웃으며 대답했다. "전 타임파스를 해요Mein timepass karta hoon." 타임파스timepass라는 단어는 두 개의 명사가 합쳐져 힌디어가 되었다. 당신은 "시간을 보내지pass your time" 않는다. 당신은 "타임파스를 한다". 그것은 남는 시간을 채우는 능동적인 상태를 가리킨다. 수백만 명의 젊은 인도 남성들은 "타임파스를 하면서" 하루를 보낸다. 나의 체육관 강사는 TV에서 끝없이 크리켓 경기를 시청했다. 그러나 가장 가슴 아픈 형태의 타임파스는 반복되는 구직 실패로 인한 장기간의 공백기에 나타난다.

인문지리학자 크레이그 제프리Craig Jeffrey가 서술한 바와 같이, 우타르프라데시의 메루트 대학Meerut College 학생 라제시Rajesh는 그의 구직 활동을 끝없는 학위 취득으로 바꿨다. 13년에 걸쳐 그는 문학사, 교육학사, 정치학 석사, 역사학 석사, 농학 석사 및 박사 학위를 취득했다. 라제시는 2005년에 말했다. "저는 그저 하나에서 다른 하나로 옮겨 다니면서 제 기회를 확대하기를 바랐어요." 그는 두 차례 우타르프라데시 공무원 시험의 최종 면접까지 갔다. 그는 요구받은 뇌물을 주지 않았기 때문에 최종 합격하지 못했다고 믿었다. 대신 그는 "떨어지면서도" 계속 해왔다고 말했는데, 월급쟁이 공무원이 여전히 그의 꿈이었기 때문이다. 그 사이 그는 같은 처지의 다른 이들과 함께 시름에 잠겼다. 길모퉁이와 길거리 음료 가게에서 "어울리는 것"이 그들의 일이었는데, 이를 유용한 인맥 형성이라고 합리화했다.[1]

언어적으로 매력적인 단어인 **타임파스**의 핵심에는 인도의 열악한 교육과 취약한 일자리 창출이라는 가장 다루기 힘든 두 가지 문제가 놓여 있다. 이 두 가지 문제는 인도 경제 사다리의 부러진 아래쪽 발판을 나타내며, 젊은 인도인들의 상향 이동성의 한계를 상징한다.

인도는 초기 교육 부족을 방대한 인프라로 대체했지만, 그 안에서 왜곡된 인센티브가 교육의 명분을 저해했다. 학교 교육의 질은 열악한 채로 남아 있었다. 준비가 부족한 수백만 명의 고등학교 졸업생들은 대학이 그들에게 번영으로 가는 티켓이 되어주기를 바랐다. 인도 당국은 쓸모없는 교육 기관의 확산을 허용하면서 그 희망에 불을 지폈다. 정부가 운영하는 대학과 종합대학에서 정치적 연줄이 있는 관리자들은 구매, 임용, 입학 커미션을 통해 주머니를 채웠다. 급속히 증가하였지만 교육 기준이 느슨한 사립대학들은 장부에 기록되지 않은 수업료와 명목상 비영리 단체로서의 면세 지위를 이용해 납득하기 어려운 막대한 재산을 만들었다. 〈워싱턴 포스트〉의 한 조사에 따르면 "고등교육에 대한 수요가 가속화되면서 규제가 부실하고 인가받지 않은, 그리고 종종 완전히 가짜인 대학들이 생겨났다". 많은 대학이 우편 주소 이상의 것을 가지고 있지 않았다. 그들은 교직과 심지어 법률 및 의학 실무에 대한 자격증 수여를 명목으로 터무니없는 등록금

을 부과했다. 그들은 절망에 빠진 젊은 인도인들을 먹잇감으로 삼았다.[2]

부족한 일자리의 누적분은 1983년 인디라 간디 시대 말기의 3,500만 개에서 2000년 5,800만 개로 증가했다. 사실 5,800만 개의 누적분은 훨씬 더 많은 수의 간절한 노동자들에게 분산되어 있었는데, 그중 많은 이들(내 체육관 강사처럼)은 반 개 또는 3분의 1개의 일자리를 가지고 있었다. 달리 말하면 1,000만 명의 인도인들이 풀타임 일자리를 원했고, 1억 명 이상이 반 개 또는 3분의 2개의 일자리를 원했다. 매년 900만 명 이상이 구직 대열에 합류했다. 이 극단의 중간상태에 갇힌 많은 사람들에게 타임패스는 든든한 목적의식을 부여했다.[3]

인도에는 다른 긴급한 문제들도 있었다. 1999년 과학환경센터는 고수확 농업, 도시, 공장, 광산이 강을 "공격하고" 있다고 경고했다. 오염된 강은 어린이들뿐만 아니라 성인들까지도 사망하게 만들면서 "공중보건에 가장 큰 위협"이 되고 있었다. 2000년대 초 델리 북단에서는 6미터가 넘는 깊이의 하수도가 도시의 인간 배설물, 부패한 음식물, 플라스틱을 야무나강으로 운반했다. 작가인 라나 다스굽타Rana Dasgupta는 델리에 대한 그의 섬찟한 묘사에서 하수가 강으로 유입되는 곳은 "빠르게 흐르는 타르"와 같다고 썼다. 델리가 엄청난 도시 오염의 세계적인 상징이었지만, 다른 도시들의 대기 역시 유독했다. 한때 목가적이었던 히말라야 산기슭의 데라둔은 인도에서 가장 오염된 도시 중 하나로 꼽히게 되었다.[4] 이렇게 만연한 환경 파괴는 현재와 미래 세대 인도인들 모두에게 해를 끼쳤다.

2004년 5월, 인도는 새 정부를 맞이했다. 국민회의는 좌파 성향 연합인 통합진보동맹United Progressive Alliance, UPA의 수장이 되었다. 구식 공산당 보스들의 방식으로 라지브 간디의 배우자이자 인디라 간디의 며느리인 소니아 간디가 일종의 슈퍼 총리 권한을 부여하기 위해 고

안된 "국가자문위원회National Advisory Council"의 의장이 되었다. 선출되지 않은 테크노크라트인 만모한 싱은 꼭두각시 총리가 되었다.[5]

인도와 글로벌 엘리트들은 만모한 싱을 환영했다. 그는 1991년 7월 인도를 경제 자유화의 길로 이끈 유능한 재무장관이었다. 당시 그는 인도에게 때가 왔다고 대담하게 선언했다. 그가 그런 선언을 한 지 13년이 지났지만, 그의 선언은 기껏해야 잔인한 농담에 불과했다. 농가는 계속해서 자살로 무너지고 있었다. 라제시 같은 수백만 명의 젊은이들이 여전히 쓰레기 학위를 취득하는 데 수년을 보내고 있었다. 여성들은 공공연한 폭력에 시달렸다.

더 이상 민간 주도와 시장 효율성을 일방적으로 추구하는 정책이 우선순위가 될 수 없었다. 그 어느 때보다도 인도는 더 튼튼한 농업, 더 나은 교육과 보건, 더 많은 도시 일자리, 더 깨끗한 환경을 통해 공유된 진보를 가져오는 사회민주주의 의제에 전념할 필요가 있었다. 때는 적절했다. 세계는 자유시장에 대한 레이건 시대의 집착에 더 이상 열광하지 않았고, 전 세계적으로 사회정의가 새로이 강조되고 있었다. 미국의 빌 클린턴 대통령과 영국의 토니 블레어Tony Blair 총리는 시장의 가혹함을 완화하고 사회복지를 개선하기 위한 새로운 방법인 "제3의 길" 접근법을 실험했다. 브라질에서는 루이스 이나시우 '룰라' 다시우바Luiz Inácio 'Lula' da Silva 대통령이 인간의 얼굴을 한 경제 정책을 추구하고 있었다. 세계은행이 주요 보고서에서 언급했듯이, 라틴아메리카의 고립된 자유시장 정책의 성과는 가장 열렬한 지지자들의 기대에 못 미쳤다.[6]

새 인도 정부는 시장의 가혹함을 완화할 필요가 있다는 것을 이해하는 것 같았다. 2005년 8월, 정부는 농촌 고용 보장법National Rural Employment Guarantee Act, NREGA에 따라 농촌 고용을 보장하는 "일할 권리"를 도입했다. 나중에 "마하트마 간디Mahatma Gandhi"라는 접두사를 붙여 MGNREGA로 널리 알려졌다. 이 법은 18세 이상의 모든 농촌 거주자에게 일자리를 제공하도록 했는데, 일반적으로 공공사업 프로그램을 통해서였다. 각 농가는 매년 100일에 해당하는 일자리를 요구할 수 있었다.[7]

의도는 좋았지만 이 프로그램은 처음부터 잘못되었다. 일부 주에서는 MGNREGA 임금이 주의 법정 최저임금보다 낮아 대법원 지침을 위반했다. 이 프로그램에 할당된 자금은 종종 일자리 수요를 충족시키기에 불충분해서 임금 지급이 지연되곤 했다. 정부는 사회정의라는 목표에 대해서 충분히 진지해 보이지 않았다.[8]

2005년 10월, 정부는 시민들에게 정부 기록에 신속하게 접근할 수 있는 권리를 부여하는 "정보 권리Right to Information RTI"를 도입했다. 이 권리는 정부 운영에서 더 큰 투명성과 책임성을 달성하는 데 도움이 되었다. 그러나 RTI는 그 약속을 지키지 못했다. 도입 직후부터 당국은 접근을 제한하고 정보 요청에 대한 응답을 지연시키기 시작했다. 심지어 대법원조차도 투명성 요구를 거부했다. 활동가들과 내부 고발자들은 심각한 위험에 직면했다. 〈뉴욕타임스〉가 보도한 바와 같이, "큰 이권과 정치의 위험한 교차로에서 날카로운 질문을 제기하는 사람들은 큰 대가를 치렀다". 많은 정보 권리(RTI) 활동가들이 살해당했다.[9]

고용 보장 프로그램과 마찬가지로, 2005년 4월 국가 농촌 보건 사명National Rural Health Mission 아래 시작된 지역사회 보건 프로그램들도 빈약한 예산 지원과 보잘것없는 임금으로 인해 효과가 크지 않았다. 2006년 12월의 삼림권리법Forest Rights Act 은 이 법에 따라 권리를 주장할 수 있었던 일부 삼림 거주 가족과 공동체에 혜택을 주었다. 그러나 민간 기업의 요구가 삼림 거주민들의 권리에 우선했고, 그들은 종종 법적 허점에 휘말려 소유권이 있는 공동체 토지의 3%만을 받았다.[10]

이 장이 다루는 2004년에서 2014년 사이 만모한 싱이 이끄는 통합
진보동맹(UPA) 정부에서는 시장이라는 주문이 최고로 군림하였고 기
업과 정치의 편안한 관계가 번성했다. 공공재 제공은 여전히 우선순
위가 낮았다. 사회 규범과 정치적 책임 의식은 계속해서 심각한 피해
를 입었다.

인도가 경험한 취약하고 불평등한 성장

만모한 싱 총리 초기에는 기만적인 경제적 광채가 빛을 발했다. 인
도의 금융-건설 버블은 GDP 성장을 부풀렸다. 또한 세계 거의 모든
국가와 마찬가지로 인도 수출업체들이 이례적으로 활기찬 세계 수요
를 충족시키기 위해 증산에 나서면서 국내 투자와 소비를 자극했다.[11]

인도에게 특히 유리했던 것은 석탄과 철광석에 대한 세계 수요의
급증이었다. 석탄 가격의 급등은 차티스가르Chhattisgarh, 자르칸드, 마
디아프라데시, 오리사 등 광물 자원이 풍부한 4개 주에서 석탄 광산
임대 쟁탈전을 촉발했다. 국제 철광석 가격 상승으로 투자자들이 이
4개 주와 더불어 고아, 카르나타카로 몰려들었다. 국내 및 글로벌 기
업들이 발전소를 설립하고 철강 생산을 확대하면서 석탄과 철광석의
국내 수요도 급증했다.[12]

인도의 풍부한 광물 매장지에는 아디바시Adivasis(토착 부족)들이 살
면서 생계를 꾸리던 무성한 숲이 있었다. 헌법에 따른 지정 부족(ST)
으로의 보호에도 불구하고 아디바시들은 인도의 독립 이후 경제 발전
으로부터 거의 혜택을 받지 못했다. 최근의 쟁탈전이 시작되기 전에
도 개발이라는 명분 아래 그들의 숲을 잃어가고 있었다. 새로운 광물
쟁탈전은 광물이 풍부한 주요 4개주 인구 중 약 4분의 1에 해당하는

4,100만 아디바시의 집과 소득을 더 큰 위험에 빠뜨렸다.[13]

"우리는 삶의 어머니인 숲의 여신을 찬양합니다"라고 아디바시 여성들이 노래한다. 마을 장로 수미라Sumira는 바니안 나무banyan tree를 가리키며 "우리는 그녀를 숭배하고 그녀는 우리에게 과일을 제공합니다"라고 말한다. 아디바시들은 그들이 숭배하는 땅의 수호자들이다. 이와 대조적으로 개발의 명분으로 정당화되는 광공업 시설들은 돌이킬 수 없는 피해를 입혔다. 그들은 나무를 베고, 주변 수 마일에 걸쳐 공기, 토지, 강, 개울을 오염시켰다. 폐기물이 쌓여갔다. 아디바시들이 그들의 조상 대대로 물려받아왔던 땅에 대한 보상은 인색했고 환경을 보호하기 위한 시정 조치는 마지못해 이루어졌다. 분노한 아디바시는 항의의 뜻을 표출하려고 공장 주인을 살해했다. 오리사에서 그들은 캐나다-인도 알루미늄 합작 사업을 저지하기 위해 싸웠다. 더 많은 공격으로부터 자신들을 보호하기 위해 그들은 이제 마오주의자로도 널리 알려진 낙살라이트에게 도움을 요청했다.[14]

갈등은 임박해 있었다. 2005년 6월 4일, 존경받는 타타Tata 그룹은 차티스가르의 바스타르Bastar에 제철소를 설립하기로 하는 협정에 서명했다. 사실상 같은 날, 살와 주둠Salwa Judum (차티스가르 남부의 곤디Gondi어로 "평화 행진" 또는 "정화 사냥"을 의미)으로 알려진 민병대가 바스타르에 나타나 투자자들 보호에 앞장섰다. 차티스가르주 의회의 국민회의 지도자인 마헨드라 카르마Mahendra Karma가 살와 주둠을 이끌고 통제했다. 차티스가르주의 BJP 정부는 국민회의의 카르마와 초당적 합의를 통해 아디바시들의 권리보다 대기업을 지원했다. 더 많은 투자자들이 바스타르로 몰려들면서 인도 준군사 조직의 지원을 받은 새로운 민병대는 아디바시, 낙살라이트와의 피비린내 나는 전투를 시작했다.[15]

만모한 싱은 2006년 4월, 낙살라이트·마오주의자들이 활동하는

13개 주의 수상들에게 연설하면서 "낙살리즘Naxalism 문제는 독립 이후 단일 사안으로는 최대의 내부 안보 위협"이라고 선언했다. 경제 문제를 이렇게 내부 안보 문제로 규정하면서 싱은 한쪽 편을 들고 있었다. 그의 내면에 있는 학자와 인간은 인도가 "가장 가난한 지역에 사회정의를 제공하는 데 실패했다"는 점을 이해하고 이것이 "사람들을 소외시켰다"고 말했다. 정치인으로서의 만모한 싱은 강력한 기업들을 위해 일했고, 이런 자세는 경찰 및 군대에 의존한 인디라 간디와 판박이라고 할 정도로 비슷했다.[16]

IMF와 외국인 투자자들은 인도를 낙관적으로 전망했다. 외국 자본 유입으로 인해 인도의 외환 보유액이 증가하면서 2006년 봄에는 1,450억 달러 규모에 달할 정도로 풍부해졌다. 만모한 싱은 2006년 8월 15일 독립기념일 총리 연설에서 "지금처럼 좋았던 적은 없었습니다"라고 말했다. 싱은 "제가 가는 곳마다 우리나라가 움직이고 있는 것을 봅니다"라고 계속 말했다. 그는 이전 3년 동안 "연간 GDP 성장률이 8% 이상이라는 인상적인 속도"를 자찬했다.[17]

인도의 GDP는 빠르게 성장하고 있었지만 일자리는 거의 창출되지 않았다. 제조업 부문의 일자리 증가는 특히 실망스러웠다. 네루주의적 중공업 전통에 따라 제조업 생산 증가는 주로 자본 및 기술 집약적 산업(정제 석유 제품, 화학 제품, 자동차, 고무 및 플라스틱)에서 이루어졌는데, 이들 모두는 소수의 노동자만을 고용했고 종종 열악한 근무 조건과 보잘것없는 임금만을 지불했다.[18]

싱도 이 문제를 인식했다. 그는 인구의 "상당 부분"이 "현대화의 영향을 받지 않고 있다"는 점을 인정했다. 그는 농업의 "위기"로 인해 많은 사람들이 "자살이라는 절망적인 수단을 사용하고 있다"는 점도 인정했다. 그러나 그에게는 농업의 절망에서 현대 제조업으로 사람들을 이동시킬 전략이 없었다.[19]

조지 오웰George Orwell이 썼듯이, 우리 코앞에 있는 것을 보는 것이 투쟁이다. 인도 정책 입안자들은 동아시아 국가들로부터 배우기를 거부했는데, 이들은 인적 개발에 대한 투자와 노동집약적 제조업 수출을 이용한 일자리 증가라는 두 가지 전략으로 균형 잡힌 성장을 반복해서 달성했다. 일본에 이어 인상적인 소규모 동아시아 국가들이 있었고, 이제 중국이 이전에 보지 못한 규모와 속도로 그러한 성공을 달성하고 있었다. 인도 지도자들은 그들이 무엇을 해야 하는지 알았어야 했다.[20]

만모한 싱이 연설을 하던 바로 그때에도 베트남은 동아시아의 성공 사례를 모방하여 인적 개발 측면에서 인도를 앞질러가고 있었는데, 그들은 훨씬 더 높은 기대 수명을 가졌으며 국민들에게 훨씬 우수한 교육을 제공하고 있었다. 베트남은 우수한 노동자들과 자국 통화인 동dồng을 이용해 수출업체의 경쟁력을 유지하는 환율 전략으로 의류, 신발, 목재 제품, 사무용품, 소비자 전자 제품의 수출을 빠르게 확대했다. 약 8,000만 명의 인구를 가진 국가에서 이러한 노동집약적 활동은 2000년부터 2007년 사이에 700만 개의 일자리를 창출했다.[21]

방글라데시의 성과는 보다 협소했지만 인상적이었다. 1972년, 비정부기구인 BRAC는 양질의 초등보건 서비스와 학교 교육을 확산시키기 시작했다. 성장하는 인적 자본의 기반 위에서 1978년 한국 재벌 대우Daewoo는 방글라데시 합작 투자 회사인 데시 가멘트 컴퍼니Desh Garment Company를 설립했다. BRAC가 인적 개발을 촉진하는 동안 데시는 방글라데시 제조업체들이 세계 시장에서 발판을 마련하는 데 도움을 주었다. 데시의 사례에 자극받고 데시에서 다른 의류 생산업체로 이동한 숙련 인력의 도움을 받아, 2000년대 중반에 방글라데시 (2006년 인구 1억 4,100만 명)는 인도보다 더 많은 의류를 수출하고 있었다(그림 20.1).

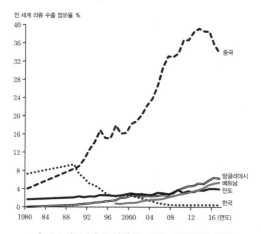

전 세계 의류 수출 점유율, %

그림 20.1 의류 수출은 처음에는 한국, 그다음에는 중국,
그리고 가장 최근에는 베트남과 방글라데시가 인도를 추월했다(세계시장 점유율, 퍼센트).
참고: 의류의 SITC(국제표준무역분류)코드는 84.
자료: WTO, http://stat.wto.org.

베트남과 방글라데시 모두에서 여성들에게 취업 기회가 열렸고,
여성들은 더 적은 수의 자녀를 두는 고전적인 발전 경로를 따랐으며,
그 자녀들의 교육과 건강에 더 부지런히 투자했다. 더 나은 교육을 받
고 건강하게 성장한 다음 세대의 딸들은 결혼과 출산을 늦추었다. 방
글라데시에서 여성들은 교직, 의료, 가족계획 서비스 분야에서 두각
을 나타냈다. 그들은 이렇게 해서 국가의 경제 발전에서 더 큰 명성과
"주체성"을 획득했다. 주로 지역사회 기반 조직을 통한 공공 서비스
제공도 사회적 협력을 촉진했다. 베트남과 방글라데시는 각기 다른
방식으로 더 많은 고용이 더 큰 인적 자본 개발로 이어지는 선순환 경
로에 들어섰다. [22]

인도 정책 입안자들은 베트남과 특히 방글라데시를 경쟁적인 위협
으로 바라보지 않았다. 그러나 중국은 두려워해야 할 나라였다. 특히
우려스러운 점은 중국의 인도 수출이 인도 내수 업체들에게도 점점
더 큰 골칫거리가 되고 있다는 것이었다. 중국이 인도에 판매하는 물

품은 장난감에서 전자제품에 이르기까지 다양했다. 역사가 반복되고 있었다. 1930년대 일본 제조업체들은 인도 시장에서 장난감을 판매했다. 이제 70년 넘게 지난 후, 저가 장난감이 중국에서 들어오고부터 인도 생산자들에게는 거의 남은 시장이 없었다.

델리에 관한 책을 쓰기 위해 작가인 라나 다스굽타는 열정적이고 눈에 띄게 부유한 25세 청년 라훌을 만났다. 라훌은 미국의 아이비리그 대학에서 공부했고 가족 사업을 운영하기 위해 집으로 돌아왔다. 그는 다스굽타에게 설명했다. "중국의 부상으로 우리는 아무것도 생산하지 않게 되었어요. 아버지는 우리 나라에서 생산을 중단했고 이제 우리는 독일, 미국, 중국 제품만 판매해요." 그의 고모 중 한 명은 니콘 카메라의 인도 독점 판매권을 가지고 있었다. "아무도 아무것도 하지 않아도 돈은 계속 쌓여만 가요."[23]

이렇게 중국에 겁을 먹고 대신 건설과 금융에서 쉽게 돈을 버는 길에 혹했던 인도 기업들은 노동집약적 제조업을 기피했다. 농업 노동자들과 비농업 일자리를 절실히 찾는 소농들에게는 주로 건설, 상업, 요식업, 운송업에서 기회가 있었는데, 이곳에서 노동자들은 높은 수준의 불완전 고용을 경험했다. 재정적으로 불안정하고 육체적으로 위험한 건설업은 여전히 가장 많은 신규 일자리를 창출했고, 2016년까지 제조업보다 더 많은 노동자를 고용하는 길로 들어섰다.[24]

인도의 제조업 일자리 창출 부진에는 변하지 않는 두 가지 원인이 있었다. 첫째는 강한 루피화로, 이는 제조업 수출에 불리했다. 간단히 말하자면 1993년 인도 당국이 루피화를 변동환율제로 바꾼 후 루피화 가치는 하락하고 수출은 빠르게 증가했다. 그러나 인도 상위 15% 소득 계층을 대상으로 하는 기업의 성장가능성에 이끌린 외국인 주식 투자자들이 루피화에 대한 수요를 늘림으로써 루피화의 가치를 높였다. 한편 인도의 인플레이션이 경쟁국보다 높았기 때문에 국내 생산

비용이 국제 시장에서 판매되는 상품 가격보다 빠르게 상승하면서 인도 기업의 수출 수익성은 꾸준히 악화되었다.

인적 자본의 부족은 인도의 또 다른 영구적인 장애물이었는데, 2009년 8월의 새로운 정책인 교육받을 권리Right to Education, RTE는 불가능한 일을 해냈다. 상황을 더 악화시킨 것이다. 새 정책에 따라 학교는 학생들이 8학년에 도달할 때까지 유급이나 퇴학을 시키지 않았다. 아이들 사이에서 자존감 상실을 막자는 고결한 의도에서였다. 그러나 이러한 정책은 교사들이 학생들이 실제로 자기 학년 수준의 실력을 습득하도록 보장하는 경우에만 효과가 있을 수 있었다.

바로 그 지점에서 RTE는 인도 교육 제도가 안고 있던 깊은 불안과 마주했다. 1990년대 초부터 인도 전역의 정부는 학교를 짓고 더 많은 아동을 입학시켰다. 학교는 교사를 유치하기 위해 급여를 인상했고, 교육 마피아는 야간 대학을 설립하여 의심스러운 학위 또는 가짜 학위를 수여하여 훈련이 부족한 학생들을 교사로 인증해 주었다. 법원과 공식적인 조사는 이러한 상황을 비난했지만, 거대한 공모 시스템은 굳건했다. 소도시 정치인들과 사업가들이 뇌물을 주고 대학 설립 인가를 받고, 교사 지망생들에게 터무니없는 등록금을 부과했으며, 교사들은 더 많은 급여를 받았다. 학생들을 유급시키거나 퇴학시키지 않는 RTE 정책은 교사들을 구속에서 벗어나게 했고, 교사들은 준비되지 않은 학생들을 상급 학년으로 밀어 올렸는데, 거기서 학생들은 더 어려운 과목에 직면하면서 더 뒤처졌다. 교육을 담당하는 최고위 공무원이었던 전 교육부 장관 아닐 스와루프Anil Swarup는 "그 결과는 처참했다"고 썼다. 인도 학교 교육의 질은 수학과 읽기 시험 점수로 측정되었는데 세계적으로 교육의 질 수준이 상승하던 바로 그때 인도는 하락했다. 한 국제 비교 연구에 따르면 인도 교육의 질은 우간다와 같은 성적이 낮은 사하라 이남의 아프리카 국가 수준에 머물러 있었

다.[25]

　정치 및 지식 엘리트들은 더 나은 교육을 통해 노동자 생산성을 높이려 하는 대신, 일자리 증가가 부진한 이유로 인도의 노동법을 지목했다. 이 잘못된 초점은 정부가 기업의 이익을 선호하는 본능에 부합했다. 2004년 11월, 소니아 간디의 국가자문위원회 위원인 자이람 라메시Jairam Ramesh 는 "노동시장이 너무 경직되어 있다"고 말했다. 2005년 8월, 만모한 싱 총리도 이 명분에 목소리를 더했다. "노동시장의 극심한 경직성은 우리의 목표 달성을 가로막는다"고 그는 말했다. 이러한 발언들은 인도 법이 노동자 해고를 너무 어렵게 만든다는 말을 에둘러 말한 것이었다. 그 함의는 기업들이 나중에 사업이 악화될 경우 노동자들을 해고할 수 없을까 두려워서 노동집약적 생산에 투자하기를 꺼린다는 것이었다. 노동법에 대한 비난과 함께 제기된 이슈가 "중간 규모 기업의 실종"이었는데, 이는 인도 생산자들이 노동법이 적용되지 않고 마음대로 노동자를 해고할 수 있도록 기업을 특정 규모 이하로 작게 유지하기로 선택했다는 주장이었다. 즉 "경직된" 노동법이 인도에서 역동적인 중견 수출기업을 앗아가고 있다는 것이었다. [26]

　데이터는 "중간 규모 기업의 실종"이라는 주장을 뒷받침하지 않았다. 권위 있는 〈경제학 전망 회보Journal of Economic Perspectives〉의 한 연구는 특정 규모 기준 바로 아래에 몰려 있는 많은 기업을 발견하지 못했고, 그 기준 바로 위에 있는 기업도 거의 발견하지 못했다. 어쨌든 수십 년 동안 인도 기업들은 단기 계약으로 직원을 고용해 왔기 때문에 노동자를 해고할 수 있는 엄청난 유연성을 가지고 있었고, 이러한 사실은 노동법에 대한 비난을 공허한 주장으로 만들었다.[27]

　노동자 해고를 더 쉽게 만드는 데만 집중하는 것에는 더 큰 문제가 있었다. 해고 위협은 고용주들이 임금을 낮추는 데 도움이 되지만, 그러한 근시안적 전략은 또한 노동자들을 덜 생산적으로 만든다. 고용

안정성이 거의 또는 전혀 없는 상황에서 노동자와 고용주 모두 생산성 향상에 투자할 동기를 잃는다. 실제로 미국의 노동생산성 증가율은 1930년대 후반과 1940년대에 가장 높았는데, 이때 강력한 노조와 최저임금이 노동자들에게 높은 수준의 고용 보호를 제공했다.[28]

기업이 노동자 해고에 더 많은 유연성을 필요로 한다면, 노동자들은 자의적이고 불공정한 해고에 대한 법적 보호와 실업보험의 지원을 받을 자격이 있었다. 불행히도 인도 당국은 노동자들에게 법적 보호나 안전망을 신뢰할 만한 수준으로 약속할 수 없었다. 그래서 노동시장의 "유연성" 추구는 계속해서 저임금의 불안정한 일자리를 만들어 냈다. 인도는 불공평하다는 감정이 깊이 스며든 저생산성 경제로 남아 있었다.[29]

인도의 실패를 외면하면서 중국에 대한 집착이 다시 대두되었다. 2007년, 인도 출신 브라운 대학교Brown University의 정치학자 아슈토시 바르시네이Ashutosh Varshney는 또다시 민주적인 인도 거북이가 독재적인 중국 토끼에 맞서 승리할 것이라고 예측했다. 그는 중국의 독재는 안으로부터 무너질 것이고 인도의 장기적인 민주주의 안정은 "사실상 확실하다"고 추론했다. 이러한 순진함은 중국 경제의 엄청난 강점을 무시했다. 사실이다. 중국의 독재가 무너진다면 경제는 큰 혼란에 직면할 것이다. 그러나 중국의 인적 자본과 외국 구매자들과의 장기적인 관계는 대체로 그대로 유지될 것이다. 그리고 인도의 민주주의가 지속된다 하더라도 중국이 보유한 것과 같은 강점이 없다면 인도는 언제나 불리할 것이었다.[30]

인도는 2007년 7월에 시작된 세계 금융 위기에 휘말리지 않았다. 인도 은행들은 북대서양 국가들에 시한폭탄처럼 놓여 있던 이국적인 금융 상품에 투자하지 않았다. 인도중앙은행의 막대한 외환보유고는 외국인 투자자들에게 공황에 빠져 도망칠 필요가 없다는 확신을 주었다. 그리고 중앙은행의 팽창적 통화 정책과 정부의 상당한 경기 부양책은 GDP 성장률 하락을 완충하는 데 도움이 되었다.[31]

금융 위기에서 아슬아슬하게 탈출한 인도는 자만에 차서 임시방편적 정책에 의존했다. 정부는 농업의 장기적인 문제를 해결하는 대신 이미 지난 몇 년간 크게 인상된 밀, 쌀 및 기타 작물의 최저 보장 가격을 인상했다. 프라납 무커지 재무장관은 비료에 대한 더 많은 보조금과 공무원 급여 인상을 발표했다.[32] 이러한 "선심성 정책"으로 다가오는 2009년 4월·5월 선거에서 유권자의 환심을 사려는 것이 분명했다.

재정 낭비에는 비용이 따랐다. GDP의 10%에 달하는 재정 적자, 연간 10%의 인플레이션, GDP의 거의 3%에 달하는 경상수지 적자가 그것이었다. 이는 1991년처럼 금융 위기로 가는 길이었다. 그러나 든든해진 외환보유고 덕분에 무커지는 다음 선거에 이기기 위해 안심하고 인도의 재정을 활용할 수 있었다.[33]

또한 다가오는 선거는 정치인-기업 유착을 심화시켰다. 부유한 개인과 기업의 "검은 돈"(설명되지 않은 돈)이 미국 대통령 선거에서 볼 수 있는 부풀려진 달러 가치에 근접하는 규모로 선거 비용으로 유입되었다. 이전과 마찬가지로 가장 큰 선거 비용은 헬리콥터와 전세기로 인도 지도자들을 수송하는 데 들어갔다. 400개가 넘는 TV 채널과 (물론) 새로운 웹 기반 미디어를 포괄하기 위해 광고 예산이 급증했다. 인쇄 매체 광고는 뉴스로 위장했다. 후보자들은 현금과 기타 선물로 유권자의 관심을 끌기 위해 경쟁했다. 한 평론가가 지적했듯이 선거 후보자들은 선거 지출을 "10배의 수익"을 기대할 수 있는 "투자"로 보았다.[34]

선거 자금에 쉽게 접근할 수 있는 국민회의는 유리한 위치에 있었다. BJP는 혼란에 빠져 있었다. 아요디아 사원 건설을 BJP의 중심 기조로 만든 BJP 지도자 랄 크리슈나 아드바니는 81세였다. 그는 힌두트바 전략이 여전히 실행 가능한지 확신하지 못했다. 2002년 구자라트 무슬림 학살로 오점이 있었지만 구자라트주 수상 나렌드라 모디는 힌두트바 신봉자들뿐만 아니라 인도를 경제적 르네상스로 이끌기를 희망하는 주요 인도 기업인들의 지지를 받았다. 모디는 활기차게 유세 연설을 하면서 전국을 누볐다. 다만 아직 그의 차례는 아니었다. 고용 창출이 부진하고 인플레이션이 높았음에도 불구하고 국민회의가 또 다른 통합진보동맹(UPA) 연정을 이끌 권한을 얻었다.[35]

그러나 점점 인도에 불리한 상황이 되고 있었다. 기후 위기로 인한 피해가 증가했다. 2000년대 전반기의 가뭄에 이어 2009년과 2010년의 강우량 부족으로 농업 생산량이 2005년 이후 처음으로 감소했다. 한 철의 가뭄 뒤에 다음 철에 폭우가 내리는 불규칙한 몬순이 점점 더 흔해지고 있었다. 한 계절 내에서도 강우량의 변동이 심했다. 건조한 날씨가 지속된 후 폭우로 인한 추가 피해가 발생했다. 지구 온난화로 인해 몬순의 자연적 변동성이 증폭되면서 인도의 농업 성장은 저조한 채로 남아 곡물과 유지작물, 채소 같은 다른 필수품 가격을 밀어 올렸다.[36]

그럼에도 인도와 국제 응원단은 여전히 낙관적이었다. 아, 그들은 말했다. 인도 빈곤율이 하락했어! 여기 수수께끼가 있었다. 농민들이 어려움을 겪고 새로운 일자리가 주로 건설업과 다른 하위 비공식 부문에 있었다면 어떻게 빈곤이 줄어들 수 있었을까?

인도 빈민들의 불안정한 삶

빈곤선은 생존에 필요한 재화와 서비스의 비용이다. 이 선을 정의하는 과학은 없다. 세계은행은 1985년 가격으로 1달러를 인간 생존 비용으로 정했고, 이를 2005년 가격으로 하루 1.25달러, 2011년 가격으로 1인당 하루 1.90달러로 업데이트했다. 2011년에 하루 1.91달러를 쓸 수 있는 사람은 가난하지 않고, 하루 1.89달러밖에 쓸 수 없는 사람은 가난한 것이었다.

2011년 1.90달러는 인도의 구매력 평가 환율(15.55루피/달러)로 하루 30루피 미만이었다. 우리는 달러 기준 빈곤선을 루피로 환산하기 위해 시장 환율(2011년 약 50루피/달러)이 아닌 구매력 평가 환율을 사용하는데, 구매력 환율은 서로 다른 국가의 동일한 상품과 서비스의 직접적인 가격 비교에 기반을 두고 있기 때문이다. 시장 환율은 철강이나 석탄 같은 국제 거래 제품의 가격을 반영하므로 일반적으로 거래되지 않는 식품 및 기타 소비재와 서비스의 국내 비용을 크게 과대평가하기 때문에 이런 맥락에서는 적절하지 않다.[37]

인도의 빈곤율은 1985년경부터 반가운 속도로 내려가기 시작했다(그림 20.2). 네루 시대의 견고하던 60%의 빈곤율과 인디라 간디 시대의 극도로 느린 하락세 이후 나타난 이런 추세는 큰 안도감을 주었다.

그러나 우리는 1985년 이후 큰 박수를 받은 이 성과를 객관적으로 바라보아야 한다. 생존에 필요한 재화와 서비스 비용의 척도인 세계은행의 빈곤선은 최소한의 영양 섭취 외에는 거의 아무것도 제공하지 못하는 수준이다. 하루 400그램의 거친 쌀과 밀, 200그램의 채소, 콩류, 과일, 그리고 소량의 우유, 계란, 식용유, 향신료, 차 정도였다. 2011년 하루 30루피 정도였던 인도 정부의 빈곤 기준도 마찬가지로 교육, 건강, 주거에 사실상 아무런 도움도 되지 않았다. 이 보잘것없는 금액은 비인간적인 조건에서 살아가는 사람들만을 가난한 사람으로 정의했다. 2011년 "겨우" 22.5%의 인도인이 빈곤선 아래에 있다는 이야기는 또한 자유화 개혁 20년이 지난 후에도 5분의 1이 넘는 인도인

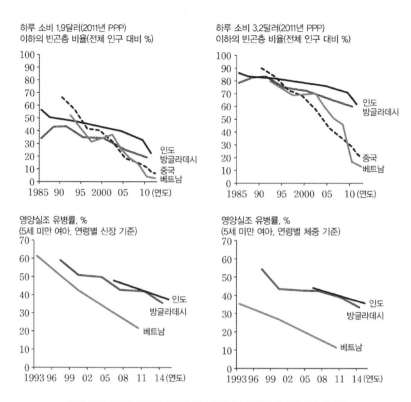

하루 소비 1.9달러(2011년 PPP)
이하의 빈곤층 비율(전체 인구 대비 %)

인도
방글라데시
중국
베트남

1985 90   95 2000 05   10 (연도)

하루 소비 3.2달러(2011년 PPP)
이하의 빈곤층 비율(전체 인구 대비 %)

인도
방글라데시
중국
베트남

1985 90   95 2000 05   10 (연도)

영양실조 유병률, %
(5세 미만 여아, 연령별 신장 기준)

인도
방글라데시
베트남

1993 96 99 02 05 08 11 14 (연도)

영양실조 유병률, %
(5세 미만 여아, 연령별 체중 기준)

인도
방글라데시
베트남

1993 96 99 02 05 08 11 14 (연도)

그림 20.2 인도의 극심한 빈곤은 감소했지만 불안정한 생활은 지속되었다.
출처: World Bank, World Development Indicators, SI.POV.DDAY, SI.POV.LMIC,
SH.STA.STNT.FE.ZS, SH.STA.MALN.FE.ZS.

들이 비참한 환경에서 살고 있다는 사실이기도 했다.[38]

인도의 경우 1.90달러(2011년 가격 기준)의 빈곤선은 사실상 국가의 빈곤을 외면하는 것이었다. 그 기준이 1950년대에는 어느 정도 의미가 있었을 수 있다. 하지만 시간이 지나면서 **가난한 사람은 누구**인지에 대한 개념은 변해야 한다. 미국 대통령에게 보고하는 경제자문위원회 Council of Economic Advisers는 1969년 "어제의 사치품이 오늘의 필수품이 된다"고 지적했다. 삶이 더 복잡해지면서 새로운 상품과 서비스가 "사회에 참여하는 구성원"으로 존재할 수 있도록 보장하는 데 필요해진다. 2011년의 인도에서 생존을 위해서는 최소한의 영양뿐만 아니라 의료, 교육, 주거, 그리고 종종 선풍기, 냉장고, 오토바이도 필요했다.[39]

사회적으로 필요하고 용인되는 소비에는 최소한의 영양 섭취 이상의 것이 필요하기 때문에 세계은행은 인도와 같은 중하위 소득 국가에 더 높은 빈곤 기준을 권고한다. 이 높은 기준은 하루 3.20달러로, 2011년 기준 1인당 하루 50루피 또는 4인 가족 기준 월 6,000루피였다. 보다 현실적이지만 여전히 소박한 렌즈를 통해서 2011년을 바라보면 60% 이상의 인도인들이 가난했다(그림 20.2).

두 빈곤선 사이의 격차는 불안정성의 영역이다. 하루 3.20달러를 겨우 쓸 수 있는 사람들은 1.90달러 기준선 아래로 떨어져 극심한 빈곤에 빠질 위험이 항상 있다. 인도에서는 농업이 본질적으로 위험하고, 건설 노동은 육체적으로 위험하며, 제조업 고용은 작업장에서 다칠 수 있기 때문에 위험하다. 직업에 관계없이 많은 인도인은 의료 비상사태에 처해 있다. 약 구매와 외래진료 비용만으로도 빈곤의 경계에 있는 가정은 치명적인 경제적 피해를 입을 수 있다. 2011년, 인도인의 약 40%가 단 한 번의 질병으로 인해 빈곤선 아래로 떨어질 수 있는 3.20달러와 1.90달러 사이의 불안정한 지대에 살고 있었다. 반면 중국, 베트남, 라틴아메리카의 대규모 중간 소득 국가들은 극심한 빈곤과 **함께** 불안정성을 사실상 제거했다.[40]

이제 우리는 고용과 빈곤 추세를 병치시킬 수 있다. 일부 인도인들이 수입이 낮고 생산성이 낮은 농업을 떠나면서 다소 수입이 높은 비공식 부문으로 이동했다. 더 높은 수입은 그들을 빈곤선 위의 불안정한 지대로 밀어 올렸다. 하지만 그들은 계속 불안한 삶을 살았다. 엘리트 인도인들은 이 "성취"를 두고 환호했다.

특히 여아들의 높은 영양실조 비율은 빈민들의 삶이 제한적으로만 개선되었음을 보여주는 또 다른 불행한 지표였다(그림 20.2의 하단

그래프 참조). 영양실조 아동은 자주 아프고 성인이 되어서도 생산적인 노동자가 될 가능성이 낮다. 방글라데시의 다소 낮은 빈곤율과 동일하게, 5세 미만 방글라데시 여아는 5세 미만 인도 여아보다 약간 더 영양 상태가 좋았다. 베트남이 인도보다 더 잘한 것은 단지 비하르와 우타르프라데시가 인도 평균을 끌어내린 통계적 이유 때문만은 아니었다. 베트남의 사회적 성취는 인도에서 가장 선진적인 주 중 하나인 타밀나두보다 우수했다(지금도 그렇다). 2011년 비하르에서는 5세 미만 여아의 절반 이상이, 우타르프라데시에서는 40~50%가 영양실조였다. 타밀나두에서는 그 비율이 30%였지만 베트남에서는 1인당 소득이 타밀나두와 거의 같았음에도 불구하고 20%에 불과했다.[41]

도난당한 돈

대다수의 인도인들이 가난하거나 불안정한 삶을 살고 있는 동안, 금융 사기는 번성했다. 델리에서 열린 2010년 영연방 경기대회 Commonwealth Games는 P. V. 나라심하 라오 총리 밑에서 차관보를 역임했던 국민회의 간부의 손에 "계약을 대가로 현금을 주는" 평범한 이벤트였다. 가장 기억에 남는 이야기는 선수촌에 들어가는 62달러짜리 화장지에 관한 것이었다. 스포츠 시설 건설과 도시 정비 계약의 가치는 훨씬 더 컸다. 그리고 정치인들과 계역을 수주한 업체들이 부자가 되는 동안, 그들은 7세 어린이까지 이 건설 현장에서 일하게 했다.[42]

정부가 통신 주파수와 석탄 채굴권을 민간 기업에 할당할 때의 금액은 훨씬 더 컸다. 정부 내부 감사관인 감사원장comptroller and auditor general은 2010년 보고서에서 통신부가 2008년 "귀띔을 받은" 사람들에게 유리한 방식으로 매우 가치 있는 2세대(2G) 통신 주파수의 면허를 부여했다고 밝혔다. 감사원장은 2012년에 다시 2004년부터 2009년 사이에 할당된 218개 석탄 채굴권에 대해 보고했다. 정부는 채굴권을 경매로 최고 입찰자에게 판매하는 대신 헐값에 팔아넘겼다. 대법원은 주파수와 석탄 채굴권 할당을 불법으로 판결했고, 이는 경쟁 입찰을 통한 재할당으로 이어졌다.[43]

감사원장이나 대법원 모두 부패의 증거를 발견하지는 못했지만 악취는 하늘을 찔렀다. 작가이자 경제 저널리스트인 T. N. 니난T. N. Ninan은 세간의 인식을 표현했다. "중앙정부와 주 정부 모두 어디를 봐도 부패의 냄새가 났다. 너무나 노골적인 강탈이었다." 부족한 자원의 저가 판매, 국방 거래에서의 뇌물, 인프라 계약 협상에서의 사기는 일상적이었다.[44]

부유한 인도인들은 또 다른 돈줄인 정부 소유 은행에서 돈을 끌어 썼다. 비자이 말랴Vijay Mallya는 이를 십분 활용했다. 그는 킹피셔Kingfisher 상표로 운영되는 상속받은 양조장을 확장하여 인도 맥주 시장의 절반 이상을 장악했다. 인수합병을 통해 그는 위스키와 럼 시장에서도 지배적인 점유율을 확보했다.[45]

2002년 말랴는 상원인 라쟈 사바Rajya Sabha의 의원이 되었다. 주 의회는 라쟈 사바 의원을 6년 임기로 선출하는데, 카르나타카의 국민회의가 말랴를 공천했다. 의회에 진출한 그는 민간항공위원회committee for civil aviation에서 한 자리를 차지했다. 정부는 막 하늘 길을 민간 항공사에 개방하고 있었고, 민간항공위원회 위원이라는 말랴의 지위는 그에게 관련 고위 공직자들과 손쉽게 어울릴 수 있는 것과 더불어 정부가 준비 중인 정책을 미리 귀뜸받을 여지를 제공했다. 2005년 5월, 말랴는 인기 있는 맥주 브랜드의 이름을 딴 킹피셔 항공을 화려하게 출범시켰다. 그의 쇼맨 본능이 이제 완전히 발휘되었다. 그해 50세 생일을 맞아 말랴는 가수 라이오넬 리치Lionel Richie가 공연하는 6일간의 행사를 열었다. 그는 요트, 자동차 경주팀, 축구팀, 크리켓팀을 매입했다. 많은 사람들이 기다리던 킹피셔 달력에는 옷을 거의 입지 않은 여성들이 등장했다. 그는 자신이 말했듯이 "좋은 시절의 왕King of Good Times"이었다.[46]

말랴의 현란한 이야기는 2007~2008년 세계 금융 위기의 현실과 만났다. 그가 부분적으로는 국제선을 시작하기 위해서였지만 어쨌든 미친 듯이 더 많은 비행기를 구매하던 바로 그때, 항공 교통량은 감소했다. 말랴는 거의 모두 정부 소유인 17개 인도 은행에서 돈을 빌렸다. 이제 그는 그들에게 상환할 수 없었다. 한 추정에 따르면 그는 당시 시장 환율로 20억 달러가 넘는 거의 9,000크로르 루피를 빚지고 있었다. 2012년, 빚을 갚지 않은 채 그는 권위 있는 힌두교 사원에 거액의 금을 공물로 제공하고 파산한 항공사의 문을 닫았다. 신들이 받은 것을 직원들은 받지 못했다. 그해 10월, 킹피셔 항공 직원의 아내가 남편이 몇 달 동안 월급을 받지 못했다는 이유로 자살했다. 2013년 포브스는 말랴의 순자산을 7억 5,000만 달러로 평가했는데, 이는 그를 인도에서 84번째로 부유한 사람으로 만들었다. 2016년 그는 런던으로 도망쳤고, 그곳에서 여전히 그를 인도로 데려가는 인도 당국과 싸우고 있다.[47]

말랴는 많은 사람들 중 한 명일 뿐이었다. 여러 기업들이 인도의 개발 전략의 핵심인 인프라, 채광, 철강 프로젝트에 자금을 대기 위해 정부 소유 은행에서 돈을 빌렸다. 이러한 기업 대출 연체와 농민들의 대출 "탕감"은 정부 소유 은행의 자본에 구멍을 냈다. 정부는 국민의 희생을 대가로 그 구멍을 메우기 위해 나섰다. 2010~2011년부터 2013~2014년까지 4개 회계연도 동안 100억 달러가 넘는 5만 8,000크로르 루피를 추가했고, 그 후 3년 동안 5만 7,000크로르 루피를 더 투입했다. 그것은 끝없는 국고 낭비였다. 궁핍한 지역의 일부 소농들은 탕감 혜택을 보았지만, 탕감과 연체의 가장 큰 수혜자는 대농과 기업 거물들이었다. 그들은 "앞면이 나오면 내가 이기고, 뒷면이 나오면 당신이 진다"는 게임을 한 것이었다.[48]

정치인-기업 네트워크는 그 촉수를 널리 뻗었다. 말랴 외에도 상원에 입성한 눈에 띄는 사람은 파리말 나트와니Parimal Nathwani였다. 말랴와 마찬가지로 나트와니는 자르칸드주의 국민회의 상원의원이었다. 나트와니는 의회 의원이자 세계 최고 부자 중 한 명인 무케시 암바니Mukesh Ambani의 "해결사" 역할을 겸했다. 기업인들은 또한 하원 선거에 출마하여 당선되기도 했다. 2014년까지 "사업" 또는 "무역"을 직업으로 기재한 의원의 비율은 1991년 14%에서 26%로 상승했다. 이 기업가들은 의회 상임위원회에서 활동했는데, 이는 자신들에게 유리한 법안을 만들 기회를 주었다.[49]

본국에서 누리는 특권에도 불구하고 많은 부유한 인도인들은 경제적으로나 물리적으로 나라를 떠났다. 2006년부터 2008년 사이 인도 기업들은 연평균 170억 달러를 해외에 투자했고, 그 후 몇 년 동안 유출 규모는 연간 100억 달러 이상을 유지했다. 원칙적으로 자본과 기술이 부족한 인도와 같은 저개발국은 매우 높은 투자 수익률을 제공해야 했다. 그러나 인도에는 인적 자본과 물적 인프라가 부족했기 때문에 투자 수익률이 특별히 높지 않았고, 이는 많은 기업들이 해외에 투자하도록 만들었다. 그 자본 유출은 인도의 성공 스토리의 실상을 드러냈다. 타타는 해외에서 쇼핑하듯 석탄 광산, 호화 호텔, 포드Ford의 영국 브랜드였던 재규어Jaguar와 랜드로버Land Rover를 사들였다. 타타는 370억 달러를 37건의 국경 간 인수에 투자한 결과 전체 매출의 58%가 인도 밖에서 나오게 되었다. T. N. 니난이 덧붙이듯 타타만 그런 것은 아니었다. "야심 찬 기업집단들이 하나둘씩 해외 프로젝트에 착수했다."[50] 간단히 말해, 인도의 초부유층은 신중하게 확보된 내부 정보와 규제를 유리하게 적용해 주는 경우에만 인도에 투자했다. 그렇지 않으면 그들은 해외로 자금을 가져갔다.

초부유층 바로 아래 범주에는 거대 부자들이 있었는데, 그들은 돈을 벌 것이 확실한 인도의 유일한 사업에 투자했다. "저는 두 개의 삶을 살아요"라고 젊은이 라케시Rakesh가 라나 다스굽타에게 말했다. "자동차 사업도 하고, 부동산 사업도 해요. 당신 앞에 보이는 것은 제 부동산에서 발생한 부입니다." 그리고 그가 과시한 부는 인상적이었다. 마사지실, 마사지 후의 휴게실, 미용실, 일식 레스토랑이 있었다. 지친 라케시는 "난 긴장을 풀 수가 없어요. 그게 빌어먹을 문제예요. 제가 긴장을 푸는 유일한 때는 마사지를 받을 때뿐이에요"라고 설명했다.[51]

인도의 건설 붐은 부자들을 더 부유하게 만들었다. 건설 계약자들은 종종 정치인들 및 마피아와 결탁하여 큰 이익 마진을 누렸다. 그들은 자주 노동자들에게 최저임금조차 지급하지 않았는데, 노동자들을 "당신 같은 사람들은 안락함과 안전을 주장할 수 없습니다.… 당신은 이 이야기의 바깥에 있고, 절대 들어올 수 없을 겁니다"라는 식으로 대했다.[52]

거대 부자들도 초부유층과 마찬가지로 체제에서 이탈했다. 인도 교육 제도가 얼마나 황폐한지 인식한 많은 이들이 자녀를 유학 보냈다. 인도중앙은행 자료에 따르면 인도인들이 해외 유학 자금으로 지출한 금액은 2003~2004 회계연도 2억 3,700만 달러에서 2008~2009년 20억 달러 이상으로 급증했고, 그 후 몇 년 동안 20억 달러 수준을 유지했다. 그러나 정치학자 데베시 카푸르Devesh Kapur와 프라탑 바누 메타Pratap Bhanu Mehta에 따르면 중앙은행의 숫자는 아마도 실제의 3분의 1만 보여주었을 것이다. 그 이유는 부유한 인도인들은 해외에 자금을 보유하고 있었고, 그중 일부는 조세 피난처에 있었기 때문이다. 그들은 중앙은행이 추적할 수 없는 그 자금을 다른 것들 중에서도 자녀 교육에 많이 사용했다. 카푸르와 메타는 부유한 인도 인들이 인도 교육 제도에서 이탈할 때 그들의 "목소리"도 함께 사라졌다는 점을 중요하게 지적했다. 인도 교육에 이해관계가 없는 그들은 교육이 썩어 문드러지도록 내버려두는 데에 아무런 불만이 없었다.[53]

수자원 이용에 있어서도 부자들은 보통 사람들과 달랐다. 교육과 달리 물을 구하기 위해 해외로 갈 수는 없었다! 대신 그들은 고층 아파트, 사무실 단지, 호화 호텔에서 노후화된 도시 상수도 시스템에서 공급되는 부족한 깨끗한 물을 놓고 경쟁해야 했다. 그리고 부자들은 어떤 제한도 없이 물을 사용할 수 있었다. 뭄바이의 사설 수영장과 워터파크들도 아무런 제재 없이 물을 사용했다. 도시 상수도 부서는 기존 물 공급을 전용하거나 인근 강과 호수에서 물을 운반하여 이러한 수요를 충족시켰고, 점차 강과 호수가 말라 죽게 만들었다. 다른 곳에서는 여성과 아이들이 물 펌프 앞에 줄을 섰는데, 종종 물이 나오는 펌프에 도달하기 위해서는 먼 거리를 걸어야만 했다. 뭄바이의 한 가난한 동네에 사는 절망에 빠진 여성은 보석을 팔아 수도를 연결했는데, 경찰은 이를 불법으로 규정하고 그녀가 물을 퍼 올리려고 설치한 모터를 부숴버렸다. 부패한 공무원들과 악랄한 "물 마피아"는 가장 어려운 사람들에게 물을 비싼 값에 팔았다. 교육의 경우와 마찬가지로 부자들의 목소리는 사라졌다. 그들은 지속 가능한 해결책에 전혀 이해관계가 없었다. 지역, 카스트, 종교적 충성심으로 분열된 가난한 사람들은 통합된 민주적 목소리를 내지 못했다.[54]

뭄바이의 물 사용 패턴은 다른 도시에서도 마찬가지였다. 매일 밤 수백 대의 트럭이 델리의 5성급 호텔로 식수, 세탁, 수영장, 사우나용 물을 운반했다. 물 "기업가"들은 도시 주변의 우물에서 물을 퍼 올렸다. 한 곳의 우물이 말라버리면 그들은 더 멀리 이동하여 땅에서 더 많은 물을 고갈시켰다. 델리 주변의 구르가온과 노이다Noida에 있는 폐쇄형 주거단지에는 수영장과 워터슬라이드가 있는 자체 워터파크가 있었다. 기억에 남을 만한 표현으로 라나 다스굽타는 무모한 물 사용을 "치명적으로 단기적인 약탈 심리"의 산물로 묘사했다. 다른 사람들이 그렇게 하기 전에 땅에서 물을 빨아들이는 것이 모든 사람에게 "합리적"이었다.[55]

사실상 모든 인도 도시에서 새로운 건물들은 배수로, 물 저장소, 자연 호수를 막아버렸다. 이러한 물 저장소들이 없으면 비가 내려도 사라지는 지하수를 보충하지 못했다. 대신 약간만 많은 비가 내려도 도시는 침수되었다. 2011년 1월 판결에서 대법원 판사들은 주 정부에 공유 재산인 수역을 침범하는 행위를 중단하라고 지시했다. 그러나 정부는 약탈적인 건설 붐에 공모했고 법원의 명령을 집행하기를 거부했다.[56]

움직이는 단 하나의 인도

2012년 10월, 스타벅스는 뭄바이에 첫 번째 인도 매장을 열었다. 흥분한 8살 소녀가 아버지에게 외쳤다. "아빠, 이건 제가 가본 스타벅스 중에 가장 커요. 홍콩이나 싱가포르에 있는 것보다 훨씬 더 커요." 대부분의 인도인들은 스타벅스에서 커피 한 잔을 살 여유가 없었지만, 이 어린 세계 여행자는 홍콩과 싱가포르에서 이 커피 체인을 방문했었다. 2013년 6월 4일, 아마존닷인Amazon.in이 오픈한 지 몇 분 만에 아메다바드에 있는 초엘리트 인도경영대학원Indian Institute of Management의 학생이 이 사이트에서 첫 번째로 책을 주문했다.[57] 수백만 명의 젊은 인도인들이 초라한 인도 대학에서 타임파스하는 동안, 고매한 경영대학원 학생은 세계를 정복할 준비를 하고 있었다.

두 개의 인도는 정말로 서로 다른 나라가 되었다. 빈민가에서 거처를 근근이 마련했던 많은 인도인들은 도시 미화라는 명목으로 언제든 쫓겨날 위험에 처해 있다. 무케시 암바니는 뭄바이에 27층짜리 집을 지었다. 빛을 진 농부들은 자살했다. 비자이 말랴는 정부 소유 은행에 진 20억 달러의 빚을 갚지 않고 인도로의 송환을 거부하며 런던의 집에서 호의호식하고 있다. 승자가 모든 것을 가져갔다(그림 20.3).

두 개의 인도는 2007년 법정에서 서로 맞섰다. 사회학자 난디니 순다르Nandini Sundar와 동료들은 광물이 풍부한 차티스가르의 숲에서 토착 아디바시들을 위협하며 이권을 챙긴 정부 후원의 자경단 살와 주둠을 위헌으로 선언해 달라고 대법원에 제소했다. 2011년 7월 판결에서 두 명의 대법관은 인도의 개발 전략을 신랄히 비판했다. 판사들은 인도 기획위원회가 의뢰한 보고서를 인용하면서 아디바시 지역의 폭력이 끝나지 않는 이유는 "지배적인" 엘리트들이 "가난한 사람들을 희생시켜" 인도 개발의 "이익을 차지했기" 때문이라고 말했다. 개발 프로젝트의 혜택은 아래로 흘러내리기보다는 위로 흘러갔다. 판사들은 정부가 법 앞의 평등과 삶의 존엄성이라는 헌법 원칙을 위반했다고 결론 내렸다. 그들은 살와 주둠을 해산할 것을 명령했다. 차티스가르주 정부와 인도 정부는 그 명령을 무시했다. "살와 주둠"이라는 이름은 사라졌지만, 국가가 지원하는 자경단은 새로운 이름으로 계속되었다.[58]

비슷한 역사적 사례로, 1832년 존 마셜John Marshall 대법원장 밑에서 미국 대법원은 체로키Cherokee 부족의 영토를 강탈하고 그들의 법과 관습을 무시할 권한을 부여한 조지아주의 끔찍한 법을 무효화했다. 전해지는 이야기에 따르면 앤드루 잭슨Andrew Jackson 미국 대통령은 "존 마셜이 자신의 결정을 내렸으니, 이제 그가 그것을 집행하게

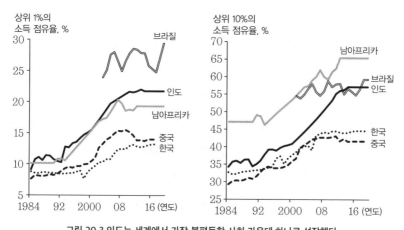

그림 20.3 인도는 세계에서 가장 불평등한 사회 가운데 하나로 성장했다.
참고: 브라질의 상위 1% 소득 점유율은 항상 높지만 매년 불규칙하게 변화하기 때문에 3년 이동평균으로 표시했다.
출처: World Inequality Database, https://wid.world/data/.

하라"고 대응했다. 조지아주도, 잭슨도 법원의 결정을 집행하지 않았고, 수만 명의 아메리카 원주민들의 강제 이주는 미국 역사상 가장 부끄러운 장면 중 하나로 기록되었다.[59]

잭슨은 이후 미국 대법원의 결정들은 집행했다. 하지만 인도 정부는 특히 기업과 정치인 간의 유착 관계를 깨려는 대법원 명령을 계속 무시했다. 광산 기업들과 마피아(둘의 구분이 항상 분명한 것은 아니다)는 라자스탄의 아라발리Aravalli 산맥에서의 채광 금지 명령과 전국적인 건설 붐에 필수적인 모래 채취 금지 명령을 뻔뻔스럽게 무시했다.[60]

2006년 8월 독립기념일 연설에서 싱은 "상황이 이렇게 좋았던 적이 없습니다. 제가 가는 곳마다 우리 나라가 움직이고 있는 것을 봅니다"라고 말했다. 2014년, 인도인의 45%가 심화되는 기후 위기에 노출된 농업 부문에서 일하고 있었다. 농업 노동자들에게 주요 탈출구는 등이 부러질 것 같은 건설 노동이었다. 부유한 인도도 있었다. 델리의 벤틀리Bentley와 람보르기니Lamborghini 쇼룸에서 구매자들(종종 요트, 섬, 제트기의 소유자이기도 했다)은 야간의 텅 빈 도로에서 경주하는 데만 사용하는 자동차에 60만 달러를 지불했다. 그 인도는 움직이고 있었다. 그 인도에게 "상황이 이렇게 좋았던 적은 없었다".[61]

"치명적으로 단기적인 약탈 심리"는 만모한 싱이 이끄는 통합진보동맹(UPA) 정부 아래의 10년을 규정하는 표현이었다. 부유한 개인과 강력한 기업은 규칙을 위반하고 국가의 공동 자원을 약탈하는 것이 상당한 이익을 가져다주고 위험은 거의 없다는 타당한 전제하에 행동했다. 그들은 내부자 정보를 빼돌리고, 정부 소유 은행을 이용해 납세자의 돈을 훔치며, 귀중한 광물과 수자원을 고갈시켰다. 정부도 이 대규모 절도에 공모하면서 대법원이 무력하게 허우적거리도록 내버려 두었다. 공정성을 촉진하는 경제 정책 대신 빈곤에 대한 엘리트주의적 정의가 가난한 사람들을 외면했다. 공공재는 여전히 비참한 수준이었다. 일자리 증가는 신통치 않았다. 인도는 다시 개발 경쟁에서 뒤처졌고, 이번에는 베트남과 방글라데시에게도 밀려났다.

21장

모디, 경제를 벼랑 끝으로 밀어붙이다

나렌드라 다모다르다스 모디Narendra Damodardas Modi는 1950년 9월 하층 카스트 가정에서 태어났다. 그는 구자라트의 한 오지 마을의 반쯤 지어진 집에서 6명의 형제자매와 함께 자랐다. 8살 때 그는 호전적인 힌두트바 단체인 라슈트리야 스와얌세바크 상에 입단했다. 그 이른 시작 이후 곧 그는 구자라트 BJP의 지도자로 두각을 나타냈다. 모디는 2002년 2월 구자라트주 수상으로 재임하는 동안 힌두교도 무리가 무슬림을 학살했을 때 국내외적으로 주목받기 시작했다. 그는 고통 받는 사람들에 대해 거의 동정심을 보이지 않았고 폭동을 비난하기를 거부했다.[1]

폭동 직후 모디는 기업가들이 무슬림, 시민권 활동가, 언론인에 대한 힌두교도와 경찰의 지속적인 폭력에 불평하자 자신이 정치적, 경제적 곤경에 처했다는 것을 감지했다. 많은 기업들이 구자라트에 대한 투자 중단을 언급하며 그를 위협했다. 4월 말, 한 업계 지도자는 구자라트뿐만 아니라 인도가 소수자 보호에 실패한 데 "큰 대가를 치를 것"이라고 경고했다. 베테랑 기업가인 라훌 바자즈도 비난을 이어갔다. 바자즈는 〈힌두스탄 타임스Hindustan Times〉에 "구자라트 대학살과 같은 사건들은 우리의 경제 발전을 저해할 것"이라고 썼다. 2003년 2월 기업가 회의에서 기업들의 비판이 계속되는 가운데 바자즈는 모디를 쳐다보며 "당신이 무엇을 믿고, 무엇을 위해 싸우는지 알고 싶습니다. 리더십이 중요하기 때문입니다"라고 물었다.[2]

격분한 모디는 자신의 비판자들을 "사이비 세속주의자"로 일축했다. 그는 자신을 산업계의 친구로 다시 포장하고 구자라트를 최고의 사업 입지로 마케팅하기 시작했다. 2003년 9월, 기업가 가우탐 아다니Gautam Adani의 도움으로 모디는 인도와 외국 기업가들에게 구자라트를 마케팅하기 위해 2년 단위로 개최되는 활기찬 구자라트Vibrant Gujarat를 만들었다. 아다니와 무케시 암바니를 포함한 다른 기업가들은 대규모 투자 프로젝트에 자금을 투자하고 프로젝트를 운영하기로 하는 협약을 구자라트 정부와 맺었다.[3]

자신을 산업계의 친구로 포장하기 위한 모디의 노력은 2004년 전국으로 확대되었다. 그해 BJP 하원의원 선거운동을 하면서 "구자라트 개발 모델"이라는 새로운 문구가 모디와 연결되었다(그림 21.1).[4] 모디가 개발의 챔피언이라는 이야기들이 널리 퍼졌다.

2006년 말, "활기찬 구자라트"를 마케팅하기 위해 무케시 암바니가 인도 기업가 대표단을 이끌고 미국으로 갔다. 그런데 모디에게는 더 큰 홍보 계획이 있었다. 인도에서 가장 존경받는 기업가인 라탄 타타Ratan Tata였다. 그의 토지 취득에 항의하는 농민들과 합의를 보지 못하게 되자 좌절한 타타가 2008년 서벵골에서 추진하던 자동차 공장의 투자를 중단한다고 발표하면서 모디에게 기회가 생겼다. 모디가 묘사한 바에 따르면, 그는 타타에게 세 단어로 된 문자 메시지를 보

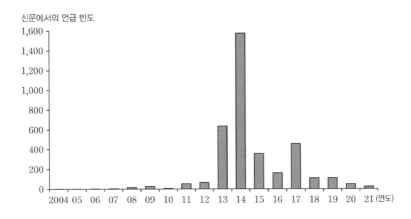

그림 21.1 "구자라트 발전 모델"이라는 신조어가 등장했다
(Factiva 신문 데이터베이스에서 "구자라트 발전 모델"을 언급하는 기사 수).
출처: Factiva database, https://www.dowjones.com/professional/factiva/.

냈다. "구자라트에 오신 것을 환영합니다Welcome to Gujarat." 타타는 모디를 실망시키지 않았다. 그는 CNN의 파리드 자카리아Fareed Zakaria가 진행하는 일요일 아침 프로그램을 통해 전 세계 시청자에게 모디를 찬양하며 모디의 홍보 대사가 되었다. 모디는 다른 인도와 외국 사업가들도 초대했다. 그는 구자라트에서는 "레드 테이프red tape (관료주의)" 대신 "레드 카펫red carpet (환대)"이 기다리고 있다고 약속했다. 모디에 대한 찬사는 과도한 수준이 되었다. 인도 최고의 기업가 중 한 명이자 무케시의 동생인 아닐 암바니Anil Ambani도 가세했다. 그는 모디가 "사람들의 주인, 지도자들 가운데 지도자, 왕들 가운데 왕"이라고 말했다. 타타는 구자라트에 더 많이 투자하지 않은 것이 "멍청했다"고 덧붙였다.[5]

구자라트 모델은 스테로이드를 맞은 약탈적 개발이었다. 기업들에게는 대박이었다! 그들은 사실상의 무료 토지, 거의 제로 금리의 대규모 대출, 세금 감면, 번거로움이 없도록 환경 규제에 대한 허가를 받았다. 납세자들이 그 비용을 부담했다. 2013년 초, 감사원(만모한 싱의 중앙정부가 주파수와 채굴권을 부적절하게 배분한 것을 지적한 바로 그 기관)은 모디의 구자라트 정부가 대기업에 약 1억 2,000만 달러(750크로르 루피)의 "부당한" 특혜를 준 것을 질타했다. 〈인도 프레스 트러스트Press Trust of India〉는 "정부의 후한 선물의 주요 수혜자들"은 "릴라이언스 인더스트리, 에사르 스틸Essar Steel, 아다니 파워Adani Power 같은 대기업들"이었다고 보도했다.[6]

특혜를 받은 기업들은 화려한 발표에 적합한 거액의 가격표가 붙은 자본집약적 프로젝트에 투자했다. 석유(구자라트에서 가장 빠르게 성장하는 산업 부문), 철강, 화학, 제약 프로젝트가 그런 패턴에 들어맞았다. 이러한 프로젝트는 GDP를 높였지만 새로운 고용 기회는 거의 창출하지 않았다. 그들은 지하수를 고갈시키면서 땅과 강을 노골적으로 오염시켰다.[7]

가우탐 아다니는 구자라트 모델을 구체화했다. 1962년에 태어난 아다니는 1978년 대학을 중퇴하고 다이아몬드 무역에 뛰어들었다. 그는 곧 수출입 무역상이자 기업가가 되었다. 1990년대 후반, 그는 인프라 프로젝트에 착수했다. 구자라트 정부는 시장 가격보다 훨씬 낮은 가격으로 아다니에게 토지를 팔았다. 그는 정부 소유의 기업으로부터 시장가보다 저렴하게 천연가스를 공급받았고 주 정부 전력망에 전력 공급이 지연된 데 대하여 계약상 규정된 것보다 훨씬 낮은 위약금만을 지불했다. 그의 프로젝트는 수로와 어부들의 생계에 돌이킬 수 없는 피해를 입혔고, 공동체 목초지를 빼앗고 귀중한 맹그로브 숲을 파괴했다. 2000년부터 2013년까지 아다니의 매출은 14배 증가하여 85억 달러에 달했다. 그의 자본집약적 프로젝트는 제한된 수의 일자리만 창출했고, 이는 주로 숙련 노동자들만을 위한 것이었다.[8]

주의 예산이 대기업에 우선적으로 쓰였기 때문에 교육, 보건, 기타 복지 서비스에 대한 지출은 타격을 입었다. 시카고 대학교 철학자 마사 누스바움Martha Nussbaum이 강조했듯이, 구자라트의 인간 개발 지표는 인도 주들이 달성한 범위의 중간쯤에 위치했는데, 이는 인도 인적 자원 개발의 일반적 상태가 얼마나 낮은지를 감안할 때 가치 없는 성취였다. 게다가 구자라트의 GDP 성장률이 높았다는 맥락에서 보자면 기대수명과 여성 문해율 등의 지표에서 구자라트주의 인적 자원 개발 실적은 "그저 중간 정도가 아니라 완전히 나빴다."[9]

2013년 초, 총선이 다가오면서 구자라트 모델을 칭찬하는 목소리가 높아졌다. 컬럼비아 대학교 경제학자 자그디시 바그와티는 그 문구에 엄청난 지적 권위를 실어주었다. 바그와티는 "구자라트 모델"이 재정적으로 비용이 드는 "재분배"가 아니라 "민간 기업가 정신"을 촉진한다고 거짓된 이분법을 사용하여 말했다. 바그와티는 세계 최고의 박식한 경제학자이자 개발 전문가 중 한 명이었다. 그는 서유럽과 동아시아 대부분이 민간 기업가 정신과 인간적인 재분배를 모두 촉진하면서 부유해졌다는 것을 알고 있었음이 틀림없다. 실제로 동아시아인들은 인적 자원 개발을 증진하기 위한 재분배가 민간 기업가들이 주도하는 일자리가 풍부한 성장에 있어 필수적이라는 점을 분명히 보여주었다. 어쨌든 모디는 기업가 정신을 요구하지 않았다. 그는 일자리를 거의 창출하지 않고 땅과 물을 오염시키는 특혜를 받은 기업가들에게 보조금을 주고 있었다.[10]

2014년 선거가 다가오면서 "구자라트 모델"이라는 게으른 내러티브는 구원자를 찾고 있던 국가와 조우했다. 인도인들이 경제적 성공을 판단하는 유일한 지표인 GDP 성장률은 2011~2012년경부터 하락하기 시작했다. 만모한 싱 정부의 약탈적 개발 패턴에 환호했던 IMF조차도 인도가 "도전적인 거시경제 상황"에 직면해 있다고 지적했다. 이는 경제가 심각한 문제에 처해있음을 뜻하는 IMF식 표현이었다. 예상대로 1991년 자유화 개혁의 추진력은 사그라들었다. 한편,

세계 무역은 매우 둔화되어 더 이상 2000년대 초반의 호황을 제공하지 못했다. 오직 금융-건설 버블만이 살아남았다. 소비자 물가 상승률은 연 10%를 기록했고, 재정 적자는 심각했으며, 경상수지 적자는 확대되었다. 또한 인도는 낮은 농업 생산성, 부족한 도시 일자리, 뒤처진 인적 자원 개발, 광범위한 생태계 파괴 등 어려운 장기적 문제에 직면해 있었다.[11]

자신이 포용적인 발전을 이끌 적임자임을 주장하기 위해 모디와 그의 미디어 전문가들은 그의 낮은 출신 배경을 홍보했다. 그들은 모디를 아버지의 검소한 노점의 차이왈라chaiwallah(차 파는 사람)로 설정한 이미지를 전국에 걸쳐 마케팅했다. 모디는 인도의 "엄청난 청년 자본"과 "고용에 대한 갈망"을 감동적으로 말했다. BJP 당 기구는 모디를 소외계층과 연대하는 "수백만 개의 일자리"를 창출할 구원자로 떠받들었다.[12]

2014년 총선은 불법 선거 자금 조달의 전형적 사례였다. 한 색다른 설명에 따르면 "모든 정당들이 과시하듯 돈을 뿌리며 서로 경쟁하고 있다"고 했다. 초호화 선거운동 헬리콥터와 전세기는 종종 대기업으로부터 대여되었다. 검은 돈은 현금, 튀긴 닭, 휴대전화, 가전제품, 사리, 술(때로는 우유 트럭으로 편리하게 운반되는)로 표를 사는 데 잘 사용되었다.[13]

전국적으로 공동체주의 성향의 정치인들은 돈을 위해 갱단을 유혹했고, 힘을 위해서 실업 상태의 젊은 군인들을 끌어들였다. 이런 경험은 뿌리 깊은 범죄자-정치인 네트워크가 맹렬한 공동체주의와 결합한 우타르프라데시에서 강렬했다. 이곳에서는 힌두-무슬림 폭동이 정기적으로 발생했는데, 특히 잔혹한 폭동이 2013년 8월 우타르프라데시 서부 도시 무자파르나가르에서 발생했다. BJP 소속의 우타르프라데시주 의회 의원은 두 명의 힌두 소년이 린치당하는 모습을 보여주는 가짜 동영상을 유포했다고 알려졌다. 선거가 다가오면서 우타르 프라데시의 병적인 증오의 불길이 맹렬히 타올랐다.[14]

모디의 신뢰받는 측근이던 아밋 샤Amit Shah는 그 증오의 도가니로 뛰어들었다. 〈선데이 스탠더드The Sunday Standard〉는 무자파르나가르 폭동을 "정치적으로 강력한 우리 대 그들의 결집에서 그가(아밋 샤) 힌두트바 세력을 결속시키기 위해 사용한 접착제"라고 썼다. 모디와 샤에게 543석의 하원의석에서 80석을 차지하는 우타르프라데시에서의 승리는 중요했다. 모디는 두 개의 의회 의석에 출마했는데, 하나는 고향인 구자라트주(관례대로)에서, 다른 하나는(대중의 모든 관심을 받은) 우타르프라데시 동부 도시이자 힌두교 최고의 성지인 바라나시 Varanasi에서였다. 바라나시에서 모디는 가장 신성한 힌두 사원들 가운데 카시 비슈와나트Kashi Vishwanath와 산카트 모찬Sankat Mochan의 방문을 크게 홍보했다.[15]

언론은 모디의 힌두 권위주의를 비판하면서도 구자라트 모델을 추구하는 그의 테크노크라트적 권위주의를 칭찬했다. 〈인디언 익스프레스〉의 자유주의적 칼럼니스트 프라탑 바누 메타는 모디를 옹호하려고 종종 나섰다. 그는 화려한 문체로 모디가 "분산의 시대에서 중앙 집권화에 대한, 우유부단한 환경에서 결단력에 대한, 침체에 대한 두려움 속에서 성장에 대한, 그리고 소란스러운 민주주의에 직면한 정부에 대한" 국가의 "갈망"을 대표한다고 썼다. 민주주의는 소란스러우니 인도에는 결단력 있는 지도자의 손길이 필요하다는 것은 오래되고 진부한 말이었다. 메타는 "그에 대해 우려하는 사람들은 먼저 자신의 집안부터 정돈해야 할 것이다"라고 엄중히 말했다. 이후 칼럼에서 메타는 승승장구하는 모디에게서 파시즘의 유령을 본 사람들에게도 똑같이 엄격했다. 그는 수사적으로 그들의 손가락질이 단지 "진정한 정치적 도전에 대처하는 대신 도덕적 분노를 대용품으로 사용하는 무너지는 엘리트들의 과장적 표현"에 불과한 것이 아닌지 물었다. 정치학자 아슈토시 바르시네이는 칼럼 독자들에게 자신이 노련한 학자라는 점을 상기시키며 인도 민주주의 제도가 모디의 힌두트바 의제를 잘 길들일 것이라고 안심시켰다.[16]

프록터 앤드 갬블Proctor & Gamble의 전직 임원이자 작가인 구르차란 다스Gurcharan Das에게 모디는 이상적인 테크노크라트 정치인이었다. 모디의 "최소한의 정부, 최대한의 통치"라는 표어는 다스가 만들었던 유명한 표현인 "정부가 잠들어 있는 밤에 인도는 성장한다"와 일치했다. 두 사람 모두 로널드 레이건의 유명한 "정부가 문제"라는 가치 체계에서 영감을 얻었다. 다스는 모디가 만들어낸 고성장에 따른 이득이 힌두트바로 인한 피해를 상쇄할 것이라고 믿었기 때문에 모디를 선호했다. 다스는 모디가 매년 800만에서 1,000만 개의 일자리를 창출할 것이라고 예측했지만, 아아 슬프게도 근거는 없었다. 골드만삭스의 전직 임원이자 세계를 돌아다니는 글로벌 지식인인 짐 오닐Jim O'Neill은 신속한 판단을 내렸다. 그는 모디의 종파주의에 대해서는 판단할 수 없지만, 그 사람은 "경제에 능하다"고 선언했다.[17]

〈파이낸셜 타임스〉는 "모디가 가진 매력의 일부는 순수한 의지의 힘으로 인도 민주주의의 견제와 균형 중 일부를 무시하고 성장 주도의 중국의 냉철함 중 일부를 도입할 수 있다는 점"이라고 울림 있게 썼다.[18] 그 메시지는 인도 경제 문제의 근원은 민주주의에 있다는 점을 다시 강조하고 싶어 했다. 1975년부터 1977년까지 강력한 여성 지도자 아래에서의 재앙 이후, 강력한 남성 지도자를 갈망하는 소리가 높아졌다.

이렇게 모디라는 브랜드는 권위주의적 힘으로 인도 경제 성장 엔진의 속도를 높일 겸손한 차 파는 사람으로 인식되었고, 그의 힌두트바는… 글쎄, 걱정하지 마라! 또 다른 널리 퍼진 견해는 대안이 무엇이냐는 것이었다. 국민회의의 만모한 싱은 의미 있는 성과를 내지 못했고, 어쨌든 은퇴하기로 결정했다. 소니아와 라지브 간디의 아들이자 네루-간디 가문의 4대손인 라훌 간디Rahul Gandhi는 간디라는 성 외에는 지도력을 보여주지 못하는 정치적 하수임이 분명했다.

모디의 힌두트바 호소력이 그에게 선거 승리를 안겨주었고, 전문가들은 구자라트 모델의 장점을 공상하며 모디를 원했다. 우타르프라데시에서 힌두트바 지지자들을 선동하는 데 초점을 맞춘 모디와 샤의 노력이 효과를 거두며 주의 80개 하원 의석 중 2009년 10석에서 크게 늘어난 71석을 차지했다. 그들이 옳게 판단했듯이, 이 중요한 승리는 전국 투표율에서는 작은 차이였지만, 하원 의석에서는 상당한 차이로 그들을 승리하게 했다. 2014년 5월 중순, 모디의 BJP가 주도하는 국민민주동맹이 집권했다.

모디에게 선거 승리는 구자라트 폭동에 따른 잔존하는 국제적 비난을 지워냈다. 2005년 미국은 그에게 입국 비자 발급을 거부했었고, 여러 미국 의원들과 활동가들은 모디가 분열을 조장한다고 비난했었다. 그러나 버락 오바마 대통령은 비판자들을 무시하고 모디가 인도 총리로 선출된 것을 축하하는 첫 번째 해외 지도자가 되었다.[19]

총리로 취임하기 위해 모디는 가우탐 아다니의 개인 비행기를 타고 아메다바드에서 델리로 날아갔다. 비행기 오른쪽에는 인도 국기가 양각되어 있었다. 아다니 로고는 반대편에 있었다. 아다니가 소유한 회사들의 주가는 비행기가 상승하듯이 주가지수인 센섹스의 상승률을 크게 웃돌았다(그림 21.2). 아다니 회사의 투자자들은 1990년대 인도네시아의 수하르토Suharto 대통령의 친구들이 소유한 회사들처럼 그가 총리와의 연줄로 이익을 얻으리라는 것을 알고 있었다. 그 어느 때보다도 인도는 막후 거래와 특혜라는 익숙한 길로 접어들었다.[20]

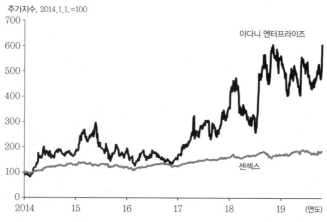

주가지수. 2014.1.1.=100

그림 21.2 나렌드라 모디의 총리 취임 후 가우탐 아다니의 재산은 급격히 증가했다
(2014년 1월 1일=100, 2019년 9월 18일까지).
참고: Adani Enterprises, ADEL; Sensex index, BSESN.
출처: https://www.investing.com/.

흐지부지되는 인도의 성장 스토리

인도의 오랜 도전과제를 해결하는 것과 구자라트 모델은 무관한
것으로 빠르게 판명되었다. 2014년 5월 모디가 총리로 선출된 후인
6월에 강우량이 부족하여 농업 전망을 어둡게 했다. 제조업 생산은
역동성이 부족했다. 유일한 희소식은 세계 유가의 급격한 하락이었
는데, 이는 인플레이션을 낮추고 인도의 수입 부담을 완화시켰다. 또
한 유가 하락은 정부의 석유 제품 보조금 축소에 도움이 되어 재정
에 숨통을 트이게 해주었다. 그러나 전반적으로는 8월 12일 〈로이터
Reuters〉 보도의 제목이 요약한 바와 같이 "지금까지는, 매우 실망스러
운" 상태였다.

사흘 후인 8월 15일, 모디는 독립기념일 연설에서 국민을 매혹시켰
다. 특이한 빨강, 초록, 금색 터번을 썼다. 그는 평소에 사용하던 방탄
유리 상자의 보호를 거부하고 메모도 거의 보지 않으면서 한 시간 동

안 연설했다. 모디는 잇따르는 농민 자살을 인정하고 제조업 부흥을 촉구했다. "인도에 와서 인도에서 만드십시오… 인도에서 제조업을 하십시오"라고 그는 리드미컬한 어조로 반복했다. 그는 인도가 "젊은 이들의 나라"라고 말하며 우수한 제조업 기술을 습득할 것을 촉구했다. 그는 시민들의 노상 배변을 비난하고 여성에 대한 폭력, 특히 여아 낙태 관행을 규탄하면서 사회의 변화를 약속했다.[21]

모디의 경제적 약속은 곧 힘을 다했다. 인도는 세계적인 제조업 허브가 되지 않았다. 미미한 GDP 성장은 부채에 힘입은 것이었고 지속 가능하지 않았다. 정부 소유 은행으로부터의 기업 차입은 한계에 도달하고 있었다. 은행의 부실자산(NPA)이 증가했는데, 이는 기업들이 빚을 제때 갚지 않고 있다는 의미였다. 2014년 11월, 인도중앙은행 총재 라구람 라잔Raghuram Rajan은 호황기에 "막대한 수익"을 올린 "슈퍼" 투자자들이 은행에 손실을 떠넘기고 있다고 말했다. 라잔은 그런 체제가 슈퍼 투자자들을 "보호하고 있다"고 거칠게 말했다. 라잔은 2015년 4월 총리에게 보낸 메모에서 연체 중인 대출의 3분의 1을 빚진 30명의 채무 불이행자를 열거하면서, 정치인들과 유착된 인도 사업가들이 계속해서 정부 소유 은행에 대한 사기행각을 벌이고 있다고 강조했다.[22]

부채가 많은 기업 부문은 불가피하게 차입을 줄였지만, 한편으로는 2014년 말 소비자 부채의 대잔치가 시작되면서 성장을 위한 마지막 숨을 이어갔다. 도시와 농촌 소비자들은 부동산 가격이 급등하자 주택을 구입하려고 대출을 받았다. 그들은 자동차와 내구 소비재를 구입했다. 새로 도입된 신용카드는 새로이 과소비를 부추겼다.

2015년 1월에는 좋은 소식이 전해졌다. 2013~2014 회계연도의 인도 GDP 성장률이 이전 추정치인 4.7%에서 6.3%로 급등한 것이다. 이 수수께끼 같은 도약은 데이터와 GDP 계산 방법을 재검토하려는 이전 정부의 계획에 따른 것이었다. 이러한 재검토는 흔하게 이루어지지만 더 높은 추정 성장률로 이어지지는 않는다. 한 시장 분석가는 "우리는 현재 완전히 눈이 멀었다"고 말했는데, 이는 오늘날까지 대체로 사실이다. 다른 분석가들은 대부분의 지표가 실제로는 성장이 "부진하고" 경제가 "미니 위기" 상황에 처해 있음을 시사한다고 지적했다. 그러나 새로운 계산 방법에 따른 숫자는 인도의 성장 내러티브를 유지하는 데 편리했다.[23]

2015년 6월부터 8월까지 2년 연속으로 강우량이 부족했다. 상승하는 지구 온도가 인도에서 반복적인 강우량 부족을 야기한다는 우려가 다시 제기되었다. 이는 경제적 문제이자 인간적 문제이기도 했다. 인도 노동자의 45%는 여전히 농업으로 겨우 생계를 이어가고 있었다. 한때 강력했던 토지 소유 공동체의 자녀들이 항의를 위해 거리로 나섰다. 그들은 구자라트의 파티다르Patidar, 마하라슈트라의 마라타, 하리아나와 우타르프라데시의 자트였다. 시위대의 대변인인 구자라트 출신의 22세 하르딕 파텔Hardik Patel(파티다르)은 토지의 반복적인 분할이 그들의 토지 소유 규모를 줄였다고 말했다. 공식 자료는 인도 농장의 69%가 "한계marginal" 범주, 즉 1헥타르(2.5에이커) 이하라는 것을 확인했다. 한계 범주에 속하는 농가의 평균 토지 면적은 0.38헥타르(1에이커) 정도로 작았고, 이러한 소규모 토지 농가의 비중이 빠르게 증가하고 있었다. 경작하는 토지 규모는 점점 더 작아지는데 우물, 종자, 비료에 드는 생산 비용은 급등했다. 농민들의 육체적, 경제적 스트레스는 극심했고 미래는 더 나빠질 것으로 보였다. 시위대는 교육 기관과 정부 일자리에서 더 많은 할당제를 실시할 것을 요구했다.[24]

정부 일자리에 할당제 요구가 그토록 컸던 이유는 민간 부문이 교육 수준이 낮은 젊은 인도인들을 위한 일자리를 거의 창출하지 않았기 때문이다. 언론인이자 작가인 스니그다 푸남Snigdha Poonam은 인도의 젊은 "몽상가들"에 대한 고뇌에 찬 설명을 통해 "일자리와 구직자 사이의 엄청난 격차"를 묘사한다. 1만 9,000명이 114개 일자리에 지원했다. 수천 명의 대학 졸업생들, 일부는 MBA 학위를 가진 사람들이 청소부 자리를 놓고 경쟁했다. 170만 명이 국영은행 1,500개 일자리에 지원했고, 900만 명이 10만 개의 철도 일자리 자격시험을 치렀다. 일자리와 지원자 사이의 이 기괴한 불균형은 인도의 자유화 정책의 성과가 얼마나 보잘것없는지를 상기시켰다. 민간 부문의 좋은 일자리는 최고로 교육받은 사람들에게나 돌아갔고, 푸남이 쓴 바와 같이 운전기사든 교사든 정부 일자리는 평균적인 민간 일자리보다 더 나은 급여와 혜택을 제공했다.[25]

한때 매력적이었던 콜센터 일자리조차도 압박을 받고 있었다. 필리핀과 미국 교도소 수감자와의 경쟁이 인도의 우위를 잠식해 왔다. 생존을 위해 고군분투하던 인도의 많은 콜센터 업체들이 사기 행각으로 빠져들었다. 시나리오는 익숙하다. "제 이름은 폴 에드워드입니다. 저는 미국 재무부의 법무 부문 직원입니다. 귀하는 국세청과의 법적 사건의 주요 용의자입니다." 피해자들은 미국 전역에서 파멸의 위협으로부터 자신을 보호하기 위해 돈을 지불했다. 또 다른 사기에서 피해자들은 컴퓨터에 띄워진 팝업 경고를 받았고, 이는 그들을 유료로 도움을 제공하는 콜센터로 이끌었다.[26]

인도는 콜센터 사기의 세계적 중심지가 되었다. 일자리가 거의 없는 젊은 인도인들에게는 뿌리치기 힘든 기회였다. 19세의 자예시 두베이Jayesh Dubey는 "내 주변에서 모두가 사기를 치고 있었어요. 나도 '대단한 사기꾼이 되겠다'고 생각했죠"라고 말했다. 미국 시민들은 2017년 14억 달러에서 2019년 35억 달러로 늘어난 컴퓨터 관련 사기 피해를 신고했다. 인도는 그러한 사기 행각의 본거지였다. 푸남이 그녀의 책《몽상가들Dreamers》에서 쓴 바와 같이 "당신이 그들을 더 엿

먹일수록 더 좋다"는 것이 사기꾼들을 움직이는 좌우명이었다. 그들의 가장 수익성 높은 표적은 미국 노인들이었지만, 사기꾼들은 또한 교육 수준이 낮고 절망적인 인도인들에게도 환상적인 일자리를 제공한다고 유혹하면서 그들의 보잘것없는 저축과 존엄성을 앗아갔다. 이 혹독한 결핍의 도가니에서 쉬운 돈의 유혹은 도덕성을 압도했다. 푸남은 "내가 만난 젊은 인도인들 중 옳고 그른 것에 대한 분명한 감각을 가진 사람은 거의 없었고, 극소수만이 그것에 신경을 썼습니다"라고 고통스럽게 말한다.[27]

정책적 오만은 계속되었다. 2016년 11월 8일 오후 8시, 모디 총리는 국민을 향한 깜짝 TV 연설을 시작했다. 연설 10분 만에 그는 흔히 사용되는 500루피와 1,000루피 지폐가 자정 이후 유효하지 않을 것이라고 발표했다. 단번에 인도인들이 보유한 현금 가치의 86%가 쓸모없게 되었다. 은행은 오래된 쓸모없는 지폐와 맞바꾸기 위한 새롭고 유효한 지폐를 발행할 것이었다. 문제는 정부가 충분한 새 지폐를 인쇄하지 않았다는 것이었다.[28]

화폐 개혁은 가장 속수무책인 인도인들에게 가장 큰 상처를 입혔다. 인도 노동자의 거의 90%를 차지하는 비공식 부문의 농민과 비농업 사업체 종사자는 거의 전적으로 현금을 사용했다. 그들은 발작을 일으켰다. 가족들은 생필품을 사는 데도 애를 먹었다. 마침내 새 지폐가 사용 가능해졌을 때에도 현금 자동화기기와는 호환되지 않았고 2017년 초까지도 새 화폐의 공급은 부족했다. 모디는 대담한 조치로 유명한 싱가포르의 독재자 리콴유Lee Kuan Yew의 스타일을 따랐다. 그러나 모디는 생각 없는 극적인 행동은 비참하게 끝난다는 것을 다시 입증했다.[29]

모디가 화폐 개혁을 단행한 명시적인 목표는 주로 현금으로 유통되는 "검은" 돈, 즉 설명되지 않는 돈을 뿌리 뽑는 것이었다. 그는 검은 돈을 가진 사람들이 불법 자금으로 적발될 것을 두려워하기 때문에 새로운 화폐로 교환하기 위해 보유하고 있던 현금을 가져오지 않을 것으로 예상했다. 따라서 인도중앙은행의 채무는 반환되지 않은 현금만큼 감소할 것이고 모디가 그만큼을 활용할 수 있을 것이었다. 모디 추종자들은 그러한 기대를 부풀렸고, 부패한 부자들로부터 빼앗아 인도의 가난한 이들에게 주는 로빈 후드 같은 이미지를 모디에게 부여했다. 하지만 불행히도 거의 모든 돈은 은행으로 돌아왔다. 일부는 조만간 있을 화폐 개혁에 대해 사전에 알고 있었고 다른 이들은 불법적인 현금을 새 지폐로 교환하는 영리한 방법을 찾았다.[30]

화폐 개혁의 충격에서 겨우 회복된 2017년 7월 1일, 정부는 상품 및 서비스세(GST)를 시행했다. GST는 가치 있는 계획이었다. 그 주요 목표는 계단식 세금(세금에 대한 세금)을 없애는 것이었다. GST 이전 제도에서는 제조업자가 다른 주에서 구입한 철강과 같은 투입물에 대해 판매세를 지불했다. 그가 생산한 냄비와 프라이팬의 가격을 결정할 때 철강 및 기타 투입물에 지불한 세금을 포함시켰다. 구매자는 그 모든 것을 포함한 냄비와 프라이팬 가격에 더해 판매세를 지불했다. GST는 이러한 이중의 세금을 방지할 것이었다. 그것은 투입물에 지불된 세금을 환급하는 시스템을 통해 냄비와 프라이팬 생산자가 추가한 가치에 대해서만 세금을 부과할 것이었다. 또한 GST는 전국에 걸쳐 균일한 세율로 공통 시장을 만들고자 했는데, 이는 다양한 주에서 부과하는 다양한 세율을 하나의 시스템으로 통합하는 것이었다.

GST는 이전 제도의 또 다른 문제를 해결하고자 했다. 트럭 운전사들은 주 경계를 넘을 때마다 오래 기다려야 했는데, 운반 중인 상품에 대해 이미 지불한 세금 관련 서류를 제출해야 해서였다. 그 서류를 제출하면 그들이 추가로 지불해야 할 세금이 결정되었다. 놀랍지 않게도 주 국경의 검문소는 부패의 온상이었다. GST 도입으로 구매자가 판매 시점(제품이나 서비스 구매 시)에 세금을 지불하고 온라인 보고 시스템이 모든 지불과 환급 대상을 기록할 것이므로 이론적으로는 지연과 관련된 부패는 사라질 것이었다.

　GST는 중앙과 주의 복잡한 간접세 제도를 통합해야 했기 때문에 수십 년에 걸쳐 만들어졌다. 또한 GST 실시로 인해 주의 재정 정책을 수립할 때 독자적으로 세율을 정할 수 없게 된 모든 주의 동의가 필요했다. 나렌드라 모디는 구자라트주 수상 시절에 오랫동안 이 계획을 방해해 왔다.

　인도는 GST가 필요했지만 그 시행은 경제적, 행정적 난맥상을 불러왔다. 주 정부들은 석유, 술, 전기, 토지 거래의 세금과 관세 등 큰 세입원들이 GST 망에서 제외되기를 요구했다. 그러한 제외는 계단식 세금 감소와 전국에 걸쳐 균일한 세율을 적용하여 공통된 시장을 조성한다는 목표를 약화시켰다. 또한 활발한 로비 활동은 서로 다른 제품에 대한 세율의 임의적인 차이로 이어졌다. 그러나 가장 즉각적으로는 번거로운 보고 요건, 제대로 작동하지 않는 온라인 보고 및 정보 시스템, 세무 공무원에 대한 불충분한 교육으로 인해 참을 수 없는 상황을 만들었다. 소규모 기업들은 새로운 제도를 감당할 수 없었다. 그들은 1년도 채 되지 않는 기간 동안 두 번째로 발작을 일으켰다.[31]

　인도의 GDP 성장 스토리는 거의 끝나가고 있었다. IMF는 2018년 인도에 대한 연례 보고서에서 화폐 개혁과 GST 시행 충격이 인도 경제에 상당한 타격을 주었다고 확인했다. 은행의 부실 대출(제때 상환되지 않는 대출)은 라잔 인도중앙은행 총재가 처음 경종을 울린 2014년 말 전체 대출의 약 4%에서 2017년 약 9%로 상승했다. 정부 소유 은행의 경우 2017년 전체 대출의 거의 12%가 부실이었다(그림 21.3). 정부는 기업들이 빚을 갚지 않아도 거의 제재를 가하지 않았다. 대신에 정부는 다시 부족한 납세자의 돈을 사용하여 부실 대출에 따른 정부 소유 은행의 자본에 생긴 구멍을 메웠다. 이러한 은행 자본 확충은 2017~2018 회계연도에 약 130억 달러에 달했고, 이후 2년 동안 매년 비슷한 금액이 소요될 것으로 예상되었다. 막대한 부실 대출로 질식한 주요 정부 소유 은행들은 대출을 철저하게 늦췄다. 부채에 시달리던 산업 부문은 사실상 차입을 중단했다. GDP 성장률은 수수께끼처럼 높은 연 7% 이상을 유지했지만 기업 투자는 증발하고 있었다.[32]

인도 성장의 거품은 2018년 8월 뭄바이의 인프라 리스 및 금융 서비스Infrastructure Leasing and Financial Services(이하 IL&FS)가 무너지면서 터졌다. IL&FS는 1987년 설립된 비은행 금융회사로 대형 투자자를 제외하고는 예금을 받지 않았다. IL&FS는 정부와 모호한 관계를 맺고 있었다. 법적으로는 민간이 소유하고 운영하여 인프라 개발을 위한 민간 투자자를 유치했지만, 실제로는 거의 모든 자금을 정부 소유 금융기관으로부터 받았다. 최대 주주는 국영 생명보험공사Life Insurance Corporation of India였고, 세계은행, 아시아개발은행, 독일개발은행 KfW

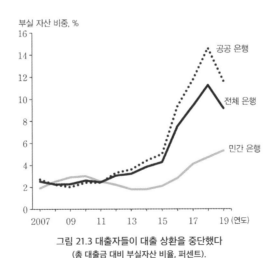

그림 21.3 대출자들이 대출 상환을 중단했다
(총 대출금 대비 부실자산 비율, 퍼센트).
출처: Reserve Bank of India,
https://www.rbi.org.in/scripts/PublicationsView.aspx?id=19791,
그리고 이전의 자료는 https://www.rbi.org.in/scripts/PublicationsView.aspx?id=14420.

로부터의 차입에 대한 정부의 상환 보증도 받았다.[33]

담배를 피우고 말이 빠른 전 시티은행 임원 라비 파르타사라티Ravi Parthasarathy가 IL&FS를 이끌었다. 민간 부문 거물로서의 이미지를 높이기 위해 파르타사라티는 뭄바이의 유명한 반드라-쿠를라 단지에 IL&FS 사무실을 위한 랜드마크 빌딩을 지었다. 그 "멋진" 건물에는 호화로운 바가 숨겨져 있었는데, 그곳에서 파르타사라티와 그의 임원들은 급여가 상당한 은퇴 후 일자리를 기대하는 공무원들과 어울렸다.[34]

IL&FS는 도로 건설을 시작으로 주 정부들과 빈번히 파트너가 되었다. 곧 사업을 다각화하면서 아메다바드를 싱가포르를 모델로 하는 글로벌 금융 중심지로 만들겠다는 모디의 꿈을 담은 구자라트 국제금융기술도시(GIFT City) 프로젝트를 수주했다. 타밀나두의 양말 생산 도시인 티루푸르Tirupur에서 IL&FS는 식수 공급 및 산업 폐수 처리 프로젝트를 시작했다. 파르타사라티가 "IL&FS에 유리한 거래를 성사시키면서" 그는 IL&FS를 방대하고 복잡하며 불투명하고 부채가 많은 금융기관으로 성장시켰다.[35]

2018년 7월, 운송 자회사가 일부 채무 상환에 실패한 몇 주 후, 파르타사라티는 IL&FS 회장직에서 사임했다. 배는 가라앉고 있었다. 8월 16일, 인도 신용평가사 CARE는 IL&FS의 재정 악화를 지적하고 그 금융 자회사의 신용 등급을 AAA에서 AA+로 강등시켰다. 모회사 IL&FS는 상장되지 않았기 때문에 신용 등급을 매길 필요가 없었다. 따라서 자회사의 등급이 모회사의 재무 건전성에 대한 주요 단서를 제공했다. 8월 28일과 다시 8월 31일, IL&FS의 금융 자회사는 만기가 된 채무 상환에 실패했고 이에 CARE는 9월 3일 그 등급을 A+로 한 단계 더 낮췄다. 9월 9일 CARE는 그 등급을 BB로 내렸고, 9월 17일에는 며칠 전 만기가 된 채무를 전액 상환하지 못했다며 D(디폴트 상

태)까지 내렸다. 등급은 단 한 달 만에 AAA에서 디폴트로 떨어졌다.[36]

파르타사라티의 몰락은 더 광범위한 정부의 실패를 상징했다. IL&FS가 실패한 핵심적 이유는 주 정부들이 파르타사라티가 민간 부문 투자자들에게 약속한 높은 수익을 가져다줄 수준으로 공공 서비스 가격을 높게 책정하기를 거부했기 때문이었다. IL&FS 붕괴 후 이루어진 정밀한 감사에서 밝혀진 바와 같이 파르타사라티와 그의 고위 임원들은 채권자에게 부풀린 수익 전망을 제시했다. 그들은 화려한 재무 성과라는 허구의 외피를 쓰고 모호한 거래와 재정적 공 돌리기에 참여하여 자신과 자신들이 선호하는 사람들을 풍요롭게 해주었다. 인프라 및 기타 건설 프로젝트 입찰 과정에서의 책략은 잦고 변덕스러운 계약 재협상으로 이어졌다. 좋은 프로젝트가 부족했던 국유은행들은 IL&FS에 대해 지속적으로 자금을 제공함으로써 IL&FS의 금융 사기극을 지원했다. 점점 파르타사라티의 재정적 문제는 커져갔다. 이사들, 주주들, 잠재적 내부 고발자들이 그에게 문제를 제기하자 그는 위협과 소송으로 그들을 막으려 했다. 많은 사람들을 위한 사회적 목표는 피해를 입었다. 티루푸르에서의 처리 시설은 도시의 염색 업체에서 나오는 폐수를 정화하는 임무를 감당하지 못했다. 오염물질은 계속 노이얄강Noyyal River으로 흘러들어 강을 "거품 재난"으로 만들었다.[37]

원칙적으로 IL&FS의 잔해에서 가치를 회수하기 위한 계획은 존재한다. 그러나 파르타사라티가 구축한 금융 구조가 복잡하고 불투명하며 잔여 가치 청구인과 반대 청구인은 인도의 미로 같은 법률 체계에 갇혀 있어 잔여 가치를 회수하기가 쉽지 않으며, 수십 년 동안 그런 상황이 지속될 수도 있다.[38]

건전한 사업 관행을 장려하는 규범이 부재한 상황에서 공식 기관인 신용평가사, 감사인, 기업 이사회, 규제 기관은 사회적 이익을 보호하고 경쟁적 자본주의를 촉진하는 데 실패했다. 그러한 도덕적 공백 속에서 쉬운 돈은 관련된 모든 사람들이 금융 거품을 부풀려 유지하도록 유도했다. IL&FS가 무너진 후 다른 금융 사기꾼들, 즉 데완 하우징 파이낸스 코퍼레이션Dewan Housing Finance Corporation, 예스 은행 Yes Bank, 릴라이언스 캐피털Reliance Capital에 시선이 집중됐다. IL&FS와 마찬가지로, 특히 데완 하우징은 꺼림칙한 부동산 거래에 투자했다. 이 사기꾼들이 무너지면서 금융 부문 전체에 먹구름이 드리웠다. 자금 조달원이 마르기 시작했고, 공황에 빠진 은행과 비은행 금융회사들은 소비 금융을 위해 제공했던 대출을 억제했다. 자유화 시대의 마지막 성장 원천이 사라졌다. 그리고 모디가 자신하던 지표인 GDP 성장률도 하락세로 접어들었다. 2019년 마지막 분기의 GDP 성장률은 2018년 동기 대비 3.3%까지 떨어졌다. 2020년이 시작되면서 COVID-19의 재앙이 닥치기 전에도 GDP 성장률은 더 떨어졌다.[39]

인도의 문제: 지속 가능한 성장의 원천 부재

지속 불가능한 성장의 거품이 수그러들었다. 인도의 고질적 문제는 계속되었다. 농업 부문에서 수백만 명의 경작자와 농장 노동자들이 고통 받고 있었다. 모디의 "메이크 인 인디아Make in India" 구호는 비참하게 실패했다. 인도는 국제 무역에서 계속 처참한 실적을 보였고, 항상 작았던 세계 수출 점유율은 2012년 1.5%에 도달한 후 정체되었다(그림 21.4). 2020년이 되자 인구 9,700만 명의 베트남은 인도의 수출 수준에 도달했고 조만간 앞서 나갈 태세였다. 인도에도 대규모 엔지니어링 산업이 있었지만, 인도 수출업체들은 세계 자동차 무역의 0.75%, 세계 자동차 부품 무역의 1.25%밖에 점유하지 못했다. 세계 시장 점유율 4.5%에서 계속 증가하고 있는 인도의 유기화학 제품은 선진국들이 심각한 오염 제품을 저임금 국가에서 조달하는 것을 선호한다는 사실에 다름 아니었다. 탁월함을 보여주는 섬 같은 부문도 존재했다. 예를 들어, 인도는 터보제트와 터빈 분야에서는 세계 시장 점유율 2.5%를 차지했다. 하지만 그들은 예외적인 경우에 불과했다.

2000년대 초반의 인도는 저렴하면서도 기술적으로 정교한 소프트웨어와 의약품 수출로 세계적인 주목을 받았다. 그런 희망적인 이야기도 2010년대 무렵 정체되었다(그림 21.5). 컴퓨터 및 정보 서비스 무역에서 미국의 세계 수출 점유율은 하락을 멈추었고, 싱가포르는 증가했으며, 중국은 크게 앞서 나갔다. 세계의 소프트웨어 서비스 수요는 더욱 정교해졌다. 미국은 전통적으로 강력한 대학을 보유했고, 싱가포르인과 중국인은 컴퓨팅과 수학 분야에서 세계적인 명성을 가진 대학을 빠르게 육성하여 유럽인들을 크게 앞서는 데 도움을 주었다. 중국 프로그래머들의 신뢰성은 부족한 영어의 유창함을 충분히 보완

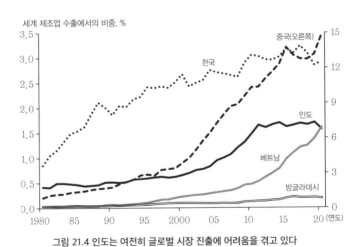

그림 21.4 인도는 여전히 글로벌 시장 진출에 어려움을 겪고 있다
(전 세계 제조업 제품 수출에서의 국가별 비중, 퍼센트).
참고: 중국의 비중은 오른쪽 축
출처: World Trade Organization, http://stat.wto.org, 자료는 UN무역개발회의(UNCTAD) 통계와 일치한다.
https://unctadstat.unctad.org/wds/TableViewer/tableView.aspx.

했다.

2000년대 초반 인도의 소프트웨어 수출 급증과 함께 인도 제약회사들은 특히 미국에 복제의약품과 활성의약품 성분을 공급함으로써 세계 시장 점유율을 높였다. 미국 당국은 저렴한 인건비와 원료 비용으로 미국 의약품 가격을 낮추는 데 도움을 준 인도와 중국 생산업체들을 환영했다. 그러나 미국 당국은 또한 효과가 없거나 오히려 환자의 상태를 악화시키는 인도와 중국산 불량 의약품 사례를 우려했다.

2000년대 중반부터 시작된 조사에서 저명한 인도 제약회사인 란박시Ranbaxy가 적절한 안전장치 없이 의약품을 생산하고 미국 식품의약국(FDA)의 기준을 충족하기 위해 시험 결과를 조작한 것으로 드러났다. 미국 기준을 준수하면 생산 비용이 상승했고, FDA의 감독이 처음에는 제한적이었기 때문에 인도 규제 당국의 묵인하에 내수 시장에서 그랬던 것처럼 수출용 불량 의약품을 생산하려는 유혹이 컸다.

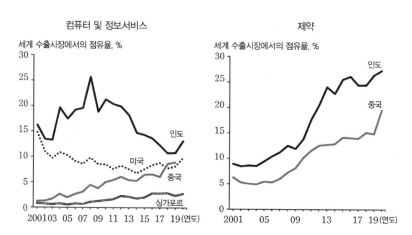

그림 21.5 기술적으로 정교한 저가형 제품에서 인도의 약진은 현재 주춤하고 있다
(세계 수출시장에서 차지하는 비중, 퍼센트).

참고: (왼쪽) 2001~2020 BPM 통합 개정, 컴퓨터 및 정보 서비스 코드는 컴퓨터 서비스(9.2)와 정보 서비스(9.3)의 합계, 2020년 중국 데이터는 누락됨. (오른쪽) 의약품의 HS 코드는 30.
출처:International Trade Centre, Trade Map, https://www.trademap.org.

2013년 5월, 8년에 걸친 FDA의 집중 조사 끝에 란박시는 미국 연방 의약품 안전법 위반을 인정하고 5억 달러의 벌금을 물었다. 란박시와 다른 인도 제약 회사들의 사기 행위는 FDA가 조사관의 방문을 사전에 통지하여 업체들에게 조악한 제조, 품질관리, 데이터 문서화 관행을 은폐할 시간을 주었기 때문에 적발하기가 매우 어려웠다. 탐사 저널리스트 캐서린 에반Katherine Eban 이 쓴 바와 같이 "사전 통지와 저임금 노동자들을 활용하여 공장들은 무엇이든 원하는 대로 보이게 할 수 있었다".[40]

그래서 2014년 1월 FDA는 기습 조사 시범 프로그램을 시작했는데, 이는 곧 "이전에는 드러나지 않았던 광범위한 부정행위를 드러냈다". 그 결과 FDA는 문제가 있는 공급업체의 자격을 박탈했고, 인도의 제약 수출 세계 점유율은 2014년 하락했다. 그러나 주권 침해를 주장한 인도 정부의 큰 항의와 미국의 저렴한 의약품에 대한 끝없는 수요로 인해 FDA는 조사를 축소했고 결국 2015년 8월 기습 조사를 포기했다. COVID-19 감염병이 시작되자 FDA는 사실상 조사를 중단했다. 인도 제약업체들은 비용을 낮추기 위해 계속 불량 의약품을 생산했다. 인도의 세계 수출 점유율은 살짝 올라갔다. 그러나 이러한 유예에도 불구하고 인도 제약업체들의 앞길은 험난하다. 이 바닥으로의 경주에는 마찬가지로 의심스러운 관행을 가진 중국 생산업체들이 인도 제조업체들을 앞지르겠다고 위협하고 있으며, 미국 의회는 다시 기습적인 조사를 준비하고 있다.[41]

경쟁 회피

경쟁할 수 없다는 현실은 경쟁을 하지 않겠다는 의지로 변화했다.

설명한 것처럼, 이 현상의 한 증상은 사기 행위의 증가였다. 콜센터의 젊은이들은 아무 의심 없는 미국인들로부터 돈을 훔쳤고, 대형 기업들은 국영 은행에서 돈을 훔쳤으며, 민간 업체들과 비은행 금융기관들은 정부와의 부풀려진 인프라 계약을 통해 돈을 훔쳤고, 제약회사들은 인도 규제 당국 및 의료 전문가들과의 부패한 동맹을 통해 미국에서는 물론 국내에서도 더욱 뻔뻔스럽게 불량 제품을 공급했다.[42]

경쟁 회피가 모디 경제 정책의 핵심적인 특징이 되었다. 2014~2015년부터 2019~2020년까지 인도 정부는 광범위한 제품에 대한 수입 관세를 꾸준히 인상했다. 인도는 또한 반덤핑 관세에서 세계 선두주자였다. 원칙적으로 이러한 관세는 수입 "급증"으로부터 국내 생산자를 보호하기 위한 것이지만, 실제로는 인도 생산자들을 중국 수입품으로부터 보호하는 것이었다. 모디의 전 고위 보좌관이자 그의 정책을 적극 지지하는 아르빈드 파나가리야조차도 정부가 인도 산업을 외국 경쟁으로부터 과도하게 보호하고 있다고 반복적으로 비판했다. 2017년 8월 〈타임스 오브 인디아〉와의 인터뷰에서 그는 관세 장벽이 국내 기업의 비효율을 유발한다는 점을 명백하게 지적했다. 2019년 7월에는 정부의 보호주의적 접근법이 인도 기업들이 글로벌 시장에서 경쟁하는 것을 저해한다고 썼다.[43]

2019년 11월, 인도 정부는 '포괄적 경제 동반자 협정Regional Comprehensive Economic Partnership, RCEP'으로 알려진 아시아 무역 협정에서 탈퇴했다. 그 이유는 RCEP가 중국으로부터의 수입에 대한 관세를 인하해야 했기 때문이며, 그것이 인도 생산자들을 겁먹게 했기 때문이었다.[44]

펀자브주 루디아나시에서의 RCEP 반대는 인도 산업이 비효율적이고 경쟁력 없는 상태임을 확인해 주었다. 루디아나는 1963년 밀턴 프리드먼이 번성하는 니트웨어와 공학 제품 산업을 탐방했을 때 그를 매료시켰던 곳이었다. 이 도시는 상징적인 히어로 사이클Hero Cycles 을 탄생시켰고, 한때는 일본의 위대한 산업 클러스터와 경쟁할 수 있을 것 같았다. 그러나 2019년까지 쇠약해진 루디아나는 RCEP에 일치단결하여 반대했다. 인도가 RCEP를 탈퇴했을 때, 이 도시의 "기뻐하는" 기업가들은 탈퇴를 축하했다. 자전거 제조업자 협회는 정부의 "신의 한 수"를 높이 평가했다. 협회의 사무총장은 "만약 이 거래가 성사되었다면, 특히 제조업에 종사하는 국가의 중소기업들이 파괴되었을 것"이라고 말했다. 심지어 히어로 사이클의 회장조차 인도의 자전거 산업은 RCEP 국가의 생산자들과 경쟁할 수 없다는 것을 인정했다.[45]

루디아나는 창의적이고 야심 찬 도시가 될 수 있었지만, 기생충의 소굴로 변하고 있었다. 니트웨어와 염색 산업의 폐수는 도시의 상수도를 오염시키고 이 지역의 질병 유병률을 높였다. 마약과 범죄가 뿌리내렸다. 2016년 영화 〈날아다니는 펀자브Udta Punjab〉에서 묘사된 것처럼, 정치인-경찰 유착은 루디아나와 펀자브의 다른 지역에서 번성하는 마약 거래의 정점에 있었다. 루디아나 거리를 달리는 고급 자동차는 종종 성공의 상징이 아닌 마약 판매상의 전리품이었다.[46]

미스터 모디의 경제적 결과들

모디의 과장된 리더십 평판은 구자라트에서 기업들을 신속히 지원했던 덕분이었다. 델리에서 그러한 결단력은 재앙적인 화폐 개혁으로 이어졌다. 놀랍지 않게도, 모디는 그의 관리들이 엄청나게 복잡한 상품 및 서비스세(GST)를 혼란스럽게 시작하는 동안 명하니 있었다. 화폐 개혁과 GST 모두, 모디의 행동(또는 무대책)은 인도에서 가장 취약한 시민들에게 최대한의 고통을 안겨주었다. 농민들과 소상공인들은 소득이 감소하는 것을 지켜보았고, 노동자들은 일자리가 사라지는 것을 목격했다.

우리는 나렌드라 모디가 총리로 재임하는 기간과 일치하는 고용 데이터를 가지고 있지 않다. 그러나 모디 정부하에서 수백만 개의 새로운 일자리가 생길 것이라는 약속과는 달리, 인도 경제는 2018년에 2012년보다 더 적은 사람들을 고용했다. 특히 비공식 부문의 일자리 수는 화폐 개혁과 엉망으로 시행된 GST의 결과로 급격히 감소했다. 공식 및 비공식 제조업 일자리는 계속 감소했다. 이러한 심각한 고용 추세가 전개되는 동안, 매년 700만에서 900만 명의 인도인들이 취업할 나이가 되었다. 고용 가능성이 감소하면서, 2018년에는 근로 연령대 인도인 가운데 절반만이 일자리를 찾으려고 노력했다. 이런 "실망한 노동자" 현상은 오랫동안 여성들에게 해당되었는데, 특히 2000년대 초반 이후에 여성의 경제활동참가율이 부끄럽게 낮아졌다. 이제 이런 경향은 남성에게도 일반적으로 나타나고 있었다. 교육에 더 많은 시간을 할애하는 것 때문에 발생하는 경제활동참가율 하락은 매우 작은 부분만을 차지했다. 간단히 말해서, 유급 일자리를 찾는 것을 가치 있게 만들 만큼 충분한 일자리가 없었다.[47]

이처럼 인도는 COVID-19가 발생하기 전에도 사실상 극복할 수 없는 고용 문제에 직면했다. 근로 연령대의 인구를 고용하려면 향후 10년 동안 1억 5,000만에서 1억 7,000만 개의 일자리를 창출해야 했다. 실업자나 불완전 고용자를 완전히 고용하기 위해서는 8,000만 개의 일자리, 신규로 노동시장에 진입하는 인력을 위해서는 7,000만에서 9,000만 개의 일자리가 필요했다. 농업이 더 이상 일자리를 창출할 수 없고 금융-건설 버블이 터진 후 건설 일자리 증가세가 둔화될 수밖에 없기 때문에, 제조업과 서비스업에서 전례 없는 속도로 일자리가 만들어져야 했다. 이는 2012년 이후 제조업 일자리가 비참하게 감소한 것을 감안하면 더욱 엄청난 과제였다.

모디의 화폐 개혁과 GST 시행이 인도의 일자리 과제 해결의 난이도를 높인 것처럼, 인도의 빈곤도 증가시켰을 가능성이 높다. 빈곤 데이터는 GDP와 고용에 대한 것보다 더 불투명하다. 빈곤선 이하의 사람들을 대상으로 한 유일하게 신뢰할 만한 추정치는 2011~2012년 조사에서 나왔다. 2017~2018년의 당혹스러운 상황을 담은 공식 보고서가 2019년 말에 나왔지만, 모디 정부는 즉시 이를 폐기했다.

그러나 데이터는 유출되었다. 세계은행의 세계빈곤위원회 위원인 S. 수브라마니안S. Subramanian은 그 데이터를 사용하여 농촌 지역에서 1인당 하루 32루피(2011~2012년 가격)라는 인도 기획위원회의 빈곤선 기준으로 정의된 인도의 빈곤 정도를 추정했다. 빈곤 속에 사는 농촌 주민의 비율은 2011~2012년 31%에서 2017~2018년 35%로 상승했다. 더 엄혹하게 말하자면, 2017~2018년에 3억 2,000만 명의 농촌 인도인들이 극심한 빈곤 속에서 살았는데, 이는 불과 6년 전보다 5,000만 명이 더 늘어난 수치였다. 그리고 2017~2018년에 1억 6,000만 명의 농촌 인도인들이 빈곤선 바로 위에서 간신히 살아갔는데, 이는 6년 전보다 6,000만 명이 더 많은 수치이다. 이들은 하루에 32루피에서 38루피를 썼다. 모디 정부는 소비에 대한 조사 추정치가 국민계정통계National Account Statistics에서 암시하는 1인당 소비보다 훨씬 낮기 때문에 신뢰할 수 없다고 주장했다. 이것은 오래되고 근거 없는 주장이었다. 모든 국가의 국민계정 데이터는 조사 데이터보다 더 높은 소비 수준을 보여주는데, 이는 아마도 사람들이 조사에서 자신의 소비를 과소 보고하기 때문일 것이다. 그러나 과소 보고는 부유한 가구에 집중되어 있으며 빈곤 추정치에는 영향을 미치지 않는다. 게다가 인도의 국민계정통계도 의심스러웠다. 인도 당국은 비공식 부문의 규모를 직접 측정하지 않았다. 대신 그들은 비공식 부문이 공식 부문과 보조를 맞추어 움직인다고 가정했다. 모디의 정책으로 비공식 부문이 피해를 입은 이후, 이러한 가정은 비공식 부문에 있는 사람들의 소득과 소비를 상당히 과대평가했을 가능성이 높다.[48]

다른 증거들은 모디가 총리로 재임한 이후 가난한 가구의 소득이 꾸준히 감소했음을 시사한다. 소득 불평등의 우려스러운 증가를 반영하여, 한 조사에 따르면 모디 정부 기간 동안 평균 국민 소비가 증가했음에도 불구하고 가난한 가구의 소비는 오히려 감소했다.[49]

모디 정부 기간 동안 영양 상태와 영아 사망률도 실망스러운 추세를 보였다. 유엔식량농업기구Food and Agriculture Organization, FAO에 따르면, 영양 부족에 처한 인도인의 비율은 2013년경 약 15%로 정체되었다가 2017년 이후 상승했다. 아동 발육 부진은 감소했지만, 이전보다 훨씬 느린 속도였다. 빈혈은 증가했다. 2017년과 2018년 인도 여러 지역에서 영아 사망률이 증가했다. 이 시기에 태어난 아이들은 평생 낮은 경제적 생산성과 삶의 질을 경험할 수 있다.[50]

빈곤과 삶의 질 지표에 대한 불명확한 데이터로 인해 정확한 결론을 내리기는 어렵지만, 결론은 분명하다. 구자라트 "개발" 모델과 모디는 인도의 필요를 해결하기에는 특히 부적합했다. 자본 집약적 프로젝트는 무케시 암바니와 가우탐 아다니, 그리고 몇몇 하위 인물들이 이윤을 쌓는 데는 도움이 되었지만, 모디와 그의 추종자들이 약속했던 일자리를 창출하지는 않았다. 그 결과 GDP 성장은 둔화되고, 고용 수준은 하락했으며, 빈곤과 불안정성은 매우 증가했고, 인적 개발은 거의 진전되지 않았다.

심지어 모디의 노상 배변 근절 이니셔티브와 가난한 인도 여성에게 깨끗한 취사 연료를 공급하는 이니셔티브(다음 장에서 논의)조차도 사람들의 건강에 대한 더 광범위한 무관심 속에서 제한적인 성과만을 거두었다. GDP 대비 보건 지출 비중도 모디 정부 기간 동안 감소했다. 이는 놀라운 일이 아니다. 힌두트바의 폭력적인 성격은 단기적 시야를 강화하고 공공생활의 규범과 책임 의식에 치명적인 손상을 입혔다. 필연적으로 경제는 특권층을 위한 것이 되었고, 인도의 민주주의는 계속 무너져 내렸다.

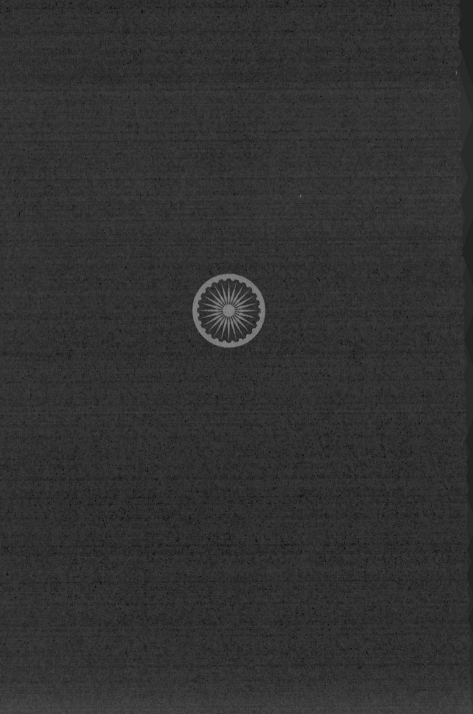

22장
모디, 인도의 분열된 민주주의를 박살내다

민주주의의 시험대는 건강, 교육, 깨끗한 공기, 깨끗한 물, 사법 제도와 같은 필수적인 공공재를 공급하는지 여부다. 공공재 제공은 공유된 발전의 기반으로서, 시민들이 자존감을 가지고 살며, 정보에 입각하여 개방적인 토론에 참여하고, 생산적인 일에 종사할 수 있게 한다. 어떤 개인이나 소규모 공동체도 원하는 재화를 집단적으로 필요한 만큼 만들 수 있는 자원이나 장기적 관점을 가지고 있지 않다. 예를 들어, 성공적인 교육 시스템은 건물과 시설뿐만 아니라 가르치는 교사, 건전한 교육과정, 아동을 위한 양질의 영양, 그리고 시민들이 살고 놀고 여행할 수 있는 안전한 주거 환경을 필요로 한다. 이 모든 요소들을 함께 모으려면 다양한 행위자들이 정직과 성실함을 통해 자신의 역할을 수행해야 한다. 만약 누군가가 속이기 시작하고 그것을 모면한다면, 다른 모든 사람들도 그렇게 할 것이다. 다른 사람들이 선의로 행동하고 있다는 신뢰는 공공재의 효과적인 활용을 위한 협력을 유지하는 데 필수적이다.

COVID-19가 큰 피해를 입히기 전에도 인도의 공공재는 참담한 상태였는데, 이는 사회적 규범과 공적 책임 의식이 무너졌기 때문이다. 부패, 범죄-정치인 유착, 종교적 대결은 인도 정치의 지배적인 특징이 되었다. 점점 더 많은 정치인들과 사회 구성원들이 즉각적인 자기 이익을 위해 일했다. 공유된 발전이라는 비전은 약해졌다.

인도의 공공재 상태를 심각하다고 묘사하면서, 나는 필수 공공 서비스를 다룬 통계가 산발적이고 해석에 무수한 문제가 있다는 것을 염두에 두고 있다. 실제로 인도가 공공 서비스, GDP, 고용, 빈곤에 대한 정기적이고 고품질인 통계를 생성하지 못하는 것 자체가 공공재 제공의 실패이며, 투명성과 책임성을 경멸하는 붕괴된 정치 체제를 나타낸다.

존재하는 데이터로도 불행한 그림이 나타난다. 인도는 지난 10년 동안 거의 보편적인 초등학교 입학률을 달성했지만, 이는 너무 뒤늦은 공허한 승리였다. 교육의 질은 여전히 끔찍했고, 대부분의 아이들은 자기 학년의 기준 학습 능력에서 꾸준히 뒤처졌으며, 30%의 아이들, 특히 여자아이들이 고등학교에서 중퇴했다. 인도는 아동 영양 지표에서 방글라데시와 네팔보다 낮은 세계 최하위권을 기록했다. 영양 상태의 개선 속도는 2013년 이후 느리게 진행되었다.[1]

인도 도시들은 대기오염 정도에서 세계 최상위권을 유지했으며, 이는 국민 건강을 끊임없이 위협했다. 2020년 과학환경센터는 "대기오염이 아이들을 죽이고 그들의 몸을 감내할 수 없을 정도로 손상시켜, 건강 문제로 고통 받는 삶을 살게 한다"고 썼다. 지하수 수위는 계속 하락했다. 과학환경센터가 지적했듯이, 인도는 "단연코 세계에서 가장 크고 가장 빠르게 성장하는 지하수 소비국"으로서 미국과 중국을 합친 것보다 더 많은 지하수를 끌어올렸다. 심지어 이용 가능한 지하수도 점점 더 화학물질과 금속에 의해 오염되었는데, 이는 감내할 수 없을 정도의 오염이었다. 인도의 말라가는 강에는 댐과 둑으로 막힌 물 대신 점점 더 많은 쓰레기와 질병이 떠다니고 있다. 점증하는 세계적 기후 위기는 이러한 재앙을 악화시켰다. 아라비아해의 저기압은 인도 서해안에 더 잦은 열대성 폭풍과 사이클론을 일으켰다. 중동의 불규칙한 강우는 인도 농장에 메뚜기 떼를 유발했다. 인도의 평균 몬순 강우량이 감소함에 따라, 해양 표면 온도 상승이 파괴적인 폭우의 빈도를 더 높였을 때 가뭄도 더 흔해졌다.[2]

공식 데이터에 따르면 인도의 도시화 속도는 안타까울 정도로 느렸다. 위성 이미지는 대도시 권역의 더 큰 확산을 보여주었다. 동시에 어번 빌리지urban village*, 즉 이전에는 인구 규모와 밀도는 증가했지만 도시를 생산적으로 만드는 시설이 거의 없거나 전혀 없는 지역을 포착했다. 번성하는 대도시 권역처럼 자원과 학습을 공유하는 데 도움을 주는 대신, 그 밖의 도시들은 모두 경쟁이 치열한 장소였다. 도시 내 주민들 사이, 그리고 자신들의 도시에 물을 공급하기를 원하는 주 사이의 "물 전쟁"은 너무나 빈번했다. 또한 생활공간을 두고 지속적인 갈등이 있었다. 아파트와 사무실 건물은 도시 빈민을 도시 외곽으로 밀어냈다. 부자들의 에너지 집약적인 생활 방식은 모든 사람을 위한 공기를 오염시켰다. 도시 시민들은 심지어 쓰레기를 버릴 공간마저 다투었다. 델리 바로 외곽의 가지푸르Ghazipur에서는 매립지(쓰레기 산에 가깝다)가 더 높아지고 있다. 2019년 4월 오후, 기온은 섭씨 45도에 도달했고 "쓰레기에 붙은 불이 매캐한 기름 냄새가 나는 갈색의 뜨

---

* 도시의 교통체계로부터 벗어나 있고 변화할 잠재적 에너지도 갖지 않는 지역으로서, 도시의 생활권이지만 도시의 활력과는 거리가 먼 지역.

거운 연기를 이미 악취가 나는 공기 속으로 보내고 있다".[3]

법원이 재판 과정을 지연시키면서 정의는 사라졌다(그림 22.1). "미결수용자"들은 종종 감옥에서 고통 받았는데, 그들은 인도 수감자의 4분의 3을 차지했다. 1977년 대법원의 "감옥이 아닌 보석" 판결에도 불구하고 그들은 사실상 재판 전 권리가 없었다. 보석금 신청이 산처럼 쌓였다.[4] 타밀어 영화인 〈자이 빔Jai Bhim〉이 정신을 마비시키는 장면들에서 보여주듯이, "자백"을 받아내기 위한 구금 고문은 용인되는 관행이었다.

양질의 교육, 건강, 깨끗한 환경, 모두를 위한 정의를 제공하지 못한 이러한 실패는 여성에게 더 집중되었는데, 여기에서 오래된 편견, 폭력과 함께 새롭게 과도한 남성성이 등장했다. 2012년 12월, 델리의 한 버스에서 4명의 남성이 물리치료사를 강간하여 그녀를 죽음의 문턱에 남겨두었다. 2014년 5월, 고립된 시골에서 벗어나고 싶어 하던 두 명의 10대 소녀들은 우타르프라데시 서부의 한 마을에서 목숨을

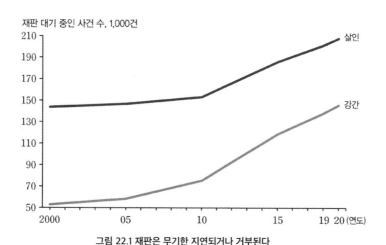

그림 22.1 재판은 무기한 지연되거나 거부된다
(인도 형법에 따라 재판에 계류 중인 전년도 사건 수, 천 건).
출처: 인도 정부, 내무부, 국가범죄기록국, 인도형법(IPC) 범죄 사건에 대한 법원 처분(범죄 주체별).
https://ncrb.gov.in/en/crime-in-india-table-addtional-table-and-chapter-contents?field_date_value%5Bval-ue%5D%5Byear%5D2016&field_select_table_title_of_crim_value4&items_per_page50.

잃고 망고 나무에 매달려 있었다. 2016년, 한 남편이 아내를 (역시 우타르프라데시 서부에서) 때려 죽였다는 혐의를 받았지만, 〈뉴욕타임스〉의 보도가 이 이야기를 세상에 알리기 전까지는 처벌을 받지 않을 뻔했다.[5]

인도는 아들 선호와 여아 태아 낙태라는 아시아의 질병을 공유한다. "사라진" 인도 여자아이들은 일반적으로 첫째 딸 이후의 둘째 아이나 두 명의 이전 딸들 다음에 오는 셋째 아이들인 경우가 많다. 만약 그들이 태어난다면, 둘째 딸과 셋째 딸, 특히 언니가 있는 딸들은 가장 심각한 영양실조에 시달린다. 사라진 여자아이들이 존재하는 다른 아시아 국가들과 달리, 인도 여성들은 경제활동참가율이 매우 낮고, 그들이 얻는 많은 일자리는 빈곤선 수준의 임금만을 지불하고 여성의 건강을 큰 위험에 빠뜨린다. 인도 여성은 건강이 좋지 않고 앞날도 불투명하기 때문에 더 건강하고 교육 수준이 높은 자녀를 키우기는 어렵다. 여성이 직장과 공공 서비스 전달에서 보다 적극적인 역할을 함으로써 방글라데시는 인간적으로나 경제적으로 인도보다 더 빠르게 발전할 수 있었다.[6]

인도의 민주주의는 처음부터 국민을 배신했다. 네루의 카리스마는 그에게 거듭된 선거 승리를 안겨주었다. 그는 평등, 관용, 공유된 진보의 규범에 기반을 둔 민주주의 제도를 믿고 존중했다. 그러나 고립된 사원식 개발 전략과 정치적, 행정적 능력 부족으로 네루는 광범위한 교육과 건강을 위한 아래로부터의 협력 증진을 소홀히 했다. 규범은 인디라 간디하에서 빠르게 침식되었다. 폭력, 만연한 부패, 범죄자-정치인 계급은 그녀가 인도에 남긴 유산이었다. 이후 자유화 시대는 지속되는 부패와 정치의 범죄자들 위에 "나-나-나" 문화를 덧씌웠고, 협력하려는 노력을 더욱 퇴보시켰다.

규범의 해체는 힌두트바 이념가들이 조장하는 적대와 불관용의 문화에도 영향을 미쳤다. 전쟁과 같은 '우리 대 그들'의 대결 구도는 경제적 우선순위에서 관심을 돌리도록 하는 동시에 폭도들을 바쁘게 만들었다. 스니그다 푸남은 《몽상가들》에서 분노하고 좌절한 실업 및 불완전 고용 상태의 젊은 힌두 남성들은 "모디가 '인도가 지배할 것'이라는 구호와 '청년은 힘'이라는 구호로 그들의 피를 뜨겁게 만드는 한, 모디의 일자리 창출 능력이나 부패 해결 능력에는 거의 신경 쓰지 않았다"고 썼다. 이 젊은이들은 "악의적인 에너지를 오로지 한 가지에만 쏟을 의향이 있었다. 바로 무슬림과 싸우는 것"이었다. 젊은이들의 이런 태도는 신문 헤드라인을 장식하는 자극적인 정책에만 관심을 두는 경향을 만들어냈고, 다른 당파적이고 민족적으로 분열된 사회에서처럼 공공재 개발은 어려움을 겪었다.[7]

인도 민주주의의 침식에 기여한 것은 인도의 경제적 경로였다. 부자들은 더 부유해졌고 공공재 공급을 개선하는 데 거의 관심이 없었다. 무케시 암바니는 뭄바이 도심에 있는 자신의 사무실로 헬리콥터를 타고 출퇴근했는데, 이는 도시의 혼란스러운 교통을 우회하기 위해서였다. 부유층은 자녀들을 해외로 유학 보냈고 부족한 물을 제약받지 않고 사용했다. 활기찬 건설업은 범죄자-정치인의 유착을 부추겼다.

2008년에 조만간 인도중앙은행 총재가 될 시카고 대학교의 경제학자 라구람 라잔은 인도의 "부패한 정치인" 출현을 지적했다. 그는 반복되는 실망이 소외계층을 지치게 만들었고, 그들은 더 이상 더 나은 것을 기대하지 않게 되었다고 관찰했다. 대신 그들은 단지 실패한 서비스에 접근하는 것만을 추구하게 되었다. 라잔은 "부패한 정치인은 가난한 사람들이 그 시스템을 헤쳐나가는 데 도움이 되는 지팡이이기 때문에 그 시스템을 개혁하기 위해 거의 노력하지 않는다"고 말했다. 라잔의 통찰은 정확했다. 인도 정치인들은 "접근 정치access politics"를 실천했다. 즉 의도적으로 공공 서비스를 부족하게 유지함으로써 자신들을 부족한 서비스에 접근을 제공하는 후원자로 보일 수 있게 했다.[8]

범죄와 정치: 비하르와 타밀나두의 이야기

2005년 초, 비하르는 거의 모든 개발 지표에서 인도의 주 가운데 최하위를 기록했다. 〈뉴욕타임스〉의 한 보도에 따르면 비하르 사람들은 투표권을 제외하고는 거의 아무것도 가진 것이 없었다. 2005년 11월, 비하르는 새로운 주 수상으로 니티시 쿠마르Nitish Kumar를 선출했다. 다음 5년 동안 비하르의 경제는 빠르게 성장했고, 범죄율은 감소했으며, 주의 교육 및 보건 지표는 개선되었다.[9] 비하르는 발전하는 듯했다.

특히 2006년 쿠마르가 도입한 "여학생을 위한 주 수상의 자전거 프로그램"이라고 번역되는 무키아만트리 발리카 사이클 요자나Mukhyamantri Balika Cycle Yojana를 주목할 만했다. 9학년을 졸업하는 모든 여학생은 고등학교를 마칠 수 있도록 자전거 구매에 필요한 2,000루피(2006년 환율로 약 45달러)를 받았다. 이것은 고전적인 "접근" 정치였다. 이 프로그램은 말 그대로 학교에 대한 더 나은 접근성을 창출했다. 학교에서 더 멀리 사는 여학생들이 자전거를 타면 고등학교에 계속 다닐 가능성이 높아졌다. 그러나 교육의 질은 겨우 약간 향상되었을 뿐이었다. 인도의 많은 지역에서처럼 비하르의 문제는 교사들이 학교에 출근하지 않거나, 출근하더라도 가르치지 않는다는 것이었다. 전 세계적인 경험이 보여주듯이, 단순히 아이들을 학교에 데려오는 것만으로는 학습에 거의 도움이 되지 않는다.[10]

결국 비하르의 미약한 발전마저 멈추었다. 그 단서는 경제 성장의 성격에 있었다. 평준화된 제조업 부문은 느리게 성장했다. 대신 학교 건물, 도로, 다리, 주거용 주택, 쇼핑센터 건설이 주에 경제적 활기를 불어넣었다. 건설 마피아가 힘을 얻었다. 불법 모래 채취는 건설용 모래의 가용성을 통제하는 "모래 마피아"를 낳았다. 주의 전통적인 석탄 마피아와 마약 거래상들은 모두 새로운 환경에서 한몫을 차지하기를 원했다.[11]

선거운동 비용이 급증하는 시대에 니티시 쿠마르는 더 많은 선거 자금을 확보하기 위해서도 범죄자-정치 집단과 관계를 맺을 수밖에 없었다. 그를 권력에 앉힌 2005년 선거에서 주 의회 선거에 출마한 그의 당 후보자 중 22%가 중대한 형사 혐의에 직면해 있었다. 2010년 선거에서는 그 비율이 35%로 올라갔다.[12]

쿠마르의 용감한 법질서 집행 노력은 주의 폭력 범죄 감소에 도움이 되었다. 그러나 비하르의 수도인 파트나의 악명은 너무 높아서 1인당 폭력 범죄 건수에서 인도 대도시 중 상위 3위 안에 들었고, 수도 델리와 최고의 "영예"를 다투었다. 쿠마르의 두 번째 5년 임기 동안 제조업은 거의 성장하지 않았고, 건설업은 그것이 가져온 모든 악영향과 함께 계속 성장했다. 니티시 쿠마르가 2015년 두 번째 임기를 마쳤을 때 비하르는 여전히 전국에서 가장 가난한 주였다.[13]

남부 주 타밀나두는 비하르와는 차원이 달랐다. 2005년부터 2015년까지 니티시 쿠마르 재임 기간 내내 타밀나두는 1인당 소득이 비하르의 거의 5배에 달했다. 타밀나두에서는 2015년 주 생산량의 19%가 제조업에서 나온 반면 비하르는 7%에 불과했다. 더 인상적인 것은 1970년대 초부터 풀뿌리 운동이 지역사회의 서비스 질을 향상시키는 데 도움이 되었다는 것이다. 특히 타밀나두는 광범위한 보건 시설과 효과적인 의료 서비스 전달체계를 구축했다. 유엔개발계획

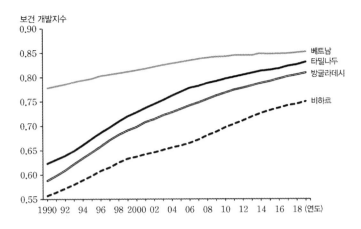

그림 22.2 타밀나두는 비하르에 앞서고 있지만 보건분야에서 베트남과 경쟁이 되지 않는다
(인적자원개발지수 중 보건 부문의 구성요소는 0에서 1까지의 척도로 표기됨).
참고: 인적자원개발지수의 보건 요소는 출생 시 기대수명을 기준으로 한다.
출처: Global Data Lab, https://globaldatalab.org/shdi/download/.

United Nations Development Programme의 건강 인간 개발 지수(출생 시 기대수
명을 건강의 요약 지표로 사용)에 따르면 타밀나두는 비하르보다 꾸준히
앞서 있다(그림 22.2). 2015~2016년에 비하르 5세 미만 아동의 48%
가 연령 대비 키가 작았던 반면, 타밀나두에서는 27%의 아동만이 발
육부진이었다.[14]

그러나 타밀나두조차도 국제적으로 비교했을 때 그다지 인상적
이지 않다. 2011년 타밀나두의 인구는 7,200만 명으로 베트남의
8,900만 명보다 적었다. 그해 베트남의 1인당 소득은 타밀나두와 비
슷했다. 그러나 베트남은 시민들에게 훨씬 우수한 보건환경을 제공했
다. 2019년 베트남 임산부의 28%가 빈혈이었던 반면, 2020년 타밀나
두 여성의 48%가 빈혈이었다. 타밀나두의 발전 속도는 열악한 주거
환경과 영양 상태, 특히 앞서 설명한 불안정한 소득 구간에 사는 사람
들 사이에서 지체되었다. 지속적인 여성 차별로 인해 여성은 남성보
다 훨씬 더 영양실조에 시달렸다.[15]

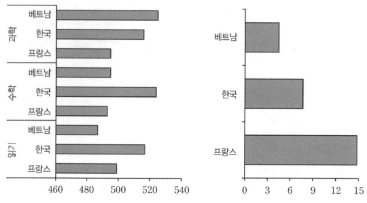

그림 22.3 베트남은 국민들에게 세계적 수준의 교육을 공평하게 제공하고 있다.
참고: 국제학생평가프로그램(PISA)은 경제협력개발기구(OECD)에서
15세 학생의 학업 성취도를 평가하기 위해 실시하는 프로그램이다.
출처: OECD, PISA, https://www.oecd.org/pisa/pisa-2015-results-in-focus _aa9237e6-en.html.

베트남의 교육 우위는 더욱 두드러졌다. 타밀나두와 히마찰프라데시가 대표한 인도 학생들은 경제협력개발기구(OECD)가 실시한 2009~2010년 국제 학생 평가 프로그램Programme for International Student Assessment에서 최하위권이었다. 키르기스스탄만이 인도보다 더 낮은 순위를 기록했다. 당혹스럽게도 인도는 향후 평가에서 제외되었다. 2015년 베트남은 세계 랭킹 상위권에 올랐다(그림 22.3). 베트남 학생들은 수학에서 프랑스 학생들과 어깨를 나란히 했고 과학에서는 더 높은 평가를 받았다.[16]

여러 평가 자료에 따르면 타밀나두는 농촌 초등교육의 질적 측면에서는 비하르보다 나은 점이 없었다. 두 주 모두 정부가 운영하는 학교의 아동들은 학년 기준 학습 역량에서 빠르게 뒤처졌고 계속 뒤처졌다(그림 22.4). 타밀나두의 교사 결근율은 2010년 13%로 비하르의 28%에 비해 덜했다. 그러나 무능한 교사, 열악한 교수법, 같은 반에 있는 매우 다른 능력의 학생들을 다루는 어려움은 타밀나두의 교육

시스템에도 장애물이 되었다. 또한 모국어 대신 영어로 아이들을 가르치려는 경향이 커지면서 학생들의 학습 능력이 저하되었다. 점점 더 많은 아동을 끌어들이는 사립학교는 저소득 가정에 큰 재정적 부담을 안겼다. 그리고 사립학교의 교육의 질(시험 점수로 측정)은 정부가 운영하는 학교보다 반드시 더 나은 것은 아니었는데, 이는 사립학교 교사 역시 훈련이 부족했고, 정부가 운영하는 학교보다 더 많이 영어 교육을 강조하면서 수학과 모국어 능력을 희생했기 때문이다.[17]

문제는 타밀나두가 경제적 이점과 효율적인 관료제의 명성, 더 나은 공공 서비스를 위한 풀뿌리 운동의 전통에도 불구하고 왜 더 나은 성과를 내지 못했는가 하는 점이다. 국제적으로 비교했을 때, 타밀나두의 성과가 왜 그렇게 부족한 것일까? 그 답은 풀뿌리 운동의 효과를 상쇄하는, 단기적 초점에만 집중하는 타밀나두의 정치에 있다.

1970년대부터 선거 폭력과 불법적 선거 관행은 점차 타밀나두 정치의 일상적인 특징이 되었다. 심지어 우타르프라데시나 비하르보다도 타밀나두는 대규모 매표에 관여하는 정치인들로 악명이 높아졌다. 2009년, 한 후보자는 자신의 선거구에서 각 유권자에게 5,000루피(70달러 이상)를 배포한 혐의를 받았다. 2011년 3월, 주 의회 선거운동에서 두 개의 주요 경쟁 정당은 노트북, 주방 그라인더, 선풍기 등을 배포하겠다는 공약에서 서로 "맞서고 능가했다". 주 수상인 J. 자얄랄리타는 공식 빈곤선 이하 가정의 교육받은 소녀들을 위해 결혼 선물(금, 현금, 집을 짓기 위한 토지)을 약속하기도 했다.[18]

매표를 하는 정치인들이 공공 서비스 제공을 소홀히 한다는 것을 연구자들은 확인했다. 공짜를 받은 유권자들은 정치인들에게 책임을 묻는 것을 꺼린다. 그리고 책임지지 않는 정치인들은 자신들을 부유하게 만드는 일차적인 목표에 매진한다.[19]

자얄랄리타 주 수상은 분명 엄청난 재산을 축적했다. 2014년 9월,

이웃 주 카르나타카의 특별법원은 그녀에게 "과도한 자산," 더 간단히 말해 "그녀의 알려진 수입원을 훨씬 넘어서는 재산"에 대해 유죄 판결을 내렸다. 자산에는 880킬로그램의 은, 28킬로그램의 금, 다양한 부동산, 그리고 (특히 주목할 만한 것으로) 수백만 달러를 축적한 페이퍼 컴퍼니가 포함되었다. 그러나 2015년 5월, 카르나타카 고등법원은 수수께끼처럼 결국 자얄랄리타에게 과도한 자산은 없다고 말했다.[20] 인도 법원은 선거에서 성공한 정치인들에게 점점 더 위협을 느꼈다.

첸나이 시민들에게 무능과 부패는 2015년 12월 2일 이른 아침에 끔찍하게 빛을 발했다. 아디야르강Adyar River이 범람하여 사람들과 집을 휩쓸어 갔다. 도시의 많은 부분이 며칠 동안 물에 잠겼다. 부분적으로는 기술적 실패였다. 엔지니어들은 폭우로 가득 찬 저수지에서 물을 방출하는 시기를 잘못 조절했다. 공무원들도 재난 관리에 실패했다. 가장 심각한 실패는 도시의 수역에 대한 이전의 무차별적인 건설에서 비롯되었는데, 그렇지 않았다면 일부 홍수를 흡수할 수 있었을 것이다. 첸나이에 기반을 두고 활동하는 저널리스트 크루파 게Krupa Ge는 그녀의 가슴 아픈 책에서 황폐화된 지역을 둘러본 고민에 빠진 도시 주민의 말을 인용한다. "모든 땅이 팔리고 건물들이 빽빽이 들어섰다." 도시의 빗물 배수관은 제대로 관리되지 않았다. 대형 건물에서 나온 건설 잔해는 운하와 배수구에 버려져 물의 흐름을 방해했다. 놀랍게도 도시 계획자들은 물 생태계를 지워버린 가짜 지도를 사용하여 보호 구역에 건설을 승인했다. 건설 잔해로 인해 살아남은 수로조차도 진흙과 거품 나는 하수로 막혀 있었다.[21]

대부분의 자연 재해에서처럼, 첸나이 홍수로 부자들의 집과 쇼핑몰은 그다지 피해를 입지 않았지만 수백 개 소기업들의 재산은 파괴됐다. 홍수는 아무런 교훈도 주지 못했다. 홍수 이후, 수역 근처에 고급 건물들의 건설이 재개되었다. 도시를 "아름답게" 하려는 이해관계 때문에, 가장 가난한 사람들은 학교와 기반 시설이 없는 곳으로, 직장에서 멀리 떨어진 곳으로 밀려났다.

첸나이 홍수가 그토록 큰 피해를 입히는 데 직간접적으로 영향을 미친 건설은 타밀 정치에서 부패와 범죄를 조장했다. 인도의 다른 지역보다 더 심하게, 타밀나두의 건설 열풍은 불법 모래 채취와 얽혀 있었다. 타밀나두의 모래 채취는 1980년대 중반에는 무시할 만한 사업이었지만 2010년대 중반이 되자 연간 30억 달러 규모의 산업으로 성장했다. 범죄와 정치는 지역 단위의 범죄자-정치인에서 시작하여 이해관계가 커짐에 따라 더 높은 수준으로 상승하면서 합쳐졌다. 모래 채취는 또한 엄청난 환경 파괴를 야기했다. 모래 채취 과정은 하천을 건조하게 만들었다. 모래는 "스펀지" 역할을 하여 물을 흡수하고 다시 땅으로 여과하기 때문에, 모래 채취는 지하수 보충을 방해했다.[22]

타밀나두의 부패망은 오염 관리 위원회로 다시 순환했다. 2021년 9월, 반부패 특별 기구는 해당 기관의 의장이 소유한 부동산에서 많

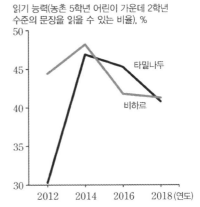

그림 22.4 대부분의 학생들은 기준 학습 능력을 갖추지 못하고 있다.
학년이 올라가도 나아지지 않는다.

출처: Annual Status of Education Report for Tamil Nadu, https://asercentre.org/aser-2022.

은 양의 현금, 금, 은, 보석을 발견한 후 그를 "형사상 위법행위"와 "형사상 유용"으로 기소했다. 앞서 실시된 단속에서는 위원회의 다른 두 고위 관리가 체포되었다. 그들 부의 원천은 건축 구조물과 산업 시설이 오염 관리 위원회의 여러 "검문소"를 통과하기 위해 지불해야 하는 "수수료"였다.[23]

명성으로 보자면 타밀나두는 발전 지향적인 주였다. 그러나 강은 마르고, 지하수는 낮아지고, 물과 토지의 오염은 다른 지역과 마찬가지로 빠르게 상승하고 있었다.

타밀나두주 의원 가운데 중대 범죄 혐의를 받고 있는 비율은 빠르게 상승했고, 비하르주에서 범죄 혐의를 받는 주 의원 비율을 따라잡을 것 같았다(그림 22.5). 이미 타밀나두는 한 가지 중요한 지표에서 비하르를 따라잡았다. 2020년, 타밀나두 정부 장관의 50%가 중대한 범죄 혐의를 받고 있었는데, 이는 비하르 정부 장관의 50%와 맞먹는 수치였다. 타밀나두에서는 악한 것이 선한 것을 몰아내고 있었다. 슬픈 진실은 타밀나두가 반대가 아니라 비하르처럼 되어가고 있다는 것이었다. 타밀나두와 다른 남부 인도 주에서의 극도로 불평등한 경제 발전은 1990년대부터 시작하여 오늘날까지 계속되는 노골적으로 폭력적인 영화 장르를 낳았다. 이 영화들은 비록 자신도 종종 범죄자이지만, 조작된 시스템과 싸우면서 관객의 애정을 얻는 남성성이 과도한 반항아를 중심으로 전개되었다. 이러한 스토리는 초대는 비하르와 다른 힌디어 사용 주에서 "인생에서의 기회 부족"으로 지친 젊은 시청자들이 힌디어로 더빙된 타밀어 및 다른 남부 영화를 열광적으로 보면서 공명되었다. 힌디 영화는 1970년대와 1980년대의 "성난 청년"들이 등장하는 영화를 통해 그들의 좌절을 국가에 전달했다. 그리고 힌디 영화가 이 장르를 버렸을 때, 남부 영화가 그 대의를 이어받았다.[24] 경제적 기회의 부족은 인도의 문화적 동질화의 원천으로 남아 있었다.

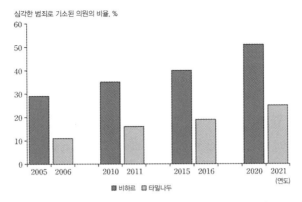

심각한 범죄로 기소된 의원의 비율, %

그림 22.5 비하르주와 타밀나두주에서 형사 기소된 국회의원 비율은 지속적으로 증가하고 있다
(심각한 범죄혐의로 계류 중인 입법부 의원의 비율).
참조: 중대한 범죄에는 폭행, 살인, 납치, 강간이 포함된다.
출처: Association for Democratic Reforms, New Delhi, https://adrindia.org/.

이러한 인도 정치와 문화의 추세에 나렌드라 모디는 힌두트바를
가져왔다.

영원한 공연으로서의 힌두트바

2014년 5월 말 모디가 인도 총리로 취임한 후 폭력은 빠르게 확산
되었다. 6월 초, 푸네의 한 폭도는 24세의 무슬림 기술자를 린치했는
데, 그 기술자가 페이스북에 불쾌한 동영상을 게시했기 때문이라고
(잘못) 주장했다. 7월에는 힌두트바의 디지털 전사들이 소셜 미디어
활동을 강화했다. 그들은 무슬림을 괴롭히고 상처를 주기 위한 게시
물들을 올렸다. 아탈 비하리 바즈파이의 BJP 정부에서 한때 장관을
역임했지만 현재는 나렌드라 모디 총리와 BJP 총재인 아밋 샤에 비판
적인 아룬 쇼우리는 힌두트바 전사들이 자신의 장애인 아들을 모욕했
다고 불평했다. 2015년 8월, 학자이자 힌두트바 비평가인 M. M. 칼

부르기M. M. Kalburgi는 카르나타카주 다르와드Dharwad에 있는 자택 현관에서 총에 맞아 숨졌다. 2015년 10월, 델리 외곽 그레이터 노이다 Greater Noida의 한 폭도는 무슬림 남성이 소를 도살하고 쇠고기를 먹었다며 그를 살해했다.[25]

2017년 3월 말, 독을 품은 힌두트바가 2억 2,000만 명의 인구를 가진 우타르프라데시주에 밀려왔다. 대중적으로 요기Yogi로 알려진 44세의 요기 아디티야나트는 BJP가 주 의회 선거에서 압승을 거둔 후 우타르프라데시주의 새로운 수상이 되었다. 들뜬 힌두트바 단체는 요기를 "우타르프라데시 전역에 힌두 민족주의 깃발을 펼칠" "힌두 사자sher"라고 묘사했다. 실제로 요기는 극렬 힌두트바 정치로는 타의 추종을 불허하는 이력을 가지고 있었다. 1998년, 그는 가우 락샤 만치 Gau Raksha Manch 즉 "소 보호 플랫폼"을 출범시켰다. 그러나 소 문제가 충분한 양극화를 만들어내지 못한다고 느끼고, 2002년에는 "소수 민족을 힌두교도의 적으로 묘사할 수 있는" 모든 문제에 권한을 가진 힌두 유바 바히니Hindu Yuva Vahini(힌두 청년 여단)를 출범시켰다. 요기는 이 새로운 사업을 위해 "젊고 불안한 힌두 남성"을 대거 모집했다. 폭동의 빈도와 강도는 "가난한" 주의 "낙후된" 도시인 그의 고향 고라크푸르에서 커졌다.[26]

요기의 영역에서 힌두트바는 항상 경제 발전보다 우선시되었다. 다큐멘터리 영화 〈불로 쓰기Writing with Fire〉에서 여성으로만 구성된 인쇄 및 온라인 뉴스 잡지 〈뉴스의 물결Khabar Lahariya〉의 기자는 칼을 휘두르는 힌두 유바 바히니 지도자에게 인도 청년들에 대한 포부가 무엇인지 묻는다. 잠시 생각하던 그는 복잡한 표정을 지으며 "젊은 인도인들은 소를 보호해야 한다"고 말한다. 동요하지 않은 기자는 반쯤 미소를 지으며 소를 보호하는 것이 어떻게 경제 발전을 달성하는 데 도움이 되는지 묻는다. 그것은 힌두교의 종교적 의무를 이행하는 것이며, 경제 발전은 "자동적으로" 뒤따를 것이라고 힌두 유바 바히니 지도자는 대답한다.

요기는 또한 인도 정치의 어두운 면에서도 빠지지 않았다. 그는 우타르프라데시의 범죄자-정치인 전통을 이어갔는데, 이 전통은 주를 가난하게 만들었다. 요기의 장관 동료 20명(45%)이 중대한 범죄 혐의를 받고 있었다. 그 자신도 형사상 협박, 살인 미수, 폭동 혐의를 받고 있었다.[27]

전국적으로 힌두트바는 자신들에게 비판적인 언론인들에게도 잔인한 폭력을 행사했다. 2017년 7월, 방갈로르에서 두 명이 탄 오토바이가 자택 밖에 차를 주차하고 있던 언론인이자 힌두트바 반대자인 가우리 랑케시Gauri Lankesh 뒤로 다가왔다. 둘 중 한 명이 랑케시에게 세 번 총을 쏘아 그녀를 자신의 피 웅덩이에 죽은 채로 남겨두었다. 트위터의 힌두트바 트롤들은 축하했다. 38세의 니킬 다디치Nikhil Dadhich 는 "암캐가 개죽음으로 죽었고 이제 모든 강아지들이 같은 곡조로 울부짖고 있다"고 트윗했다. 다디치는 나렌드라 모디가 트위터에서 팔로우하는 1,779명 중 한 명이었다. 다른 사람들도 다디치와 함께 랑케시에게 증오심을 표출했다.[28]

힌두트바 이념으로부터 영광스러운 힌두 역사가 등장했다. 2014년 10월 말, 총리가 된 지 5개월 만에 모디는 의사들의 회의에서 고대 인도인들은 현대 과학자들도 모르는 과학적 진보를 이루었다고 말했다. 모디는 〈마하바라타Mahābhārata〉에 기록된 서사시 신화에 따르면 전사 카르나Karna가 어머니의 자궁에서 태어나지 않았다고 설명하면서, 이는 유전학에서 일군 인도의 업적을 보여준다고 했다. 인간의 몸에 코끼리 머리를 가진 많은 사랑을 받는 신 가네시Ganesh는 성형 수술의 수준을 보여준다고 했다. BJP가 이끄는 주 정부들은 중세 인도의 역사를 다시 쓰기 시작했는데, 힌두 왕들을 찬양하고 무슬림 통치자들을 폄하했다. 독립 후 역사를 말할 때 모디는 네루를 향한 비방과 풍자에 의존했다. BJP가 통치하는 라자스탄주의 8학년 교과서에서는 네루를 언급한 모든 내용이 삭제되었다.[29]

가장 집중적으로 이루어진 상징 조작은 자유 운동가이자 인도 최초의 부총리였던 사르다르 파텔을 힌두트바 이념가로 묘사한 것이었다. 파텔은 마하트마 간디의 헌신적인 제자였다. 그는 간디의 관용과 비폭력의 메시지를 실천했고, 내무부 장관으로서 무슬림들에게 철저히 공정한 사람이었다. 그를 힌두트바의 초기 동조자라고 하는 것은 심각한 역사 왜곡이었다.

그러나 모디는 역사를 다시 쓰고 있었다. 첫 임기 시작 한 달 남짓 후인 2014년 7월 그는 182미터 높이의 파텔 동상을 세우기 시작했다. 이는 뉴욕의 자유의 여신상 높이의 두 배에 해당하는 세계에서 가장 높은 동상이 될 것이었다. 모디는 이 동상을 '통합의 동상'이라고 불렀다. 통합의 동상은 2018년 11월 약 4억 달러의 비용으로 완공되었다. 모디가 힌두식 의식으로 사치스러운 개막식을 진행하였고, 경탄한 방문객은 할 말을 잃고 "웅장하다"고 외쳤다. 경찰은 충분한 보상 없이 집에서 쫓겨난 데에 항의하던 활동가들과 마을 주민들을 체포했다.[30]

2년 후, 모디는 파텔 동상의 워터 돔에서 인도 최초의 수상비행기 취항편을 타고 아마다바드의 사바르마티강Sabarmati River 강변으로 날아갔다. 모디가 구자라트주 수상이었을 때 완공된 사바르마티 강변은 죽어가는 강 한가운데 세워진 화려한 10.5킬로미터 길이의 콘크리트로 덮인 구조물이었다. 상류의 댐으로 인해 강물이 이곳에 도달할 때쯤이면 강의 흐름은 가늘어져 물이 고여 있었다. 아라비아해로 들어가기 전 사바르마티강의 마지막 120킬로미터는 아마다바드시의 산업 폐수와 하수로 막혀 있었다.[31] 힌두트바 이야기를 위해서는 축하하기 쉬운 상징이 필요했는데, 파텔 동상과 사바르마티 강변이 그것을 제공했다.

힌두트바를 도우려는 가장 충격적인 국가 권력의 사용은 2018년 1월 1일 마하라슈트라주 서부의 작은 마을 비마 코레가온Bhima Koregaon에서 있었던 사건으로 시작되었다. 1월 1일은 인도 카스트 계급의 가장 낮은 단계에 있는 달리트에게 중요한 날이었다. 200년 전인 1818년 1월 1일, 달리트의 선조들은 비마 코레가온에서 브라만 페슈와Peshwa 왕에 맞서 싸워 이겼는데, 이는 그들에게 상위 카스트 인도인들이 가한 역사적 불의에 대한 승리를 상징했다. 그러나 달리트의 기념행사는 힌두 통합이라는 힌두트바의 주장을 훼손했기 때문에 힌두트바 추종자들에게는 참을 수 없는 것이었다. 실업 청년들로 무장한 힌두트바 조직들이 달리트들을 공격했다. 2018년 8월, 마하라슈트라 경찰은 달리트 지지자 5명을 나렌드라 모디 암살과 정부 전복을 모의하는 더 큰 음모에 연루된 "낙살라이트"(마오주의자)로 체포했다. 이 체포는 신속한 재판이나 보석의 권리를 박탈하는 불법 활동 방지법에 따른 것이었다.[32] 이와 관련해서는 오늘날까지 논란이 계속되고 있다.

무너진 경제와 무너진 민주주의

2019년 초, 인도 경제는 좋지 않은 상태였다. GDP 성장률은 끝이 보이지 않게 하락하고 있었다. 엉터리 화폐 개혁과 엉성하게 시작된 GST가 일자리를 파괴했기 때문에 고용 상황은 비참했다. 워싱턴에 본부를 둔 퓨 리서치 센터Pew Research Center가 2019년 3월에 실시한 조사에서 조사 대상 인도인의 76%가 가장 큰 걱정거리는 고용 기회의 부족이라고 말했다.[33]

전국 선거가 불과 몇 달 밖에 남지 않았고, 모디 정부는 화장실 건설과 취사용 액화 석유 가스통 보급이라는 두 가지 주목할 만한 성과를 내세울 수 있었다. 모디는 2014년 8월 독립기념일 연설에서 노상 배변 관행을 비난한 후 공중 화장실을 늘리기 위해 신속하게 행동에 나섰다. 6주 후인 10월 2일 마하트마 간디의 생일에 그는 5년 내에 노상 배변을 없애겠다는 목표로 스와츠 바라트 미션Swachh Bharat Mission (클린 인디아 미션)을 시작했다. 2019년 선거가 다가오면서 5년의 기한도 다가왔다. 모디는 "우리는 1억 개 이상의 화장실을 지었다"고 선언했다. 이 프로젝트는 의심할 여지없이 인도의 위생 개선에 도움이 되었다. 그러나 모디와 관련된 다른 모든 일과 마찬가지로, 성과의 정도를 판단할 방법이 없었다. 독립적인 조사에 따르면 화장실을 급하게 짓는 과정에서 물이 없고 고장 나고 기능을 하지 못하는 곳도 많았으며, 오수가 땅속으로 스며들어 지하수를 오염시킬 위험이 있는 것으로 나타났다. 다른 조사에 따르면 비하르, 마디아프라데시, 라자스탄, 우타르프라데시와 같은 가장 낙후된 주에서는 상당한 진전을 이룬 것으로 나타났다. 그러나 2019년에도 이들 주에서는 약 절반의 가정은 여전히 야외 배변을 지속했다. 출발점이 더 나았던 주들은 더욱 느린 속도로 개선되었다.[34]

스와츠 바라트 미션은 더 많은 화장실을 짓는 데 도움이 된 건설 프로젝트였다. 그러나 화장실의 부족은 인도의 광범위한 위생 문제 중 가장 눈에 띄는 부분일 뿐이었고, 이 문제는 여전히 해결되지 않은 채로 남아 있었다. 전국적으로 점점 더 오염되는 강과 지하수에는 치명적인 질병이 만연했다. (보이지 않는 살인자이기도 한) 열악한 보건 서비스와 영양 상태는 거의 관심을 받지 못했다. 눈에 보이는 화장실에 초점을 맞추는 것은 죽어가는 강의 짧고 화려한 구간인 사바르마티 강변처럼 정치적으로 매력적이었다.

모디는 인도 강들이 직면한 어려움을 인식했다. 놀랍지 않게도, 그는 총리가 된 직후 성스러운 갠지스강을 정화하는 프로젝트를 시작했다. 이 프로젝트는 관광객들이 자주 찾는 강의 일부를 개선하는 데 도움이 되었다. 그러나 산업 폐수와 인간의 폐기물은 계속해서 강과 그 지류로 흘러들어갔다. 한 연구에서 말했듯이, 갠지스강 유역은 계속해서 "똥에 빠져" 있었다.[35]

사실 갠지스강의 현실은 인도의 경제 발전 전략의 결과이자 힌두 트바로 인해 우선순위가 밀린 덕분이었다. 강물이 관개용 운하로 돌아가고, 지하수를 빨아들이는 전기 펌프 우물이 급증하고, 곰티Gomti 지류를 따라 콘크리트로 둘러싸인 강변이 조성돼 생태계가 악화되었다. 모래 채취는 갠지스강 주요 수로로 흘러드는 물의 양을 줄임으로써 강이 스스로 정화되는 것을 막았다. 무질서하게 분포된 도시와 마을, 규제가 미흡한 산업 시설들이 끊임없이 폐기물을 강에 쏟아부었다. 이 엉망진창에 모디는 2016년 12월 차르 담Char Dham ("4개의 성지") 고속도로 프로젝트를 추가했다. 16억 달러 규모의 이 프로젝트로 히말라야 산맥의 한복판에 있는 갠지스강 상류의 4개 힌두교 순례지를 연결하는 900킬로미터의 고속도로 확장 공사가 시작되었다. 대법원이 임명한 전문가는 당국에 확장 폭을 제한할 것을 촉구했다. 그 말은 아무런 영향을 미치지 못했다. 이 프로젝트는 산비탈을 깎아 도로를 내고 산 경사면의 숲을 베어냈고, 그 건설 잔해가 갠지스강으로 들어가 강의 흐름을 바꾸고 있다. 산사태는 농사를 망치고 주민들을 죽음으로 몰아넣었다.[36]

청정 취사 연료 계획도 지속 가능한 개발보다는 화려한 헤드라인에 초점을 맞추었다. 2016년 5월에 시작된 이 프로그램은 여성들에게 가스 화덕과 액화 석유 가스(LPG) 용기를 매우 저렴한 가격에 제공했다. 그 결과 특히 여성의 건강에 심각한 피해를 주는 가정 오염을 유발하는 독성 연료(장작, 석탄, 고체 분뇨)의 사용을 줄이는 데 도움이 되었다. 이 귀중한 계획은 "접근" 정치의 또 다른 예였다. 삶의 고통을 덜어주기 위한 복잡한 개발 대신, 그냥 사람들에게 공짜로 주는 것이었다. 가스통을 받은 많은 여성들은 다시 이것을 충전시킬 여유가 없다. 사용되지 않은 많은 가스통들이 전시용으로 남아 있으며, 더 광범위한 농촌 개발로 소득과 구매력이 높아질 때까지 사용되지 않은 채로 남아 있을 것이다.[37]

2019년 선거를 앞두고 일자리를 늘리기 어렵고 화장실과 가스통은 표를 얻을 확실한 방법이 아니었기 때문에, 관심은 힌두트바와 얽힌 호전적 민족주의로 되돌아갔다. 2019년 2월 14일, 파키스탄의 사주를 받은 자살 폭탄 테러범이 카슈미르에서 인도 군인 40명을 살해했다. 자신을 국가의 초우키다르chowkidar (문지기)라고 묘사한 모디는 파키스탄 영토 내 테러 단체들을 공습하는 것으로 대응했다. 현장을 방문한 기자들은 인도의 공습이 효과적이었다는 증거를 거의 찾지 못했지만, 인도의 소셜 미디어에서는 격렬한 민족주의 내러티브가 펼쳐졌다. 인도에는 인터넷에 연결된 10억 개 이상의 휴대전화와 3억 개이상의 페이스북 계정, 2억 4,000만 명의 왓츠앱 사용자가 있었다. 소셜 미디어 캠페인을 운영하는 120만 명의 자원봉사자를 보유한 BJP는 소셜 미디어 공간에서 900파운드(약 408킬로그램)짜리 고릴라와 같은 존재였다. 비디오 게임의 한 장면이 인도가 파키스탄의 소위 테러 훈련 캠프를 공중 공격으로 초토화시키는 실제 장면으로 간주되면서 널리 유포되기도 하였다.[38]

2019년 2월, 성스러운 축제인 쿰브 멜라Kumbh Mela를 맞아 모디는 요기 아디티야나트와 함께 갠지스강, 야무나강, 그리고 신화 속에 존재하는 사라스와티강이 합류하는 성지인 상감Sangam에서 진행된 의식에서 몸을 물에 담갔다. 모디는 동영상을 첨부하며 "#쿰브에서 신성한 물에 몸을 담글 수 있는 행운을 얻었다. 13억 인도인들의 안녕을 기원했다"고 트윗했다. 모디는 힌두트바의 수호성인 비나야크 다모다르 사바르카르Vinayak Damodar Savarkar가 영국에 의해 억류되었던 안다만 니코바르 제도의 셀러 감옥이라는 힌두트바의 가장 신성한 장소를 방문하면서 상징주의는 정점에 이르렀다. 모디는 사바르카르의 사진 앞에 명상하는 자세로 앉아 눈을 감고 두 손을 모은 자신의 사진을 트윗했다.[39]

2014년 선거와 달리, 경제 발전의 약속은 거의 사라졌다. "구자라트 경제 모델"의 북소리는 이미 오래전에 잠잠해졌다. 이제 유권자와의 유대는 파키스탄의 군사주의에 대처하는 모디의 강인한 이미지와 힌두트바의 약속을 통해 이루어졌다. 한때 BJP의 소셜 미디어 분석을 담당했다가 환상에서 깨어난 전직 BJP 내부자는 "2014년 선거는 개발을 기반으로 싸웠지만, 2019년 선거는 양극화를 기반으로 싸우는 것 같다"고 말했다.[40]

4월·5월 선거가 다가오면서 페이스북과 왓츠앱은 일부 선동적인 게시물을 차단했지만, 힌두트바의 대표 기수인 RSS와 BJP 고위 정치인들이 계속해서 제재 없이 활동하도록 허용했다. 페이스북의 추천 알고리즘은 가장 악의적인 증오심을 퍼뜨리는 데에도 관대했는데, 이는 내부고발자 프랜시스 하우겐Frances Haugen이 나중에 공개한 내부 페이스북 문서에서 드러나기도 했다.[41]

처음으로 인도의 선거운동 비용이 가장 최근에 치러진 미국 대통령 및 의회 선거 비용을 넘어섰다. 중대한 범죄 혐의로 재판에서 계류 중인 하원 의원의 비율은 29%로 증가했다(그림 22.6). 맞다. 인도 의회 의원 4명 중 1명 이상이 살인, 납치, 갈취 등의 혐의를 받고 있었다. 전국적인 추세와 나란히 중대한 범죄 혐의를 받고 있는 BJP의원의 비율도 29%로 상승했다. 전직 선거관리위원회 위원인 나빈 차울라는 많

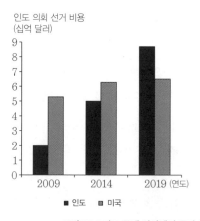

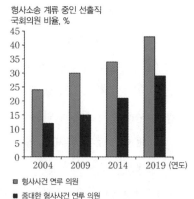

인도 의회 선거 비용
(십억 달러)

■ 인도 ■ 미국

형사소송 계류 중인 선출직
국회의원 비율, %

■ 형사사건 연루 의원
■ 중대한 형사사건 연루 의원

**그림 22.6 인도 국내 정치에서 돈과 범죄 혐의로 기소된 의원들의 숫자는
인도 국가 정치에서 끊임없이 증가하고 있다.**

참고: 왼쪽 그래프의 미국의 경우 가장 최근의 대통령 및 의회 선거 주기에 대한 추정치.

출처: (왼쪽): 인도의 경우 뉴델리 소재 Center for Media Studies, 미국의 경우 https://www.opensecrets.org/over-view/cost.php, (오른쪽): Vaishnav, Milan. 2017. When Crime Pays: Money and Muscle in Indian Politics. New Haven, CT: Yale University Press, 9; Association for Democratic Reforms. 2019. "Lok Sabha Elections 2019: Analysis of Criminal Background, Financial, Education, Gender and other details of Winners." New Delhi, May 25.

은 범죄자들이 자신들의 영향력을 이용하여 과거의 불법 행위를 사법 기록에서 지울 수 있기 때문에 이 숫자조차도 범죄 혐의를 받은 의원의 수를 과소평가할 수 있다고 경고한다. 정당들은 정치에서 범죄자를 억제하려는 선거관리위원회의 반복된 제안을 무시해 왔다. 인도 의회는 중대 범죄 혐의를 받은 정치인들의 출마를 금지하는 "강력한 법"을 제정하라는 2018년 9월 대법원의 권고도 무시했다.[42]

범죄자들은 자신의 돈을 가져왔다. 나머지 선거운동 자금은 어디에서 왔을까? 2017년 2월, 모디 정부는 개인이나 기업이 원하는 정당에 무제한으로 기부할 수 있는 장치인 "선거 채권electoral bonds"을 도입했다.* 중요한 것은, 그 과정에서 기부자가 자신의 신원이나 기부를 받

---

* 인도중앙은행(RBI)이 발행하는 무기명 무이자 채권을 말한다. 개인이나 기업이 RBI에

는 정당을 공개할 필요가 없다는 것이었다. 이러한 불투명한 선거 자금을 다룬 2017년 헌법 소송은 여전히 대법원에서 계류 중이다.* 선거 관리위원회가 선거 채권 제도에 반대한 후에도 대법원은 침묵을 지켰다. 법원의 침묵은 BJP에 유리하게 작용했다. 2019년 BJP는 선거 채권을 이용해 조성된 자금의 95%를 받았다.[43]

자금은 또 다른 불투명한 경로로 선거운동에 흘러들어 갔다. 인도의 소위 "페이퍼 컴퍼니" 수는 1990년대 초 자유화가 시작된 이래 기하급수적으로 증가했고, 특히 2000년경 폭발적으로 증가했다. 이 회사들 중 많은 수가 사업 또는 무역 서비스를 제공하는 것으로 자신들을 묘사했다. 그들은 감사받은 회계의 감독조차 없이 조세망 밖에서 운영되었다. 페이퍼 컴퍼니는 정치인들에게 추적 불가능한 자금을 전달하기에 완벽했다. 모디 정부하에서도 기업부Ministry of Corporate Affairs 가 정기적으로 그러한 음성적 기업들을 폐쇄했지만, 열대우림의 야생 버섯처럼 계속 돋아났다.[44]

2019년 4~5월의 선거는 돈, 폭력, 힌두트바의 절정이었다. 모디가 승리했다. BJP는 득표율과 의석수 모두를 늘렸다. 세계 최대 민주주의 국가에서 통치자와 피통치자 사이의 유대로서의 경제적 복지는 깨졌다.

과대 포장된 "구자라트 경제 모델"의 팬들은 다시 희망을 가졌다. 경제학자 자그디시 바그와티는 모디의 "인상적인 승리"가 "인도의 지속적인 경제 및 사회 발전에 중요했다"고 말했다. 작가 구르차란 다스는 나렌드라 모디가 두 번째 임기에 영국의 "철의 여인" 마거릿 대처

서 구매 후 원하는 정당에 기부할 수 있다.

* 2024년 2월 인도 대법원은 선거 채권에 위헌 결정을 내렸다.

Margaret Thatcher의 방식으로 "경제 개혁"을 압축하여 진행할 수 있다고 덧붙였다.[45] 이 개혁의 내용은 무엇일까? 경제는 곤경에 처해 있었지만 모디는 5년을 더 즐길 수 있었다. 그의 우선순위는 힌두트바와 자신의 브랜드를 강화하기 위한 더 많은 공연이었다.

힌두트바 거인은 계속 전진한다

2019년 8월, 승리 직후 모디는 카슈미르의 특별한 헌법적 지위를 박탈하겠다는 힌두트바 지도자들의 오랜 약속을 이행했다. 그는 카슈미르 정부가 다른 주 정부에 비해 적게 가지고 있던 자치권마저 박탈했다. 그는 비非카슈미르인들이 카슈미르 계곡에 부동산을 구입할 수 있는 가능성을 열어주었는데, 이는 주의 인구통계를 바꿀 수 있다. 모디는 또한 카슈미르를 두 부분*으로 분할하고 둘 다 "연방직할지Union Territories"**로 격하시켰는데, 이는 사실상 이 지역들을 그의 통제 아래 두는 것이었다. 그는 잠재적인 카슈미르 시위대 다수를 체포하고 카슈미르의 인터넷과 휴대전화 연결을 차단했다. 국제앰네스티가 통신 차단이 생명을 위태롭게 할 것이라고 지적하자, 정부는 이 단체를 규제하겠다고 위협했다.[46]

한편, 대법원은 카슈미르의 특별 지위 철폐와 두 개의 연방직할지 분할에 대한 위헌 소송에 침묵을 지켰다. 법원의 침묵은 다시 한번 정

---

* 잠무 카슈미르 그리고 라다크 두 개의 지역으로 분할하였다.

** 인도의 행정 구역 가운데 하나. 주와는 달리 자체 정부를 구성할 수 없고, 연방정부가 직접 관할한다. 현재 8개의 연방직할지가 존재한다.

부의 우선순위와 일치했다.[47]

2019년 11월, 대법원은 힌두트바의 마음 속에서 가장 중요한 문제에 대해 결정을 내렸다. 대법원은 아요디아에 위치한, 지금은 파괴된 바브리 마스지드 자리에 람 신을 위한 사원 건설을 허가했다. 그렇게 하면서 대법원은 1992년 바브리 마스지드 파괴로 이어진 불법 행위들을 인정했다. 또한 대법원은 그 부지가 항상 람 신의 탄생지로 숭배되어 왔다는 주장에 근거가 거의 없다는 것도 인정했다. 그러나 대법원은 "완전한 정의complete justice"의 이익이 요구될 때 대법원이 특별한 조치를 취할 수 있게 하는 헌법 제142조를 원용했다. 재판관들은 힌두교도들이 람 신의 탄생지로서 그 부지에 가지고 있는 "믿음과 신념"을 인용하며 사원 건설에 녹색등을 켜주었다. 판결이 다른 방향으로 결론 났다면 말로 표현할 수 없는 분노를 터뜨릴 준비가 되어 있던 힌두트바의 젊은 병사들은 축제를 벌였다. 그리고 이제 많은 인도 지도자들이 "온건한" 힌두트바 밴드왜건에 합류했다. 국민회의의 라훌 간디는 독실한 힌두 브라만으로서의 자격을 과시했다. 국민회의가 통치하는 주 정부들은 성스러운 소라는 대의를 증진시키겠다고 약속했다. 주류 정당들과 그 지도자들이 "힌두트바 의제의 인질"이 되었다.[48]

12월, 모디는 의회를 통해 시민권 개정법Citizenship Amendment Act을 통과시켜 이웃 국가들로부터 온 비이슬람 난민과 이민자들이 인도 시민권을 취득할 수 있는 길을 열어주었다. 무슬림 난민과 이주자가 인도 시민권을 획득할 가능성을 배제한 이 법은 페이스북에서 증오로 가득 찬 반무슬림 메시지를 위한 먹잇감이었다. 여학생들이 주도한 시위는 이 법의 통과가 힌두 국가로 가는 한 걸음일 수 있다고 경고했다. 경찰은 시위에 참여한 전국의 학생들을 체포하고 델리의 이동통신망을 차단했다. 힌두트바 단체와 시위대가 폭력을 쓰며 대치하는 상황에서 모디 정부의 한 차관보는 그의 불량배들에게 "반역자들

을 쏴라"고 선동했다. 카르나타카에서 경찰은 초등학생들이 새로운
시민권 정책을 비판하는 연극을 하도록 도운 혐의로 한 교사와 어머
니를 반역죄로 체포하기도 했다. 페이스북에서의 반무슬림 불길은 몇
달 동안 계속되었다. 또다시 대법원은 시민권 개정 법안에 대한 위헌
소송에 침묵을 지켰고, 계속 지키고 있다.[49]

GDP 성장률은 연 3% 수준으로 하향세를 이어갔다. 베테랑 기업
가인 라훌 바자즈는 경제 정책의 무대책과 더불어 비판을 듣지 않으
려는 정부를 비난했다. 그는 힌두 민족주의자들이 선동하는 폭력과
위협에 대해 언급했다. 기다렸다는 듯이 재무장관 니르말라 시타라만
Nirmala Sitharaman은 바자즈가 국익을 해친다고 비난했다.[50]

2019년 12월 중국 우한에서 처음 확인된 원인 불명의 폐렴은 "신
종 코로나바이러스"라는 이름으로 유럽에 상륙했다. 인도에서는
2020년 1월 케랄라주에서 코로나바이러스 감염자가 나타났고, 그 후
전국에 걸쳐 매일 산발적인 감염이 보고되었다. 인도의 무너진 경제,
낡은 보건 인프라, 그리고 무너진 민주주의는 임박한 공격에 대비되
어 있지 않았다.[51]

23장
COVID-19가 드러낸 도덕적 타락

    2020년 초 신종 코로나바이러스SARS-CoV-2가 전 세계로 퍼지면서 많은 인도인들은 한 세기 전의 불행한 경험을 떠올렸다. 1918년 중반부터 시작하여 1920년까지 물결치듯 이어진 맹렬한 인플루엔자가 인도 아대륙을 휩쓸었고, 1,700만에서 1,800만 명, 즉 인구의 5% 이상이 사망했다. 화장에 필요한 장작이 떨어지면서 강에는 시신들이 가득 쌓였다.[1]

    전문가들은 이제 훨씬 더 많아진 인구를 새로운 바이러스가 황폐화시킬 것을 우려했다. 3월 24일까지 바이러스에 감염된 인도인은 500명이었고, 그중 10명이 사망했다. 오후 8시 조금 지나 TV 방송에서 나렌드라 모디 총리는 인도가 자정에 봉쇄될 것이라고 발표했다. 2016년 11월 화폐 개혁 때와 마찬가지로, 그는 인도인들에게 준비할 시간을 주지 않았다. 봉쇄는 21일 동안 지속될 것이라고 모디는 말했다. 봉쇄 없이는 인도가 21년 전으로 되돌아갈 수 있다고 경고했다.[2]

다음 날 아침, 구자라트의 상업 도시 수라트에서 의류 및 섬유 공장들이 가동을 중단했다. 22세의 무슬림인 모하마드 사이유브Mohammad Saiyub와 24세의 달리트인 아므리트 쿠마르Amrit Kumar는 일자리가 없다는 말을 들었다. 어린 시절부터의 친구인 이 불운한 젊은이들은 우타르프라데시의 작은 가족 농장의 절망에서 도망쳐 수라트에서 새로운 삶을 시작했었다. 이제 그 도시마저 그들을 버렸다. 그들과 같은 많은 도시 이주민들은 떠나온 마을에 있는 사랑하는 사람들의 포옹을 그리워했다. 그러나 버스와 기차 운행은 드물고 불규칙했다. 걸어서 귀향하는 사람들의 수가 늘어났다.

저널리스트이자 작가인 바샤라트 피르Basharat Peer의 전언에 따르면, 사이유브와 쿠마르는 처음에는 공장이 다시 문을 열 것이라는 희망으로 수라트에 머물기로 결정했다. 그러나 봉쇄는 예정된 21일을 훨씬 넘겼다. 그들의 저축은 바닥나기 시작했다. 결국 5월 14일, 봉쇄가 시작된 지 51일이 지났는데도 끝날 기미가 보이지 않자 그들은 먼저 걸어서, 그다음엔 이주민들로 가득 찬 트럭을 타고 고향으로 향했다. 쿠마르가 열이 나기 시작하자, 트럭에 탄 승객들은 그가 내려야 한다고 주장했다. 사이유브도 함께 내렸다. 사이유브는 구급차를 기다리며 길가에서 "쿠마르를 무릎에 안고 물 한 움큼을 그의 입술에 부었다. 그 순간, 누군가 두 친구의 사진을 찍었다".[3]

독립 73년 후, 쿠마르를 안고 있는 사이유브의 사진은 인도 경제가 얼마나 무너졌는지 보여주었다. 그 사진은 인도 노동자의 40% 이상이 겨우 생계를 유지하는 농업에서 왜 고군분투하는지 설명해 주었다. 그들은 일자리가 부족하고 불안정한 도시로 이주하는 것을 두려워했다. 그 사진은 도시로 간 사람들 중 적어도 1억 명의 인도인이 최저 생활임금으로 비좁고 비위생적인 주택에 살면서 종종 고향으로 돌아가는 "임시" 또는 "순환" 이주민인 이유를 말해주었다. 새로운 바이

러스로 인한 질병인 COVID-19의 분노는 불안정성의 규모를 드러
냈다. 쿠마르는 COVID-19에 걸리지 않은 것으로 밝혀졌다. 그는 섭
씨 43도(화씨 109도)의 더운 날씨에 심한 탈수로 인해 집에 도착하기
전 병원에서 사망했다.[4]

사이유브와 쿠마르가 공유한 종교를 초월한 우정은 "천국에서 내
리는 부드러운 비와 같았다"고 바샤라트 피어는 썼다. 그 우정은 "증
오로 가득 찬 공공 영역"에서 두드러졌다. 왓츠앱, 라디오, 텔레비전에
서는 무슬림들이 의도적으로 바이러스를 퍼뜨리고 있다는 소문이 돌
았다. 코로나바이러스를 퍼뜨리는 것으로 추정되는 무슬림 신학생들
의 체포는 소문에 신빙성을 더했다. 그 소문은 조작된 것이었고, 체포
는 전형적인 경찰의 월권이었다. 그러나 힌두 폭도들은 무슬림들에게
린치를 가할 새로운 구실을 얻었다.[5]

이 초기 상황이 예고했듯이, 경제적 기회는 사라졌고, 코로나바이
러스의 확산과 함께 폭력도 확산되었다. 국가는 이러한 추세를 방관
하거나 가속화했다. 경제적 기회와 사회 규범을 회복하는 일은 더욱
시급해졌지만, 훨씬 더 어려워졌다.

공식 통계의 가면이 얇아지다

시민들을 안심시키기 위해 인도 정부는 우려했던 것보다 훨씬 적
은 코로나바이러스 감염자 수를 발표했다(그림 23.1). 이 발표 이후 인
도가 바이러스를 정복했다는 인식이 생겨났다. 하지만 2021년 2월
에 전국 혈청 유병률 조사에서 다수의 인도 시민들이 코로나바이러스
에 감염된 적이 있음을 말해주는 항체를 보유하고 있다는 사실이 공
식 출처를 통해 드러났다. 그에 따르면 2020년 12월 말까지 집계된

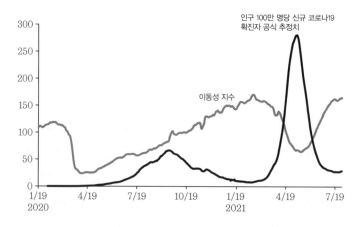

그림 23.1 첫 번째 코로나-19 물결 이후 쓰나미가 몰려왔다
(공식적으로 보고된 사례 및 이동성의 7일 이동평균이며 2020년 1월 19일=100으로 설정).
출처: Our World in Data, https://github.com/owid/covid-19-data/tree/master/public/data/,
Apple보행 이동성 동향(경로 요청 변화).

1,000만 명이 아니라 실제 감염자 수는 3억 명이 넘었던 것이다.[6]

COVID 관련 사망자 수도 크게 과소 집계되었다. 인도의 사망 등록 시스템은 과거에도 종종 사망 원인을 기록하지 않는데, 이제 공무원들은 의도적으로 COVID 사망자 수를 축소 집계했다. 많은 관찰자들은 처음부터 공식 사망자 수가 적다고 의심했지만, 사망자 수를 크게 축소했다는 사실이 나중에야 분명해졌다. 수학자 무라드 바나지Murad Banaji 와 인구통계학자 아시시 굽타Aashish Gupta 는 광범위하게 사용되는 방법에 따라 이전 연도의 기준선과 비교했을 때 총 사망자 수의 증가분에 해당하는 "초과 사망률"을 추정했다. 일반적인 합의에 따르면, 이 초과분은 거의 전적으로 COVID-19 사망자를 나타냈다. "초과 사망자" 지표는 2020년 12월까지 약 90만 명의 인도인이 COVID-19로 사망했음을 보여주었는데, 이는 공식적으로 보고된 15만 명보다 훨씬 많은 수치였다. 인도는 코로나바이러스에 더 잘 대항할 수 있는 젊은 인구의 비중이 큰 덕분에 더 심각한 결과를 면할 수 있었지만, 인도의 COVID-19 사망률(인구 대비)은 노령의 시민들이 많은 선진국과 비슷하거나 더 높았다.[7]

나중에야 그 규모가 알려진 감염자 및 사망자 수와 달리, 경제적 어려움은 즉시 분명해졌다. GDP는 2020년 4월부터 6월까지 2019년 같은 기간에 비해 무려 24% 하락했는데, 이는 주요 국가 가운데 단연 최악의 하락이었다. 사람들의 삶에 더 중요한 것은 약 5억 명의 경제활동인구 중 첫 번째 봉쇄의 충격으로 1억 개의 일자리가 사라졌다는 사실이었다.[8]

무너진 경제를 되살리기 위해 정부는 2020년 6월 8일 봉쇄를 해제했다. 그러나 정부는 도움을 가장 필요로 하는 사람들에게 즉각적인 구호를 제공하기 위해서 재정 정책을 활용하는 데 주저했다. 학자이자 운동가인 장 드레즈와 안몰 소만치Anmol Somanchi는 현금 이전, 식량 배급, 농촌 고용 보장 형태의 구호들은 "제한적이고 신뢰할 수 없었으며" "소득 손실의 작은 부분밖에 보상하지 못했다"고 썼다. 인도중앙은행은 민간 소비를 더 많이 촉진하기 위해 정책 금리를 인하했다. 그 정책은 대출을 받아 지출할 수 있는 사람들에게는 도움이 되었지만, 어려움을 겪고 있는 사람들에게 반드시 도움이 된 것은 아니었다. 또한 인도중앙은행은 전 세계 중앙은행들과 마찬가지로 은행 채무자들이 대출금 상환을 중단하도록 승인함으로서 그렇지 않았다면 파산했을 수도 있는 채무자들에게 구제책을 제공했다.[9] 전반적으로 인도중앙은행의 정책 대응은 국가의 공식 신용 경제에 참여하는 사람들을 지원했다. 정부와 인도중앙은행은 (그러한 상황에서 항상 그렇듯이) 가장 심한 타격을 입은 약자들을 위해서는 거의 아무것도 하지 않았다.

부분적인 봉쇄가 계속되는 가운데, 감염과 입원이 여전히 증가하는 상황에서도 GDP는 회복되기 시작했다. 일반적인 상황에서라면 인도의 급격한 GDP 하락과 경쟁국 대비 높은 인플레이션은 루피 환율을 약화시켜 수출을 늘리고 GDP를 더 빠르게 반등시켰을 것이다. 그러나 COVID-19 위기 동안 루피의 환율은 1달러당 75루피로 거의 변하지 않았다. 경제 붕괴가 약자와 취약계층을 짓밟는 동안에도 국제 투자자들은 선별된 인도 기업들의 주식을 사들이기 위해 몰려들었기 때문에 루피는 강세를 유지했다. 승자는 무케시 암바니, 타타, 그리고 특히 가우탐 아다니였다. 이들 기업 중 3곳은 1년 동안 가치가 두 배로 뛰었다.[10] 외국인 투자자들은 부유한 인도를 더 부유하게 만들었고, 루피를 강세로 유지함으로써 취약한 인도인들의 회복을 더디게 만들었다. 국내 경제 정책과 글로벌 시장 세력이 함께 인도의 불평등을 초고속으로 확대시켰다.

저점에서 회복되었음에도 불구하고, 2020년 12월 경제는 3월 말 봉쇄가 시작되기 전보다 1,500만에서 2,000만 명 적은 노동자만을 고용했다. 예전에 "정규직" 급여를 받는 특권을 누렸던 많은 노동자들이 일자리를 잃었다. 사립학교 교사와 공립학교에서 계약직으로 일하는 사람들이 가장 심각한 영향을 받았다. 예전에 급여를 받던 노동자 중 많은 수가 경제활동인구에서 완전히 이탈했다. 복귀한 사람들 중에서도 상당수가 스스로를 "자영업자"라고 선언했다. 그들은 제대로 된 일자리는 없었지만 농사나 소규모 상업 활동에 종사한다고 보고했다. 시계열적 연구는 그들이 대부분의 시간 동안 실업 상태였음을 보여줄 것이다. 2011~2012년 이후 감소 추세였던 제조업 고용은 더욱 떨어졌다.[11]

전국에 걸쳐 일자리 감소가 확산되면서 많은 사람들이 극심한 빈곤에 빠졌다. 빈곤 추정치는 고용 수치보다 더 의심스럽지만, 그 규모는 충격적이다. 퓨 리서치 센터는 2020년 12월까지 COVID-19로 인해 7,500만 명의 인도인(인구의 거의 6%)이 2020년 구매력을 평준화한 환율로 환산했을 때 1인당 하루 2달러(4인 가족 기준 월 약 6,000루피)

인 빈곤선 아래로 떨어졌다고 추정했다. 인도의 엄청난 빈곤 증가는 COVID-19로 인한 세계적인 극심한 빈곤 증가의 60%를 차지했다. 인도에서 소득 사다리를 타고 올라갔고 더 나은 미래에 희망을 가졌던 많은 사람들이 큰 타격을 입으면서 극심한 빈곤층이나 그 비참한 상태 바로 윗 단계로 추락했다. 이들은 COVID-19 위기 이전에 1인당 하루 10달러에서 20달러(월 소비 지출이 3만 루피에서 6만 루피 사이인 4인 가족) 사이에서 생활했던 사람들이었다. 살릴 트리파티Salil Tripathi가 그런 사례 중 하나였다. 그는 레스토랑 매니저로서 월 4만 루피를 받던 일자리를 잃고 월 1만 루피를 받는 단기 계약직 노동자가 되었다. 트리파티의 경우는 특히 비극적이었다. 그는 배달을 나갔다가 경찰 차량에 치여 사망했다.[12] 이처럼 경제 사다리의 위쪽에 있던 인도인들은 더 높이 올라갔지만, 아래에 있던 모든 사람들은 추락했거나 겨우 버텼다.

"영양 위기"가 펼쳐졌다. 인도는 이미 영양실조 아동 부문에서 세계 선두 주자 중 하나였고, 2013년 이후 개선 속도가 둔화되었거나 정체되었을 가능성이 있었다. 모디 정부는 첫 임기 동안 영양 프로그램 지원 예산을 삭감했다. COVID-19 발생 후 학교들이 문을 닫고 점심 급식 제공을 중단했다. 아동 예방접종과 외래 진료 같은 보건 서비스는 타밀나두와 케랄라 같은 선진적인 주에서도 크게 감소했다. 구자라트, 비하르, 우타르프라데시 등 덜 뒤처진 주에서는 급격히 감소했다.[13] 이러한 후퇴는 오랜 상처를 남길 것이다.

특히 여성과 젊은 성인들이 불균형적으로 고통 받았다. 여성 위주의 직종은 일자리 충격이 심각했고, 가사와 육아가 여성에게 가하는 시간 압박이 크게 증가했다. 일할 기회가 줄어든 많은 여성들은 실업자로 신고하는 것조차 귀찮아하며 경제활동인구에서 그냥 이탈했다. 여성의 일자리와 소득 전망이 나빠진 것은 인도 아동의 교육과 건강에 계속적으로 나쁜 영향을 끼쳤다. 인도의 젊은 노동자들은 악순환에 빠졌다. 고용주와의 유대 관계가 약했기 때문에 해고되기 쉬웠고, 경험 부족으로 고용 가능성이 낮았기 때문에 가장 늦게 직장으로 복귀했다.[14]

이미 해결 불가능한 인도의 고용 과제는 더욱 어려워졌다. 2019년 인도는 8,000만 개 이상의 충족되지 않은 일자리 수요가 있었고, 첫 번째 COVID-19 물결은 그 부족분에 약 2,500만 명을 추가했다.

여기에는 일자리를 잃고 여전히 구직 중이거나(또는 이제 소위 자영업자 중 불완전 고용 상태인 사람들), 구직을 포기한 사람들, 그리고 그해 일자리가 부족한 시장에 진입한 수백만 명의 새로운 인도인들이 포함되었다.[15]

모디에게는 다른 우선순위가 있다

2020년 6월 3일, 전형적인 깜짝 발표에서 정부는 농업 정책을 전면 개편하는 법령(행정명령)을 발표했다. 봉쇄는 여전히 진행 중이었고 6월 8일에 해제될 예정이었다. 해당 법령은 인도인들이 겪고 있던 심각한 곤경과 아무런 관련이 없었고, 심각한 농업 문제를 해결하는 데 거의 도움이 되지 않았다. 대신 정부의 식량 조달을 줄이고 농민들이 민간 구매자에게 직접 판매하도록 유도하는 데 초점이 맞춰졌다.[16]

인도의 곡창지대인 펀자브주 수상은 즉시 이 계획을 비판했다. 그는 이 정책이 정부의 곡물 최저 수매가 철회의 전조라고 우려했다. 만약 그렇게 된다면 대규모 민간 구매자들은 곡물 가격을 낮추려 할 것이었다. 시기도 최악이었다. 많은 농민들이 무거운 부채에 시달리고 있었고 봉쇄로 농사 이외의 부업을 잃었다. 농민 자살률은 놀라울 정도로 높았다. 그럼에도 불구하고 모디 정부는 밀어붙였다. 9월 17일, 보고된 COVID-19 감염자 수가 최고치를 경신하고 연정 파트너들로부터 농업 정책의 지지가 확실하지 않은 상황에서, 정부는 의심스러운 "호명 투표"*를 사용하여 이 법령을 상원에서 서둘러 통과시켰다. 농민들을 달래려고 모디는 농민에게 유리한 최저 수매가는 계속 보장될 것이라고 주장했다. 그 약속이 지켜진다면 민간 구매자에게 판매할 필요가 없기 때문에 새로운 법은 무의미해진다. 즉 그 약속은 신뢰할 만한 것이 아니었다.[17]

농민들은 항의했다. 11월 26일, 대규모 농민 집단이 델리로 행진했다. 경찰이 도시 경계에서 저지하자 그들은 그곳에 야영을 했다. 인도 전역에서 온 수만 명의 농민들은 그 광활한 야영지에서 매서운 겨울을 견디는 동안 밥을 짓고 서로 도우며 공동체를 형성했다. 인도 다른 곳의 농민들도 공감하며 시위를 벌였다.[18]

농업부 장관 C. 수브라마니암이 1965년 녹색혁명 정책 패키지의 일환으로 도입했던 주요 곡물의 최저 수매가를 보장하고 관련 보조금을 지원하는 정책을 대폭 축소하기는 해야 했다. 수년에 걸쳐 수브라마니암의 정책 패키지는 관개 시설이 갖추어진 지역의 곡물 생산을 크게 늘렸지만, 정책 입안자들이 처음부터 예견했듯이 최저 수매가와 보조금은 정부 예산에 부담이 되었다. 게다가 정부가 구매한 대량의 밀과 쌀이 창고에서 썩어갔다.[19]

모디가 제안한 변화는 정치적으로나 경제적으로 시험을 통과하지 못했다. 정치적으로 보면 선진국의 부유한 농민들이 계속해서 대규모 보조금을 요구하고 받아온 것처럼, 인도 농민들(심지어 대규모 농민들

---

* 의장의 지명으로 찬성, 반대 또는 기권 의사를 밝히는 투표 방식을 가리킨다.

도)은 정부의 재정 지원을 포기하려 하지 않았다. 선진국 정부들은 점진적으로 보조금을 생산과 "분리"해 왔다. 더 많이 생산하기 위한 보조금을 주는 대신 농민들에게 토지 사용을 줄이고 환경을 보존하도록 보상해 왔는데, 이는 특히 펀자브와 하리아나에서 농민들이 겨울 밀 재배를 위해 벼 그루터기를 태워 심각한 대기 오염을 일으키는 인도에서 탐구해야 할 방향이었다.[20]

모디의 제안의 가장 큰 문제는 진정으로 농업 부문의 심각한 문제를 인식하고 해결하지 못한 데 있었다. 이 중 가장 난치병인 것은 심화되는 토지 분할이었다. 한편, 지하수위는 낮아지고 생산 요소의 비용은 상승하고 있었다. 토양 질 악화, 기온 상승, 기후 위기로 인한 강수량 변동성 증가는 토지 수확량을 떨어뜨리고 있었다. 농민들은 거액의 빚을 지고 종종 심각한 재정적 곤경에 빠졌다. 1990년대에 두드러지기 시작한 농민 자살은 한 번도 줄어들지 않았다. 이미 엄청난 스트레스를 받고 있던 농민들은 새로운 법령은 농사를 대체할 만한 도시 일자리도 없이 그들을 대기업의 쉬운 먹잇감으로 만들 것이라고 두려워했다.

인도 농업은 관개 확대, 지하수 보충, 토양 질 회복을 위해 막대한 신규 투자가 필요했다. 물 사용의 합리적인 가격 책정이 절실했고, 농사를 짓지 않는 농민들에게 보상하는 새로운 가격 정책이 필요했다. 이는 모디 정부 의제의 우선순위가 아니었다. 2021년 내내 농민과 정부 간 협상은 교착 상태에 머물렀다.

나렌드라 모디는 힌두트바를 끊임없이 행동으로 옮겼다. 그렇게 할 즉각적인 기회는 2019년 11월 대법원이 아요디아에서의 람 사원 건설에 녹색등을 켜면서 생겨났다. COVID-19 확진자가 여전히 증가하는 가운데, 모디는 2020년 8월 5일 아요디아에서 대대적으로 홍보된 종교 의식을 통해 사원 건설의 성공을 기원하면서 자신을 힌두트바의 수호성인으로 과시했다. 한 기자의 말처럼 "그것은 처음부터 끝까지 모디의, 모디를 위한 쇼였다". 국민회의의 라훌 간디와 프리양카 간디는 대중의 관심에서 멀어지는 것이 두려워 람 사원이라는 거물을 마지못해 받아들이던 태도에서 벗어나 힌두교 무대에서 더 적극적으로 존재감을 드러내려고 노력했다. 그들은 람이 구현한 인간적 가치를 찬양하고 람의 이름으로 화합을 촉구했다.[21]

국가와 종교 사이의 경계를 더욱 흐리게 만들면서, 2020년 12월 모디 총리는 TV로 중계되는 신축 의회 건물 개관을 위한 기도 의식에 앉아 있었다. 신축 공사는 총리 관저와 인디아 게이트India Gate에서 대통령 관저까지 이어지는 뉴델리 중심축인 2마일 길이의 라즈파트Rajpath 보수공사와 함께 진행되었다. COVID-19 감염과 사망이 계속되는 상황에서도 25억 달러 규모의 허영에 가득 찬 프로젝트는 노동자들이 작업장을 따라 거주하거나 근처 노동자 캠프에서 통근하면서까지 해야 하는 "필수 불가결한 일"로 진행되었다.[22]

교만이 인도를 쓰나미에 무방비로 남겨두다

인도 정치 지도자들에게 COVID-19의 위협은 이미 지나간 일이었다. 2021년 1월 28일, 연례 다보스 회의에서 (온라인으로) 부자와 유명 인사를 상대로 연설하면서 모디는 인도가 "상황을 통제함으로써 세계를 재앙에서 구했다"고 말했다. 모디는 인도가 12일 만에 230만 명의 보건 노동자에게 백신을 접종했으며 다른 나라에 백신을 공급함으로써 "전 세계의 생명을 구하고 있다"고 보고했다. 모디는 전 세계 청중들에게 아유르베다Ayurveda, 즉 인도의 전통 의학 체계를 제안했는데, 그는 이것이 COVID-19에 대한 면역력을 높이는 데 도움이 될

수 있다고 말했다.[23]

인도 과학자들은 걱정에 빠졌다. 모디의 긍정적인 평가가 있기 몇 주 전인 2020년 12월, 그들은 인도에서 유행하는 코로나바이러스 변종을 발견했다. 결국 델타 변이로 알려진 이 변이는 이전 변이보다 질병을 한 사람에서 다른 사람으로 더 빠르게 전파했고, 더 심각한 증상을 일으켰다. 당시에는 새로운 변이의 맹렬함이 완전히 인식되지 않았지만, 2021년 2월 한 과학자 그룹은 인도 국립질병관리센터National Centre for Disease Control와 보건부에 감염이 빠르게 확산될 수 있다고 경고했다. 3월 9일, 인도의사협회Indian Medical Association는 마하라슈트라와 델리에서 감염이 증가하고 있다는 점을 지적하며 승리를 선언하기에는 시기상조라는 공개적인 경고를 발표했다.[24]

새로운 위협에 대한 경고를 무시하고 공식 통계만 믿기에는 데이터가 불명확한 상황이던 3월 21일, 모디 총리는 신문 전면 광고를 통해 갠지스강이 히말라야에서 평야로 내려오는 하리드와르의 쿰브 멜라에 다다른 힌두 순례자들을 "진심으로 환영한다"는 내용을 실었다. 4월 11일부터 수백만 명의 순례자들이 3주 동안 빽빽이 모여 갠지스강의 성스러운 물에 죄를 씻어내고 종교 축제에 참석할 예정이었다. 이웃 우타르프라데시주에서도 정부가 감염을 확산시킬 수 있는 행사를 추진하고 있었다. 알라하바드 고등법원이 선거를 연기하고 주 전체 또는 적어도 주요 도시에 봉쇄령을 내리라는 지시에도 불구하고 판차야트panchayat(마을 단위) 선거를 강행한 것이다. 게다가 세계 최대 백신 생산국인 인도의 세럼 연구소Serum Institute of India가 백신 부족에 시달리고 있었다.[25]

BJP와 모디는 또 다른 COVID-19 슈퍼 전파의 씨앗을 뿌리는 데 일조했다. 4월 7일, 벵골주 의회 선거운동을 하는 동안 한 BJP 후보자는 군중들에게 "자이 쉬리 람Jai Shree Ram(람 신에게 승리를)"을 외치게 했다. 그는 무슬림 달래기가 힌두교의 실천을 위태롭게 하기 때문에 힌두교도들은 그의 주위로 단결해야 한다고 말했다. 10일 후의 집회에서 모디는 경외심을 가지고 청중을 바라보았다. 그는 "오늘 나는 모든 방향에서의 엄청난 인파를 보고 있습니다. 오늘 여러분은 여러분의 힘을 보여주었습니다"라고 말했다.[26]

쿰브 멜라, 우타르프라데시 판차야트 선거, 벵골주 선거는 뭄바이와 마하라슈트라의 다른 도시들에서 COVID-19 쓰나미가 큰 피해를 입히는 동안 인도 동부에서의 바이러스 확산을 가속시켰다.

터무니없이 부족한 의료용 산소 공급은 COVID-19 2차 대유행의 특징이었다. 2021년 4월 말 델리에서 54세의 니란잔 사하Niranjan Saha가 호흡 곤란을 호소하자, 그의 아내는 두 아들에게 "산소통을 구해다오. 내 금을 팔아서라도 산소통을 구해와"라고 말했다. 아이들은 아버지의 상태가 악화되는 동안 4일 동안 산소통을 수소문했다. 그들은 결국 6만 루피(820달러)에 산소통을 내놓는 판매자를 찾았고, 친구들과 친척들로부터 어렵게 모은 돈으로 그것을 샀다. 아버지는 산소로 몇번 숨 쉴 힘만 있었을 뿐 곧 사망했다. 이 실패를 이해하기 위해서는 그림 23.2의 왼쪽 하단 모서리에 있는 인도를 봐야 한다. 인도는 1인당 의료비 지출과 병상 수가 극히 적다. COVID-19는 그 부끄러운 시스템을 빠르게 압도했고, 사기꾼들은 불행한 사람들을 먹잇감으로 삼았다.[27]

2차 대유행 때에는 경제적 사다리에서 한 계단 위의 사람들도 비참한 결과를 맞았다. 고급 주거지인 구르가온에서 은퇴 후 피아노 레슨을 받으며 열심히 골프를 치던 한 전직 인도 외교관은 병상을 기다리다 병원 밖 차 안에서 숨졌다.[28]

인도의 거대 부자와 초부자들은 나라를 떠났다. 영국이 COVID에 감염된 인도로부터의 입국을 불허하자, 많은 부유한 인도인들은 입국

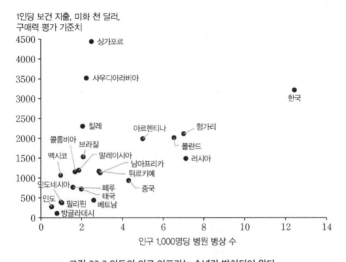

1인당 보건 지출, 미화 천 달러,
구매력 평가 기준치

그림 23.2 인도의 의료 인프라는 수년간 방치되어 왔다.
출처: World Bank, World Development Indicators, SH.XPD.CHEX.PP.CD—1인당 보건지출,
구매력평가(PPP)—기준(현재 달러기준)—, SH.MED.BEDS.ZS(인구 1000명당 병원 병상수).

이 막히기 전에 런던에 도착하려고 정상 항공권 가격의 몇 배를 지불했다. 늦게 떠난 사람들은 시간에 맞춰 몰래 들어가려고 수만 달러를 내고 전용기를 탔다. 다른 이들은 아랍에미리트연합이 국경을 닫기 전에 서둘러 갔다. 한 전세기 회사 대변인은 사람들이 전용기를 타기 위해 "정말 미친" 금액을 기꺼이 지불할 의사가 있다고 말했다. 부유한 인도인들은 오래전에 나라를 떠났고 더 나은 교육과 다른 공공 서비스를 위한 목소리를 내는 것을 그만두었다. 이제 그들은 그 어느 때보다 빠르게 투자를 대가로 영주권을 제공하는 나라에 발판을 마련하기 위해 서둘렀다.[29]

　인도를 떠날 수 없는 사람들은 작동하지 않는 시스템으로 고통 받았다. 단지 의료 인프라만이 아니었다. 산소와 필수 의약품의 터무니없는 가격을 언급하며, 한 델리 고등법원 판사는 국가의 "와해된 도덕적 기반"을 한탄했다.[30]

4월 말에서 5월 말까지 정점에 달했을 때, 공식 통계는 매일 30만 건 이상의 COVID-19 사례와 3,000명의 사망자를 보고했다. 그러나 화장터 밖에 줄지어 선 구급차는 보고된 것보다 훨씬 많은 사망자 수를 짐작게 하는 초기 신호였다. 5월 10일, 비하르의 한 마을 주민들은 갠지스강에 떠내려가는 시신들의 끔찍한 광경에 깨어났다. 색깔 있는 천으로 싸인 시신들이 7마일 구간을 따라 줄지어 떠내려갔다. 공포의 규모는 힌디어 일간지 중 가장 큰 〈다이닉 바스카르Dainik Bhaskar〉가 갠지스강을 따라 2,000구 이상의 시신이 있다고 보도하면서 다음 주에 알려졌다. 그 거대한 강은 우타르프라데시를 1,140킬로미터 가로질러 흐른 다음 비하르로 들어섰다.[31]

　4월 초부터 시작된 이동 제한은 주로 야간 통행금지와 부분 봉쇄였다. 일부 기업들은 이런 상대적으로 온건한 이동 제한으로도 운영을 지속하기 어려웠다. 2021년 4월과 5월, 2,500만 개 이상의 비농업 일자리가 사라졌다. 이는 1년 전 같은 달의 1억 개보다는 훨씬 적지만 여전히 상당한 수였다. 1년 전 필사적으로 시골집으로 돌아갔다가 도시로 돌아온 많은 도시 노동자들이 이제 다시 고향으로 돌아갔다. 전년도와 마찬가지로 많은 사람들이 구직 활동마저 귀찮아하며 경제활동인구에서 이탈했다. 노동자들과 그 가족들은 다시 저축을 끌어다 쓰고 빚을 내서 식탁에 음식을 올릴 수밖에 없었다.[32]

　대졸 학위는 있지만 일자리가 없는 두 형제는 사고로 두 마리의 황소가 죽어 아버지가 새로 소를 장만할 여유가 없자 아버지의 농장으로 돌아갔다. 형제는 황소 대신 땅을 갈아야 했다. COVID-19는 인도의 한 가지 결점, 즉 도시나 농장에서의 괜찮은 일자리 부족을 가차 없이 계속 드러냈다.[33]

　도시의 많은 소규모 업체들도 치명적인 압박에 시달렸다. 뭄바이의 거대 빈민가인 다라비에서 시 당국이 감염 확산을 막는 동안, 가죽 제품, 의류, 점토 냄비와 프라이팬을 생산하는 작업장과 공장은 운영을 축소하거나 아예 문을 닫았다. 일정 거리 이상을 유지해야 하는 조치로 작업 공간이 비좁을 경우 복귀를 원하는 이주 노동자들을 재고용하기 어려웠다. COVID로 혼란에 빠진 물류는 이중 타격을 주어 투입 비용을 높이고 판매의 어려움을 증가시켰다. 아그라Agra의 상징적인 존재인 타지마할에서 관광객을 상대로 한 대리석 상감 공예품을 생산하던 장인들은 일이 뚝 끊겼다. 인도 전역에서 도시 불완전 고용의 원천인 노점과 상점들은 온라인 판매와 경쟁할 수 없었고 문을 닫기 시작했다. 삶과 생계의 방식 전체가 흔들리고 있었다.[34]

두 번째 COVID-19 물결로 아이들이 큰 피해를 입었다. 온라인 교육은 교실 수업을 대체할 수 없었다. 특히 가난한 가정의 아이들에게 그랬다. 2021년 8월, 16개 주에 대한 조사에서 모국어로 유창하게 읽을 수 있어야 하는 3학년 아동의 절반은 겨우 몇 단어만 읽을 수 있는 것으로 나타났다. 많은 부모들이 더 이상 감당할 수 없게 된 사립학교에서 아이들을 빼냈다. 인도는 대규모 문맹의 망령에 직면해 있었다. 형편이 어려운 부모들은 아이들을 일하게 했다. 10살과 12살 된 두 형제는 라자스탄주 자이푸르Jaipur의 유리 팔찌 공장에서 일했다. 구자라트주 라즈코트Rajkot에서는 15세에서 17세 사이의 아이들이 사리 가공 공장에서 일했다. 타밀나두에서는 아동 노동이 3배 증가했고, 우타르프라데시와 비하르에서는 아동 노동과 성매매를 위한 인신매매가 급증했다. 아동 결혼이 급증했다.[35]

정부의 재정 정책은 정작 도움이 필요한 무방비 상태의 사람들을 배제했다. 2019년 9월, 재무장관 니르말라 시타라만은 기업 부문에 관대한 감세 혜택을 주었다. 정부 관리들은 이 감세를 "구조개혁"이라는 거창한 용어로 묘사했다. 이전의 감세 경험과 마찬가지로 이번의 감세도 기업의 새로운 투자 활동을 촉진하는 데 거의 도움이 되지 않았다. 정부의 세입은 감소했고, 이를 보상하기 위해 재무장관은 2020년 3월과 5월에 석유 제품 소비세를 인상해야 했다. 연료 비용은 2021년의 세계 유가 상승으로 더욱 상승했는데, 이는 저소득 가구에 극심한 타격을 주었다. 물류 혼란으로 콩, 계란, 우유, 설탕, 식용유 가격이 오름으로써 인플레이션 압력을 가중시켰다. 6월 말에 재무장관은 "재정적 구제fiscal relief" 방침을 발표했는데, 이는 주로 채무자들이 원하지 않는 대출에 대하여 대출 기관에 보증을 제공하는 형태로 이루어졌다.[36]

부유한 인도는 계속해서 부유해지고 엄청나게 부유해졌다. 해외 자본의 가뭄과 인도의 경제 불황에도 불구하고, 화려한 인도 기업들은 지속적으로 해외 자금을 끌어들였다. 인도의 대표 주가지수인 센섹스는 활기찬 미국 경제의 S&P 500과 같은 극적인 속도로 상승했다(그림 23.3). 그러나 그조차도 나렌드라 모디의 친구인 가우탐 아다

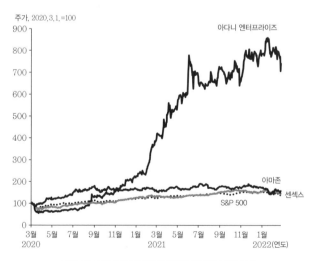

그림 23.3 아다니 엔터프라이즈의 극적인 주가 상승
(주가는 2020년 3월 1일을 100으로 정규화되었음).
참고: Adani Enterprises, ADEL; Sensex index, BSESN; S&P 500, US500; Amazon, AMZN.
출처: https://www.investing.com.

니의 대표 기업 아다니 엔터프라이즈Adani Enterprises의 상승 속도에 비하면 미미했다. 아다니는 정부 계약에 크게 의존했고, 최근 폭발적인 주가 상승은 모디가 총리가 된 2014년 5월 이후 한번 급등했다가 재차 오른 것이었다. COVID-19 시기 수억 명의 인도인들이 인도 경제 사다리의 중간과 아래에서 더 밑으로 떨어지는 동안 가우탐 아다니와 무케시 암바니는 세계 부자 순위에서 더 위로 올라갔다. 2021년 4월 말 인도의 COVID-19 대재앙이 최고조에 달했을 때, 마치 그 점을 강조하기라도 하듯이 무케시 암바니는 제임스 본드 영화로 유명해진 런던 서부의 사설 골프 클럽인 스토크 파크 골프 클럽Stoke Park golf club을 7,800만 달러에 사들였다. 대당 40만 달러에서 80만 달러에 이르는 람보르기니의 인도 판매량은 새로운 최고치를 기록한 반면, 저가형 오토바이 판매는 부진했다. 런던과 밀라노에서도 쇼핑하는 인도인들을 상대로 캐시미어 코트와 베르사체 핸드백을 파는 매장들은 그 어느 때보다 번성했다. 세탁기, 전기 주전자, 믹서, 분쇄기 등 인도 주방의 필수품을 파는 매장들은 발길이 뜸해졌고 문을 닫을 위기에 처했다. 인도에서 가장 부유한 사람들과 다른 모든 인도인들 사이의 격차는 그 어느 때보다 커졌다.[37]

바나지와 굽타는 2021년 6월까지 COVID-19 2차 대유행으로 약 290만 명이 더 사망했다고 추정했다(공식 집계는 25만 명 사망). 종합해 보면 인도는 두 차례의 COVID 물결로 380만 명을 잃었는데, 이는 인도인 1,000명당 약 2.8명이 사망했음을 의미한다. COVID 관련 사망률에서 인도는 세계 최상위권에 올랐다.[38]

주변의 도덕적 타락에도 불구하고, 많은 선한 천사같은 인도인들은 가장 깊은 고통의 나날 동안 열심히 일을 했다. 자원봉사자들은 병원 침대, 산소, 의료품 등의 수소문을 도왔다. 의사들은 무료로 전화 상담을 제공했다. 예배 장소에서는 무료 식사를 제공했다. 보잘것없는 인력거꾼이 자신의 차량에 산소통과 산소포화도 측정기를 장착하여 환자들을 실어 나르기도 한 사례가 있었다.[39]

2021년 6월 중순, 신규 발병 사례가 줄어들면서 백신 접종 속도가 빨라졌다. 그러나 인도의 의료 시스템은 너무나 망가졌기 때문에 일부 부패한 병원과 의사들이 식염수로 가짜 백신을 주사하기도 했다. 한 예방접종 캠프는 운 좋은 개인들에게 자신들이 맞았는지도 모르는 주사를 맞았다는 통지를 보냈다. 우리는 그러한 관행이 얼마나 광범위했는지 결코 알 수 없겠지만, 한 조사에서 의료 종사자들은 이중 접종으로 가짜로 등록된 사람들의 수가 놀랍도록 많다고 보고했다.[40]

인도가 영혼을 잃었을 때

84세의 예수회 사제이자 인권 운동가인 스탠 스와미Stan Swamy 신부는 광산과 제철 회사들이 동부 자르칸드주에서 숲과 물, 부족민인 아디바시족의 삶의 터전을 파괴하는 데 맞서 싸우면서 50년을 보냈다. 2020년 10월 초, 인도의 대테러 전담 조직인 국가수사국(NIA)은 스와미를 불법활동방지법에 따라 체포했는데, 이 법에 따르면 그는 보석과 신속한 재판을 요구할 권리마저 없었다. 그들은 그가 2018년 1월 마하라슈트라주 푸네 근처 비마 코레가온에서 있었던 달리트 기념행사 이후의 폭력을 선동했다고 비난했다. 국가수사국은 그와 비슷하게 기소된 15명을 "마오주의" 테러리스트라고 묘사했다. 파킨슨병이 진행된 스와미는 마실 물 한 잔조차 들 수 없었다. 그가 수감된 과밀 수용 감옥에 COVID-19가 창궐하고 건강이 좋지 않았던 그가 감염되자 그는 보석을 탄원했다. 국가수사국은 그가 감염병을 "부당한 이점"으로 삼아 단순히 석방을 위한 "술책"으로 이용하고 있다며 퉁명스럽게 반박했다. 법원은 2021년 5월 말 그를 병원으로 이송하도록 했지만 보석은 반복해서 거부했다. 그는 7월 5일 COVID 관련 합병증으로 사망했다. 그가 스스로를 묘사한 대로 무자비한 국가가 "새장에 갇힌 새"를 죽인 것이었다.[41]

스와미 신부의 참혹한 죽음은 COVID의 대재앙을 덮어버린, 국가가 묵인하거나 어떤 경우에는 주도한 폭력의 상징이었다. 스와미 자신은 기업의 이익 보호를 우선시하는 국가의 많은 희생자 중 한 명이었다. 평생토록 아디바시 권리의 옹호를 위해 노력한 사람으로서 그는 최근 가우탐 아다니의 프로젝트와 맞서 싸워왔다. 스와미처럼 비마 코레가온 폭동을 선동한 혐의로 마오주의자로 체포된 수다 바라드와즈Sudha Bharadwaj는 IIT 칸푸르IIT Kanpur 수학과 졸업생으로 아디바시 권리를 위해 싸우기 위해 변호사가 되었다. 그녀 역시 아다니의 투자에 맞섰다. 벨라 바티아Bela Bhatia는 저명한 사회과학자이자 인권 변호사로서 아디바시의 권리를 옹호했다. 그녀는 필연적으로 아다니 프로젝트와 맞붙었다. 히드메 마르캄Hidme Markam은 28세의 전직 학교 요리사로서 아디바시의 권리를 지키기 위해 나섰다. 그녀 또한 아다니의 이해관계와 충돌했다.[42]

기업의 이익을 옹호하는 것 외에도, 국가는 폭력적인 방법을 사용하여 반대 의견을 억압했다. 모디가 2014년 총리가 된 후 이미 이전 국민회의 정부에서 흔했던 국가안보법에 따른 체포가 급증했다. 이러한 체포는 2020년 초 시민권 개정법 통과 이후 가속화되어 감염병 기간까지 계속되었다. 우타르프라데시주 수상 요기 아디티야나트는 자신이 비판받을 때마다 억압적인 법률을 사용하는 데 있어 최고의 수완을 보여주었다. 불행히도 요기에 대해 비판할 것은 많았다. COVID 관리 미숙으로 우타르프라데시 주민 다수가 사망했다. 모든 인도 주 중에서 우타르프라데시는 항상 거버넌스의 수준을 측정하면 최하위

를 기록했다. 요기가 주 수상이 된 후 GDP 성장률도 하락했다.[43]

인도 정부는 특히 언론인들에게 분노를 쏟아부었다. 2021년 1월 말과 2월 초, 정부는 농민 시위를 보도한 혐의로 저명한 언론인들을 반역죄로 체포했다. 정부는 트위터에 농민 시위에 관한 메시지를 담은 계정을 차단할 것을 요구했는데, 트위터는 이 요구에 잠시 반항하다가 결국 굴복했다. 2021년 4월, 2차 COVID 대유행이 마구잡이로 사람들을 죽이는 동안, 국제 언론 감시기구인 국경없는기자회Reporters Without Borders는 인도를 세계에서 언론인에게 가장 위험한 국가 중 하나로 규정하면서 세계 언론자유지수에서 180개국 중 142위에 올렸다. 그 순위를 비웃기라도 하듯, 2021년 7월 셋째 주에 국세청 공무원들은 COVID 관련 사망자 수가 정확하지 않다고 폭로한 인도 최대 신문 기업 다이닉 바스카르 그룹Dainik Bhaskar Group과 바라트 사마차르 Bharat Samachar TV 채널의 여러 사무실을 급습했다. 특히 다이닉 바스카르는 갠지스강을 따라 펼쳐진 시신들의 끔찍한 행렬을 조명했었다. 신문사 편집자 중 한 명인 옴 가우르Om Gaur는 "갠지스강이 죽은 자들을 돌려보내고 있다. 그것은 거짓말하지 않는다"는 표현을 쓴 신랄한 〈뉴욕타임스〉 기고를 통해 인도 지도부를 망신시켰다. 또한 다이닉 바스카르는 정부가 언론인과 정적을 감시하려고 이스라엘 소프트웨어 페가수스Pegasus를 사용했다는 주장을 다룬 여러 개의 기사를 실었다.[44]

모디의 정보방송부 장관 아누라그 타쿠르Anurag Thakur는 세무 조사가 인도 언론을 재갈 물리려는 것임을 분명히 했다. 타쿠르는 2020년 1월 시민권 개정법에 반대하는 학생 시위 당시 힌두 무장세력에게 "반역자들을 쏴라"고 요구했던 BJP의 악당이었다. 이제 그는 "기관들이 자신들의 일을 할 때, 우리는 그들의 기능을 간섭하지 않는다"는 마피아식 말투로 다이닉 바스카르와 바라트 사마차르를 위협하는 것은 언론에 대한 정부의 메시지라고 말했다. 2022년 5월, 인도는 국경 없는 기자회가 발표한 세계 언론자유지수에서 142위에서 150위로 추락했다.[45]

국가 폭력의 틈새에서 힌두트바 자경단은 증오심을 키웠다. 2021년 6월, 그 표적은 레디redhi(수레)에 과일, 채소, 간식 등을 싣고 다니는 무슬림 노점상이었다. 힌두트바의 청년 조직 바즈랑 달의 깃발을 들고 "자이 쉬리 람(람 신에게 승리를)"을 외치는 힌두 폭도들은 무슬림 행상들이 일자리를 훔쳤다고 비난하며 그들을 린치했다. 정부는 오랫동안 대법원이 2018년 내린 폭도 폭력과 린치 사태 종식 판결을 무시했다. 인권 변호사 라시미 싱Rashmi Singh은 "모욕적인 정부"를 면책함으로서 대법원이 더 많은 린치를 조장하고 있다며 항의했다.[46]

인도 정부의 대법원 무시는 새로운 것이 아니었다. 역대 정부는 대법원의 1977년 "감옥이 아닌 보석" 판결을 무시했고, 2011년 차티스가르주에서 국가 지원으로 활동하던 자경단인 살와 주둠 해산 요구와 2011년 수역 건설 중단 지시도 무시했다. 다른 여러 사건에서 대법원은 침묵을 택했고, 정부에게 위헌 가능성이 있는 조치를 취할 기회를 주었다. 대법원의 악마적인 페가수스 스파이웨어 조사는 표류하고 있었고, 정부는 대법원이 선거 채권의 합헌성, 카슈미르 자치권 격하, 차별적 시민권법 통과 등 중대 사안에 의견을 내지 않았을 때와 마찬가지로 여전히 책임지지 않고 있었다.[47] 대법원은 더 이상 정부에 견제 역할을 하지 않았다.

실제로 인도는 더 이상 민주주의 국가가 아니라고 민주주의의 가장 포괄적인 국제 평가인 2021년 V-Dem(민주주의의 다양성) 보고서가 주장했다. 보고서 작성에 참여한 학자들은 인도를 폴란드, 헝가리, 튀르키예, 브라질과 함께 "선거 독재국"으로 분류했다. 그들은 인도가 선거를 치르지만 입법부와 사법부의 행정부 권력에 대한 감독을 보장

하지 않고 개인의 자유, 법치, 결사 및 표현의 자유를 보호하지 않는다고 말했다.[48]

선거 독재의 대가는 분명했다. 2020년 11월 26일에 시작된 모디의 농업법에 맞선 시위는 거의 1년 동안 이어졌다. 2021년 11월 10일, 45세의 소작농 구르프리트 싱Gurpreet Singh이 수천 명의 농민들이 여전히 시위하며 야영하고 있던 뉴델리 바로 외곽의 나무에 목을 매달았다. 2000년 상황에 떠밀려 4에이커의 땅을 팔 수밖에 없었던 구르프리트 싱은 1에이커의 땅을 빌려 생계를 꾸렸다. 농사일에서 오랫동안 떠나 있던 것이 그를 경제적 절망으로 몰아갔고, 선택의 여지가 없다고 그는 결론 내렸다. COVID-19 및 극심한 추위와 더위에 노출되고, 자살까지 이어지면서 600명 이상의 시위 농민들이 숨졌다. 한 끔찍한 사건에서 (모디 정부 장관의 아들이 지휘했다는 주장이 있는) BJP 호위대가 일부 시위대를 짓밟았다. 그런 다음 11월 19일 아침 국민을 상대로 한 TV 연설에서 모디는 갑자기 농업법을 폐지하겠다고 발표했다.[49]

2014년 〈파이낸셜 타임스〉는 모디의 "반대를 거의 용납하지 않는 스타일"이 "일을 처리하는 데" 도움이 되기를 희망했다. 신문은 "그가 인도 민주주의의 견제와 균형 중 일부를 무시할 수 있기 때문에" 인도가 중국과 같은 성장을 달성할 수 있을 것으로 예상했다. 모디는 실제로 어떤 반대도 용납하지 않았고 민주주의의 견제와 균형을 무시했다. 결과는 여실히 드러났다. 농민들이 시위를 끝낸 후에도 〈파이낸셜 타임스〉는 여전히 이해하지 못했다. 신문은 모디가 2016년 화폐 개혁이나 농업법 같은 "대담한" 계획을 엉성하게 세웠다고 비난했다. 마치 다르게 할 수 있었을 것처럼 말이다! 독재자들은 자신의 위대함에 안주하면서 거의 항상 형편없고 "준비가 부족한" 결정을 내린다.[50]

이렇게 끝나는 것인가?

이 책에서 내 과제였던 독립 후 역사를 기록하는 일은 완료되었다. 이제 75년이 된 여정의 시작점에서 인도는 세 가지 도전에 직면했다. 농업 부문에 새로운 생명을 불어넣고, 양질의 도시 일자리를 제공하며, 세계 시장에서 경쟁하는 것이었다. 이 여정의 끝에서 인도는 세 가지 도전에 직면해 있다. 병든 농업 부문에 새로운 생명을 불어넣어야 하고 만성적으로 일자리 창출이 어려워 보이는 경제가 훨씬 더 많은 일자리를 제공하도록 해야 하며, 훨씬 더 어려운 글로벌 환경에서 경쟁하는 것이다. 독립 당시에 광범위한 문맹이 인도를 괴롭혔다. COVID 이후 다시 대규모 문맹의 위험이 급증했다.

인도는 불평등한 사회로 시작했다. 특히 1980년대 중반 이후 불평등이 심화되었고, COVID-19로 인도의 빈부 격차는 끔찍하게 벌어졌다. 가장 단순한 기준으로 정의되는 인도의 빈곤은 1980년대 후반부터 약 25년 동안 감소했지만, 2012년 빈곤율이 가장 낮았을 때도 현대 생활의 더 인간적인 기준을 적용하면 약 60%의 인도인이 빈곤했다. 유출된 공식 보고서에 따르면 2012년에서 2018년 사이 빈곤이 증가했고, COVID-19로 더 많은 인도인들이 빈곤에 빠졌다.

인도는 독립 이후 가난하고 문맹인 시민들의 지혜에 의존하는 있을 법하지 않은 민주주의 국가로 여정을 시작했다. 수백만 시민들의 경제적 열망을 저버린 이 나라의 민주주의는 더 이상 인도인들의 기본적 권리와 자유를 보호하지 않는다. 폭력의 담요가 전국을 뒤덮고 있다. 평등, 관용, 공유되는 발전의 규범은 사라졌다.

인도는 희망을 갖고 시작했다. 인도는 여전히 그 희망을 실현할 수 있을까? 아니면 이 나라의 무너진 경제와 민주주의를 회복하기에는 너무 늦었을까?

에필로그

실현 가능한 이상주의

인도의 과거를 생각하고 미래를 염려할 때, 우리는 확고하게 시선을 일자리에 고정시켜야 한다. 좋은 일자리는 경제 발전의 본질이며, 경제적 복지와 인간 존엄성에 필수불가결하다. 좋은 일자리는 경제와 사회 불만을 다루는 정치 사이의 접점이기도 하다.

2019년, 대학 학위를 가진 1,250만 명의 젊은 인도인들이 인도 철도에서 사무원, 기록원, 역장 등 3만 5,000개의 일자리에 지원했다. 결국 한 사람이 일자리를 얻게 될 때마다 350명은 일자리를 얻지 못할 것이었다. 2년이 넘는 시간이 지난 2022년 1월, 철도 당국이 약속했던 일자리마저 모두 채용하지 않자 지원자들은 기차를 불태우고 기차역을 파괴했다. 엄연한 현실은 근로 연령대의 모든 인도인들을 고용하려면 향후 10년 동안 2억 개의 일자리를 창출해야 한다는 것인데, 이는 지난 10년 동안 고용 수치가 감소한 현실에 비추어 보자면 불가능한 과제이다.[1]

독립 이후부터 인도 경제는 일자리를 너무 적게 만들어냈다. 인도인의 80% 이상이 비공식 부문에서의 고용을 안전망으로 삼았는데, 여기에서 노동자들은 장시간 동안 멍하게 지내며 빈곤선 이하 또는 겨우 그 이상의 임금만을 벌었다. 2016년 화폐 개혁, 2017년 엉성하게 집행된 상품·서비스세, 2020년과 2021년의 COVID-19는 새로운 일자리 기회를 만들어내지 않으면서 비공식 부문을 철퇴로 내리쳤다. 실제로 기술은 특히 소매업과 도매업에서 일자리 파괴를 가속화했다. 더 많은 인도인들이 일자리를 찾는 것을 그냥 그만두었다.

이러한 암담함에 맞서기 위해 많은 전문가들과 지도자들은 1990년대와 2000년대 인도의 높은 GDP 성장률을 돌아보며 희망을 얻는다. 그러나 그 대단한 성장은 이례적으로 활기찬 세계 무역, 무분별한 천연자원 사용, 국내 금융·건설 버블의 결과였다. 부유한 인도인들이 엄청난 부를 축적하는 동안에도 일자리 창출은 여전히 미약했다. 가장 심각한 형태의 빈곤은 감소했지만, 여전히 빈곤은 인도인의 20% 이상을 괴롭히고 있으며, 또 다른 40%는 언제든 비참한 삶으로 떨어질 위험에 처한 채 불안정하게 살고 있다. 중간 소득층의 인도인은 그러한 취약한 지대에 살았고, 정부의 불투명한 데이터를 살펴보면 여전히 거기에 살고 있다.

독립 이후 계속된 문제는 공유된 발전을 위한 공공재, 즉 교육, 보건, 기능하는 도시, 깨끗한 공기와 물, 신속하고 공정한 사법부의 부재였다. 일자리 부족과 함께 질 낮고 부족한 공공재는 엄청난 수의 인도인들의 삶을 끊임없는 굴욕과 폭력의 위협 아래 투쟁하게 만든다.

인도의 문제는 깊이 뿌리박고 있기 때문에 정책이나 기술 특효약으로 해결될 수는 없다. 1947년 독립 이후 인도의 정치와 사회는 규범과 책임성이 끊임없이 침식되며 피폐해졌다. 권력과 개인적 부의 축적을 주요 목표로 삼는 정치인들은 복잡하고 장기적인 해결책을 필요로 하는 경제적, 사회적 문제를 두고 쉽고 단기적인 정책적 처방만을 모색했다. 성장률이 높았던 기간 동안 변화의 기회가 있었다. 그러나 이런 시기에도 정치는 제 역할을 하지 못했다. 모두에게 기회를 열어주는 규모로 공공재를 제공하려고 노력하기보다는 정치 지도자들은 자신들을 희소한 공공재에 접근을 허용하는 구원자로 내세웠고, 이는 종종 광고하기 쉬운 공짜 품목으로 이루어졌다.

사회는 정치를 반영했다. 게임이론가이자 경제학자인 파르타 다스굽타Partha Dasgupta가 설명하듯이, 도덕적 규범이 무너지면 모두가 다른 사람들이 속일 것이라고 예상하고 다른 사기꾼들보다 앞서기 위해 모두가 속인다. 그 "나-나-나" 균형에서 시민들이 사기 행위와 약탈 행위에 빠지는 것은 완벽하게 합리적이다. 금융 사기가 만연하고, 제약회사들은 열등한 의약품을 생산하며, 지하수위는 낮아지고, 쓰레기 매립지는 산이 된다.[2]

오늘날 인도는 규범이 무너지고 정치적 책임 의식이 결여된 도덕적 함정에 빠져 있다.

그리고 생명과 생계에 심각한 위험이 도사리고 있다. 죽어가는 강은 경제뿐만 아니라 전체 삶의 방식을 질식시킬 수 있다. 인도의 기후 위기는 이미 현실이며, 무모한 환경 파괴의 대가를 가중시킬 위협이 되고 있다.

생명과 생계에 임박한 위험

독립 이후 죽어가는 강은 인도의 개발과 민주주의 실패의 비극적인 상징이 되었다. 인도의 강은 물을 갈망하는 농업과 공존해야 한다. 강은 도시가 커지며 쏟아내는 오염 물질에 허덕인다. 강은 부자들의 고층 아파트, 현대식 사무실 건물, 화려한 쇼핑몰, 강변, 워터파크의 욕구를 채우려고 봉사하는 건설 재벌과 모래 마피아에 대해 무력하다. 이러한 새로운 구조물 중 상당수는 한때 과도한 강우를 흡수하고 지하수 대수층과 강을 공급했던 수역을 막아버린다. 따라서 도시는 너무나 잦은 홍수를 겪는다. 모래 마피아는 강력한 정치 세력이 되었고, 강모래 준설은 그것이 초래하는 다른 모든 파괴에 더해 강의 자연 흐름을 더욱 고갈시켜 강을 거의 정화하고 복원할 수 없게 만든다.

2021년 8월, 기후 위기에 대한 큰 경고음이 울렸다. 기후변화에 관한 정부간 협의체(IPCC)는 인간이 대기 중에 더 많은 탄소를 배출함에 따라 해양, 산림, 토양 등 탄소를 흡수하는 천연 정화 시스템도 훼손했다고 지적했다. 요점은 세계가 이전에 인식했던 것보다 더 빠르게 온난화되고 있다는 것이다. 2021년 11월, 세계 지도자들은 글래스고에서 개최된 제26차 유엔기후변화협약 당사국총회(COP26)에 모여지구 온난화 대응을 가속화하겠다고 약속했다. 그러나 그들의 약속은 산업혁명 당시 수준보다 지구 온도 상승을 1.5도 미만으로 제한하는데에는 크게 미치지 못했다. 1.5도 이상 기온이 상승하면 세계는 잠재적 재앙으로 치닫게 될 것이다. 인도는 녹아내리는 빙하와 상승하는 인도양 온도의 영향을 받는 덥고 습한 지대에 위치한 탓에 지구 온난화에 특히 취약하다. 수년간의 무분별한 건설, 광산 개발, 삼림 벌채로 기후 재난에 대한 인도의 방어력이 약해졌다. 재앙은 이 나라의 정책 입안자들이 인식하는 것보다 더 가까이 있을 수 있다.[3]

인도 정책 입안자들은 인도가 탄소 순배출량 제로에 도달해야 하는 날짜를 두고 격렬하게 토론한다. 그 토론은 중요하지만 지구 온난화의 다차원적 영향으로부터 사람들을 보호하는 당면 문제에서 관심을 돌리게 한다.

지난 몇 십 년 동안 인도는 더 잦은 극심한 폭염을 경험했다. 높은 습도와 심한 대기 오염으로 인해 인도의 폭염은 특히 치명적이었다. 앞으로 닥칠 위험의 메시지를 전하듯 인도는 2022년 122년 만에 가장 더운 3월과 3번째로 더운 4월을 기록했다. 이 두 달 동안 지속된 폭염은 강우 부족과 겹쳤고, 아직 알려지지 않은 사망자를 남겼으며 펀자브, 하리아나, 우타르프라데시의 밀 생산량이 심각하게 줄어들었다. 그 손실은 부채를 진 농민들 사이의 연이은 자살을 촉발했다. 지구 온도가 상승함에 따라 향후 10년 이내에 심각한 폭염이 인도를 기후 위기의 첫 번째 주요 피해국으로 만들어 수천 명의 목숨을 앗아가고 막대한 소득 손실을 초래할 수 있다.[4]

인도 농업은 가뭄, 메뚜기 떼 공격, 극심한 강우 사태라는 3중고에 직면해 있다. 더 건조하고 더운 계절은 생산성을 떨어뜨리는 것 외에도 영양실조와 질병을 증가시켜 더 많은 농민과 농업 노동자들로 하여금 건조하고 반건조한 농촌 지역에서 도시로 피신처를 찾도록 내몰 것이다. 그러나 그들이 가장 선호하는 목적지인 해안 도시들 역시 해수면 상승으로 생존을 위해 고군분투할 것이다. 2050년까지 뭄바이 최고의 상업 지구인 나리만 포인트의 80%가 물에 잠길 수 있다. 도시 노동자들의 생산성(따라서 소득)도 열과 습기가 증가함에 따라 떨어질 것이다.[5]

전통적으로 인도 동부 해안에는 사이클론이 닥쳤다. 그러나 2010년대 중반이 되자 아라비아해에서의 사이클론 활동 증가로 서부 해안의 뭄바이도 대형 사이클론의 피해를 입을 가능성이 높아졌다. "오물이 가득 찬 배수 시스템"과 수역 근처의 무분별한 건설로 인해 뭄바이에서 사이클론이 발생하면 말로 표현할 수 없는 재앙을 초래할 것이다. 2020년 6월 초 뭄바이 남쪽에서 사이클론 니사르가가 맹위를 떨쳤을 때 이러한 추측성 시나리오는 현실로 확인되었다.[6]

환경 보호에 대한 인도의 열악한 인식과 기후 위기는 지질학적으로 취약한 히말라야 산맥에서 폭발적으로 상호작용하고 있다. 빙하가 녹으면서 남겨진 암석들은 폭우가 쏟아질 때 산비탈을 따라 돌진하여 산사태를 일으킨다. 히말라야 강에 건설된 수력발전 댐과 모디 총리의 히말라야 차르담 고속도로 확장 프로젝트는 숲을 깎아 산사태의 피해를 키우고 있다. 산사태 잔해가 언덕을 타고 내려오면서 거주지에 큰 피해를 주고, 평원에 도달하면 강둑을 훼손하고 강의 흐름을 바꾸어놓는다. 인도 남서부 해안의 서부 가트Western Ghats 지역에서도 폭우로 인한 산사태가 빈번하게 발생하고 있다.

생명과 생계를 위협하는 이러한 사건들, 즉 살인적인 폭염, 건조한 날씨, 극심한 강우, 해수면 상승, 사이클론, 빙하가 녹는 현상들 모두 그 빈도와 강도가 증가할 것이다. 인도의 취약한 일자리 창출 능력에 더해, 죽어가는 강과 기후 재앙은 사회적, 정치적 붕괴를 예고한다.

인도의 캐치-22에는 쉬운 해결책이 없다

정치적 책임 부재는 인도 정치의 실수가 아니라 특징이다. 치솟는 선거 비용은 공직 부패 의존도를 높였다. 형사 기소된 사람들의 수가 늘어나면서 범죄자들이 국회와 주 의회에 침투했다. 한편, 힌두트바 정치는 영구적인 폭도들의 폭력에 의존하여 번성하고, 폭도들은 최근 무슬림 대량학살을 요구하는 등 계속해서 폭력의 수위를 높이고 있다. 정부 관리들은 무슬림 소유의 재산이 불법이라고 주장하면서 이를 철거함으로써 힌두교도 폭도들을 지원한다. 사실상 힌두트바는 모든 규범과 책임을 묻어버렸다. 정부는 대중의 반대를 억압하고, 언론인을 위협하며, 사법 제도를 약화시켜 부패, 범죄자-정치인, 힌두트바 폭력이 사실상 제재를 받지 않도록 한다.[7]

캐치-22(진퇴양난)가 발생하는 이유는 무책임한 정치인들이 스스로에게 책임을 부과하지 않기 때문이다. 왜 영양, 건강, 교육이 정책 우선순위의 최상위로 올라가지 않고 정책 담론에서 뒷전으로 밀리는가? 우리가 무엇을 해야 하는지 모르기 때문이 아니라, 댐, 강변, 고가도로 건설이 "개발"의 초점으로 남아 있고, 풍부한 숲에서의 채광권 연장도 마찬가지이기 때문이다. 이러한 활동은 양질의 기초 보건과 교육을 확대하는 것보다 정치인들과 기업들에게 더 수지맞는 기회를 제공한다. 인도 정부의 계획은 종종 영화 〈그라운드호그 데이 Groundhog Day〉에서 전달되는 느낌을 준다. 상황이 바뀔 것 같지만 그렇지 않다. 1990년대 초 델리 외곽의 매립지의 썩은 쓰레기에서 발생한 유독 가스, 특히 메탄이 화재를 일으키기 시작했고, 수많은 "실천 계획"과 매립지 정화를 위한 막대한 예산 투입에도 불구하고 쓰레기는 줄어들지 않았다. 화재는 계속 반복된다. 사기와 환경 피해의 안전장치는 그것이 있는 곳에서도 무시된다. 법치는 임의로 작동한다. 체제 내의 선이 공동의 번영으로 이어지지는 않는다.[8]

　인도 정책 입안자들과 관변 지식인들은 복지 증진 정책이 방치되고 유해한 정책이 지속되는 캐치-22에 맞서지 않는다. 이러한 인식 부족을 보여주듯 놀라울 정도로 많은 정책 입안자들은 인도 경제를 앞으로 이끌 것으로 기대하는 쉬운 해결책을 내놓는다. 많은 이들이 "노동시장 개혁"에 집착한다. 이러한 "개혁"(손쉬운 노동자 해고의 완곡어법)은 더 강하고 일자리가 풍부한 경제를 만든다는 명시된 목적을 달성하지 못할 것이다. 대신 노동의 교섭력을 약화시키고 임금을 떨어뜨림으로써 경제를 저임금·저생산성 균형에 가두어버릴 것이다. 이 균형에서 사회적 좌절과 분노만 끓어오를 뿐이다. 노동시장 개혁은 알맞은 사회보험과 최저임금이 동반될 때만 작동할 수 있는데, 이는 최소한의 생활을 보장한다. 노벨상 수상자 로버트 솔로Robert Solow

가 주장했듯이, 자유시장 이데올로기보다는 공정성과 윤리의 규범이 노동시장에 적용되어야 한다. 임금을 깎는 대신 인도는 절실하게 훨씬 더 저렴한 통화가 필요하지만, 부자와 권력자들은 이를 원하지 않는다.

대신 인도에서는 보편적 기본소득이 가장 가난한 사람들뿐만 아니라 끊임없이 경제 사다리에서 굴러떨어질 위험에 처한 수억 명의 불안정한 가구를 위한 안전망을 만드는 데 도움이 될 것이다. 조지프 바이든Joseph Biden 미국 대통령이 아버지의 말을 인용하며 바르게 말했듯이, 사람들에게는 "약간의 숨 돌릴 공간"이 필요하다. 인도에서 보편적 기본소득은 여성의 경제적 자율성을 크게 높여 더 건강하고 교육 수준이 높은 아이들을 키우는 데 도움이 될 것이다. 그러나 합리적인 보편적 기본소득을 시행하려면 부자와 영향력 있는 사람들에게 향하는 보조금을 없애고 그들의 세율을 인상해야 하는 정치적 도전에 맞서야 한다.[9]

많은 해설자들은 어려운 장기 정책 과제를 우회하려고 하면서 현대 기술이 인도가 더 밝은 미래로 도약하는 데 도움이 되기를 희망한다. 수억 명의 인도인들이 스마트폰을 소유하고 있다. 많은 사람들이 가짜 뉴스와 증오심을 퍼뜨리는 데 능숙하기도 하지만, 삶을 더 쉽게 만드는 앱을 사용하는 데 능숙하다. 스마트 기기와 스마트 기업가는 실제로 새로운 사업을 만드는 데 도움이 될 수 있다. 인도에는 인터넷 기반 서비스를 제공함으로써 10억 달러의 기업 가치를 달성한 눈부신 "유니콘" 기업들이 즐비하다. 컴퓨터 기반 학습 방법은 교육의 확산을 가속화하고 그 질을 향상시키는 데 도움이 될 수 있다. 인도 기업들은 태양전지를 생산하고 설치하는 기술적 진전을 이루었는데, 이는 규모를 확대하면 저비용으로 널리 이용할 수 있는 청정 전기를 공급하여 새로운 일자리 기회를 촉진할 수 있다. 글로벌 및 인도 벤처 캐피

털은 차세대 기술과 기업가에 자금을 지원할 준비가 되어 있다.[10]

그러나 기술은 재정 자원과 사회적 행동을 대체할 수 없다. 컴퓨터가 보조해 주는 교육의 이점은 좋은 인간 교사 없이는 미미하다. 실제로 한 연구에 따르면 디지털로 전달되는 콘텐츠가 "효과적인 교수법에 통합되지 않으면" 학습 결과를 악화시킬 수 있다. 최근 경험이 보여주듯이 영양 프로그램을 모니터링하는 스마트폰 앱은 아동과 산모에게 영양가 있는 식품을 제공하는 데 필요한 자금과 조직을 대체할 수 없다. 더 사악하게도, 규범이 깨진 곳에서는 기술 자체가 불법적인 목적으로 오용되거나 전용될 수 있다. 공무원과 결탁한 기업들은 정교한 환경법과 실시간 모니터링을 피하기 위해 기술을 활용한 나칼nakal(부정행위) 마피아는 시험장에서 폐쇄회로 텔레비전 카메라의 방향을 돌리고 녹음기를 침묵시킨다. 사이버 범죄자들은 농민을 위한 정부의 대표적인 복지 프로그램인 PM-키산PM-Kisan의 400만 명의 가짜 수혜자에게 지원되는 4억 달러를 훔치려고 2단계 인증 보안 조치를 우회한다. 인도 산림 공무원들은 최첨단 원격 탐사 소프트웨어를 사용하여 도시 가로수 지역, 초원, 사막 관목을 숲으로 분류하여 줄어드는 숲을 늘어나는 것으로 탈바꿈시켰다. 독립적인 추정치가 산림이 감소함을 보여주었음에도 불구하고 산림 면적이 증가하고 있다고 주장하는 것이다.[11]

이러한 병리현상에 직면한 인도인들은 종종 민주주의를 중단하고 대신 독재자에게 의지하려는 경향을 보인다. 인도의 두 명의 독재자, 첫 번째는 강한 여성이고 두 번째는 강한 남성이었는데, 그들은 일반적으로 힘과 함께 잔인한 폭력을 사용했다. 비록 그들을 찬양하는 사람들은 독재자들이 경제적, 사회적 진보를 가져왔다고 지적하지만, 인도 경제, 특히 약자와 취약계층은 너무나 큰 고통을 겪었다. 이 나라의 도덕적, 사회적 구조는 찢어질 위협에 처했다.

인도의 민주주의가 국민을 배신했다는 것은 사실이다. 그러나 인도의 희망은 오직 그것을 진정한 민주주의로 만드는 데 있다. 인도 민주주의가 작동하게 하려면 우리는 스스로에게 도덕적 질문을 해야 한다. 우리는 어떤 나라가 되기를 원하는가?

필요한 것: 새로운 시민 의식

우리는 모든 사람이 다른 사람들이 정직할 것이라고 기대하는 균형으로 나아가야 하며, 이 경우 대부분의 사람들이 정직하게 행동할 것이다. 그 "정직한 균형"은 공공재를 창출하고 지속 가능한 발전을 추진하는 장기적인 과제에서 함께 일하기 위한 신뢰와 협력을 증진할 것이다.

정치학자 로버트 퍼트남은 자기강화적인 "나-나-나" 균형에서 벗어나는 방법을 알려주는 최고의 안내자다. "시민 공동체"를 건설하는 것이 앞으로 나아갈 길이라고 퍼트남과 그의 공저자들은 설명한다. 시민 공동체에서 시민들은 스포츠 클럽, 협동조합, 상호부조회, 문화 협회의 회원 자격을 통해 서로 약속을 한다. 이러한 시민 관계는 평등, 관용, 공유된 발전의 규범을 조성한다. 그러한 규범은 공적 생활에서 정보에 입각하고 존중하는 태도를 기반으로 하는 참여에의 헌신을 구축한다. 시민 공동체의 정치 지도자들은 교육 수준이 높은 경향이 있다. 그들은 더 큰 경제적, 정치적 평등을 촉진하고, 갈등을 해결하려고 타협을 모색하게 될 것이다. 시민 의식이 자리 잡은 지역의 시민들은 일반적으로 지도자들이 정직하고, 법치가 우세하며, 다른 사람들이 선의로 행동한다고 믿는다. 그러한 미덕은 순수하게 사적인 부의 축적보다는 공공재 추구에서 절정에 이른다.[12]

나-나-나 사회에서 우리-우리-우리 사회로의 전환은 엄청나게 큰 일이기 때문에 퍼트남과 그의 동료들은 작은 것부터 시작하는 것이 유일하게 올바른 방법이라고 말한다. 그들은 소규모 기관이 사람들이 상호 이익을 위해 일하는 것을 연습할 수 있게 해주며, 반복되는 상호성이 복잡한 기관의 운영에 필요한 신뢰를 구축한다고 설명한다. 또한 작은 것부터 시작하는 것은 신뢰할 수 있는 정보와 소통의 문화를 만드는 데 도움이 되어, 사회적 불안, 불신, 갈등을 조장하는 불완전하며 의도적으로 왜곡된 정보로 인해 좀먹는 경향을 깨뜨린다.[13]

인도에서 우리는 공익을 중시하는 개인과 비정부기구의 지칠 줄 모르는 활동에서 시민 공동체의 모습을 엿볼 수 있다. 그러나 그러한 활동은 결코 공유된 번영을 달성할 수 있는 규모와 추진력에 도달하지 못한다. 방글라데시에서 정부가 비정부 시민사회단체를 개발 파트너로 활용한 것과 달리, 인도 정부는 그러한 단체들을 적대시하며 시간이 지남에 따라 그들의 활동을 점점 더 억제해 왔다.[14]

인도의 과제는 공적인 비정부 활동을 정부의 권한과 제도적 자원과 연결하는 것이다. 거버넌스의 분권화, 즉 중앙정부와 주 정부에서 도시와 지방정부로의 권한과 재정 자원의 이동은 활기찬 시민 공동체를 촉진하는 가장 그럴듯한 방법이다. 독립 이후 정치 및 정책 지도자들은 분권화를 존중해 왔다. 1990년대 초까지 서벵골과 카르나타카는 소폭의 진전이 있었다. 1993년 P. V. 나라심하 라오 총리의 국민회의 정부는 분권화를 장려하기 위해 두 개의 헌법 개정안을 마련해 의회를 통과시켰다. 그럼에도 불구하고 중앙과 주 정부는 대부분의 권력과 자금을 장악하고 있었다.

1996년 희망의 빛이 비쳤다. 교육과 보건 제공 수준에서 인도 최고의 주인 케랄라주에서 공산당(마르크시스트) 계열의 계획하에서 권한과 자금의 광범위한 분권화가 시작되었다. 그 결과는 퍼트남과 그의 동료들이 예측했을 수 있는 것이었다. 2002년 조사에서 분권화 계획 시작 이후 시민 단체 참여가 증가한 것으로 나타났다. 조사 응답자들, 특히 여성들은 공공재 제공을 개선하기 위해 지방정부 관리들에게 더 적극적으로 요구했다고 보고했다. 이러한 행동주의를 반영하여 응답자들은 교육, 보건, 보육, 빈곤층을 위한 주택이 실제로 개선되었다고 말했다. 응답자들은 심지어 소득 창출과 고용 기회가 개선되었다고 보고했다. 정치학자 제임스 매너James Manor는 그러한 긍정적인 경험이 전 세계 분권화 실험에서 흔하다는 것을 발견했다.[15]

전문가들은 지방 의회의 불량 지도자들이 자신과 자신의 대의명분을 위해 자금을 빼돌려 경제 발전을 저해하고 불평등을 계속 확대할 것을 우려한다. 그러한 우려는 크게 과장된 것이다. 이 책 전반에 걸쳐 우리는 역기능적인 손잡기 정치가 국가 및 주 차원에 뿌리박혀 있는 것을 확인했다. 반대로 지방정부는 국민들과 훨씬 더 가깝고 케랄라와 다른 분권화 계획의 경험이 확인하듯이 책임감을 갖고 일할 가능성이 가장 크다.[16]

케랄라의 분권화 실험은 "가능한 것에 대한 감각"을 제공한다고 최근까지 케랄라의 재무장관이었고 주의 분권화된 권한 실험의 주요 촉매제 중 한 명이었던 토머스 아이작Thomas Isaac이 썼다. 그는 그 실험이 "취약하다"는 것을 인정한다. 그 취약성은 성공적인 지방정부와 주 정부 사이의 줄다리기에서 가장 분명하게 드러난다. 최근 그러한 투쟁의 한 사례로, 지방 지도자들의 맹렬한 반대에도 불구하고 케랄라주 정부는 2020년 6월 아티라필리Athirappilly 수력발전 프로젝트를 추진했다. 그 프로젝트는 서부 가츠Western Ghats에서 삼림 벌채와 토양 침식을 가속화하여 케랄라에서 점점 더 자주 발생하는 폭우로 인한 대혼란을 가져올 수 있었다. 지방 자치 문화의 산물인 활기찬 풀뿌리 운동은 주 정부가 그 프로젝트를 포기하도록 강요했다. 그 승리에도 불구하고 더 많은 장애물이 앞에 놓여 있다. 강력한 공공 및 민간 행위자들은 기후 변화의 신들을 비웃는 환경 파괴적인 건설 프로젝트를 고집한다.[17]

어려움에도 불구하고 지방 자치는 협력적 행동과 정치적 책임성을 유도하는 사회 규범을 확립하는 가장 유망한 방법이다. 이 길은 정치의 부패를 청소하고 인적 자원 개발, 환경 관리, 기후 변화에 대한 회복력을 존중하는 가치를 확립할 수 있도록 싸울 기회를 제공하는 인도의 최선의 희망이자 아마도 유일한 희망이다. 앞으로의 과제는 엄청나게 어렵다. 내가 가장 낙관적인 비전을 가지고 있더라도 지방정부는 인도의 고용 문제를 해결할 수 없을 것이다. 그러나 이것이 우리가 앞으로 나아가는 것을 막아서는 안 된다. 지역적 성공은 시민 의식의 전국적 각성을 자극할 수 있다. 대안은 사회적, 정치적 붕괴인데, 이는 인도뿐만 아니라 전 인류에게 두려운 결과이기 때문이다.

감사의 글

이 책은 네 사람에게 엄청난 빚을 지고 있다. 2022년 7월 현재 96세인 아버지는 사진 같은 기억력과 역사가의 마음을 가진 분이다. 독립 직후 초기 수십 년의 질감을 이해하고 특정 사건과 인물의 세부 사항을 이해하는 데 흔히 있는 오해를 바로잡아서 이 책이 그 시대에 대한 권위 있는 참고 자료가 될 수 있는 기회를 준 귀중한 안내자였다. 알라크난다 파텔Alaknanda Patel은 그의 기억과 내가 착수한 프로젝트에 대한 깊은 공감으로 나를 도왔다. 그는 내가 이 책에서 설명하는 몇몇 중요한 순간들, 특히 인디라 간디 시대까지의 시기를 직접 목격한 사람이다. 아마도 지난 반세기 동안 가장 저명한 인도 경제 저널리스트인 T. N. 니난은 내가 개인의 역할과 역사적 힘의 역할을 구분하려고 노력할 때 어려운 판단을 내려 나를 이끌어주었다. 대학 시절 친구이자 동기인 수쿠마르 무랄리다란Sukumar Muralidharan은 걸어 다니는 백과사전이다. 초안의 여백에 달린 그의 해설은 가르침 그 자체였고, 내가 쓰고 있는 내용의 맥락을 더 잘 이해하는 데 도움을 주었다. 그는

552

스토리라인의 여러 부분에 생명을 불어넣은 세부 사항을 추가해 주었다.

나는 여러 독자들로부터 우호적인 비판을 받았다. 아난드 아난달링감Anand Anandalingam, 사만타 차이Samantha Chai, 댄 챔비Dan Chamby, 아지트 고스, 앤 크루거Anne Krueger, 아비짓 님가온카르Abhijit Nimgaonkar, 나렌다르 파니Narendar Pani, 로버트 톰스Robert Tombs가 그들이다. 폴레트 알트마이어Paulette Altmaier, 케빈 카디프Kevin Cardiff, 스콧 패리스Scott Parris, 데이비드 휠러David Wheeler는 특별한 영예의 자리를 차지한다. 그들은 이 원고와 내 이전 책《유로의 비극Euro Tragedy》의 여러 초안을 읽었다. 원고의 일부를 읽고 귀중한 의견을 준 다른 이들로는 수닛 아로라Sunit Arora, 마이클 보르도Michael Bordo, 무라드 바나지, 아자이 초프라Ajai Chopra, 라비 초프라Ravi Chopra, 벤카테시 두타Venkatesh Dutta, 배리 아이켄그린Barry Eichengreen, 가우탐, 크루파 게, 수딥토 문들Sudipto Mundle, M. 라즈셰카르M. Rajshekhar, 피터 스미스Peter Smith, 브로디 비니Brody Viney, 티르탄카르 로이Tirthankar Roy가 있다.

(너무 자주 그랬듯이) 데이터나 사건 순서가 불분명한 특히 까다로운 질문에 조언해 준 많은 전문가들의 도움 없이는 해낼 수 없었을 것이다. 여기에는 로사 아브라함Rosa Abraham, 아밋 바솔Amit Basole, 람 바부 바갓, 모신 알람 밧Mohsin Alam Bhat, 락슈미 차테르지Laxmi Chatterji, 딥타키르티 차우두리Diptakirti Chaudhuri, 수체타 달랄, 비스와지트 다르Biswajit Dhar, 치라그 다라Chirag Dhara, 장 드레즈, 캐서린 에반, 프란시스코 페레이라Francisco Ferreira, 라즈모한 간디, 산딥 하수르카르Sandeep Hasurkar, 히만슈Himanshu, 더그 존슨Doug Johnson, 라디카 카푸르Radhicka Kapoor, 구린더 카우르Gurinder Kaur, 안자나 키즈파다틸Anjana Kizhpadathil, 라케시 코차르Rakesh Kochhar, 이샨 쿠크레티Ishan Kukreti, 스니그다 푸남, 바이바브 푸란다레Vaibhav Purandare, K. S. 찰라파티 라오K. S. Chalapati

Rao, 마틴 라발리온Martin Ravallion, 시다르타 사히Siddhartha Sahi, 라제슈와리 셴굽타Rajeshwari Sengupta, 니르바이 샤르마Nirbhay Sharma, 스리니바산 수브라마니안, 난디니 순다르, 파이잘 사예드Faizal Syed, 디네시 타쿠르Dinesh Thakur, 밀란 바이슈나브, 특히 인도 거시경제 통계의 대가인 R. 나가라즈R. Nagaraj가 포함된다.

나의 인도 친척 모두가 힘을 보탰다. 사촌 라지브 아그라왈Rajiv Agrawal에게 특별한 빚을 졌는데, 삶이 그에게 던진 역경에도 불구하고 진정으로 그는 고무적인 명랑함과 지적 예리함을 유지하고 있다. 사업가로서의 그의 특별한 관점을 원고에 반영했다. 아버지의 운전을 오래 책임져준 분이자 만능 해결사인 라빈드라 차우다리Ravindra Chaudhary는 인도의 부패, 정치, 이주 노동자들의 투쟁에 대한 해설로 나를 가르치고 즐겁게 해주었다.

우리인투야 바트사이칸Uuriintuya Batsaikhan은 이전에《유로의 비극》에서 그랬던 것처럼 이 책의 차트를 여러 번 반복해서 지치지 않고 작업해 주었다.

미국에 있는 가족은 내게 따뜻했다. 형 크리슈난Krishnan과 그의 아내 안드라Andra, 동생 락시만Lakshman은 기술적 직업이 요구하는 정밀성과 인문학 교육이 부여한 넓은 마음으로 원고의 일부를 읽고 의견을 주었다. 영어를 나보다 더 잘 아는 아내 죠스나Jyothsna는 내가 문장과 구절을 큰 소리로 읽어주면 하루에도 여러 번 명료함과 운율에 대해 의견을 주었다.

프린스턴 대학교 사서 보브레이 보르델론Bobray Bordelon과 엘렌 암브로손Ellen Ambrosone은 참고 자료와 데이터의 끝없는 원천이었다. 컴퓨팅 센터의 시민 굴Simin Gul은 내 노트북이 고장나기 시작했을 때 거의 심장마비에 이르렀던 나를 구원했다. 조교 린지 우드릭Lindsay Woodrick은 늘 그렇듯이 강의와 관련된 행정 업무를 처리하는 것으로부터 나를 구해주었다.

내 에이전트 피터 번스타인Peter Bernstein에게 감사드린다. 그는 작업 진행 관리를 도와주었을 뿐만 아니라 전체 이야기의 속도를 높이는 데 매우 도움이 되는 제안을 해주었다. 내 편집자들인 마르셀라 맥스필드Marcela Maxfield(스탠퍼드), 파르트 메로트라Parth Mehrotra와 난디니 메타Nandini Mehta(저거넛)는 원고의 가독성을 높이는 데 큰 그림과 세부적인 지침을 모두 주었다. 책의 제작 과정을 능숙하게 이끌어준 찰리 클라크Charlie Clark에게도 큰 감사를 드린다. 이전 책에서와 마찬가지로 내 학생들은 나의 숨겨진 자산이었다. 다니엘 주Daniel Ju는 초기 초안에 상세한 의견을 주었다. 잭 아이엘로Jack Aiello와 이시타 바트라Ishita Batra는 탁월한 편집 제안을 했다. 현대 인도사 과목을 수강한 학생들은 새로운 방식으로 생각하는 법을 가르쳐주었다. 엘리자베스 월스테트Elizabeth Wahlstedt, 안나 굿맨Anna Goodman, 케이틀린 퀸Caitlin Quinn이 가장 지속적으로 편집을 지원해 주었다. 안나와 케이틀린은 인도인도 아니고 경제학 전공 학생도 아니라는 이중의 장점이 있었다. 재능 있는 작가로서 그들은 논리적 일관성과 설명의 명확성을 요구했다. 마지막으로 한나 세하Hannah Ceja에게 고마움을 전한다. 중요한 마지막 교정 작업을 도와주었다.

이 과정에서 내 손을 잡아준 이 모든 훌륭한 사람들에게 끝없는 감사를 드린다.

추천사

이광수

부산외국어대학교 인도학과 교수
전 인도연구원장, 전 한국인도사회연구학회장

유튜브 채널 '최준영의 지구본 연구소'를 통해 세계 각지의 경제와 산업 그리고 정치와 국제 관계를 사람들에게 쉽게 전달해 주고 있는 최준영 박사가 인도에 관한 책을 번역했다며 추천사를 부탁했다. 지금까지 40년 넘게 인도를 공부하면서 만난 현대 인도 경제사에 관한 책 중 가장 정확하고, 치밀한 저작이다. 누구나 이해하기 쉽게 쓰여 더욱 놀랍다. 저자 아쇼카 모디 교수는 경제 정책 및 공공 부문의 세계적 학자다. 독립 후 인도가 걸어온 경제의 변화를 주로 정부의 경제 정책 흐름과 정치 · 사회 변화의 맥락에서 매정하다 할 정도로 날카롭게 비판했다. 그는 책의 이름을 "India is Broken"이라고 정했는데, 이 제목에서 알 수 있다시피, 그는 지금의 인도(경제)를 부서져 있는 상태로 보았다. 저자에 따르면 인도는 초대 수상 네루의 낭만주의적 사회주의 이상의 토대 위에서 어느 것 하나 제대로 실천하지 못했다. 그리고 그의 유산이 인디라 간디에게 대물림된 후 경제는 더 망가졌다. 최근 세 번째 연임에 성공한 모디에 의해 민주주의는 망가지고 폭력과 거짓이 난무하는 정치로 인해 경제 발전이 큰 성과를 내지 못했다. 모디 교수는 인도가 독립 이후 지금에 이르기까지 어떻게 망가지고 부서졌는지를 낱낱이 설명한다. 그의 시각이 실패에만 편향되어 있다고 비난할 필요는 없을 것이다. 인도의 경제를 전망하고 논하는 전 세계 그

많은 책들은 밑도 끝도 없이 잠재력에 대한 보랏빛 희망을 환상적으로 풀어놓는 게 대부분이다. 그런 '보고 싶은 것만 보는' 일방적 믿음으로 전망을 하는 사람들에게 보여주고 싶은 책이다. '도대체 당신들 믿음의 근거는 어디에 있는가'라고 말이다.

거대한 '코끼리'로 상징되는 인도 경제의 미래를 두고 학문과 신앙이 충돌하는 혼돈 속에서 이 책은 논쟁의 근거를 분명하게 제시해 주는 수작이다. 이 책의 가장 큰 의미는 학문적 접근 방법을 쓰지 않고, 일반 독자들이 이해할 수 있도록 이야기를 들려주듯 술술 풀어내는 그 쉬운 스토리텔링에 있다. 내러티브 구조가 쉬우니, 그가 제시하고 주장하는 것에 관해 누구든 마음을 열게 되고 인도의 불편한 진실을 외면하기 어렵다. 또 하나의 중요한 의미는 경제의 역사를 수치나 데이터로만 해석하지 않고, 정치와 사회의 맥락 속에서 해석하였다는 점이다. 분단과 국가 건설 과정에서 네루가 어떻게 실천에 실패하였는지, 인디라 간디가 카스트와 종교를 어떻게 정치에 혼입시켜 나라를 망가뜨렸는지 그리고 모디는 힌두트바(힌두 민족주의)를 가지고 민주주의를 얼마나 파괴하고 거짓으로 국민을 속이는지를 경제와 연관 지어 쉽게 이야기해 준다. 경제학을 모르는 사람들도 인도에 관해 어느 정도의 관심과 지식을 가지고 있다면 그의 의견에 충분히 귀 기울일 수 있는 논리 전개다. 책의 처음부터 끝까지를 관통하는 모디 교수의 키워드인 일자리의 중요성은 그가 인도 경제의 문제를 어떻게 해결하자고 주장하는지 쉽게 알아차릴 수 있게 한다.

사실, 세계적인 인도 경제학자들 가운데는 인도 경제의 미래가 마냥 어둡지만은 않다고 말하는 학자들도 있다. 연구자에 따라 시각의 차이는 있지만, 부패는 시간이 갈수록 줄어들고 있고, 변화의 속도가 너무나 더디지만 분명히 현재 옳은 방향으로 가고 있는 것이 큰 흐름이며, 일자리 또한 도시화의 증가와 더불어 점차 늘어나는 중이라는 주장이다. 국제 정세의 맥락에서도 인도 경제가 미국과 일본의 호의를 받으면서 점점 개혁을 이루어나갈 것으로 보는 시각도 있다. 과거 1970년대 말 중국에서 크게 성공한 경제 개혁의 성과를 상황이 전혀 다른, 중국이라는 엄청난 경쟁자이자 훼방꾼이 엄존하는 지금의 인도와 단순 비교하여 인도의 발전 속도를 부정적으로만 보는 것은 합리적이지 않다는 시각도 있다. 인도 경제의 과거는 이 책으로 충분히 이해할 수 있지만, 그 위에서 인도 경제의 미래를 어둡게만 보는 것은 한쪽으로 치우치는 시각이라고도 할 수 있다. 결국, 인도 경제의 미래 흐름을 어느 쪽으로 봐야 할 것인지는 상황에 맞춰 동태적으로 보는 것이 옳다. 다만, 그 동태적 방법론이 어떻든지 간에 지나간 실패의 역사는 불편하지만 가혹하게 곱씹어 봐야 한다. 그런 점에서 아쇼카 모디의 《두 개의 인도》가 맨 먼저 읽어야 할 필독서임은 분명하다.

주

서문

1 Seymour Martin Lipset, 1960, *Political Man: The Social Bases of Politics*, Garden City, NY, Doubleday & Company, 46.

1장

1 Satyajit Ray, 1948, "Indian Films," *Statesman*, October 2.

2 Nisid Hajari, 2015, *Midnight's Furies: The Deadly Legacy of India's Partition*, Kindle edition, Houghton Mifflin Harcourt, 147.

3 "Jawaharlal Nehru: 'Tryst with Destiny' Address to the Constituent Assembly of India in New Delhi," *American Rhetoric* website, available at www.americanrhetoric.com/speeches/jawaharlalnehrutrystwithdestiny.htm.

4 Francisco Ferreira and Carolina Sánchez-Páramo, 2017, "A Richer Array of International Poverty Lines," World Bank, Washington, DC, October 13; 또한 20장을 참조.

5 Vidya Krishnan, 2020 "The Callousness of India's COVID-19 Response," *The Atlantic*, March 27; Niharika Sharma, 2020, "India Extends Its Nationwide Coronavirus Lockdown Till May 3," *Quartz India*, April 14.

6 Supriya Sharma and Vijayta Lalwani, 2020, "Hell on the Yamuna as Hundreds Starved for Days after Delhi Shelters Went Up in the Flames," *Scroll.in*, April 15.

7 Al Jazeera, 2020a, "Concerns after Mumbai's Dharavi Slum Reports COVID 19 Cases," April 3; Smruti Koppikar, 2020, "Dharavi's Economy Goes Down the Tubes," *Mint*, April 18.

8 *Caravan*, 2020, "Speaking Positivity to Power," March 31; Meera Emmanuel, 2020, "Coronavirus Lockdown: Fake News and Panic Driven Migration Caused Untold Misery to Migrant Labourers, Supreme Court [Read Order]," *Bar and Bench*, March 31.

9 *Business Standard*, 2020, "About 3,500 Jurist, Artists Slam FIR against Varadarajan, Call It Attack on Media Freedom," April 14; *The Wire*, 2020, "As CoV Cases Spike in Nizamuddin, Nehru Stadium Becomes Quarantine Centre," March 31; Sharat Pradhan, 2020, "Adityanath's Role in Shift of Ram Idol at Temple Site Upsets Some

Ayodhya Sadhus," *The Wire*, March 20.

10 Sruthisagar Yamunan, 2020, "Tablighi Jamaat: How Did the Government Fail to Detect a Coronavirus Infection Hotspot?" *Scroll.in*, April 1; Joanna Slater and Niha Masih, 2020, "These Americans Came to India to Deepen Their Faith. They've Been Detained, Quarantined and Prosecuted," *Washington Post*, August 27; Samar Halarnkar, 2020, "Why the Slow Drip of Anti-Muslim Poison in India Is Now a Flood," *Scroll.in*, April 10; Aditya Menon, 2020, "Attacks on Muslims in the Name of COVID-19 Surge across India," *The Quint*, April 8; Abhishek Angad, 2020, "In Jharkhand, Pregnant Woman Says Told to Clean Up Blood, Loses Child," *Indian Express*, April 19; Al Jazeera, 2020b, "India Hospital Segregates Muslim and Hindu Coronavirus Patients," April 16.

11 Nitya Chablani, 2020, "29 Stunning Pictures and Videos That Take You Inside Antilia, Mukesh Ambani & Nita Ambani's Residence," *Vogue.in*, April 22.

12 20장 및 23장을 참조.

13 Lewis Carroll, 1871, *Through the Looking Glass*, available at https://www.gutenberg.org/files/12/12-h/12-h.htm.

14 Ajit Kumar Ghose, 2019, *Employment*, New Delhi, Oxford University Press, 127 – 129, 158, Table 3.1, 43.

15 K. P. Kannan and G. Raveendran, 2012, "Counting and Profiling the Missing Labour Force," *Economic and Political Weekly* 47 (6): 77 – 80, 79 – 80; Ashwini Deshpande and Jitendra Singh, 2021, "Dropping Out, Being Pushed Out or Can't Get In? Decoding Declining Labour Force Participation of Indian Women," *Ashoka University Economics Discussion Paper* 6, July; Ajit Kumar Ghose, 2016, *India Employment Report 2016: Challenges and the Imperatives of Manufacturing-Led Growth*, New Delhi, Oxford University Press, Table 2.14, 42; Ghose 2019, 130; Tanika Chakraborty and Nafisa Lohawala, 2022, "Women, Violence, and Work: Threat of Sexual Violence and Women's Decision to Work," *GLO Discussion Paper Series* 1023, Global Labor Organization (GLO), Essen.

16 Ghose 2019, 127 – 129, 158.

17 John Kenneth Galbraith, 1958, "Rival Economic Theories in India," *Foreign Affairs* 36 (4): 587 – 596, 590, 595.

18 Robin Jeffrey, 1987, "Governments and Culture: How Women Made Kerala Literate," *Pacific Affairs* 60 (3): 447 – 472, 462.

19 Wataru Kureishi and Midori Wakabayashi, 2011, "Son Preference in Japan," *Journal of Population Economics* 24: 873 – 893; Eleanor Jawon Choi and Jisoo Hwang, 2020, "Transition of Son Preference: Evidence from South Korea," *Demography* 27: 627 – 652; T. C. Lin, 2009, "The Decline of Son Preference and Rise of Gender Indifference in Taiwan Since 1990," *Demographic Research* 20: 377 – 402.

20 Jean Drèze and Amartya Sen, 2013, *An Uncertain Glory*, Princeton, NJ, Princeton University Press, x, 8.

21 H. B. Boyne, 1966, "Labour's Mr. Fix-It Under Fire," *Daily Telegraph*, September 30.

22 Bill of Rights Institute, *Federalist Papers* No. 10 (1787), available at https://

billofrightsinstitute.org/primary-sources/federalist-no-10.

23 Robert Dahl, 1961, *Who Governs? Democracy and Power in an American City*, New Haven, CT, Yale University Press, 5 – 6.

24 Steven Levitsky and Daniel Ziblatt, 2019, *How Democracies Die*, New York, Crown, 110 – 117, 148.

25 Thomas Schelling, 1984, *Choice and Consequence*. Cambridge, MA, Harvard University Press, 55; Partha Dasgupta, 2009, "Trust, Law, and Social Norms: Fundamentals of Economic Progress," https://voxeu.org/vox-talks/trust-law-and-social-norms-fundamentals-economic-progress; Francis Fukuyama, 2001, "Social Capital, Civil Society, and Development," *Third World Quarterly* 22 (1): 7 – 20, 8.

26 Dahl 1961, 7.

27 Association for Democratic Reforms, 2021, "Analysis of Criminal, Financial, and Other Background Details of Union Council of Ministers Post Cabinet Expansion on 7th, July, 2021," New Delhi, July 9.

28 Association for Democratic Reforms, 2021, "Analysis of Criminal, Financial, and Other Background Details of Union Council of Ministers Post Cabinet Expansion on 7th, July, 2021," New Delhi, July 9.

29 Anandi Mani and Sharun Mukand. 2007. "Democracy, Visibility, and Public Good Provision," *Journal of Development Economics* 83 (2): 506 – 529; Jean Drèze and Amartya Sen, 1999 (1989), *Hunger and Public Action*, in Jean Drèze and Amartya Sen, Omnibus, New Delhi, Oxford University Press, 261; Akhil Gupta, 2012, *Red Tape: Bureaucracy, Structural Violence, and Poverty in India*, Durham, NC, Duke University Press, 5, 296.

30 Drèze and Sen 1999 (1989), 267.

31 Agence France-Presse, 2011, "Indian State in Great Laptop Giveaway," September 15; M. C. Rajan, 2013, "Jayalalitha's Free Laptops Find Their Way to the Grey Market," *India Today*, April 10; *Indian Express*, 2018, "Students Sell Free Government Laptops to Pay College Fees in Tamil Nadu's Tiruchy," May 16.

32 Mani and Mukand 2007, 516.

33 Jane Jacobs, 1992 (1961), *The Death and Life of Great American Cities*, New York, Vintage Books, 113.

34 Jacobs 1992 (1961), 432, 441.

35 Richard Neustadt and May Ernest, 1986, *Thinking in Time: The Uses of History for Decision-Makers*. New York: Free Press.

2장

1 Rajmohan Gandhi, 1999 (1991), *Patel: A Life*, Ahmedabad, Navajivan Publishing House, 3 – 6, 13.

2 Gandhi 1999 (1991), 1장, 특히 6, 16, 30 36쪽 및 3장의 149 – 170쪽.

3 Michael Brecher, 1959, *Nehru: A Political Biography*, London, Oxford University Press, 392.

4 Rajmohan Gandhi, 2007, *Gandhi: The Man, His People, and The Empire*, *Berkeley*, University of California Press, 512; Time, 1947, "The Boss," January 27,

27.

5   Gandhi 2007, 521; Gandhi 1999 (1991), 370 – 371.

6   Gandhi 2007, 521.

7   Gandhi 2007, 521; Durga Das, 1972, *Sardar Patel's Correspondence: 1945–1950, Volume III*, Ahmedabad, Navajivan Publishing House, xxviii.

8   Gandhi 1999 (1991), 426.

9   Gandhi 1999 (1991), 427 – 428, 431, 458.

10 Gandhi 1999 (1991), 440 – 443.

11 Gandhi 1999 (1991), 446 – 448.

12 Gandhi 1999 (1991), 448, 458.

13 Brecher 1959, 399 – 400; Gandhi 1999 (1991), 470.

14 Brecher 1959, 402 – 404.

15 Gandhi 1999 (1991), 450 – 452.

16 Gandhi 1999 (1991), 458, 483.

17 Durga Das, 1973, *Sardar Patel's Correspondence: 1945–1950, Volume VI*, Ahmedabad, Navajivan Publishing House, 445.

18 Brecher 1959, 427 – 428; Hiren Mukerjee, 1992 (1964), *The Gentle Colossus: A Study of Jawaharlal Nehru*, Oxford: Oxford University Press, esp. 121 – 122.

19 Stanley Kochanek, 1968, *The Congress Party: The Dynamics of a One-Party*, Princeton, NJ, Princeton University Press, 141; and Sarvepalli Gopal, 1976, *Jawaharlal Nehru: A Biography*, Volume One 1889 – 1947, Bombay, Oxford University Press, 209.

20 Brecher 1959, 426, 430; Kochanek 1968, 29.

21 Brecher 1959, 430; Kochanek 1968, 15.

22 Brecher 1959, 430; Kochanek 1968, 47, 300 – 301.

23 Gandhi 1999 (1991), 531 – 533.

24 Durga Das, 1972, *Sardar Patel's Correspondence: 1945–1950, Volume II*, Ahmedabad, Navajivan Publishing House, chapter 4; Das 1972, *Volume III*, xxxvxxxviii; *Time*, 1951, "Revolt against Nehru," June 25, 33; Ramachandra Guha, 2008 (2007), *India after Gandhi: The History of the World's Largest Democracy*, New York, Harper Perennial Edition, 137.

25 Sarvepalli Gopal, 1979, *Jawaharlal Nehru: A Biography*, Volume Two 1947-*1956*, Bombay, Oxford University Press, 162, 309.

26 *Times of India*, 1952, "Elections Were Fair: Mr. J. Narayan's View," February 25; Gopal 1979, 162.

27 Gopal 1979, 162.

3장

1   *Selected Works of Jawaharlal Nehru*, edited by Sarvepalli Gopal, Series 2, 15.1: 17 – 18; *Selected Works*, Series 2, 16.2: 80; hereafter Nehru, Selected Works.

2   Maharajkrishna Rasgotra, 2019, *A Life in Diplomacy*, Gurugram, India, Penguin Books, 73.

3   International Monetary Fund, 1949a, Report of the Mission to India," Executive

Board Special No. 69, June 7, Washington, DC, 1–3.

4   International Monetary Fund, 1949b, "Memorandum from B. K. Madan to the Executive Board," Executive Board Special 85, September 17, Washington, DC; *Financial Times*, 1949, "India & U. K. Decision on Devaluation," October 6; International Monetary Fund, 1950, Review of the Indian Economy in 1949–50," Staff Memorandum No. 505, August 4, Washington, DC, 4, 42.

5   *Financial Times* 1949.

6   International Monetary Fund 1949a, 17 (Table 10), 19.

7   Nehru, *Selected Works*, Series 2, 12: 317–318, 323.

8   Government of India (Planning Commission), 1953, "First Five Year Plan," January, New Delhi, 13; Bruce F. Johnston, 1951, "Agricultural Productivity and Economic Development in Japan," *Journal of Political Economy* 59 (6): 498–513, Table 1, 499–500.

9   William Lockwood, 1968 (1954). *Economic Development of Japan: Growth and Structural Change*. Princeton, NJ: Princeton University Press, 44, 461–465, 484.

10   World Bank (Bernard Bell Mission), 1965, "India's Economic Development Effort: Volume II, Agricultural Policy," October 1, Washington, DC, 13, 38; Government of India 1953, 13; Government of India (Planning Commission), 1956, "Second Five Year Plan," New Delhi, 12–13.

11   Government of India 1953, 88, 102–105.

12   Gunnar Myrdal, 1968, *Asian Drama: An Inquiry into the Poverty of Nations*, New York, Pantheon, 747. 이후 국제연구에서도 형평성이 높아질수록 생산성이 높아진다는 것을 확인했다. Klaus Deininger and Lyn Squire, 1998, "New Ways of Looking at Old Issues: Inequality and Growth," *Journal of Development Economics* 57 (2): 259–287; Klaus Deininger, Songqing Jin, and Hari K. Nagarajan, 2008, "Efficiency and Equity Impacts of Rural Land Rental Restrictions: Evidence from India," *European Economic Review* 52 (5): 892–918를 참조.

13   Granville Austin, 2003 (1999), *Working a Democratic Constitution: A History of the Indian Experience*, New York, Oxford University Press, 76, 82, 119.

14   Myrdal 1968, 1305–1331; Austin 2003 (1999), 119, 121; Francine R. Frankel, 1978, *India's Political Economy, 1947–1977: The Gradual Revolution*, Princeton, NJ, Princeton University Press, 191–193; 또한 M. L. Dantwala, 1957, "Prospects and Problems of Land Reforms in India," *Economic Development and Cultural Change* 6 (1): 3–15, 6–9를 참조.

15   Frankel 1978, 191–193; 또한 Dantwala 1957, 6–9; Austin 2003 (1999), 120; Myrdal 1968, 1316–1320, 1323–1325, 1327–1330을 참조.

16   Austin 2003 (1999), 118, 120, 122; Sunil Khilnani, 1999 (1997), *The Idea of India*, New York, Farrar, Straus and Giroux, 36; 또한 Myrdal 1968, 1330–1334를 보라.

17   Ronald Philip Dore, 1959, *Land Reform in Japan*, London, Oxford University Press, foreword, x.

18   Frankel 1978, 188–189; Dantwala 1957, 13; World Bank 1965, 12; John Lewis, 1964 (1962), *Quiet Crisis in India: Economic Development and American Policy*, Washington, DC, Brookings Institution, 133–134, 156–157.

19 Theodore Schultz, 1964, *Transforming Traditional Agriculture*, New Haven, CT, Yale University Press, 21, 190, 196.

20 Government of India, 1954, *Final Report of the National Income Committee*, New Delhi, chapter 2, 23 (Table 5), 106 (Table 28); Hollis Chenery, 1960, "Patterns of Industrial Growth," *American Economic Review* 50 (4): 648.

21 S. D. Mehta, 1954, *The Cotton Mills of India*, 1854 – 1954, Bombay, The Cotton Textile Association (India), 1, 13 – 45, 102 – 103; Phiroze B. Medhora, 1965, "Entrepreneurship in India," *Political Science Quarterly* 80 (4): 568 – 571; Ashok V. Desai, 1968, "The Origins of Parsi Enterprise," *Indian Economic and Social History Review* 5 (4): 307 – 317, 312 – 313, 316; Gregory Clark, 1987, "Why Isn't the Whole World Developed? Lessons from the Cotton Mills," *Journal of Economic History* 47 (1): 159.

22 Mehta 1954, 42, 43 – 48, 120.

23 Mehta 1954, 77 – 78, 90 – 92, 94 – 95; Clark 1987, 159; Arno Pearse, 1930, *The Cotton Industry of India: Being the Report of the Journey to India*, Manchester, U.K., Taylor Garnet Evans & Co. Ltd., 3; Lockwood 1968 (1954), 29.

24 Clark 1987, 170; 또한 Rajnarayan Chandavarkar, 1998, *Imperial Power and Popular Politics: Class, Resistance, and the State in India, c. 1850–1950*, Cambridge, Cambridge University Press, 59 – 60을 참조.

25 Lockwood 1968 (1954), 27 – 30; Rajnarayan Chandavarkar, 1994, *The Origins of Industrial Capitalism in India*, Cambridge, Cambridge University Press, Table 22, 255; Chandavarkar 1998, 61 – 62; Tirthankar Roy, 2008, "Labour Institutions, Japanese Competition, and the Crisis of Cotton Mills in Interwar Mumbai," *Economic and Political Weekly* 43 (1): 37; Dipak Mazumdar, 1984, "The Issue of Small Versus Large in the Indian Textile Industry: An Analytical and Historical Survey," *World Bank Staff Working Papers* 645, Washington, DC, 10; Chandavarkar 1994, 155 – 158; Chandavarkar 1998, 337 – 339; Mehta 1954, 119 .

26 Michael Kremer, 1993, "The O-Ring Theory of Economic Development," *Quarterly Journal of Economics* 108 (3): 557.

27 Kenichi Ohno, 2013, *Learning to Industrialize: From Given Growth to Policy Aided Value Creation*, London, Routledge, 127, 153 – 156, 162 – 165; Arno Pearse, 1929, *The Cotton Industry of Japan and China: Being the Report of the Journey to Japan and China*, Manchester, U.K., Taylor Garnet Evans & Co. Ltd., 84; Pearse 1930, 11.

28 Clark 1987, Table 1, 146; Susan Wolcott and Gregory Clark, 1999, "Why Nations Fail: Managerial Decisions and Performance in Indian Cotton Textiles, 1890 – 1938," *Journal of Economic History* 59 (2): Table 1, 398.

29 John Brush, 1952, "The Iron and Steel Industry in India," *Geographical Review* 42 (1): 47 – 48; Tirthankar Roy, 2018, A Business History of India: Enterprise and the Emergence of Capitalism from 1600, Cambridge, Cambridge University Press, 128 – 129; Medhora 1965, 559, 571.

30 Bert F. Hoselitz, 1959, "Small Industry in Underdeveloped Countries," *Journal of Economic History* 19 (4), 614; Government of India (Planning Commission), 1951,

"First Five Year Plan: A Draft Outline," July, New Delhi, 162 – 163; 9 James Berna, 1959, Patterns of Entrepreneurship in South India," *Economic Development and Cultural Change* 7 (April): 361.

31 Sunil Kant Munjal, 2020, *The Making of Hero: Four Brothers, Two Wheels, and a Revolution That Shaped India*, Kindle edition, HarperCollins Publishers, locations 460, 471.

32 Government of India 1951, 163; Berna 1959, 361; Fox 1960.

33 Alfred Marshall, 1930 (1890), *Principles of Economics*, Eighth edition, London, Macmillan and Co., 271.

34 Hoselitz 1959, 606 – 607.

35 Warren S. Hunsberger, 1957, "Japanese Exports and the American Market," *Far Eastern Survey* 26 (9): 134.

36 Hunsberger 1957, 138 – 139.

37 Hunsberger 1957, 138 – 139.

38 Surendra J. Patel, 1959, "Export Prospects and Economic Growth: India," *Economic Journal* 69 (Issue 275): 490 – 506; Jagdish Bhagwati, 1988, "Export-Promoting Trade Strategy: Issues and Evidence," *World Bank Research Observer* 3 (1): 27.

39 Patel 1959, 493 – 499; Government of India 1953, 200 – 201.

40 "Beawar," Britannica, available at www.britannica.com/place/Beawar; Nehru, *Selected Works*, Series 2, 26: 80.

41 "Indian Statistical System," Ministry of Statistics and Programme Implementation, available at https://mospi.gov.in/documents/213904/0/Ch+ 14+30.8.2001.pdf/ d944ae06-bc59-ff09-9502-39d897b2ed0b?t=1599817175203.

42 Ghose 2019, Table 3.1, 43; Table 3.6, 79.

43 Prasanta Chandra Mahalanobis, 1958, "Science and National Planning," *Sankhya* 20 (1/2): 78.

44 Ella Datta, 1977, "Remembering Ritwik," *Times of India*, December 4.

45 Bakshi 1998, 107.

46 Bakshi 1998, 107-108.

47 Nehru, *Selected Works*, Series 2, 27: 57, 262, 539, 561.

48 Nehru, *Selected Works*, Series 2, 27: 258, 290, 309, 359.

49 Sarvepalli Gopal, 1979, *Jawaharlal Nehru: A Biography*, Volume Two 1947 *1956, Bombay, Oxford University Press, 309–310*; Economic Weekly, 1964, "Editorial: Nehru Era," July 18, 1166.

4장

1 *Times of India*. 1954. Sutlej river waters flow into the Bhakra canals." July 9.

2 Nehru, Volume 26, 130.

3 Nehru, Volume 26, 131-132, 139-140, 143.

4 Nehru, Volume 26, 23.

5 Baldev Singh, editor, 1988, *Jawaharlal Nehru on Science and Technology: A Collection of His Writings and Speeches*, New Delhi, Nehru Memorial Museum and

Library, 86.

6   Harsh Sethi, 1993, "Survival and Democracy: Ecological Struggles in India," in Poona Wignaraja, editor, *New Social Movements in the South: Empowering the People*, New Delhi, Vistaar Publications, 124; Mahesh Rangarajan, 2015, *Nature and Nation*: Essays on Environmental History, Ranikhet, Permanent Black, 205 – 206; Smitu Kothari, 1996, "Whose Nation? The Displaced as Victims of Development," *Economic and Political Weekly* 31 (24): 1476 – 1485, 1479, 1481; Guha 2008 (2007), 230 – 231.

7   Center for Science and Environment, 1985, *State of India's Environment: The Second Citizens' Report*, 99 – 120; Arun Kumar Nayak, 2010, "Big Dams and Protests in India: A Study of Hirakud Dam," *Economic and Political Weekly* 45 (2): 69 – 73; Rangarajan 2015, 207.

8   *Times of India*, 1947, "Importance of Atomic Energy Research in India. Pandit Nehru Lays Foundation Stone of National Laboratory," January 6; *Times of India*, 1947, "Foundation Stone Laid of Chemical Laboratory," April 7.

9   Frank Moraes, 1956, *Jawaharlal Nehru: A Biography*, New York, Macmillan, 36; Gopal 1979, 306; Sarvepalli Gopal, 1985, "Nehru and Science: Aspirations and Achievements," *Interdisciplinary Science Reviews* 10 (2): 109.

10 Singh 1988, 44, 229.

11 *Times of India*, 1951a, Classified Ad—No Title," May 29; *Times of India*, 1951b, New Technology Institute Opened at Kharagpur," August 19.

12 Srirupa Roy, 2007, *Beyond Belief: India and the Politics of Postcolonial Nationalism*, Durham, NC, Duke University Press, 119.

13 Seema Chishti, 2022, "Prayagraj: Once Called the Oxford of the East, Now What Is the Condition of Education and Employment: Special Report," BBC News Hindi, March 1.

14 Herbert Passin, 1982 (1965), *Society and Education in Japan*, Tokyo, Kodansha International Ltd., 5.

15 Bert F. Hoselitz, 1960, "Urbanization in India," *Kyklos* 13 (3): 363, 367; Nirmal Kumar Bose, 1965, "Calcutta: A Premature Metropolis," *Scientific American* 213(3): 90 – 105, 99 – 100; Jacobs 1992 (1961), chapter 6.

16 Ravi Kalia, 1999 (1987), *Chandigarh: The Making of an Indian City*, New Delhi, Oxford University Press, 12 – 13.

17 Kalia 1999 (1987), 87 – 88.

18 Kalia 1999 (1987), 108; 116 – 117.

19 *Time*, 1970, "The Jinxed Jewel," February 9; Kalia 1999 (1987), 125.

20 World Bank, 1960, "India's Third Five Year Plan: Report of Bank Mission to India, the Main Report," Report No. AS-80a, August 10, 47 – 48.

21 Bose 1965.

22 Bose 1965, 91 – 92, 102; Sumanta Banerjee, 2008 (1980), *In the Wake of Naxalbari*, Kolkata, Shishu Sahitya Samsad, 35 – 37.

23 S. Hussain Zaidi, 2012, *Dongri to Dubai*, Kindle edition, Lotus, 16, 21.

24 Ben King, 1971, *Report on Bombay*, Urban and Regional Report No. 73-6, Main

Report, 37 – 38.

25 Milton Friedman, 2012 (1955), *Friedman on India*, New Delhi, Centre for Civil Society, 8 – 9.

26 *Economic Weekly* 1964, 1166.

27 Drèze and Sen 2013, Table 1.1, 4.

28 Nehru, *Selected Works*, Series 2, 27: 267; *Selected Works* Volume 27, 258, 308; Nehru, *Selected Works*, Series 2, 26: 234.

29 Nehru, *Selected Works*, Series 2, 27: 267, 375.

30 Jim Tomlinson, 1997, *Democratic Socialism and* Economic Policy: *The Attlee Years, 1945–1951*, Cambridge, Cambridge University Press, 96, 237.

31 Nehru, *Selected Works*, Series 2, 27: 503; K. Sujatha Rao, 2017, *Do We Care? India's Health System*, New Delhi, Oxford University Press, xviii.

32 Nehru, *Selected Works*, Series 2, 27: 437, 507.

33 Paul Rosenstein-Rodan, 1943, "Problems of Industrialisation of Eastern and South-Eastern Europe," *Economic Journal* 53 (210/211): 202 – 211; Paul Rosenstein Rodan, 1961, "The Economic and Social Objectives of India's Five-Year Plans," December, Cambridge, Massachusetts Institute of Technology, 2 – 3.

34 Brecher 1959, 518; Myrdal 1968, 816; N. A. Sarma, 1957, "Economic Development in India: First and Second Five-Year Plans," International Monetary Fund, DM/57/34, July 30, Washington, DC.

35 Nehru, *Selected Works*, Series 2, 27: 529.

36 Mazumdar 1984, 10 – 11, 16 – 17, 70 – 71; Nehru, *Selected Works*, Series 2, 27: 275; *The Times*, 1955, "India Facing Economy Wave," September 3.

37 Milton Friedman, 2012 (1955), 23.

38 Nehru, *Selected Works*, Series 2, 27: 379.

39 Nehru, *Selected Works*, Series 2, 27: 380 – 381.

40 World Bank, 1954, "Current Economic Conditions and Prospects of Brazil," W.H. 23-b, July 8, Washington, DC, ii – iv.

41 The Times 1955; Gopalan Balachandran, 1998, *The Reserve Bank of India*, 1951 – 1967, Delhi, Oxford University Press, 14.

42 . B. R. Shenoy, 1955, "A Note of Dissent on the Memorandum of the Panel of Economists," https://indiapolicy.org/debate/Notes/shenoy.PDF; Balachandran 1998, 627; David Engerman, 2018, *The Price of Aid: The Economic Cold War in India*, Cambridge, MA, Harvard University Press, 106; World Bank, 1956, "Current Economic Position and Prospects of India: Report of Bank Mission to India," Report No. AS-54a, August, Washington, DC, 6, 34, 47, 60.

43 International Monetary Fund, 1958, 1957 Consultations—India," SM/58/9, February 3, Washington, DC, 20; International Monetary Fund, 1959, 1958 Consultations—India," SM/59/9, February 9, Washington, DC, Part II, 38; I. G. Patel, 2001, I.G. Patel," chapter 3 in V. N. Balasubramanyam, Conversations with Indian Economists, New Delhi, Macmillan, 45.

44 Balachandran 1998, 630 – 631.

45 International Monetary Fund 1958, Part II, 7.

46 Myrdal 1968, 800 – 801; *Times of India*, 1955, "All Too Flexible," January 19.

47 Jagdish Bhagwati and Padma Desai, 1970, *India: Planning for Industrialization: Industrialization and Trade Policies since 1951*, New York, Oxford University Press, 281 – 282; International Monetary Fund 1958, Part II, 39; International Monetary Fund 1959, Part II, 12.

48 Patel 2001, 45.

49 Myrdal 1968, 922 – 928; S. Dutt, H. K. Paranjape, and S. Mohan Kumaramangalam, 1969, *Report of the Industrial Licensing Policy Inquiry Committee*, New Delhi, Ministry of Industrial Development, 33, 38, 103 – 104; Government of India (Planning Commission) 1956, 406.

50 Prabhat Patnaik, 1979, "Industrial Development in India since Independence," *Social Scientist* 7 (11): 5.

51 Dutt, Paranjpe, and Kumaramangalam 1969, 63, 95, 137 – 138, 179 – 180.

52 Myrdal 1968, 933.

53 *Times of India*, 1957a, "Prune Second Plan to Match Savings," June 18; *Times of India*, 1957b, "Devaluation of Rupee: Economist's Suggestion," July 16; *Times of India*, 1957c, "Devaluation of Rupee and Pruning of Plan," December 25, 1957; *Times of India*, 1958, "Devaluation Is Essential Now," March 25; B. R. Shenoy 1958a, "The Indian Economic Scene—Some Aspects," *Indian Economic Journal* 5 (4): 327 – 352, 349 – 350. Shenoy, 1958b, "Foreign Exchange Crisis: Devaluation Is Essential Now," *Times of India*, May 5, 1958.

5장

1 John F. Kennedy, 1957a, "A Democrat Looks at Foreign Policy," *Foreign Affairs* 36 (1): 45, 59.

2 John Morton Blum, 1991, *Years of Discord*, New York, Norton, 4, 6 – 7.

3 John F. Kennedy, 1957b, "Kennedy Wants U.S. to Sacrifice," *New York Times*, December 8.

4 Kimber Charles Pearce, 2001, *Rostow, Kennedy, and the Rhetoric of Foreign Aid*, East Lansing, Michigan State University Press, 129.

5 Engerman 2018, 179; Max Millikan and Walt Whitman Rostow, 1958, "Foreign Aid: Next Phase," *Foreign Affairs* 36 (3): 429 – 431.

6 Engerman 2018, 184; Henry Brandon, 1958, "Senate Passes Aid Bill," *Sunday Times*, June 8; *Financial Times*, 1958, "Bigger Fund and Bank Resources," August 27.

7 Braj Kumar (B. K.) Nehru, 1997, *Nice Guys Finish Second*, New Delhi, Viking, 315, 317; Engerman 2018, 180.

8 *Times of India*, 1959, "Finding Jobs for 23,000,000: Gigantic Problem during 3rd Plan," February 25; International Monetary Fund, 1960, 1959 Consultations—India," SM/60/15, May 4, Washington, DC, 5; Balachandran 1998, 625 – 626.

9 Nehru 1997, 294, 335.

10 Nehru 1997, 288.

11 Nehru 1997, 294.

12 World Bank, 1956, "Current Economic Position and Prospects of India: Report of Bank Mission to India," Report No. AS-54a, August, Washington, DC, 6.

13 Binyamin Applebaum, 2019. *The Economists' Hour: False Prophets, Free Markets, and the Fracture of Societys,* New York, Little, Brown and Company, 218, 414.

14 R. K. Karanjia, 1960, *The Mind of Mr. Nehru,* London, Allen and Unwin, 41, 49 – 50 (italics in the original); 또한 4장을 참조.

15 Karanjia 1960, 45; Nehru, *Selected Works,* Series 2, 27: 267.

16 World Bank, 1960, "India's Third Five-Year Plan: Report of Bank Mission to India, the Main Report," Report No. AS-80a, August 10, 47 – 48, iii.

17 David Milne, 2008, *America's Rasputin: Walt Rostow and the Vietnam War,* New York, Hill and Wang, 59.

18 Blum 1991, 4, 392; *New York Times,* 1961, "Transcript of the President's First Report to Congress on the State of the Union," January 31.

19 John Kenneth Galbraith, 1969, *Ambassador's Journal: A Personal Account of the Kennedy Years,* Boston, Houghton Mifflin Company, 76.

20 *New York Times,* 1961a, "Bonn to Increase India Aid Offer," May 30; *New York Times,* 1961b, "$2,225,000,000 Aid Pledged for India," June 3.

21 U.S. Department of State, 1961, "Prime Minister Nehru's Visit, November 6 – 9: Briefing Book," Washington, DC.

22 Balachandran 1998, 651 – 652.

23 Nehru 1997, 324.

24 Balachandran 1998, 651 – 652.

25 Balachandran 1998, 655.

26 Balachandran 1998, 651, 655.

6장

1 www.sacred-texts.com/hin/tagore/gitnjali.htm. "Rabindranath Tagore— Biographical," NobelPrize .org. Nobel Prize Outreach, 이곳에서 가능하다: www. nobel prize.org/prizes/literature/1913/tagore/biographical/; "Rabindranath Tagore: Gitanjali," Sacred-texts.com, www.sacred-texts.com/hin/tagore/gitnjali.htm.

2 Kathleen O'Connell, 2002, "Rabindranath Tagore: Envisioning Humanistic Education at Santiniketan (1902 – 1922)," *International Journal on Humanistic Ideology* 2:15 – 42.

3 Krishna Dutta and Andrew Robinson, editors, 1997, *Rabindranath Tagore: An Anthology,* New York, St. Martin's Press, 95, 121.

4 Dutta and Robinson 1997, 95, 121 – 123.

5 Dutta and Robinson 1997, 122.

6 Dutta and Robinson 1997, 123 – 124.

7 Rabindranath Tagore, 1960, *Letters from Russia,* Calcutta, Vishva-Bharati, 6162; for the passage on caste divisions, I have used the more elegant translation from Amartya Sen, 1997, "Tagore and His India," *New York Review of Books,* June 26.

8 Claudia Goldin and Lawrence Katz, 2008, *The Race between Education and Technology,* Cambridge, MA, Belknap Press of the Harvard University Press, 135–

136, 404.

9 Goldin and Katz 2008, 136, 138, 141, 146 – 147.

10 Nathaniel Wolloch, 2020, "Robert Coram and the European Sources of Radical Enlightenment in America," *Journal for Eighteenth-Century Studies* 43 (3): 376; Frederick Rudolph, 1965, *Essays on Education in the Early Republic*, Cambridge, MA, Belknap Press of Harvard University Press, xii – xiv, 65 – 66.

11 Goldin and Katz 2008, 130 – 134.

12 Passin 1982 (1965), 3, 217.

13 Passin 1982 (1965), 67 – 68.

14 Passin 1982 (1965), 68.

15 Kumiko Fujimura-Faneslow and Anne Imamura, 1991, "The Education of Women in Japan," in Edward Beauchamp, editor, *Windows on Japanese Education*, Westport, CT, Greenwood Press, 230 – 232.

16 Lockwood 1968 (1954), 512.

17 Satoshi Mizutani, 2015, "Anti-Colonialism and the Contested Politics of Comparison: Rabindranath Tagore, Rash Behari Bose, and Japanese Colonialism in Korea in the Inter-War Period," *Journal of Colonialism and Colonial History* 16 (1); Lockwood 1968 (1954), 510.

18 Kingsley Davis, 1951, *The Population of India and Pakistan*, Princeton, NJ, Princeton University Press, 150 – 153.

19 Jawaharlal Nehru, 1994 (1946), *Discovery of India*, sixth impression, New Delhi, Oxford University Press, 221.

20 Nehru 1994 (1946), 340, 372.

21 Milton Friedman and Rose Friedman, 1998, *Two Lucky People: Memoirs*, Chicago, University of Chicago Press, 257; Friedman 2012 (1955), 21; Adam Smith, 1937 (1776), *An Inquiry into the Nature and Causes of the Wealth of Nation*, New York, Random House, 737.

22 Nehru, *Selected Works*, Series 2, 27: 64, 503.

23 "5th Five Year Plan," India, Planning Commission, 이곳에서 가능하다: https://niti .gov.in/planningcommission.gov .in/docs/plans/planrel/fiveyr/index5.html.

24 Government of India (Planning Commission), 1956, "Second Five Year Plan," New Delhi, 503.

25 Jandhyala B. G. Tilak, 2007, "The Kothari Commission and Financing of Education," *Economic and Political Weekly* 42 (10): 874 – 882, Figure 1 and 2, 876; Government of India (Planning Commission), 1956, 503 – 504; Amlan Dutta, 1961, "India," in Adamantios Pepelasis, Leon Mears, and Irma Adelman, editors, *Economic Development: Analysis and Case Studies*, New York, Harper, 411 – 412.

26 Myron Weiner, 1991, *The Child and the State in India: Child Labor and Education Policy in Comparative Perspective*, Princeton, NJ, Princeton University Press, 5, 175 – 176.

27 J. P. Naik, 1975, "Policy and Performance In Indian Education, 1947 – 74," Dr. K. G. Saiyidain Memorial Trust, New Delhi; Jean Drèze and Amartya Sen, 1999 (1995), *India: Economic Development and Social Opportunity*, in Jean Drèze and Amartya

Sen, Omnibus, New Delhi, Oxford University Press, 90 – 91.

28 GDP에서 교육의 비중 변화 추세는 Tilak 2007, Figure-1을 참조.

29 Kevin Murphy, Andrei Shleifer, and Robert Vishny, 1993, "Why Is Rent Seeking So Costly to Growth?" *American Economic Review* 83 (2): 409 – 414.

30 Susanne Rudolph and Lloyd Rudolph, 1972, *Education and Politics in India: Studies in Organization, Society, and Politics*, Cambridge, MA, Harvard University Press, especially the essays by Harold Gould and Iqbal Narain.

31 Mark Blaug, Richard Layard, and Maureen Woodhall, 1969, *The Causes of Graduate Un*Employment in India, London, Allen Lane, 2 – 3, 57, 78, 82; Fredrick Harbison and Charles Myers, 1964, Education, Manpower, and Economic Growth: Strategies of Human Resource Development, New York, McGraw-Hill Book Company, 113, 118.

32 United Nations, 1975, *Poverty, Unemployment, and Development Policy: A Case Study of Selected Issues with Reference to Kerala*, New York, Department of Economic and Social Affairs, 124, Table 50; Weiner 1991, 175 – 177.

33 Robin Jeffrey, 1987, "Governments and Culture: How Women Made Kerala Literate," *Pacific Affairs* 60 (3): 449, 463 – 464.

34 Jeffrey 1987, 462; T. N. Krishnan, 1998, "The Route to Social Development in Kerala," in Santosh Mehrotra and Jolly Richards, editors, *Development with a Human Face*, Oxford, Clarendon Press, 200 – 213, 219; John Ratcliffe, 1978, "Social Justice and the Demographic Transition: Lessons from India's Kerala State," *International Journal of Health Services* 8 (1): 123 – 144.

35 Theodore Schultz, 1961, "Investment in Human Capital," *American Economic Review* 51 (1): 16; Richard Easterlin, 1981, "Why Isn't the Whole World Developed?" *Journal of Economic History* 41 (1): 6 – 9; Goldin and Katz 2008, 2; Passin 1982 (1965), 78 그리고 좀 더 넓게는 4장과 6장.

36 Jeffrey 1987, 470; Ashwini Deshpande, 2000, "Does Caste Still Define Disparity? A Look at Inequality in Kerala, India," *American Economic Review* 90 (2): 322 – 325.

7장

1 Jawaharlal Nehru, editor, 1958, *A Bunch of Old Letters*, Bombay, Asia Publishing House, 179.

2 R. K. Karanjia, 1960, *The Mind of Mr. Nehru*, London, Allen and Unwin, 61.

3 Friedman and Friedman 1998, 258.

4 Friedman and Friedman 1998, 319.

5 1인당 소득증가는 그림 13.2에서 인용했다.

6 Myrdal 1968, 570; Gaurav Datt, Martin Ravallion, Rinku Murgai, 2020, "Poverty and Growth in India over Six Decades," *American Journal of* Agricultural Economics 102 (1): 4 – 27, Figure 1, 7; World Bank, 1956, "Current Economic Position and Prospects of India: Report of Bank Mission to India," Report No. AS-54a, August, 3; World Bank, 1960, "India's Third Five-Year Plan: Report of Bank Mission to India, the Main Report," Report No. AS-80a, August 10, vi, 2, 15.

7   Nehru, *Selected Works*, Series2, 84: 151; Myrdal 1968, 565, 568 – 569, 820; Albert Fishlow, 1972, "Brazilian Size Distribution of Income," *American Economic Review* 62 (1/2): 392, 394, 400.

8   Douglas Irwin, 2021, "From Hermit Kingdom to Miracle on the Han: Policy Decisions That Transformed South Korea into an Export Powerhouse," Peterson Institute for International Economics Working Paper 21 – 14, September, Washington, DC, 8, 16; World Bank, 1966, "The Economy of Korea: Manufacturing," October 26, Washington, DC, 15 – 16, 29, 47.

9   International Monetary Fund, 1966, "India—Article XIV Consultation," SM/66/8, January 14, Washington, DC, 5, Appendix, Table XIII, 67.

10   World Bank, 1960, vi, 2, 15; Government of India (Planning Commission), 1961, "Third Five Year Plan: Summary," New Delhi, 49 – 50; Government of India (Planning Commission), 1966, Fourth Five Year Plan: A Draft Outline," New Delhi, 106, 109 – 110.

11   Ghose 2019, 54 – 55, Figure 3.4.

12   Myron Weiner, 1962, *The Politics of Scarcity: Public Pressure and Political Response in India*, Chicago, University of Chicago Press, Table 3, 28.

13   Anwesha Sengupta, 2019, "Calcutta in the 1950s and 1970s: What Made It the Hotbed of Rebellion?" www.sahapedia.org/calcutta-1950s-and-1970s-what-made-it-hotbed-rebellions; Sibaji Pratim Basu, 2012, "The Chronicle of a Forgotten Movement: 1959 Food Movement Revisited," www.mcrg.ac.in/PP56.pdf, 11 – 13; *Times of India*, 1959, "Mob Violence Condemned," September 26.

14   Banerjee 2008 (1980), 37; Myron Weiner, 1961, "Violence and Politics in Calcutta," *Journal of Asian Studies* 20 (3): 275, 281; Siddhartha Guha Roy, 1990, "Fare Hike and Urban Protest: Calcutta Crowd in 1953," *Economic and Political Weekly* 25 (52): 2863 – 2867; Time, 1956, "Violence and Soul Force," June 11.

15   Jayant Lele, 1995, "Saffronisation of Shiv Sena: Political Economy of City, State, and Nation," *Economic and Political Weekly* 30 (25): 1520.

16   International Monetary Fund, 1963, "India—Request for Stand-By Arrangement," EBS/63/91, June 26, Washington, DC.

17   Myrdal 1968, 766 – 767.

18   Government of India (Santhanam Committee Report), 1964, *Report of the Committee on Prevention of Corruption*, Ministry of Home Affairs, New Delhi, https://cvc.gov.in/sites/default/files/scr_rpt_cvc.pdf, 10, 17 – 18, 101, 104, 108.

19   *Times of India*, 1962, "Committee to Check Corruption," August 21; *Times of India*, 1963, "Corruption," April 6; *Economic Weekly*, 1964, "Guarding the Guards," April 11.

20   Myrdal 1968, 953.

21   C. Rajagopalachari, 1961, *Satyam Eva Jayate: A Collection of Articles Contributed to Swarajya and Other Journals from 1956 to 1961*, Madras, Bharatan Publications, 498.

22   *Hindustan Times* Weekly, 1961, "Swatantra to Raise 1 Crore Election Fund," March 5.

23 Rajagopalachari 1961, 468 – 472.

24 Karanjia 1960, 41, 49 – 50.

25 Inder Malhotra, "J.N. TO JFK, 'EYES ONLY.'" *Indian Express*, November 15, 2010; Engerman 2018, 206, 209 – 210; R. Sukumaran, 2003, "The 1962 India– China War and Kargil 1999: Restrictions on the Use of Air Power," *Strategic Analysis* 27 (3): 332, 339 – 340; Bruce Riedel, 2015, *JFK's Forgotten Crisis*, Kindle edition, Brookings Institution Press, 136 – 140.

26 Government of India (Santhanam Committee Report), 1964, 109.

27 Randhir Singh, 1989, "'Visions for the Future': One View," *Economic and Political Weekly* 24 (14): 724; Bhikhu Parekh, 1991, "Nehru and the National Philosophy of India," *Economic and Political Weekly* 26 (1/2): 37 – 38; Sarvepalli Gopal, 1985, "Nehru and Science: Aspirations and Achievements," *Interdisciplinary Science Reviews* 10 (2): 107; Baldev Singh, editor, 1988, *Jawaharlal Nehru on Science and Technology: A Collection of His Writings and Speeches*, New Delhi, Nehru Memorial Museum and Library, 157 – 158; *Times of India*, 1955, "All Too Flexible," January 19.

28 Rajni Bakshi, 1998, "Raj Kapoor," in Ashis Nandy, editor, *The Secret Politics of Our Desires: Innocence, Culpability, and Indian Popular Cinema*, New Delhi, Oxford University Press, 112.

29 Dahl 1961, 6.

30 Samuel Huntington, 2006 (1968), *Political Order in Changing Societies*, New Haven, CT, Yale University Press, 84.

31 Kothari 1961, 81.

32 Nehru, *Selected Works*, Series 2, 26: 234.

33 Pradeep Chhibber and John R. Petrocik, "The Puzzle of Indian Politics: Social Cleavages and the Indian Party System," *British Journal of Political Science* 19 (2): 196, 208; Paul Kenny, 2017, *Populism and Patronage: Why Populists Win Elections in India, Asia, and Beyond*, Oxford, Oxford University Press, 73.

34 *Time* 1951.

35 Michael Brecher, 1976 (1966), *Nehru's Mantle: The Politics of Succession in India*, Westport, CT, Greenwood Press, 8; *Times of India*, 1963, "A Laughing Stock," August 5.

36 Singh 1971, Table 1, 68.

37 World Bank 1956, 7.

38 *Times of India*, 1964, "150 Killed in W. Bengal Riots," March 22; Boston Globe. 1964. New India Riots Leave 81 Dead," March 22; Pralay Kanungo, 2003, "Hindutva's Entry into a 'Hindu Province': Early Years of RSS in Orissa," *Economic and Political Weekly* 38 (31): 3300; Srirupa Roy, 2007, *Beyond Belief: India and the Politics of Postcolonial Nationalism*, Durham, NC, Duke University Press, 151 – 153; Jonathan Parry and Christian Struempell, 2008, "On the Desecration of Nehru's 'Temples': Bhilai and Rourkela Compared," *Economic and Political Weekly* 43 (19): 47 – 57.

39 Katherine Frank, 2001, *Indira: The Life of Indira Nehru Gandhi*, London,

HarperCollins, 267, 271, 274; Mukerjee 1992 (1964), 213.

40 *Financial Times*, 1964, "Death of Pandit Nehru: Now a Struggle for Succession," May 28; *The Economist*, 1964, "World without Nehru," May 30, 923; *New York Times*, 1964, "India after Nehru," May 31; 또한 5장의 미국 국무부의 인도 힌두 전제정에 대한 예측도 참조.

8장

1   Brecher 1976 (1966), 33 – 34.

2   Katherine Frank, 2001, *Indira: The Life of Indira Nehru Gandhi*, London, HarperCollins, 269 – 290; Brecher 1976 (1966), 132.

3   *Times of India*, 1964, "Friend Even to His Opponents," June 3; Uma Vasudev, 1974, Indira Gandhi: Revolution in Restraint, New Delhi, Vikas Publishing House, 321; Brecher 1976 (1966), 132 – 133.

4   *Times of India*, 1964, "Warning of Food Riots in Poona," June 15; *Times of India*, 1964, "Encouraging," June 19; *Times of India*, 1964, "Food Riot in Harihar," September 16; *Times of India*, 1964, "No Police Excesses in Kerala during Food Stir," December 1; Francine Frankel, 1978, *India's Political Economy 1947 – 1977*, Princeton, NJ, Princeton University Press, 249; Kathleen Gough, 1967, "Kerala Politics and the 1965 Election," *International Journal of Comparative Sociology* 8 (1): 60 – 61.

5   M.S. Swaminathan, 1964, "The Impact of Dwarfing Genes on Wheat Production," paper presented at All India Wheat Research Workers' *Seminar*, August, www.worldscientific.com/doi/abs/10.1142/9789813200074_0001, 1.

6   Brecher 1976 (1966), 145; Frankel 1978, 257 – 258; Engerman 2018, 237 – 238; William S. Gaud, 1968, "The Green Revolution: Accomplishments and Apprehensions," www.agbioworld.org/biotech-info/topics/borlaug/borlaug-green.html.

7   Guha 2008 (2007), 398 – 399; Engerman 2018, 221.

8   Vijay Joshi and I.M.D. Little, 1994, *India: Macroeconomics and Political Economy 1964–1991*, Washington, DC, The World Bank, Table 4.8, 82; Table 4.10, 97 – 98; *Times of India*, 1965, "Situation on Food Front Grim, Says Minister," December 2.

9   Engerman 2018, 221, 238 – 240, 246 – 247; *Times of India*, 1965, "U.S. Food Aid," December 11; Kristin L. Ahlberg, 2007, "Machiavelli with a Heart": The Johnson Administration's Food for Peace Program in India, 1965 – 1966," *Diplomatic History* 31 (4): 681.

10 *Times of India*, 1965, "Situation on Food Front Grim, Says Minister," December 2; Braj Kumar (B. K.) Nehru, 1997, *Nice Guys Finish Second*, New Delhi, Viking, 431 – 433.

11 *Times of India*, 1964, "Package Plan Is Being Extended," June 28; Saidur Rahman, 2015, "Green Revolution in India: Environmental Degradation and Impact on Livestock," *Asian Journal of Water, Environment, and Pollution* 12 (1): 75 – 80; Rachel Carson, 1997 (1962), *Silent Spring*, Boston, G. K. Hall, 22 – 23.

12 *Times of India*, 1964, "Shastri Urges Deferment of Some Heavy Industry Units," August 11; Frankel 1978, 248 – 251, 267.

13 Engerman 2018, 247 – 248.

14 B. K. Nehru, 1997, 446 – 447; Engerman 2018, 248 – 253; Balachandran 1998, 676.

15 I. G. Patel, 2002, *Glimpses of Indian* Economic Policy: *An Insider's View*, New Delhi, Oxford University Press, 104.

16 Frankel 1978, 287; International Monetary Fund 1966, 1 – 2; Balachandran 1998, 676, 679; *Times of India*, 1965, "Several Charges Made against TTK," November 23; *Times of India*, 1966, "TTK, Quits as Finance Minister," January 1; B. K. Nehru 1997, 446, 448 – 449, 452.

17 Frankel 1978, 265; Brecher 1976 (1966), 177 – 178, 184; B. G. Verghese, 1965, "National Scene: Poverty of Politics," *Times of India*, April 22.

18 Brecher 1976 (1966), 153 – 154.

19 Robert Hardgrave, 1965, "The Riots in Tamilnad: Problems and Prospects of India's Language Crisis," *Asian Survey* 5 (8): 399; Brecher 1976 (1966), 151 – 157, 160 – 167; *Times of India*, 1965a, "Centre Stands by Nehru's Assurances: P.M.," February 12; *Times of India*, 1965b, "Madras Students' Stir Ends," February 13; *Times of India*, 1965c, "Patriotism," February 14; Frank 2001, 281.

20 Inder Malhotra, 1991 (1989), *Indira Gandhi: A Personal and Political Biography*, Boston, Northeastern University Press, 84; Frank 2001, 281 – 282.

21 Malhotra 1991 (1989), 84, 318.

22 Brecher 1976 (1966), 184, 188.

23 Brecher 1976 (1966), 185.

24 Brecher 1976 (1966), 191 – 192.

25 B. K. Nehru 1997, 448.

26 International Monetary Fund, 1966, "India—1965 Article XIV Consultations," SM/66/8, January 14, Washington, DC, 21, 23.

27 International Monetary Fund, 1965, "India—1964 Article XIV Consultations," SM/65/54, June 21, Washington, DC, 9

9장

1 Katherine Frank, 2001, *Indira: The Life of Indira Nehru Gandhi*, London, HarperCollins, 524.

2 Frank 2001, 250; Tariq Ali, 1985, *An Indian Dynasty: The Story of the Nehru-Gandhi Family*, New York, G. P. Putnam, 139 – 140; Uma Vasudev, 1974, Indira Gandhi: Revolution in Restraint, New Delhi, Vikas Publishing House, 271, 273 – 279.

3 Ali 1985, 140; Vasudev 1974, 274; 또한 8장을 참조.

4 Frank 2001, 291 – 293.

5 Anwesha Sengupta, 2019, "Calcutta in the 1950s and 1970s: What Made It the Hotbed of Rebellion?"www.sahapedia.org/calcutta-1950s-and-1970s-what-made -it-hotbed-rebellions.

6   *New York Times*, 1966b, "Food Protest in Kerala," February 3.

7   Paul Grimes, 1960, "Embattled Sikhs," *New York Times*, November 6.

8   *New York Times*, 1966, "India Yielding to Sikh Demand for a Punjabi-Speaking State," March 10; *Times of India*, 1966, "Curfew in Parts of Delhi: Orgy of Violence on Suba Issue," March 15; J. Anthony Lukas, 1966, "Calm Returning to Punjab Area after Protests over New State," *New York Times*, March 21.

9   J. Anthony Lukas, 1966, "Violence Mounts in the Land of Gandhi: Extremists Find Gains in Ignoring Nonviolence," *New York Times*, March 22.

10 R. K. Karanjia and K. A. Abbas, 1974, *Face to Face with Indira Gandhi*, New Delhi, Chetana Publications, 13 – 14, emphasis in original.

11 Gopalan Balachandran, 1998, *The Reserve Bank of India*, 1951 – 1967, Delhi: Oxford University Press, 680 – 681.

12 Braj Kumar (B.K.) Nehru, 1997, *Nice Guys Finish Second*, New Delhi, Viking, 462 – 463; Malhotra 1991 (1989), 97.

13 B. K. Nehru 1997, 447, 452; Balachandran 1998, 683 – 685.

14 B. K. Nehru 1997, 452; Douglas Irwin, 2021, "From Hermit Kingdom to Miracle on the Han: Policy Decisions That Transformed South Korea into an Export Powerhouse," Peterson Institute for International Economics Working Paper, 21 – 14, September, Washington, DC, 8, 16.

15 Nehru 1997, 447, 452; Balachandran 1998, 683 – 685; B. R. Shenoy, 1966, "India's Half-Way Devaluation," *Daily Telegraph*, July 12.

16 Vasudev 1974, 370; Balachandran 1998, 684 – 685.

17 Balachandran 1998, 688; Malhotra 1991 (1989), 99; Engerman 2018, 263 – 265, 217.

18 B. K. Nehru 1997, 446.

19 Milton Friedman, 1963, Inflation: Causes and Consequences, New York, Asia Publishing House, Lecture 2, 36.

20 B. K. Nehru 1997, 465 – 467.

21 B. K. Nehru 1997, 467; I. G. Patel, 2002, *Glimpses of Indian* Economic Policy, New Delhi, Oxford University Press, 115.

22 Jayant Lele, 1995, "Saffronisation of Shiv Sena: Political Economy of City, State and Nation," *Economic and Political Weekly* 30 (25): 1520, 1522; Carl Schmitt, 2007 (1932), *The Concept of the Political*, Chicago, University of Chicago Press, 32 – 34.

23 V. S. Naipaul, 2011 (1990), *India: A Million Mutinies*, Kindle edition, First Vintage International Edition, location 933.

24 Gyan Prakash, 2012, "Bal Thackeray: The Original Angry Young Man," *Mint*, November 12; Vaibhav Purandare, 2012, *Bal Thackeray and the Rise of the Shiv Sena*, Kindle edition, Roli Books, locations 737 – 742.

25 Prakash 2012.

26 Michael Walzer, 2015, *The Paradox of Liberation: Secular Revolutions and Religious Counterrevolutions*, New Haven, CT, Yale University Press; 또한 8장을 참조.

27 *Times of India*, 1966, "11 Killed in Akola Disturbances," October 1; J. Anthony

Lukas, 1966, 11 in India Killed over in Riot over Cows," *New York Times*, October 1.

28 K. N. Raj, 1969, "Investment in Livestock in Agrarian Economies: An Analysis of Some Issues concerning 'Sacred Cows' and 'Surplus Cattle,'" *Indian Economic Review* New Series 4 (1): 80 – 83.

29 K. Narayanan Nair, 1981. "Studies on India's Cattle Economy," *Economic and Political Weekly* 16 (9): 321 – 323.

30 Joseph Lelyveld, 1966, "Riots Force Out Minister in India: Cabinet Minister Steps Down after Riots in India," *New York Times*, November 9.

31 J. Anthony Lukas, 1966, "India Acts to Head of New Riots with Arrest of Holy Man," *New York Times*, November 23; *Times of India*, 이 시기의 다양한 보도.

32 J. Anthony Lukas, 1966, "The Week of the Cow," *New York Times*, November 16; *Times of India*, 1951, "Threat to Crush Jana Sangh," November 30; Malhotra 1991 (1989), 105.

33 Zareer Masani, 1975, Indira Gandhi: A Biography, London, Hamilton, 170-171, *The Hindu* dated December 21, 1966의 보도에 근거했다.

34 *Times of India*, 1966, "Some Better Candidates Could Have Been Chosen. Influence Exerted by Party Bosses, Admits Prime Minister," December 26.

35 Frank 2001, 302; Masani 1975, 170.

36 Vasudev 1974, 400; The Times, 1967, "Concern in Delhi over Violence during Election Campaign," February 6; *Times of India*, 1967, "P.M. Hit by Stone at Poll Rally in Bhubaneshwar: Keeps Her Poise Even Though Injured," February 8; *Financial Times*, 1967, "Mrs. Gandhi Hit by Stone," February 9.

37 Guha 2008 (2007), 419 – 420; Election Commission of India, 1967, *Report on the Fourth General Elections (1967)*, Volume 1, New Delhi, Table 17, 93 – 94.

38 Guha 2008 (2007), 419; Election Commission of India 1967, Table 18, 95.

39 Guha 2008 (2007), 420; Frank 2001, 305.

40 Vasudev 1974, 495.

41 Vasudev 1974, 495 – 496.

42 Huntington 2006 (1968), 63 – 70, 83, 237 – 239.

43 Nazes Afroz, 2017, "The Dream That Failed: Voices of Naxalbari across the 50 Years since the Uprising," *Caravan*, May 31.

44 Banerjee 2008 (1980), 100; Afroz 2017.

45 Banerjee 2008 (1980), 101 – 102.

46 Banerjee 2008 (1980), 102; Guha 2008 (2007), 423.

47 Deepali Bhandari and Deeksha Pokhriyal, 2020, "The Continuing Threat of India's Unlawful Activities Prevention Act to Free Speech," *Jurist*, June 2; A. G. Noorani, 2009, "India: A Security State," *Economic and Political Weekly* 44 (14): 13 – 15.

48 Dom Moraes, 1970, "The Naxalites, Whose Extremism Knows No Extremes," *New York Times*, November 8.

10장

1 Vijay Joshi and I.M.D. Little, 1994, *India: Macroeconomics and Political Economy,*

1964–1991, Washington, DC, The World Bank, Table 4.10, 97.

2   Joshi and Little 1994, 45, 50 – 51, 87 – 89, Table 4.10, 97.

3   Karanjia and Abbas 1974, 42; Patel 2002, 125 – 126.

4   Vinod Mehta, 2015 (1978), *The Sanjay Story*, New Delhi, HarperCollins, 34 – 37, 44, 46 – 47.

5   Mehta 2015 (1978), 51 – 55; Gyan Prakash, 2018, *Emergency Chronicles: Indira Gandhi and Democracy's Turning Point*, Gurgaon, India, Penguin, 207, 410.

6   Mehta 2015 (1978), 63; The Times, 1970, "Plea for Man India Wants Extradited," August 29; *Financial Times*, 1970, "This Week in the Courts," December 14; Vasudev 1974, 337.

7   Mehta 2015 (1978), 65 – 66; Prakash 2018, 207, 410; *New York Times*, 1966, "A Gandhi Fined in Britain," December 13.

8   Charles Greville, 1967, "Mrs. Gandhi's Son Took Her Advice," *Daily Mail*, February 15.

9   Mehta 2015 (1978), 66 – 68.

10 Prakash 2018, 225 – 226; Mehta 2015 (1978), 71.

11 Mehta 2015 (1978), 71; Frank 2001, 321, 400.

12 *Time*, 1969, "India: Another Setback for Indira," February 21.

13 Patel 2002, 131 – 132.

14 *Newsweek*, 1969, "India: Gunning for Mrs. Gandhi," July 28.

15 D. N. Ghosh, 2019 (2015), *No Regrets*, New Delhi, Rupa Publications, 7; Rahul Bajoria, 2018, *The Story of* The Reserve Bank of India, New Delhi, Rupa Publications, 74; Patel 2002, 133, 135 – 136; Austin 2003 (1999), 179.

16 Austin 2003 (1999), 179, 215 – 220.

17 Patel 2002, 136; *Time*, 1969, "India: The Lady v. the Syndicate," August 29; Vasudev 1974, 509.

18 Guha 2008 (2007), 439; *Time*, 1969, "Two Parties Face to Face," November 21; Austin 2003 (1999), 180.

19 Vasudev 1974, 505, 508.

20 Mehta 2015 (1978), 72; Frank 2001, 321.

21 Mehta 2015 (1978), 73 – 78; Prakash 2018, 234 – 236.

22 *Times of India*, 1978, "Land Hypothecated Illegally by Sanjay to Bank," November 14; Government of India, 1979, *Report of the Commission of Inquiry into Maruti Affairs*, New Delhi, 114, 116 – 117, 120, 124, 127.

23 C. Rangarajan, 1974, "Banking Development since Nationalization and Reduction of Disparities," in T. N. Srinivasan and P. K. Bardhan, editors, *Poverty and Income Distribution in India*, Calcutta, Statistical Publication Society, 438; Patel 2002, 139 – 140.

24 Patel 2002, 140.

25 Patel 2002, 140; International Monetary Fund, 1971, "India—Staff Report and Proposed Decision for the 1970 Article XIV Consultation," SM/71/39, February 17, Washington, DC, 1 – 4.

26 International Monetary Fund, 1970, "Korea—Staff Report and Proposed Decision

for the 1970 Article XIV Consultation," SM/70/279, December 30, Washington, DC, 1 – 2, 4, 9; 또한 9장을 참조.

27 World Bank, 1993, *The East Asian Miracle*, New York, Oxford University Press, Figure 1.2, 29 – 30, 37.

28 World Bank 1993, 24, 29 – 31, 37 – 38, 59, 106 – 108, 195.

29 World Bank 1993, 39 – 40.

30 World Bank 1993, 또한 3장을 참조.

31 Francine Frankel, 1978, *India's Political Economy*, 1947 – 1977, Princeton, NJ, Princeton University Press, 450; *Newsweek*, 1971, "Mrs. Gandhi Makes Her Bid," March 1.

32 9장을 참조. *Newsweek*, 1971, "Indira's Big Gamble," January 11; Frankel 1978, 454.

33 Frankel 1978, 452; Raj Thapar, 1991, *All These Years: A Memoir*, New Delhi, Penguin Books, 322; Sydney Schanberg, 1971, "India Starts Voting in 10-Day Poll," *New York Times*, March 1; Guha 2008 (2007), 446.

34 2장을 참조. Austin 2003 (1999), 226 – 228, 236 – 240, 244, 252 – 253.

35 *The Economist*, 1971, "Empress of India," December 18.

36 Frankel 1978, 457, 482 – 484; Guha 2008 (2007), 468; Malhotra 1991 (1989), 147 – 148.

37 Austin 2003 (1999), 173 – 174; Malhotra 1991 (1989), 152 – 153.

38 *Times of India*, 1969, "Wide Support for Ban on Donations to Parties," May 18; Malhotra 1991 (1989), 144; Frankel 1978, 476; Stanley Kochanek, 1987, "Briefcase Politics in India: The Congress Party and the Business Elite," *Asian Survey* 27 (12): 1286.

39 Suman Sahai, 1996. "'Hawala' Politics: A Congress Legacy," *Economic and Political Weekly* 31 (5): 253; Milan Vaishnav, 2017, *When Crime Pays*: Money and Muscle in Indian Politics, New Haven, CT, Yale University Press, 97.

40 Joshi and Little 1994, 37; P. C. Mahanti, 1971, Pressure on a Sick Economy," *Financial Times*, June 23; 또한 7장을 참조.

41 Kochanek 1987, 1290; Malhotra 1991 (1989), 144 – 145.

42 Kuldip Nayar, 1971, *India: The Critical Years*. New Delhi: Vikas Publications, 3; Malhotra 1991 (1989), 145.

43 Patel 2002, 147.

44 *Times of India*, 1971, "Prone to Drought," August 21; Frankel 1978, 476; Guha 2008 (2007), 462.

11장

1 *Times of India*, 1971, "Ordeal by Water," August 11; *Times of India*, 1971, Food Output Touches Record Level," August 19.

2 *Financial Times*, 1972a, "India Crops Hit by Floods and Drought," August 2; *Financial Times*, 1972b, "India Launches Program to Avert Famine," August 3; *The Economist*, 1972, "India: In Trouble Again," November 18.

3 Navroz Mody, 1972, "Famine and Famine Makers," *Times of India*, December 2.

4   *Financial Times*, 1973, "India to Import 2 Million Tons Grain," January 18; M. V. Kamath, 1972, "A Food Ship Every Three Days," *Times of India*, December 2.

5   Bertrand Weinraub, 1973, "Mrs. Gandhi's Popularity Plummets as India's Problems Continue to Worsen," *International Herald Tribune*, June 11; *The Economist*, 1973, "The Dimming Halo," May 19.

6   Joshi and Little 1994, Table 5.12, 130; Michael Corbett, 2013, "Oil Shock of 1973 – 74: October 1973 – January 1974," *Federal Reserve History*, www.federalreservehistory.org/essays/oil-shock-of-1973-74, November 22; International Monetary Fund, 1974, "India—Use of Fund Resources," EBS/74/107, April 30, Washington, DC, 6.

7   Bernard Weinraub, 1974, "India Ending Take-Over of Distribution of Wheat," *New York Times*, March 29.

8   *Times of India*, 1974a, "Vast Areas Face Drought Threat," July 25; *Times of India*, 1975, "A Parched Land, a Desolate People," June 8; *Times of India*, 1974b, Flood Havoc," August 5; *Times of India*, 1974c, "Drought in Flood-Hit Bihar," September 7.

9   *Times of India*, 1974d, "Indira Denies Mass Frustration," October 29.

10 Ashok Thapar, 1972, "Undoing the Green Revolution: Tinkering with Groundwater," *Times of India*, April 10; Wolf Ladejinsky, 1972, "The 'Green Revolution,'" *Financial Times*; Prem Shankar Jha, 1974, "What Next in Agriculture? I-End of Green Revolution," *Times of India*, October 7

11 3장을 참조.

12 International Monetary Fund 1974, 1, 15, 16; International Monetary Fund, 1976, "India—Staff Report and Proposed Decision for the 1976 Article XIV Consultation," SM/76/125, June 10, Washington, DC, 17.

13 Akhil Gupta, 2012, *Red Tape: Bureaucracy, Structural Violence, and Poverty in India*, Durham, NC, Duke University Press, 19 – 20.

14 Frankel 1978, 457 – 458; 낙살라이트에 대한 경찰의 초기 탄압에 대해서는 9장을 참조.

15 Javed Akhtar quote cited in Koushik Banerjea, 2005, " 'Fight Club': Aesthetics, Hybridisation, and the Construction of Rogue Masculinities in Sholay and Deewar," in Raminder Kaur and Ajay Sinha, editors, *Bollywood: Popular Indian Cinema through a Transnational Lens*, New Delhi, Sage, 172; Fareeduddin Kazmi, 1998, "How Angry Is the Angry Young Man? 'Rebellion' in Conventional Hindi Films," in Ashis Nandy, editor, *The Secret Politics of Our Desires: Innocence, Culpability, and the Indian Popular Cinema*, New Delhi, Oxford University Press, 140, 142, 148-155.

16 Dawn Jones and Rodney Jones, 1974, "Urban Upheaval in India: The 1974 Nav Nirman Riots in Gujarat," *Asian Survey* 16 (11): 1012 – 1013, 1017, 1074.

17 Jones and Jones 1974, 1017, 1023.

18 Jones and Jones 1974, 1023 – 1024.

19 Jones and Jones 1974, 1017 – 1018, 1026 – 1027.

20 Jones and Jones 1974, 1028 – 1029, 1031.

21 Prakash 2018, 102 – 103; Frankel 1978, 528.

22 Guha 2008 (2007), 477; Vasudev 1977, 69; *Time*, 1975, "J.P.: India's Aging Revolutionary," July 14.

23 Frankel 1978, 528, 531.

24 Malhotra 1991 (1989), 158; Vasudev 1977, 71; Peter Gill, 1974, "India 'Arrests' 3000 to Keep Trains Running," *Daily Telegraph*, May 6.

25 Weinraub, Bernard. 1974. "India Strike Snarls Trains but Fails to Halt Service," *New York Times*, May 9; Ali 1985, 181 – 182; Vasudev 1977, 71; Bernard Weinraub, 1974, "New Delhi Widens Rail Union Curbs," *New York Times*, May 15; Bernard Weinraub, 1974, "India's Rail Strike Ends in Collapse," *New York Times*, May 28; *The Economist*, 1974, "The Empress's Bomb," May 25; *The Economist*, 1974, "Tougher Yet and Tougher," June 8; *The Economist*, 1974, "The Woman Who Showed the Men the Way," June 22.

26 *The Economist*, 1974, "Tougher Yet and Tougher," June 8.

27 Prakash 2018, 105; Guha 2008 (2007), 478; Ghanshyam Shah, 1977, "Revolution, Reform, or Protest? A Study of the Bihar Movement: III," *Economic and Political Weekly* 12 (17): 701 – 702.

28 *Times of India*, 1974, "Bihar's Plight," October 4.

29 Frankel 1978, 534 – 535.

30 Simons Lewis, 1975, "Bomb Wounds Fatal to Indian Rail Minister," *International Herald Tribune*, January 4; *International Herald Tribune*, 1975, "Mrs. Gandhi Says She Is Assassins' Ultimate Target," January 8; *Time*, 1975, "India: Murder in Bihar," January 13.

31 Shashi Tharoor, 1982, *Reasons of State: Political Development and India's Foreign Policy Under Indira Gandhi, 1966–1977*, Delhi, Vikas Publishing House, 59 (Table 1); Prakash 2018, 108; Peter Gill, 1975, "Thousands in Delhi Protest," *Daily Telegraph*, March 7.

32 Prakash 2018, 164; Nayar 1977, 26 – 27; Austin 2003 (1999), 304.

33 Nayyar 1977, 3 – 4; Prakash 2018, 159 – 160; Frankel 1978, 539 – 540; *International Herald Tribune*, 1975, "Ruling Party Asks Mrs. Gandhi to Stay on," June 19.

34 Prakash 2018, 160, 162 – 163.

35 Jonathan Dimbleby and Anthony Mascarenhas, 1975, "Why Indira Gandhi Sent Democracy to Prison," *Sunday Times*, June 29; Christophe Jaffrelot and Pratinav Anil, 2020, *India's First Dictatorship: The Emergency, 1975–1977*, London, C. Hurst & Co., 1 – 2; Prakash 2018, 165.

36 1975년 6월 25일의 인디라 간디 연설문은 〈뉴욕타임스〉, 1975, "Speech and Proclamation," June 27에 게재된 것이다.

37 Dimbleby and Mascarenhas 1975.

38 Guha 2008 (2007), 497 – 498.

12장

1 *Times of India*, 1967, "Asoka Mehta for Presidential Form of Government in States

for Some Time," December 11; *Times of India*, 1969, "Setalvad Assails Centre's Delays," April 13.

2   William Borders, 1975, "Mrs. Gandhi Calls India Democratic Even Under Curbs," *New York Times*, July 3; Ali 1985, 187; J. Anthony Lukas, 1976, "India Is as Indira Does," *New York Times*, April 4.

3   Raaj Sah, 1991, "Fallibility in Human Organizations and Political Systems," *Journal of Economic Perspectives* 5 (2): 71; Carl Henrik Knutsen, 2018, "Autocracy and Variation in Economic Development Outcomes," Working Paper Series 2018:80, The Varieties of Democracy Institute, Gothenburg, Sweden, 17; Fabio Monteforte and Jonathan R. W. Temple, 2020, "The Autocratic Gamble: Evidence from Robust Variance Tests," *Economics of Governance* 21: 363 – 384; Daron Acemoglu et al., 2019, "Democracy Does Cause Growth," *Journal of Political Economy* 127 (1): 47 – 100; Ruth Ben-Ghiat, 2021, *Strongmen: Mussolini to the Present*, Kindle edition, W. W. Norton & Company, 11, 14, 143, 167.

4   *Times of India*, 1980, "Sanjay Gandhi," June 24; M. R. Nair, 1976, "Loose Ends in the Budget," *Economic and Political Weekly* 11 (16): 599.

5   International Monetary Fund, 1976, "India—Staff Report and Proposed Decision for the 1976 Article XIV Consultation," SM/76/125, June 10, Washington, DC, 3.

6   World Bank, 1977, "Economic Situation and Prospects of India," Report No. 1529-IN, April 25, Washington, DC, Tables 7.1 and 7.4; International Monetary Fund 1976, 5; Joshi and Little 1994, Table 5.12, 130.

7   International Monetary Fund 1976, 2, 7, 9, 14.

8   Lukas 1976.

9   World Bank, 1976, "Economic Situation and Prospects of India," Report No. 1073-IN, March 29, Washington, DC, i, iii.

10 World Bank 1976, 24.

11 Government of India, 1977, *Economic Survey* 1976 – 1977, chapter 3, 13.

12 Government of India, 1977, *Economic Survey* 1976 – 1977, chapter 8, Tables 3.1 – 3.2, 80 – 81.

13 Vincent Canby, 1976, "Ray's Film, 'The Middleman' Seen as His Most Sorrowful Work," *New York Times*, October 12; Udayan Gupta, 1982, "The Politics of Humanism: An Interview with Satyajit Ray," *Cinéaste* 12 (1): 26.

14 Frankel 1978, 507, 552; Jaffrelot and Anil 2020, 73 – 74; Granville 2003 (1999), 658.

15 Lukas 1976.

16 Lukas 1976; David Selbourne, 1977, *An Eye to India: The Unmasking of a Tyranny*, New York, Penguin, 263.

17 10장을 참조. Government of India, 1979, *Report of the Commission of Inquiry into Maruti Affairs*, New Delhi, 114, 124, 127 – 128.

18 Uma Vasudev, 1977, *Two Faces of Indira Gandhi*, New Delhi, Vikas Publishing House, 106 – 107; Anthony Mascarenhas and Graham Searjeant, 1977, "How Sanjay's Car Crashed," *Sunday Times*, April 24; Prakash 2018, 240.

19 Prakash 2018, 243; Government of India 1979, 14 – 15; 63 – 64; 139 – 140.

20 Pioneer, 2017, "Talwar Was a Sabre Who Could Slay Any Enemy," November 23.
21 Vasudev 1977, 182 – 186; Mehta 2015, 82; Guha 2008 (2007), 469; Prakash 2018, 144 – 145, 151.
22 World Bank, 1980, "Economic Situation and Prospects of India," Report Number 2933-IN, May 1, Washington, DC, 119.
23 World Bank 1980, 120; Guha 2008 (2007), 512 – 513; Vasudev 1977, 162.
24 Prakash 2018, 303; Guha 2008 (2007), 512; World Bank 1980, 119 – 120; World Bank. 1981. "Economic Situation and Prospects of India," Report No. 3401-IN, April 15, Table 1.5.
25 Vasudev 1977, 145; Patrick Clibbens, 2014, "'The Destiny of This City Is to Be the Spiritual Workshop of the Nation': Clearing Cities and Making Citizens during the Indian Emergency, 1975 – 1977," *Contemporary South Asia* 22 (1): 51 – 66; Prakash 2018, 282; Christophe Jaffrelot and Pratinav Anil, 2021, *India's First Dictatorship: The Emergency, 1975–77*, London, C. Hurst and Co., 165; Frankel 1978, 564; Government of India, 1978, *Shah Commission* of Inquiry, Interim Report II, April 28, New Delhi, 78.
26 Jaffrelot and Anil 2021, 175; Vasudev 1977, 134 – 137.
27 Government of India (*Shah Commission*, Volume 2), 1978, 80 – 81; Prakash 2018, 290 – 291; Vasudev 1977, 134 – 137.
28 Government of India (*Shah Commission*, Volume 2), 1978, 82; Vasudev 1977, 123 – 125.
29 Ajoy Bose and John Dayal, 2018, *For Reasons of State*, Kindle edition, Penguin Random House India, locations 282, 291, 1445; Jaffrelot and Anil 2021, 167 – 169.
30 Dayal and Bose 2018, location 781; Vasudev 1977, 161, 165; Prakash 2018, 255257, 296 – 298; Jaffrelot and Anil 2021, 172 – 173.
31 Jacobs 1992 (1961), 15장, 찬디가르와 관련한 사항은 4장을 보라
32 *New York Times*, 1977, "Mrs. Gandhi, Easing Crisis Rule, Decides on March Election," January 19; Devadas S. Pillai, editor, 1977, *The Incredible Election, 1977: A Blow-by-Blow Account as Reported in the Indian Express*, Bombay, Popular Prakashan, 19 – 21.
33 Vasudev 1977, 188 – 189; Kuldip Nayyar, 1977, *The Judgement: Inside Story of the Emergency in India*, New Delhi, Vikas Publishing House, 157 – 158, 162 – 163.
34 Vasudev 1977, 188 – 191; William Borders, 1975, "India's Crown Prince: Sanjay," *New York Times*, February 13.
35 Vasudev 1977, 190 – 191; Frankel 1978, 563, 571; Guha 2008 (2007), 519 – 520.
36 *Times of India*, 1977, "Generals Refused to Aid Congress, Says Star," April 18; *Times of India*, 1977, "Indira Strongly Defends Son," July 23.

13장

1 *Times of India*, 1977, "Unanimous Choice by Janata," March 25.
2 Guha 2008 (2007), 538.
3 *New York Times*, 1977, "India Stands Firm against Coca-Cola," September 5;

Times of India, 1977, "Soft Drink Formula Available," August 9; *Financial Times*, 1977, "Curbs on Multinational Groups 'This Winter,'" October 11.

4   Frankel 1978, 573 – 574; Guha 2008 (2007), 521 – 523, 534.

5   Guha 2008 (2007), 528 – 529, 535 – 536; Girilal Jain, 1979, "Janata Party's New Face: Populism Replaces Liberalism," *Times of India*, March 7; *Times of India*, 1979, "Budget to Fleece Urban Taxpayer," March 1.

6   Guha 2008 (2007), 528 – 529; Time of India, 1978, "Backward Classes Panel Named," November 16; *Times of India*, 1979, "PM Inaugurates Backward Classes Commission," March 22.

7   Guha 2008 (2007), 535 – 536.

8   Guha 2008 (2007), 535 – 536.

9   World Bank, 1980, "Economic Situation and Prospects of India," Report Number 2933-IN, May 1, Washington, DC, 43, 48, 56, 60, 64, 80; International Monetary Fund, 1980a, "India—Staff Report for the 1980 Article IV Consultation," SM/80/151, Washington, DC, June 23, 2 – 7.

10 *India Today*, 1980, "Indira Gandhi's Win Aided by Well-Conceived, Neatly Executed Plan," January 31.

11 Gita Piramal, 1996, *Business Maharajas*, Kindle edition, Penguin Random House India, location 751; Hamish McDonald, 2010, *Ambani and Sons: The Making of the World's Richest Brothers and Their Feud*, New Delhi, Roli, 25, 33 – 36, 54 – 58, 63 – 64.

12 McDonald 2010, 63 – 64, 75, 106; Piramal 1996, location 751; Kuldip Singh, 2002, "Dhirubhai Ambani," *Independent*, July 18.

13 Malhotra 1991 (1989), 214 – 215; *India Today*, 1980, "Sanjay Gandhi and His Young Loyalists Sweep Lok Sabha Elections," January 31; *India Today*, 1980, "Emergency Was a Non-Issue in the 1980 Election," January 31.

14 Malhotra 1991 (1989), 215; *India Today*, 1980, "Assembly Elections: Sanjay Re-Emerges as the Most Vital Factor in Indian Politics," May 31; *India Today*, 1980, "Assembly Elections: Sanjay Gandhi Emerges as the Unquestioned Leader of New Legislators," June 30; Stuart Auerbach, 1980, "Sanjay Gandhi Was India's 'Crown Prince'; His Death Leaves a Vacuum," *Washington Post*, June 24; Sidney Weintraub, 1980, "Parliament Expels Gandhi, Orders Her to Delhi Jail Cell," *Washington Post*, December 20.

15 *India Today*, 1980, "Assembly Elections: Sanjay Re-Emerges as the Most Vital Factor in Indian Politics," May 31.

16 *Times of India*, 1980, "Sanjay Plane Crash: No Judicial Probe," June 28; Malhotra 1991 (1989), 222.

17 *India Today*, 1980, "Pitts S-2A Is Considered to Be the Most Sturdy, Reliable Aerobatic Biplane," July 15; Frank 2001, 445; *India Today*, 1980, "Sanjay Gandhi Dies in a Dramatic Plane Crash, His Passing Leaves a Political Vacuum," July 15.

18 Nehru 1997, 582; Malhotra 1991 (1989), 224; Frank 2001, 450.

19 *India Today*, 1980, "Sonia Is Dead Against the Idea of My Getting into Politics: Rajiv Gandhi," August 31; *India Today*, 1980, "After Sanjay Gandhi's Death,

Congressmen Look to the Gandhi Family to Fill the Void," August 31.

20 Ali 1985, 213; Frank 2001, 447 – 448; Patel 2002, 164.

21 International Monetary Fund, 1980b, "India: Use of Fund Resources—
    Compensatory Financing Facility," EBS/80/171, Washington, DC, July 30;
    International Monetary Fund, 1986, "India: Staff Report for the 1986 Article IV
    Consultation," SM/86/54, Washington, DC, March 6, Table 4, 29 for the U.S.
    dollar/SDR conversion rate.

22 International Monetary Fund, 1981, "India: Use of Fund Resources—Extended
    Fund Facility," EBS81/198, Washington, DC, October 7, 1, 53; Patel 2002, 168.

23 International Monetary Fund 1981, 19 – 21, 46. *Financial Times*, 1981, "India to
    Taste the Market Medicine," October 27.

24 Arvind Panagariya, 2004, "Growth and Reforms during the 1980s and 1990s,"
    Economic and Political Weekly 39 (25): 2581 – 2594; Ashok Kotwal, Bharat
    Ramaswami, and Wilima Wadhwa, 2011, "Economic Liberalization and Indian
    Economic Growth: What's the Evidence?" *Journal of Economic Literature* 49 (4):
    1172; Dani Rodrik and Arvind Subramanian, 2004, "Why India Can Grow at 7
    Percent a Year or More: Projections and Reflections," *Economic and Political Weekly*
    39 (16): 1519 – 26.

25 McDonald 2010, 106; Piramal 1996, locations 1579 – 1585.

26 *India Today*, 1981, "I Honestly Believe the Nehru Family Is Giving Continuity:
    Abdul Rahman Antulay," August 31; Arun Shourie, 1983, *Mrs. Gandhi's Second
    Reign*, New Delhi, Vikas, 107 – 117.

27 Robert Wade, 1982, "The System of Administrative and Political Corruption: Canal
    Irrigation in South India," *Journal of Development Studies* 18 (3): 309, 318 – 319.

28 Akhil Gupta, 1995, "Blurred Boundaries: The Discourse of Corruption, the Culture
    of Politics, and the Imagined State," *American Ethnologist* 22 (2): 375.

29 Bakshi 1998, 113, 115 – 116, 131 – 133.

30 *Times of India*, 1981, "It's the Corrupt Who Protest Too Much," September 19;
    Thomas Paine, 1918 [1776], *Common Sense*, New York: Peter Eckler Publishing
    Co., ix.

31 International Monetary Fund, 1986, "India—Staff Report for the 1986 Article IV
    Consultation," SM/86/54, March 6, Washington, DC, 2, 5, 24, 42; Joshi and Little
    1994, 163 – 164, 174 (Table 6.13).

32 International Monetary Fund 1986, Table 4, 14; World Bank, 1986, "India
    Economic Situation and Development Prospects," Report No. 6090-IN, May 9,
    Washington, DC, 143, 146 (Table 5.4); C. P. Chandrashekhar, 1984, "Growth and
    Technical Change in Indian Cotton-Mill Industry," *Economic and Political Weekly*
    19 (4): PE-35; Joshi and Little 1994, 15.

33 International Monetary Fund 1980a, 6; World Bank 1980, 88; Oli Havry lyshyn
    and Iradj Alikhani, 1982, "Is There Cause for Export Optimism? An Inquiry into
    the Existence of a Second Generation of Successful Exporters," *Weltwirtschaftliches
    Archiv* 118 (4): 653 (Table 1); Frankel 1978, 580.

34 Government of India, 1987, *Economic Survey 1987–1988*, Ministry of Finance,

New Delhi, S-37 – 38. 1980s' backlog estimated from Ajit Kumar Ghose, 2019, *Employment in India*, New Delhi, Oxford University Press, 43, 79; backlog at the end of Nehru years from chapter 7; World Bank, 1978, "Economic Situation and Prospects of India," Report No. 2008-IN, April 17, Washington, DC, 76.

35 David Housego, 1979, "China's Great Leap in the Dark," *Financial Times*, January 19; Pranab Bardhan, 2010, *Awakening Giants, Feet of Clay: Assessing the Economic Rise of China and India*, Princeton, NJ, Princeton University Press, 19; World Bank 1986, Table 1.1, 3.

36 Bardhan 2010, 20.

37 World Bank 1983, "China: Socialist Economic Development, Volume 1," Washington, DC, August, 11, 69, 96 (Table 3.22), 98 (Table 3.23), 99; "Adam Tooze, 2021, "Adam Tooze's Chartbook #28: China in 1983, a Miracle Waiting to Happen?" https://adamtooze.substack.com/p/adam-toozes-chartbook-28-china-in; Nicholas Kristof and Sheryl WuDunn, 2009, *Half the Sky*, Kindle edition, Knopf Double day Publishing Group, 229.

38 World Bank 1983, 29.

39 Amartya Sen, 1982, "How Is India Doing?" *New York Review of Books*, December 16.

40 Frank 2001, 294, 432 – 433 그리고 9장.

41 Centre for Science and Environment, 1982, *State of India's Environment: The First Citizen's Report*, New Delhi, 3, 126; Centre for Science and Environment, 1985, *State of India's Environment: The Second Citizen's Report*, New Delhi, 27, 121.

42 Centre for Science and Environment 1985, 362 – 364, 367; Jairam Ramesh, *Indira Gandhi: A Life in Nature*, Kindle edition, S&S India, 151, 156.

43 *Times of India*, 1985, "Excellent Documentary on Sunday," April 20.

44 12장을 참조. Madhura Swaminathan, 1995, "Aspects of Urban Poverty in Bombay," *Environment and Urbanization* 7: 133, 136; *Times of India*, 1981, "Hut Demolition," August 1; *Times of India*, 1982, "'Slum Demolition Not the Answer to the City's Problems,'" March 27.

45 Hubert W. M. van Wersch, 1992, *The Bombay Textile Strike, 1982–83*, New York, Oxford University Press, 129 – 130.

46 3장을 참조.

47 3장을 참조. World Bank, 1975, "India: Survey of the Textile Machinery Industry (With a Note on the Indian Cotton Textile Industry)," Report No. 9 76 IN, December, Washington, DC, Annex 1, 16.

48 Praful Bidwai, 1983, "Hard Times: The Imperatives of Modernisation," in Factsheet Collective. *The 10th Month: Bombay's Historic Textile Strike*, Mumbai: Centre for Education and Documentation, 81; Praful Bidwai, 1984, "From Rags to Riches," *Times of India*, March 19.

49 Praful Bidwai, 1983, "Metropolises in Decay: I—Perverse Urban Policies," *Times of India*, April 27; *Times of India*, 1984, "Bombay's Land Mafia," July 16.

50 1장을 참조. van Wersch 1992, 4장과 5장, 5장의 첫 중제목을 참조. K. C. Zachariah, 1968, *Migrants in Greater Bombay*, Bombay, Asia Publishing House,

337; Kalpana Sharma, 2000, *Rediscovering Dharavi: Stories from Asia's Largest Slum*, Kindle edition, Penguin, location 873; Rajni Bakshi, 1986, *The Long Haul: The Bombay Textile Workers Strike of 1982–83*, Bombay, Build Documentation, 104; R. N. Sharma, 2000, "Politics of Urban Space," *Seminar*. www.india-Seminar.com/2000/491/491%20 r.n.%20sharma.htm; *Times of India*, 1983, "Law Limits Power of the Police," July 24; Liza Weinstein, 2008, "Mumbai's Development Mafias: Globalization, Organized Crime and Land Development," *International Journal of Urban and Regional Research* 32 (1): 28; Gyan Prakash, 2010, *Mumbai Fables: A History of an Enchanted City*, Princeton, NJ, Princeton University Press, 205 – 206.

14장

1 Nayantara Sahgal, 1982, *Indira Gandhi: Her Road to Power*, New York, Ungar, 53
2 A. S. Abraham, 1988, "Police Revolt in Gujarat: Makings of an Ominous Trend," *Times of India*, August 1.
3 Arendt, 1985 (1951), 106, 232.
4 Khushwant Singh, 2012 (2004), "Prosperity and Religious Fundamentalism," in *A History of the Sikhs*: Volume 2: *1839–2004*, Oxford Scholarship Online, 1, 8, 15; Ayesha Kagal, 1982, "Armed Coup in Golden Temple," *Times of India*, December 19.
5 Singh 2012 (2004), 6; Vandana Shiva, 2016, *The Violence of the Green Revolution*, Kindle edition, University Press of Kentucky, 178-179; Surindar Suri, 1982, "Identity Crisis amidst Change: Background of Akali Agitation," *Times of India*, December 23.
6 Singh 2012 (2004), 4, 6; George J. Bryjak, 1985, "The Economics of Assassination: The Punjab Crisis and the Death of Indira Gandhi," *Asian Affairs: An American Review* 12 (1): 29, 38.
7 슈미트와 타케레이에 대해서는 9장을 참조. Singh 2012 (2004), 1, 8.
8 Singh 2012 (2004), 12 – 13.
9 Frank 2001, 478.
10 Richard Weintraub, 1984, "Gandhi and the Sikhs: A Policy Gone Awry," *Washington Post*, November 2; *Times of India*, 1984, "Army Not to Pull Out of Punjab Now: Rajiv," September 16; *Time*, 1984, "Indira Gandhi: Death in a Garden," November 12; P. C. Alexander, 2018 [1991], *My Years with Indira Gandhi*, New Delhi, Vision Books, 147.
11 Amitav Ghosh, 1995, "The Ghosts of Mrs. Gandhi," *The New Yorker*, July 17, 35 – 41.
12 Frank 2001, 491 – 493; *Time*, 1984, "Death in a Garden," November 12.
13 Ghosh 1995.
14 Hartosh Singh Bal, 2014, "Sins of Commission," *Caravan*, September 30; *Times of India*, 1984, "Rajiv Call for Unity," November 20; William Claiborne, 1984, "Gandhi Sees Conspiracy in Death of His Mother," *International Herald Tribune*, November 20; Manoj Mitta and H. S. Phoolka, 2007, *When a Tree Shook Delhi*,

Kindle edition, Roli Books, locations 196, 1123.

15 Bal 2014.

16 Salman Rushdie, 1985, foreword to Tariq Ali, 1985, *The Nehrus and the Gandhis: An Indian Dynasty*, London, Picador, xi.

15장

1 Aarthi Ramachandran, 2012, *Decoding Rahul Gandhi*, Kindle edition, Westland Publishing, 26, 28; *Washington Post*, 1980, "Gandhi's Other Son Shies Away from Role in Public Life," August 15.

2 Sanjoy Hazarika, 1989, "Bhopal Payments by Union Carbide Set at $470 Million," *New York Times*, February 15.

3 International Idea, "India," available at: www.idea.int/data-tools/countryview/146/40; John Elliot, Mr. Gandhi Sets the Pace: Indian Election Called," *Financial Times*, November 14.

4 Mehta 1994, 61; William Stevens, 1984, "Gandhi, Slain, Is Succeeded by Son," *New York Times*, November 1.

5 Tavleen Singh, 2013, *Durbar*, New Delhi, Hatchette, 197, 200; Steven Weisman, 1988, "Gandhi Is Finding Out How Much He Has to Lose," *New York Times*, July 3.

6 Montek Singh Ahluwalia, 2020, *Backstage: The Story behind India's High Growth Years*, New Delhi, Rupa Publications, 73 – 74; Ved Mehta, 1994, *Rajiv Gandhi and Rama's Kingdom*, New Haven, CT, Yale University Press, 81.

7 International Monetary Fund, 1986, "India: Staff Report for the 1986 Article IV Consultation," SM/86/54, March 6, Washington, DC, 11; Ahluwalia 2020, 79.

8 Robert J. Shiller, 2017, "Narrative Economics," *American Economic Review* 107 (4): 981; Martin Feldstein, 1994, *American* Economic Policy *in the 1980s*: A Personal View," in Martin Feldstein, editor, *American* Economic Policy *in the 1980s*, Chicago, University of Chicago Press, 1994, Section 1.2, "Tax Policy in the 1980s," 13 – 14.

9 *Times of India*, 1985, "Firms' Donations to Parties to Be Allowed," March 17; International Monetary Fund 1986; Ahluwalia 2020, 79; Joshi and Little 1994, 180.

10 *Wall Street Journal*, 1985, "Review and Outlook (Editorial): Rajiv Reagan," March 21; *Times of India*, 1985, "Reagan Hails PM's Policies," May 9; *Times of India*, 1985, "U.S. All for United India: Reagan," June 13.

11 Jagdish Bhagwati, 1985, "Is India's Economic Miracle at Hand?" *New York Times*, June 9.

12 Nicholas Kristof, 1985, "Curbs Give Way to Welcome for Multinational Companies," *New York Times*, May 11.

13 *Times of India*, 1985a, "Concession Aimed at Software Export," March 18; *Times of India*, 1985b, "Indo-U.S. Satellite Link to Be Set Up," June 24; Harihar Krishnan, 1985, "Business Today: TI Gains Strategic Presence," United Press International, August 19; John Elliot, 1985, "Showing the Way for Developing

Countries," *Financial Times*, October 4; Marc Beauchamp, 1986, "Planet Computer," *Forbes*, February 24.

14 Sheila Tefft, 1987, "Welcome to Silicon Valley, India-Style," *Journal of Commerce*, May 18.

15 Gangadhar Gadgil, 1985, "The Bulls Have Run Amok," *Times of India*, August 18.

16 Olivier Blanchard, 1987, "Reaganomics," *Economic Policy* 2 (5): 15 – 56; Austan Goolsbee, Robert E. Hall, and Lawrence F. Katz, 1999, "Evidence on the High-Income Laffer Curve from Six Decades of Tax Reform," *Brookings Papers on Economic Activity* 2: 1 – 64, 44, 52 – 53; Annette Alstadsæter, Niels Johannesen, and Gabriel Zucman, 2019, "Tax Evasion and Inequality," *American Economic Review* 109 (6): 2073 – 2103; Thomas R. Tørsløv, Ludvig S. Wier, and Gabriel Zucman, 2020, "The Missing Profits of Nations," NBER Working Paper No. 24701, June 2018, revised April 2020.

17 Eswaran Sridharan and Milan Vaishnav, 2018, "Political Finance in a Developing Democracy: The Case of India," in Devesh Kapur and Milan Vaishnav, editors, *Costs of Democracy: Political Finance in India*, New York, Oxford University Press, 21; Vaishnav 2017, 97; Navin Chawla, 2019, *Every Vote Counts: The Story of India's Elections*, New Delhi, HarperCollins, 123; Joshi and Little 1994, 180, 226 (Table 9.1).

18 Pranab Bardhan, 1998, *The Political Economy of Development in India*, Oxford, Oxford University Press, 62; Government of India, 1986, Fourth Central Pay Commission: Report, New Delhi, July; *Times of India*, 1986, "A Necessary Correction," July 3.

19 Joshi and Little 1994, 168 (Table 6.8), 180 – 182, 193 (Table 7.5)

20 Joshi and Little 1994, 186; Ahluwalia 2020, 92 – 94.

21 Anthony Spaeth, 1988, "India's 'Rajiv Revolution' Bogged Down by the Bureaucracy It Tried to Overcome," *Wall Street Journal*, April 12.

22 *Times of India*, 1986, "Barnala Espouses Pepsi's Cause," July 29; John Elliot, 1988, "PepsiCo Clears Indian Hurdles," February 4; Anthony Spaeth and Amal Kumar, 1988, "PepsiCo Accepts Tough Conditions for the Right to Sell in India," *Wall Street Journal*, September 20.

23 외국인 투자 데이터는 세계은행의 세계 개발 지표에서 얻은 순유입액(투자자의 차변과 대변을 차감한 수치)이다. BX.KLT. DINV.CD.WD; Ahluwalia 2020, 91.

24 Arvind Panagariya, 2004, "Growth and Reforms during 1980s and 1990s," *Economic and Political Weekly* 39 (2): 2581 – 94; Spaeth 1988; Prem Shankar Jha, 1989, "The Age of Technology: India Dangerously Out of Step," *Times of India*, March 20; International Monetary Fund, 1990, "India—Staff Report for the 1990 Article IV Consultation," SM/90/92, May 16, Washington, DC, 18.

25 Nicholas Rada, 2016, "India's Post-Green-Revolution Agricultural Performance: What Is Driving Growth?" *Agricultural Economics* 47 (3): 341 – 350, 343 (Table 1); Ahluwalia 2020, 82.

26 Jha 1989; Ahluwalia 2020, 94 – 97; Daniel Southerland, 1988, "China Plans

Export-Led Economy; New Course Could Expand Foreign Investment Opportunities," *Washington Post*, January 24.

27 Peter Passel, 1987, "India as Tortoise, China as Hare: Which Stirring Giant Will Set the Pace for the Third World?" *New York Times*, April 28.

28 Prem Shankar Jha, 1993, *In the Eye of the Cyclone: The Crisis in Indian Democracy*, New Delhi, Viking, 69–70; Steven Weisman, 1987, "Gandhi in Dispute over Hiring of U.S. Detectives," *New York Times*, April 5; McDonald 2010, 111–112, 115.

29 Rajiv Gandhi, "Full Text of Rajiv Gandhi's Famous Speech," available at: www.indiatoday.in/india/story/full-text-of-rajiv-gandhis-famous-1985 -speech-152145-2013-01-21.

30 McDonald 2010, 136–137, 140–142.

31 *India Today*, 1986, "Reliance Industries under Siege, Future Seems Peppered with Question Marks," August 15; T. N. Ninan and Prabhu Chawla, 1986, "There Was No Breach of Faith with Reliance: Singh," *India Today*, August 15.

32 Jha 1993, 71–72; Steven R. Weisman, 1985, "India Cracks Down on Its Huge 'Black Economy.'" *International Herald Tribune*, December 26.

33 Jha 1993, 71–72; *The Economist*, 1987, "India's Economy," January 31.

34 McDonald 2010, 179–182, 188–191; Matt Miller, 1987, "One of India's Leading Firms Is Beset by Investigations—Reliance Industries Rose Rapidly with the Help of Government Favors," *Wall Street Journal*, July 3; Moses Manoharan, 1989, "Indian Tycoon with Common Touch Turns to World Market," *Reuters News*, July 6; David Housego, 1989, "Survey of Bombay (I): A Wayward Trendsetter," *Financial Times*, September 11.

35 Veena Das, 2015, "Corruption and the Possibility of Life," *Contributions to Indian Sociology* 49 (3): 324–328.

36 Steven Weisman, 1987, "Aide's Resignation Creates Political Crisis for Gandhi," *New York Times*, April 14; Inder Malhotra, 1987, "Political Commentary: After the Bofors Gun-Fire," *Times of India*, April 23; David Housego, 1989, "The Uncertain Road Ahead: Controversies surrounding the Forthcoming Indian Elections," *Financial Times*, October 27

37 Mehta 1994, 66–67; Tavleen Singh 2013, 215.

38 Barbara Crossette, 1988, "A Flower of North India, the Punjab, Slowly Dies," *New York Times*, October 25.

39 Khushwant Singh, 2004, *History of the Sikhs: Volume 2*, Chapter 23; Steven Weisman, 1987, "Gandhi Bolsters Forces in Punjab," *New York Times*, May 13.

40 Steven Weisman, 1985, "Gandhi Signs Pact to End Conflict on Assam Settlers," *International Herald Tribune*, August 16; Steven Weisman, 1985, "Assam Moslems Haunted by Fear of New Violence," *International Herald Tribune*, December 7–8; Sanjoy Hazarika, 1987, "India's Assam State Demanding Ban on Migration," *New York Times*, September 13; Guha 2008 (2007), 572.

16장

1 9장과 10장을 참조. Huntington 2006 (1968), 3 – 5, 359.

2 Sanjoy Hazarika, 1988a, "Sikhs Surrender to Troops at Temple: The Blockade Is Seen as a Victory for Gandhi," *New York Times*, May 19; Sanjoy Hazarika, 1988b, "45 Killed and 100 Wounded in Attacks in Punjab," *New York Times*, May 21; Sanjoy Hazarika, 1988c, "India Sending More Troops to Punjab as Toll Rises," *New York Times*, May 22; Sanjoy Hazarika, 1988d, "Thousands of Hindu Workers Flee Punjab as Sikhs Step Up Violence," *New York Times*, May 24; *New York Times*, 1988, "Sikh Terrorists Kill 10 Men after Pulling Them off a Bus," November 4.

3 Moses Manoharan, 1987, "Demonstrators, Police, Converge on Raided Newspaper Office," *Reuters News*, September 1; Richard Weintraub, 1987, "Authorities Raid Offices of Major Paper in India," *Washington Post*, September 2; Derek Brown, 1988, "Gandhi Drops Defamation Bill," *Sydney Morning Herald*, September 24.

4 Gaurav Datt, Martin Ravallion, Rinku Murgai, 2020, "Poverty and Growth in India over Six Decades," *American Journal of Agricultural Economics* 102 (1): 4 – 27, Figure 1, 7; Arendt 1985 (1951), 232.

5 Stanford Encyclopedia of Philosophy, "Carl Schmitt," available at: https:// plato. stanford.edu/entries/schmitt/; Schmitt 2007 (1927), 67; Tracy Strong, 2007, "Foreword: Dimensions of the New Debate around Carl Schmitt," in Schmitt 2007 (1927), xx – xxi.

6 Strong 2007, xxi – xxii; Arendt 1985 (1951), 460.

7 이 페이지의 상세한 내용들은 Vaibhav Purandare, 2019, *Savarkar: The True Story of the Father of Hindutva*, New Delhi, Juggernaut Books, 22, 28, 31, 4447, 57 – 60, 76, 163 – 165에 있다.

8 Vinayak Damodar Savarkar, 2009 (1923), *Hindutva: Who Is a Hindu?* New Delhi, Hindi Sahitya Sadan, 11 – 12, 45 – 6, 84, 96.

9 Purandare 2019, 26.

10 Savarkar 2009 (1923), 43, 141.

11 Walter Andersen and Sridhar Damle, 2019 (1987), *The Brotherhood in Saffron: The Rashtriya Swayamsevak Sangh and Hindu Revivalism*, New Delhi, Penguin Random House India, xiii, xvii – xviii, 24 – 26, 29 – 31; Christophe Jaffrelot, 1996, *The Hindu* Nationalist Movement and Indian Politics, 1925 to the 1990s, London, C. Hurst and Co., 34 – 36.

12 Andersen and Damle 2019, 34 – 46; Jaffrelot 1996, 32 – 35.

13 *New York Times*, 1966, "V. D. Savarkar Is Dead at 83; A Nationalist Leader," February 27.

14 The Times, 1966, "Mr. V. D. Savarkar," February 28.

15 *Times of India*, 1980a, "Vajpayee Chief of Bharatiya Janata Party," April 7; *Times of India*, 1980b, "B.J.P. Will Never Sever RSS Link," April 21.

16 *Times of India*, 1983a, "VHP Yagna Launched," November 15; Jaffrelot 1996, 360 – 362.

17 *Times of India*, 1983b, "VHP Chariots Start Journey," November 16; *Times of India*, 1983c, "Huge Delhi Crowds Hail Yatra," November 19; *Times of India*, 1983d, "Yatra Draws Big Crowds in City," December 8; *India Today*, 1983,

"VHP-Organised Ekatmata Yagna to Roll across India," November 30.

18 Jaffrelot 1996, 363; Thomas Blom Hansen, 1999, *The Saffron Wave*, Princeton, NJ, Princeton University Press, 155; Prem Shankar Jha, 1993, *In the Eye of the Cyclone*, New Delhi, Penguin Books, 187.

19 Jaffrelot 1996, 363; S. P. Udayakumar, 1997, "Historicizing Myth and Mythologizing History," *Social Scientist* 25 (7/8): 13; *India Today*, 1984, "Ram Janmbhumi: Ayodhya Becomes Rallying Point for Start of Yet Another Communal Skirmish," October 31.

20 Jaffrelot 1996, 334 – 335; Inder Malhotra, 2014, "Rear View: The Era of the Politics of Appeasement," *Indian Express*, December 8.

21 *Times of India*, 1986, "Arif Quits over 'Talaaq'" Bill," February 27; Francine Frankel, 2005, *India's Political Economy*, 1947 – 2004, second edition, New Delhi: Oxford University Press, 684; Wajahat Habibullah, 2020, *My Years with Rajiv: Triumph and Tragedy*, Kindle edition, Westland Publications, 104; Krishna Pokharel and Paul Beckett, 2012, "WSJ BLOG/India Real Time: Ayodhya, the Battle for India's Soul: Chapter Three," *Dow Jones Global Equities News*, December 5.

22 Malhotra 2014; Udayakumar 1997, 14.

23 Bhaskar Ghosh, 2005, *Doordarshan Days*, New Delhi, Penguin Books, 38.

24 Soutik Biswas, 2011, "Ramayana: An 'Epic' Controversy," BBC News, October 19; William Darlymple, 2008, "An Indian Life Is Here," *Guardian*, August 22; Associated Press, "Televised Hindu Epic Mesmerizes India," January 27; Rahul Verma, 2019, "The TV Show That Transformed Hinduism," BBC Culture, October 22.

25 Arvind Rajagopal, 2001, *Politics after Television: Religious Nationalism and the Reshaping of the Indian Public*, Cambridge, Cambridge University Press, 77, 84.

26 Pankaj Mishra, 2013 (1995), *Butter Chicken in Ludhiana: Travels in Small Town India*, Gurgaon, India, Penguin, 80; Anuradha Kapur, 1991, "Militant Images of a Tranquil God," *Times of India*, January 10.

27 M. J. Akbar, 1988, *Riot after Riot: Report on Caste and Communal Violence in India*, New Delhi, Penguin Books, 126, 151, 168; Ajay Kumar, 1987, "Factors behind December riots," *Times of India*, December 9; Seema Sirohi, 1987, "Anatomy of a Riot: Hindu–Moslem Incident Explodes into Bloodbath," Associated Press, June 5; Rajendra Bajpai, 1987, "Amnesty Accuses Indian Police of Killing Moslems," *Reuters News*, November 19; Manira Chaudhury, 1987, "30 Years after UP's Hashimpura Massacre, Survivors Recount Night of 'Bloodbath,' Rue Lack of Justice," *Hindustan Times*, May 22.

28 Thomas Blom Hansen, 2001, *Wages of Violence*, Princeton, NJ, Princeton University Press, 74, 76 – 77, 83; Jayant Lele, 1995, "Saffronisation of Shiv Sena: Political Economy of City, State, and Nation," *Economic and Political Weekly* 30 (25): 1526.

29 *Times of India*, 1989, "Return to the Slot," June 13.

30 David Housego, 1989a, "Mosque May Become Storm Centre of Election: A

Communal Flare-Up Is Likely to Favour the Congress Party," *Financial Times*, October 19; David Housego, 1989b, "Gandhi Yields to Hindu Militants in Dispute over Temple," *Financial Times*, November 10; Habibullah 2020, 125; Frankel 2005, 685.

31 Chandan Mitra, 1989, "Anti-Rajiv Backlash: The Price of Modernism," *Times of India*, November 17; *Times of India*, 1989, "Arson Spree in Bhagalpur," November 15.

17장

1 Putnam 2020, 303 – 306.

2 Mishra 2013 (1995), xii – xvii.

3 Mishra 2013 (1995), 88 – 91.

4 Mishra 2013 (1995), 243 – 250.

5 Francine Frankel, 2005, *India's Political Economy, 1947 – 2004*, second edition, New Delhi, Oxford University Press, 686 – 687; Albert Hirschman and Michael Rothschild, 1973, "The Changing Tolerance for Income Inequality in the Course of Economic Development: With a Mathematical Appendix," *Quarterly Journal of Economics* 87 (4): 545.

6 Barbara Crossette, 1989, "Ayodhya Journal; Among Marigolds, a Holy Place and Unholy Fury," *New York Times*, October 27; Francine Frankel, 2005, *India's Political Economy, 1947–2004*, 2nd edition, New Delhi, Oxford University Press, 686 – 687; Sanjoy Hazarika, 1989, "Shots Miss India's Opposition Leader," *New York Times*, November 25.

7 John Pomfret, 1989, "New Balloting Order in Gandhi's District; Vote Fraud Cited," Associated Press; *Times of India*, 1989, "Poll Perversion," November 25.

8 Robert Putnam, 2020, *The Upswing: How America Came Together a Century Ago and How We Can Do It Again*, Kindle edition, Simon & Schuster, 4, 6, 41 – 48.

9 *Times of India*, 1990, "Open Industry to Competition," June 19; World Bank, 1990, "India: Trends, Issues, and Options," Report No. 8360-IN, May 1, Washington, DC, ii, 33 – 34; World Bank, 1991, "Gender and Poverty in India: Issues and Opportunities concerning Women in the Indian Economy," Report No. 8072-IN, June 14, Washington, DC.

10 Barbara Crossette, 1990, "A Gandhi Crusades against a Befouled India," *New York Times*, June 7; The Times, 1990, "Mrs. Maneka Gandhi Starts Green Campaign to Clean Up Delhi," May 11; World Resources Institute, 1990, *World Resources 1990–91: A Guide to the Global Environment*, Oxford, Oxford University Press, 3 (그림 1.4).

11 15장을 참조. 1990년의 거시 데이터는 IMF의 *World Economic Outlook* database 에서 인용. International Monetary Fund, 1990, "India: Staff Report for the 1990 Article IV Consultation," SM/90/92, Washington, DC, May 16, 4.

12 Bill Tarrant, 1989, "New Indian Prime Minister Pledges More Help for Poor," December 3; David Housego, 1989, "Man in the News: Time of Trial for a Shy Man's Political Skills," *Financial Times*, December 2; International Monetary

Fund, 1991, "India: Article IV Consultation and Request for Stand-By Arrangement," EBS/91/176, Washington, DC, October 9, 5; World Bank, 1991, "India: 1991 Country Economic Memorandum," Report No. 9412-IN, August 23, Washington, DC, ii, 13, 17, 43.

13 International Monetary Fund, 1992, "India—Staff Report for the 1992 Article IV Consultation and Second Review under Stand-By Arrangement," EBS/92/175, November 6, Washington, DC, 4a (Chart 1).

14 Christophe Jaffrelot, 2003, *India's Silent Revolution: The Rise of the Lower Castes in North India*, New York, Columbia University Press, 337; 또한 12장을 참조. *Times of India*, 1981, "Backward Class Report on, December 31," December 23; Ashwini Deshpande, 2013, *Affirmative Action in India*, New Delhi, Oxford University Press, 67, 73; Deshpande 2013, 75.

15 Sanjay Ruparelia, 2015, *Divided We Govern: Coalition Politics in Modern India*, New Delhi, Oxford University Press, chapters 5 and 6

16 Jaffrelot 2003, 347; *Times of India* news reports, August 1990; Paul Flather, 1990, "When Caste Becomes a Burning Issue," The Times Higher Education Supplement, November 9.

17 *Times of India*, 1990a, "... and Accent on Harmony," September 25; *Times of India*, "1990b, Keep Out, BJP, Tells Police," September 25; Prasun Sonwalkar, 1990, "Can Advani Ape Sardar?" *Times of India*, September 27.

18 Violette Galonnier, 2013, "Hindu-Muslim Riots in India II (1986–2011). www.sciencespo.fr/mass-violence-war-massacre-resistance/en/document/hindumuslim-communal-riots-india-ii-1986-2011.html.

19 Reuters, 1990, "India Ratings Lowered: Cut Will Mean Costlier Credit," *International Herald Tribune*, October 5; World Bank 1991, 13, 43; Tim McGirk, 1990a, "India Urged to Seek Funds from IMF," *The Independent*, October 14.

20 Tim McGirk, 1990b, "Prime Minister Resigns amid Shouts and Fisticuffs," *The Independent*, November 8; Barbara Crossette, 1990a, "India's Cabinet Falls as Premier Loses Confidence Vote by 142–346," *New York Times*, November 8; Barbara Crossette, 1990b, "A Question Unanswered: Where Is India Headed?" *New York Times*, November 11.

21 International Monetary Fund, 1991, "India—Use of Fund Resources; Request for Stand-By Arrangement and for a Purchase under the Compensatory and Contingency Financing Facility," EBS/91/4, January 7, Washington, DC, 3–4, 25.

22 David Housego, 1991, "A Passage to Paralysis," *Financial Times*, February 22; Associated Press, 1991, "Gandhi Asks for Elections," March 9.

23 Barbara Crossette, 1991, "Sonia Declines Presidency of Party," *New York Times*, May 23.

24 International Monetary Fund, 1991, "India: Staff Report for the 1991 Article IV Consultation and Request for Stand-By Arrangement," EBS/91/176, Washington, DC, October 9, 18, 그리고 4장과 5장을 참조.

25 Montek Singh Ahluwalia, 2020, *Backstage: The Story behind India's High Growth*

Years, New Delhi, Rupa Publications, 130; Agence France-Presse, 1991, "India's Finance Minister Denies IMF Pressure to Devalue Rupee," July 1; I. G. Patel, 2002, *Glimpses of Indian* Economic Policy: *An Insider's View*, New Delhi, Oxford University Press, 170 – 171.

26 Ahluwalia 2020, 131.

27 Agence France-Presse, 1991b, "Rupee Cut Further; Devaluation Not at IMF Behest, Indian Premier Says," July 3; Ahluwalia 2020, 132.

28 5장을 참조. I. G. Patel, 1990, "Economic Policy: II Indian Scene," *Economic Times*, April 26; Bimal Jalan, 1991, "India's Economic Crisis: The Way Ahead," New Delhi, Oxford University Press, 222 – 223; Ahluwalia 2020, 136.

29 *Times of India*, 1991, "Gold Deposited Not Sold, Says RBI," July 9; K. K. Sharma and R. C. Murthy, 1991, "India Sends 25 Tonnes of Gold to London as Loan Security," *Financial Times*, July 9.

30 Vinay Sitapati, 2018, *The Man Who Remade India: A Biography of P. V. Narasimha Rao*, Kindle edition, Oxford University Press, 129 – 130.

31 Manmohan Singh, 1991, "Budget 1991 – 92 Speech of Shri Manmohan Singh," July 24, www.indiabudget.gov.in/doc/bspeech/bs199192.pdf.

32 International Monetary Fund 1991, 32 – 35; Mishra 2013 (1995), 126.

33 Agence France-Presse, 1992, "Eco News Indian Stock Prices Sky-Rocket in Unprecedented Bull Rampage," March 24; David Housego and R. C. Murthy, 1992, "India Gets a Big Bout of Asian Stock Market Fever," *Financial Times*, March 6.

34 A. Banerjee, 1992, "The Many Joys of Insider Trading," *Times of India*, April 12

35 Sucheta Dalal and R. Srinivasan, 1992, "SBI Asks Broker to Square Up," *Times of India*, April 23.

36 K.B.L. Mathur, 2002, "Public Sector Banks: Should They Be Privatized?" *Economic and Political Weekly* 37 (23): 2245 – 2256, Table 1.

37 Joshi and Little 1996, 119 – 121; D. N. Ghosh, 2015, No Regret, New Delhi, Rupa Publications, 183 – 184; Rajendra Bajpai, 1992, "Details of US$1 billion Bombay Scam Unveiled," *Business Times Singapore*, June 4; Suman Dubey, 1992, "Bank Shortfalls Mount in Probe of India Scandal—Criminal Complaint Expected to Be Filed in Securities Affair," *Asian Wall Street Journal*, May 26; Debashis Basu and Sucheta Dalal, 2014 (1993), *Scam: From Harshad Mehta to Ketan Parekh*, Kindle edition, Kensource Information Services, 17.

38 Mishra 2013 (1995), 126.

39 Singh 2020, 157; Richard Waters and R. C. Murthy, 1992, "Top Banker Casualty of Share Scandal," *Financial Times*, June 4; Agence France-Presse, 1993, "Managing Director of Top Indian Bank Sacked," June 25; Suman Dubey, 1993, "India's Political, Economic Stability Faces Threat from Payoff Allegations," *Wall Street Journal*, June 17.

40 R. C. Mody, 1992, "Stocks Scandal: Where the RBI Went Wrong," *Economic Times*, June 17; Bimal Jalan, editor, 2013, *The Reserve Bank of India*, Volume 4, 1981-1997, Bombay, Reserve Bank of India, 846.

41 Vijay Joshi and Ian Little, 1996, *India's Economic Reforms 1991–2001*, Oxford, Oxford University Press, 149; Ahluwalia 2020, 161.

42 Madhav Reddy, 1993, "Coke Returns to India in Launch near Taj Mahal," *Reuters News*, October 25.

43 *Reuters News*, 1994, "India Allows Morgan Stanley to Start Investment Bank," May 30; N. Vidyasagar, 2001, "3 Indians in Fortune-50 List of Powerful Women," *Times of India*, October 7; 현재 미국 달러로 1인당 소득은 https://data.worldbank.org/indicator/NY.GDP.PCAP.CD?locations=IN.

44 Dani Rodrik, 1992, "The Limits of Trade Policy Reform in Developing Countries," *Journal of Economic Perspectives* (Winter): 90, 102; Paul Krugman, 1995, "Dutch Tulips and Emerging Markets," *Foreign Affairs* 74:(4): 28 – 44.

45 World Bank 1992, 25, 84. World Bank 1991, viii; World Bank, 1996a, "China: Social Sector Expenditure Review," Report No. 17348 CHA, February, Washington, DC, i; World Bank, 1996b, "India Country Economic Memorandum—Five Years of Stabilization and Reform: The Challenges Ahead," Report No. 15882-IN, August 8, Washington, DC, iv; World Bank 1996c, "India: Primary Education Achievement and Challenges," Report No. 15756-IN, September 1, Washington DC, xi.

46 World Bank 1996b, xvii; Mishra 2013 (1995), 143, 189 – 190.

47 Madhav Gadgil and Ramachandra Guha, 1995, *Ecology and Equity: The Use and Abuse of Nature in Contemporary India*, New York, Routledge, 68 – 96.

48 Shiraz Sidhva, 1996, "Court Crackdown on Dubious Campaign Funds," *Financial Times*, April 6; Vinay Sitapati, 2020, *Jugalbandi: The BJP before Modi*, Penguin, Gurgaon (India), 193.

18장

1 Thomas Blom Hansen, 2001, *Wages of Violence: Naming and Identity in Postcolonial Bombay*, Princeton, NJ, Princeton University Press, 227 – 235.

2 Organiser, 1988, "Angry Hindu! Yes, Why Not?," February 14.

3 수치들은 IMF의 *World Economic Outlook* database의 것을 사용하였다. IMF는 이러한 수치를 정기적으로 업데이트하기 때문에 당시 IMF자체 수치나 인도정부에서 제시한 수치와 다소 차이가 있다.

4 Edward Gargan, 1992, "A Religious Zeal Turns into Abuse," *New York Times*, December 7; Christophe Jaffrelot, 1996, *The Hindu* Nationalist Movement and Indian Politics, 1925 to the 1990s: Strategies of Identity-Building, Implantation, and Mobilisation, London, Hurst and Company, 455.

5 *Reuters News*, 1992, "Death Toll Crosses 200 in Indian Riots," December 7.

6 Clarence Fernandez and Naresh Fernandes, 1993, "The Winter of Discontent," in Dileep Padgaonkar, editor, *When Bombay Burned; Reportage and Comments on the Riots and Blasts from the Times of India*, New Delhi, UBS Publishers' Distributors Ltd., 13 – 14.

7 Edward Miguel and Shanker Satyanath, 2011, "Re-examining Economic Shocks and Civil Conflict," *American Economic Journal: Applied Economics* 3 (October):

228 – 232; Ramesh Menon and Raj Chengappa, 1993, "Explosive Factors Like Unemployment and Ghettos Turn Cities into Communal Tinder-Boxes," *India Today*, January 31; Darryl D'Monte, 1993, "What Bombay Teaches Us," in Dileep Padgaonkar, editor, 296.

8 Vaibhav Purandare, 2012, *Bal Thackeray and the Rise of Shiv Sena*, Kindle edition, Roli Books, location 3154.

9 Clarence Fernandez and Naresh Fernandes, 1993, "A City at War with Itself," in Dileep Padgaonkar, editor, 13 – 14; Rajdeep Sardesai, 1993, "The Great Betrayal," in Dileep Padgaonkar, editor, 199; Jaffrelot 1996, 458 – 460; Kalpana Sharma, 1995, "Chronicle of a Riot Foretold," in Sujata Patel and Alice Thorner, editors, *Bombay: Metaphor for Modern India*, Bombay, Oxford University Press, 276 – 282; Hansen 2001, 125 – 126; Prakash 2010, 229 – 300.

10 William Darlymple, 1993, "Major Will Feel the Heat in Bombay," Sunday Telegraph, January 24.

11 7장을 참조. Sharma 1995, 274.

12 Jan Nijman, 2000, "Mumbai's Real Estate Market in the 1990s: Deregulation, Global Money, and Casino Capitalism," *Economic and Political Weekly*, February 12 – 16, 35 (7): 575 – 582; R. Sridhar, 1994, "Why the Price Rise?" *Times of India*, October 29; Molly Moore, 1995, "As Bombay Real Estate Soars, Yuppies Go Slumming," *International Herald Tribune*, February 6; Prakash 2010, 295 – 298.

13 Gyan Prakash, 2010, *Mumbai Fables: A History of an Enchanted City*, Princeton, NJ, Princeton University Press, 300 – 301; Sharma 1995, 285.

14 Curtis Milhaupt and Mark West, 2000, "The Dark Side of Private Ordering: An Institutional and Empirical Analysis of Organized Crime," *University of Chicago Law Review* 67 (1): 41 – 98; Sharma 1995, 274; Hansen 2001, 125; Zaidi, S. Hussain, 2014, *Byculla to Bangkok*, Noida, India: Harper Collins, 90.

15 Sharma 1995, 274; Vaishnav 2017, xi, 77; Navin Chawla, 2019, *Every Vote Counts: The Story of India's Elections*, New Delhi, HarperCollins, 136 – 137; Sardesai 1993, 185.

16 "Vohra Committee Report," Ministry of Home Affairs, India, https://adrindia.org/sites/default/files/VOHRA%20COMMITTEE%20REPORT_0.pdf.

17 M. L. Sharma, 1999, "Organized Crime in India: Problems and Perspectives," *Resource Material Series* No. 54, The United Nations Asia and Far East Institute for the Prevention of Crime and the Treatment of Offenders (UNAFEI), Tokyo; Nicholas Martin and Lucia Michelutti, 2017, "Protection Rackets and Party Machines," *Asian Journal of Social Science* 45 (6): 704; Sam Asher and Paul Novosad, 2020, "Digging for Dirt: Rent-Seeking among Elected Politicians in India's Mineral Belt," voxdev .org, November 16; *Business Standard*, 1997, "Cong Flays Installation of Kalyan as CM," September 22; *India Today*, 1997a, Uttar Pradesh: Stooping to Conquer," November 10.

18 *India Today*, 1997b, "Rule of Flaw," November 24.

19 M. L. Sharma 1999; Sunil Sethi, 1998, "Criminal Virus in Body Politic," *Times of India*, February 13; Agence France-Presse, 1997, "Indian Minister Wants Parties to

Keep Criminals out of Elections," August 31; Agence France-Presse, 1998, "Hindu Nationalist Leader among Indian 'Blacklisted' Candidates," February 12; Nicholas Martin and Lucia Michelutti, 2017, "Protection Rackets and Party Machines," *Asian Journal of Social Science* 45 (6): 704; Sam Asher and Paul Novosad, 2020, "Digging for Dirt: Rent-Seeking among Elected Politicians in India's Mineral Belt," voxdev.org, November 16.

20 Nishith Prakash, Marc Rockmore, and Yogesh Uppal, 2019, "Do Criminally Accused Politicians Affect Economic Outcomes? Evidence from India," *Journal of Development Economics* 141: 102370; Nishith Prakash, Soham Sahoo, Deepak Saraswat, and Reetika Sindhi, 2022, "When Criminality Begets Crime: The Role of Elected Politicians in India," IZA DP 15259, April.

21 Melissa Dell, Benjamin Feigenberg, and Kensuke Teshima, 2019, "The Violent Consequences of Trade-Induced Worker Displacement in Mexico," *American Economic Review: Insights* 1 (1): 43–58; Maria Micaela Sviatschi, 2019, "Making a Narco: Childhood Exposure to Illegal Labor Markets and Criminal Life Paths," Princeton University, February 18, www.micaelasviatschi.com/wp-content/uploads/2019/02/jmp37.pdf.

22 Coll 1993; Khushwant Singh, 1993, "India, *The Hindu* State," *New York Times*, August 3, 7.

23 *Hindustan Times*, 1999, "Quartet Was at Party for Long," May 6.

24 Surinder Awasthi, 1999, "Venod Sharma Was in Line for Cong Ticket," *Times of India*, May 5; *Times of India*, 2006, "No One Killed Jessica," February 22, https://timesofindia.indiatimes.com/city/delhi/no-one-killed-jessica/articleshow/1423393.cms.

25 Seema Jayachandran, 2017, "Fertility Decline and Missing Women," *American Economic Journal*: Applied Economics 9 (1): 120; Milan Vaishnav, 2017, *When Crime Pays*, New Haven, CT, Yale University Press, 65, 90, 109.

26 Sen 1982; Nishith Prakash and Krishna Chaitanya Vadlamannati, 2019, "Girls for Sale? Child Sex Ratio and Girl Trafficking in India," Feminist Economics 25 (4): 267–308; Scott South, Katherine Trent, and Sunita Bose, 2014, "Skewed Sex Ratios and Criminal Victimization in India," *Demography* 51: 1019–1040; Lena Edlund, Hongbin Li, Junjian Yi, and Junsen Zhang, 2013, "Sex Ratios and Crime: Evidence from China," *Review of Economics and Statistics* 95 (5): 1520–1534; Joseph Sabia, Angela Dills, and Jeffrey DeSimone, 2013, "Sexual Violence against Women and Labor Market Outcomes," *American Economic Review* 103 (3): 274–278; Zahra Siddique, 2018, "Violence and Female Labor Supply," IZA Discussion Paper No. 11874.

27 Rebecca Menes, 2006, "Limiting the Reach of the Grabbing Hand: Graft and Growth in American Cities, 1880 to 1930," in Edward L. Glaeser and Claudia Goldin, editors, *Corruption and Reform: Lessons from America's Economic History*, Chicago, University of Chicago Press, 63–64, 81–82, 87, 90; Edward L. Glaeser and Claudia Goldin, 2006, "Introduction," In Glaeser and Goldin, editors, 7.

28 Menes 2006, 63.

29 Robert Gordon, 2016, *The Rise and Fall of American Growth: The U.S. Standard of Living since the Civil War*, Princeton, NJ, Princeton University Press, 1 – 18, 535 – 538, 562 – 565; Menes 2006, 67; Glaeser and Goldin 2006, 19 – 20.

30 Hamish McDonald, Ambani and Sons, New Delhi, Roli Books, 234, 243; *Strait Times*, 1993, "Colonel Sanders to Head for India, More Foreign Brands to Follow," November 20.

31 Purandare 2014, locations 3286, 3862, 3836, 3898, 3900, 3913, 3926; *Times of India*, 1995, "City Renamed as Mumbai," June 29.

32 Government of India, 2000, *Economic Survey*, New Delhi, 192 and Tables 3.1 – 3.2.

33 John Zubrzycki, 1996, "India's Corruption Scandal Casts a Shadow Over Elections," *Christian Science Monitor*, March 26; *Reuters News*, 1994, "Details of Charges against Fired Ministers," December 23; Miriam Jordan, 1996, "India's Reforms Excite Growth, Not Voters," *Wall Street Journal*, April 26.

34 Agence France-Presse, 1997, "Indian Poll Panel Wants Criminals out of Politics," August 25; Agence France-Presse, 1998, "Hindu Nationalist Leader among Indian 'Blacklisted' Candidates," February 12.

35 International Monetary Fund, 1997, "India—Staff Report for the 1997 Article IV Consultation," June 11, Washington, DC, 11 – 14; Tony Lawrence, 1996, "Untitled," Agence France-Presse, October 13.

36 *Hindustan Times*, 1998, "Discordant Voices," February 2; Neena Vyas, 1999, "BJP Seeks to Reap Twin Advantage," *The Hindu*, August 25.

37 Agence France-Presse, 1999, "No Place for Criminals in Indian Parliament: Election Commissioner," September 28; Vidya Subrahmaniam, 1995, "Why the BJP Cannot Have a Secular Face," *Times of India*, April 18.

19장

1 Sandhya Soman, 2016. "How a Thirst for a Good Coffee Has Transformed Bengaluru's Cafes," *Times of India*, July 12; Apoorva Puranik, 2019, "A Lot Still Happening over Coffee: How VG Siddhartha's Café Coffee Day Transformed the Simple Brew into a Lifestyle," *Economic Times*, August 3; *Financial Times*, 1997, "Bargain Brains Are a High-Power Force," June 24.

2 *Times of India*, 1998, "Cybernetic Indulgences," September 20.

3 Miriam Jordan, 1996, "Irony in India: Will Voters Bite the Hand That Fed Them?" *Wall Street Journal*, May 6.

4 Ahluwalia 2020, 198 – 200; Agence France-Presse, 1998, "Indian PM Defends Bold Nuclear Tests," December 31.

5 *Financial Times*, 1999, "Asia-Pacific: Full-Scale War Stalks Kashmir's Line of Control," June 17; Amir Zia, 1999, "Clinton Urges Pakistan to Withdraw Guerrilla Forces from Kashmir," Associated Press, June 16; Narayanan Madhavan, 1999, "WRAP-UP: India Takes Kashmir Height, Gets G8 Support," *Reuters News*, June 20.

6 Amit Baishya, 2016, "What Do We Know…. What Have We Learnt?" *South Asian Review* 37 (3): 113.

7   Mary Daly and Robert Valletta, 2004, "Performance of Urban Information Technology Centers: The Boom, the Bust, and the Future," *Federal Reserve Board of San Francisco Economic Review*, April, 1.

8   Associated Press Newswires, First Indian-Registered Direct Listing on a U.S. Market," March 11; Saritha Rai, 2004, "Infosys Sales Show the Power of Outsourcing," *International Herald Tribune*, April 14; *Business Standard*, 1999, "Options Flourish at Infosys," March 11.

9   Agence France-Presse, 1999, "Indian Software Firms Digging Y2K Goldmine," February 14; Abhijit Banerjee and Esther Duflo, 2000, "Reputation Effects and the Limits of Contracting: A Study of the Indian Software Industry," *Quarterly Journal of Economics*, August, 989–1017.

10 *The Economist*, 1996, "Software in India: Bangalore Bytes," March 23; *Financial Times* 1997.

11 *The Economist*, 1999, "Booting up Andhra Pradesh," September 11; Business Line, 1999, "Inviting Investments," January 24; *The Hindu*, 1999, "A Tale of Three Cities," January 10.

12 *Business Times Singapore*, 2000, "East Asia Should Tap India's Software Boom," January 31; Jane Perez, 2000, "Clinton Lauds Technology as Key to India's Economy," *New York Times*, March 25; Charles Babington, 2000, "Clinton Urges Indian High-Tech Leaders to Help Poor," *Washington Post*, March 25.

13 Sadananda Dhume and Pramit Mitra, 1999, "Indian Service Sector as Engine for Econ Growth," *Dow Jones International News*, August 25; Mark Landler, 2001, "Hi, I'm in Bangalore (But I Can't Say So)," *New York Times*, March 21.

14 Reserve Bank of India, "Handbook of Statistics on Indian Economy" (나중의 Reserve Bank Handbook), www.rbi.org.in/scripts/PublicationsView.aspx?id=7704.

15 Ahluwalia 2020, 214–216

16 Employment in the IT sector from Ministry of Electronics and Information Technology, "Software and Services Sector," available at: www.meity.gov.in/content/software-and-services-sector; national labor force data from Ghose 2019, 6, Table 3.1, 44; 또한 T. S. Papola and Partha Pratim Sahu, 2012, "Growth and Structure of *Employment in India*: Long-Term and Post-Reform Performance and Emerging Challenge," Institute for Studies in Industrial Development, Delhi, March.

17 Hamish McDonald, 1993, "India—Punjab Pacified: Terrorism Wanes but Police Methods Come under Fire," *Far Eastern Economic Review*, April 1.

18 International Monetary Fund, 1998, "India—Staff Report for the 1998 Article IV Consultation," SM/98/197, July 29, Washington, DC, 6, 10; Karen Elliott House, 1995, "Two Asian Giants Growing Apart," *Wall Street Journal*, February 24; B. Raman, 1997, "Race to the New Millennium," *Business Line (The Hindu)*, April 8.

19 International Monetary Fund 1998, 8, 10.

20 Ahluwalia 2020, chapters 9 and 10; David Gardner, 2000a, "Indian Infrastructure: Populist Polices Undermine New Investment," *Financial Times*, March 29.

21 *Business Line*, 1999, "Integrated Highway Project Gets off the Mark," January 2;

Shefali Rekhi, 1999, "Roads: Work in Progress," *India Today*, January 11.

22 David Gardner, 2000b, "Sell-offs to Favour Indian Investors," *Financial Times*, August 22.

23 Hugo Restall, 2001, "Examining Asia: Press Ahead with Privatization," *Asian Wall Street Journal*, July 11; Agence France-Presse, 2000a, "India to Sell Stakes in Oil Firm, Trading Companies," October 6; Agence France-Presse, 2000b, "Indian Cabinet Sets in Motion Privatization Plan for Leading Carmaker," November 18; Business Today, 2001, "Divestment's Daring Duo," December 9; P. Manoj, 2018, "Golden Period of Privatisation," *Business Line (The Hindu)*, August 17.

24 International Monetary Fund, 2004, "India—Staff Report for the 2004 Article IV Consultation," SM/04/431, December 23, Washington, DC, 3

25 Barry Bosworth and Susan Collins, 2008, "Accounting for Growth: Comparing China and India," *Journal of Economic Perspectives* 22 (2): 45 – 66, Table 3, 54; 또한 3장을 참조.

26 Shalini Singh, 2001, "Mill to Mall—Phoenix Comes of Age," *Economic Times*, November 14; Neha Deewan, 2007, "Check Out the Most Expensive Malls in the Country," *Economic Times*, December 3.

27 Jonathan Lehne, Jacob Shapiro, and Oliver Vanden Eynde, 2018, "Building Connections: Political Corruption and Road Construction," *Journal of Development Economics* 131: 62 – 78.

28 Casey Ichniowski and Anne Preston, 1989, "The Persistence of Organized Crime in New York City Construction: An Economic Perspective," *ILR Review* 42 (4): 549 – 565; Giuseppe De Feo and Giacomo Davide De Luca, 2017, "Mafia in the Ballot Box," *American Economic Journal: Economic Policy* 9 (3): 134 – 167; David Roos, "Sand Is in Such High Demand, People Are Stealing Tons of It," available at: https://science.howstuffworks.com/environmental/conservation/issues/sand is-such-high-demand-people-are-stealing-tons-it.htm; M. Naveen Saviour, 2012, "Environmental Impact of Soil and Sand Mining: A Review," *International Journal of Science, Environment, and Technology* 1 (3): 127, 130, 132.

29 Ajit K. Ghose, 1999, "Current Issues of Employment Policy in India," *Economic and Political Weekly* 34 (36): 2592, 2594, 2599; Ghose 2019, Figure 3.6, 60 – 62.

30 Rana Dasgupta, 2015 (2014), *Capital: The Eruption of Delhi*, London, Canongate, 276.

31 Smriti Rao and Vamsi Vakulabharanam, 2018, "Migration Crises and Social Transformations in India since the 1990s," *Political Economy Research Institute: Working Paper Series* 450, 7; Jan Breman, 1996, *Footloose Labour: Working in India's Informal Economy*, Cambridge, Cambridge University Press, 45 – 46, 51, 55 – 56, 73-79; Ghose 1999, 2592; Ghose 2019, 60 (그림 3.6), 134.

32 Ahluwalia 2020, 399 – 403

33 Government of India, 1951, "The First Five Year Plan: A Draft Outline," Planning Commission, New Delhi, July, 14; Lockwood 1968 (1954), 462 and Table 40, 465.

34 World Bank, 1992, *Trends in Developing Countries 1992*, Washington, DC, 119, 301; World Bank's *World Development Indicators* database.

35 Kenneth Kang and Vijaya Ramachandran, 1999, "Economic Transformation in Korea: Rapid Growth without an Agricultural Revolution?" *Economic Development and Cultural Change* 47 (4): 790; Kang Hua Cao and Javier Birchenall, 2013, "Agricultural Productivity, Structural Change, and Economic Growth in Post Reform China," *Journal of Development Economics* 104: 177; Bosworth and Collins 2008, 54.

36 Census of India 1991 and 2001, Economic Tables on distribution of main and marginal workers; Ghose 1999, Table 8, 2599.

37 Government of Andhra Pradesh, 2012, "Statistical Abstract of Andhra Pradesh 2011," Table 1.1, 12; Table 4.27, 190; Guillaume Gruère and Debdatta Sengupta, 2011, "Bt Cotton and Farmer Suicides in India: An Evidence-Based Assessment," *Journal of Development Studies* 47 (2): 326 – 328.

38 Randeep Ramesh, 2004, "Prophets of Cyberabad Face Rural Backlash: Farmers in India's Most IT-Friendly State Set to Vote Chief Minister out of Office," *Guardian*, May 10.

39 World Bank, 1997, "India Andhra Pradesh: Agenda for Economic Reforms," Report No. 15901-IN, Washington, DC, January 16, 1 – 4; Gruère and Sengupta 2011, 318.

40 B. B. Mohanty, 2005, "We Are Like the Living Dead: Farmer Suicides in Maharashtra, Western India," *Journal of Peasant Studies* 32 (2): 243 – 276; Gruère and Sengupta 2011, 318; Ramesh 2004.

41 Government of Andhra Pradesh, 2012, "Statistical Abstract of Andhra Pradesh 2011," Table 1.1, 12; Table 4.27, 190

42 Kavitha Iyer, 2021, *Landscapes of Loss*, Kindle edition, HarperCollins India, 특히 3 장.

43 Ramesh Chand, S. S. Raju, and L. M. Pandey, 2007, "Growth Crisis in Agriculture: Severity and Options at National and State Levels," *Economic and Political Weekly* 42 (26): Tables 1 and 2, 2529 – 2531; Akhil Gupta, 2016, "Farming as a Speculative Activity: The Ecological Basis of Farmers' Suicides in India," University of California, Los Angeles, February, 12 – 15; Scott Jasechko and Debra Peronne, 2021, Global Groundwater Wells at Risk of Running Dry," *Science* 372, 418 – 421, 419.

44 Felix Kogan and Wei Guo, 2016, "Early Twenty-First-Century Droughts during the Warmest Climate," *Geomatics, Natural Hazards, and Risk* 7 (1): 133; *Times of India*, 2000, "Famines as Photo Ops," April 20; *Times of India*, 2002, "Grain Output, May Decline to 90.8mt," September 24.

45 Ashok Das, 2003, "Naidu Back, Writes to PM on Drought," *Hindustan Times*, October 6; K. Balagopal, 2006, "Maoist Movement in Andhra Pradesh," *Economic and Political Weekly* 41 (29): 3183 – 3187; P. V. Ramana, 2006, "The Maoist Movement in India," *Defense and Security Analysis* 22 (4): 435 – 449; Maitreesh Ghatak and Oliver Vanden Eynde, 2017, "Economic Determinants of Maoist Conflict in India," *Economic and Political Weekly* 52 (39): 69 – 76, Figure 1 and Table 1, 70; Oliver Vanden Eynde, 2018, "Targets of Violence: Evidence from

India's Naxalite Violence," *Economic Journal* 128 (March): 887 – 916.

46 Ingrid Dallmann and Katrin Millock, 2017, "Climate Variability and Inter State Migration in India," *CESifo Economic Studies*, 583 – 584; Ram B. Bhagat and Kunal Keshri, 2020, "Internal Migration in India," in Martin Bell, Aude Bernard, Elin Charles-Edwards, and Yu Zhu, editors, *Internal Migration in the Countries of Asia*, Cham, Switzerland, Springer, 211 – 212.

47 Amy Waldman, 2004, "Low-Tech or High, Jobs Are Scarce in India's Boom," *New York Times*, May 6; Kunal Keshri and Ram B. Bhagat, 2013, "Socioeconomic Determinants of Temporary Labour Migration in India," Asian Population Studies 9 (2): 175, 180 – 182.

48 Uttaran Das Gupta, 2020, "Frames per Second: The Long Walk Home," *Business Standard*, April 10.

49 Martha C. Nussbaum, 2007, *The Clash Within: Democracy, Religious Violence, and India's Future*, Kindle edition, Harvard University Press, location 339; Parvis Ghassem-Fachandi, 2012, *Pogrom in Gujarat*, Kindle edition, Princeton University Press, 31 – 32; Ashish Khetan, 2020, *Undercover: My Journey into the Darkness of Hindutva*, Kindle edition, Context, 197, 211.

50 Nussbaum 2007, locations 340 – 349, 369; Ghassem-Fachandi 2012, 32; Khetan 2020, 214.

51 Nussbaum 2007, locations 356 – 363, 379 – 380; Rajesh Joshi, 2011, "11 Death Sentences in India's Gujarat Riots Case," *Agence France-Presse*, March 1; Ghassem Fachandi 2012, 1, 21, 37 – 43, 64, 74, 92, 190, 283, 283; Achyut Yagnik, 2005, *Shaping of Modern Gujarat*, Kindle edition, Penguin Books, 256, 286.

52 *Times of India*, 2002, "'Newton' Modi Has a Lot to Answer," March 3; Siddharth Varadarajan, 2002, "Carnage in Gujarat: Telling Silence, Mr. Vajpayee," *Times of India*, March 6. 모디 총리는 나중에 자신이 사용한 단어가 기억나지 않는다고 말하며 평화의 사람이라고 말했다. *Tehelka*, 2011, "The Truth about the Godhra SIT Report," February 12를 참조. *Times of India*, 2002, "Unmasked Truth," April 15.

53 *Press Trust of India*, 2002, "Election Commission Says No to Early Polls in Gujarat," August 16; Vinay Sitapati, 2020, *Jugalbandi: The BJP before Modi*, Penguin, New Delhi, 275 – 281; Myra MacDonald and Thomas Kutty Abraham, 2002, "Update 4—India's BJP in Landside Win in Gujarat," *Reuters News*, December 15; *Hindustan Times*, 2002, "We'll Repeat Gujarat—Togadia," December 16; Nussbaum 2007, locations 771 – 777.

54 Agence France-Presse, 2004, "India's Ruling Party Brings out Right-Wing Firebrand for Close Election," May 2.

55 Sunil Khilnani, 2004, "Reality Strips Off India's Veneer," *Financial Times*, May 14.

56 Kumkum Chadha, 1998, "History with Blinkers on...," *Hindustan Times*, June 28; Nandini Sundar, 2004, "Teaching to Hate: RSS' Pedagogical Programme," *Economic and Political Weekly* 39 (16): 1605 – 1612; Alex Traub, 2018, "India's Dangerous New Curriculum," *New York Review of Books*, December 6; Agence

FrancePresse, 2003, "India's President Boycotted over Portrait of Hindu Rights Leader," February 26; *The Hindu*, 2003, "Savarkar Portrait Unveiled," February 27; *Times of India*, 2004, "Modi Out of the Manali Woods, for Now," June 21.

20장

1 Craig Jeffrey, 2010, *Timepass: Youth, Class, and the Politics of Waiting in India*, Stanford, Stanford University Press, 82 – 83, 96.
2 Devesh Kapur and Pratap Bhanu Mehta, 2008, "Mortgaging the Future? Indian Higher Education," *India Policy Forum 2007–2008* 4: 126, 131 – 135; Rama Lakshmi, 2012, "India's University System in 'Deep Crisis,'" *Washington Post*, March 28.
3 Ghose 1999, Tables 3.1 and 3.6.
4 World Bank, 2014, "Republic of India: Accelerating Agricultural Productivity Growth," Washington, DC, May 21, 43, 46 (Figure 30); Centre for Science and Environment, 1999, "The Citizen's Fifth Report: Part I," New Delhi, 58, 168; Dasgupta 2015 (2014).
5 *BBC Monitoring South Asia*, 2014, "Indian Prime Minister–Designate Says 'Sonia Gandhi Is My Leader,'" May 19; Agence France–Presse, 2004, "Manmohan Singh Named as Indian PM," May 19; Prabhu Chawla, Bhavdeep Kang, and Lakshmi Iyer, 2005, "Couple at Odds," *India Today*, May 16.
6 World Bank, 2005, "Economic Growth in the 1990s: Learning from a Decade of Reform," Washington, DC.
7 Drèze and Sen 2013, 132.
8 Sowmya Sivakumar, 2022, "Undermining the Legal Guarantee of MGNREGA: Right, Left, And Centre," *The India Forum*, March 11.
9 Sevanti Ninan, 2019, "Defanging RTI, Step by Step," The India Forum, August 23; *The Hindu*, 2012, "Exercise of Right to Information Runs into Hurdles," March 9; *The Statesman*, 2011, "Supreme Court Cannot Deny Info under RTI Act, Says CIC," May 16; Lydia Polgreen, 2011, "Indians Use Information Law, at a Deadly Risk," *New York Times*, January 23.
10 K. Sujatha Rao, 2017, *Do We Care: India's Health System*, New Delhi, Oxford University Press, 303 – 316, 328, 340 – 348; Kundan Kumar, Neera Singh, and Y. Giri Rao, 2017, "Promise and Performance of the Forest Rights Act: A Ten-Year Review," *Economic and Political Weekly* 52 (25 – 26): 40 – 43; Geetanjoy Sahu, Tushar Dash, and Sanghamitra Dubey, 2017, "Political Economy of Community Forest Rights," *Economic and Political Weekly* 52 (25 – 26): 44 – 47.
11 International Monetary Fund, 2004, *World Economic Outlook—Prospects and Policy Issues*, Washington, DC, April, 1, 3 (Table 1.1); International Monetary Fund, 2005, *World Economic Outlook—Prospects and Policy Issues*, Washington, DC, April, 2 (Table 1.1).
12 Federal Reserve Bank of St. Louis (나중의 FRED), https://fred.stlouis fed.org/series/PCOALAUUSDM; T. N. Ninan, 2017 (2015), *Turn of the Tortoise*, Kindle edition, Oxford University Press, 54 – 55; FRED, https://fred .stlouisfed. org/

series/PIORECRUSDM.

13 Government of Maharashtra, "Statewise Total and Tribal Population," available at: https://trti.maharashtra.gov.in/index.php/en/statewise-total-tribal-population; Ram Ranjan, 2019, "Assessing the Impact of Mining on Deforestation in India," *Resources Policy* 60 (March): 23 – 35.

14 *Guardian*, 2009, "They Call This Progress?," November 23; Amit Sengupta, 2004, "Guns vs Flowers," *Tehelka*, February 14.

15 Suresh Nair, 2005, "Iron and Steel Cos Make a Beeline for Chhattisgarh," *Economic Times*, January 10; *Business Line*, 2005, "Tata Steel Signs MoU to Set Up Plant in Chhattisgarh," June 6 (reproduced by *Indian Business Insight*); Nandini Sundar, 2020, *The Burning Forest*, Kindle edition, Juggernaut Books, location 1262; *Hindustan Times*, 2005, "After Tata, Essar Plans Plant in Bastar," July 4, Ramachandra Guha et al. 2006, "Salwa Judum: War in the Heart of India: Excerpts from the Report by Independent Citizens Initiative," *Social Scientist* 34 (7/8): 48; Randeep Ramesh, 2006, "Inside India's Hidden War," *Guardian*, May 8.

16 Simon Denyer, 2006, "Indian PM Says Maoist Rebellion Gravest Threat," *Reuters News*, April 13.

17 International Monetary Fund, 2006, *World Economic Outlook—Prospects and Policy Issues*, Washington, DC, April, 8, 35 (Table 1.6); foreign investment and private equity data from the World Bank's *World Development Indicators* database; 외환보유고는 인도중앙은행으로부터. https://rbi.org.in/ Scripts/ PublicationsView.aspx?id=19882; *Hindustan Times*, 2006, "Text of Prime Minister's Independence Day Address," August 15.

18 K. P. Kannan and G. Raveendran, 2009, "Growth sans Employment: A Quarter Century of Jobless Growth in India's Organized Manufacturing," *Economic and Political Weekly* 44 (10): 80; Jayan Jose Thomas, 2013, "Explaining the 'Jobless' Growth in Indian Manufacturing," *Journal of the Asia Pacific Economy* 18 (4): 677 – 679 and Table 5; Kalpana Kochhar et al., 2006, "India's Pattern of Development: What Happened, What Follows?" *Journal of Monetary Economics* 53: 981 – 983, 1006 – 1007.

19 *Hindustan Times*, 2006, "Text of Prime Minister's Independence Day Address," August 15.

20 George Orwell, 1946, "In Front of Your Nose," in Sonia Orwell and Ian Angus, editors, 1968, *The Collected Essays, Journalism, and Letters of George Orwell: In Front of Your Nose, 1945–1950*, New York, Harcourt Brace Jovanovich, 122 – 125.

21 Our World in Data, "Human Development Index," available at: https:// ourworldindata.org/human-development-index; United Nations Development Programme, 2006, *Human Development Report 2006*, New York, Table 2, 288 – 291; Alison Warner, 1998, "Economy Still in Danger," *Banker*, June 1; *Economist Intelligence Unit*, 2004, "Vietnam: Country Outlook," December 3; Trung Kien Nguyen, 2015, "Manufacturing Exports and Employment Generation in Vietnam," *Southeast Asian Journal of Economics* 3 (2): 1 – 21.

22 A. Chowdhury, R. Mushtaque, and Abbas Bhuiya, 2004, "The Wider Impacts of

BRAC Poverty Alleviation Programme in Bangladesh," *Journal of International Development* 16, 371; Yung Whee Rhee, 1990, "The Catalyst Model of Development: Lessons from Bangladesh's Success with Garment Exports," *World Development* 18 (2): 336; Amartya Sen, 2013, "What's Happening in Bangladesh?" *Lancet* 382, December 14, 1966 – 1967.

23 Dasgupta 2015 (2014), 219.

24 Ghose 2019, 71.

25 Chaitanya Kalbag, 2017, "Near Total Enrollment, Improved Infra; So, What's the Problem with our Education System?" *Economic Times*, October 27; Soumen Datta, 2013, "Private B.Ed. Colleges Fleecing Students, Govt Mute Spectator," *Hindustan Times*, December 26; Azim Premji University, 2021, *Issues in Education; Volume 1: Teachers and Teacher Education*, Bangalore, chapter 2; Manisha Shah and Bryce Steinberg, 2019, "The Right to Education Act: Trends in Enrollment, Test Scores, and School Quality," *AEA Papers and Proceedings* 109: 232 – 38; Anil Swarup, 2020, *Ethical Dilemmas of a Civil Servant*, Kindle edition, Unique Publishers India Private Limited, 267; Noam Angrist, Simeon Djankov, Pinelopi K. Goldberg, and Harry A. Patrinos, 2021, "Measuring Human Capital Using Global Learning Data," *Nature* 592: 404.

26 *India Today*, 2004, "A Bloom, Not Yet a Boom," November 1; *Press Trust of India*, 2005, "Limitations of Coalition Hampering Labour Reforms: Indian PM," August 25; Kochhar et al. 2006, 1016.

27 Chang-tai Hsieh and Benjamin Olken, 2014, "The Missing Middle," *Journal of Economic Perspectives* 28 (3): 90; Thomas 2013, 684, 690 – 691; Ghose 2019, 63.

28 Federico Lucidi and Alfred Kleinknecht, 2010, "Little Innovation, Many Jobs: An Econometric Analysis of Italian Labor Productivity Crisis," *Cambridge Journal of Economics* 34: 526, 539; Robert Gordon, 2016, *The Rise and Fall of American Growth: The U.S. Standard of Living since the Civil War*. Princeton, NJ, Princeton University Press, 18, 563.

29 Raghuram Rajan, 2008, "Is There a Threat of Oligarchy in India?," speech to the Bombay Chamber of Commerce on its Founders Day celebration, September 10, 2008, https://faculty.chicagobooth.edu/-/media/faculty/raghuram-rajan/research/papers/is-there-a-threat-of-oligarchy-in-india.pdf.

30 Ashutosh Varshney, 2007, "India's Democratic Challenge," *Foreign Affairs* 86 (2): 105.

31 International Monetary Fund, 2009, "India—Staff Report for the 2008 Article IV Consultation," SM/09/22, Washington, DC, January 23, 3 – 6.

32 Reserve Bank Handbook, https://rbi.org.in/Scripts/PublicationsView.aspx?id=19758; *Press Trust of India*, 2009, "Farmers Real Heroes of India, Says Pranab," February 16; *Wall Street Journal*, 2009, "Delhi's Deficit Disorder; India Digs Itself into a Budget Hole—for Nothing," February 19.

33 International Monetary Fund, 2011, "India—Staff Report for the 2010 Article IV Consultation," IMF Country Report 11/50, Washington, DC, February, Table 2, 38.

34 Pratap Chakravarty, 2009, "No Recession for Indian Election Spending," Agence France-Presse, March 24.

35 *Economic Times*, 2009, "BJP Red-Faced as Kulkarni Holds Mirror," June 9; Alistair Scrutton, 2009, "Analysis—Hindu Nationalist Becomes India Inc Poster Boy," *Reuters News*, January 15.

36 Reserve Bank Handbook, https://rbi.org.in/Scripts/PublicationsView. aspx?id=19750; Sunita Narain, 2009, "Rain and Still No Rain," *Business Standard*, September 11.

37 Angus Deaton, 2013, *The Great Escape: Health, Wealth, and the Origins of Inequality*, Princeton, NJ, Princeton University Press, 183, 221-223; Shaohua Chen and Martin Ravallion, 2010, "The Developing World Is Poorer Than We Thought But No Less Successful in the Fight against Poverty," *Quarterly Journal of Economics* 125 (4): 1580; 구매력 평가 환율에 대한 데이터는 International Monetary Fund의 *World Economic Outlook* database에서 가져왔다.

38 Chen and Ravallion 2010, 1585; Jean Drèze, 2019 (2017), *Sense and Solidarity: Jholawala Economics for Everyone*, New Delhi, Oxford University Press, 50.

39 Allen Matusow, 1984, *The Unraveling of America: A History of Liberalism in the 1960s*, New York, Harper and Row, 219.

40 Renu Shahrawat and Krishna Rao, 2012, "Insured Yet Vulnerable: Out-of-Pocket Payments and India's Poor," *Health Policy and Planning* 27: 213-221.

41 Angus Deaton and Jean Drèze, 2009, "Food and Nutrition in India: Facts and Interpretations," *Economic and Political Weekly* 44 (7): 42-65; Malnutrition data for Vietnam is in Figure 20.3; 인도의 주들에 관한 데이터는 Drèze and Sen 2013, Table A.2으로부터 가지고 왔다.

42 James Crabtree, 2018, *The Billionaire Raj: A Journey through India's New Gilded Age*, Noida, India, Harper Collins, 112-114; Phil Han, 2010, "Hard Evidence of Child Labor at 2010 Commonwealth Games," CNN, September 26, www.cnn .com/2010/ WORLD/asiapcf/09/23/commonwealth.games.child.labor/index. html.

43 Crabtree 2018, 112-114, 125.

44 Ninan 2017 (2015), 128-129.

45 Kushan Mitra, 2005, "Indian Aviation's Take Off," *Business Today*, February 13; Vivek Kaul, 2020, *Bad Money: Inside the NPA Mess and How It Threatens the Indian Banking System*, Kindle edition, HarperCollins Publishers India, 166, 169.

46 A. Jayaram, 2002, "Mallya, Cong. Nominees Win RS Polls," *The Hindu*, March 2002; Kaul 2020, 164, 169; Josy Joseph, 2016, *A Feast of Vultures: The Hidden Business of Democracy in India*, New Delhi, HarperCollins, 173.

47 *India Today*, 2013, "King of Bad Times," January 7; Joseph 2016, 171; *Forbes*, "India's Richest (2013)," www.forbes.com/profile/vijay-mallya/?sh=47d8f ed278e4.

48 Credit Suisse, 2012, "India Financial Sector," Bombay, August 2, Table 2; Government of India, 2017, "Report of the Comptroller and Auditor General of India on Recapitalisation of Public Sector Banks," New Delhi, Table 1.6.

49 Joseph 2016, 173; Aseema Sinha, 2019, "How Business and Politics Intersect in India's Porous State," *Wire*, January 17.

50 Ninan 2017 (2015), 44 – 45.

51 Dasgupta 2015 (2014), 13.

52 Ghose 2019, 17; Dasgupta 2015 (2014), 276.

53 Reserve Bank of India, "RBI Bulletin," www.rbi.org.in/scripts/BS_ViewBulletin. aspx?Id=11029; *Mint*, "More Indians Going Abroad for Studies, But Foreign Students aren't coming in," www.live*Mint*.com/Education/qVtlWO1E9D 923fiDD2o69I/More-Indians-going-abroad-for-studies-but-foreign-students .html; Kapur and Mehta 2008, 127 – 128.

54 Stephen Graham, Renu Desai, and Colin McFarlane, 2013, "Water Wars in Mumbai," *Public Culture* 25 (1): 118, 121 – 122, 131, 136.

55 Dasgupta 2015 (2014), 430 – 433.

56 Supreme Court of India, "Jagpal Singh and Ors vs State of Punjab and Ors," https://indiankanoon.org/doc/1692607/.

57 T. V. Mahalingam, 2012, "ET Review: India's 1st Starbucks Outlet," Economic Times, October 22; Sudipto Dey, 2013, "We Are Just Focusing on Providing a Great Customer Experience," *Business Standard*, June 6.

58 Supreme Court of India, "Nandini Sundar and Ors vs State of Chhattisgarh," https://indiankanoon.org/doc/920448/; Nandini Sundar, 2020, locations 301 – 310, 4534.

59 Jeffrey Rosen, 2006, *The Supreme Court*, Kindle edition Henry Holt and Co., 66 – 67.

60 T*erraGreen*, 2012, "The Mined Aravalli Hills," November 30; Laiqh Khan, 2014, "Building Bengaluru, Plundering Cauvery," *The Hindu*, November 12.

61 Dasgupta 2015 (2014), 374.

21장

1 Crabtree 2018, 86 – 87; BJP, "Election Manifesto 2014," www.thehinducentre. com/multimedia/archive/03226/full_manifesto_eng_3226788a.pdf,3, 29.

2 Nirmal Ghosh, 2002, "Gujarat's Dream of Prosperity Shatters," *Straits Times*, April 23; Agence France-Presse, 2002, "Sectarian Riots Will Impede India's Economic Progress: Industrialist," April 28; Vinod Jose, 2012, "The Emperor Uncrowned: The Rise of Narendra Modi," *Caravan*, February 29.

3 Ghosh 2002; Dinesh Narayanan, 2014, "Billion-Dollar Loan to Adani Cements Modi's Friendship with Corporate India," *Scroll*, November 18; *Business Standard*, 2003, "Adanis, Malaysian Firm Sign Port Upgrade Alliance," September 29.

4 *The Hindu*, 2004, "EC Urged to Ensure Free, Fair Polls," April 26.

5 Partha Ghosh, 2006, "Mukesh Push for Vibrant Gujarat," *Economic Times*, August 14; Narayanan 2014; Ellen Barry, 2014, "Local Policies Help an Indian Candidate Trying to Go National," *New York Times*, May 7; Fareed Zakaria, Candy Crowley, and Diana Magnay, 2013, "India at the Cross-Roads," *Fareed Zakaria GPS*, CNN, December 29; *Indian Express*, 2013, "Anil Ambani Lifts Modi to the

League of 'King of Kings'", January 12; Mahesh Langa, 2013, "All Hail Modi, 'A Leader of Grand Vision.'" *Hindustan Times*, January 11.

6   Christophe Jaffrelot, 2019, "Business-Friendly Gujarat under Narendra Modi the Implications of a New Political Economy," in Christophe Jaffrelot, Atul Kohli, and Kanta Murali, *Business and Politics in Indi*a, Kindle edition, Oxford University Press. 215, 217 – 218; *Press Trust of India*, 2013, "CAG Slams Modi Govt for 'Undue' Favours to Corporates," April 3.

7   Sumesh Dudani et al., 2017, "Heavy Metal Accumulation in the Mangrove Ecosystem of South Gujarat Coast, India," *Turkish Journal of Fisheries and Aquatic Sciences* 17: 755 – 766; Centre of Science and Environment, 2012, *State of India's Environment: A Citizen's Report 7—Excreta Matters*. Volume 2, New Delhi, 282, 290, 426.

8   Jim Yardley and Vikas Bajaj, 2011, "Skirting the State on the Road to Riches," *International Herald Tribune*, July 27; M. Rajshekhar, 2013, "Gautam Adani: Meet the Man Who Built Rs 47,000 Crore Infrastructure Empire," *Economic Times*, September 5; *Tehelka*, 2011, "Vibrant Gujarat? Your Coast Is Not Clear, Mr. Adani," February 26.

9   Martha Nussbaum, 2014, "Development Is More Than Growth," www.thehinducentre.com/verdict/commentary/article5985379.ece.

10   N. P. Ullekh, 2013. "Gujarat Promises Continued, Accelerated an All-Round Progress: Jagdish Bhagwati and Arvind Panagariya," *Economic Times*, January 3.

11   International Monetary Fund, 2014, "India—Staff Report for the 2014 Article IV consultation," SM/14/10, January 10, Washington, DC, 19, 38 (Table 2), 51.

12   Crabtree 2018, 86 – 87; *Statesman*, 2015, "So Much for Promise," August 4; BJP "Election Manifesto 2014," www.thehinducentre.com/multimedia/archive/03226/full_manifesto_eng_3226788a.pdf,3, 29.

13   Prabhu Chawla, 2013, "Muscled with Dosh from India Inc, Poll Industry Yields Richest Dividends in the Game," *Sunday Standard*, November 23; *The Economist*, 2014, "Campaign Finance in India; Black Money Oower," May 4.

14   Zeeshan Shaikh, 2013, "Dhule, a Town Divided," *Indian Express*, January 13; Seema Kamdar, 2013, "Economics at Heart of Dhule Riots," *DNA*, January 22; Manmohan Rai, 2013, "Narendra Modi to Debut in Uttar Pradesh in September, Campaign to be Rolled from Vrindavan," *Economic Times*, September 4; Sreenivasan Jain, 2013, "Muzaffarnagar Riots: Warrants against Politicians, Still No Arrests," NDTV, September 18; Prabhu Chawla, 2014, "Bread and Butter Have Expiry Dates, But Divide and Rule is Forever," *Sunday Standard*, April 13.

15   Chawla 2014; Christophe Jaffrelot, 2015, "The Modi-centric BJP 2014 Election Campaign: New Techniques and Old Tactics," *Contemporary South Asia* 23 (2): 160.

16   Pratap Bhanu Mehta, 2012, "A Modi-fied Politics," *Indian Express*, December 21; Pratap Bhanu Mehta, 2014, "Regarding Fascism," *Indian Express*, April 11; Ashutosh Varshney, 2014, "Modi, on Balance," *Indian Express*, April 29.

17   Gurcharan Das, 2014, "Secularism or Growth? The Choice Is Yours," *Times of*

India, April 6; The Ronald Reagan Presidential Foundation and Institute, "Inaugural Address, 1981,"www.reaganfoundation.org/media/128614/inaguration.pdf; Jim O'Neill, 2013, "A 10-Step Programme to Tap into India's Potential," *Independent*, June 25.

18 David Pilling, 2014, "A Vote for Modi Could Make India More Chinese," *Financial Times*, March 19.

19 Shaun Tandon, 2014, "US Lawmakers Press India on Minorities Before Vote," Agence France Presse, April 4; *New York Times*, 2014, "Live-Blogging the Vote Count in India," May 15.

20 Jaffrelot 2019, 224; Raymond Fisman, 2001, "Estimating the Value of Political Connections," *American Economic Review* 9 (4): 1095 – 1102.

21 Indo-Asian News Service, 2014, "Text of Narendra Modi's I-Day Address," August 15; Victor Mallet, 2014, "Modi Prioritises Factories and Toilets in Independence Day Speech," *Financial Times*, August 15.

22 Third Dr. Verghese Kurien Memorial Lecture, Institute of Rural Management Anand (IRMA), Anand, November 24, 2014, www.bis.org/review/r141126b. htm; Sanjib Baruah, 2015, "RBI Chief Wants PMO to Act against Bank Frauds Worth Rs 17,500 Crore," *Hindustan Times*, April 24.

23 Joshi 2017, Table 8.1, 140; Anant Vijay Kala, 2015, "Indian Economists' Embarrassing Confession: They Don't Know What GDP Is," *Dow Jones Institutional News*, February 6; Arvind Subramanian, 2019, "Validating India's GDP Growth Estimates," CID Faculty Working Paper 357, Harvard University, July, 2; Raymond Zhong and Anant Vijay Kala, 2015, "World News: India's Growth Trumps China's," *Wall Street Journal Asia*, June 1.

24 World Bank, 2014, "Accelerating Agricultural Productivity Growth: Overview," Washington, DC, May 21; Akshat Kaushal and Mayank Mishra, 2015, "What Is Causing Distress among Erstwhile Dominant Castes?" *Business Standard*, November 1; Government of India, 2019, *Agricultural Statistics at a Glance 2018*, New Delhi, Ministry of Agriculture and Farmers Welfare, Directorate of Economics and Statistics, Table 15.1, 364.

25 Snigdha Poonam, 2018, *Dreamers: How Young Indians Are Changing Their World*, New Delhi, Penguin, 225 – 227, 232 – 233.

26 Victoria Barret, 2010, "Silicon Valley's Prison Call Center," *Forbes*, June 10; Yudhijit Bhattacharjee, 2021, "Who's Making All Those Scam Calls?" *New York Times* Magazine, January 27.

27 Ellen Barry, 2017, "India's Call-Center Talents Put to a Criminal Use: Swindling Americans," *New York Times*, January 3; Yudhijit Bhattacharjee, 2021, "Who's Making All Those Scam Calls?" *New York Times*, April 21; Poonam 2018, 225 – 228, 239, 241, 243 – 245, 249.

28 Dev Goswami, 2017, " *Mitron* [Friends] …. It Has Been a Year Since That Speech," *India Today*, November 8.

29 Ravi Velloor, 2015, " 'Lion among Leaders' and 'Inspiration' to Asians," *Straits Times*, March 24; Pranab Bardhan, 2019, "Merchants of Hype and Hate: A

Political-Economic Evaluation of the Modi Regime," in Chatterji, Hansen, and Jaffrelot, 179 – 180.

30 T. N. Ninan, 2017, "At the Two-Thirds Mark," *Business Standard*, September 1.

31 Parthasarathy Shome, 2017, "Goods and Services Tax (GST)," *Madras Institute of Development Studies Working Paper* 227, Chennai, October; Prasanna Mohanty, 2020, "Rebooting Economy XXIV: 7 Critical GST Flaws Govt Needs to Address at the Earliest," *Business Today*, September 3.

32 Swati Chaturvedi, 2018, "Raghuram Rajan Gave PMO a List of 'High Profile NPA Fraud Cases' But No Action Was Taken," Wire, September 12; International Monetary Fund, 2017, "India: 2017 Article IV Consultation—Press Release; Staff Report; and Statement by the Executive Director for India," IMF Country Report No. 17/54, Washington, DC, February, 4, 7; International Monetary Fund, 2018, "India: 2018 Article IV Consultation—Press Release; Staff Report; and Statement by the Executive Director for India," IMF Country Report No. 18/254, Washington, DC, August, 7, 26; International Monetary Fund, 2019, "India: 2019 Article IV Consultation—Press Release; Staff Report; and Statement by the Executive Director for India," IMF Country Report No. 19/385, Washington, DC, December, 49 and Table 1; Raghuram Rajan, 2018, "Note to the Parliamentary Estimates Committee on NPAs," September 6.

33 David Housego, 1992, "Survey of India (15): Pioneer for the Private Sector— Profile: IL&FS," *Financial Times*, June 26; Andy Mukherjee, 2018a, "India Rues Its Own Belt-and-Road Debt Fiasco," *Bloomberg Opinion*, September 18; World Bank, 1996, "Guarantee Agreement [Private Infrastructure Finance (IL&FS) Project] between India and the International Bank for Reconstruction and Development," Loan Number 3992 IN, Washington, DC, July 10; Sandeep Hasurkar, 2020, Never *Too Big to Fail: The Collapse of IL&FS and its Ten Trillion-Rupee Maze*, Kindle edition, Rupa Publications, 49.

34 Sugata Ghosh, 2019, "Lessons for India from the IL&FS Fiasco," *Economic Times*, September 2; Mukherjee 2018a; Hasurkar 2020, 50, 70, 179.

35 Mukherjee 2018a; Hasurkar 2020, 36 – 39; Abhijit Madhav Lele and Jyoti Mukul, 2018, Three Decades of Parthasarathy Led to "IL&FS's Lateral Growth," *Business Standard*, July 25.

36 Lele and Mukul 2018; CARE Rating, 2018, "IL&FS Financial Services Ltd," Press Releases.

37 Sucheta Dalal, 2018, "IL&FS Scandal: When a Director Was Threatened with Jail and Slapped with Criminal Defamation for Raising Questions," *Moneylife*, October 31; Sucheta Dalal, 2018, "IL&FS's Tirupur Project: Destructive Impact of RBI's Failure to Act," *Moneylife*, December 2018; Dalal 2019; Hasurkar 2020, 38; M. Rajshekhar, 2016, "Can the Courts Save India's Rivers from Pollution? Tirupur Shows the Answer Is No," *Scroll*, August 30; Shalini Lobo, 2018, "Coimbatore's Noyyal River Transforms into Frothing Disaster," *India Today*, July 12.

38 Sucheta Dalal, 2022, "IL&FS Resolution: Little Hope for Creditors and Pensioners, While Lawyers and Consultants Collect Fat Fees," *Moneylife*, March 24.

39 Andy Mukherjee, 2018b, "India Needs to Stop the IL&FS Rot from Spreading," *Bloomberg Opinion*, September 24; *Moneylife*, 2019, "Reliance Capital Companies of Anil Ambani Group Headed for Default?" April 27; Andy Mukherjee, 2018c, "India Misses Wake-Up Call from Shadow-Bank Bust," *Bloomberg Opinion*, November 11.; FRED, https://fred.stlouisfed.org/series/INDGDPRQPSMEI/.

40 Katherine Eban, 2019, "Ranbaxy and the Culture of Jugaad: What Brought a Leading Company Down," *Outlook India*, October 10; Katherine Eban, 2019, *Bottle of Lies: Ranbaxy and the Dark Side of Indian Pharma*, New Delhi, Juggernaut, 366.

41 Katie Thomas, 2013, "Generic Drug Maker Pleads Guilty in Federal Case," *New York Times*, May 14; *Adverse Event Reporting*, 2014, "FDA Takes Aim at Yet Another Indian API Maker," April 1; Eban 2019, 364–366, 372; Gardner Harris, 2014, "Medicines Made in India Set Off Safety Worries," *New York Times*, February 15; Katherine Eban and Sony Salzman, 2019, "In Generic Drug Plants in China and India, Data Falsification Is Still a Problem," *Stat*, October 29; Government Accountability Office, 2022, "Drug Safety: FDA Should Take Additional Steps to Improve Its Foreign Inspection Program," Washington, DC, January, 27.

42 Samiran Nundy, Keshav Desiraju, and Sanjay Nagral, 2018, *Healers or Predators? Healthcare Corruption in India*, Kindle edition, Oxford University Press, 318, 320.

43 World Trade Organisation, 2020, "Trade Policy Review," WT/TPR/S/403, November 25, 9; *Times of India*, 2017, "India Must Lower, Not Raise, Tariff Walls," August 12; Arvind Panagariya, 2019, "The *Caravan* of Reforms Keeps Moving in Full Pace," *Economic Times*, July 6.

44 Mike Bird, 2015, "Asia's Huge Trade Pact Is a Paper Tiger in the Making," *Wall Street Journal Online*, November 5.

45 *Times of India*, 2019, "City Inc Jubilant after RCEP Deal Falls Through," November 7; *Press Trust of India*, 2019, "Ludhiana's Bicycle Industry against Inclusion in RCEP Trade Pact," October 9.

46 Deepika Bhatia et al., 2018, "Physicochemical Assessment of Industrial Textile Effluents of Punjab (India)," *Applied Water Science* 8, Article 83; I. P. Singh, 2019, "Ludhiana: Drug Menace Fueled by Politician–Police–Drug-Mafia Nexus," *Times of India*, August 30; *Indian Express*, 2020, "Ludhiana: STF Arrests Four with 5.39Kg Heroin, Rs 21 Lakh Drug Money," November 7; *Indian Express*, 2021, "Drug Smuggler in STF Net Makes Startling Allegations against Senior Punjab Cops," March 15.

47 Ghose 2019, Epilogue; Mahesh Vyas, 2018, "Using Fast Frequency House hold Survey Data to Estimate the Impact of Demonetisation on Employment," *Review of Market Integration* 10 (3): 159–183.

48 S. Subramanian, 2019, "What Is Happening to Rural Welfare, Poverty, and Inequality in India?" *The India Forum*, December 12, Table 4; Deaton and Kozel 2005, 179–182.

49 Himanshu, 2019, "What Happened to Poverty during the First Term of Modi?"

Mint, August 15; World Bank, 2020, *Poverty and Shared Prosperity 2020: Reversals of Fortune*, Washington, DC, October, Box 1.2, 31.

50 Dipa Sinha, 2022, "Persistence of Food Insecurity and Malnutrition," *The India Forum*, March 11, Figure 2; Jean Drèze, Aashish Gupta, Sai Ankit Parashar, and Kanika Sharma, 2020, "Pauses and Reversals of Infant Mortality Decline in India in 2017 and 2018," November 8, available at SSRN: https://ssrn.com/abstract=3727001.

22장

1 Karthik Muralidharan, Abhijeet Singh, and Alejandro J. Ganimian, 2019, "Disrupting Education? Experimental Evidence on Technology–Aided Instruction in India," *American Economic Review* 109 (4): 1437 and Figure 1; David Autor, Claudia Goldin, and Lawrence F. Katz, 2020, "Extending *The Race between Education and Technology*," National Bureau of Economic Research Working Paper 26705, Cambridge, MA; Dipa Sinha, 2022, "Persistence of Food Insecurity and Malnutrition," *The India Forum*, March 11, Figure 2; Jean Drèze, 2020, "New Evidence on Child Nutrition Calls for Radical Expansion of Child Development Services," *Indian Express*, December 17.

2 Centre for Science and Environment, 2020, *State of India's Environment 2020*, New Delhi, 197, 243, 281; Centre for Science and Environment, 2019, *State of India's Environment 2019*, New Delhi, 18 – 23; Amitav Ghosh, 2016, *The Great Derangement: Climate Change and the Unthinkable*, Chicago, University of Chicago Press; Mohana Basu, 2020, "Climate Change to Blame for 'Plague–Like' Locust Attacks in Rajasthan, Gujarat, Say Experts," *Print.in*, February 10; Chirag Dhara and Roxy Mathew Koll, 2021, "How and Why India's Climate Will Change in the Coming Decades," *The India Forum*, August 20.

3 Amy Kazmin, 2018, "India's Dried–Out Rivers Feed Spate of Water Wars," *Financial Times*, May 7; Nilanjana Roy, 2019, "A Ferocious Heat in Delhi," *New York Review of Books*, July 8; Center for Science and Environment 2019, 238 – 239.

4 State of Rajasthan, Jaipur vs Balchand 골뱅이 Baliay," https://indiankanoon. org/doc/8258/; Supreme Court of India, "Arnab Manoranjan Goswami vs The State of Maharashtra," https://indiankanoon.org/doc/84792457/.

5 Julie McCarthy, 2012, "Rape Case in India Provokes Widespread Outrage," *All Things Considered*, NPR, December 18; Sonia Faleiro, 2021, *The Good Girls: An Ordinary Killing*, New York, Grove Press; Ellen Barry, 2017, "How to Get Away with Murder in Small–Town India," *New York Times*, August 19; on Modi's Independence Day speech, see chapter 21.

6 Nandita Saikia et al., 2021, "Trends in Missing Females at Birth in India from 1981 to 2016: Analyses of 2.1 Million Birth Histories in Nationally Representative Surveys," *Lancet Global Health* 9: e813 – e821; Seema Jayachandran and Rohini Pande, 2017, "Why Are Indian Children So Short? The Role of Birth Order and Son Preference," *American Economic Review* 107 (9): 2600 – 2629; Sujata

Mody and Meghna Sukumar, 2013, "Women Workers in Tamil Nadu: Working in Poverty," Chennai, Penn Thozhilalargal Sangam; Amartya Sen, 2013, "What's Happening in Bangladesh?" *Lancet* 382, December 14, 1966 – 1967.

7 Poonam 2018, 113 – 115, 127; Dahl 1961, 7 – 8; Hansen 2001, 230; Tommaso Colussi, Ingo E. Isphording, and Nico Pestel, 2021, "Minority Salience and Political Extremism," American *Economic Journal*: Applied Economics 13 (3): 237 – 271; Alberto Alesina, Reza Baqir, and William Easterly, 1999, "Public Goods and Ethnic Divisions," *Quarterly Journal of Economics* 114 (4): 1243 – 1284.

8 Raghuram Rajan, 2008, "Speech to the Bombay Chamber of Commerce on its Founders Day celebration, September 10, 2008," https://faculty.chicagobooth. edu/-/media/faculty/raghuram-rajan/research/papers/is-there-a-threat-of-oligarchy-in-india.pdf.

9 Somini Sengupta, 2005, "In a Corner of India, They Have the Vote, But Little Else," *New York Times*, February 23.

10 Karthik Muralidharan and Nishith Prakash, 2017, "Cycling to School: Increasing Secondary School Enrollment for Girls in India," *American Economic Journal*: Applied Economics 9 (3): 327, 348 – 349; Christel Vermeersch and Michael Kremer, 2005, "School Meals, Educational Achievement and School Competition: Evidence from a Randomized Evaluation," *Policy Research Working Paper* 3523, Washington, DC, World Bank, 43.

11 Lisa Björkman and Jeffrey Witsoe, 2018, "Money and Votes: Following Flows through Mumbai and Bihar," in Devesh Kapur and Milan Vaishnav, editors, 2018, *Costs of Democracy: Political Finance in India*, New Delhi, Oxford University Press, 170 – 171.

12 Björkman and Witsoe 2018, 199; Milan Vaishnav, 2017, *When Crime Pays*: Money and Muscle in Indian Politics, New Haven, CT, Yale University Press, 181.

13 National Crime Records Bureau, "Violent Crimes in Metropolitan Cities—2016," https://ncrb.gov.in/sites/default/files/crime_in_india_table_additional_table_ chapter_reports/Table%202.3B.pdf.ReserveBankHandbook.www.rbi.org.in/scripts/ PublicationsView.aspx?id=15797.

14 Vivek Srinivasan, 2015, *Delivering Public Services Effectively: Tamil Nadu and Beyond*, New Delhi, Oxford University Press, 40; International Institute for Population Sciences, 2017, National Family Health Survey (NFHS-4), 2015 – 16, India, Mumbai, https://dhsprogram.com/pubs/pdf/FR339/FR339.pdf, 294.

15 M. Rajshekhar, 2016, "Tamil Nadu's Healthcare Numbers Look Good—But Its People Aren't Getting Healthier," *Scroll.in*, December 12.

16 Maurice Walker, 2011, "PISA 2009 Plus Results: Performance of 15-Year Olds in Reading, Mathematics, and Science for 10 Additional Participants," Melbourne, ACER Press, Tables 2.1 and 3.1.

17 Karthik Muralidharan et al., 2017, "The Fiscal Cost of Weak Governance: Evidence from Teacher Absence in India," *Journal of Public Economics* 145 (January): Table A4, 131; Karthik Muralidharan, 2019, "The State and the Market in Education Provision: Evidence and the Way Ahead," *Columbia University SIPA Working*

Paper 2019–06, October 29. The official assessment is in the National Achievement Survey for 2017, conducted by the National Council for Educational Research and Training, New Delhi, and is also discussed in M. Rajshekhar, 2016, "Tamil Nadu's Schools Are in Crisis (But Nobody Is Talking about It)," Scroll.in, November 24; Anjali Mody, 2018, "Viral Photo of Students Weeping at TN Teacher's Transfer Shows What's Wrong With Education in India," *Scroll.in*, June 23; Anjali Mody, 2019, "The False Allure of English–Medium Schooling," *Hindu*, November 18.

18 Vaishnav 2017, 91, 140 – 141, 278, 365; *The Hindu*, 2011, "Tamil Nadu Ranks High in Poll Irregularities," February 27; Sarah Hiddleston, 2011, "Cash for Votes a Way of Political Life in South India," *The Hindu*, March 16; *Hindustan Times*, 2011, "Populism Powers TN Battle," March 24.

19 Jessica Leight et al., 2020, "Value for Money? Vote–Buying and Politician Accountability," *Journal of Public Economics* 190 (October).

20 Vibhuti Agarwal, 2014, "India's Powerful Regional Party Leader Jayalalithaa Jailed for Corruption," *Wall Street Journal Online*, September 28; Victor Mallet, 2014, "Indian Politician Jailed for Lavish Corruption," *Financial Times*, September 28; Nida Najar, 2015, "Court Clears an Ex–Chief Minister in India of Graft on Appeal," *New York Times*, May 12.

21 References in this paragraph and the next two are from Krupa Ge, *Rivers Remember: #CHENNAIRAINS and the Shocking Truth of a Manmade Flood*, Chennai, Context, 30 – 36, 73 – 81; 105 – 106.

22 M. Rajshekhar, 2016a, "Politicians Aren't Only Messing with Tamil Nadu's Water—They're Making Rs 20,000 Crore from Sand," *Scroll.in*, September 19; M. Rajshekhar, 2016b, "Think Sand Mining Damages the Ecology? It Ruins Politics as Well," *Scroll.in*, September 20.

23 *New Indian Express*, 2021, "Venkatachalam Just a Tip of an Iceberg at TNPCB?" September 25.

24 M. Rajshekhar, 2020, *Despite the State: Why India Lets Its People Down and How They Cope*, Kindle edition, Westland Publications, 170; Sowmya Rajendran, 2020, "The Rise of the Violent Hero in South Cinema: What Explains It?" *News Minute*, December 8; Abhimanyu Mathur, 2022, "Decoding the Success of KGF Chapter 2 and Pushpa The Rise: How They Brought Back Bollywood's Own Angry Young Man Formula," *Hindustan Times*, April 17.

25 Prateek Goyal, 2014, "Over FB Post, Hindutva Rioters Lynch Innocent Techie to Death," *Bangalore Mirror*, June 4; *Telegraph*, 2014, "Modi Cyber Army Eyes Early Ambush—Social Media Warriors Meet to Plan for 2016," July 2; Sreenivasan Jain, 2015, "'Modi Supporters on Social Media Abused My Disabled Son': Arun Shourie," NDTV .com, November 9; Amy Kazim, 2017, "Journalist's Killing Sends Shockwaves across India," *Financial Times*, September 6; Purusharth Aradhak, 2015, "Beef Murder Bid to Stir Hatred Ahead of Polls?" *Times of India*, October 1.

26 Rahul Bedi, 2017, "Controversial Priest to Lead India's Biggest State; Adityanath Accused of Attempted Murder and Inciting Violence against Muslims," *Irish Times*, March 20; Snigdha Poonam, 2017a, "Yogi Adityanath Takes Charge as CM:

UP's Hindutva Fringe Feels Empowered," *Hindustan Times*, March 24; Snigdha Poonam, 2017b, "The Rise and Rise of Yogi Adityanath," *Hindustan Times*, March 25; Dhirendra K. Jha, 2017, Shadow Armies, Kindle edition, Juggernaut Books, location 409; Amy Kazmin, 2017, "Elevation of Hindu Firebrand Casts Doubt on Modi's Avowed Agenda," *Financial Times*, March 20.

27 Association for Democratic Reform: https://adrindia.org/content/analysis-criminal-background-financial-education-gender-and-other-details-ministers-uttar.

28 Agence France-Presse, 2017, "Outspoken Journalist's Murder Sparks Outcry in India," September 6; Rollo Romig, 2019, "Railing against India's Right-Wing Nationalism Was a Calling. It Was Also a Death Sentence," *New York Times*, May 14; Snigdha Poonam, 2017c, "Nikhil Dadhich, Ashish Mishra Accused of Hate Tweets against Gauri Lankesh, Unrepentant," *Hindustan Times*, September 9; Siddhartha Deb, 2018, "The Killing of Gauri Lankesh," *Columbia Business Review*, Winter.

29 Maseeh Rahman, 2014, "Indian Prime Minister Claims Genetic Science Existed in Ancient Times," *Guardian*, October 28; *Times of India*, 2013, "Sonia Hits Out at Modi over Nehru Barb"; Christophe Jaffrelot and Pradyumna Jairam, 2019, "BJP Has Been Effective in Transmitting Its Version of Indian History to Next Generation of Learners," *Indian Express*, November 16. 또한 2장을 참조.

30 *Reuters News*, 2014, "India's Modi Budgets $33 Million to Help Build World's Tallest Statue," July 10; Snigdha Poonam, 2018, "One Statue, Two Visitors, Different Views," *Hindustan Times*, November 2.

31 *Times of India*, 2020, "PM Makes Splash with First Seaplane Flight from Kevadia," November 1; Manoj Mishra, 2013, "Mirage of a River," Down to Earth, May 31; Rajiv Khanna, 2019, "The Dark Side of Sabarmati River Development," Down to Earth, March 27.

32 Prabodhan Pol, 2018, "Understanding Bhima Koregaon," *The Hindu*, January 4; Ajeet Mahale, 2018, "Police Ploy to Gain More Time: Gonsalves' Wife," *The Hindu*, August 29; *Scroll.in*, 2018, "Bhima Koregaon Case: Maharashtra Moves SC against Delhi HC Order Releasing Activist Gautam Navlakha," October 3.

33 FRED, https://fred.stlouisfed.org/series/INDGDPRQPSMEI; Kat Devlin, 2019, "A Sampling of Public Opinion in India," Pew Research Center, Washington, DC, March 25.

34 Sachin Ravikumar and Munsif Vengattil, 2019, "Modi Proclaims a Cleaner India, But the Reality May Be More Murky," *Reuters News*, May 16; Aarefa Johari, 2019, "The Modi Years: How Successful Is the Swachh Bharat Mission or Clean India Campaign?" *Scroll.in*, February 4; Diane Coffey and Dean Spears, 2017, "Why Doesn't Anybody Know If Swachh Bharat Mission Is Succeeding?" *Ideas for India*, July 10; Centre of Science and Environment, 2019, *State of India's Environment 2019*, New Delhi, 40–41; Diane Coffey, Nathan Franz, and Dean Spears, 2021, "What Can We Learn about Swachh Bharat Mission from NFHS-5 Factsheets?" February 2.

35 Bhitush Luthra and Harsh Yadava, 2019, "Is the Ganga Basin Drowning in Shit?" *Down to Earth*, October 4.

36 Tushaar Shah and Abhishek Rajan, 2019. "Cleaning the Ganga: Rethinking Irrigation Is Key," *Economic and Political Weekly* 54 (39): 57–66; Centre of Science and Environment, 2019, *State of India's Environment 2021*, New Delhi, 302–304; Venkatesh Dutta et al., 2018, "Impact of River Channelization and Riverfront Development on Fluvial Habitat: Evidence from Gomti River, a Tributary of Ganges, India," *Environmental Sustainability* 1 (2): 167–184; M. Rajshekhar, 2019, "Three Ways in Which the Modi Government Is Ruining the Ganga," *Scroll.in*, January 19.

37 Ranjana Mall and Sangeeta Rani, 2020, "Women's Satisfaction with Pradhan Mantri Ujjwala Yojana (PMUY)," *International Journal of Home Science* 6 (1): 363–368; Sunil Mani, Abhishek Jain, Saurabh Tripathi, and Carlos F. Gould, 2020, "The Drivers of Sustained Use of Liquified Petroleum Gas in India," *Nature Energy* 5 (June): 450–457.

38 Simon Sturdee, 2019, "India's Modi on Course for Big Election Win," Agence France-Presse, May 23; Dexter Filkins, 2019, "Blood and Soil in India," *The New Yorker*, December 9; Rishabh R. Jain, 2019, "In India's Election, Voters Feed on 'Fake News' from Social Media, But Take It Seriously," *USA Today Online*, April 9; Swati Chaturvedi, 2019 (2016), *I Am a Troll*, Kindle edition, Juggernaut Books, location 1031; Snigdha Poonam and Samarth Bansal, 2019, "Misinformation Is Endangering India's Election," *The Atlantic*, April 1; Vindu Goel, Sheera Frenkel, and Suhasini Raj, 2019, "Flood of Fake Posts Tests Facebook as India Votes," *New York Times*, April 2.

39 Kiran Tare, 2019, "Maharashtra: Maoists Strike Back," *India Today*, February 9; *India Today*, 2018, "Modi Renames 3 Islands of Andaman and Nicobar: Other Projects Announced by the PM," December 31.

40 Chaturvedi 2019 (2016), location 903.

41 Poonam and Bansal 2019; Sheera Frenkel and Davey Alba, 2021, "In India, the Ugliness on Facebook Is Amplified," *New York Times*, October 25.

42 Navin Chawla, 2019, *Every Vote Counts: The Story of India's Elections*, New Delhi, HarperCollins, 138–139; Supreme Court of India, 2018, "Public Interest Foundation vs Union Of India," https://indiankanoon.org/doc/146283621/.

43 Gautam Bhatia, 2021, "A Docket Full of Unresolved Constitutional Cases," *The Hindu*, December 7.

44 R. Nagaraj, 2015, "Size and Structure of India's Private Corporate Sector Implications for the New GDP Series," *Economic and Political Weekly* 50 (45): 45; Ministry of Corporate Affairs, *Annual Reports*, various years, Statements IX and X available at https://mca.gov.in/content/mca/global/en/data-and-reports/ reports/ annual-reports/companies-2013.html; Alwyn Furtado, 2018, "Direct Tax Audit of Shell Companies," *Journal of Government Audit and Accounts*, January 2.

45 Deutsche Welle, 2019, "India Elections: Narendra Modi's BJP Set to Sweep Back to Power," May 23; Gurcharan Das, 2019, "Strong State, Strong Society: The

Reforms India Needs Prime Minister Narendra Modi to Courageously Undertake,"
Economic Times, May 31.

46 Agence France-Presse, 2019, "Amnesty Chief Vows to Defy India Bid to 'Crush'
Criticism," September 16.

47 Bhatia 2021.

48 *Statesman*, 2020, "India's Secular Construct-II," February 14; Supreme Court
decision available at www.sci.gov.in/pdf/JUD_2.pdf; Bharat Bhushan, 2019, "How
Will Modi's New India Look?" *Business Standard*, August 26.

49 Anup Sharma, 2019, "India Deploys Troops as Protestors Defy Curfew over Citizen
Bill," Agence France-Presse, December 12; Benjamin Parkin, 2019, "Modi Defiant
as Citizenship Bill Riots Escalate," December 19; Stephanie Findlay and Benjamin
Parkin, 2019, "India Shuts Down Mobile Networks as Protests Spread," *Financial
Times*, December 19; Namita Bhandare, 2019, "Anti-CAA Protests Have Shown
Women Can Lead," *Hindustan Times*, December 27; Newley Purnell and Jeff
Horwitz, 2021, "Facebook Services Are Used to Spread Religious Hatred in India,
Internal Documents Show," *Wall Street Journal Online*, October 23; BBC .com,
2020, "Shaheen Bagh: Anurag Thakur, Parvesh Varma Penalised for Comments,"
January 29; Bhatia 2021.

50 Shivam Vij, 2019, "Why Haven't Others in India Inc Questioned the Modi
Government, Like Rahul Bajaj Did?" *Quartz India*, December 2; Dev Chatterjee,
2019, "Rahul Bajaj Criticism Can Hurt National Interest: FM," *Business Standard*,
December 2.

51 *Eurosurveillance*, 2020, "First Cases of Coronavirus Disease 2019 (COVID19) in
the WHO European Region, 24, January to 21, February 2020," 25 (9), March 5.

23장

1 I. D. Mills, 1986, "The 1918 – 1919 Influenza Pandemic—the Indian Experience."
Indian Economic and Social History Review 23 (1): 10, 22, 32, 34 – 36.

2 Ramanan Laxminarayan, 2020, "Covid-19: A Response Now Will Help Mitigate
Impact," *Hindustan Times*, March 9; Jeffrey Gettleman and Kai Schultz, 2020,
"Modi Orders 3-Week Total Lockdown for All 1.3 Billion Indians," *New York
Times*, March 24. 바이러스 확산에 대한 데이터는 *Our World in Data*에 있다.
https://github.com/owid/covid-19-data/tree/master/public/data/.

3 Basharat Peer, 2020, "A Friendship, a Pandemic, and a Death beside the Highway,"
New York Times, July 31.

4 Government of India, 2017, *Economic Survey* 2016 – 17, Ministry of Finance,
New Delhi, January, 267.

5 Peer 2020; Snigdha Poonam, 2020, "Virus and the Village: A Covid Chronicle,"
Hindustan Times, April 20; Billy Perrigo, 2020, "It Was Already Dangerous to Be
Muslim in India. Then Came the Coronavirus," *Time*, April 3; Amit Agnihotri,
2021, "SC Flags Fake News, Slander on Social Media," *Tehelka*, September 28;
India Today, 2020, "Tablighi Jamaat Case: Delhi Court Acquits 36 Foreigners
Accused of Violating Covid Guidelines, Visa Norms," December 16.

6   혈정 유병률 연구에 대해서는 https://twitter.com/PIB_India/status/141744325
     2404297728; *Down to Earth*, 2021, "ICMR Sero Survey Finds Antibodies in only
     21.5% Indians," February 4를 참조.

7   Murad Banaji and Aashish Gupta, 2021, "Lessons from India's All-Cause Mortality
     Data," *The Hindu*, August 20; Murad Banaji, 2021, "The COVID-19 Pandemic
     in India: Data, Stories, and Myths," Kerala Council of Historical Research, July 23,
     available at https://youtu.be/YVAssVJbHpk.

8   Azim Premji University, 2021, "State of Working India 2021," Bengaluru, 20.

9   FRED, https://fred.stlouisfed.org/series/INDGDPRQPSMEI; Agence France-
     Presse, 2020, "India Re-Opens despite Record Virus Infections," June 8; Banaji
     2021; Jean Drèze and Anmol Somanchi, 2021, "The Covid-19 Crisis and People's
     Right to Food," *SocArXiv*, June 1, doi: 10.31235/ osf.io/ybrmg, 1 – 2, 8; Rakesh
     Mohan, 2021, "The Response of *The Reserve Bank of India* to Covid-19: Do
     Whatever It Takes," Centre for Social and Economic Progress Working Paper No. 8,
     June 17, 6, 8 – 9, 11.

10   United Nations Conference on Trade and Development, "Investment Trends
     Monitor," https://unctad.org/system/files/official-document/diaeiainf2021d1_
     en.pdf; Reserve Bank Handbook, https://rbi.org.in/scripts/BS_ViewBulletin.
     aspx?Id=20357; Biswajit Dhar and K. S. Chalapati, 2021. "'Record' FDI Inflows,
     Yes, Cause for Celebration, No," *The Hindu*, June 17; Deepak Korgaonkar, 2020,
     "Markets in 2020," *Business Standard*, December 31.

11   FRED, https://fred.stlouisfed.org/series/NAEXKP01INQ652S; Government of
     India, 2021, "Press Note: Second Advance Estimates of National Income, 2020 –
     21," Ministry of Statistics and Programme Implementation, New Delhi, February
     26, Statement 5, 8; Azim Premji University 2021, 26, 33, 45, 56, 59, 85, 102;
     Mrinalini Jha and Rosa Abraham, 2021, "Reading between Pandemic's Economic
     Shockwaves: Among Worst Hit Are Our Teachers and Small Business Owners,"
     Times of India.

12   Rakesh Kochhar, 2021, "In the Pandemic, India's Middle Class Shrinks and Poverty
     Spreads While China Sees Smaller Changes," Pew Research Center, Washington,
     DC, March 18; S. Subramanian, 2021, "Pandemic-Induced Poverty in India after
     the First Wave of COVID-19: An Elaboration of Two Earlier Estimates," *The
     Hindu* Centre for Politics and Public Policy, August 19; Rohit Azad and Shouvik
     Chakraborty, 2022, "A Tale of Two Indias," *The India Forum*, January 28.

13   Drèze and Somanchi 2021, 1, 2, 8; Jean Drèze and Vipul Kumar Paikra, 2020,
     "The Uneven Decline of Health Services Across States During Lockdown," *Wire*,
     October 5.

14   Azim Premji University 2021, 21 – 22, 68; Pinelopi Koujianou Goldberg, 2020,
     "What COVID Is Costing Women," *Project Syndicate*, November 19.

15   Ghose 2019, Table 5.2.

16   *United News of India*, 2020, "Cabinet OKs Farmers (Empowerment and Protection)
     Agreement on Price Assurance, Farm Services Ordinance," June 3.

17   *Press Trust of India*, 2020, "Ordinance on Allowing Farmers to Sell Outside

Mandis as Violative of Federal Structure," June 5; Karan Deep Singh, 2020, "'The Lockdown Killed My Father': Farmer Suicides Add to India's Virus Misery," *New York Times*, September 8; *Reuters News*, 2020, "India's Modi Defends New Law as Critics Warn of Risks to Farmers," September 17; David Pilling, 2014, "A Vote for Modi Could Make India More Chinese," *Financial Times*, March 19.

18 *Reuters News*, 2020, "Indian Farmers Intensify Protests over New Grain Bills," September 24; Aarefa Johari, 2021, "Beyond Punjab-Haryana: Meet Farmers Protesting against New Farm Laws across India from Rajasthan and Bihar to Maharashtra and Kerala, Opposition to the Three Agricultural Laws Passed in, September Is Intensifying," *Scroll.in*, January 11; Harsh Mander, 2021, "Harsh Mander: Six Months On, India's Protesting Farmers Are Creating History," *Scroll. in*, May 30; Richard Mahapatra, 2021, "An Agrarian Biopsy," *Down To Earth*, February 16–28, 25.

19 8장을 참조.

20 World Bank, 2007, *World Development Report 2008: Agriculture and Economic Development*, Washington, DC, 97.

21 Sharat Pradhan, 2020, "At Ayodhya Bhoomi Pujan, Modi Became All-In-One; Proper Rituals Not Followed, Allege Pundits," *Wire*, August 17; *Indian Express*, 2020, "Congress Breaks Silence on Ayodhya Event, Priyanka Gandhi Says Lord Ram Belongs to Everybody," August 4; Sandeep Phukan, 2020, "Ram Temple Bhoomi Pujan; Congress Walks a Tightrope," *The Hindu*, August 5.

22 Siddharth Varadarajan, 2020, "India's Priest King and His Shivering Gods," *The India Cable*, December 15; Vijayta Lalwani, 2021, "As Covid-19 Devastates Delhi, Central Vista Project Declared an Essential Service, Work Continues," *Scroll. in*, April 27.

23 *United News of India*, 2021, "India Beat All Odds to Fight Corona Virus: PM Modi," January 28; *Press Trust of India*, 2021, "We Are in the Endgame of COVID19 Pandemic in India: Vardhan," March 7.

24 Devjyot Ghoshal and Krishna Das, 2021, "EXCLUSIVE Scientists Say India Government Ignored Warnings amid Coronavirus Surge," *Reuters News*, April 30; Vidya Krishna, 2022, "Modi's Doctors: How Four Men Botched India's COVID Response," *Caravan*, March 1. On the Delta variant, see www.cdc.gov/coronavirus/2019-ncov/variants/delta-variant.html; *Pioneer*, 2021, "Don't Evoke False Sense of Security over Covid: IMA," March 9.

25 *Wire*, 2021, "BJP Makes a Delayed U-Turn, Modi Says Kumbh Attendance Should Now Be 'Symbolic,'" April 17; Jatin Anand and Omar Rashid, 2021, "Delhi Imposes Six-Day Lockdown; U.P. Declines Allahabad HC Directive on Shutdown," *The Hindu Online*, April 19; Stephanie Findlay, Michael Peel, and Donato Paolo Mancini, 2021, "India Blocks Vaccine Exports in Blow to Dozens of Nations," *Financial Times*, March 25.

26 Romita Datta, 2021, "Bengal Assembly Polls: The Last Leg," *India Today*, April 5; Mujib Mashal, 2021, "A Fierce Election Tests Modi's Campaign to Remake India," *New York Times*, April 7; *Times Now*, 2021, "Huge Turnout at PM Modi's Bengal

Rally amid COVID Spike Draws Flak from Rahul Gandhi," April 18.

27 Sameer Yasir, 2021, "Their Father Was Dying, So Two Brothers in India Went on a Desperate Hunt for Oxygen," *New York Times*, May 4.

28 Aniruddha Ghosal, Aijaz Hussain, and Tim Sullivan, 2021, "The Poor, the Rich: In a Sick India, All Are on Their Own," Associated Press, May 23.

29 Martin Robinson, 2021, "First Passengers to Arrive in the UK after India Was Put on the 'Red List.'" *Mail Online*, April 23; Agence France-Presse, 2021, "Airfares Soar, Private Jets in Demand as Rich Indians Flee Covid," April 23; Nikhil Inamdar, 2021, "Covid Accelerates India's Millionaire Exodus," BBC News, April 13.

30 *Hindustan Times*, 2021, "'Moral Fabric Dismembered': HC on Hoarding, Black Marketing amid Covid-19 Surge," May 6.

31 Hannah Ellis-Petersen and Aakash Hassan, 2021, "Kumbh Mela: How a Superspreader Festival Seeded Covid across India," *Guardian*, May 29; *Hindustan Times*, 2021, "Covid Quietly Ravages Rural UP," May 7; Jeffrey Gettleman and Suhasini Raj, 2021, "Covid Desperation Is Spreading Across India," *New York Times*, May 11, updated May 31; *Free Press Journal*, 2021, "Horrifying! Over 2,000 Bodies Found within 1,140 kms on Banks of River Ganga in Uttar Pradesh," May 15.

32 *Hindustan Times*, 2021, "BMC Announces Fresh Covid-19 Restrictions for Mumbai, in Addition to Maharashtra Govt Curbs," April 6; *Hindustan Times*, 2021, "Night curfew in Delhi But UP Rules It Out for Now," April 7; *Times Now*, 2021, "Curfews, Curbs Spark Fear of Another Mass Exodus as Migrants Flee Cities to Return Home," April 9; Mahesh Vyas, 2021, "Employment Rate Continues to Fall," *Business Standard*, June 7; Shreehari Paliath, 2021, "Second Wave of Covid-19 Has Left Migrant Workers in India with No Savings and Few Job Opportunities," Scroll.in, June 2; Shubham Kaushal, 2021, "India Failed Its Migrant Workers Yet Again during the Second Wave of Covid-19," *Scroll.in*, June 26.

33 *Times of India*, 2021, "Telangana: Bullocks Dead, Siblings Put Yoke on Shoulders, Plough Field to Survive," July 7.

34 Dipti Singh, 2021, "Budget Fails to Provide Hope to Dharavi's Leather Market," *Free Press Journal*, February 2; Emily Schmall and Karan Deep Singh, 2021, "'Don't Sacrifice Your Life to Visit the Taj Mahal': India Reopens but Fear Pervades," *New York Times*, July 6; Vivek Kaul, 2021, "In Post-Covid-India, Big Business Is Getting Bigger and Smaller Businesses Are Being Destroyed," *Mint*, June 17.

35 Mitali Mukherjee, 2021, "Education in India Has Plunged into a Crisis. Just Reopening Schools Isn't Enough," *The Wire*, October 1; Namita Bhandare, 2021, "Why the Pandemic Is a Child Rights Emergency in India," *Article-14.com*, June 18; Kumar Divyanshu, 2021, "The New Child Brides of India's Covid-19 Pandemic," *Article-14.com*, June 16.

36 C. P. Chandrasekhar, 2021, "Few Reasons to Hope Union Budget 2021 Will Be One 'Like Never Before' as Claimed by Finance Minister," *Frontline*, January 24;

Government of India, 2021, *Economic Survey 2020–21*, Ministry of Finance, New Delhi, January, Volume 2, 56, 70; Roshan Kishore, 2021, "Recovering Economy Faces Inflation Threat," *Hindustan Times*, June 15; Roshan Kishore and Vineet Sachdev, 2021, "India's Tax Burden Shifted from Boardrooms to Petrol Pumps during Covid-19," *Hindustan Times*, June 1; *Reuters News*, 2021, "Economists Doubt India's New Loan Guarantees Will Boost Growth," June 28; Reserve Bank of India Bulletin, July 2021, 20.

37 자본 유입에 대해서는 www.fpi.nsdl.co.in/web/Reports/Yearwise.aspx?RptType=6; Benjamin Parkin, 2021, "Surging Fortunes of India Inc Contrast with Covid Trauma," *Financial Times*, June 22; India Cable, 2021, "'India Takes Political Prisoners'; Pegasus Is State Attack on Democracy," July 19; Karan Deep Singh, 2021, "Weak Recovery Leaves India's Middle Class Anxious and Frugal," *New York Times*, November 30을 참조.

38 Murad Banaji and Aashish Gupta, 2021, "Estimates of Pandemic Excess Mortality in India Based on Civil Registration Data," www.medrxiv.org/content/1 0.1101/2021.09.30.21264376v1, September 30.

39 Chitrangada Choudhury, 2021, "Modi Is Worsening the Suffering from India's Pandemic: An Authoritarian Apparatus Is Being Turned on Wider Society with Lethal Consequences," *Scientific American*, May 24.

40 *Hindustan Times*, 2021, "1055 of Andheri Firm Given Fake Vax Shots," July 3; *Hindustan Times*, 2021, "Madhya Pradesh Govt Brushes Aside Allegation of Vaccination Irregularities," July 1; Aakash Hassan and Hannah Ellis-Petersen, 2022, "Indian Health Workers Allege Widespread Vaccine Certificate Fraud," *Guardian*, February 1.

41 Hannah Ellis-Petersen, 2021, "Fury in India over Death of 84-Year-Old Political Prisoner Stan Swamy," *Guardian*, July 5; Sadaf Modak, 2021, "Stan Swamy Dead," *Indian Express*, July 6.

42 Harsh Mander, 2021, "The Song of a Caged Bird: A Tribute to Fr Stan Swamy," *Scroll.in*, July 7; Deepak Tiwari, 2018, "Sudha Bharadwaj: Arrested Activist Who Led Legal Fight against Adani's Mines," *The Week*, September 7; Malini Subramaniam, 2019, "Dantewada Goes to Polls in the Shadow of Alleged Fake Encounters in Villages Protesting Adani Mine," *Scroll.in*, September 23; Chitrangada Choudhry, 2021, "Why Hidme Markam, a Voice for Adivasis, Is in Prison," *Article-14.com*, March 19.

43 Kunal Purohit, 2021, "Our New Database Reveals Rise in Sedition Cases in the Modi Era," *Article-14.com*, February 2, updated May 23; Emily Schmall and Sameer Yasir, 2021, "'Are We Human?' Modi's Use of Antiterror Law Draws Scrutiny from Courts," *New York Times*, October 12; Murad Banaji, 2021, "Why the IIT Kanpur Report on UP's COVID-19 Crisis Was Dishonest," *Wire*, October 20; Gurucharan Gollerkeri et al., 2020, "Public Affairs Index (2020): Governance in the States of India," Bangalore, Public Affairs Centre.

44 Zeba Siddiqui, 2021, "Indian Journalists Accused of Sedition over Protest Reporting," *Reuters News*, February 1; Benjamin Parkin and Amy Kazmin, 2021,

"Twitter Blocks Accounts after Indian Government Demands," *Financial Times*, February 10; *Hindustan Times*, 2021, "India Stays at 142nd Position in World Press Freedom Index," April 21; Reporters Without Borders, "World Press Freedom Index 2021," https://rsf.org/en/ranking; *The Wire*, 2021, "IT Department Raids Multiple Premises of Dainik Bhaskar Group, Bharat Samachar Channel," July 21.

45 *The Wire* 2021 [July 21]; Reporters Without Borders, "World Press Freedom Index 2022," https://rsf.org/en/country/india.

46 Alishan Jafri, 2021, "The 'Hindutva Ecosystem' Has a New Anti-Muslim Narrative. This Time Street Vendors Are the Target," *The Wire*, June 28; Rashmi Singh, 2021, "The Supreme Court Needs to Step In to Stop Mob Lynchings," *The India Forum*, June 19.

47 20장과 22장을 참조.

48 V-Dem Institute, 2021, *Autocratization Turns Viral: DEMOCRACY REPORT 2021*, March, www.v-dem.net/files/25/DR%202021.pdf; Anna Lührmann, Marcus Tannenberg, and Staffan I. Lindberg, 2018, "Regimes of the World (RoW): Opening New Avenues for the Comparative Study of Political Regimes," *Politics and Governance* 6 (1): 61.

49 Jaswal Srishti, 2021, "The Human Cost of India's Yearlong Farmers' Protest," Al Jazeera, November 30.

50 Pilling 2014; *Financial Times*, 2021, "Narendra Modi Is Humbled by India's Farmers," November 23.

에필로그: 실현 가능한 이상주의

1 Aarefa Johari, 2022, "Inside Patna's Exam Bub, Where a Million Hopes Die Every Year," *Scroll.in*, March 16.

2 Partha Dasgupta, 1988, "Trust as a Commodity," in Diego Gambetta, ed., *Trust: Making and Breaking Cooperative Relations*, Oxford, Blackwell.

3 Sunita Narain, 2021, "No Time to Lose, Says Sunita Narain on the New IPCC Report," www.cseindia.org/no-time-to-lose-says-sunita-narain-on-the-new-ipccreport-10934; Chirag Dhara and Mathew Roxy Koll, 2021, "How and Why India's Climate Will Change in the Coming Decades," *The India Forum*, August 6; United States National Intelligence Council, 2021, "Climate Change and International Responses Increasing Challenges to US National Security through 2040," Washington, DC, October.

4 Omid Mazdiyasni et al., 2017, "Increasing Probability of Mortality During Indian Heat Waves," *Science Advances* 3 (6): DOI: 10.1126/sciadv.1700066; Bill McKibben, 2021, *Falter: Has the Human Game Begun to Play Itself Out?* New York, Henry Holt and Company, 60; Kapil Kajal, "Heatwave Takes a Toll on North India's W heat Yield," *India.mongbay.com*, June 8, 2022; Kim Stanley Robinson, 2021 (2020), *The Ministry for the Future*, Kindle edition, Orbit, 16, 19, 23; *The Economist*, 2021, "A Tale of Two Cities: W hat If a Deadly Heatwave Hit India?," July 3.

5 McKibben 2021, 38–39, 41; Ram Bhagat, 2018, "Climate Change, Vulnerability

and Migration in India: Overlapping Hotspots," in S. Irudaya Rajan and Ram Bhagat, eds., *Climate Change, Vulnerability, and Migration*, London, Routledge, 20, 31 – 35; 또한 20장과 22장을 참조. Poulomi Ghosh, 2021, "Mumbai's Nariman Point Will Be Under Water by 2050, "Says Civic Body Chief; Explains Why," *Hindustan Times*, August 28; E. Somanathan, Rohini Somanathan, Anant Sudarshan, and Meenu Tewari, 2021, "The Impact of Temperature on Productivity and Labor Supply: Evidence from Indian Manufacturing," *Journal of Political Economy* 129 (6): 1797 – 1827.

6   Ghosh 2016, 16 – 17, 40 – 50.

7   *The Wire*, 2021, "Hindutva Leaders at Haridwar Event Call for Muslim Genocide," December 21; Umang Poddar, 2022, "Explainer: How the Jahangirpuri Demolitions Continued Despite the Supreme Court Stay," *Scroll.in*, April 20.

8   20장과 22장을 참조.

9   Pranab Bardhan, 2018, "Universal Basic Income—Its Special Case for India," *Indian Journal of Human Development*, January 11.

10 M. G. Arun, 2021, "India's Unicorn Boom," *India Today*, July 12; Aroon Purie, 2021, "From the Editor-in-Chief," *India Today*, July 12; *Financial Times*, 2021, "The New 'Venture Capitalists' Riding the Unicorn Boom," July 9.

11 Karthik Muralidharan et al., 2019, "Disrupting Education? Experimental Evidence on Technology-Aided Instruction in India," *American Economic Review* 109 (4): 1430; Sabrin Beg, Waqas Halim, Adrienne M. Lucas, and Umar Saif, 2022, "Engaging Teachers with Technology Increased Achievement, Bypassing Teachers Did Not," *American Economic Journal: Economic Policy* 14 (2): 86; Arefa Johri, 2021, "A New App Is Failing India's Fight against Child Malnutrition," *Scroll.in*, October 13; Tiwari, Umesh. 2022. "UP Board Paper Leak Nakal Mafia Overshadows HiTech Arrangements to Stop Copying in up Board Exam," *Dainik Jagran*, March 30; Monika Mondal, 2021, "Investigation: Hidden Water Crisis behind India's Sugar Dominance," *The Third Pole*, July 8; Sadiq Naqvi and Snigdha Poonam, 2022, "The Untold Story of India's Rs 3,000-Crore Farmer Scheme Scam," *Scroll.in*, May 11; M. D. Madhusudan, 2020, "Missing the Forest for the Trees," January, https://md madhusudan.medium.com/missing-the-forest-for-the-trees-37a94c13ab8c.

12 Robert Putnam, Robert Leonardi, and Raffaella Nanetti, 1993, *Making Democracy Work*, Kindle edition, Princeton University Press, 91, 105, 109, 110, 116, 181.

13 Putnam et al. 1993, 173, 178.

14 20장과 22장을 참조. Suparna Chaudhry, 2022, "The Assault on Civil Society: Explaining State Crackdown On NGOs," *International Organization*, February: 1 – 42; Gautam Bhatia, 2022, "Comforting the Comfortable and Afflicting the Afflicted: The Supreme Court's FCRA Judgment," *Indian Constitutional Law and Philosophy*, April 12, https://indconlawphil.wordpress.com/2022/04/12/comforting-the-comfortable-and -afflicting-the-afflicted-the-supreme-courts-fcra-judgment/.

15 Patrick Heller, K. N. Harilal, and Shubham Chaudhuri, 2007, "Building Local

Democracy: Evaluating the Impact of Decentralization in Kerala, India," *World Development* 35 (4): 626 – 627, Table 1 (p. 362), Table 6 (640), Tables 7 and 8a (641 – 642); James Manor, 2010, "Local Government," in Niraja Gopal Jayal and Pratap Bhanu Mehta, eds., *The Oxford Companion to Politics in India*, New Delhi, Oxford University Press, 64 – 67.

16 Esther Duflo, Greg Fischer, and Raghabendra Chattopadhyay, 2005, "Efficiency and Rent Seeking in Local Government: Evidence from Randomized Policy Experiments in India," working paper, MIT, February 28; Pranab Bardhan and Dilip Mookherjee, "Pro-Poor Targeting and Accountability of Local Governments in West Bengal," *Journal of Development Economics* 79: 303 – 327.

17 Madhav Gadgil, 2020, "Ecology Is for the People," *The India Forum*, January 10; K. A. Shaji, 2020, "Kerala Government Gives Go-Ahead to Athirappally Hydel Power Project: Decision Elicits Angry Response from a Cross-Section of Society," *Down to Earth*, June 10; K. A. Shaji, 2021, "Kerala Government Abandons Controversial Athirappilly Hydroelectric Project amid Widespread Protests," *Down to Earth*, October 7; T. M. Thomas Isaac and Richard Franke, 2001, *Local Democracy and Development*, New Delhi, LeftWord, 255 – 256; *Hindustan Times*, 2021, "'Destructive Activities Are Carried Out in the Name of Development': Madhav Gadgil," October 10.

찾아보기

두 개의 인도

인도, G3로 가는가 여기서 멈추는가

1판 1쇄 펴냄 | 2024년 9월 25일
1판 4쇄 펴냄 | 2025년 1월 16일

지은이 | 아쇼카 모디
옮긴이 | 최준영
발행인 | 김병준 · 고세규
편 집 | 박승기
마케팅 | 김유정 · 차현지 · 최은규
발행처 | 생각의힘

등 록 | 2011. 10. 27. 제406-2011-000127호
주 소 | 서울시 마포구 독막로6길 11, 2, 3층
전 화 | 02-6953-8342(편집), 02-6925-4188(영업)
팩 스 | 02-6925-4182
전자우편 | tpbook1@tpbook.co.kr
홈페이지 | www.tpbook.co.kr

ISBN 979-11-93166-64-2 (93320)